예술철학

박이문 인문학 전집

07

예술철학

———

한국 미학의 정수

미다스북스

한국 미학의 독보적 예술철학자

_오종환(서울대학교 미학과 교수, 한국미학회 부회장)

박이문 선생님은 척박했던 한국 미학에서 독보적인 학문적 업적을 남기신 몇 안 되는 학자 중에 한 분이시다. 한국에서의 미학이 1926년에 경성제대가 설립되던 처음부터 미학 및 미술사연구실(현재의 학과)이 설치되어 그 뿌리가 깊다고 하나, 사실 그곳에서 수학한 한국인은 고유섭 선생님뿐이시며, 교수나 학생이 모두 일본인들의 차지였다. 고유섭 선생님이 졸업하신 후 나중에 미학과 연을 맺은 한국인은 4년간 그 연구실의 조교를 하셨던 박의현 선생님이시다. 고유섭 선생님은 졸업 후 개성 박물관 관장을 하시며 한국미술사에 학문적 관심을 집중하셨으며 또 해방 1년 전에 요절하셔서, 해방 후 한국에서의 미학의 확립에 기여한 바는 적다고 말할 수밖에 없다. 박의현 선생님은 서울대에서 독일 관념론 미학을 강의하시면서 한국에서의 미학이 자리 잡는 데 크게 기여하셨지만, 독자적인 관점의 미학을 제시하지는 못하셨다. 전반적으로 한국의 미학은 해방 후 독일 관념론을 중심으로 전개되었으며, 영미의 분석미학은 70년대부터 서울대의 오병남 선생님의 노력으로 소개되고 연구되기 시작하였다. 80년대부터는 많은 후학들이 외국에 나가 학위를 취득하고 돌아와 영미와 대륙 미학의 학문적 동향을 파악하고 논의하는 데 문제가 없는 학문적 역량을 갖추게 되었지만, 아직은 우리 독자의 미학 이론을 제시하기에는 부족한 감이 있다. 이런 상태에서 그나마 의미 있는 학문적 업적을 남기신 분들이 필자의 생각으로는 조요한, 박이문, 오병남 선생님이시다.

박이문 선생님의 다양한 학문적 업적이 열 권의 전집으로 출간되며 그중 제7권이 예술철학인 것에 대해 기쁘게 생각하며 또 많은 미학적 글을 남기신 박 선생님에게 감사를 드린다. 이러한 감사와 존경을 표하는 한 가지 방법은, 캐럴Noël Carroll이 단토Arthur Danto의 업적을 평가하는 책에서 말했듯이,* 이 책의 주장을 비판함으로써 보다 발전된 이론이 나올 수 있는 계기를 마련하는 것이라고 생각한다. 박선생님은 예술작품을 "어떤 사물, 현상 혹은 행위가 문화적 맥락 속에서 제도적으로 가능 유일 세계라고 정해진 것"(98쪽)이라고 정의한다. 예술작품은 새로운 가능 세계possible world인데, 각 작품마다 독특하기에 유일하다는 것이다. 또한 전통적인 예술 정의(모방론, 표현론, 형식론)나 예술 정의 불가론이 틀렸으므로, 디키와 단토의 주장을 받아들여서 예술은 제도적으로 정의될 수 있다고 주장한다. 예술작품이 새로운 가능세계를 제시하는 것이라면, 총체적인 유기적 표상인 가능 세계는 하나의 담론이라고 할 수 있고, 언어를 통해서만 전달 가능하므로 예술작품은 언어일 수밖에 없다는 결론에 도달한다. 따라서 박 선생님은 회화나 음악도 일종의 언어라는 주장을 하는데, 그림에서의 "선이나 점·색 등과 같은 감각대상이

---

*   Noël Carroll, "Essence, Expression, and History: Arthur Danto's Philosophy of Art," in *Danto and His Critics*(ed. Mark Rollins, Basil Blackwell, 1993), p.104.

낱말이나 문장으로 이해될 수"(166쪽) 있기에 언어로서 해독될 수 있다고 주장한다. 그러나 자연 언어는 최소한의 단위, 즉 문장, 단어, 음소로 나누어질 수 있지만, 그림의 경우에는 그러한 최소의 단위가 없다. 언어의 음소에 해당하는 그림 위의 점은 얼마나 작아야 음소에 해당하는가? 그리고 자연 언어의 의미론적 특징이 관례적인conventional 성격이라면, 그림에서는 자연적인 것이라는 설명이 일반적이다. 그리고 음악의 경우 하나의 음표를 연주한 소리는 어떤 것도 지시하지 않는다. 그림의 경우에는 최소한의 음소에 해당하는 것이 없기에, 단어에 해당하는 것을 만들 수도 없으며, 따라서 한정된 단어로서 무한한 문장을 만들 수 있는 자연 언어의 생성성generativity을 그림은 설명할 수 없다. 또 한 가지 지적할 사항은 박 선생님이 의도주의에 대한 비판에 동의하시면서도 여러 곳에서 작가의 의도를 언급하는 것이 문제가 될 수 있다고 생각한다.

그러나 이러한 지적에도 불구하고, 이 저작이 방대한 예술철학의 문제들을 일관된 체계를 가지고 일목요연하게 설명하고 있다는 점은 높은 학문적 성취라고 생각되며, 예술이나 철학에 관심이 있는 일반인들이나 후학에게 반드시 읽어야만 되는 훌륭한 책으로 추천하고 싶다.

추천사: 한국 미학의 독보적 예술철학자 • 5

1부   예술철학

01 예술의 철학적 문제 • 13

02 작품 • 24

실재적 정의 • 29

제도적 정의 • 74

03 해석 • 108

해석의 기능 • 112

해석의 내용 • 131

해석의 논리 • 161

04 평가 • 193

가치의 규준 • 195

작품의 기능 • 215

예술적 가치 • 239

『예술철학』 초판 서문, 개정판 서문 • 274

2부   예술과 미

01 예술과 철학과 미학 • 281

02 예술과 과학 — '하이테크 아트'는 정말 예술인가 • 302

03 생태학과 예술적 상상력 • 320

04 철학, 예술 및 건축 • 340

05 예술과 포스트모더니즘 • 357

06 예술과 미 • 365

07 예술작품 평가의 역사성 • 376

『이카루스의 날개와 예술』 초판 서문 • 392

3부 예술의 양식들과 미학

01 음악과 소리 · 397

02 시의 개념과 시적 둥지 · 419

03 시인의 사회적 책임과 의무 · 426

04 시와 시적 감동 · 447

05 예술이라는 언어의 꿈 · 452

06 예술의 원형으로서의 공예 · 464

07 예술의 종말 이후 미술사 · 477

08 둥지의 건축학 · 490

09 자기해체적 예술창조 과정 · 512

10 미학과 예술철학 · 524

저자 연보 · 546

출전 · 549

일러두기

1. 『박이문 인문학 전집』은 박이문 선생의 모든 저서 가운데 인문학적 저작을 주제별·시간대별로 분류하여 열 권으로 묶은 것이다. 『박이문 인문학 전집』은 무엇보다 선생의 뜻을 존중하여 저작 가운데 중복된 것은 제외하고 저자의 의도를 최대한 살리고자 노력하였다. 열 권의 제목과 목차도 현 세대 독자와의 교감을 고려하여 편집했지만, 최초 발표 시기 단행본의 제목과 방향을 최대한 존중하였다. 세계적인 석학이자 20세기 이후 한국 최고의 인문학자로 평가받는 박이문 선생의 『인문학 전집』에 한국어로 된 주요하고 핵심적인 인문학적 저작과 논문은 모두 수록함을 원칙으로 하였다. 이번 『인문학 전집』에서 빠진 에세이와 기행은 모아서 따로 출간될 것이며, 아울러 박이문 선생의 모든 저작을 망라한 영인본 박이문 아카이브 전집은 추후 미다스북스에서 출간 예정이다.

2. 제7권 『예술철학』은 서양에서 흡수된 이론만이 아닌 독자적인 예술철학을 추구했던 박이문 선생의 한국 미학의 정수를 모은 것이다. 1부는 『예술철학』(1983)에 실린 것들로 한국적 미학의 방법을 시도한 것이며, 2부는 『철학 전후』(1993)에 실린 예술과 철학, 그리고 미학의 상관관계에 관한 글이며, 3부는 시와 문학만이 아닌 음악이나 건축과 같은 다른 언어를 지닌 예술에까지 그 지평을 넓힌 글들이다.

3. 전집을 발간하면서 기출간된 단행본의 형태를 가능한 한 지키려 노력했지만, 박이문 선생의 많은 저작이 절판되면서 다른 책에 재수록되었기에, 중복된 글이 수정된 경우에는 가장 마지막 책을 기준으로 삼았으며, 글의 말미에 출전을 표기했다. 그리고 전체 열 권을 묶으면서 각 권별로 실린 주요 단행본의 초판 서문 및 개정판 서문을 각 부 끝에 게재하여 출간시 박이문 선생의 의도를 아는 데 도움이 되도록 하였다.

4. 이 책에 실린 글들은 모두 원래 발간된 원고를 기준으로 했지만, 원문의 오식과 오자들은 바로잡고, 표기법과 맞춤법은 지금의 것을 기준으로 새로 교정·교열하였다. 출간 당시의 시대적 차이와 출판사별 기준의 차이도 있기 때문에 전집으로 정리하면서 새로운 기준을 정해서 이에 맞추어 새로이 고쳤다.

『박이문 인문학 전집』 간행·편집위원회

1부

—

예술철학

01
예술의 철학적 문제

예술이란 무엇인가? 새삼스러운 이 물음의 제기는 다음의 세 가지 이유에서 정당화될 수 있다. 첫째, 지적·기술적·경제적 또는 정치적 활동 등과는 막연하나마 구별되는 예술적 활동이 모든 인간사회에 있어왔고, 여러 가지 이론이 단편적으로, 또는 보다 체계적으로 제시되었음에도 불구하고 예술의 성격이 투명하게 밝혀지지 않고 있다. 둘째, 문학·음악·회화·조각·영화·연극·무용 등으로 대표되는 여러 가지 예술활동의 공통적이며 동일한 요소를 찾아내기가 쉽지 않다. 셋째, 최근의 이른바 '행위예술', '개념예술' 또는 '설치예술' 등이 나타남에 따라 예술작품과 그냥 사물과의 관계가 흐려지게 되었다.

그렇다면 과연 예술이란 무엇인가? 불행히도 언뜻 보기와는 달리 이 물음 자체의 내용이 선명하지 않다. 그것에는 무엇에 대한 어떤 종류의 물음인지가 분명히 나타나지 않는다. 그러므로 이 물음에 대한 대답을 찾기에 앞서 이 물음의 뜻을 우선적으로 밝혀둘 필요를 느낀다.

흔히 예술은 아름다움과 동일시되거나 혹은 밀접한 관계를 갖는 것으로 이해되고 있다. 그래서 예술에 대한 학문이 미학이라 불리게 된다.

그러나 아름다운 것 혹은 심미적 경험대상이 오로지 예술작품에만 국한되는 것이 아니라면 비록 예술이 아름다움과 뗄 수 없는 관계에 있다고 하더라도 미학이 반드시 예술작품에만 관련된 학문이라고는 할 수 없을 것이다. 그것은 자연현상을 비롯한 모든 사물현상, 또는 어떤 종류의 심리현상까지도 그 대상으로 삼아야 할 것이다. 이러한 넓은 뜻으로서의 미학을 심미학Aesthetics이라고 부를 수 있다. 그러나 미학을 하나의 독립된 학문으로 정립하고자 했던 바움가르텐Baumgarten은 미학을 보다 좁은 뜻으로 사용하고 있다. 이런 뜻에서의 미학은 아름다움과 관련된 학문으로서가 아니라 예술작품과 관련된 학문의 뜻으로 사용된다. 그러므로 이런 좁은 의미로서의 미학은 우리들의 물음인 '예술이란 무엇인가'에 대한 체계적인 답을 찾고자 하는 학문이 된다. 때문에 여기서 우리가 미학이라는 개념을 이처럼 좁은 뜻으로 사용하고자 함은 당연하다 하겠다.

그러나 아직도 우리의 문제는 선명하지 않다. '예술이란 무엇인가'라는 문제에 대한 답으로서의 미학도 그 성격이 단순하지 않기 때문이다. 다시 말해서 '예술이란 무엇인가'라는 물음 자체가 어떤 종류의 무엇에 대한 물음인지 뚜렷하지 않다는 말이다. 예술에 대한 물음은 크게 두 가지 서로 다른 측면에서 던져질 수 있다. 그것은 예술에 대한 학문으로서의 미학이 두 가지 다른 뜻을 갖고 있음을 의미한다. 예술에 대한 고찰은 경험적인 차원에서 이루어질 수 있으며, 동시에 그와는 달리 개념적인 측면에서도 행해질 수 있다. 돌려 말해서 미학은 경험과학으로서의 뜻을 갖는 동시에 철학으로서의 뜻을 갖는다. 전자는 예술현상을 대상으로 하는 '예술학'이 될 것이며, 후자는 예술현상을 둘러싸고 야기되는 개념들의 해명을 추구하는 '예술철학'이 될 것이다.

한 예술작품, 한 시대의 예술작품, 한 문화권의 예술작품에 대한 주제·기술·형식 등이 경험적인 차원에서 서술될 수 있으며, 각기 그것들이 예술가와 감상자의 입장에서, 혹은 사회적·정치적·경제적·심리적·역사적 맥락 속에서 각기 서로 달리 분석되고 설명될 수 있을 것이다. 곰브리치Gombrich의 『예술과 환영』,[1] 아른하임Arnheim의 『시각적 사고』,[2] 위그Huyghe의 『예술과 영혼』,[3] 리드Read의 『도상과 사상』,[4] 말로 Malraux의 『침묵의 소리』[5] 등은 대체로 예술심리학에 속할 수 있으며, 하우저Hauser의 『예술의 사회학』,[6] 니체의 『비극의 탄생』[7]은 예술사회학이 될 것이며, 그밖의 허다한 저서들은 갖가지 예술사에 속한다. 위와 같은 예술학은 연구의 대상이 예술과 관련되어 있다는 점에서 예술학이라는 이름으로 묶일 수 있지만, 그것들은 각기 심리학·역사학·정치학·경제학·사회학 등에 분산되어 구분될 수 있다. 이와 같이 살펴볼 때 예술학으로서의 미학은 예술과 관련되는 여러 가지 과학들에 대한 총칭에 불과하며 그것은 어디까지나 구체적인 경험에서 출발한다. 그리고 그러한 학문의 타당성 역시 구체적인 실증성 여부에 의해 보장될 수 있다.

예술에 대한 실증적 접근의 입장을 떠날 수 없는 예술학으로서의 미

---

1   E. H. Gombrich, *Art and Illusion*(Princeton, 1960).

2   Rudolf Arnheim, *Visual Thinking*(N. Y., 1970).

3   René Huyghe, *L'art et l'âme*(Paris, 1960).

4   Herbert Read, *Icon and Idea*(Cambridge, Mass, 1955; 『도상과 사상』, 김병익 역, 서울, 1982).

5   André Malraux, *La voix du silence*(Paris, 1956) 참조.

6   Arnold Houser, *The Social History of Art*, tr. N. Goodman(N. Y., 1952).

7   Friedrich Nietzche, *The Birth of Tragedy*, tr. Kaufmann(N. Y., 1967).

학과는 달리, 같은 예술에 대한 비실증적 고찰로서의 예술철학이 가능하다. 그것은 구체적인 예술작품, 예술가, 예술감상자들을 관찰하거나 그러한 것들과 관련을 맺고 있는 사회·역사·기술적 조건 등을 조사하고 서술하며 분석함으로써 얻을 수 있는 물음을 던지는 게 아니라, 그런 것들만으로는 얻을 수 없는 질문을 제기한다. 헤겔의 『미학』,[8] 하이데거의 「예술의 기원」[9] 혹은 비어즐리Beardsley의 『미학』[10]이나 디키의 『미학 입문』[11] 등이 예술에 대한 철학적 고찰을 나타내는 예가 된다. 그러나 처음의 두 가지 저서와 다음의 두 가지 예들은 다 같이 비실증적 고찰이면서도 그 방법에 있어서 꽤 다르다. 전자가 사변적인 데 반해서 후자는 분석적이고자 한다. 헤겔과 하이데거는 다 같이 예술의 근본적인 기능, 즉 본질을 규명하고자 한다. 헤겔은 예술적 표현을 그의 이른바 절대정신, 즉 가이스트Geist라는 형이상학적 존재의 자의식으로의 발전적 과정으로 보고 있으며, 하이데거는 예술이 과학이 맡을 수 없는 형이상학적 절대존재인 자인Sein을 은폐성으로부터 드러내는 역할을 한다고 주장한다. 그러나 이와 같은 주장은 어디까지나 그것의 진위를 논리적으로나 아니면 경험적으로 증명할 수 없다. 따라서 그것들은 어디까지나 사변적 차원을 넘어설 수 없다. 만약 그것이 논리적으로 증명될 수 있다면 그것은 예술의 본질적 기능에 대한 개념분석의 성격을 띠게 될 것이며, 반대로 만약 그것이 경험적으로 실증될 수 있는 것이라면 그것은 과학

---

8 F. Hegel, *The Philosophy of Fine Art*, tr. F. P. B Osmaton(London, 1920).

9 Martin Heidegger, "The Origin of Art," *Poetry Language, Thought*(N. Y., 1975).

10 Monroe C. Beardsley, *Aesthetics: Problems in the Philosophy of Criticism*(N. Y., 1958).

11 George Dickie, *Aesthetics: An Introduction*(Indianapolis, 1971; 『미학 입문』, 오병남·황유경 공역, 서울, 1980).

으로서의 예술학, 다시 말해 예술학으로서의 미학으로 머물러 있어야 할 것이다. 이같이 볼 때 사변적인 예술철학이나 철학 일반은 그 학문 성격이 극히 애매하다. 이러한 사실에 입각하여 '철학'이란 개념이 아직도 애매모호하게 사용되고 있음에도 불구하고 우리는 여기서 '철학'의 개념을 좁은 의미로 받아들여 사용해야 한다고 믿는다.

좁은 뜻으로서의 철학은 사물현상에 대한 직접적인, 즉 경험적인 고찰을 하는 데 있지 않다. 그것은 사물현상, 그에 대한 경험을 이야기하는 데 사용되는 언어, 보다 정확히 말해서 개념들에 대한 분석이며 개념의 해명에 종사하는 지적·논리적 활동이다. 이와 같은 점에서 철학의 대상은 직접적인 사물현상 혹은 경험이라는 언어 이전의 것들이 아니라 그러한 것들을 논하는 언어를 그 대상으로 한다. 그렇기 때문에 철학은 상위 언어 혹은 메타 담론이라고 말한다. 따라서 철학은 다른 학문과 같은 차원에서 다른 학문이 취급하는 대상을 갖고 있는 것이 아니라 간접적으로 모든 것을 대상으로 삼을 수 있다고 하겠다. 그러므로 과학철학·생물철학·역사철학·심리철학·사회철학·정치철학·언어철학·종교철학 등등이 성립될 수 있으며, 예술철학에 타당성이 있을 뿐만 아니라 그러한 철학이 필연적으로 요청된다. 만약 헤겔이나 하이데거의 앞에서 든 예의 저서들을 철학적이라고 볼 수 있다면 그것은 그 저자들이 생각했던 것처럼 그들이 남다르게, 비경험적 사물현상에 대한 특수한 인지력을 보여주기 때문에서가 아니라, 그 저서들이 사실상 '예술'이라는 말의 개념을 그 기능적 차원에서 분석하고 해명해준다고 보이는 한도에서 가능한 것이다. 비단 헤겔이나 하이데거뿐만이 아니라 플라톤, 아리스토텔레스를 비롯하여 크로체Croce, 콜링우드Collingwood, 랭거Langer 등 많은 사람들의 예술에 대한 주장들도 그것이 예술품이라는 사물, 예술작품 제작과 감상에 대한 서술에 그치지 않고, 예술과 관련된 여러 가지 핵심적 개념들에 대한 논리적 분석인 한에서 철학적 의미가 있는 것으로 봐야 한다.

그렇다면 이와 같이 정의된 예술철학으로서의 미학의 문제는 어떤 것인가? 그것은 한마디로 예술을 둘러싸고 나타나는 모든 개념들일 것이다. '예술'이라는 개념을 비롯해서, '예술가의 의도'·'예술작품의 의미'·'예술작품의 해석'·'예술의 창조성'·'예술의 형식'·'예술의 내용'·'예술적 감동'·'예술에 있어서의 표현'·'예술적 표상'·'예술작품의 평가'·'예술적 아름다움'·'예술적 상상력'·'예술작품의 개별성'·'예술의 기능'·'예술작품의 존재 구조'·'예술과 사회'·'예술과 철학' 등등의 문제가 언급되는 한 그러한 개념들이 예술철학의 연구대상이 될 것이다. 그러나 예술철학의 문제들은 위와 같이 예술 일반에 관련된 문제뿐만 아니라 각 예술양식의 특수성이나 그러한 각각의 특수한 예술이 갖고 있는 고유한 문제도 아울러 제기될 수 있다. 예를 들어 '문학성'·'회화성'·'음악성'·'소설과 시의 차이'·'문학에 있어서의 메타포'·'문체'·'그림에 있어서의 색조'·'음악에 있어서의 관념성'·'영화에 있어서의 시간성' 등 무수한 개념들이 철학적 반성의 대상이 될 수 있다.

그러나 예술을 총괄적으로 이해하려고 할 때, 위와 같은 개념들을 개별적으로 모두 이해하기란 사실상 어려울 뿐만 아니라, 설사 그것들이 모두 투명하게 밝혀진다 해도 우리들의 목적은 만족될 수 없다. 왜냐하면 예술의 총괄적 이해를 위해서는 위와 같은 개념들의 개별적 이해뿐만 아니라 그 개념들이 유기적인 관계 속에서 일관적으로 이해될 수 있는 하나의 통일된 질서가 필요하기 때문이다. 이러한 작업이 이루어지려면 앞에 든 예의 개념들 가운데서 보다 핵심적인 개념들이 추출되어야 하며, 그러한 테두리 안에서야 다른 개념들이 종속적인 개념으로 보다 잘 이해될 수가 있는 것이다. 이러한 논리적 필요성은 많은 미학 입문서, 혹은 예술철학 입문서에서 구체적으로 나타난다. 이런 저서들은 예술을 둘러싼 수많은 개념들 가운데서 언제나 몇 가지 개념들만을 추출하여 취급하고 있다. 그것들을 우리는 중심 개념들이라고 이름 붙일 수 있다. 이 중심 개념들은 예술을 둘러싼 이야기 가운데서 빠지지 않고 가장 빈번히 나타나는 개념들임을 나타내며, 그러한 개념들은 사람들이 예술을 근본적으로 어떤 각도에서 고찰하고 있는가를 반영한다. 그렇다면 철학적 입장에서 예술을 이해한다는 것은 이러한 중심 개념들의 의미를 밝히는 작업에 불과한 것이다.

각 저자의 관점에 따라 다소의 차이는 있지만 대부분의 예술철학 입문서에 나타나는 중심 개념들은 '심미성'·'형식'·'내용'·'표현'·'표상'·'상징성'·'창조성'·'해석'·'평가의 객관성 혹은 주관성'·'감동'·'예술가의 의도' 등등이다. 이와 같이 예술을 둘러싼 담론 속에서 위의 몇 개의 중심 개념들을 밝혀냈다고 할 때 우리는 과연 예술을 근본적으로 이해했다고 할 수 있을까? 적어도 필자의 경험에 비추어볼 때 그에 대한 대답은 부정적이다. 위와 같은 중심 개념들은 예술을 전체적으로 이해하는 데 충분하지 않다. 그것들은 한층 더 차원이 높은 중심 개념에 의해서 관할되어 그것들 간의 유기적인 관계가 잘 드러나야 할 것이다. 이 문제는 예술철학의 문제를 보다 투명하게 정리하는 문제로 볼 수 있다. 그렇다면 예술철학의 문제는 도대체 어떻게 정리될 수 있는가? 디키는 그의 『미학 입문』에서 미학의 문제를 다음과 같은 도표로 정리하고 있다.[12]

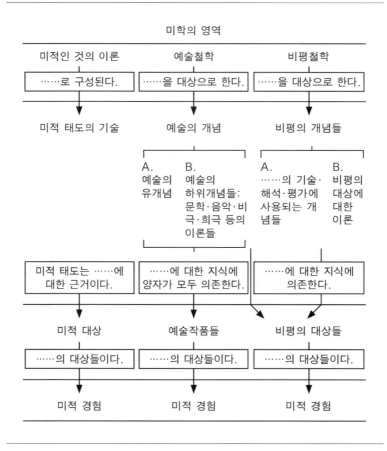

미적인 것의 이론	예술철학	비평철학
……로 구성된다.	……을 대상으로 한다.	……을 대상으로 한다.
미적 태도의 기술	예술의 개념	비평의 개념들

A.
예술의
유개념

B.
예술의
하위개념들:
문학·음악·비
극·희극 등의
이론들

A.
……의 기술·
해석·평가에
사용되는 개
념들

B.
비평의
대상에
대한
이론

미적 태도는 ……에 대한 근거이다.	……에 대한 지식에 양자가 모두 의존한다.	……에 대한 지식에 의존한다.
미적 대상	예술작품들	비평의 대상들
……의 대상들이다.	……의 대상들이다.	……의 대상들이다.
미적 경험	미적 경험	미적 경험

이 도표를 미학에 관한 문제들의 개념적 지도로 볼 수 있다. 디키의 이 지도에 따르면 미학의 주제가 1)심미성에 관한 철학, 2)예술철학, 3) 비평철학으로 구분된다. 1)의 주제는 미적 태도의 기술이라 설명되었고, 2)와 3)은 각기 예술의 개념과 예술비평의 개념들을 해명하는 작업으로 기술되고 있다. 앞에서 우리가 설정한 철학적 입장에 따라 철학적

---

12   위의 책, p.45, 번역 p.65.

작업을 사물현상에 대한 직접적인 기술이나 설명으로 보지 않고, 그런 것을 기술하고 설명하는 데 사용되는 개념들의 해명에 있다고 볼 때, 디키의 의도에서 나타난 1)의 영역은 예술철학으로서의 미학이 될 수 없을 듯이 보인다. 왜냐하면 1)의 분야가 2)와 3)과는 달리 개념이 아니라 태도를 그 연구대상으로 삼기 때문이다. 그러므로 1)에 있어서도 철학적 입장에서 문제가 된다면 미적 태도가 관찰이나 경험의 차원에서 고찰되는 것이 아니라 미적 태도라는 개념에 대한 검토에 머물게 될 수밖에 없다. 이렇게 되었을 때, 사실상 1)도 과학적인 문제가 아니라 철학적 문제로 흡수되는 것이다.

그러나 디키의 미학 문제의 분류는 논리상 적어도 한 가지 문제를 내포하고 있다. 그의 도표가 보여주는 문제가 다 함께 예술철학으로서의 미학의 문제들이라면, 예술철학 자체 내에서 또다시 예술철학과 비평철학과 심미철학으로 구별하는 것은 '예술철학'이라는 개념의 사용에 혼란을 일으키지 않을 수 없다. 이러한 혼란을 피하기 위해서는 디키의 분류에서 1)을 심미성에 관한 철학적 문제로 그냥 내버려두고, 2)의 주제를 예술철학이라고 부르는 대신 예술 일반, 그리고 각 개별적 예술개념에 대한 철학적 문제로 바꿔 이름 짓고, 3)의 주제도 비평철학 대신 비평과 관련된 여러 개념들의 철학적 문제로 수정하여 분류함이 보다 적절하고 일관성 있다고 생각된다. 이렇게 논리적 혼란이 정리되어야 예술철학에 대한 디키의 분류가 앞서 든 예술철학적 제반 문제들 간의 질서를 마련해주고, 우리로 하여금 그 문제들을 총체적으로 파악하는 데 도움을 줄 수 있다.

예술철학적 문제에 대한 디키의 정리는 중요한 가치를 갖고 있음에도 불구하고 아직 한 가지 미흡한 점을 안고 있다. 그것은 문제에 대한 그의 세 가지 분류에 있어서, 그들 간에 유기적이며 논리적인 관계를 보이지 못하고 있다는 점이다. 예술의 개념과 심미성의 관계, 그것들과 해석·평가라는 작업으로서의 비평의 관계가 뚜렷하지 않다. 심미성·평가라는 작업이 예술작품과 뗄 수 없는 내재적 내용을 갖고 있다는 것이 자명하다면 예술이라는 것을 이해하기 위해서는 위의 모든 것들의 일관된 내재적 관계라는 틀이 마련되어야 할 것이다. 코끼리를 벽·기둥, 또는 트럼펫 같은 악기를 닮은 모양으로만 보는 장님들과는 달리, 눈을 뜨고 코끼리를 코끼리로, 전체적으로 파악해야 하듯이 예술이라는 것을 하나의 통일된 전체로 파악하자는 것이다.

철학적 눈을 떠서 예술이라는 코끼리를 바라볼 때 코끼리의 다리·머리·몸통이라는 개념에 해당되는 예술철학의 완전히 서로 떼어놓을 수 없는 핵심적 개념은 작품·해석·평가라고 생각된다. 이 세 가지 커다란 개념의 렌즈를 통해서 예술이라는 코끼리는 하나의 통일된 전체로 윤곽을 드러내며, 그밖의 수많은 특수한 예술을 보는 개념의 렌즈로 그 중요하고 정당한 기능이 비로소 파악될 수 있다고 생각된다. 첫째, 작품 개념이 중요한 것은 예술에 관한 논의가 작품에만 국한되는 것은 아니지만 작품을 떠나서 예술에 관해 논한다는 것은 의미가 없기 때문이다. 예술의 문제는 무엇보다도 구체적인 예술작품에서 출발되어야 한다. 둘째, 예술작품은 언제나 그 뜻의 해석을 전제한다. 이런 점에서 예술작품은 그냥 사물이 아니라 뜻을 갖고 있는 의미체이다. 셋째, 예술작품은 언제나 감상과 평가의 대상이게 마련이다. 감상과 평가를 요구하지 않는 예술작품은 예술작품으로서의 존재 가치를 상실한다. 그러므로 나는 여기서 예술이라는 크나큰 코끼리를 투명하게 보자는 집념에서 ①작품, ②해석, ③평가라는 렌즈를 설정하고 이런 테두리에서 예술에 관련된 중요한 개념들을 정리·조정하면서 도대체 예술이라는 코끼리가 무엇인지를 밝히려 한다.

《문학사상》, 1982

예술이란 무엇인가? 이 물음에 대한 철학적 답을 찾고자 함이 우리의 과제다. 철학적 관점에서 볼 때 이 문제는 '예술'이란 개념을 분석하고 해명하는 문제에 불과하다. 그런데 이와 같은 질문은 그 내용이 분명하지 않다. 정확히 무엇에 대한 질문인지가 뚜렷하지 않다는 것이다. 왜냐하면 '예술'은 예술작품을 지칭할 수도 있고, 예술작품의 제작과정을 가리킬 수도 있으며, 예술작품의 감상 등을 의미할 수도 있기 때문이다. 따라서 '예술이란 무엇인가'라고 물을 때 예술이란 개념이 어떻게 사용되느냐에 따라 이 물음에 대한 답은 달라진다. 그러므로 이 물음의 해답을 찾기 전에 정확히 어떤 의미에서 우리가 예술에 대해 질문하고 있는가가 먼저 결정되어야 한다.

　예술활동은 다양한 차원을 갖고 있으며, 따라서 다양한 문제를 제기한다. 그러나 그 모든 문제는 예술작품을 떠나서는 상상할 수 없다. 그러므로 예술에 있어서의 핵심적인 문제, 예술을 이해하는 데 가장 근본적인 문제는 예술작품을 밝혀내는 데 있다. 여기서 '예술이란 무엇인가'

라고 묻는 것은 '예술작품은 무엇인가'라는 문제로 해석되어야 한다.

　예술작품은 무엇인가? 원래의 문제가 이처럼 좁혀져 해석되었다 해도 이 물음 자체의 성격을 보다 정확히 할 필요가 있다. 예술작품은 무엇인가라는 물음은 도대체 어떤 물음인가? 이 물음에서 우리는 무엇을 알고자 하는 것일까? 그것은 베토벤의 교향곡이 어떤 음을 갖고 있는가 혹은 로댕의 조각들, 피카소의 그림들, 이상범李象範의 동양화, 또는 도스토옙스키의 소설들이 어떻게 생겼고, 어디에 있는가를 알고자 하는 물음은 물론 아니다. 그것은 '사랑은 무엇인가'라는 물음이 사랑의 경험을 한다거나 그런 경험을 하고 있는 사람들을 만나보고자 하는 욕망을 뜻하지 않는 것과 같다. 적어도 철학적 차원에서 사랑을 안다는 것이 '사랑'이란 개념을 파악하는 데 있는 것과 마찬가지로 예술작품을 안다는 것은 '예술작품'이란 개념을 이해하는 일이다. 그런데 한 개념을 안다는 것은 그 개념에 대한 정의를 내릴 줄 안다는 말과 마찬가지이다. 그래서 '예술이란 무엇인가'라는 원래의 물음은 예술작품의 올바른 정의를 찾고자 하는 물음으로 해석된다.

　우리의 문제가 '예술작품'이라는 개념에 대한 정의를 내리는 데 있다면 한 개념의 정의를 내린다는 것은 무엇인가? 그것은 한 낱말, 즉 한 개념이 다른 낱말들과 어떻게 구별되어 사용되는가를 밝히는 작업이다. 사랑이라는 개념 혹은 책상이라는 개념이 정의되려면 '사랑'이 '동정'·'친절'·'호감' 등의 유사 개념들과 어떻게 구별되어 사용되느냐, 또 '책상'이 '식탁'·'다탁' 등의 개념들과 어떻게 구별되어 사용되는가가 밝혀져야 한다. 한 개념의 정의란 다른 개념과의 구별·구분의 근거를 말하는 것에 지나지 않는다. 불행히도 '예술작품'이란 말은 경우에 따라 분류적으로 사용될 뿐만 아니라 평가적으로도 사용된다. 고려자기나 뒤샹Duchamp의 〈샘〉이 예술작품이냐 아니냐 할 때 예술작품이란 개념은 분명히 분류적으로 사용된 것이지만, '복순이는 하나의 살아 있는 예술작품이다'라든가 '설악산은 하느님의 예술작품이다'라는 말에서의 '예술작품'이란 개념은 평가적으로 쓰인 것이다. 후자의 경우, '예술작품'이란 아름다움·감동적임을 뜻하는 것에 불과하다. 물론 이 두 가지 경우에 있어서, 같은 '예술작품'이란 말에 서로 다른 두 가지 정의가 내려진다. 예술작품의 개념을 밝히고자 할 때 물론 우리는 여기서 분류적 입장에만 서 있다는 것이며 오직 분류적인 의미에서의 정의를 내리려는 것이다. 그렇다면 분류적인 뜻에서의 예술작품은 어떻게 정의될 수 있는가? 이런 물음에 앞서 우리는 어떤 경우에 하나의 개념이 정의되었다고 말할 수 있는가를 우선 생각해보아야 할 것이다.

한 낱말은 그 낱말이 올바르게 사용될 수 있는 필요하고도 충분한 조건이 밝혀졌을 때만 그것이 정의되었다고 할 수 있다. '백조'라는 낱말은 어떤 조류가 백조라고 불릴 수 있는 모든 조건이 밝혀졌을 때 정의되었다고 할 수 있는 것이다. 이와 같이 해서 종래는 흰색이 백조로 불릴 수 있는 하나의 필요조건으로 생각되어왔음에도 불구하고 검은 백조가 오스트리아에서 발견됨에 따라 흰색은 '백조'를 정의하는 필요충분조건이 될 수 없게 되었다. 마찬가지로 '이화여대생'의 정의는 그렇게 불릴 수 있는 필요하고도 충분한 조건들의 총화가 된다. '여자'·'적절한 절차를 밟고 이화여대에 등록된 자' 등이 필요조건이 될 것이며, 그 모두를 합친 것이 충분조건이 된다. 다시 말해서 '백조' 혹은 '이화여대생'의 충분조건을 갖출 때 그것들은 그 개개가 혹은 '이화여대생'으로 마땅히 분류되어야 하며, 반대로 '백조' 혹은 '이화여대생'이라고 불리는 것은 필연적으로 각기 그것의 충분조건들을 지니고 있어야만 한다.

그렇다면 예술작품의 필요하고도 충분한 조건들은 무엇인가? 만일 그런 것이 있다면 예술작품이, 그리고 오직 예술작품들만이 갖고 있는 속성소property 혹은 특질들은 무엇인가? 다시 말해서 어떤 속성소들에 의해서 예술작품들은 그밖의 모든 것들과 구별되고 분류될 수 있는가? 보통 생각하는 바와는 달리 속성소는 반드시 실제로 존재하는 것만은 아니다. 한 사물 혹은 사실의 속성소는 경우에 따라 지각을 통해서 발견할 수 있는 실재적인 것일 수도 있고, 그와는 반대로 지각의 대상이 될 수 없는 약정적conventional인 것일 수도 있다. 물의 속성소는 산소와 수소들이며 물은 이 두 가지 속성소에 의해서 결정된다. 여기서 수소나 산소는 분명히 우리들의 자의적인 결정과는 독립되어 실제로 존재한다. 백조의 속성소도 이와 마찬가지 성질의 것이다. 그러나 이화여대생의 속성소나 혹은 기혼자의 속성소는 위와는 달리 단순히 실재하는 것만으로 구성되지 않고, 약정적인 성질을 지닌 속성소를 갖고 있다. 이화여대생과 이화여대생 아닌 사람의 차이, 기혼자와 미혼자의 차이는 직접적인 지각을 통해서는 밝혀질 수 없을 뿐만 아니라 어떤 정밀한 현미경으로도 실제로 발견될 수는 없는 것이다. 이화여대생과 이화여대생 아닌 사람, 기혼자와 미혼자의 각기 속성소들은 실재하지 않는 속성소, 즉 약정적 속성소를 갖고 있다. 여기서 약정이란 사회적 제도를 의미한다. 이화여대생과 비이화여대생, 기혼자와 미혼자는 오로지 사회적 제도로서의 약정에 의해서 분류되는 것이다. 이와 같은 속성소의 구별을 인정할 때 어떤 사물현상을 정의하는 데 있어서, 즉 그것의 필요충분조건을 형성하는 속성소를 가려내는 데 있어서 실제적인 속성소를 찾을 것인지, 약정적인 속성소를 찾을 것인지를 결정하는 일이 매우 중요하다. 물의 속성소를 약정적인 차원에서 찾는 일이 헛된 노력인 것과 마찬가지로 미혼자의 속성소를 실재적인 측면에서 가려내려는 것은 근본적인 착각이 된다. 어떤 사물이 물이냐 아니냐를 결정하는 데 있어서 약정으로 결정하려는 태도가 언어도단이라면, 기혼자냐 아니냐를 결정하기 위해서 전자현미경까지 동원하여 그 사람을 관찰하는 것 역시 무모한 노력임은 자명하다.

그렇다면 예술작품의 속성소는 실재적인 것인가 아니면 약정적인 것인가? 한 사물 혹은 사건이 예술작품이냐 아니냐는 그것의 실재적인 속성소를 찾아냄으로써 결정될 수 있는가? 아니면 그것이 어떤 약정에 의해서 구별되는가를 가려냄으로써 결정될 수 있는가? 다시 말해서 베토벤의 교향곡, 피카소의 그림들, 도스토옙스키의 소설들, 로댕의 조각들, 뒤샹의 〈샘〉 또는 올덴버그Claes Oldenburg의 〈센트럴 공원〉을 다 같이 예술작품이라 부른다면, 이 다양한 것들이 다 같이 소유하고 있다고 전제되는 속성소는 그것들을 관찰함으로써 찾아낼 수 있는 실재적인 것인가, 아니면 눈으로는 발견할 수 없는 약정적인 것인가? 예술작품의 속성소를 전자의 종류로 전제할 때 우리는 예술작품의 실재적 정의를 시도하게 되고, 그 반대의 것으로 전제할 때 예술작품의 약정적 정의를 제안하게 된다. 돌이켜보면 전통적인 수많은 예술론은, 비록 그 자체로는 언제나 좀 불투명했지만 예술작품의 정의를 시도해왔던 것으로 생각된다. 그러나 그러한 시도는 언제나 실재적인 차원에서만 이루어져 왔다. 만일 예술작품에 대한 전통적인 정의들이 한결같이 만족스럽지 못했다면 그 근본적인 이유는 예술작품의 속성소를 실재적으로 찾으려 했던 출발점의 잘못에 있었을지도 모른다. 이런 전통적인 난점을 극복하려는 목적에서 최근 단토나 디키 등에 의해 이른바 약정적 혹은 제도적institutional 정의가 시도되고 있다. 그러므로 우리는 첫째, 예술작품에 대한 여러 가지 전통적 이론들을 실재적 정의란 주제로 검토해야 하고, 둘째, 새로운 이론으로서의 관습적 정의를 분석·평가·보충해야 할 것이다.

실재적 정의

예술작품이라고 분류된 것들 속에서 실제로 발굴해낼 수 있다고 믿어왔던 속성소들에 대한 전통적인 여러 이론들은 편의상 1)표상론, 2)표현론, 3)형식론이라는 세 가지 범주로 크게 나누어 묶을 수 있다. 표상론에 의하면 예술작품의 본질은 그것 속에 포함되어 있는 표상, 즉 어떤 대상을 잘 나타내 보이는 데 있다. 반면에 표현론은 예술작품의 본질이 예술가나 혹은 예술작품의 감상자의 감동을 환기시키는 요소에서 찾을 수 있다고 믿는다. 끝으로 형식론은 예술작품이 표상하는 객관적 대상이나, 예술가나 감상자의 감동과는 상관없이 예술작품 자체 내에서 발견될 수 있는 형식이 예술작품의 본질이라고 주장한다. 이상의 세 가지 이론을 검토함으로써 예술에 관한 전통적인 여러 주장들이 전체적으로 체계 있게 이해될 수 있을 것이다. 과연 어떤 이론이 옳은가? 만일 이들 중 어느 것도 만족스럽지 못하다면 예술작품의 보다 적절한 속성소를 찾을 수 있을 것인가? 위의 세 가지 이론들은 어떤 관점에서 연관성 있게 파악될 수 있는가? 이러한 의문에 답하기 위해 먼저 표상론부터 살펴보면서 분석하고, 비평해보고자 한다.

표상론

하나의 예술작품은 어떤 대상을 표상한 것으로 받아들일 때 표상론이 성립된다. 다빈치의 〈모나리자〉라는 작품은 모나리자라는 여인을 표상한 한에서의 예술작품이며, 피카소의 〈게르니카〉는 반反파시즘사상을, 베토벤의 교향곡 제5번은 운명을 극복하여 승리로 이끌어야 한다는 베토벤의 인생관을 각각 표상하는 한에서, 즉 그러한 것을 우리에게 전달해주는 한에서의 예술작품이라는 것이다. 이 표상론은 앞에서 든 세 가지 전통적 이론 가운데서도 가장 오래되고 가장 보편적이며, 또한 가장 끈질긴 예술론이다. 이는 플라톤의 유명한 모방론에서 잘 나타났으며, 아리스토텔레스의 비극론에서 다시 반복되고 하이데거의 예술철학, 랭거의 이론, 『도상과 사상』의 저자인 리드의 예술관, 낭만주의 시학 등으로 이어지면서 대부분의 예술가들의 생각 속에 뿌리박고 있다. 최근에는 굿맨Goodman의 『예술의 언어들』[13] 속에서 새로운 이론적 뒷받침을 받고 나타나 있기도 하다.

표상론의 핵심은 각 예술작품이 표상적 속성소representational property를 갖고 있다는 것이며, 이 속성소가 한 사물현상으로서의 예술작품을 만든다는 것이다. 예술작품이 표상적 속성소를 소유하고 있다는 것은 첫째, 예술작품이 일종의 언어임을 의미하며 둘째, 그 언어는 어디까지나 인식적 기능을 하고 있음을 뜻한다. 따라서 예술작품은 세상에서 발견될 수 있는 사물·사건, 혹은 어떤 사람이 갖고 있는 느낌·사상들에 대한 정보를 제공하는 것이 되며, 예술감상자들은 예술작품을 통해서 그들이 미처 알지 못했던 새로운 사실, 새로운 진리를 배우게 된다. 이와

---

13   N. Goodman, *Languages of Art*(Indianapolis, 1957).

같이 볼 때 흔히 생각하는 바와는 달리 과학적인 기능과 예술적 기능은 근본적으로 질적 차이가 없어진다. 그래서 굿맨은 "비록 과학의 궁극적 산물이 예술의 산물과는 달리 언어적이거나 수학적 혹은 지칭적 이론일지라도 과학과 예술은 그들이 탐구하며 조성하는 데 있어서는 대개 동일한 절차를 밟는다"[14]라고 주장하면서 과학과 예술의 연속적 관계를 역설한다. 이와 같이 예술작품의 인식적 기능을 전제하고 보면 플라톤이 자신의 이상적 국가에서 시인들을 추방하고자 했던 사실, 아리스토텔레스가 역사적 진리보다 시적 진리를 앞세웠던 사실, 하이데거가 오로지 시를 통해서만 절대적 진리에 더 가까워질 수 있다고 주장했던 사실들이 납득된다. 그리고 이러한 테두리에서, 대부분의 예술가들이 자신들의 목적은 진리, 쉽게 표현할 수 없는 진리를 드러내 보이는 데 있다고 믿고 있는 사실이 어느 정도 수긍된다. 사실 마네Manet의 〈피리 부는 소년〉은 피리 부는 한 소년을, 로렌스의 『채털리 부인의 사랑』은 채털리 부인이 체험한 불륜의 애정을, 로댕의 〈생각하는 사람〉은 생각에 잠긴 구부리고 앉은 사나이를, 김홍도의 풍속도는 조선시대 한국의 한 풍속을 표상한다. 그리고 소포클레스의 『안티고네』는 우주적 차원에서 본, 운명과 대결하는 인간들의 무력함을, 베케트의 『고도를 기다리며』는 이루어질 수 없는 인간의 바람을, 소월의 「진달래꽃」은 진달래 피는 산골에서 체험하는 아쉬운 사랑의 이별을, 헨델의 〈메시아〉는 기독교의 찬양을 각기 표상한다고 볼 수 있다.

예술작품이 무엇인가를 표상한다는 생각, 따라서 무엇에 대한 진리를 나타낸다는 믿음은 다음의 두 가지 사실에 근거하고 있다고 추측된

---

[14]　N. Goodman, *Ways of Worldmaking*(Indianapolis, 1978), p.107.

다. 첫째, 예술작품은 우연적인 자연현상이 결코 아니며 언제나 어떤 주체자에 의해서 의도적으로 계획되고 만들어지며, 예술작품 제작의 의도는 항상 어떤 객관적 대상이나 아니면 어떤 생각·느낌이라는 심리상태를 나타내는 데 있다는 사실이다. 어떤 예술가든 간에 그는 반드시 무엇인가를 보이려고, 혹은 나타내려고 하는 것이다. 이러한 사실은 예술가의 입장에서 보면 충분히 납득할 수 있다고 생각된다. 무엇인가를 표상하지 않고 제작된 예술작품, 즉 우연히 꾸며진 예술작품이란 자가당착적 개념이라 하겠다. 둘째, 지금까지 예술작품이라고 분류되어온 거의 대부분의 것들에 있어서 미술은 무엇인가를 구상한 것이며, 문학은 무엇인가에 대한 이야기라는 것, 그리고 비록 비구상예술로서의 음악이나 무용이라 할지라도 그것 역시 사랑을, 슬픔을, 그리움을, 또는 어떤 역사적 사건을 말해주는 것으로 대부분의 경우 우리가 믿고 있다는 사실이다.

그러나 과연 예술작품은 무엇인가를 표상하는가? 그것은 과연 우리들에게 기존의 어떤 사물현상에 대한 정보를 제공하고 진리를 드러내는가? 설사 예술작품이 무엇인가를 표상하는 기능을 갖고 있음을 인정하더라도 우리가 보고 듣고 알고 있는 모든 예술작품 속에서 표상이라는 속성소를 실제로 뽑아낼 수 있는가? 다시 말해서 모든 예술작품들을 관찰하고 감상함으로써 그것들이 공통적으로 소유하고 있다고 믿어지는 표상이라는 속성소를 구체적으로 지적해낼 수 있는가? 이러한 물음에 대답을 찾기 전에 우선 표상이란 무슨 뜻인가를 잠시 생각해보도록 하자. 표상은 어떤 대상의 존재를 전제로 하며 그 대상을 대치해 보임을 의미한다. 표상 R(representational)은 그것의 대상 O(object)의 실재적 존재를 전제하며, 표상된 사실 혹은 사건은 그것이 표상하고 있는 대상의 대치를 의미한다는 말이다. 어떤 것이 무엇인가에 대한 표상으로 인식될 수 있는 근거는 우선 그것이 어떤 사물현상과 어느 의미에서 유사성을 보여주는 데 있다. 그러므로 한 대상과 유사성을 갖는 모든 것은 우선 일차적으로 표상적 기능을 하고 있다고 간주될 수 있다. 이런 점에서 표상성과 모방성의 동일시가 가능하다. 그리고 여기서 플라톤의 예술모방론이 이해되며, 동서를 막론하고 한 그림이 그 대상과 착각될 만큼 모사적이라는 이유에서 찬양받는 까닭이 이해된다. 솔거率居의 소나무를 그린 벽화가 실재하는 소나무와 너무나 똑같이 묘사되었기 때문에 까치들이 날아와 벽에 부딪혀 떨어졌다는 에피소드가 자주 솔거의 예술적 위대함을 보여주는 근거로 들리고 있음은 누구나 잘 알고 있는 사실이다. 많은 예술작품들은 사실 무엇인가를 나타낸 것이고, 그것들은 그것들이 나타냈다고 전제한 사물현상과 유사하다. 언뜻 보아서 대부분의 전통적 그림·조각·문학작품들은 그러한 모방성을 드러내고 있다고 본다. 다빈치의 〈모나리자〉는 어떤 여인을 모방한 것으로 간주될 수 있으며, 밀로의 〈비너스〉도 역시 어떤 여인의 상반신 나체를 정묘하고 생동감 있게 모사한 것으로 볼 수 있다. 또한 오스카 와일드Oscar Wilde의 『도리언 그레이의 초상』은 도리언이란 인물을 모사한 것으로 볼 수 있으며, 우리의 산수화들은 한국의 산수를 모사한 것으로 해석될 수 있다.

그러나 조금만 돌이켜 생각하여 예술사라는 구체적인 사실을 반성해본다면 여기에는 어느 정도 난점이 있다. 추상화, 현대의 갖가지 형태의 조각, 현대 무용이나 음악에 주의를 기울여볼 때, 모든 예술작품이 표상이라 전제한다 해도 모방 혹은 모사로서만의 표상이란 관념은 수긍하기 어렵다. 바꿔 말해서 예술작품들이 표상이라는 속성소를 소유하고 있다고 할 때 그 표상이 모방·모사란 뜻이라고는 말할 수 없다는 것이다. 과연 무슨 근거에서 스트라빈스키의 〈봄의 제전〉이 모든 소나타, 미뉴에트, 심포니가, 그리고 조선조의 궁중 음악이 무엇인가를 모방 혹은 모사한 것이라고 할 수 있겠는가? 과연 어떤 의미에서 클레Klee 혹은 폴락Pollack, 놀랜드Noland의 추상화나 블랑키Blanqui의 대리석 조각들이 무엇인가를 모사한 것이라고 말할 수 있겠는가? 비록 모든 예술작품의 기능을 표상성에서 찾을 수 있다고 해도 적어도 모방이나 모사라는 뜻에서의 표상성일 수 없음은 자명한 것 같다. 이러한 반증에 대해서 굿맨은 추상예술이 어떤 구체적인 사물을, 음악이 어떤 시각적 대상을, 현대 조각이 어떤 실제적·개별적 사물을 모사 혹은 모방하는 것은 아닐지라도, 그것들은 다 같이 그것에 나타난 선·색·각·음들의 각각의 질을 예증exemplify한다는 것이다. 이렇게 해석할 때 모든 예술작품들은 모방으로서의 표상으로 받아들여야 한다는 것이다.[15] 한 작품은 선·색·각·음의 구체적인 실례가 된다는 뜻이다.

　그러나 위와 같은 주장은 충분한 설득력을 갖지 못한다. 표상은 반드시 모방적이거나 모사적인 것은 아니다. 어떤 사물 또는 현상은 그것이 다른 것과 실재적인 유사성, 즉 복사적인 관계를 갖고 있다고 해서 표상적 기능을 하는 것은 아니라는 것이다. 공장에서 양산되는 생산품들이나 한 쌍의 일란성 쌍둥이 사이에는 실재적인 측면에서 생산품 중의 한 공산품이나 쌍둥이 중의 한 사람을 그린 그림보다는 훨씬 더 복사적인 연관성이 있음은 자명하지만, 그렇다고 한 다른 공산품, 쌍둥이 중의 한 명이 쌍둥이 중의 다른 한 명을 표상한다고는 볼 수 없다. R(reality)이라는 사물현상이 O(object)라는 사물현상을 표상하기 위해 그들 간에

15　N. Goodman, *Languages of Art*, p.121.

복사적 관계가 있을 필요는 없다. 한 사물현상을 여러 가지 방식으로 표상할 수 있으며 그 방법들 간에 우열을 가리기 힘들다는 것을 우리는 잘 알고 있다. 고대 이집트의 표상 방식은 고대 그리스의 그것과 판이하게 다르지만, 그 두 시대의 표상 방식이 다 한 인물이나 사물을 옳게 표상할 수 있으며, 동양화와 서양화가 동일한 어떤 대상을 서로 다른 방식으로 표상할 수도 있는 것이다. 이러한 사실은, 사물현상의 표상은 그 표상대상의 복사성에 있지 않음을 증명한다. 표상은 복사성에만 있는 것이 아니라 오히려 비가시적인 약정성에 더욱 의존하고 있다. 만일 한 가지 대상을 고대 그리스 양식, 이집트 양식, 동양화적 양식, 사진적 양식, 만화적 양식 등에 의한 방법으로 표상한다면, 그것은 각각의 양식이 그 대상을 모방한 것이라 해도 그 모방성은 오직 어느 한 측면에서만 수긍될 수 있다. '달'이란 말이 구체적인 실재의 달을 표상한다고 해도 그 낱말과 구체적인 달의 관계는 결코 복사성에 의존하지는 않는다. '月'이란 상형문자가 원래 복사적인 것에 근거하고 있다고 하더라도 그 문자가 우리에게 달을 표상하는 것으로 수용될 수 있는 것은 '月'이란 문자와 실제로 존재하는 달의 유사성과는 무관한 것이다.

이와 같이 고찰할 때 예술작품의 모방 혹은 모사로서의 표상적 기능은 근본적으로 잘못된 이론임을 알 수 있다. 그러나 약정에 근거한 예술작품의 표상 기능은 아직도 수용될 가능성을 남기고 있다.

표상 R이 그의 대상인 사물현상, 혹은 상황 O를 표상한다고 할 때 그런 관념 속에는 그 대상의 실재적 존재, 즉 표상행위와는 독립된 대상존재가 논리적으로 함의되어 있다. 그러한 대상 존재가 부정된, 다시 말해서 그것이 제시되지 않은 표상이란 자기모순적 개념이다. 표상이란 개념에 대한 위와 같은 분석이 정당하다고 인정된다면 예술작품은 바로 이런 의미에서 표상적이라고 말할 수 있는가? 모든 예술작품은 각기 하나의 표상체이며 그 표상체는 그것과 독립한 대상의 존재를 제시하는 것인가? 바꿔 말해서 예술작품이 나타낸다고 전제되는 대상의 독립된 존재는 예술작품의 필요하고도 충분한 조건인가? 예술작품이 무의식적인 행동에 의해 우연히 빚어진 결과가 아니라는 점에서, 모든 예술가는 언제나 어떤 의도하에 무엇인가를 얘기하거나 전달하고자 한다는 사실을 인정할 때 위에서 던진 물음에 대해 긍정적인 대답이 주어져야 마땅할 것이다. 예술가는 작품을 제작하기 전에 그가 이미 관찰했거나 느꼈거나 생각했던 것들을 가지고 그것을 예술작품이란 언어로 표상하고 있는 것같이 생각되기 때문이다.

그러나 좀더 생각해보면 위와 같은 사실에도 불구하고 예술작품은 이미 존재하는 어떤 대상을 지각하고 소유한 다음 그것을 단순히 나타내려는 것으로는 보기 어렵다. 한마디로 말해서 예술작품이 약속에 의존하는 것으로 해석된 표상의 기능을 한다고 보는 데 어려움이 있다. 만일 예술작품을 표상이라고 인정한다면 그 표상은 무엇인가를 서술해준다는 점에서, 즉 무엇인가에 대한 정보를 제공한다는 점에서 하나의 진술statement로 보아야 마땅한 것이다. 하나의 그림, 하나의 조각, 한 편의 시, 한 장면의 무용은 제각기 무엇인가에 대한 진술일 것이다. 그 진술은 논리적 구조상 "현재 하늘은 푸르다" 혹은 "한국전쟁은 1950년 6월 25일에 발발했다" 등과 같은 것으로 보아야 할 것이며, 이러한 진술들은 그들이 지칭하고 서술한다고 전제되는 객관적 대상에 비추어 그 진술들의 진위가 가려질 가능성만은 지니고 있어야 한다. 그러나 우리들은 비유적인 경우를 제외하는 한, 예술작품의 진위를 묻지는 않는다. 예술작품의 진위를 묻는다는 것은 단적으로 비유하자면 마치 '그 사람의

키는 무슨 색깔인가'라고 묻는 것과 마찬가지로, 이른바 범주적 오류를 저지르는 격이 된다. 물론 어떤 문학작품을 두고 그것의 진실성을 묻는 것은 타당하다고 할 수 있다. 그러나 진실과 진실성은 그 어휘의 유사성에도 불구하고 전혀 다른 뜻을 갖는다. 문학까지를 포함한 예술 일반을 두고 그 진위를 묻지 않는다는 사실은 우리가 예술작품이란 언어에 무의식적이나마 지칭적 혹은 서술적 기능을 부여하지는 않고 있음을 암시한다. 사실 어떻게 베토벤의 교향곡 제5번이 '운명은 극복되어야 한다'는 베토벤의 생각을 진술한다고 할 수 있겠는가? 이 교향곡이 실제로 하나의 언어로서 무엇인가를 얘기해준다고 가정한다 해도 그것은 그 작품이 제작되기 이전에 베토벤의 머릿속에 이미 존재하는 객관적인 생각을 서술한다기보다는, 그 곡을 통해서 청중인 우리가 그런 생각의 의미를 그 곡에 부여한다고 봄이 보다 타당할 것이다. 마찬가지로 굿맨이 주장하는 바와는 달리, 예를 들어 하나의 추상화나 하나의 현대 조각품은 어떤 색, 혹은 사물의 텍스처, 즉 결을 예증한다기보다는 오히려 그런 사물을 만들어낸 것이라고 봄이 보다 적절한 해석이 될 것이다. 한 예술작품이 기존의 어떤 객관적 대상을 지칭하고 서술하는 진술로 보일 수 없음은 비단 비구상적 예술에만 해당되는 것이 아니다. 똑같은 주장이 가장 구상적인 전통적 회화나 조각, 그리고 이른바 가장 사실적인 교향곡에 다 같이 적용된다. 단테의 『신곡』, 도스토옙스키의 『죄와 벌』, 그리고 엘리엇의 「황무지」는 이미 있었던 사실이나 사건들에 대한 서술이 아니다. 그것은 분명히 무엇을 얘기하고 서술하는 것같이 보이지만 사실상 그것들이 얘기하는 것들, 즉 그것들의 지칭대상들이 존재하는 것은 아니다. 바꿔 말해서 그 작품들의 언어는 사실상 지칭대상을 갖고 있지 않다. 이른바 사실주의 소설인 플로베르의 『보바리 부인』도이 소설이 만들어지기 전에 살고 있던 실재하는 어떤 부인을 묘사한 것은 아니다. 이 이야기 속에 나타나는 인물, 그 인물을 중심으로 일어나는 여러 사건들은 플로베르가 이 소설을 씀으로써 비로소 만들어진 것, 꾸며진 것들에 불과하다. 이런 의미에서 예술작품은 다른 제작품과 구별되어 창작이란 말이 적용될 수 있으며, 예술작품이란 언어가 지칭대상을 갖지 않는다는 점에서 예술작품 모두를 허구, 즉 픽션이라 부를 수 있다. 이와 같이 모든 예술작품이 허구라 불려야 함에도 불구하고 각별히 소설만을 두고 픽션이라 부르게 된 이유는, 소설이 다른 예술작품보다도 더욱 지칭대상을 가진 서술처럼 보이는 예술형식이기 때문에 여기서 발생하는 착각을 경고하려는 이유에서 사용하게 된 것이 아닌가 생각된다. 언어로서의 예술작품이 논리적으로 보아 허구라는 사실, 허구성이 예술작품이라는 개념 속에 분석적으로 보아도 포함된다는 사실, 그리고 예술작품이라는 언어가 여느 경우와는 달리 논리적으로 지칭대상을 가질 수 없다는 사실은 그 언어의 본질적 기능이 표상에 있지 않음을, 즉 인식에 있지 않음을 말해준다.

예술작품에 대한 이런 입장이 아무리 논리적으로 어쩔 수 없는 결론이라 하더라도, 예술가 자신들은 물론 예술을 대하고 그것에 끌리는 감상자의 편에서 보아도 이와 같은 입장은 우선 직감적으로 석연치 않게 느껴지는 점이 있다. 예술이란 아무래도 진리와 뗄 수 없는 관계를 갖고 있는 것같이 생각되기 때문이다. 앞서도 잠깐 지적했던 것처럼 예술가들은 무엇인가를 보이거나 말하려고 한다. 예술작품은 유희적으로 빚어진 우연의 산물이 아니라 예술가가 보고, 느끼고, 생각한 것을 전달하는 수단이라 생각된다. 뿐만 아니라 예술작품 감상자들도 예술작품을 통해서 무엇인가를 배우는 것처럼 느껴진다. 특히 문학작품의 경우가 그렇다. 문학작품을 통해서 우리들은 적어도 인간을, 그리고 인생의 여러 가지 모습을 배우는 듯하다. 그렇다면 예술작품이 과학적 논문이나 갖가지 기사 보고서와 똑같은 의미에서 실재하는 사물현상이나 혹은 상황에 대한 객관적인 지식이나 정보를 제공하지는 않는다고 하더라도 어떤 의미로, 어쩌면 보다 더 근본적일 수 있는 의미에서, 진리와 관계를 맺고 있다고 믿어야 할 것이다.

이렇게 관점을 돌려 생각할 때 우리는 동서고금을 막론하고 가장 널리 믿어지고, 여러 가지 회의와 반론에 부딪히면서도 끈질기게 주장되는 예술의 인식적 기능론을 다시 들고 나오게 된다. 하이데거, 메를로퐁티Merleau-Ponty, 리드, 랭거, 더 가까이는 굿맨 같은 철학자들은 예술의 인식적 기능을 새로운 형태로 주장한 대표적인 사람들이다. 이들에 의하면 예술은 과학과 마찬가지로 진리에 종사하는 분야이지만 과학보다 진리의 발굴에 더욱 근본적으로 기여한다. 과학이나 일상적 차원에서 발견된 진리가 피상적인 데 반해서 예술적 진리는 보다 원초적이며, 예술은 다른 언어로는 표상될 수 없는 진리를 표상한다는 것이다. 예술에 대한 이러한 해석은 논리적으로 충분히 만족될 수 없는 역설적인 성질을 띠고 있다. 그러나 이러한 모순적인 설명에도 불구하고 바로 이것이 진리에 대한 다른 어떤 작업도 감당할 수 없는 오로지 예술만의, 예술만이 감당할 과제인 것이다.

첫째, 예술이 일상적인 혹은 과학적인 진리보다 더욱 근본적인 진리를 밝혀준다는 주장, 즉 예술적 진리가 다른 종류의 진리보다 우월하다는 생각은 극히 낭만적인 예술관으로 대부분의 예술가들, 특히 낭만주의 예술가들에 의해 주장되어왔는데, 이것이 하이데거에 의해서 보다 철학적인 이론적 뒷받침을 받았다. 하이데거에 의하면, 진리에 대한 일상적이거나 과학적인 표상은 실용적 욕구에 지배되어 그 표상의 대상을 하나의 실용적 도구로서 간주하기 때문에 대상을 있는 그대로 바라보기 힘들다. 그런데 이에 반해서 예술은 과학적 혹은 일상적 대상에 의해 왜곡되고 은폐된 대상 존재를 은폐성으로부터 해방시킴으로써 있는 그대로의 대상 그 자체를 드러내 보여준다는 것이다. 진리는 다름 아니라 '있는 그대로 나타나는 것', 즉 비은폐성aletheia에 불과하다고 그는 말한다. 특히 횔덜린Hölderlin의 시와 고흐Gogh의 그림들은 이와 같은 의미에서 존재의 참모습, 즉 존재의 비밀을 우리에게 드러낸다고 한다. 따라서 이러한 예술적 진리는 일상적·과학적 진리는 물론 철학적 진리보다도 우위에 있게 된다. 만일 철학의 본래적 기능이 진리를 드러내는 데 있다면 철학은 마침내는 예술의 형태로 승격되거나 그런 형태를 향해 자기발전을 이룩해야 한다는 것이다.

둘째, 예술이 제시하는 진리가 과학이나 하이데거적 의미의 철학이 제시하는 진리보다 더 근본적인, 즉 더 우월한 진리라고까지는 주장하지 않더라도 예술이야말로 발생학적으로 가장 근원적인 진리라는 주장은 고려할 수 있다. 그리고 이러한 주장의 예는 메를로 퐁티나 리드에서 찾아볼 수 있다. 메를로 퐁티에 의하면 일상적인 혹은 과학적인 표상에 있어서도 그것이 객관화된 경험의 차원을 넘어서 사물현상에 대한 원초적 경험을 밝혀내는 일이 가능하다. 세잔Cézanne의 그림들은 우리가 눈으로는 볼 수 없는, 사물현상의 그 이전 존재를 마음이나 지성의 척도나 개념의 렌즈를 통해서 시각적으로 보게 한다는 것이다. 예술가의 이런 작업에 의해서 경직된 개념으로만 이해되고 의미를 갖게 되었던 사물현상이 비개념적이고 비일상적인, 즉 생동하는 모습으로 탄생하게 된다. 이와 같이 볼 때 일상적·과학적, 그리고 철학적 언어의 의미와 그것이 보여주는 이른바 객관적 진리는 사실상 예술적 언어와 예술적 언어가 나타내는 진리에 의존하고 있음을 알 수 있다. 다시 말해서 일상적·과학적·철학적 언어의 투명한 의미는 투명하지 않은 예술적 언어에 종속적이고, 그 언어들이 표상한다고 전제된 객관적 진리는 어떻게 보면 주관적이라고밖에 말할 수 없는 예술적 진리에 의존하고 있으며, 예술적 진리를 인위적으로 추상화·단순화한 결과에 불과하다는 것이다. 이러한 논리가 옳다면 일상적·과학적·철학적 진리의 바른 이해를 위해서는 예술적 진리에 대한 이해가 선행되어야 할 것이다. 예술과 그밖의 지적 활동, 특히 과학과의 관계에 대한 이런 입장은 리드의 극히 간략한 표현으로 더욱 선명해진다. 그는 '예술사를 정신사로서 Kunstgeschichte als Geistesgeschichte' 볼 게 아니라 오히려 '정신사를 예술사로서 Geistesgeschichte als Kunstgeschichte' 보아야 한다고 주장한다.[16] 그의 말을 설명하자면 예술을 다른 여러 가지 정신적 활동의 한 종류로 보거나, 혹은 과학이나 철학과 같은 고차원적 정신활동의 원시적이고 미개발적인 상태로 볼 것이 아니라 그런 고차원적 정신 활동의 근거나 원천으로 보아야 한다는 것이다. 하이데거적인 입장과 달리 철학적이거나 과학적인 표상이 예술적 표상과 비교해서 열등하다든가 혹은 왜곡된 것으로 보는 것은 아니지만, 그러한 인식형태들은 예술적 표상이 수정된 것 내지는 발전된 것이기는커녕 오히려 예술적 표상에 뿌리박고 있다는 것이다. 예술적 표상, 즉 인식은 모든 다른 형태의 인식의 모체가 되는 셈이다. 예술작품의 근본적인 의미는 이러한 모체적 진리를 우리들에게 환기시켜주고, 항상 그것을 개발해내는 데 있다. 예술활동은 근본적으로

---

16   H. Read, 앞의 책, p.53.

인식적이다.

　세 번째 입장은 굿맨의 예술론에서 찾아볼 수 있다. 그에 의하면, 인식이란 흔히 생각하고 있는 바와는 달리 이미 객관적으로 존재하는 사물현상에 대한 인과적인 반영이 아니라 칸트가 이미 지적한 대로 우리에 의해 구성된 것이다. 우리가 그 존재를 전제하고, 믿고, 또 알고 있는 세계란, 우리들의 언어나 개념에 의해 우리가 구성하고 창작한 것이며, 따라서 그러한 작업에 극히 의존되어 있는 것이다. 아무리 과학적인 표상이라 하더라도 그것이 보여주는 세계는 자연의 모사가 아니라 우리의 실천적 필요에 따라 만들어진 것이다. 세계는 우리들의 지적 능력과 독립된 객관적인 사물현상 그 자체가 아니라 우리들의 주관적 사고작용을 반영한다. 그러므로 인식의 내용을 진리라고 한다면 그것은 그냥 발견되는 것이 아니라 우리들에 의해 창조된 것이다. 이런 입장에서 볼 때 인식행위, 즉 세계 창조 이전의 사물현상은 다만 한 가지에 의해서 한 가지 형태로만 제조될 필요는 없다. 우리들이 자의적으로 조작할 수 있는 다식판의 형태에 따라 다시 반죽으로 여러 가지 모양의 다식을 찍어낼 수 있듯이, 굿맨이 사용하는 낱말을 빌리자면 언어, 즉 상징체계에 따라 다양한 세계가 만들어질 수 있다. 논리실증주의자들이 고집하고 있는 바와는 정반대로 과학은 세계 조작을 가능케 하는 유일한 상징체계가 아니다. 그것은 세계 제작을 위한 여러 가지 상징체계 중의 하나에 불과하다. 예술이란 과학과 대립되는, 따라서 세계 제작과 무관한 활동이 아니라 그와 같은 차원에서 세계를 만드는 또 다른 방법에 불과하며, 같은 예술 안에서 서로 구별되는 여러 가지 예술양식들도 다소 서로 다른 상징체계를 갖고 있을 뿐이다. 예술적 표상은 과학적 표상과 비교해서 우열을 가릴 수 있는 성질의 것도 아니며, 그들 간에 논리적 또는 역사적 우선성을 말할 수 있는 것도 아니다. 과학과 예술은 단지 세계 제작·세계 창조를 위한 서로 다른 상징체계에 불과하다. 과학적 상징체계에 의해 만들어진 세계, 즉 과학이 보여주는 세계, 바꿔 말해서 과학적 인식이 오늘날 진리의 독재자로서 권위를 떨치게 된 것은 과학적 표상이 사물현상의 본질을 나타내기 때문이 아니라, 단지 그러한 표상이 우리들에게 극히 편리하고 효율적인 조건을 제공하기 때문일 따름이다. 과학적 표상에 따라 우리는 일기예보를 할 수 있으며 그것은 내일의 삶에 편의를 준다. 또한 비행기를 만들어 전에는 꿈에도 상상할 수 없이 먼 곳을 이웃집 다니듯 드나들 수 있게 되었다. 사물현상에 대한 물리학적 혹은 화학적 표상이 위와 같은 각도에서 긍정될 수 있다는 것이다. 그리고 예술적 표상은 똑같은 사물현상에 대해 과학적 표상이 만족시킬 수 없는 측면을 보여주고, 과학이 충족시킬 수 없는 우리들의 욕망을 채워준다는 것이다. 요약하면 예술적 활동이나 예술적 욕망도 표상적인 것이며, 따라서 인식적 내용을 갖고 있을 뿐이라는 것이다.

예술의 인식적 기능을 마지막 보루로서 고수하고자 하는 위의 세 가지 시도는 언뜻 보아서 그것이 우리들의 예술에 대한 보수적인 입장을 이론화해준다는 점에서 매력 있어 보인다. 그러나 이들이 제아무리 기묘한 지적 고찰로 일단 마음을 끈다고 하더라도 적어도 다음과 같은 두 가지 이유에서 그대로 받아들여질 수 없다.

첫째, 앞서 고찰한 대로 어떤 언어 혹은 상징체를 예술작품이라고 분류할 때 우리는 이미 그 언어의 허구성을 받아들이고 있는 것이다. "하늘은 푸르다"라는 명제는 일반적인 경우에 그것의 진위판단이 마땅히 전제되지만, 같은 명제가 시의 한 구절이라고 취급될 때 그것의 진위는 1차적으로 문제의 대상이 되지 않는다. 그 이유는 그것이 허구적으로 사용되었다는 사실, 즉 그것들이 말하는 사물현상들은 그들의 실재가 전제되지 않았다는 사실에 기인한다. 즉 그러한 언어는 그것의 지칭대상의 실재적 존재를 전제하지 않기 때문이다. 어떤 실재하는 사물현상에 대응관계로 고찰됨으로써 그것에 대한 진술의 진위가 판단될 수 있다면, 지칭대상이 전제되지 않은 언어에 대해 진위가 논의되지 못함은 자명한 논리라 하겠다.

둘째, 설사 백 보를 양보해서 예술적 언어, 즉 허구적으로 쓰인 언어도 어떤 의미에서 지칭대상을 갖는다고 가정하더라도 예술적 언어, 즉 예술적 표상은 결코 인식적인 의미를 가질 수 없다. 왜냐하면 예술작품을 진술이라고 가정할 때 결코 그 진술에 대한 진위가 판단될 수 없기 때문이다. 뒤에서 해석에 대해 고찰할 때 보다 자세히 언급하겠지만 만일 한 예술작품에 대한 해석이, 즉 한 예술적 언어의 의미가 서로 다를 뿐만 아니라 상반되기까지 하다면, 그것은 결코 진위판단이 불가능하다. 이와 같이 예술적 표상언어에 대한 진위판단이 결정적으로 불가능하다면, 그리고 진위판단이 전제되지 않은 표상언어가 인식적 의미를 가질 수 없다면 예술적 표상, 즉 예술작품은 인식적 기능을 한다고 말할 수 없다. 인식 혹은 진리는 예술작품의 충분조건이 아닐 뿐만 아니라 필요조건조차도 될 수 없다.

이런 논지에 대해 대개 다음과 같은 굿맨의 반론을 상기할 수 있다. 예술적 진술에 대해 결정적인 진위판단이 내려지지 않기 때문에 그 진술을 인식적인 의미가 없는 것으로 생각할 수는 없다는 것이다. 왜냐하면 엄격히 말해서 과학적 진술의 진위도 절대적인 척도에 의해 판단이 내려지지 않기 때문이다. 과학적 진술의 진위와 예술적 진술의 진위 사이에는 오직 정도의 차이가 있을 뿐, 하나는 인식적이고 다른 하나는 비인식적인 것은 아니라고 한다. 쿤Kuhn은 정상과학과 비정상과학을 구별했다. 전자는 한 사회 내에서 과학자들 간에 다 같이 수용된 과학적 이론이며, 후자는 그런 이론들과는 대립된 새로운 이론으로서 아직도 일반적으로 수용되지 않은 과학적 이론을 말한다. 어떤 과학적 진술의 진위는 정상과학의 입장에서 판단되기 때문에 비정상과학의 이론은 진위를 결정하는 규범적 역할을 하는 정상과학의 패러다임에 비추어볼 때 틀린 것으로 판단할 수밖에 없다. 그러나 경우에 따라 잘못되었다고 생각된 비정상과학의 이론이 새로운 패러다임으로서 수용되고, 종래의 정상과학을 대치하는 새로운 정상과학으로서 그 이론적 자리를 바꾸기도 한다. 이와 같이 정상과학의 입장에서 생각할 때 인식적 의미가 없어 보이는 비정상과학의 이론도 사실은 잠재적인 인식적 의미를 내포하고 있는 것같이 느껴진다. 아마도 과학적 진술과 예술적 진술의 관계는 과학적 진술 내에서 구별되는 정상과학과 비정상과학의 관계에 비유될 수 있을 듯하다. 그리고 이에 동의한다면 비정상과학의 이론이 인식적 내용을 갖고 있는 것과 마찬가지로 예술적 진술도 인식적 의미를 지니고 있다고 봐야 할 것이다. 그런데 위와 같은 비유가 성립된다 하더라도 예술적 진술이 인식적 기능을 한다는 결론은 성급하다. 왜냐하면 비정상과학의 이론이 인식적 의미를 갖게 되는 것은 오직, 그것이 정상과학으로 재정립되었을 때에 한하는 것이기 때문이다. 마찬가지로 만일 예술적 진술이 인식적 의미를 가지려 한다면, 그것이 어떤 경위를 거쳐서건 간에 인식적 의미를 결정하는 패러다임으로서의 과학적 이론을 대치하여 한 사회공동체가 인식의 새로운 패러다임으로 인정해야 하는 것이다. 그러나 사실상 예술은 어떤 의미에서도 과학과 경쟁의 관계로 이해될 수 없다.

예술은 과학과는 근본적으로 성질이 다른 기능을 하고 있는 것 같다. 그러므로 예술의 기능을 객관적 사물현상의 표상, 즉 인식에서 찾을 수는 없는 것이다. 예술의 본질이 표상성에서 정의될 수 없다면 어떤 다른 설명이 가능한가? 여기서 우리는 표상론 못지않게 중요한 보다 현대적인 이론인 표현론에 접하게 된다.

표현론

한 장의 풍경화나 하나의 조각품이 각기 자연의 한 부분이나 한 명의 사람을 보여준다는 점에 예술의 기능을 표상으로 볼 수 있을 것 같지만, 우리가 앞서 검토했듯이 표상은 예술작품의 본질이 될 수 없다. 만일 예술의 기능이 표상에 있다면 굿맨이 주장하듯이 그것은 표상적 기능을 맡은 과학과 근본적으로 구별될 수 없다. 과학이 인식에 이바지하는 활동이라면 예술도 같은 종류의 활동일 것이다. 그러나 우리는 직관적으로 과학적 활동과 예술적 활동이 질적인 측면에서 본질적으로 다르다는 것을 막연하게나마 느낄 수 있다. 자연의 현상이나 사물들을 알기 위해서 예술작품을 만들거나 예술작품을 감상하는 것 같지는 않다. 예술을 두고 그것에 대해 일반적인 뜻에서의 진위를 논하지는 않는다. 예술은 진리와 관계된다기보다는 감동과 보다 밀접한 관계를 맺고 있다고 여겨진다.

이러한 설명은 논리실증주의자들에 의해서 보다 도식적으로 선명한 조명을 받게 되었다. 그들에 의하면 모든 문장이 인식적 의미를 갖지는 않는다. '자유 만세!', '잔소리 마라!', '나는 당신과 결혼할 것을 약속해!' 등등의 문장들이 각기 그 자체로 완전히 독립한 문장으로서 독립된 의미를 갖지만, 그것들은 어떤 객관적 사실이나 현상에 대한 정보를 제공하지는 않는다. 정보를 제공하는 문장들은 문법적으로 위와 같은 예의 문장들과는 달리 주어와 술어로 연결된 형식을 갖추고 있다. '이 대는 여자대학이다' 혹은 '장미꽃은 붉다', '프랑스의 수도는 파리이다' 와 같은 문장들은 모두 주어와 술어로 구성되어 있고 그것들은 각각 이 대에 대해서, 장미꽃에 대해서, 프랑스의 수도에 대해서 정보를 제공한 다. 우리들은 이 문장들을 통해서 그들의 주어가 지칭하는 대상에 대해 무엇인가를 배우게 된다. 그러나 위의 문장에서처럼 주어와 술어의 형 식을 갖춘 문장이라 하더라도 그런 문장이 다 그 주어가 지칭하는 대상 에 대해 언제나 정보를 제공하는 것은 아니다. 가령 '장미꽃은 아름답 다'라는 문장은 틀림없이 정보를 제공하는 '장미꽃은 빨갛다'라는 문장 과 문법구조상 완전히 일치하지만, 장미꽃에 대한 정보를 제공하지는 않는다. '장미꽃은 아름답다'라는 문장에서 '아름답다'라는 술어는 장 미꽃에 대한 객관적인 서술이 아니라 그에 대한 화자의 느낌을 나타낼 뿐이다. 그래서 논리실증주의자들은 한 문장에 있어서 술어가 맡은 기 능에 대해 문법적 측면과 논리적 측면으로 명확히 구별한다. 이러한 구 별은 극히 간단하고 단순한 것 같지만 철학적으로 매우 중요한 것임을 인정해야 한다. 문법적 구조와 논리적 구조의 위와 같은 구별을 바탕으 로 논리실증주의자들은 문법상 똑같은 구조를 갖고 있는 문장들도 인 식적 의미를 갖는 문장과 논리적 의미를 갖는 문장으로 엄격히 나눈다. 한 문장의 의미에 대하여 그것의 진위가 적어도 논리적으로 증명가능 한 경우에만 그 문장이 인식적 의미를 갖는 것이며, 그렇지 않은 경우 에는 그 문장의 뜻은 오로지 정서적emotive 의미만을 갖는 것으로 결정된 다. 인식적 의미를 갖는 문장의 술어가 표상적인 것이라면 환감적 의미 만을 갖는 문장의 술어는 표현적이란 말로 구별될 수 있다. '표상'이 화자의 심리적 상황과는 상관없이 어떤 객관적 사물이나 현상을 나타내는 것을 뜻한다면, '표현'은 어떤 객관적 대상에 대한 화자의 심리상태를 노출함을 의미한다.

예술의 본질을 표현이라고 할 때, 즉 언어로서의 예술작품의 기능을 표상적인 것이 아니라 표현적인 것이라 할 때, '표현'이란 말은 정확히 무슨 뜻으로 사용되는가? 예술을 두고 '표현'이라 말할 때 그 낱말의 의미가 항상 일률적으로 동일하게 사용되지는 않는다. 호스퍼스Hospers는 예술을 논할 때 '표현'이란 낱말이 대충 네 가지 다른 의미로 해석될 수 있다고 한다. 첫째, '표현'은 과정을 뜻한다. 그것은 예술가가 예술작품을 창작하는 과정에 있어서의 활동을 의미한다. 예술가는 말로 할 수 없는 것을, 혼란스러운 것을 성공적으로 나타낸다는 뜻에서 예술을 표현이라고들 한다. 이는 예를 들어 '그 예술가는 무엇인가를 표현한다'라고 할 때의 표현의 뜻이다. 둘째, 표현은 환기를 뜻한다고 한다. 예술작품이 어떤 감정을 감상자의 마음에 불러일으킨다는 뜻이다. 예를 들어 '그 곡의 음조가 슬픔을 표현한다'고 할 때의 '표현'의 뜻이다. 셋째, 표현은 전달이라는 뜻으로 사용된다. '그 예술가는 표현을 잘 한다'라고 할 때의 '표현'의 의미로, 그것은 예술가의 의도가 예술감상자에게 잘 전달된다는 뜻이다. 넷째, 표현은 예술작품의 속성소를 가리킨다. 예를 들어 '그 음악은 표현적이다'라고 할 때의 의미로 예술가나 예술작품의 감상자와는 관계없이 그 작품 속에 객관적으로 내재해 있는 어떤 성질을 의미한다.[17]

---

17   John Hospers, "The Concept of Aesthetic Expression," in *Aesthetics*, ed. John Hospers(N. Y., 1969), pp.142~167 참조.

표현이란 말의 네 가지 의미, 즉 과정적·환기적·전달적, 그리고 속성소적 의미는 물론 서로 다르지만 그들은 다 같이 정보적, 즉 표상적 뜻을 갖지 않는다는 점에 있어서 일치한다. 표현을 과정이라 함은 예술가의 창작활동이란 측면에서 얘기되는 것이고, 표현을 환기라는 뜻으로 보는 것은 예술작품의 기능적인 면에서 정의된 것이며, 표현을 전달로 설명하는 것은 예술가와 감상자의 관계를 두고 설명한 것이다. 끝으로 표현을 속성소로 보는 것은 예술작품을 사물적인 측면에서 파악한 것이다. 그런데 여기서 우리들의 관심의 초점은 예술작품을 규정하는 일, 즉 예술작품의 정의를 찾아내는 데 있다. 그렇다면 표현이란 낱말에 대해 분류해본 위의 네 가지 의미 중에서 예술작품의 속성소로서의 표현이란 개념을 검토해보아야 할 것이다.

예술작품의 속성소가 표현이라는 것은 그 작품이 우리들에게 어떤 감정이나 생각을 환기시킬 수 있는 속성소를 갖고 있다는 뜻이다. 그런데 만일 예술작품이 이런 의미에서 정의될 수 있다면 그러한 정의는 별로 만족스럽지 못하다. 가령 고흐의 그림들이나 베토벤의 교향곡들이 관람자나 청중의 마음에 어떤 감정을 불러일으키는 속성을 지니고 있다고 인정하더라도, 매일같이 보는 일몰 광경이나 산천, 혹은 동물들이나 사물들도 우리들에게 어느 예술작품 못지않게 어떤 감정이나 생각을 불러일으키는 것이다. 그러나 후자들은 결코 예술작품이 될 수 없다. 만일 예술작품이 표현이란 속성소로 정의될 수 있다면 그 속성은 오직 예술작품 속에서만 찾아야 한다. 이런 관점에서 볼 때 표현이란 속성은 실재하는 사물현상으로서의 속성이 아니라 언어적 기능으로서의 속성으로 파악되어야 한다. 예술작품은 그것이 어떻게 정의되든 간에 단순히 그저 있는 사물현상과는 우선 구별되는 언어적인 존재양식을 갖고 있다. 만일 그렇게 존재하는 예술작품이 표현이라는 속성소에 의해서 있는 그대로의 사물현상은 물론, 다른 언어와도 구별되어야 한다면 그 속성소는 언어의 기능적 차원에서만 말할 수 있을 것이다. 이와 같이 볼 때 예술작품을 표현이라고 부르는 뜻은 앞에서 살펴본 논리실증주의자들의 이론, 즉 그들이 제시한, 인식적 문장과 환감적 문장의 논리적 구별에 의해 조명해봄으로써 보다 뚜렷하게 이해될 수 있을 것이다. 이런 각도에서 고찰할 때 예술의 본질을 표현이라 하는 것은 예술작품이라는 하나의 문장이 표상적인 기능을 하는 것이 아니라 표현적인 기능을 하는 것임을 나타내며, 그것이 어떤 객관적 대상의 서술을 통해서 정보를 제공하는 데 목적이 있는 게 아니라 어떤 대상에 대한 예술가의 느낌을 나타내는 기능을 하고 있는 것이라는 말로 풀이될 수 있다. 이런 입장에서 예술의 이른바 표현론자 가운데 가장 대표적인 콜링우드의 주장을 중심으로 살펴보도록 하자.

콜링우드는 예술과 제작craft은 뗄 수 없는 관계에 있음을 지적한다. 그들은 다 같이 어떤 의도에 의해서 만들어진다. 여기서 콜링우드는 그것들 간의 공통점보다 차이점을 강조하면서 표현으로서의 예술론을 전개한다. 제작은 언제나 이미 결정된 목적을 위한 수단으로서의 활동이 된다. 제작된 작품은 그와 같은 활동의 산물이다. 구두 만들기는 제작의 좋은 예가 된다. 구두장이의 기술과 가죽은 둘 다 일정한 모양의 구두라는 목적물을 만들기 위한 수단이다. 예술도 하나의 제작활동이며 목적 달성을 위해 만들어진 것이라는 점에서 예술적 창작 역시 구두 만들기 같은 제작활동과 유사하며, 따라서 구두가 만들어지는 것이나 예술작품이 만들어지는 것이 마찬가지인 것 같기도 하다. 그렇지만 예술과 예술작품의 관계는 구두 만들기와 구두의 관계와 근본적으로 그 성격이

다르다. 구두 만들기가 언어적인 행위가 아니고 구두가 하나의 통일된 의미를 전달하는 언어가 아닌 데 반해서, 예술은 언어적 활동이며 예술 작품은 진술에 비유될 수 있는 언어이다. 예술작품은 그것이 목적을 달성하는가 못하는가와는 전혀 상관없이 그 자체로서 자율적으로 내재하는 의미를 갖는다. 그것은 무엇인가를 뜻하는 언어이다. 바로 이런 의미에서 예술은 표현적인 활동이며 예술작품은 표현이다. 위와 같은 뜻에서, 예술작품이 단순히 무엇인가를 의미하고 표현한다면, 그 표현은 표상이라는 의미와 구별될 근거가 없지 않을까 하는 의문을 가질 수 있다. 그러나 콜링우드가 예술적 언어를 구태여 표상과 구별하여 표현이라고 한 것은 그 표현의 대상이 인간 밖의 객관적 대상이나 인간의 사고가 아니라 인간의 감동이라는 데 있다.[18]

이상과 같은 뜻에서 예술작품의 본질을 표현이라고 한다면 표현이란 말의 의미는 논리실증주의자들이 표상적 기능을 갖는 언어와 구별하여 사용한 표현이란 말의 의미와 전혀 다르다. 콜링우드가 예술적 언어의 특징을 나타내기 위해서 사용한 표현이란 낱말의 뜻은 비록 그 자신이 표상이란 낱말과 대립시켜 사용했다 하더라도, 표상과 대립된 의미를 갖지는 않는다. 예술표현론이 뜻하는 표현은 논리실증주의자들이 생각한 것 같은 환감적인 기능을 지칭하는 말이 아니라, 일종의 표상의 형태로 사용된 것이라 하겠다. 그리고 이러한 입장을 받아들인다면 예술표현론은 예술표상론과 구별되고 대립되는 이론이 아니라 표상론의 한 부분으로 보아야 하며, 표상론을 종種이라 할 때 표현론은 하나의 유類로서만 이해되어야 한다. 왜냐하면 콜링우드에 있어서 예술작품이란

18　G. Dickie, 앞의 책, *Aesthetics*, pp.84~95 참조.

넓은 의미로서의 언어라 할 수 있으며 무엇인가를 지칭하는 기능을 갖고 있기 때문이다. 따라서 표현론도 표상론과 마찬가지로 예술작품의 인식적 내용을 근본적인 것으로 인정하고 있는 것이다.

디키는 랭거의 예술론을 표현론과 구별되는 표상론의 대표적인 예로 들고 있다.[19] 그러나 따지고 보면 랭거의 예술론은 콜링우드의 예술론과 별로 다를 바 없다. 랭거에 의하면 예술작품은 '인간 감정의 상징형식'이다. 단적으로 말해서 예술작품은 상징체이다. 상징체란 넓은 의미에서 인간의 감정을 표상하는 언어를 의미하는 것에 지나지 않는다. 예술작품을 그냥 언어라고 부르지 않고 구태여 상징체라 칭한 것은 예술이 문자적 표상체뿐만 아니라 음악·미술·조각·무용 등에서와 같이 비문자적인 것도 미디엄으로 하고 있기 때문이다. 랭거의 입장에 따르면 상징체, 즉 언어로서의 예술작품은 비예술적으로 사용되는 언어와 달리, 그것의 표상대상과 어느 의미에서 존재형태상 매우 유사하다는 것이다. 예를 들어 슬픈 곡이 슬픔을 표상한다면 그것은 언어화 이전의 슬픔이란 감정과 어떤 점에서 비슷하다는 것이다. 그러나 어떻게 그런 유사성을 찾을 수 있느냐, 무슨 근거에서 그들 사이에 유사성이 있다고 말할 수 있느냐 하는 문제에 대해서 랭거는 확실한 설명을 제시하지 못하고 있다. 어쨌든 한 가지 분명한 사실은 랭거의 예술론이 콜링우드의 그것과 근본적으로 다를 바가 없다는 점이다. 만일 콜링우드의 예술론을 표현론이라 규정해야 한다면 랭거의 예술론도 똑같이 분류되어야 할 것이며, 또한 콜링우드의 표현론이 따지고 보면 앞서 검토한 표상론과 근본적으로 다른 이론이 아니라는 것이 사실이라면 랭거의 이론에 대

---

19   위의 책, pp.78~84.

해서도 똑같은 판단을 내려야 한다.

　표현론에 내재한 논리를 비판적인 입장에서 풀어가면서 그것의 독자적 성격을 부정하는 위와 같은 해석에 대항하여, 표현론이 표상론과 논리적으로 동일한 지평에서 서로 구별되고 대립되며 표현론이 표상론의 일부분으로 흡수될 수는 없다는 반론이 설 수 있다. 그 반론은 다음 두 가지 점에 근거한다고 하겠다. 첫째는 예술작품이라는 언어가 나타내는 혹은 지칭하는 대상의 차이이다. 표상으로서의 언어의 대상이 시·공간을 차지하는 가시적 객관적 사물이나 현상들인 데 반하여, 표현으로서의 언어의 대상은 인간의 정신적인 내면 상태로 비가시적인 성질을 띤 것이다. 산천·인물 등과 같은 여러 가지 사물·현상들이 전자의 대상이며, 슬픔·기쁨·분노와 같은 인간의 감정, 혹은 감동이 후자의 대상이 된다. 그러나 한 언어가 지칭하는 대상이 다르다고 해서 그것의 지칭으로서의, 즉 표상으로서의 기능이 달라진다고는 말할 수 없다. ‘개’, ‘슬픔’이란 낱말들은 각각 객관적인 인간 밖의 사물과, 인간의 의식 속에 일어나는 심리적 상황을 대상으로 하고 있지만, 이들이 둘 다 어떤 대상을 표상하고 있음에는 틀림이 없다. 물론 이 두 가지 표상들의 진위가 다 같이 객관적으로 판단될 수 있느냐 하는 문제가 있지만, 그런 문제가 이들이 표상적 기능을 담당하고 있다는 사실에 변화를 주지는 못한다. 따라서 예술작품이 인간의 외적 대상과는 구별되는, 인간의 내적 감정이나 감동을 지칭하고 서술한다고 해서 예술작품의 기능을 동일한 지평에서 표상과 구별하여 표현이라고 할 수는 없다고 하겠다. 둘째는 표현으로서의 예술작품은 표상으로서의 다른 언어와 구별되어야 한다는 근거에서이다. 이런 논변은 예술작품이 표상적 언어이긴 하지만 그것은 다른 언어, 즉 일상적이거나 과학적인 언어가 표상할 수 없는 대상을 표상한다는 관점에 기초를 두고 있다. 한 문학작품이 보여주는 인간, 한 회화가 그린 산천, 한 조각이 나타내는 나체, 한 곡이 드러내는 감정은 어떠한 철학적·인류학적·사회학적·물리학적·심리학적 혹은 생리학적 서술로써도 나타낼 수 없는 독특한 그 나름의 사실을 표상해준다고 말할 수 있다. 도스토옙스키의 『지하생활자의 수기』는 프로이트의 정신분석학적 설명으로도 표현하지 못한 인간의 한 심리상황을 표상하고, 세잔의 〈능금〉이나 〈산〉들은 생물학자나 지리학자들이 서술할 수 없는, 능금과 산의 또 다른 모습들을 표상하며, 헨델의 〈메시아〉는 어떤 신학자나 심리학자도 보여줄 수 없는 인간의 깊은 종교적 감동을 표상한다고 말할 수 있을 것이다. 그러나 이런 의미에서 예술작품이라는 언어가 비예술적 언어와는 달리 표상이 아니라 표현이라고 불려야 한다면 그 근거가 미약하기 짝이 없다. 이러한 주장은 앞서 표상론을 검토할 때 고찰한 낭만주의적 예술관과 전혀 다를 바가 없다. 만일 낭만주의 예술관도 일종의 표상론에 불과하다면, 그리고 그러한 표상론에 문제가 있음이 수긍되었다면 콜링우드나 랭거에서 나타난 현대판 예술표현론도 사실상 하나의 낭만적 표상론에 지나지 않으며, 따라서 그러한 예술론은 성립될 수 없을 것이다.

콜링우드나 랭거와 같은 정통적 예술표현론이 수용될 수 없다면 논리실증주의자들이 말하는 환감적 언어로서의 예술작품이라는 각도에서 예술표현론으로 다시 돌아갈 수 있을지도 모른다. 이들의 입장에서 볼 때 예술작품을 넓은 의미로서의 언어라고 한다면 그 언어는 어떤 기존의 대상, 즉 예술가가 이미 지각했거나 머릿속에 갖고 있는 생각, 혹은 사상과 같은 대상을 지칭하거나 서술하며 표상해주지는 않는다. 그것은 예술가가 그런 대상들에 대해 느끼는 감정·감동을 표출한다는 점에서 표현적 기능만을 맡고 있을 것이다. 그렇기 때문에 과학적 언어와는 달리 지적, 즉 인식적 의미를 지니지 못하고 오직 감동적이고 심리적인 의미만을 가질 뿐이다. '장미꽃은 아름답다'라는 말은 '장미꽃은 빨갛다'라는 말과는 달리 장미꽃을 표상하는 것이 아니라 장미꽃에 대한 화자의 느낌·반응을 나타낸다. 즉 감정이나 감동을 표현할 뿐이라는 것이다. 언어로서의 예술작품을 표현이라고 볼 수 있는 것은 그것이 '장미꽃은 빨갛다'라는 문장보다는 '장미꽃은 아름답다'라는 문장에 비유될 수 있기 때문이다.

예술작품을 언어라고 전제할 때, 설사 한 예술작품과 '장미꽃은 아름답다'라는 문장이 논리적으로 유사한 구조와 기능을 하고 있다고 인정하더라도 논리실증주의적 의미로서의 표현이란 말이 표상이란 말과 대립되어 예술작품에 적용될 수는 없다. 왜냐하면 예술작품이 위와 같은 뜻에서의 표현이냐 아니냐를 따지기 이전에 '장미꽃은 아름답다'라는 문장을 '장미꽃은 빨갛다'라는 문장과 대립시켜 후자를 표상적 언어라 하고 전자를 표현적 언어라고 간단히 구분하는 데는 무리가 있기 때문이다. '장미꽃은 아름답다'라는 문장에 있어서 '이름답다'라는 술어가 '장미꽃은 빨갛다'라는 문장에 있어서 '빨갛다'라는 술어와는 달리 주어를 서술하는 게 아니라 주어가 가리키는 대상에 대한 화자의 태도를 나타낼 뿐이라는 이유에서, 그것은 느낌을 표출하는 의미의 표현이라고 할 수 있다. 그러나 '아름답다'라는 말 자체는 그냥 있는 그대로의 감정의 표출은 아니다. 그 말은 역시 의미를 전달하는 언어로서, 감탄사, 황홀해서 하는 몸짓과는 논리적으로 전혀 다른 차원에 존재하는 것이다. '장미꽃은 아름답다'라는 말을 대할 때 독자는 장미꽃의 아름다움을 지각하는 것도 아니며, 화자가 체험한 경험을 반복하는 것도 아니다. 독자는 '장미꽃은 아름답다'라는 문장을 이해할 뿐이다. 그렇다면 이 문장은 그것이 객관적으로, 다시 말해서 독자의 주관적인 느낌이나 생각과는 독립해서, 어떤 의미를 전달하는 것이 된다. 그리고 '장미꽃은 아름답다'라는 문장이 어쨌든 어떤 의미를 전달한다는 것을 인정한다면 이 문장도 넓은 의미에서 표상적이라고 할 수 있을 것이다. 이상에서 살펴본 바에 의하면 예술작품은 논리실증주의자들이 말하는 환감적 의미로서의 표현이 아니며 비인식적이란 뜻에서의 언어도 아니다. 그리고 예술작품은 어느 의미에서 표현이 아니라고도 할 수 있다.

우리는 예술작품을 넓은 뜻에서 언어로 봐야 한다고 암암리에 전제하면서 표상론을 검토했고 표현론을 살펴보는 중이다. 그러나 일단 그러한 전제를 버린다면 어쩌면 어느 의미에서 예술작품에 대해 표현이라고 정의할 수 있을지도 모른다.

앞에서, 예술에 관한 표현이란 말을 호스퍼스가 크게 네 가지로 나누어 분류한 것을 소개한 바 있다. 그 가운데 한 경우는 표현이란 말에 대해서 예술작품이 물리적 차원에서 갖고 있는 속성소의 뜻으로 쓰인다고 했다. 이런 의미의 표현은 어떤 얼굴의 표정이 표현적이라고 할 때의 표현의 의미와 같다. 수줍을 때 얼굴이 붉어진다든가 화날 때 얼굴빛이 하얘진다든가 생각에 잠길 때 얼굴 모양이 심각해진다든가 하는 이런 얼굴 빛·모습을 표현적이라고 말하는 것은 그것이 인간의 어떤 감정을 인과적으로 나타낸다고 믿기 때문이다. 따라서 어떤 얼굴빛이나 얼굴의 모습을 보면 대개 그가 어떤 감정상태인지를 연역적으로, 인과적으로 알아낼 수 있다. 초승달, 해변의 끝없이 이어진 모래사장, 쓰레기통, 푸른색, 붉은색, 곡선, 직선, 여러 가지 빛깔·모양의 모자들 등등 모든 사물현상은 대충 모든 사람들에게 유사한 감정을 불러일으키거나, 적어도 그런 감정과 관련되어 있다. 이러한 사실은 인간의 생리학적 혹은 심리적 공통성에 근거를 두고 있다고 해석된다. 사물현상이 심리현상과 정서적인 관계를 맺고 있다는 사실에서 바슐라르Bachelard의 시학詩學이 가능할 수 있다. 그는 정신적인 의미를 갖는 사물현상을 '물질상상物質想像'이라고 한다. 어떤 물리현상의 정서적이거나 감정적인 의미를 두고 말하는 것이다. 정서적 혹은 감정적인 의미를 갖는다는 점에서 정도의 차이는 있지만 모든 사물현상들은 표현이라는 속성소를 갖고 있다는 말이 성립될 수 있다.

예술작품을 표현이라고 말할 때 그 뜻은, 예술작품이 우리들에게 어떤 감정이나 정서를 불러일으키는 속성소를 갖고 있다는 말에 지나지 않는다. 그렇다면 표현은 예술작품의 특수성, 즉 예술작품을 다른 사물현상과 구분시켜주는 속성소가 될 수 없다. 앞에서 보았듯이 모든 사물현상은 정도의 차이나 내용의 차이는 있지만 모두 다 우리들의 어떤 감정, 심리상태와 연관될 수 있으며, 따라서 모든 사물현상들은 다 같이 표현이라는 속성소를 갖고 있다고 보아야 하기 때문이다. 우리의 감정이나 심리상태와 어떤 관계를 맺고 있다는 점에서 예술작품들은 다른 사물현상과 전혀 다를 바가 없다. 고흐나 뭉크Munch의 그림들을 표현적이라 부르고, 어떤 유파의 문학이나 회화를 표현주의라고 일컫는 이유는 그들의 작품들이나 그러한 유의 작품들 속에서만, 앞서 말한 뜻으로서의 표현적인 속성소를 찾기 때문이 아니라, 그러한 작품들 속에서 각별히 강한 감정을 야기하는 요소를 발견할 수 있기 때문이다. 이것은 표현이라는 속성소가 존재한다는 것을 인정하더라도 그것이, 예술작품을 다른 사물현상들과 구별하는 예술만의 고유한 속성소가 아니라 예술작품의 한 특수한 스타일, 특수한 성격을 지적하는 의미일 뿐이라는 것 외에 다른 뜻을 갖지는 않는다.

위와 같이 표현론을 검토할 때, 표현이란 개념을 어떤 뜻으로 해석하든지 간에 그것은 결코 분류적인 의미에서 예술작품의 본질이 될 수 없다. 표현이란 개념이 예술작품의 정의, 혹은 본질인 것처럼 널리 생각되어 왔던 이유는, 예술작품의 본질이 표상적인 것으로 이해될 수 없다는 생각에서 표상론에 대치될 수 있는 예술작품의 본질을 읽혀내려는 시도에서 나타난 것 같다. 그러나 어떤 시도가 아무리 정성스럽다 해도 그 모든 시도들이 다 만족스레 성공하는 건 아니다.

예술작품이 표상으로서도 표현으로서도 정의될 수 없다면, 즉 예술작품을 표상이나 표현이라는 개념의 틀에 의해 다른 모든 사물이나 현상과 분류적으로 구별할 수 없다면 그것은 어떤 다른 개념에 의해 밝혀질 수 있을까? 예술작품의 특성을 설명하는 데 있어 표현이나 표상 못지않게 중요하고 오히려 보다 현대적인 개념으로 '형식'이란 개념이 있다.

형식론

예술작품의 기능이 표상이거나 표현이라는 말은 예술작품이 그냥 있는 사물이 아니라 하나의 상징 혹은 언어로서, 그것의 의미나 존재 이유는 각각 그것이 표상하는 심리적 상태에 있음을 의미한다. 그렇기 때문에 예술작품은 그 자체로서만 있을 수 없고 그것 밖의 무엇인가에 의존하게 된다. 이런 입장에서 볼 때 예술작품은 타율적이다. 예술작품은 그것 밖의 무엇인가에 의해서만 정의될 수 있고 이해될 수 있기 때문이다. 예술작품이 앞에서 검토한 대로 표상이나 표현으로 정의될 수 없다면 그것은 예술이 타율적으로 해석될 수 없다는 뜻이 되며, 따라서 자율적 이해의 가능성에 대해 생각해보게 된다. 풀어서 설명하자면, 한 언어의 뭉치 혹은 상징체가 그것의 표상적 혹은 표현적 기능에 의해서는 예술작품이라든가 비예술작품으로 분류될 수 없다면, 표상이나 표현은 예술작품의 충분조건도 필요조건도 될 수 없는 것이다. 예술작품에 있어 그것의 내용이 되는 표상물 혹은 표현물을 제외한다면 거기에 남는 것은 지각이나 사고의 대상뿐인데, 그것은 반드시 어떤 질서를 갖고 있다. 예술작품의 본질을 그 자체 속에서 충족된 것으로 찾으려 할 때 예술의 자율성을 생각하게 되고, 이 자율성을 예술의 질서 안에서 추구할 때 예술에 있어서의 형식론이 성립한다. 예술의 본질이 형식이라고 한다면 형식이란 도대체 무엇인가?

형식은 우선적으로 어떤 사물현상 혹은 행위의 불변적 요소를 가리킨다. 이런 점에서 다식판, 생리적 구조, 장기 놀이, 결혼식 등은 모두 형식을 나타내는 개념들이다. 여러 가지 다식들은 서로 맛들이 다르더라도 그것들은 다식판의 형태에 따라 찍혀짐으로써 다 같이 다식이라 불린다. 여러 가지 개개의 동물들은 모두 서로 다르지만 그들은 어떤 생리학적 구조를 갖고 있음으로써 모두 동물이라 지칭된다. 또한 장기 놀이에 있어서 개개의 장기 말이 모두 동일하게 진행되지는 않지만 그것들은 장기 놀이의 규칙을 따라 하는 것이기 때문에 장기 놀이인 것이다. 그리고 결혼하는 사람들은 모두 다르지만 그들이 어떤 일정한 제도적 절차를 밟음으로써 그들의 행위를 모두 결혼이라 부를 수 있게 되는 것이다.

이러한 불변적 요소는 지각에 의한 경험적 대상이 될 수 있는 구체적인 사물현상 또는 행위를 떠나서는 인식될 수 없는 것이지만, 불변적 요소 그 자체는 지각적 경험의 대상이 될 수 없다. 바꿔 말해서 불변적 요소로서의 형식은 구체적으로 실재하여 존재하지 않는다. 구체적으로 존재하는 것은 언제나 개별적이며 변하는 것이기 때문인데, 불변적 요소로서의 형식은 보편적인 것을 가리킨다. 그렇다면 형식은 구체적인 사물의 속성소를 가리키는 것이 아니라 한 사물현상이나 행위를 구성하는 여러 가지 요소들 간의 관계를 지칭하는 것이 된다. 그러므로 예술작품의 본질이 형식이라는 것은 한 작품을 예술로 만드는 근본적인 속성소란 그 작품을 구성하는 여러 가지 관계이지, 그러한 관계에 의해 나타난 내용이 아니라는 것이다. 따라서 형식론자들이 주장하는 것은 표상론이나 표현론에서 나타난 기존의 예술작품에 대한 관점과는 달리 한 예술작품을 그것이 담는다고 생각되는 내용에 따라 이해할 것이 아니라, 그 작품을 구성하는 여러 요소들 간의 관계에서 파악하자는 것이다. 다시 말해서 형식론자들이 강조하는 것은 만일 우리가 어떤 작품을 예술작품이라 부르고 그것으로부터 어떤 가치, 이른바 심미적 가치를 찾는다면, 그것은 오로지 위와 같은 의미에서의 형식에 의해서만 설명될 수 있다는 것이다. 이런 형식론은 예술작품과 떼어서 생각할 수 없음에도 불구하고 표상론과 표현론이 간과했다고 볼 수 있는 심미성에 다시 주의를 돌렸다는 점에서 중요하며, 이전의 이론들로는 이해될 수 없는 추상화나 음악 등과 같은 비표상예술, 전위예술로 나타난 이른바 '개념예술' 등이 예술로 설명될 수 없다는 사실을 인식시키려 한다는 점에서 참신하다.

예술작품에 대한 형식론은 벨Bell, 프라이Fry 등에 의해서 새로운 형태로 나타났고, 최근에는 그린버그Greenberg와 프라이드Fried 등에 의해서 고수되고 있지만, 처음으로 이론화된 것은 칸트에 의해서였다. 칸트는 예술의 본질이 심미성에 있음을 전제하고 그것의 철학적 해명을 시도

한다. 그에 의하면 예술작품은 물론, 다른 대상에서도 찾을 수 있는 심미적인 경험은 그 대상의 내용에 의존하는 게 아니라 그것의 형식에 의존하고 있다는 것이다. 꽃이 아름답게 느껴진다면 그것은 꽃이라는 구체적인 대상의 감각적인 요소 때문이 아니라 꽃이라는 것을 형성하는 여러 요소들이 하나의 통일된 전체를 이루고 있는 관계들의 형태 때문이라는 것이다.

칸트의 예술형식론은 심미적 경험이나 심미적 판단에 대한 그의 전제에 바탕을 둔다. 그것은 첫째, 예술적 경험이란 지성, 더 정확히는 오성悟性에 의한 인식적인 것이 아니라 감각적이고 감성적인 것이다. 둘째, 심미적 판단이 비록 감성에 바탕을 둔 것이긴 하지만 주관에 빠지지 않고 객관적이다라는 두 가지 전제이다. 이러한 심미적 경험이나 판단은 인식적 경험이나 판단에 비추어볼 때 특이한 구조를 갖는다. 그리고 이러한 특수성들은 심미성의 본질을 경험이나 판단의 대상이 갖는 내용에서가 아니라 형식에서 찾을 때만 설명될 수 있다. 칸트의 선험주의 인식론에 의하면 흄Hume의 경험주의 인식론에서처럼 인식의 대상이 감각적으로 그냥 의식에 반영됨으로써가 아니라 그런 감각적 대상이 인류가 보편적으로 타고난 인식구조에 의해 선험적으로 구별되고 정리됨으로써만 이루어진다. 인식에는 경험이라고 불리는 감각이 필요하지만 그것은 선험적 범주라는 오성의 형식에 의해 걸러짐으로써만 가능한 것이다. 여기서 선험적 범주란 대충 말해서 개념이란 뜻과 유사하게 해석될 수 있다. 어떤 지각대상이 '빨간 장미꽃'이라고 인식된다는 것은 그 빛깔이 '빨강'으로, 그리고 모양이 '장미꽃'으로 개념 속에서 정리될 때 비로소 가능하다는 것이다. 구체적인 감각은 사람마다, 그리고 개별적인 경험마다 다르다. 만일 경험적 인식이 감각에만 의존한다면 동일

대상에 대한 우리들의 지각적 판단은 언제나 다르고, 따라서 우리들의 인식은 항상 주관성을 벗어나지 못하게 된다. 그리고 동일한 대상이 이처럼 주관에 의한 판단에 따라 달라진다면 그 판단은 정확한 뜻에서 인식적 의미를 갖지 못한다. 무엇을 무엇으로 인식한다는 말 속에는 그것이 객관성, 즉 보편성을 띠고 있다는 것을 어느 정도 내포한다. 인식이 가능한 것, 다시 말해서 지각의 대상에 대한 객관적 판단이 보장되는 것은 그 판단이 감각에만 의존하지 않고 보편성을 띤 선험적 범주, 즉 오성의 형식에 의존하기 때문이다.

선험적 범주에 의존하는 인식판단과는 달리 심미판단은 오직 감각적인 것에만 의존한다. 그래서 칸트는 심미적 판단을 '개념 없는 판단'이라 한다. 어떤 대상을 아름답다라고 판단할 때 나는 아름답다라는 개념의 틀을 그 대상에서 보는 감각자료에 뒤집어 씌우지는 않는다. 그 판단에는 어느 정도 주관성이 개입되며 객관적인 판단이라고는 할 수 없다. 만일 칸트의 주장대로 심미판단이 개념을 떠난 판단, 개념 이전의 판단이라면 또한 대상에 대한 판단의 객관성, 즉 인식적 내용을 갖기 위해서는 개념이 도입되어야만 한다면 심미판단, 즉 '장미꽃은 아름답다'는 판단은 객관성이 없을 것이고, 따라서 인식적 내용이 없는 공허한 말일 것이다. 이러한 심미판단은 논리실증주의자들이 말하는 환감적 의미만을 지니게 되므로 고함소리나 감탄사와 그 내용이 다를 바 없을 것이다. 그런데 칸트에 의하면 이러한 사실에도 불구하고 심미적 판단도 역시 객관성을 전제하고 있다는 것이다. 내가 '장미꽃은 아름답다'라고 할 때 나는 단순히 나 개인의 극히 주관적인 반응만을 나타내지는 않는다. 나는 나의 판단이 옳다면 모든 다른 사람들에게도 똑같이 옳다고 인정될 것임을 전제로 한다. 어떤 이유로 해서 내 마음에 싫게 느껴졌다고 해도 나는 냉정하게 생각해볼 때 '장미꽃은 아름답다'라고밖에는 말할 수 없다는 것이다.

선험적 범주에 의존하지 않고도 객관성이 보장되는 심미적 판단을 주장할 때 그러한 심미적 판단의 근거는 그 판단대상의 내용이 아니라 형식에 있다. '장미꽃은 아름답다'고 판단할 때 '아름다움'이 감각체로서의 구체적인 장미꽃을 지칭하는 술어가 아니라 그 꽃의 형식, 즉 모양을 두고 하는 말이라는 것이다. 심미적 판단의 눈은 그가 현재 지각하는 개별적인 장미꽃에 쏠려 있는 것이 아니라 그 꽃을 구성하는 요소들에 의해서 종합된 어떤 모습·관계·윤곽, 즉 형식에 초점을 두고 있는 것이다. 구체적인 장미꽃은 개별적일 수밖에 없는 것, 따라서 보편적 요소를 갖지 않지만 그것을 구성하는 형식은 어느 정도 보편성을 띠고 있다. 구체적인 지금의 이 장미꽃 대신에 다른 장미꽃을 바꿔놓더라도 그것이 장미꽃인 한, 그것은 장미꽃으로서의 보편적인 형식을 갖추고 있을 것이다. 예술작품은 이런 뜻에서의 형식을 본질로 하고 있으며, 예술작품의 감상이란 예술작품이 제시하는 형식을 응시하고 명상하는 활동에 불과하다.

칸트의 형식론은 표상론이나 표현론이 소홀히 하거나 설명할 수 없었던 예술작품의 한 측면을 부각시켜준다는 점에서 중요하고 참신하다. 그러나 좀더 따지고 보면 그것은 예술작품의 본질을 밝혀주지 못할 뿐만 아니라 심미적 경험의 본질도 만족스럽게 설명하고 있지 않으며, 더 근본적으로는 그의 형식론의 기초가 되는 인식적 판단과 심미적 판단의 구별도 그 근거가 미약하다.

칸트의 주장대로 예술작품을 형식이라는 속성소에 의해 결정할 수 있다고 하자. 그러나 그가 말하는 형식이라는 속성소는 예술작품 속에서 오로지 그 속에서만 발견되는 것이 아니라 모든 사물현상 속에서 발견될 수 있다. 물론 모든 형식이 다 같이 예술적 혹은 심미적 가치를 갖고 있다는 것은 아니다. 그러나 여기서 문제는 심미적 가치를 평가하는 데 있지 않다. 중요한 것은 어떤 기준에 의해 예술작품과 비예술작품을 구별할 수 있느냐를 알아내는 일이다. 형식이란 것이 오직 예술작품 속에서만 발견되는 것이 아니라면 그것은 예술작품을 결정하는 속성소가 될 수 없다. 이러한 반론에 대해서 칸트의 형식론은 예술작품의 본질에 관한 것이 아니라 심미적 경험의 본질에 대한 이론이라는 주장이 가능하다. 설사 이러한 주장이 옳다고 가정한다 하더라도 칸트의 형식론은 만족스럽지 못하다. 칸트는 심미적 경험은 경험대상의 내용에 근거를 두는 것이 아니라 그 대상을 대상으로 만드는 일종의 질서, 즉 형식에 그 근거를 둔다고 한다. 만일 모든 대상이 항상 칸트적 의미에서 형식을 갖고 있다면 그들은 모두 심미적 경험의 원인이 되어야 할 것이다. 그러나 어떤 형식은 그러한 경험을 전혀 유발하지 않는다. 설사 칸트의 생각대로 긍정적이건 부정적이건 간에 모든 형식은 지적인 가치와는 다른 심미적 가치의 유일한 근거라고 받아들이더라도, 칸트는 어떤 기준에서 긍정적이거나 부정적인 심미적 가치가 측정될 수 있는가를 전혀 밝혀주지 못한다. 칸트의 형식론이 내포한 더욱 근본적인 난점은 심미적 경험의 본질을 알려주지 못하는 데 있다. 그가 주장한 대로의 심미적 판단의 본질은 명확한 근거를 갖고 있는 것 같지 않다는 말이다. 굿맨의 주장과 달리 과학이 채워주는 지적 만족감과 예술이 채워준다는 심미적 만족감은 분명 다르다. 이런 차이를 밝혀보려는 칸트의 미학은 우리들의 상식적 직관과 일치한다. 칸트는 지각대상에 대한 감각적 판단에 따른 형식을 비타산적으로 관조하는 태도에서 심미적 경험이 가능하다고 한다. 그리고 그러한 태도에 입각한 심미적 판단은 선험적 범주를 탈피해서 감각에만 의존하지만, 그것은 동시에 객관성을 지니고 있다고 한다. 그러나 칸트의 인식론으로 볼 때 선험적 범주에 의존하지 않은 판단이 어떻게 객관성을 가질 수 있을까 하는 의문이 생긴다. 사실 어떤 꽃은 반드시 모든 사람들에게 다 같이 아름답게만 경험되지 않고, 한 음의 가락은 역시 모든 사람에게 유쾌하게만 경험되지는 않는다. 이른바 심미적 판단은 오히려 논리실증주의자의 입장에서 해석될 때 칸트의 입장에서 본 해석보다 진리에 가깝게 해석되는 듯하다. 심미적 판단은 결국 주관적일 수밖에 없고, 그렇기 때문에 인식적 판단과 엄격히 구별될 수 있다고 본다.

칸트의 형식론이 만족스럽지 못하다는 사실은 형식론이 그 자체로 잘못된 것임을 의미하지 않는다. 그것은 앞서 지적했듯이 20세기 초에 벨, 프라이 등에 의해 새로운 형태로 각광을 받았고, 최근에는 그린버그, 프라이드 등의 추종자들을 낳게 되었다.

이들 형식주의자들은 예술작품의 본질이 그것을 담은 내용이 아니라 형식에 있다는 근본적인 입장에서는 칸트와 동일하다. 그러나 그 형식은 특수한 것으로서 이들을 대표하는 벨Bell은 그것을 '의미형식significant form'이라 부른다. 이 개념은 현대 미학을 논하는 데 있어서 가장 큰 영향과 공감을 불러일으킨 빼놓을 수 없는 중요한 개념이 되었다. '의미 형식'이란 개념을 도입한 벨의 형식론은 칸트의 그것에 비해 극히 단순하고 선명하다. 그에 의하면 모든 예술작품은 이른바 심미적 감동을 주며, 그런 감동을 일으키는 것이 바로 '의미형식'이라는 것이다. 그의 이러한 이론은 다음 인용 속에 비교적 분명히 서술되어 있다.

모든 미학적 체계의 출발점은 각 개인의 특수한 감동에서 찾아야 한다. 그러한 감동을 환기하는 대상을 우리는 예술작품이라 부른다. 감수성 있는 사람이라면 누구나 예술작품이 환기시키는 특수한 감동이 있다는 것에 동의할 것이다. …… 이 감동은 심미적 감동이라 불린다. …… 만일 심미적 감동을 환기하는 모든 대상에 대해 특수하고도 공통적인 어떤 속성을 발견할 수 있다면 미학의 중심적 문제라고 생각되는 문제는 해결될 것이다. …… 이 속성은 무엇일까? …… 그에 대해 할 수 있는 가능한 유일한 대답은 의미형식이라는 것이다.[20]

벨의 이론은 대충 다음과 같은 것으로 요약된다. 첫째, 누구나 이른바 심미적 감동을 경험한다. 둘째, 모든 예술작품은 다 같이 심미적 감동을 불러일으키는 속성을 갖고 있다. 셋째, 그 속성은 의미형식이다. 그러나 위의 세 가지 주장은 확고한 성격이 결해 있어서 명확한 사실로 받아들이기에는 설득력이 약하다. 첫째, 심미적 감동은 다른 감동과 상식적인 차원에서 구별되는 것 같지만 그러한 감동이 정말로 다른 감동들과 완연히 구별되어 존재하는가 하는 문제는 아직도 결정적인 대답을 갖지 못하고 있다. 칸트에 의해서, 그리고 그를 추종하는 스톨니츠Stolnitz[21] 등에 의해 '비타산적 태도'로서 이론적 뒷받침을 받고는 있지만, 디키에 의해서는 부정되고 있다.[22] 설사 그러한 감동이 다른 감동들과 명확히 구별될 수 있다고 하더라도 그러한 감동의 본질이 무엇인가에 관한 설

20   Clive Bell, *Art*(N. Y., 1958), pp.17~18.

21   Jerome Stolnitz, *Aesthetics : Philosophy of Art Criticism*(Boston, 1969).

22   G. Dickie, "The Myth of the Aesthetic Attitude," in *American Philosophical Quarterly*, vol. I, No. 1, Jan. 1964.

명이 적어도 칸트나 스톨니츠나 벨에 있어서 뚜렷하지 않다. 둘째, 모든 예술작품이 다 같이 심미적 감동을 환기시킬 수 있다고 할 수 있는지는 극히 의심스럽다. 과연 〈모나리자〉라는 그림, 로댕의 〈생각하는 사람〉이라는 조각, 뒤샹의 〈샘〉이라는 변기, 셰익스피어의 『햄릿』이라는 희곡, 베토벤의 〈월광 소나타〉라는 곡이 모두 다 똑같은 심미적 감동을 일으키는가? 도스토옙스키의 다른 소설들이 일반적인 의미에서 심미적 감동을 일으킨다 해도 그의 『지하생활자의 수기』는 전혀 다른 감동을 준다고 믿는다. 심미적 감동이 아니더라도 모든 예술작품들이 동일하고 공통적인 어떤 종류의 감동을 일으키지는 않는 것 같다. 이런 사실은 우리들의 예술적 경험을 반성해보면 이내 알 수 있다고 확신한다. 셋째, 그런 동일하고 공통적인 심미적 감정을 인정하고 그것을 의미형식이라 가정하자. 그렇다고 해도 그 의미형식이란 것이 어떤 형식인지를 전혀 알 수가 없다. 분명히 모든 형식이 예술작품의 본질일 수는 없다는 점에서, 의미라는 말에서 그 특수성을 밝히려고 하지만 그 개념이 무엇을 지칭하는지가 뚜렷하지 않다. 만일 벨의 주장에 있어서 자명한 것으로 암시된 것처럼 의미형식을 심미적 감동을 일으키는 형식으로 본다면 이러한 주장은 논리의 순환적 오류를 범하고 있다. 왜냐하면 벨은 예술작품의 본질로서의 의미형식을 예술적 감동으로부터 끌어내어 설명하려는 동시에 예술적 감동을 의미형식에서 추리해내려고 하고 있기 때문이다.

한발 더 양보해서 위의 세 가지 벨의 명제가 옳다고 가정하여 과연 예술작품의 본질은 의미형식에 있다고 받아들이자. 그러나 이러한 형식은 비단 예술작품 속에서만 발견되는 것이 아니며, 그러한 형식이 환기하는 심미적 감동은 오직 예술작품 속에서만 얻어지는 것이 아니라 모든 인공품 및 자연현상 속에서도 나타날 수 있다. 벨은 예술작품이 제공하는 심미적 감동과 비예술품 혹은 자연현상에서 체험되는 심미적 감동을 구별하지 못하며, 동시에 예술작품 속에서의 형식과 그밖의 사물현상 속에서의 형식을 구별하지 못한다. 만일 구태여 의미라는 형용사를 붙여서 예술작품 속의 형식을 의미형식이라 부른다 해도, 그 형용사는 벨이 의도하는 목적을 이룩하지 못한다. 따라서 예술작품의 본질을 밝히려는 이론으로서의 형식론은 설사 예술작품에 있어서의 형식의 중요성에 주의를 환기시킨 점에 있어서 중요하다 하더라도, 그것만으로는 만족스러운 이론이 될 수 없다.

형식론은 표상론과 표현론을 대치하고자 한다. 이 이론의 근본 의도는 예술작품의 본질을 그것이 표상하거나 표현한다고 보는 내용에서 찾지 않고, 내용과 독립된 형식에서만 찾으려는 것이었다. 그것은 예술에 있어서의 이른바 형식이 그 내용과 적어도 논리적인 차원에서 완전히 독립될 수 있음을 전제하고 있다. 그러나 블로커Blocker가 설득력 있게 보여주고 있듯이, 종래 주장되어왔던 것처럼 형식이 표상과 완전히 분리될 수는 없으며, 표상은 표현과 완전히 구별되어 생각될 수 없다.[23] 최근 일반적으로 인정되고 있는 실험적인 인식론을 받아들이면 예술작품에 있어서의 표상은 객관적 대상을 모사한다든가 모방한다는 의미에서는 불가능하며, 언제나 주관적인 성격을 버릴 수 없다는 것이다. 또한 표상의 주관성은 예술작품에서뿐만 아니라 일반 지각에 있어서도 마찬가지이며 지각에 바탕을 둔 과학도 주관적일 수밖에 없다고 주장한다. 그러므로 예술적 표상과 과학적 표상은 근본적으로 질적 차이가 없는

---

23   H. Gene Blocker, *Philosophy of Art*(N. Y., 1979).

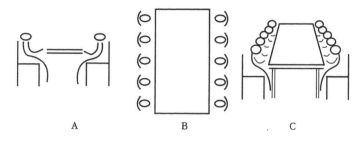

삽화 1 테이블에 둘러앉은 사람들에 관한 세 가지 소묘

것이 된다. 표상이 주관을 떠날 수 없다는 사실은 동일한 대상이 여러 가지 각도에서 여러 가지 스타일로 동시에 표상될 수 있다는 점에서 실증된다. 예술적 표상의 스타일은 예술가의 주관적인 느낌의 패러다임을 뜻하며, 이런 식의 스타일을 갖지 않은 표상이란 존재할 수 없는 것이다(삽화 1). 삽화 1의 A, B, C 중에서 어느 하나가 가장 정확한 표상이라고 절대적으로 결정할 수는 없다. 그리고 표상이 주관적인 관점을 완전히 벗어날 수 없다는 점에서 표상은 반드시 다소 표현적일 수밖에 없다. 반대로 표상적인 성격을 완전히 떠난 표현 역시 불가능하다. 즉 어느 정도 객관적인 사실에 의존하지 않고서는 주관적인 표현이 불가능하다는 말이다. 어떤 대상의 감동적 의미, 즉 표현성은 문화적이거나 초문화적인 보편성을 띠고 있다. 그러므로 표현도 어느 정도 객관성에 의존한다고 보아야 한다. 만약 문화적인 측면에서나마 어떤 보편적 감동을 일으키지 못한다면 그것은 표현으로 성립될 수 없다. 표현이 사람들의 이해를 전제하자면 그것에는 반드시 보편성이나 칸트적인 의미에서의 객관성, 즉 사물의 올바른 표상이 전제되어야 한다. 만일 뭉크의 그림 〈절규〉(그림 1)이 화가의 감정이나 감동을 표현했다면 그것은 적어도 문화적으로 공감될 수 있는 것들의 표상에 성공했기 때문이다. 또한

그림 1 뭉크, 〈절규〉   **그림 2** 뭉크, 〈키스〉

그림 3 고흐, 〈씨 뿌리는 사람〉

표상이나 표현은 반드시 무슨 내용을 전달하지만 그들은 어떤 형식에 다분히 지배되어 있다. 똑같은 여인도 어떤 틀, 넓은 의미에서의 형식에 따라 다른 것을 뜻하기도 한다(그림 2와 3). 표상이나 표현이 형식에 의존한다면 마찬가지로 형식도 표상이나 표현에 의존한다. 표상이나 표현이 없는 예술작품의 형식은 있을 수 없는 것이다. 후에 자세히 검토하겠지만 이러한 점에서 예술적 형식은 다른 사물현상들의 형식과 구별되고, 또 바로 이런 점에서 예술적 감동이 단순한 심미적 감동과 다를지도 모른다. 재스퍼 존스Jasper Johns의 〈세 개의 깃발〉(그림 4)나 뒤샹의 〈샘〉(그림 5) 또는 모든 추상화들도 무엇인가에 대한, 즉 무엇을 표상하거나 표현하는 것이지 그냥 사물로서 존재하는 것은 아니다. 그것들은 모두 서로 다른 방식으로 문화·상징물에 대해서, 혹은 예술 자체의 의미에 대해서 무엇인가를 뜻하고 있다. 표상과 표현을 완전히 떠나서 예술작품의 형식만을 이야기할 수는 없다. 표상이나 표현과 독립한 형식은 존재하지 않으며 논리적으로도 불가능하다. 왜냐하면 그것이 예술에 있어서의 형식인 이상, 다시 말해서 단순히 물리적 질서만을 갖춘 사물이 아닌 이상, 예술작품은 필연적으로 하나의 언어이며, 언어는 반드

그림 4 재스퍼 존스, 〈세 개의 깃발〉 **그림 5** 뒤샹, 〈샘〉

시 어떤 형식 속에 존재하면서도 또한 그밖의 어떤 것과의 관계 속에서 그 기능을 발휘하기 때문이다. 이같이 예술에 있어서의 형식론을 문자 그대로 받아들일 수는 없는 것이다.

예술작품은 표상·표현·형식이라는 서로 뗄 수 없는 유기적 관계를 갖고 있으며 각기 그 하나하나는 그밖의 것들과의 유기적 연결 속에서만 이해될 수 있다. 때문에 예술작품은 표상만으로, 표현만으로, 혹은 형식만으로는 그 본질을 파악할 수 없으며 예술작품을 정의할 수 없다. 그러므로 표상론·표현론·형식론은 각각으로서는 예술의 어떤 한 측면만을 강조한 불충분한 이론이 되고 만다.

그렇다면 이 세 가지 속성소가 유기적으로 통합된 것이 예술작품이라고 볼 것인가? 예술작품에 대한 이와 같은 설명은 만족스러운가? 블로커는 "예술이 다른 해석적 기도(예를 들어 과학)들과 다른 점은 다만 그것이 형식과 내용의 보다 완전한 통합이라는 데 있다"[24]고 주장한다. 전통적인 의미에서의 표상론을 지적하면서도 블로커는 결국, 표현론과 형식론을 새롭게 해석한 표상론에 흡수시킴으로써 표상론의 골자인 예술작품의 인식적 기능을 새롭게 조명한다. 이런 점에서 그의 이론은 앞서 언급한 굿맨의 예술인식론이나 하이데거의 예술철학과 그 내용에 있어서 전혀 다를 바가 없다. 과연 예술작품은 그것이 보다 통합적으로 어떤 대상을 지칭해주는 속성소를 갖는가? 과연 예술작품은 그런 점에서만 일상적 경험에서나 과학에 있어서의 표상과 다른가? 한마디로 예술작품은 이미 존재하는 사물·현상·감정·생각 등을 우리에게 보여주는가? 예술작품을 통해서 우리들은 세계에 대해 혹은 인간에 대해 어떤

---

24   H. G. Blocker, 위의 책, p.200.

새로운 사실을 배우게 되는가? 그것은 어떤 기존의 지칭물을 갖고 있는가? 이러한 물음에 대한 대답은 부정적일 수밖에 없다. 앞서 지적한 대로 언어로서의 예술작품은 본질적으로 허구적이다. 어떤 언어를 예술작품으로 본다는 것은 그것이 무슨 이야기이든 간에 그 이야기의 사실성을 논할 필요가 없음을 인정하고 들어간다. 언어가 지칭하는 대상이 없다면 그 언어의 이야기에 대한 진위를 따질 수 없으며, 그렇다면 그것은 기존 사실에 대한 정보를 제공한다는 의미로서의 인식적 기능을 하지 못한다. 이와 같이 볼 때 블로커의 새로운 이론도 역시 만족스럽지 못하다. 예술작품에 대한 표상론·표현론·형식론이 다 같이 만족스럽지 못한 근본적인 이유는 블로커가 말한 것처럼 그것들이 각각 예술작품의 어느 일면만을 강조한 편협한 이론이기 때문이라기보다는, 그것들이 한결같이 예술작품의 본질을 예술작품의 가시적인 차원에서, 즉 실재로 지각될 수 있는 차원에서, 실재하는 속성소를 찾아내려고 했기 때문이다. 개, 물, 책 등은 실질적인 차원에서 그것이 실제로 갖고 있는 속성소에 의해 정의된다. 가장 명료한 예로 물은 H_2O라는 원소의 성분식에 의해서 규정된다. 아마도 종래의 예술작품에 대한 정의를 내리려는 시도들이 무의식적으로나마 예술작품도 이와 같은 식으로 정의될 수 있다는 전제하에 이루어져왔던 것 같다. 예술작품 속에서 실재로 표상적이거나 표현적, 또는 형식적인 속성소를 찾을 수 있다고 생각되어 왔다. 그러나 예술작품이라는 존재가 물과 같이 실재하는 속성소로서 정의될 수 있다는 전제는 잘못된 것이며, 이 그릇된 전제 때문에 여러 가지로 시도한 정의가 실패로 끝나고 말았던 것이다. 예술작품이란 것은 물과 같은 존재와는 근본적으로 다른 구조를 갖고 있음을 간과했던 것이다. 그렇다면 예술은 어떻게 정의될 수 있는가? 예술작품은 어떤 존재론적 구조를 갖고 있는가? 예술작품의 속성소가 있다면 그것은 어떤 종류의 것인가?

제도적 정의

그 입장이나 결론이 어떤 것이든 간에 앞에서 살펴본 예술작품의 정의들은 모두 만족스럽지 못한 것으로 나타났다. 그 입장이나 결론에 차이가 있음에도 불구하고 종래 예술작품은 그것이 갖고 있다고 전제되는 실재적 속성소를 찾고자 했다는 점에서는 다름이 없다. 표상론·표현론·형식론은 다 같이 모든 예술작품들 속에서 관찰을 통해 발견할 수 있다고 믿은 공통적인 속성소를 발견하고자 했으며, 오직 예술작품 속에서만 발견될 수 있는 공통적인 속성소를 전제로 하고 있었다.

예술작품에 대한 전통적인 정의들이 모두 암초에 걸려 난파당한 사실에 근거하여 예술작품이라는 개념은 그와 질을 같이하는 다른 여러 개념들과 마찬가지로 만족스러운 정의를 내릴 수 없으며, 그 개념을 영구적으로 결정하는 필요충분조건을 찾아낼 수 없다는 견해가 나타났다. 필요충분조건에 의해서 확고부동하게 결정될 수 없는, 말하자면 유동적인 개념을 이른바 '열린 개념open concept'이라 부른다. 이와 같은 입장에서 볼 때 예술작품이란 개념을 결정적으로 규정하려는 시도가 전통적 예술철학에서 핵심적인 논쟁대상이었다면, 그러한 논쟁은 처음부터 문제를 잘못 파악한 데서 생긴 부질없는 논쟁에 지나지 않는다는 결론이 선다. '예술작품이란 무엇인가', '예술작품이란 다른 사물들과 정확히 어떻게 구별되는가'라는 물음은 논리적으로 답할 수 없는 헛된 질문에 불과하다는 것이다.

그러나 지금까지의 모든 이론이 실패했다고 해서 만족스러운 새로운 이론이 나올 수 없다고 말하는 것은 성급하다. 예술작품에 대한 종래의 정의가 만족스럽지 못하다고 해서 우리에게 만족을 줄 만한 새로운 정의가 나오지 말란 법은 없다. 종래의 정의들이 근본적으로 전제하고 있는 예술작품의 속성소에 관한 관점을 떠나 전혀 새로운 입장에서 만족스러운 정의를 찾을 수 있을지도 모른다.

'예술작품'은 열린 개념이다. 따라서 필요충분조건에 의한 정의가 불가능하다는 주장은 그 이론이 비판하고 있는 전통적 이론과 마찬가지로 예술작품이 갖고 있는 필요충분조건들은 언제나 실재적인 속성소임을 전제하고 있다. 다시 말해 실재적 정의의 입장을 벗어나지 못하고 있다. 그러나 어떤 사물현상도 반드시 실재적 정의가 내려질 수 있는 것은 아니다. 어떤 경우에는 그 현상의 존재론적 구조 때문에 시공의 차원이나 그것의 실재적 기능의 측면에서 이해될 수 없다. 그런 존재는 물리적일 뿐만 아니라 제도적인 측면도 갖고 있다. 달리 말해서 그것은 제도적 속성이라는 비가시적인 속성소에 의해서만 규정되고 정의된다.

물을 물이게 하는 것은 H_2O라는 실재하는 화학적 속성소들이며, 강아지 혹은 소나무를 각기 강아지·소나무이게 하는 것은 그것들이 실제로 소유하고 있는 동물학적·식물학적 속성소들이다. 따라서 그것들은 모두 실재하는 적절한 속성소들에 의해서 정의될 수 있다. 아마도 자연현상에 대해서는 실재적 정의가 타당하며 가능하다 하겠다. 그러나 인간은 자연현상 속에서만 살지 않고 이른바 문화현상, 즉 문화적 사물 속에서 살아간다. 아니, 인간이 나타남으로써 동시에 자연현상 외에 문화현상이 생겨난다. 기혼자·학생·정부·사찰·가족 등과 같은 현상들이 자연현상들과 구별된다면, 그것은 단순히 물리적·생리적·화학적인 데 근거하지 않고 오로지 제도적인 속성소에 의해서만 정의되고 분류된다. 어떤 사람이 기혼자냐 미혼자냐 하는 것은 어떤 사람이 학생이냐 아니냐는 것과 마찬가지로 지각이나 관찰의 차원에서 그 사람의 물리적·생리적·화학적 구조에 의해서 결정되지 않음은 자명하다. 20명의 자녀를 낳고 다른 성性의 사람과 백 년을 살았다 하더라도 제도적 절차가 없었다면 그는 기혼자가 아니며, 아무리 지식이 많고 밤낮으로 학교 도서실에서 공부를 하더라도 그 젊은이가 반드시 학생인 것은 아니다. 그렇다면 기혼자·학생 등은 제도적인 의미를 띠고 있고, 제도적인 존재로서 제도적으로만 정의될 수 있다고 보아야 한다. 아마도 '예술작품'이라는 개념은 어떤 물리현상만이 아닌 제도적 존재로서의 제도적인 속성소를 지칭하는 것이며, 그것에는 실재적인 정의가 아니라 제도적인 정의가 내려져야 할 것이다. 이런 관점에서 예술작품은 열린 개념이 아니라 닫힌 개념으로 남아 있을 수 있으며, 필요충분조건에 의해서 명확한 정의가 내려질 가능성이 있다.

그러나 예술작품에 대한 제도적 정의가 시도되기 전에 예술작품에 대한 필요충분조건에 의한 정의를 시도한 것이 처음부터 잘못된 것이라는 주장을 우선 검토하고, 그다음에 제도적 정의에 대한 이론을 살펴본 후, 끝으로 그것을 보충하여 예술작품에 대해서 필요충분조건에 의한 정의를 시도해보고자 한다.

열린 개념론

표상 혹은 표현 또는 형식과 같은 전통적 관점에서 예술작품이 정의될 수 없고, 따라서 예술작품은 다른 사물현상들과 명확히 구분될 수 없다는 사실에서 예술작품의 본질을 찾으려는 시도나 예술작품의 정의를 내리려는 노력이 포기되어야 한다는 주장에 대해 앞에서 잠시 소개한 바 있다. 이러한 주장의 가장 대표적인 개념이 앞에서 말한 열린 개념으로 와이츠Weitz에 의해 나타났다.[25] 열린 개념이란 어떤 낱말의 의미가 영원불변하는 일정한 속성소를 지칭하는 게 아니라 시대와 사회에 따라 변한다는 것을 의미한다. 만일 한 낱말이 가리키는 대상이나 현상이 그것이 갖추어야 할 필요하고도 충분한 조건에 의해서 정의될 수 있다면, 그 개념은 닫힌 개념이라 부를 수 있다. 열린 개념에 있어서는 한 낱말의 뜻은 필요하고도 충분한 조건에 의해 규정지어지지 않는다. 와이츠에 의하면, 예술작품이라는 개념은 그밖의 다른 여러 가지 개념들과 마찬가지로 열린 개념의 한 예가 된다.

과학적인 물의 개념은 폐쇄적이다. H_2O, 즉 수소와 산소로 정의되며 이 정의에서 수소와 산소는 개별적으로는 필요조건이며 종합적으로는 충분조건이 된다. 모든 물은 반드시 위의 두 가지 속성소를 소유해야 하며, 이 두 가지 조건을 갖춘 것들은 모두 물이라 할 수 있다. 그런데 물을 정의하는 수소와 산소에 해당되는 조건 혹은 본질은 예술작품이라 불리는 것들 속에서 찾아낼 수 없다. a라는 사물은 그것의 표상성 때문에 예술작품이라 불리고, b라는 사물은 그것의 표현성 때문에 예술작품이라 분류되며, c라는 사물은 그것의 형식성 때문에 예술작품이라 생각된다. 어떤 시대에서는 한 사물이 a라는 이유에서 예술작품이라 불리고, 다른 시대에는 다른 사물이라는 이유로 예술작품이라고 일컬어진다.

---

25   Morris Weitz, "The Role of Theory in Aesthetics," reprinted in Francis Coleman, ed. *Contemporary Studies in Aesthetics*(N. Y., 1960), pp.84~94.

이와 똑같은 상황을 서로 다른 두 사회의 입장에서도 적용해볼 수 있다. 간단히 말해서 시대나 사회를 초월하여 어떤 사물을 예술작품이라고 부르는 공통적인 어떤 조건 또는 이유를 찾아낸다거나, 모든 예술작품 속에서 공통된 하나의, 또는 몇 개의 속성소를 찾아내는 일이 불가능하다는 것이다. 예술작품이라는 개념은 비트겐슈타인Wittgenstein이 말했듯이 '게임'·'놀이'라는 개념과 같은 종류라는 것이다. 장기·축구·화투·노래자랑 등과 같은 놀이들은 모두가 다 같이 갖고 있는 유일한 공통점을 갖고 있는 것 같지 않다. 그것들은 서로 다른 이유에서 '놀이'라고 불린다. 이러한 개념들은 마치 한 혈연을 이루는 구성원들 간의 관계에서 찾아볼 수 있는 유사성을 갖는다. 그런데 이 유사성은 그들 간에 공통적인 동일한 모습에 의해서가 아니라, 아버지와 아들은 코가 닮았고, 딸과 아버지는 입이 닮았고, 오빠와 동생은 귀가 닮았고, 어머니와 아들은 눈이 닮았다는 식으로의 유사성을 말한다. 이들 간에는 막연한 닮음을 느낄 수는 있지만 그 닮음은 어떤 유일한 모습의 닮음이 아니라, 서로 뒤엉킨 닮음 속에서 추출된 것일 뿐이다. 한 혈연의 이런 닮음은 '가족 유사성'이라 부르고 이러한 유사성을 내용으로 하는 개념을 '가족 유사 개념'이라고 일컫는다. 이런 이유에서 '놀이'라는 개념이나 '예술작품'이라는 개념은 다 같이 가족 유사 개념이며, 어떤 일률적이고 공통적인 속성소를 전제하지 않는다는 점에서 가족 유사 개념은 열린 개념이다. 즉 그런 개념은 앞으로 지금까지 찾을 수 없었던 이유를 발견함으로써 어떤 것을 놀이 혹은 예술작품이라고 부를 수 있다는 말이며, 그것은 항상 변화성을 남겨둔 개념이 된다는 것이다. 장래에, 혹은 이곳이 아닌 다른 사회에서 지금까지 여기서 '놀이' 혹은 '예술작품'이라 불리지 않았던 것들이 '놀이'나 '예술작품'으로 분류될 수 있는 가능성이 언

그림 6 라스코 동굴, 〈소와 말의 벽화〉

제나 열려 있다는 것이다. 원시인들이 알타미라Altamira나 라스코Lascaux에 그려놓은 동굴 벽화(그림 6)라든가, 아프리카 흑인들의 가면, 또 여러 가지 종교적 상징을 나타내는 그림·조각·건축들은 원래는 오늘날 우리가 생각하고 있는 것 같은 의미에서의 예술작품으로 만들어진 것은 아니다. 그것들은 주술적인 힘을 빌리기 위한 것, 혹은 종교적인 신성함을 상징하는 것이었을 뿐이다. 그러나 오늘날 그것들은 예술작품이라는 개념 속에 분류된다. 단순히 보기 좋은 그릇으로 만들어진 고려자기가 위대한 예술작품으로 취급되기도 한다. 가령 피카소 같은 유명한 화가가 신기하게 생긴 마른 나무뿌리를 주워다가 조각이라고 말할 때 그것은 예술작품이 되었다. 인상파 그림이 최초로 전시되었을 때, 고갱Gauguin이 타이티의 풍경을 그렸을 때, 그것이 그림이냐는 비평의 폭풍이 일어났었다. 그런가 하면 조이스가 『율리시스』를 냈을 때 그것은 문학이 아니라는 반발을 일으켰고, 존 케이지Cage가 〈4분 33초〉라는 이른바 '침묵 소나타'라는 곡을 써서 현대 음악이라고 주장했을 때 그것은 음악으로서 부정되었었다. 그러나 어느덧 그것들은 각기 훌륭한 회화로서, 문학으로서, 그리고 음악으로서 아끼는 것이 된 것이다. 이런 사실은 음악·미술·문학에 대한 개념이 개방되어 있어서 새로운 뜻을 갖게 될 수도 있음을 증명한다. 그리고 더 나아가서는 예술작품에 대한 개념이 바뀌었음을 입증한다.

예술사를 통하여 예술작품의 개념이 항상 신축성 있게 바뀌고 변화되어왔다는 것이 사실이라면 앞으로도 그 개념은 언제나 다시 바뀌게 될 가능성을 열어놓고 있는 것이다. 따라서 다시 강조하지만 예술작품이란 개념은 영원불변하게 고정될 수 없는 것이며, 이 개념은 시대와 장소, 사람과 사람에 따라 언제나 다른 의미를 갖고 있다.

열린 개념으로서의 예술작품에 대한 주장에 있어 크게 두 가지의 난점을 지적할 수 있겠다. 먼저 열린 개념의 근거 내지는 바탕이 되고 있는 가족 유사 개념이 타당한가에 의심이 가며, 둘째는 예술작품의 개념이 시대나 장소에 따라 의미를 달리하는 유동성을 갖고 있다는 예술사적 근거에 대한 문제점을 지적할 수 있다.

첫째, 와이츠의 '열린 개념'이란 말은 비트겐슈타인의 가족 유사 개념에 근거를 둔 개념이며, 비트겐슈타인은 가족 유사 개념의 전형적인 예로서 '게임', 즉 '놀이'라는 개념을 들고 있다. 축구·장기·씨름·화투 등등을 놀이의 예로 든다면 그것들을 다 같이 '놀이'라고 지칭할 수 있는 공통적인 속성소를 그 여러 가지 놀이 속에서 찾아낼 수 없다. 그리고 과연 어떤 점에서 화투와 축구가, 씨름과 장기가 공통점을 갖고 있으며 그 공통점에 의해서 놀이라는 것들이 다른 사물현상이나 행동들과 구별될 수 있는지가 극히 의심스럽다. 물리적인 혹은 지각적인 차원에서 그런 것들은 결코 볼 수 없다. 그러나 맨들바움Mandelbaum은 비트겐슈타인이 자명하게 믿고 있었던 바와는 달리 여러 놀이들 속에 공통적인 어떤 속성소를 찾아낼 수 있다고 한다. 그에 의하면 놀이는 "놀이에 참

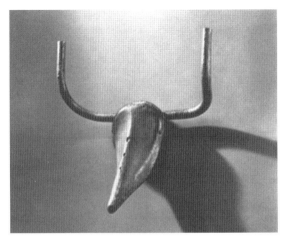

그림 7 피카소, 〈황소의 머리〉

가한 사람이나 놀이를 구경하는 사람들에게 비실재적인 관심에 정신없이 빠지게 하는 가능성"[26]을 갖고 있다. 이러한 속성소는 가시적인 것이 아니라 비가시적인 성질을 띠고 있다. 그러한 속성소를 달리는 관계적 속성소라 했고, 단토는 눈으로 가려낼 수 없는 속성소라고 말했다. 이러한 관점이 옳다면 비트겐슈타인의 가족 유사 개념을 전제로 한 와이츠의 예술작품에 대한 열린 개념 이론도 무너지게 된다. 비트겐슈타인, 그리고 와이츠의 이론은 모두 속성소를 지각적인, 즉 가시적인 차원에서만 보려고 했기 때문에 그들은 모두 물리적으로만 존재하지는 않는 특수한 존재, 즉 제도적 존재가 있다는 것을 깨닫지 못했던 것이다.

둘째, 원시인들의 벽화나 아프리카의 가면들(그림 7), 종교적 유적들, 또는 고려자기가 예술품으로 불리게 되었다는 사실, 한 시대나 한 사

---

[26]　Maurice Mandelbaum, "Family Resemblance and Generalization Concerning the Arts," in *the American Philosophical Quarterly*, 1965, p.221.

회 또는 어떤 사람에 의해서는 예술작품으로 인정되었던 것이 다른 시대나 다른 사회, 그리고 다른 사람들에 의해서는 비예술작품으로 분류되어왔다는 사실은 언뜻 생각하기와는 달리 반드시 '예술작품'이란 개념의 상대성·유동성, 즉 개방성을 입증하는 것은 아니다. 라스코 동굴의 원시인들이나 아프리카의 원주민들에게 예술의 개념이 있었다고는 보기 어려운 것이다. 그들은 그들이 그린 그림이나 그들이 만든 가면들을 다른 사물들과 구별하여 어떤 낱말로 부르면서 분류했음에는 틀림없지만, 그렇게 구별된 그림이나 가면들은 사실상 과학이나 다른 정신적 활동과 구별되는 뜻으로서의 '예술작품'이란 의미를 지니지 않고, 다만 예를 들어 주술적인 의미를 지녔음에 틀림없다. 그들이 그린 그림이나 가면에 대해 어떤 낱말을 붙임으로써 다른 사물과 구별하여 그런 것들을 지칭했으며, 똑같은 것을 오늘날 우리가 '예술작품'이라는 낱말로 지칭하여 다른 사물과 구별한다고 하더라도 그들이 사용한 낱말이 우리가 지금 '예술작품'이라 쓰는 낱말과 반드시 일치하지는 않는다. 그들에게 예술이라는 개념이 없었고, 따라서 그들에게는 '예술작품'이라는 것도 없었다고 말할 수 있다. 그렇다면 오늘날 우리들이 사용하는 '예술작품'이라는 개념이 변했다는 주장은 적용되기 어렵다. 또한 백 년 전에는 우리들까지도 아프리카의 가면이나 석상들을 밀로의 〈비너스〉나 로댕의 〈발자크〉나 혹은 헨리 무어의 조각을 말하는 것과 같은 의미에서 '예술작품'이라고 부르지 않았던 것이 사실인데, 오늘날 똑같은 것들이 같은 의미에서 예술작품으로 분류되고 있다는 것은 인정해야 할 사실이다. 이런 사실은 '예술작품'이라는 개념이 수정되어 그 개념 안에 새로운 것들이 포함되는 것을 입증하는 게 아니라, 종래는 부여하지 않았던 예술작품의 의미가 어떤 역사적 맥락에 의해 새로이 부여된 것으로 해석될 수 있다. 이와 같은 의미 부여의 과정을 단토는 '일상 사물의 변용'[27]이라고 부른다.

이런 사실은 한편으로는 낱말과 개념, 또 한편으로는 개념과 그것의 지칭대상을 혼동해서는 안 된다는 것을 상기시켜준다. '달'이라는 낱말은 한편으로는 태양과 구별되는 하나의 천체를 지칭하는 말일 수 있고, 다른 한편으로는 시간의 한 척도단위로서 하루, 한 해와 구별되는 의미를 가리킬 수 있다. 한 시대 혹은 한 사회에서, 또는 한 사람이 '예술작품'이라는 낱말을 사용한다고 할 때 다른 사회, 다른 시대에서 다른 사람이 똑같은 '예술작품'이란 낱말을 쓴다고 해서 그 뜻, 즉 개념이 반드시 동일한 것은 아니다. 그리고 한 낱말의 개념은 그것의 지칭대상과 항상 일치하는 것은 아니다. A와 B 두 사람이 하나의 동일한 대상을 가리키며, '개'라고 말했을 때 A는 그 대상의 귀의 형태를 근거로 하고, B는 그 대상의 짖는 소리를 머리에 두고 '개'라고 부른 것이었다면 '개'라는 개념, 즉 의미는 두 사람의 경우 동일하지 않은 것이다. 반대로 한 낱말이 서로 다른 대상을 지칭한다고 해서 그 낱말의 의미가 반드시 다르지도 않다. A와 B라는 서로 다른 동물에 대해 똑같이 '개'라고 부른다고 하자. 그렇다고 A를 가리킬 때 쓴 '개'라는 말의 의미와 B를 가리킬 때 쓴 '개'라는 말의 의미가 반드시 다른 것은 아니라는 것이다. 이 두 가지 경우에 A와 B는 여러 가지 차원에서 서로 다르지만, 가령 짖는 소리나 귀 모양이 같을 수도 있다. 따라서 두 경우에 '개'라는 말은 다 같이 서로 다른 A와 B라는 동물의 귀 모양이나 짖는 소리를 의미할 수도 있는 것이다. 이상에서와 같이 한 시대, 한 사회에서 한 사람이 '예술작품'이란

---

[27]   Arthur Danto, *The Transfiguration of the Commonplace*(Cambridge, Mass. 1981).

말을 사용했다고 해서 그 말이 똑같은 '예술작품'이란 개념을 나타내는 것도 아니며, 여러 상이한 대상들이 시대나 장소나 사람에 따라 예술작품이라는 말로 불렸다고 해서 예술작품이란 개념이 서로 달라진 것이라는 결론은 나올 수 없다. 시대나 장소나 사람에 따라서 다른 사물현상들이 예술작품으로 불렸다는 역사적 사실, 한 시대나 장소에서는 '예술작품'이라고 분류되지 않았던 것이 다른 시대나 장소에서는 '예술작품'으로 분류되었다는 역사적 사실은 '예술작품'이라는 개념의 개방성을 입증하는 것이 되지 못한다. 여러 가지 혼란스러운 '예술작품'이라는 말의 사용에도 불구하고, '예술작품'이라는 개념은 아직도 필요충분조건에 의해 보편적인 의미를 갖는 개념으로 정의될 만한 논리적 여지를 충분히 남기고 있다.

이와 같은 '예술작품'의 정의의 가능성을 밀고 나가기 위해서, 시대와 장소·사람에 따라 역사적으로 혹은 사회적으로, 어떤 것들이 예술작품이라는 이름 아래 과학이나 종교와 같은 활동들과 구별되었는가를 묻기보다는, 어떤 사물이 예술작품으로 불렸다면 그런 것들은 논리적으로 보아 어떤 조건하에서 과학이나 종교, 그리고 그밖의 사물들과 구별될 수 있었는가를 물어보아야 할 것이다. 예술사를 통해서 언제 무엇무엇이 예술작품이라는 말로 불렸고, 어디에서 다른 무엇무엇이 예술작품이라고 지칭되었는가를 모두 서술한다고 해서 '예술작품'이라는 개념이 이해될 수 있는 것은 아니다. 그것은 모든 예술사는 물론 가능한 상황, 가능한 시대를 통틀어, 어떤 것들이 자연현상은 물론 다른 종류의 인간의 문화적 사물들과는 분류되어 '예술작품'이라고 불렸고, 또 불릴 수 있다면 그것이 논리적으로 어떠한 조건을 갖추었으며, 어떤 조건을 갖출 수 있고, 또 갖추어야 하는가를 따져봐야 하는 것이다. 예술작품과 다른 사물현상의 구별이라 말했지만, 더 정확히 말해서 '예술작품'이란 낱말은 분류개념으로서의 다른 개념들, 예를 들어 돌·나무·가구·소나무·장난감 또는 학생·공무원·노동자·경찰·종교·과학 등과 같은 것들과 어떠한 논리적 차이를 갖고 파악될 수 있는가를 알아내야 할 것이다. 왜냐하면 한 낱말의 의미, 즉 개념은 그것이 지칭하는 대상과의 관계에서보다는 다른 낱말들의 의미, 다시 말해서 개념들과의 관계에서만 이해될 수 있기 때문이다. '남편'이란 말의 뜻은 '아내' 혹은 '아들', '딸' 등과 같은 개념들과의 관계에서만 의미를 가지며, '무無'라는 개념은 '유有'라는 개념과의 관계에서만 뜻을 갖게 되는 것이다.

이처럼 한 개념은 그것이 지칭하는 대상과 밀착되지 않고 다른 개념들과의 수평적 관계를 유지함으로써만 그 뜻이 이해될 수 있다면, 한 개념의 의미는 그 대상의 물리적인, 즉 실재적인 속성소에만 의존하지 않고 다른 속성소, 즉 비가시적 속성소라든가 제도적인 속성소에 의지한다는 것이다. 예술작품에 대한 전통적인 정의가 실패한 이유나 와이츠의 예술작품에 대한 정의 불가능성 이론은 실재적 속성소와 제도적 속성소를 구별하지 못하고, 예술작품이라는 존재는 단순히 자연현상이 아니라 문화적 존재, 즉 비가시적인 제도적 속성소를 내포하고 있음을 깨닫지 못하는 데 연유한다. 예술작품이 제도적 속성소로서 존재한다면 예술작품의 이해를 위해 우선은 제도적 속성소, 제도적 존재의 내용을 검토해야 할 것이다.

제도적 존재

수소와 산소·돌과 풀·개와 새·원숭이와 사람은 모두 자연적 존재들이며, 그것들은 물리학적·화학적·식물학적·동물학적 관점에서 분류된다. 이에 반해 같은 사람을 두고 학생·교수·군인·기혼자·처녀 등으로 부를 때, 비록 물리적인, 즉 자연적인 측면에서 원숭이와 구별되었더라도 사람은 단순히 자연적 존재로 머물러 있지 않고 제도적 존재로 변모한다. '학생'·'교수'·'군인'·'기혼자'·'처녀' 등과 같은 낱말은 그것들이 지칭하는 구체적, 즉 자연적 존재로서의 인간을 떠나서는 있을 수 없으면서도 그냥 자연적 존재로서의 대상을 가리키지는 않는다. 그것들은 다 같이 자연적 인간으로서 환원될 수 없는 한 대상의 속성소를 의미한다. 이와 같이 볼 때 우리는 물리현상이나 정신현상만으로 환원될 수 없는 비물리적이고 비정신적인, 즉 자연현상으로서의 존재 외에 또 다른 종류의 존재를 인정하지 않으면 안 되며, 따라서 그 속에서 자연적 속성소로 환원될 수 없는 특수한 속성소를 인정해야 할 것이다. 왜냐하면 그러한 속성소를 인정하지 않고서는 학생·교수·군인·기혼자·처녀 같은 것을 자연적 현상으로 환원될 수 없는 존재라고 말할 수 없기 때문이다.

실재적 존재 혹은 정상적인 뜻에서의 존재에 덧붙여 제도적 존재를 주장함에 있어 오컴의 면도날Ockham's razor을 상기해볼 수 있다. 중세의 철학자 오컴은 다른 철학자들이 경험으로 관찰할 수 없는 수많은 형이상학적 실체를 주장하는 데 대해 가능한 한 그러한 것들은 면도날로 잘라내버려야 할 것임을 주장했다. 19세기 말의 철학자 마이농Meinong은 우주에 있을 수많은 존재를 상상했다. 모든 의식은 반드시 무엇무엇에 대한 의식이니 만큼 만약 내가 도깨비를 생각할 수 있다면, 즉 의심의 대상으로 도깨비를 가질 수 있다면, 돌이나 나무와는 종류가 다르기는 하지만 어떤 의미에서 도깨비는 존재한다고 주장했다. 이런 식으로 우리가 지각할 수 있는 수많은 것들 외에 상상할 수 있는 것도 존재하는 것으로 생각되어, 우리가 경험하고 관찰할 수 있는 것들 외에 다른 종류의 많은 것들이 첨가되었다. 중세 철학자들 간의 보편자the universal와 개별자the particular를 둘러싼 논쟁 가운데서 유명론자nominalist들이 보편적 존재를 부정한 데 대해 실재론자realist들은 그러한 비가시적인 특수한 존재가 있다고 주장했다. 이런 쟁점을 두고 유명론을 편들어 보편적 존재를 부정하고 마이농이 주장하는 도깨비라는 의식대상의 실재성을 인정하지 않는 것이 옳다면, 관찰의 대상이 될 수 있는 자연적·물리적 존재 외에 제도적 존재를 인정한다는 것은 모순된 논리임에 틀림없다. 그러나 이러한 결론은 아직 성급하다. 오컴과 더불어 우리가 그의 면도날로 도려내야 한다는 존재가 우리들이 경험하는 현상을 설명하는 데 쓸모없는 형이상학적 존재인 데 반해, 제도적 존재는 물리적인 의미에서의 실재적 존재와 마찬가지로 형이상학적인 뜻은 전혀 갖지 않는다. 그것은 오로지 경험적인 차원에서 말하는 현상으로서의 존재에 불과하다. 형이상학적, 즉 막연하게나마 궁극적이란 뜻에서 제도적 존재가 실재적 존재로 환원된다 하더라도, 우리의 구체적·비형이상학적 차원에서 금과 모래, 흙과 물이 서로 구별되는 존재이며, 학생과 교수, 군인과 관리가 구별되듯이 보다 넓게는 역시 경험적인 차원에서 사물로서의, 즉 실체로서의 존재들과 제도적 존재들로 구별할 수 있다. 한편으로, 물·모래·흙이 전자에 속하는 존재라면, 학생·교수·군인 등은 분명히 전자와는 범주가 다른 곳에 속하는 존재들이다. 이런 관점에서 실재적 존재와 구별하여 제도적 존재를 말할 수 있다. 그렇다면 구체적으로 그것들은 어떻게 구별되는가? 제도적 존재는 어떤 구조, 어떤 종류의 속성소인가? 한 사람이 기혼자라면 그는 어떤 존재인가? 그것이 돌이나 물, 혹은 그냥 사람과는 달리 제도적 존재의 한 예라면 그것은 어떤 성질을 가진 존재인가? 바꿔 말해서 기혼자는 다른 사물현상과 어떤 근거에서 구별될 수 있는가? 물리적·생리적·동물적으로 똑같은 사람이라는 개체는 어느 상황에서 미혼자로부터 기혼자로 변한다. 미혼자와 기혼자는 필연적으로 다르다. 그것들은 서로 혼동될 수 없는 존재를 가리킨다. 물리적으로 똑같은 사람이 어느 의미에서 한 가지 존재로부터 다른 종류의 존재로 바뀌었다면 문제는 그것들 간의 존재적 차이를 어디서 찾느냐 하는 데 있다. 미혼자와 기혼자는 한편으로는 완전히 동일하지만, 다른 한편으로는 역시 완전히 다른 것이다. 물리적 혹은 생리적으로 미혼자와 기혼자는 구별될 수 없다는 것이 이미 전제되었다. 가령 어떤 사람이 기혼자가 된다는 것은 처녀성, 혹은 동정을 잃거나 하는 생리적인 변화라든가, 같은 집에서 누군가와 가정이라는 것을 꾸미는 공간적인 변화를 의미하며 자녀를 낳거나 하는 생물학적인 기능이 흔히 전제되었다. 그러나 위와 같은 전제들은 비록 일반적으로 절대 대다수의 경우에 속한다 하더라도, 그렇다고 그것이 기혼자의 필요조건이 되는 것도 아니며 충분조건이 되는 것도 아니다. 작가 앙드레 지드는 결혼했지만 한 번도 아내와 성관계를 갖지 않았던 것으로 잘 알려져 있다. 비록 지드의 아내가 생리적 의미에서 처녀성을 잃지는 않았다 하더라도 그녀는 미혼자가 아니라 기혼자이며, 아내와는 성관계를 전혀 갖지 않은 지드가 다른 여자와의 사이에서 딸을 낳았을 때, 딸을 낳은 여자는 자식이 있지만 그냥 미혼자로 남아 있을 수밖에 없는 것이다. 사르트르Sartre와 보부아르Beauvoir는 50여 년간 어떤 부부 사이보다도 가까이 지내면서 동거생활을 해왔지만, 그들은 모두 미혼자일 뿐 결코 기혼자들은 아니다. 최근에 서구에서 많은 사람들이 미혼자로서 동거생활을 하고 있음은 잘 알려진 사실이다. 이와 반대로 역시 많은 기혼자들이 부부간에 별거생활을 하고 있기도 하다. 그 사람의 성생활을 통해 생기는 생리적인 차이에 입각해서 미혼자·기혼자로 구별하는 것도 아니며, 두 명의 이성이 동거하느냐 아니냐에 따라 기혼자와 미혼자가 분류되는 것도 아니다.

미혼자와 기혼자의 구별은 생리적·물리적, 즉 실재적인 데 근거를 두는 것이 아니라 단순한 제도적인 구별일 뿐이다. 어떤 사물현상들은 이처럼 물리적일 뿐만 아니라 그와는 다른 기준, 즉 제도적인 기준에 의해서 분류된다. 모든 문화적인 사물현상이 다 제도적으로 구별되지는 않지만 제도적으로 구별되는 사물현상은 문화적인 성격을 띠고 있다. 결혼제도, 그 제도에서 나타나는 미혼자와 기혼자라는 것들은 바로 문화현상의 한 가지 좋은 예가 된다. 제도라 할 때 우선 우리는 명문화된 법률을 생각하게 된다. 오늘날 모든 문명사회에서는 반드시 결혼에 관한 제도가 있어서 그 제도에 따라 기혼자와 미혼자가 분류된다. 그러나 여기서 말하는 제도는 반드시 법률만을 의미하지는 않는다. 법률은 물론 문자조차 없는 사회에서도 결혼제도가 있었고 그것에 따라 기혼자와 미혼자가 구별되어왔다. 그렇다면 그 제도는 사회적 관습을 뜻한다. 양반과 상민의 사회제도, 그리고 일상생활을 관제하는 허다한 예법들은 법률에 규정된 것이 아니라 관습에 의존한다. 그러나 법률로 문자화되었건 관습적인 것이건 간에 이는 다 같이 제도임에는 틀림없다.

제도는 약정 혹은 약속의 한 형태이다. 그리고 약속은 규칙을 전제로 한다. 나는 며칠 사이에 이자와 원금을 갚기로 약속한다. 나는 결혼식을 통해 상대자와 고락을 같이하기로 약속한다. 약속은 한 사람과 또 다른 사람 사이에서 단 한 번만으로 성립될 수 있다. 나는 나의 연인과 오늘 저녁 어느 경양식집에서 만나기로 약속한다. 그러나 약속은 반드시 한 개인과 다른 한 개인 간에만 이루어지는 게 아니라 한 사회 전체에 대해서도, 그리고 시간적으로도 일회적이 아니라 영구적으로 맺을 수도 있는 것이며, 그래야 할 필요를 갖게 되는 경우가 허다하다. 법률이라는 제도가 바로 그러한 약속이 생활화되어 거의 자연스럽게 이루어질 때 관습이란 제도의 형식을 띠게 된다. 이와 같이 고찰해볼 때 모든 제도는 사회적인 것이며, 따라서 제도적 존재는 문화적인, 더 정확히는 사회적인 존재에 불과하다. 그렇다면 그러한 존재는 눈으로 볼 수 없는 제도적인 속성소를 갖고 있으며, 그것에 따라 본질이 정의되고 다른 사물현상, 존재들과 분류될 수 있다. 제도적 존재를 결정하는 제도적 속성소란 그 제도가 내포하는 내용에 지나지 않으며, 그 내용이란 사회적으로 약속된 어떤 조건을 의미한다. 다시 말해서 제도적인 속성소는 시간과 공간 속에서만 존재하는 실재적, 즉 물리적 존재가 아니라 그런 차원과는 다른 차원에서만 가능한 관념적 존재이다. 물론 여기서 관념이란 말은 물리현상과는 다른 존재로서 정신적인 것, 예를 들어 플라톤의 철학에 있어서의 관념 혹은 헤겔에 있어서의 관념, 또는 후설이 얘기하는 뜻에서의 관념이 아니다. 그것은 베버가 사회과학의 방법론을 세우는 과정에서 도입한 뜻에서의 관념성에 가깝다. 그것은 개념적인 것으로 이해될 수 있다. 이러한 관념성이란 경험적인 내용과 대비해서 생각될 수 있는 실재적인 것이 아닌 논리적인 조건의 뜻으로 해석될 수 있다.

만약 위와 같은 입장에서 제도적 존재를 인정할 수 있고 제도적 속성소가 실재적 속성소와 완전히 구별되어 주장될 수 있다면, 한 제도적 존재에게 실재적 정의가 아니라 오로지 제도적 정의만 적용되어야 할 것이며, 만약 한 제도의 내용이 정확히 추출될 수 있다면 제도적 존재는 비록 실재적 정의가 가능하더라도 필요충분조건에 의해 정의될 수 있을 것이다. 가령 한 사회에서 어떤 사람이 기혼자인가를 결정할 때, 그 사람을 그냥 관찰하고 아무리 여러 측면에서 검사하더라도 알아낼 수 없지만, 과연 그 사람이 그 사회가 규정한 법률적 기혼자로서의 조건을 갖추고 있는가 아닌가를 조사함으로써 밝혀질 수 있을 것이다.

디키에 의하면 예술작품도 언뜻 보기와는 달리, 그리고 수천 년을 두고 일반 사람들은 물론 철학자들까지도 잘못 생각해왔던 바와 달리, 물·꽃·산·소리·자동차 등과 같은 자연물 혹은 인공물과도 달리, 지각적 대상으로 실재의 세계에 존재하는 또 하나의 물건이나 현상이 아니라 사회제도라는 개념적·관념적 세계에서만 존재하는 제도적 존재라는 것이다. 그렇다면 예술작품이 표상·표현·형식 등 종래의 실재적 관점에서 정의되지 않았다고 하더라도 와이츠가 주장하듯이 필요충분조건에 의해 정의되지 못하는 존재는 아니다. 이러한 디키의 주장은 이제 곧 지적하게 될 것과 같이 비록 그의 예술작품에 대한 개념규정이 흡족하지 않더라도, 예술작품을 제도적 존재로 보았다는 점만으로도 예술철학에서 새로운 시야를 보인 크나큰 공헌을 한 것이다.

한 사람이 학생이냐 아니냐, 혹은 미혼자냐 기혼자냐를 그 사람을 관찰해서만은 알아낼 수 없듯이, 한 사물이 예술작품이냐 아니냐 하는 것은 겉으로 보아서는 구별할 수 없게 되었다. 이러한 사실은 현대의 전위 예술작품을 통해서 역력히 드러나고 있다. 뒤샹의 작품 〈샘〉은 물리적으로 가구점에 쌓여 있는 수많은 변기들과 전혀 다를 바가 없다. 워홀Warhol의 〈브릴로 상자Brillo Box〉는 비눗갑과 다를 바 없다. 라우션버그Rauschenberg의 〈침대〉는 가구점에 쌓여 있는 침대와 똑같은 것이다. 그런데도 불구하고 뒤샹의 〈샘〉과 라우션버그의 〈침대〉가 예술작품으로서 다른 변기들이나 침대들과 구별되는 원리는 한 사람이 기혼자 또는 미혼자로 분류되는 것과 마찬가지로 제도적인 것이다. 그리고 미혼자 혹은 기혼자, 학생 혹은 교수, 대통령 혹은 장관이 제도적인 존재이듯 예술작품도 제도적 존재이다. 학생 혹은 기혼자가 그것을 결정하는 제도에 의해 결정되듯이 예술작품도 제도에 의해서 결정된다는 것이다. 다만 학생이나 기혼자를 결정하는 제도가 법률 혹은 규칙이라는 문자화된 엄격성을 갖고 있는 데 반해, 예술작품을 결정하는 규칙이나 제도는 허술한 관습적 성격을 띠고 있다는 점이며, 전자를 규정하는 체제가 한 정부나 한 학교라는 뚜렷한 형체를 가진 공식적인 기관인 데 반해, 한 사물을 예술작품으로 규정하는 체제는 허술하고 비공식적이며 형체가 불분명한 것이다.

디키는 후자의 체제를 단토가 말하는 이른바 '예술계artworld'에 해당한다고 한다. '예술계'와 유사한 비공식적인 체제는 많다. 예를 들어 '종교계'를 들 수 있다. 쿤의 과학철학을 따르자면 아마도 그가 말하는 정상과학을 형성하는 '과학계'도 비슷한 체제라고 말할 수 있다. 마치 공식적인 법률이라는 테두리 안에서 국가라는 체제가 적절한 절차를 밟아서 한 사람에게 '대통령' 혹은 '장관'이란 자격을 부여하여 그 사람이 대통령이나 장관이 되듯이, 그리고 한 종교계 안에서 그 안의 어떤 체제에 따라 한 사람이 승려나 신부가 되고, 한 사람이 죄인이 되듯 한 사물 현상에는 예술계의 비공식적인 체제에 따라 예술작품의 자격이 부여된다는 것이다. 바꿔 말해서 제도적 존재 모두는 각기 적절한 체제에 의해 적절한 절차에 따라 어떠어떠한 존재의 자격을 갖게 된다는 것이다. 이와 같은 테두리 안에서 디키는 예술작품이 다음과 같은 필요충분조건에 의해 정의된다고 주장한다.

그림 8 로버트 머레이, 〈비행 중(부유목)〉

하나의 예술작품은 분류적인 뜻에서 1)하나의 인공품이며 2)거기에다 한 사회체제(예술계)를 대신해서 몇 사람 혹은 어떤 사람들이 감상을 위한 후보 자격을 부여한 것이다.[28]

예술작품에 대한 자신의 이같은 정의에 대해 세 가지 반론을 가정하면서 디키는 그것을 하나하나 풀어나간다. 첫째, 인공품이란 조건은 예술작품의 조건이 될 수 없다는 반론이 나올 수 있다. 만약 강물에 떠다니는 나뭇조각(그림 8)이 어떤 사람에 의해서 그냥 그대로 예술작품이라 칭해진 경우, 예를 들어 이른바 '발견예술found art'이 엄연히 존재한다면 분명히 그런 나뭇조각은 인공품이 아니기 때문이다. 이에 대하여 디키는 어떤 자연적 사물에 예술작품의 자격이 부여되는 한, 그것은 바로 그런 행위에 의해 인공품이라고 부를 수 있는 것이라고 한다. 한 자

28   G. Dickie, *Aesthetics*, p.101.

연적 사물은 도구에 의해 물리적으로 가공되지 않더라도 인공품으로 취급함으로써 인공품이 될 수 있다는 것이다. 여기서 두 번째 반론이 제기될 수 있다. 어떤 사물에 예술작품이라는 자격을 부여하면 그것은 자동적으로 예술작품이 된다고 하지만, 아무나 무엇을 보든지 간에 예술작품이라 부르면 그것이 자동적으로 예술작품이 될 수 있는가? 뒤샹이 변기를 하나 가져와 '샘'이란 이름을 붙이고 예술작품이라고 했다며 나도 같은 변기 혹은 걸레쪽을 예술작품으로 내놓을 수 있다는 논리가 나온다. 이러한 반론에 대해 디키는 그가 말하는 체제성, 즉 예술의 경우 '예술계'라는 비공식적 체제를 상기시킨다. 아무나, 그리고 아무렇게나 한 사물에 대해 예술작품이라는 자격을 부여할 수 없다. '예술계'라는 체제가 갖고 있는 어떤 제도에 따라 그러한 자격을 부여할 수 있는 권한이 주어진 사람에 의해서 적절한 절차에 따라 예술작품에 자격을 부여하는 행위가 취해졌을 때만 가능한 것이다. 한 쌍의 남녀가 결혼한 부부의 자격을 부여받으려면 기독교의 전통 속에서는 신부나 목사에 의해 적절한 행위로 적절하게 예식의 행위가 이루어져야 한다. 이와 같은 사실은 한 사람이 어떤 학교의 학생이라는 자격을 갖게 되든가, 혹은 한 사람이 대통령·장관, 그냥 말단 공무원의 자격을 갖게 되는 경우에 다 똑같이 해당된다. 좀 막연하지만 '예술계'에서 기독교라는 '종교계'에 있어서의 신부나 목사에 해당되는 사람은 한 사회에서 이미 확고한 권위를 갖게 된 예술가들이다.

이런 점에서 디키의 이론은 이른바 한 사회에 있어서의 전통, 즉 일종의 체제성, 그리고 그것이 의미를 갖게 되는 역사적 배경이 강조된다. 디키는 예술작품을 결정하는 데 역사성, 보다 정확히 말하면 예술사라는 맥락의 결정적인 중요성을 강조하는 단토에게 동의한다. 설사 두 가지 반론이 해소된다 하더라도 세 번째 반론이 제기될 수 있다. 만약 디키의 말대로 예술작품이라는 것이 필요충분조건에 의해 결정적으로 정의된다면 예술에 있어서 근본적인 본질의 하나인 창조성 혹은 독창성이 자동적으로 제거되지 않느냐는 것이다. 이에 대해 디키는 다시 반론을 편다. 전통적인 입장에서 예술작품을 정의하는 필요충분조건을 실재적인 것, 물리적인 것으로 생각한다면 창조성이 제거될지도 모른다. 물은 H_2O라고 정의할 때 그밖의 사물은 물이 될 수 없기 때문이다. 그러나 예술작품의 조건이 실재적인 것이 아니라 제도적인 것이라면 그 제도에 따라 여러 가지 물건들이 새로이 예술작품의 자격을 부여받게 될 수 있다는 것이다.

디키의 예술작품의 인공성에 대한 답변은 만족스럽지 못하다. 한 사물의 인공성은 언제나 인위적으로 이루어진, 물리적으로 변화된 것을 뜻한다. 그런데 디키는 인공성을 위와 같은 뜻에서 쓰지 않고 비물리적인 의미부여성의 뜻으로 사용하고 있기 때문이다. 그렇다면 예술작품의 인공성이란 예술작품의 또 하나의 필요조건이 아니라 사실상 제도성, 즉 의미부여성이라는 비물리적 조건에 흡수될 수 있다. 설사 이러한 디키의 예술작품에 대한 정의가 포함한 난점을 감안하더라도 그 자신의 말대로 그의 정의는 어떤 제도의 맥락 속에서 예술작품을 분류해본 것이란 의미를 갖는 것이다. 그러한 정의는 같은 말을 되풀이함으로써 예술작품이 무엇이라는 것을 가려내려고 하는 듯한 인상을 주고 예술작품의 정의에 아무 도움을 주지 못한다. 디키의 이러한 문제점을 블로커는 다음과 같이 비판한다.

예술작품에 대한 정의는 어째서 무엇인가가 예술작품이며, 무엇이 그것을 예술작품으로 만들어주는가를 말해줄 수 있어야 할 것으로 누구나 생각할 것이다. 그런데 만일 이러한 정의가 우리들이 찾고 있는 것이라면, 어떤 물건이 예술작품이라고 불리니까 예술작품이다라고 한다는 것은 분명히 실망을 준다. 그러한 정의는 모든 예술작품이 공통으로 갖고 있으며 오로지 예술작품만이 갖고 있는 하나의 속성소를 밝히려는 뜻에서의 와이츠의 관점을 만족시켜주지도 못한다. 뿐만 아니라 디키의 정의는 한 물건이 예술작품이냐 아니냐에 관한 문제를 놓고 격렬한 논쟁이 벌어졌을 때 우리에게 아무런 도움을 주지 못한다. 잘해야 디키는 이미 결정이 내려진 후에야 사실상의 기준을 제공할 뿐이다. 즉 '예술계'의 대부분의 권위자들이 예술작품이라고 불러야 한다고 생각하고, 또 동의하고 있으니까 우리들도 이젠 그 물건을 예술작품이란 범주에서 제외할 수 없다라는 말밖에는 할 수 없다.[29]

위와 같은 블로커의 비판은 다소 초점을 잃고 있다. 디키의 예술작품에 대한 정의는 그것이 사실상의 기준을 제공하는 데 있지 않고, 또 그것이 제도적인 사실에 있지도 않다. 디키의 정의가 갖고 있다고 생각되는 문제는 어떤 물건들이 관찰로는 알아낼 수 없는데도 불구하고, 다른 사물들과 구별되어 사실상 예술작품으로 분류된다면 그것은 도대체 어떤 비관찰적 기준, 즉 제도적 조건에 의해 이루어진 것으로 보아야 타당한가를 밝혀내지 않고 있다는 점이다. 어떤 사람이 학생이냐 아니냐, 기혼자냐 아니냐 하는 것은 그냥 봐서는 결정될 수 없다. 그러나 어느 사회에서 어떤 사람들이 학생 혹은 기혼자로 분류된다면, 그러한 구별에

---

29   H. G. Blocker, *Philosophy of Art*, pp.210~211.

전제된 보이지 않는 조건, 즉 제도적 조건들을 찾아냄으로써 학생이나 기혼자가 정의될 수 있는 것으로 보아야 한다는 것과 마찬가지이다.

디키가 제시한 앞서의 정의에서 예술작품을 한 필요조건으로서 감상을 위한 후보는 예술작품을 다른 사물들로부터 구별하는 결정적인 것으로 암시하고 있다. 사실 감상을 전제로 하지 않는 예술작품은 자기모순적 개념인 듯하다. 그러나 감상의 후보라는 조건은 예술작품의 특수성을 밝히는 데 있어서 지나치게 광범위하다. 디키는 어떤 대상을 감상한다는 것은 그 대상의 내재적 질quality을, 그 자체로 하나의 가치로서 경험하는 일이라고 설명한다. 그러나 세상에는 예술작품이 아니고서도 그 자체를 경험하는 데 실재적인 가치가 있다고 생각되는 사물들이 허다하다. 아름다운 자연의 모습, 아름다운 여인의 다리, 소련 소녀 올가의 기계체조, 빙판에서 춤추는 피겨스케이팅 선수의 절묘한 기술 등은 모든 실천적 이해를 떠나 그것들을 바라볼 만큼 충분한 가치를 갖는다.

그러나 위와 같은 사물들·행위들은 결코 분류적인 의미에서 예술작품이 아니다. 설사 그런 것들을 가리켜 '저것은 예술이다'라고 말한다 하더라도, 이런 경우 '예술'이라는 말은 평가적인 의미로서 '좋다', '아름답다' 또는 '멋지다'라는 의미를 가질 뿐, 다른 사물 혹은 행위들과 구별되는 뜻에서 분류적인 의미를 갖는 것은 아니다. 물론 우리의 문제는 분류적인 의미로서의 '예술작품'이라는 개념을 밝혀내자는 데 있을 뿐이다. 단토의 말대로 "디키는 어떤 것이 어떻게 예술작품으로 되게 되는가를 강조했지만 어떤 것이 예술작품이라 결정된다면 무엇이 그것을 예술작품으로 구성하는가의 문제를 소홀히 했다".[30] 여기서 우리는 디

---

30   A. Danto, *The Transfiguration of the Commonplace*, p.94.

키가 주장하는 대로 예술작품의 제도성을 받아들이면서 그것을 보충하여 새로운 정의를 시도해볼 수 있을 것이다.

가능 유일 세계로서의 예술작품

'예술작품은 어떤 사물, 현상 혹은 행위가 문화적 맥락 속에서 제도적으로 가능 유일 세계라고 정해진 것'이라고 우리는 정의한다. 그렇다면 예술작품이 제도적으로 정해진 것이라는 게 앞서 본 디키의 이론에서 이해되었음을 전제할 때 그밖의 다른 것들, 역시 제도적으로 정해지는 다른 것들과 구별되어 그것을 예술작품이게 하는 특질로서의 가능 유일 세계가 설명되어야 한다. 그러나 이 개념을 이해하기 위해서는 세계world라는 개념과 가능possible이라는 개념, 그리고 유일unique이라는 개념에 대한 개별적 정의가 선행되어야 할 것이다.

'세계'란 말은 흔히 애매하게 사용되지만 원래 두 가지 의미로 쓰인다. 객관적 대상으로서의 '지구상', 때로는 그 이상의 태양계까지를 가리켜 그것을 총괄적으로 말할 때 쓰인다. 이런 경우 세계란 말은 물리적 존재일반을 뜻한다. 그러나 세계란 말은 한 사람, 한 사회 혹은 인간 전체가 갖고 있는 의식구조를 뜻하기도 한다. '한국인의 세계', '이상李箱의 세계', '카프카의 세계' 혹은 '나의 세계'라는 경우가 그러한 의미로 세계라는 말이 쓰인 예가 될 수 있겠다. 그것은 '세계관world-view'이란 말과도 거의 같은 뜻이다. 이런 경우에 세계는 객관적 사물현상으로서의 대상 그대로가 아니라 그러한 객관적 세계에 살고 있는 우리들이 그러한 것을 표상한 것이라는 뜻도 된다. 그것은 한 대상과 그 대상에 대한 의식의 관계를 나타낸 것으로 본다. 그러나 여기서 의식과 대상의 관계, 다시 말해서 표상된 대상으로서의 세계는 기계적이거나 단편적인 의미를 갖지 않고 총체적인 유기적 표상을 의미한다. 예술작품을 '가능 유일 세계'라고 할 때의 '세계'란 말은 이와 같은 의미의 '세계'로서 의미를 갖는 유기적 총체를 뜻하며, 그것만으로 독자적으로 존재하는 표상을 뜻한다. 예술작품이란 이런 뜻에서 '세계'이다.

표상이 언어를 떠나서는 나타날 수 없다면 '세계'로서의 예술작품은 하나의 언어, 더 정확히 말해서 하나의 통일된 의미를 갖는 언어이다. 디키가 주장하고 있는 것처럼 예술작품이 물리적 혹은 심리적 관점에서가 아니라 제도적 관점에서만 이해될 수 있는 까닭은 그것이 단순한 사물, 즉 그냥 있는 그대로의 사물이 아니라 무엇인가를 의미하는 존재이기 때문이다. 그렇기 때문에 블로커의 말대로 예술작품이라는 사물 혹은 사건은 "하나의 몸짓, 또는 하나의 문장과도 같이 그냥 존재하는 것이 아니라 다른 사물들에 대한 혹은 관한 그런 사물이다".[31] 이와 같이 볼 때 예술작품은 물·나무·산 등과 같이 그냥 존재가 아니라 학생·기혼자·장관 등과 같이 제도적 존재로서, 그 존재론적 구조는 물리나 화학이 다루는 그냥 사물인 것들의 존재론적 구조와는 전혀 다르다. 그러나 이러한 점을 강조했음에도 불구하고 디키의 이론은 예술작품이 다른 제도적 존재와도 구별되는 언어적 존재임을 간과했다. 그것은 문장이나 암호나 그밖의 여러 가지 기호체계와 같은 의미를 갖는다. 그렇기 때문에 3장에서 다루게 될 해석의 문제가 항상 예술작품을 둘러싸고 일어나게 된다. 예술작품은 언어이기 때문에 무엇인가를 이야기하고, 무엇인가를 어느 의미에서 표상하지 않을 수 없다. 때문에 예술작품의 본질은 앞에서 살펴보았듯이 흔히 어떤 객관적 대상을 표상하여 인식

---

31 H. G. Blocker, 앞의 책, p.211.

적 기능을 하고 있는 것으로 생각하거나, 그렇지 않으면 예술작품을 만든 사람의 내적 감정을 밖으로 전달하는, 즉 표현하는 것으로 생각하게 되었던 것이다. 그러므로 예술작품이라는 것은 언제나 무엇무엇을 의미하는 넓은 뜻으로서의 언어이다. 바꿔 말해 무엇인가를 의미하는 것, 즉 언어라는 것은 예술작품이라는 개념의, 적어도 필연적인 한 부분이라는 것이다. 예술작품은 그것이 언어라는 점에서 표상 혹은 의식구조라는 점에서 세계일 수 있다.

그러나 모든 표상적인 것이 세계는 아니다. 과학적 이론, 수많은 기록문들은 표상이기는 하지만 '카프카의 세계', '한국인의 세계'라는 뜻에서의 '세계'는 아니다. '카프카의 세계', '한국인의 세계'라고 할 때의 '세계'는 그 자체로서 하나의 자율성을 가질 수 있는 통일된 구조를 갖는다. 거기에는 한 사람 혹은 한 사회의 인간들의 지식과 가치관과 목적 등이 총체적으로 투영된 세계관이 담겨 있다. 이에 반해 과학적 언어 혹은 기록물들은 그런 뜻에서의 세계관을 전제로 하지 않는다. 문학작품은 두말할 것도 없고 한 폭의 그림, 하나의 곡, 하나의 조각은 반드시 무엇에 대한 것, 무엇에 대한 이야기를 하는 언어이며 그 언어는 각기 예술가의 세계관, 사물을 보는 눈을 반영한다. 거기에는 반드시 예술가의 의도가 개입되어 있다. 그것은 하나의 통일된 단위로서 존재하는 한 하나의 세계가 된다.

모든 살아 있는 하나하나의 생명체가 다른 생명체와 완전히 동일할 수 없듯이, 한 명 한 명의 개인이 결코 서로 동일할 수 없는 지리적 위치와 생리적 계보와, 역사적·문화적·사회적 환경에서 존재하는 한 다른 어떤 것으로도 환원될 수 없는 유일한 개체이듯이 그러한 개체가 갖는 세계 역시 모두가 유일성을 갖게 마련이다. 한 개인이란 바로 이러한 유일성을 의미함에 지나지 않는다. 이와 마찬가지로 세계로서의 예술작품은 필연적으로 언제나 개체로서만 존재하며 반드시 유일성을 내포하게 마련이다. 유일하지 않은 세계를 한 세계라 부를 수 없고, 유일하지 않은 개인을 개인이라 부르는 것이 무의미하듯 유일성은 세계라는 의미의 필연적 속성이며, 세계로서의 예술작품이란 개념의 내재적 뜻이다. 예술작품이 예술가의 의식세계를 나타낸다는 점에서 예술작품은 다른 자연적 사물은 물론 다른 인공품, 즉 제작품들과도 구별된다. 비록 냉장고가 사람의 의도에 의해 만들어진 것이라 해도 그것은 어떤 의식세계를 뜻하는 언어적인 기능을 하지 않는다. 그리고 만 개의 냉장고는 서로 완전히 똑같아도 각각은 냉장고로서 떳떳하게 존재할 수 있다. 그것은 하나하나가 독립된 개체성·유일성을 가질 필요가 없다. 각각의 예술작품이 개체성·유일성을 떠나서는 예술작품으로 존재하지 못한다는 사실은 예술작품의 이른바 독창성이 강조되는 것과 관계가 있다. 한 예술작품은 언제나 그것이 누군가에 의해서 처음으로 생각된 세계, 즉 독창적인 세계인 한에서 진정한 예술작품, 즉 진정한 세계인 것이다. 이처럼 예술작품의 독창성은 예술작품의 유일성·개체성을 그것의 발생학적인 입장에서 나타내는 개념에 불과하다. 이와 같은 이유에서 완전히 똑같은 두 개의 혹은 그 이상의 예술작품이란 개념은 자기모순적인 개념이다. 그렇기 때문에 또한 예술에서는 복사품이 있을 수 없다. 만약 다빈치의 〈모나리자〉를 어떤 화가가, 혹은 로댕의 〈발자크〉를 어떤 조각가가 아무리 정확한 전자현미경으로 조사해도 밝혀낼 수 없을 정도로 모조했다 하더라도, 후자들은 각기 전자들의 복사물에 불과할 뿐 그 자체가 전자와 동등한 예술작품은 될 수 없다. 왜냐하면 후자들의 복사물은 각기 하나의 독자적인 세계를 표상하는 의미를 갖는 언어가 아니라 그러한 언어의 복사물로서, 그것만으로서는 언어로써 무엇을 표상하는 것이 아니기 때문이다. 그러나 한 예술작품이 아니라는 우리의 주장은 조금 수정될 필요가 있다. 단토는 아르헨티나의 작가 보르헤스Borges가 17세기의 작가 세르반테스의 소설『돈키호테』를 문자 그대로 복사하는 어떤 소설가에 대해 쓴 소설을 예로 들면서 그러한 보르헤스의 작업이 갖는 중요한 철학적 의미를 설명한다. 단토에 의하면 세르반테스의『돈키호테』와 그것을 완전히 복사하는 보르헤스 소설 속의 주인공이 쓴『돈키호테』는 물리적으로는, 즉 시각적으로는 동일한 것이지만, 그 내용은 전혀 다른 의미를 갖는다는 것이다. 왜냐하면 세르반테스의 소설이 중세의 한 기사에 대한 이야기라면 보르헤스의 소설에서 그 주인공이 쓴 소설은 물리적·문자적으로는 그와 똑같지만, 세르반테스가 쓴『돈키호테』라는 소설에 대한 이야기이지 중세의 기사에 대한 이야기는 아니기 때문이다. 한마디로, 후자의『돈키호테』가 세르반테스의『돈키호테』의 복사물 같지만 사실 그것은 하나의 독창적인 새로운 세계를 나타내며 새로운 의미를 갖는 것이지 결코 단순한 복사물이 아니라는 것이다. 이와 같이 볼 때 보르헤스의 소설 주인공이 쓴『돈키호테』는 과거 여러 위대한 그림들의 위조품과 전혀 다르다는 것이다.[32] 위조품 혹은 복사품은 그것이 아무리 정확하다 하더라도 예술작품이 될 수 없다는 우리들의 주장은 물리적 혹은 지각적인 뜻에서 하는 말이 아니라 그 작품이 갖고 있는 의미내용이라는 차원에서 말하는 것이다. 여기서 우리는 어떤 존재는 그것의 물리적 차원에 의해서만 분류될 수 없는 제도적 존재, 제도적 속성소를 갖는 존재라는 것, 그리고

[32]   A. Danto, 앞의 책, p.140.

예술작품이 바로 그러한 존재에 속한다는 것을 상기하게 된다.

예술작품을 그냥 사물이 아닌 언어로 보고 그 언어에 의해 어떤 세계를 표상하는 것이라고 정의할 때, 그러한 경우가 아직 불충분함을 곧 알게 된다. 과학의 이론들, 서로 상반되는 종교의 교리, 형이상학적 체계, 그리고 어떤 사회에 대한 사회학적인 설명 등은 어느 의미에서 다 같이 언어적인 세계관의 표상이다. 그렇다면 플라톤의『대화편』과 소포클레스의『안티고네』, 가톨릭의 교리와 단테의『신곡』, 뒤르켐Durkheim의『종교적 요소』와 도스토옙스키의『카라마조프의 형제』은 서로 구별이 되지 않는다. 그럼에도 불구하고 한쪽은 언제나 결코 예술작품이 될 수 없는 데 반해, 다른 한편은 엄연히 예술작품으로 분류된다. 이런 문제, 즉 예술적 표상과 비예술적 표상, 더 정확히 말해서 예술작품으로서의 표상과 그렇지 않은 표상의 차이에 대해 단토는 다음과 같이 설명하고 있다.

예술작품은 그냥 표상과 결정적으로 대조되어, 표상된 것이 완전히 분명해졌을 때에도 그것이 완전히 명료해지지 않도록 표상의 방법을 사용한다. 이것은 의미론적 고려를 초월한 표상의 사용이다. …… 릭턴스타인 Lichtenstein의 작품이 결국 무엇인가를 표상represent한다고 해도 그 작품은 그 표상물의 내용에 대해 무엇인가 표현하는 것이다.[33]

단토의 설명에서 중요한 점은 표상과 표현의 구별이다. 요컨대 단토에 의하면, 예술적 표상과 그렇지 않은 표상이 있을 때 전자의 표상은

33   A. Danto, 앞의 책, pp.147~148.

표상적 기능과 동시에 표현적 기능을 하는 반면, 후자의 경우에는 표현적 기능을 찾아볼 수 없다는 것이다. 그의 관점에서 보면 표상은 어떤 대상을 지칭하는, 혹은 보여주는 의미를 가지며 표현은 어떤 대상에 대한 혹은 어떤 대상에 관한 서술의 느낌이나 태도를 뜻한다. 예술작품은 이 두 가지 요소를 동시에 나타내는 언어라는 것이다. 예술가의 대상에 대한 태도 또는 관점을 나타낸다는 점에서 예술작품으로서의 언어는 과학적 언어와 다르다. 그리고 바로 이런 점에서 예술작품은 "세계를 보는 태도를 외형화하고 한 문화적 시기의 내면을 표현하며, 우리들이 의식의 흐름을 포착하도록 스스로를 하나의 거울로서 제시한다"[34]고 단토는 결론을 내린다.

그러나 예술적 표상이 다른 표상과 상이한 점은 전자가 객관적 사물을 대상으로 하지 않고, 그런 가운데 살고 있는 한 인간의 혹은 한 집단의 의식을 다룬다는 사실이 다를 뿐, 그것이 둘 다 이미 존재하는 어떤 대상을 표상한다는 점에서는 전혀 다르지 않다. 그렇다면 그것은 하나의 사상사 혹은 정신사적 서술과 근본적으로 다를 바 없게 된다. 이렇게 보면 단토의 예술작품에 대한 이론도 앞서 본 전통적 표상론 혹은 표현론과 근본적으로 다르지 않으며, 그것은 일종의 예술인식론에 불과해진다. 그리고 이런 점에서 굿맨의 예술인식론과 상통한다. 그러나 앞에서 전통적 예술이론을 검토할 때 지적한 대로 예술작품이 언어라면, 그리고 그것이 무엇인가에 대한 이야기를 한다면 그것은 실재하는 대상을 전제로 하지 않는다는 사실, 즉 예술적 언어는 근본적으로 허구적이라는 점을 상기할 때 단토의 정의는 만족될 수 없다. 만일 대상이 존재

34   A. Danto, 앞의 책, p.208.

하지 않는다면 한 언어가 무엇을 나타낼 수 있는가? 만일 대상이 전제되지 않는 세계가 있다면 그것이 어떻게 가능한가? 이러한 의문이 생긴다. 여기서 우리는 프레게Frege가 보여준 한 언어의 지칭대상과 그 언어의 의미관계를 다시 살펴볼 필요가 있다. 한 언어가 갖는 의미는 그것이 지칭하는 대상과 일치하지 않는다. 때문에 처음부터 존재하지 않는 것으로 전제된 한 동물원의 외뿔소 혹은 도깨비라는 말이 의미를 가질 수 있는 것이다. 여기서 뿔 하나 달린 소나 도깨비는 생각될 수 있는, 즉 논리적으로 상상될 수 있는 존재로, 실재하는 존재가 아니라 가능한 존재이다.

마찬가지로 예술작품이 표상하는 세계는 실재로 있는 세계가 아니라 가능한 세계이며, 그러한 세계는 논리적으로 인식될 수 있는 세계인 앎의 대상으로서의 세계가 아니라 상상된, 머릿속에서 꾸며진 가능한 세계일뿐이다. 예술작품을 두고 창조란 말이 쓰일 수 있는 것은 그것이 나타내는 체계가 이미 존재했거나 존재하는 세계인 것이 아니라 새로운 세계, 처음으로 상상된 세계에 지나지 않기 때문이다. 한마디로 예술작품을 하나의 세계로 볼 수 있다면 그것은 오로지 '가능 세계possible world'로서일 뿐이다. 만일 그것이 이미 존재하는 세계를 나타낸다면 그것은 바로 그 순간에 예술작품으로서의 기능에서 과학적 기능으로 변신하게 된다. 따라서 예술작품이 표상하는 세계는 우리가 살고 있는 세계, 우리가 갖고 있는 세계가 아니라 새롭게 살 수 있는 세계, 새로이 가질 수 있는 세계이다. 다시 말해 만약 예술작품이라는 언어가 어떤 세계를 지칭한다면 그것은 리쾨르의 말대로 "한 세계에 대한 한 계획",[35] 즉 '계획된

---

35   Paul Ricoeur, *Interpretation Theory*(Fort Worth, Taxas, 1976).

세계'에 지나지 않는다. 더 정확히 말해서 그것은 그냥 계획된 세계, 그냥 가능한 세계가 아니라 처음으로 계획된 유일한 세계이다. 다시 말해 예술에 의해서 계획된 세계는 언제나 처음의 유일한, 따라서 진정한 의미에서 항상 창조되는 세계이다. 이제 예술작품은 무엇이냐라고 묻는 대신 예술작품이란 것들을 자연현상이나 허다한 인공품, 과학적 이론, 철학적 체계 등과 구별할 때 어떻게, 어떤 조건들을 전제함으로써 분류할 수 있느냐를 물어야 할 것이다. 예술작품은 어떤 것들이냐라는 물음 대신, 예술작품이 다른 것과 구별된다면 그것은 예술작품을 어떻게 봄으로써 구별의 근거가 이해될 수 있는가를 따져봐야 한다는 말이다. 이처럼 문제를 바꿔서 던져볼 때 우리는 예술작품이 '가능 유일 세계'라는 것을 알게 된다. 어떤 사물현상을 예술작품이라고 부른다는 것은 그것을 가능 유일 세계로 본다는 것을 의미하는 것으로 받아들일 수 있다는 것이다.

그러나 예술작품이란 개념이 이렇게 정의된다 하더라도 예술작품의 정의에 관한 문제는 아직 끝나지 않는다. 예술작품에 여러 가지 장르, 예를 들어 문학·회화·조각·무용·연극·음악 등이 있는 이상 그것들에 대한 개별적인 정의도 내려져야 하며, 문학의 테두리 안에서도 소설·시·희곡·에세이 등이 있다면 각기 그런 것들의 정의도 요구되기 때문이다. 그러나 앞서 말했듯이 여기서는 오로지 가장 일반적인 물음, 즉 예술작품 일반의 정의를 시도하는 데 그 목적이 있으며 그밖의 작업을 위해서는 개별적인 분석과 이론이 따로 필요하다 하겠다. 만일 위와 같이 정의된 예술작품이 인류 문화를 통해서 다른 활동, 예를 들어 과학적 활동에 못지않은 중요성을 갖고 있었다면 그것은 가능 유일 세계의 표상이 우리들에게 보편적으로 어떤 근본적인 욕구를 충족시켜주기 때문일 것이다. 여기서 우리는 예술작품의 기능에 대한 문제에 부딪히게 된다. 그 기능을 안다는 것은 예술작품의 평가에 있어 빼놓을 수 없는 근본적 전제가 되겠지만, 그것은 4장 '평가'의 항목에서 검토할 것이며 기능의 문제는 정의의 문제와 차원을 달리한다고 생각한다. 여기서 우리의 여러 가지 문제는 오로지 분류적인 뜻에서의 예술작품의 개념, 예술작품의 정의에만 국한되어 있을 뿐이다. 일단 예술작품이 하나의 언어로 어떤 가능한 세계를 표상한 것이라고 정의될 때, 그것은 그냥 사물로서 과학적으로 인과관계에 의해 설명될 성질의 것이 아니라 반드시 그 의미가 해석되고 이해가 기대되는 대상이다. 예술작품이란 무엇을 의미하는가가 아니라 구체적인 하나하나의 예술작품은 무엇을 의미하는가를 밝히는 문제이다. 사실 개개의 예술작품은 각기 하나하나가 독자적인 유일한 가능 세계로서 우리들의 해석을 기다린다.

《문학사상》, 1982

03
해석

모든 예술작품이 사회적 약속에 따라 특수한 용도를 갖는 언어로 정의될 때 그것은 그냥 있는 것이 아니라 의미를 갖고 있음이 전제된다. 그래서 예술작품은 비단 지각적으로, 즉 물리적으로 다른 사물현상과 전혀 다를 바가 없다 해도 논리적으로 보아 사실상 완전히 다른 존재적 구조를 갖고 있다. 존재론적 구조가 다르다는 것은 존재양식이 다르다는 뜻이다. 물질과 정신, 몸과 의식은 그 존재양식이 서로 다르다. 데카르트의 견해가 옳다면 물질이나 몸은 공간적 존재이고 정신이나 의식은 비공간적 존재라 할 수 있겠다. 물질은 그것이 어떤 것이든, 어떤 경우이든 공간을 떠나서는 존재할 수 없다. 이와는 달리 정신 혹은 의식은 공간을 필요로 하지 않는 존재이다. 마찬가지로 어떤 것이 언어로 취급될 때, 즉 언어로 존재할 때 그것은 공간과 시간 등과 같은 것으로만은 이해될 수 없는 비물리적 또는 비가시적 차원, 즉 의미적 차원을 갖고 있다는 것이다.

이와 같은 존재론적 구조를 가진 언어로서의 예술작품은 관찰과 측정의 대상이 아니라 그 뜻을 밝혀내는 작업이라는 의미에서 해석의 대상으로 존재한다. 뜻이 없는 예술작품이란 개념은 자기모순적 개념이며, 그 뜻이 해석되지 않고서는 그 예술작품을 알았다는 말은 난센스에 불과하게 된다. 사실 우리는 한 예술작품을 놓고 언제나 그 뜻을 묻는다. 그렇기에 예술에 있어서 해석은 핵심적 문제가 된다. 예술작품의 정의가 내려졌다고 해도 그다음엔 반드시 해석의 문제가 따르게 된다. 그러므로 예술작품의 정의에 대한 철학적 문제가 해결되었다고 해도 예술작품의 해석에 대한 철학적 문제가 검토되어야 한다.

예술작품의 해석을 둘러싼 철학적 문제는 무엇인가? 그것은 어떻게 풀이될 수 있는가? 이러한 물음에 앞서 검토되어야 할 문제는 과연 모든 예술작품이 해석의 대상이 될 수 있는 언어인가라는 점이다. 언어는 일반적으로, 그리고 1차적으로 문자를 지칭한다. 문자예술인 문학작품이 언어로 이해된다는 것은 자명하며, 따라서 문학작품을 해석한다는 주장은 타당하다. 그러나 과연 비문자예술을 같은 입장에서 해석한다고 말할 수 있을지는 직감적으로 우선 의심스럽다. 음악·회화·조각·무용 등은 일반적인 뜻에서의 언어는 아니라는 것이 분명하다. 보편적으로 언어라 할 때 그것은 한국어·영어·불어와 같은 수많은 자연어를 가리킨다. 모든 예술작품을 언어로 규정하고 음악·회화·조각·무용과 같은 것을 예술로 전제하면서, 동시에 이러한 예술들이 문자적 예술이 아니라고 한다면, 그다음 단계에서 해야 할 일은 이러한 예술들이 비록 문자언어는 아니지만 어느 의미에서든 일종의 언어임을 보이는 일이다. 그렇다면 자연어라는 형태를 가진 문자언어만이 아닌 언어, 즉 문자언어와 비문자언어를 포괄하는 보다 넓은 의미에서의 언어라는 개념이 필요하다. 만일 이런 개념이 성립될 수 있다면 비문자예술작품도 언어라는 범주에 포함시킬 수 있다. 따라서 그것들도 그냥 지각적 대상임을 넘어서 해석을 전제하는 의미를 갖고 있다고 주장할 수 있다.

언어의 본질은 대치성에 있다. L(Language)이라는 시각적 혹은 청각적 등등 모든 감각적 사물현상이 그것과는 다른 무엇을 대치한다고 볼 때만 그것은 비로소 언어로 취급될 수 있다. '꽃' 혹은 '슬픔'이라는 시각적·청각적 대상이 문자, 즉 언어라고 불리는 이유는 그것들이 각기 꽃이라는 사물, 슬픔이라는 감정을 대치한다고 전제되기 때문이다. 꽃이나 슬픔 자체는 아무 뜻도 없고 그냥 일어난 사건이나, 혹은 그냥 있는 상태에 불과하다. 오직 그것을 각기 대신한다고 전제되는 '꽃' 혹은 '슬픔'이라는 지각적 기호만이 의미를 갖고 언어로서의 기능을 수행한다. 만일 하나의 꽃이 똑같은 또 하나의 꽃을 대신한다고 한다면 물리적으로, 즉 지각적으로는 양자가 똑같다고 해도 전자의 꽃은 언어로서의 '꽃'의 기능을 하고 후자의 꽃은 그냥 꽃으로 머물러 있다. 그리하여 전자는 의미를 갖게 되지만 후자는 아무 의미도 없는, 의미 이전의 그냥 꽃에 불과하다. '언어'란 그냥 있는 사물을 지칭하지 않고 그냥 있는 사물을 대치하는 사물에만 적용되는 개념이다. '의미'가 언어를 떠나서는 생각될 수 없다면, 그것은 사물현상에 적용되지 않고 오로지 사물현상을 대신하거나 대치하는 것에만 해당된다.

어떤 사물현상을 대치하는 것으로서의 언어는 자연적이 아니라 인위적 성질을 담고 있다. '꽃'이라는 한국말이 꽃이라는 사물을 대치함으로써 언어의 역할을 한다면 '꽃'이라는 문자는 꽃이라는 사물과 인과적 관계, 즉 자연법칙에 따른 자연적 관계를 맺고 있는 것이 아니라 인위적으로 결정된 것으로, 그것은 오로지 약속에 의해서 연결되어 있다. '꽃'이라는 사물은 '花', 'flower', 'fleur' 등으로 다른 약속에 의해 달리 대치될 수 있다. 그리고 언어가 약속적인 존재인 이상 그것은 가변적이다. 수많은 자연언어는 이러한 대치를 위한 약속의 서로 다른 체계에 불과하다. 발성을 통해서나 혹은 표기문자를 통해서 사물현상과 그것들을 대신하는 것들 간의 약속의 관계가 한 사회의 언어권에서 어느 정도 보편화되고 정착될 때 이른바 자연어가 형성된다. 그리고 이러한 종류의 약속이 보편화되고 명확해지면 자연어는 그 기능을 발휘하고 사람들 간의 의사소통·전달이 가능해지는 것이다.

그러나 약속의 체계는 종류와 경우에 따라 보다 정확할 수도 있고, 또 그럴 필요도 있지만 어떤 경우에는 약속의 성격이 애매모호하기도 하다. 그리고 때로는 그런 애매모호한 상황이 보다 효과적일 수 있다. 미분자물리학에서는 물질이라는 것이 엄격히 세밀하게 규정될 필요가 있지만, 일상생활에서는 오히려 그러한 규정은 비효율적이다. 엄밀과학에서는 정확성을 위해 속도가 입자로 표기되어야 하지만, 일상생활에서는 오히려 그러한 표기가 거추장스럽게 된다. 한 언어권에서 보편적으로 약속된 꽃이라는 사물 혹은 슬픔이라는 감정은 '꽃' 혹은 '슬픔'이라는 발성 또는 문자적 표기로서 표상 혹은 표현되기도 하지만, 그림 혹은 멜로디에 의해서도 역시 표상되거나 표현될 수 있다. 다만, 후자의 경우 한 그림 혹은 한 멜로디가 꽃이라는 사물 혹은 슬픔이라는 감정을 반드시 표상 혹은 표현해준다는 약속이 전자의 경우보다 명확하지 못하고, 또 고정성을 잃고 있을 뿐이다. 그럼에도 불구하고 회화·조각·음악이 반드시 무엇인가를 표상 또는 표현하거나, 혹은 무엇인가에 대해 얘기를 한다는 것이 이미 전제되어 있다면 그것들은 필연적으로 넓은 의미에서 언어의 기능을 하고 있는 것이다.

문학과 같은 문자예술과 회화, 음악 또는 조각과 같은 비문자예술은 그들이 다 같이 무엇인가를 말하는 언어임에는 틀림없지만 전자의 경우, 약속이 보다 세밀하면서 투명하고 후자의 경우 그렇지 않다는 점에 차이가 있을 뿐이다. 다시 말해서 문자예술의 경우 언어로서의 예술작품의 의미가 비교적 확실하고 비문자예술의 경우, 똑같이 말할 수 없는 것은 정도의 문제라는 것이다. 이와 같이 분석할 때 모든 예술작품을 한결같이 언어로 볼 수 있다고 하는 데에는 충분한 근거가 있다. 뒤집어 말해서 비문자예술작품을 한결같이 언어로 본다 해도 모순이 없을 뿐만 아니라 거기에는 충분한 정당성이 제시될 수 있다는 것이다.

이처럼 모든 예술작품이 언어로서 보여야 한다는 것을 인정할 때, 바로 그렇기 때문에 모든 예술작품은 지각대상이 아니라 필연적으로 의미적 대상이 될 수밖에 없다. 따라서 예술작품은 그 자신의 의미의 해독을 요청하며 그러한 요청에 응할 때 해석의 작업이 시작된다. 그렇다면 예술을 둘러싼 해석의 철학적 문제, 더 정확히 말해서 예술작품이라는 언어의 해석을 둘러싼 철학적 문제는 무엇인가? 그것은 첫째, 예술작품을 해석한다는 것이 무엇인가, 즉 해석의 기능을 검토하는 것이며 둘째, 그러한 해석의 내용을 생각해보는 것이며 셋째, 예술작품에 있어서의 해석의 논리를 밝히는 일이다.

해석의 기능

해석의 대상은 언제나 언어이다. 언어만이 해석의 대상이 될 수 있다. 구름·나무·산·책상 혹은 칫솔 같은 사물에 해석이라는 말은 적용되지 않는다. 편지·신문기사·소설·논문 등 언어로 된 것만이 해석의 대상에 오를 수 있다. 어떤 언어를 해석한다는 것은 그 언어가 담고 있다고 전제된 의미를 밝혀내는 작업이다. 이런 관점에서 외국어로 된 편지, 책 혹은 그밖에 많은 기사들이나, 마찬가지로 우리들이 잘 알고 있다고 전제된 한글로 씌어진 소설·시 또는 그밖의 여러 기사들도 역시 해석의 대상이 된다.

그러나 위의 두 가지 경우, 해석이라는 말은 전혀 다르게 사용되고 있으며 다 같이 해석의 대상으로 그 언어가 갖고 있는 의미를 이야기하더라도 그 뜻은 서로 다른 의미를 지닌다. 왜냐하면 전자의 경우 해석이란 사실상 번역의 뜻에 지나지 않으며, 이런 뜻에서의 해석을 통해 한 언어가 갖고 있는 의미를 파악한다는 말은 그 언어의 규칙을 배우거나 익숙해진다는 뜻이 되고, 그것은 그런 종류의 언어를 어떻게 사용하는가를 배우는 작업이기 때문이다. 이와는 달리 후자의 경우, 해석이란 말은 한 언어에 전제된 비문법적 혹은 초사전적 의미를 밝혀냄을 의미한다. 물론 여기서 우리가 뜻하는 해석이 후자를 가리키고 있음은 두말할 필요도 없다.

어떤 언어에는 비문법적 혹은 탈사전적 의미의 해석이 요청되고 있음이 사실이라면 경우에 따라 한 언어는 정상적인 관점에서 정상적인 문법과 사전에만 의존해서는 완전히 밝혀질 수 없는 의미를 갖고 있음을 뜻하며, 따라서 그런 의미는 한 언어가 문법과 사전에 의존하여 투명하게 드러나지 않는 애매모호성을 띠고 있음을 나타낸다. 우리가 뜻하는 의미에서의 해석은 비트겐슈타인의 말을 빌려 말하자면, 우리들의 정상적인 언어가 그 기능을 제대로 발휘하지 못하고 겉돌 때 제기되는 문제라고 할 수 있다. 그렇다면 해석의 기능이란 한 언어의 비정상성을 정상적으로 만드는 작업이다.

한 언어의 비정상성 자체는 그 원인을 두 가지 점에서 이야기할 수 있다. 첫째, 한 언어가 정상적으로 사용되지 않을 때 생기는 경우로, 가령 어떤 기밀을 보장하기 위해서 '꽃'이라는 말이 '전쟁'이라는 뜻으로, 혹은 '밉다'란 말이 '예쁘다'란 뜻으로 사용될 때가 있다. 해석은 이렇게 비정상적 용도의 언어의 의미가 즉각적으로 투명해지지 않을 때 요청된다. 둘째, 한 언어의 비정상성은 이미 확고하게 기존해 있는 언어, 다시 말해 한 언어공동체에 사는 모든 사람들이 어떤 약속에 의해서 수용하고 있는 이미 체계화된 개념이나 낱말 혹은 문법 등과는 다른 개념이나 낱말·문법이 사용될 때 발생한다. 이런 경우, 기존하는 언어의 규칙만 고집한다면 그러한 낱말과 문법 혹은 개념에 표현된 언어는 쉽사리 이해되지 않으며, 전혀 이해되지 않을 수도 있다. 어쩌면 문자적 언어가 아닌 비문자적 언어로 표현된 비문자예술작품은 바로 그러한 예가 될 수 있는 언어라고 볼 수 있겠다. 이런 경우 우리는 새롭게, 암시적으로 제시된 낱말, 개념, 그리고 문법을 이해해야 한다. 해석이란 바로 이와 같이 생긴 비문자적 언어에 익숙하려는 작업에 불과한지도 모른다.

요컨대, 해석이란 위와 같은 두 가지 큰 이유에서 나타나는 언어의 애매모호성을 극복하는 작업이 된다. 그러므로 이 작업은 언어의 애매모호성의 성격을 의식하고 그것의 성격을 밝혀내는 데서부터 비롯되어야 한다.

언어의 비정상적 용도

내가 꽃을 보고 '꽃'이라고 손가락질할 때, 혹은 강아지를 보고 '강아지'라고 할 때 나는 한국말을 정상적으로 알고 있다고 할 수 있으며 정상적인 경우, 나는 한국말을 정상적으로 사용하는 것이다. 만일 내가 소나무를 보고 '개나리'라고 부른다든가 혹은 원숭이를 보고 '송아지'라고 부른다면 나는 1차적으로 한국말을 잘 모른다고 하거나, 그렇지 않으면 내가 한국말을 비정상적으로 사용했다고 말할 수 있다. 마찬가지로 만일 내가 학교에 간다는 사실을 '나는 학교에 간다'라고 말할 때 나는 한국말의 문법을 어기지 않고 정상적으로 사용한 것이지만, 같은 뜻을 전달하기 위해서 '학교 나는 에 간다'라고 말한다면 나의 문장은 비정상적이거나 아니면 문법을 틀리게 사용한 것이다. 이런 경우 나는 한국말의 문법을 몰랐거나 아니면 특별한 의미를 전달하고자 의도했던 것이다. '꽃'이란 낱말이 꽃이란 종류의 사물을, '토끼'라는 낱말이 토끼라는 동물을 지칭하고, '나는 학교에 간다'라는 문장은 내가 학교에 간다는 사실을 뜻할 수 있으며, 그래서 그 뜻이 한국말을 아는 모든 사람들에게 이해되는 이유는 '꽃'·'토끼'라는 낱말, 그리고 '나는 학교에 간다'라는 문장이 각기 꽃이나 토끼라는 것들, 또는 내가 학교에 간다는 사실이 사회적으로 마련된 약속에 의해서 규정되어 있기 때문이다. 비트겐슈타인이 지적한 것처럼 한 언어를 안다는 것은 그것을 사용할 줄 안다는 말이며, 그것을 사용할 줄 안다는 것은 그 언어를 형성하는 약속의 내용, 즉 규칙을 안다는 말에 지나지 않는다. 이러한 약속은 언어의 언어성, 즉 화자와 청자 간의 의사전달을 가능하게 한다. 약속이란 언제나 사회적인 것이며 언어도 하나의 약속이고 의사소통 역시 어떤 약속을 전제로 한다. 언어의 약속성에 의해서 개별적인 의도 혹은 생각이 보편성을 띠게 되고, 따라서 사회적으로 확장되어 서로 다른 남들 간의 의사소통이 가능하게 된다. 보편성, 즉 사회성을 벗어난 약속이란 존재할 수 없으며 약속을 벗어난 언어는 불가능하다. 한 개별적인 의사표시가 언어의 약속성을 어길 때 그것은 이미 전달이라는 가능성이 제거된 무의미한 것으로 전락한다. 한 언어는 약속 안에서만 존재하고 한 언어의 의미는 약속을 벗어나서는 존재할 수 없는 것이다. 그것은 마치 법적 결혼을 하지 않고서는 법적으로 아버지나 어머니가 될 수 없는 것과 마찬가지이다.

그렇지만 법적으로 결혼을 하지는 않았으면서도, 법적이 아닌, 그러나 틀림없이 생리적인 아버지 혹은 어머니가 될 수 있는 멋진 남자들 혹은 멋진 여자들이 있는 것처럼, 정상적으로 언어적 약속을 따르지 않으면서 어떤 말에 의미를 부여하려는 경우가 없지는 않다. 그래서 꽃을 보고 '꽃'이라 부르지 않고 '봄아가씨'라 지칭하고, 아내를 부를 때 '꽃'이라 하며, 혹은 아들에게 귀엽다는 뜻에서 '귀엽다' 하지 않고, '미운 놈!' 하고 부르는 경우가 있다.

이런 경우 화자가 한국말을 모르는 것도 아니며 한국말의 정상적 용도를 망각한 것도 아니다. 만일 그가 한국말을 몰랐다면 그가 한 말은 아무 뜻도 가질 수가 없다. 그는 오히려 고의적으로 자신이 잘 알고 있는 한국을 비정상적으로 사용하면서 정상적으로 표현할 수 없는 특수한 의미를 전달하려고 하는 것이다. 어떻게 '밉다'라는 말이 '귀엽다'라는 뜻이 되며, 어떻게 '꽃'이라는 낱말이 사람인 아내에게 적용될 수 있는가? 문자 그대로 받아들일 때, 다시 말해 사전적인 일상적 의미로 받아들일 때 '귀엽다'나 '꽃'은 한국말이 전제하는 약속을 완전히 벗어나고 있다. 정상적인 용도와는 차이가 난다. 따라서 그러한 표현은 아무런 의사도 전달하지 못한다. 왜냐하면 한 언어는 그것이 약속에 따라 적용되어 사용될 때에만 의미를 발휘할 수 있기 때문이다.

이처럼 한 언어는 순전히 언어적 약속에서 그 의미가 나타나지만, 사실 언어가 실제적으로 사용될 때 그 언어의 의미는 그것이 사용된 맥락,

즉 복잡한 비언어적인 콘텍스트에 의해서 결정되고 그 뜻이 더욱 명확해진다. '밉다'라는 말이 '귀엽다'라는 뜻을 가질 수 있는 것은 가령 아버지가 아들을 사랑하고 있을 때, 그리고 아버지가 그런 말을 할 때 취하는 태도 등에 의해서이다. 아버지가 아들에게 깊은 애정을 가질 때 그것은 장난이라는 양식 또는 골림이라는 양식으로 나타날 수 있다. 귀여운 아들을 보고 '밉다'고 하면서 아버지는 아들을 골려주고 싶을 만큼, 아들과 장난하고 싶을 만큼, 아들에 대한 사랑스러움·귀여움을 표현하는 것이다. 극히 역설적이지만 '밉다'란 말이 '귀엽다'라는 말보다 훨씬 더 절실하게 사랑의 뜻을 나타낼 수 있는 것이다. 마찬가지로 아내를 그냥 '아내'라고 부르지 않고 '꽃'이라고 부를 때 정상적인 관점에서는 전혀 말도 되지 않고, 따라서 아무 의미가 없지만 경우에 따라 '아내'라는 말로는 표현할 수 없는 많은 복합적 의미를 전달할 수 있는 것이다. 이런 예는 이른바 메타포에 의한 경우가 되는데, 모든 메타포가 신선함을 느끼게 하는 이유는 그러한 비정상적인 표현에 의해 정상적인 표현의 경우보다 더욱 많은 정보, 새로운 정보 혹은 의미들을 전달하기 때문이다.

한 언어가 비정상적으로 쓰이는 것은 비단 낱말이나 서술의 차원에서만 있을 수 있는 것이 아니라 문법적인 차원에서도 충분히 가능하다. 그러한 예는 커밍스Cummings, 말라르메Mallarmé의 시들 가운데서 가장 두드러지게 발견된다. 비정상적 문장구조의 극단적 예는 다음과 같은 시에서 찾아볼 수 있다.

산은 강물과 자동차를 바라보는 사람이 은 가 가는 이 산강 사람 자동차 사람 산 자동차 강 이 는 을 서 산은 흐르고 강은 높은 자동차는 않고 사람은 여기서 시인은 의식적으로 문법적인 규칙을 위반하고, 접속사와 그 밖의 정상적인 낱말들의 기능에 따른 문법적인 배열을 벗어난 형태로 문장을 구성하고 있다. 그것이 무엇이든 간에 어떤 의미란 반드시 언어를 통해서 언어 속에서만 가능하고, 언어로 전달되지만 그러면서도 언어는 논리적으로, 언제나 사물 자체를 있는 그대로 표현할 수 없다. 만일 언어가 사물 자체를 있는 그대로 보여준다면 그것은 이미 언어임을 그치고 사물 자체로 환원되고 말 것이다. 역설적으로 말해서 언어는 사물을 표상하고 사고를 표현하려고 하지만, 바로 그러한 원래의 목적에 실패할 때에만 의미를 가질 수 있게, 즉 언어로서의 기능을 지탱할 수 있게 된다.

언어와 그것의 표상, 혹은 표현대상 사이, 다시 말해 사물현상과 그것의 의미 사이에는 필연적인 거리, 어떠한 경우에도 뛰어넘을 수 없는 논리적인 간격이 벌어져 있는 것이다. 그러나 언어로 의미화된 사물과 의미화 이전의 사물 간의 관계, 즉 그냥 존재하는 것과 의미화된 것의 관계를 착각하고, 의미화된 것을 존재 자체로 믿는 경향이 있다. '꽃'이란 말의 의미를 꽃과 같은 것으로 혼동하게 된다는 것이다. 위의 시가 뜻하는 것 가운데 하나는, 언어의 정상적 용도를 파괴함으로써 우리가 흔히 빠지기 쉬운 사물과 그 사물을 나타내는 말의 거리를 새삼스럽게 의식시키려는 데 있다. 한글로 된 위의 시는 한국말의 정석적 용도를 벗어남으로써, 한국말의 문법을 계획적으로 파괴함으로써 정상적 문법

---

36   박이문, 『나비의 꿈』(일조각, 1981), p.126.

에 따라서는 표현할 수 없는 생각을 가장 효과적으로 표현하려는 것이다. 이와 같이 볼 때 정상적으로는 전혀 말이 되지 않는 말, 전혀 의미가 없는 것들이 다른 표현으로는 효율적으로 나타낼 수 없는 새로운 의미를 보여줄 수도 있다. 무의미가 의미를 갖는다는 역설 속에는 부정할 수 없는 진리가 숨겨져 있다.

해석의 문제는 위와 같은 예에서 볼 수 있듯이 한 언어가 비정상적으로 사용됨으로써 생기는 의미의 1차적인 애매모호성이나 혹은 무의미성 속에서 2차적 의미를 찾고, 그 의미를 애매모호성으로부터 해방시키려는 작업에 불과한 것이다. 자명한 뜻을 가진 언어 앞에서 해석의 문제는 발생하지 않는다. 해석은 의미에 접하는 통로의 장애물에서만 요청된다. 그것은 언어의 정상적 사용이 고장 나서 난관에 부딪쳤다는 교통사고의 신호이다.

비정상적 언어

우리가 사용하고 있는 낱말들이나 문법구조가 어떻게, 누구에 의해서 발견되거나 고안되었는지 알 길은 없다. 언어는 반드시 생각하는 주체를 전제하고, 생각하는 주체는 언제나 개별적인 사람일 수밖에 없는 이상, 모든 생각, 모든 발견, 모든 고안과 마찬가지로 모든 언어는 필시 어떤 개인들에 의해서 개별적으로, 일정한 시간과 장소에서 발생했음에 틀림없다. '꽃'이라는 발음 혹은 문자가 꽃을 지칭하는 언어로서, 한국말을 사용하는 언어공동체를 이루고 있는 모든 구성원들에 의해 사용되고 있기는 하지만, 그것은 본래 반드시 일정한 시간과 장소에서 어떤 일정한 사람에 의해서 생각되고 제안되었을 것이다. 발생학적으로는 언제나 이렇게 개인적인 것이지만 '꽃'이라는 발음 혹은 문자가 정말 언어로서의 기능을 하게 된다면, 그것은 한국말이라는 언어공동체를 구상하고 있는 사람들에 의해서 다 같이 수용되었기 때문이다. 언어는 개인적인 것이 아니라 반드시 사회적인 것이다. 비트겐슈타인이 말했듯이 '사적 언어'라는 개념은 내재적인 모순을 면치 못하는 것이다.

여기서 사회적이라는 말은 약속이라는 의미를 내포한다. 왜냐하면 사람들 간의 관계는 인과적인 차원을 넘어서 그들 간에 매인 비인과적인 질서, 즉 약속에 의한 비가시적·비측정적 질서 속에서만 가능하기 때문이다. 약속으로 이루어졌기 때문에 한 언어는 다른 사람들과의 의사소통을 가능하게 하고, 이런 가능성이 있는 한에서 그 언어는 비로소 언어적인 의미를 나타낼 수 있는 것이다. 사회적 약속에 의해서만 한 언어가 가능해진다는 말, 그리고 그렇게 된 언어만이 비로소 진정한 의미에서의 언어적 의미를 갖게 된다는 말은, 언어란 하나의 틀, 보다 구체적으로 말해서 의미의 틀 또는 조건이 된다는 말이다. 약속적인 틀, 다시 말해 한 언어의 문법·어휘 등으로 나타나는 약속의 틀 속에서만 구체적인 발음과 표기는 의미를 갖게 된다. 이러한 사실은 언어학자 소쉬르Saussure가 그냥 언어를 랑그langue와 파롤parole로 구별하면서 후자가 전자에 의존한다는 것, 즉 후자는 전자를 전제해야 한다고 주장한 것에 비유될 수 있다. 랑그는 문법 또는 어휘 등으로 나타나는 언어의 체계적 차원을 가리키며, 파롤은 구체적이며 개별적인 언어의 사용을 지칭한다. 개별적인 발언은 체계로서의 언어, 즉 랑그의 틀 속에서, 그리고 그 틀에 비추어서만 언어적 의미를 나타낸다. 요컨대 언어의 의미, 아니 모든 언어의 의미는 그 틀을 떠나선 생각될 수 없다는 것이다. 그러므로 언어는, 나아가서 언어적 의미는 언제나 구속, 즉 제약 속에서만 가능하다. 제약이나 구속은 언어, 즉 의미의 방해물이 아니라 그러한 것들을 가능하게 하는 가장 근본적인 전제조건인 것이다. 그것은 마치 우리들의 눈이나, 혹은 칸트가 주장한 것처럼 우리들의 의식구조로서의 선험적 범주 또는 시간, 공간이라는 개념과 마찬가지로 지각과 판단을 통한 의식의 조건으로서 비유될 수 있다. 의미가 약속에 의해 이미 굳어진 체계로서의 언어에 의존하고 있는 상황은 위장과 음식, 또는 그물과 바다 심연에 살고 있는 물고기의 관계로 비유된다. 음식으로부터의 영양 섭취는 그것을 먹어 소화시킬 수 있는 위의 기능에 조건지어져 있다. 위의 능력이 다르기 때문에 사람들에게는 음식물로서 영양분이 될 수 없는 것들이 돼지에게는 성찬이 되고, 또 둘도 없는 영양분이 될 수 있으며, 또한 그물의 성질에 따라 큰 물고기 혹은 작은 물고기가 각기 잡힐 수 있는 것이다.

일정한 시간과 장소에서 일정한 개별적인 뜻을 전달하려는 개인은 초개인적, 즉 사회적 약속에 의해서 고정된 언어의 체계에 의존할 수밖에 없고, 오로지 그러한 의존하에서만 자신의 개별적인 의미를 전달할 수밖에 없다면, 그리고 그와 같이 개인의 발언행위, 의미표시의 행위를 조건지어주는 사회적 약속으로서 무엇인가가 고정되어 있음을 전제로 한다면, 이미 고정된 낱말과 문법으로 나타낼 수 있는 의미 외에는 어떠한 의미도 나타낼 수 없다는 결론이 선다. 그것은 기존 언어로 표현될 수 있는 모든 경험, 모든 사실, 모든 상황 이상의 것들은 표현할 수 없다는 말이 된다. 모든 개인들은 다 같이 자신이 사용하고 있는 언어가 허용하는 사물·경험, 그리고 의미 이외의 것을 나타낼 수 없다. 그리고 이런 점에서 언어란 감옥에 갇힌 수인들로 남아 있을 수밖에 없다.

다행히 우리는 이 감옥을 언제까지나 세계의 전체로만 믿고 있지는 않다. 아직 선명하지는 않지만 감옥 밖에 새로운 무엇이 있음을 의식하며, 새로운 생각이 떠오른다. 우리는 살아 있어서 우리가 갇혀 있는 언어의 감옥에서 튀어나와 자유롭게 새로운 것들을 얘기하고 전달하고 싶은 것이다. 지금까지 사용하고 있던 언어적 그물 속에 잡히진 않았지만 바닷 속에는 수많은 물고기들이 헤엄치며 움직이고 있음을 느낀다. 그것을 느낀다면 그때부터 그 새롭게 발견된 물고기들을 잡고 싶은 충동에서 벗어날 수 없다. 아직 무슨 물고기인지는 모르지만 그것을 잡으려고 한다면 새로운 그물, 보다 적절한 그물을 고안해내야 한다. 이렇게 새로 만든 그물에 그 물고기가 잡혔을 때 나 아닌 다른 어부들도 비로소 있다고 믿지 않았던 물고기들을 눈으로 볼 것이며, 내 말이 거짓이 아니었음을 인정하게 될 것이다.

상상력에 넘치는 수인은 자기가 갇혀 있는 기존의 언어의 감옥을 뛰쳐나오려고 무수히 새로운 언어를 만들어낼 수 있다. 타성에 안주할 수 없는 젊은 어부는 기존하는 언어의 그물에 만족하지 않고 새로운 언어의 그물을 고안하여 자신이 발견한 새로운 생각·경험, 그리고 의미라는 언어적 물고기를 잡으려고 여러 가지 시도를 한다. 이와 같이 해서 새로운 낱말이 고안되고 새로운 개념이 꾸며지며 새로운 문법이 마련된다. 이처럼 어떤 개인에 의해 마련된 새로운 그물, 새로운 낱말, 새로운 문법이 기존의 그물, 기존의 언어체계에 맞지 않음은 당연하다. 그것은 아직도 정상성을 보장하는 기존 언어에 비추어볼 때 필연적으로 비정상적이다.

이렇게 만들어진 비정상적인 언어는 기존 언어에 비추어볼 때 그 기능을 제대로 발휘하지 못한다. 그것은 의미를 나타낼 수 없다. 그러나 비정상적이라고 해서 처음에는 뜻이 없는 것으로 취급되었던 언어일지라도 경우에 따라서 차츰 막연하게나마 어떤 의미를 갖게 되는 것으로 취급된다.

만약 이러한 사실이 부정된다면 새로운 말, 새로운 개념, 한 언어의 문법 변천 등은 설명되지 않는다. 이와 같이 볼 때 정상적 언어는 어떤 보편성·고정성을 전제하지만 그 고정성은 결코 절대적인 것이 아니다. 새로운 낱말·문법과 기존 낱말·문법의 관계는 과학적 이론의 변천을 설명하기 위해서 쿤이 도입한 비정상과학과 정상과학의 관계와 유사하다. 사물현상들을 설명하기 위하여 한 이론이 고안된다. 만일 그것이 의도한 대로 그것에 관련된 모든 현상을 설명했다고 인정할 때 그 이론은 정상과학으로 정착되고, 개별적인 사물현상들은 이미 정립된 정상과학에 비추어서 의미를 갖게 되고 설명된다. 그러나 만일 정상과학으로는 설명될 수 없는 어떤 현상이 나타났다고 누군가가 지적하면, 우선 그러한 현상은 환상이거나 아니면 보다 연구하면 정상과학의 테두리 안에서 설명된다고 주장하게 된다. 그러나 이와 같은 두 가지 태도가 견디지 못하게 될 때 새로운 이론이 고안된다는 것이다. 이렇게 고안된 이론은 기존 이론에 비추어 비정상과학이라는 딱지를 받게 된다. 그러나 새로운 이론이 기존 이론을 대치하게 될 때, 예를 들어 갈릴레오의 천문학이 프톨레마이오스의 천문학을 대치했을 때, 아인슈타인의 물리학이 뉴턴의 물리학을 대치했을 때, 이른바 과학은 하나의 혁명을 일으킨 것이다.

쿤의 이론에서는 정상과학과 비정상과학이 서로 단절되어 있다. 그렇기 때문에 과학·이론의 변천은 혁명적 성격을 띠고 있다. 똑같은 방식으로 정상언어와 비정상언어 간의 관계를 설명할 수는 없을 것 같다. 그것들 사이에 다소나마 지속적·연속적인 관계가 있다. 새로운 낱말들, 혹은 새로운 문법들이 한 언어공동체에 의해 수용되었다는 것은 기존의 낱말들이나 문법적 규칙들이 전적으로 파기되었다는 것을 의미하지 않는다. 그것은 다만 이 구석 저 구석에서 다소의 보충, 아니면 다소의 재조정이 분산적으로 이루어짐을 의미할 뿐이다. 쿤에 있어서의 정상과학과 비정상과학의 관계를 혁명적이라고 한다면, 언어에 있어서의 정상언어와 비정상언어의 관계는 수정적이다. 전자에 있어서의 변화는 전체적이지만, 후자에 있어서의 변화는 부분적이다.

정상적 언어와 비정상적 언어의 관계를 수정적이란 말로 얘기할 수 있지만, 그 관계가 정확히 어떤 구조를 갖고 있는가 하는 문제가 엄청나게 어려운 언어학적 또는 철학적 검토를 요구한다. 그러나 여기서 중요한 점은 기존 언어가 규범으로 남아 있으면서도 언제나 탄력성이 있고 유동적이라는 점, 다시 말해 변화 가능하다는 점이다. 아마도 단 한 가지 원리나 관점에 의해 설명할 수 없는 비정상언어의 수용과정, 즉 원래 의미를 가질 수 없었던 비정상언어가 의미를 갖게 되는 과정을 밝히는 작업이 해석의 기능이라고 할 수 있을 것이다. 이와 같이 볼 때 해석은 비정상언어의 발생에 의해 요청되고, 해석이라는 작업에 의해 비정상언어와 정상언어 사이에 다리가 놓여 연결되며, 이렇게 그것들을 연결시키는 다리에 의해 우리들의 세계에 대한 전망은 그만큼 새로워지고 넓어지게 된다. 특히 예술이 새로운 진리를, 과학이나 그밖의 작업으로 이룰 수 없는 세계를, 말할 수 없는 것을 말해준다는 낭만적이면서도 퍽 일반화된 상징적인 생각에는 진실성이 들어 있는 듯하다. 각별히, 예술로서의 언어, 즉 문학작품이나 그외 여러 형태의 예술작품에 해석이 요청되고 문제가 제기되는 이유로 짐작이 된다. 그렇다면 예술작품이란 언어는 어떤 종류의 것인가?

예술언어의 비정상성

해석이 언어의 비정상성에 적용되어, 그 비정상성을 밝히는 일이고, 특히 예술작품에 해석의 문제가 제기된다면 언어로서의 예술작품은 어떤 의미에서건 비정상성을 내포하고 있음이 전제된다. 과연 예술작품을 비정상적인 언어로 볼 수 있는가? 그렇다면 어떤 의미에서 그러한가?

문자예술로서의 문학은 단지 예술의 한 양식에 불과하고 여러 가지 양식의 예술작품이 존재한다. 회화·조각·음악·무용 등이 예술작품인 이상, 그리고 우리들의 입장에서 모든 예술작품은 필연적으로 언어인 이상, 회화·조각·음악·무용 등은 단순히 지각적 사물이 아니라 의미를 갖고 있는 기호 혹은 상징이며, 따라서 언어일 수밖에 없다. 그러나 그것이 언어라고는 하되 비문자예술작품은 정상적인 의미에서의 언어일 수 없음은 자명하다. 그것은 비문자적인 언어이므로 비정상적이라는 말이다. 왜냐하면 언어는 우선적으로 문자를 두고 말하기 때문이다.

이러한 관점은 하나의 반론에 부딪힐 수 있다. 무엇인가를 의미하는 모든 것이 언어라 불려야 한다면 그런 것은 문자만이 아니다. 신호등·몸짓·색깔·양식·의복, 모든 예절·예식·식사법 등등 사실상 모든 문화적인 것은 그냥 사물현상이 아니라 무엇인가를 의미하는 기호이며 상징이다. 따라서 그러한 것들도 의미연구의 대상이 된다. 그리고 이런 입장에서 문자언어의 의미를 연구하는 학문을 의미학semantics이라 하여 비문자언어의 의미를 밝히려는 학문을 기호학semiotics과 구별한다.

이렇게 구별된 의미학과 기호학의 관계에 대해 두 가지의 서로 대립되는 견해가 있다. 한편으로 의미학을 기호학의 한 분야로 보는 입장이 있는가 하면, 다른 한편으로는 기호학을 의미학의 연장이라고 보는 관점이 바로 그것이다. 전자의 입장을 택할 때 문자언어는 비문자언어인 여러 가지 기호들에 근거하고 그것의 추상화된 것에 지나지 않으며, 반대로 후자의 입장에서 볼 때는 비문자언어로서의 기호들은 오로지 문자언어의 안경으로 비쳤을 때 비로소 의미를 갖는 기호, 즉 언어로 본다. 여기서 필자는 후자의 입장을 택한다. 왜냐하면 신호등·몸짓, 그밖의 모든 이른바 기호들이 어떤 의미를 뜻하는 것으로 파악되려면 그것들은 우리가 사용하고 있는 문자언어의 틀 속에서만 가능하다고 믿기 때문이다. 하나의 비유를 들어보자면, 의미학은 기호학에 대하여 칸트가 말하는 선험적 범주의 기능을 한다.[37]

이와 같이 볼 때 문학을 제외하고, 모든 예술이 사용하는 언어는 비정상적이라는 주장에는 충분한 근거가 있다. 그러나 이러한 사실은 예술언어의 특징 가운데 하나가 비정상성이라는 일반적인 명제를 뒷받침해주지는 못한다. 왜냐하면 문학도 예술인 이상, 그리고 문학언어는 문자언어이기 때문이다. 비정상성이 예술언어의 특성이라는 주장이 성립하려면 문자언어의 비정상성이 입증되어야만 한다. 문자언어가 정상언어라면 문자로만 구성된 문학작품은 정상언어에 머물러 있을 수밖에 없고, 그렇다면 문학작품이 비정상언어라고는 결코 말할 수 없다. 그래도 문학작품은 예술작품이며, 따라서 비정상언어라고 주장한다면 그것은 다른 측면에서만 찾을 수 있을 것이다. 문학언어의 비정상성은 그 언어자체의 성격을 두고 말할 수 있는 것이 아니라 그 언어의 용도, 즉 사용방법에서 찾을 수 있을 듯하다. 사실 전통적으로 문학으로서의 언어와 비문학으로서의 언어의 차이는 문학에 있어서의 비정상적 용도에서 찾을 수 있다고 믿어져왔다. 문학언어를 비문학언어와 구별하는 것은 전

---

37   박이문, 「구조주의와 기호학」, 『하나만의 선택』(문학과지성사, 1978), pp.9~34 참조.

자가 후자와는 다른 구문 혹은 구조를 갖고 있거나, 또는 전자에 있어서 언어가 상징적으로 쓰인다거나, 혹은 언어를 직접적으로 사용하는 대신 은유적으로 사용한다는 데에 기인한다. 이러한 현상은 일반적으로 시에서 두드러지게 드러나는 것 같다. 한마디로 말해서 문학언어는 일상언어에 비해서 이탈deviation의 경향을 돌출시키려는 경향이 있다는 것이다. 그리고 여기서 언급한 이탈성이 비정상언어의 정상적 용도를 뜻하는 것임은 두말할 필요도 없겠다.

일반적으로 이러한 비정상성을 문학작품 속에서 발견할 수 있기는 하지만 그렇다고 이러한 관점이 반드시 옳다는 것은 아니다. 대부분의 백조가 희다고 해서 흰 빛깔이 백조의 특성을 나타내지는 않는다. 검은색 백조가 있을 수 있고 사실, 그런 검은색 백조가 오스트리아에서 발견되었음은 잘 알려진 바이다. 이와 같은 경우를 문학작품에서도 찾을 수 있다. 과연 어떤 의미에서 카프카의 소설, 로렌스의 소설, 그리고 이청준의 소설이 다른 비문학적 신문기사나 서신에 비해 각각 독일어나 영어·한국어를 이탈적으로 사용하고 있다고 말할 수 있겠는가? 과연 어떤 근거에서 그러한 작품들 속에 유달리 은유나 상징이 많다고 할 수 있겠는가?

1981년《워싱턴 포스트》의 한 흑인 여기자가 흑인 소년을 주제로 한 글을 써서 그 신문에 발표하고, 그 글의 우수한 기사성이 인정되어 명예로운 퓰리처상을 받았다가, 얼마 후에 그 글이 사실을 기록한 기사가 아니라 그 여기자가 상상해서 만들어낸 얘기, 즉 문학적인 것에 불과하다는 것이 탄로났다. 이 사실이 저널리즘의 크나큰 사건이었음은 쉽게 이해할 수 있다. 그리고 우리들이 지금까지 살펴본 맥락 속에서 이 사건이 특히 재미있는 이유는, 그것이 문학언어와 비문학언어를 그냥 텍스트를 관찰함으로써는 구별할 수 없다는 사실을 적절히 예증해주기 때문이다. 엘리스Ellis가 명쾌한 설득력으로 보여주고 있는 바와 같이, 문학작품은 종래 전통적인 이론가들이 생각해왔던 바와는 달리 그 텍스트를 관찰함으로써 구체적으로 그 속에서 문학언어의 비정상성, 문학의 특성은 찾아낼 수 없다.[38] 이른바 구조주의 문학이론가들이 문학에 대해 과학적인 새로운 접근 방법으로 그것을 정의하려고 했지만, 가령 토도로프Todorov가, 그리고 그 이전에 프로프Propp가 문학작품 속에서 문학성을 구체적으로 발견할 수 있다고 믿고 주장한 점에서 그들은 아직도 문학에 대한 전통적인 혼동 혹은 오해에서 벗어나지 못하고 있는 것이다.[39]

이러한 논변에 근거가 있고, 역시 문학이나 예술 일반의 특성이 어떤 의미에서든 비문학성에 있다면, 그러한 비문학성은 문학작품을 구성하고 있는 개별적인 낱말 · 문장 등의 비정상성에서 찾을 수 있는 게 아니므로 그 속에서는 찾을 수 없는 다른 차원에서 찾아보아야 할 것이다. 그렇다면 과연 그러한 특성은 찾을 수 있는가?

예술작품의 언어가 갖는 비정상성을 얘기하면서 지금까지 우리는 오로지 예술작품을 구성하고 있는 낱말·문장·문체 등에 대해서만 고찰해왔다. 그리고 이러한 각도에서 볼 때 예술작품을 구성하는 요소로서의 낱말·문장·문체 속에서는 예술작품의 특성으로서의 언어의 비정상성을 보편적으로 찾아낼 수 없다는 결론에 이르렀다. 그러나 예술작

---

38   John Ellis, *The Theory of Literary Criticism: A Logical Analysis*(Berkeley, 1977), pp.24~53 참조.

39   츠베탕 토도로프, 곽광수 역, 『구조시학』(문학과지성사, 1977). 또 김치수 편, 『구조주의와 문학비평』(홍성사, 1980) 참조.

품을 언어라고 부를 때 언어라는 말은 한 예술작품을 구성하는 원자적 혹은 부분적 요소로서의 낱말·문장 또는 문체를 뜻할 수도 있지만, 하나의 통일된 전체로 본 분석 이전의 예술작품 그 자체를 가리킬 수도 있다. 바꿔 말해, 낱말·문장으로서의 언어가 아니라 그러한 요소로써 구성된 하나의 통일된 담론discourse을 의미할 수 있다는 것이다. 사실 문학작품 혹은 예술작품의 의미, 그러한 의미를 해석할 때 우리는 하나의 담론으로서의 문학작품 혹은 예술작품을 염두에 두고 있는 것이다.

앞의 제1절에서 살펴본 바와 같이 '꽃'이라는 낱말, 혹은 '미운 놈!'이라는 문장이 정상적 용도에 어긋나게 고의적으로 비정상적으로 사용될 수 있다. 마찬가지로 하나의 예술작품으로서의 담론은 그것이 다른 담론과 실제적으로 다르지 않은 낱말과 문장으로 구성되어 있다고 해도, 정상적인 용도와는 달리 사용될 수 있다. 사실 엘리스가 문학의 정의에 대해 이야기하면서[40] 지적한 것과 마찬가지로, 그리고 단토나 디키 등이 예술의 정의를 논하면서 밝힌 바와 마찬가지로 문학과 문학 아닌 담론, 예술작품과 예술작품이 아닌 것의 차이는 하나의 문학적 담론이, 혹은 하나의 비문학적 담론이 어떻게 사용되어 있느냐에 달려 있다.

그렇다면 어떤 식의 용도에 의해서 한 문학적 담론이 결정되는가? 그것은 하나의 담론이 직접적으로 실용성과 관계없이 사용되는 경우이다.[41] 한 낱말 혹은 한 담론은 더 일반적으로 말해서 한 언어는 1차적으로, 그리고 일상적인 경우, 일정한 시간과 공간이라는 구체적 상황 속

---

40   John Ellis, 앞의 책, p.43.

41   George Dickie, *Aesthetics*(Indianapolis, 1971) 특히 pp.98~108. 또 Arthur Danto, *The Transfiguration of the Commonplace*(Cambridge, 1981) 특히 pp.1~32. 그리고 John Ellis, 앞의 책, 특히 pp.34~44 참조.

에서 구체적인 사람이 구체적으로, 즉 직접적으로 실용성 있게 사용한다. 어떤 사물을 분류하기 위해서 어떤 사실을 서술하기 위해서, 또는 어떤 생각을 전달하기 위해서, 어떤 진리를 주장하기 위해서 한 언어가 사용된다. 그것은 또한 어떤 구체적인 감정을 표현하기 위해서, 어떤 사람에게 행동을 하게 하기 위해서, 누군가를 저주하기 위해서 사용된다. 이처럼 언어의 원래 용도 혹은 기능은 극히 구체적이며 실용적이다. 그러나 원래는 물을 담기 위해 만들어진 고려청자가 미술관 안에서 예술적 감상의 대상으로서 실용적인 것과는 직접적인 관계가 없이 비정상적으로 쓰일 수 있듯이, 언어도 정상적 용도를 벗어나 비정상적으로 일정한 시간과 공간의 상황에 얽매이지 않고 그러한 맥락에서 떨어져 사용될 수 있다. 이처럼 언어가, 더 정확히 말해서 담론으로서의 언어가, 원래의 1차적, 즉 일상적 기능과는 상관없이 비정상적으로 사용되었을 때 예술언어도 내적인 변신을 성취하는 것이다. 바꿔 말해서 담론으로서의 예술작품은 원래의 실용적 기능을 하지 않고 비정상적으로 비실용적 용도를 위해 사용된 담론이다. 예술작품이 나타내는 내용, 즉 사건·사실 혹은 이야기에 대해서는 그것이 참이냐 거짓이냐를 묻지 않는다. 무대에서 살인사건이 일어나도 청중은 그런 사건을 막으려고 하지 않는다. 그림에 표상된 인물을 보고 그것이 누구를 나타냈는가에 상관하지 않는다. 나체를 구현한 조각을 보고 흥분하는 관중이 있다면 그는 조각을 예술작품으로 바라보기를 멈추고 있는 것이다. 슬픈 가락의 음악을 듣고 우리가 슬퍼하게 된다면 우리는 그 소리를 음악으로 듣고 있는 것이 아니다.

각 예술양식마다 다르고, 또 각 예술작품마다 방법과 정도는 다르지만, 언어로서의 모든 예술작품은 다 같이 그것이 비실용적 용도로 사용되었다는 점에서 일치하며 오직 이런 측면에서 예술로서의 언어는 비정상적으로 사용된 언어이다. 예술작품이 실질적 기능, 즉 일상적 기능을 필연적으로 수행하지 않는다는 말은 예술이 인간생활에 아무런 기능도 하지 못한다는 말과는 다르다. 만일 그렇다면 어찌 예술이라는 활동이 다른 모든 사회에 존재해왔고, 또 존재하고 있는지를 설명할 수 없다. 그것은 지금 여기서 따질 문제가 아니고, 4장 '평가'의 장에서 언급하겠지만 무엇인가 모든 사람에게 극히 근본적이며 보편적인 중요한 기능을 하는 것임에 틀림없다.

어쨌든 예술은 앞에서 본 바와 같은 뜻에서 비정상적 언어라는 점만은 확실하다. 해석의 문제가 한 언어, 다시 말해서 한 담론의 의미가 불투명한 데서 기인한다면, 그리고 예술의 본질이 그것의 비정상성 때문에 우선적으로는 불투명한 뜻으로만 나타난다면, 어찌하여 각별히 예술작품에 있어서 해석의 문제가 언제나 필연적으로 제기되는가를 알 수 있다. 이와 같이 볼 때 해석의 과제는 한 예술작품이 비정상적 언어의 사용에 의해 나타내려고 하는 비정상적일 수밖에 없는 의미를 밝혀내는 데 있다.

그렇다면 한 예술작품이 하나의 통일된 담론으로서 내재적으로 나타낸다고 전제되는 의미는 무엇인가? 해석이 추구하는 한 예술작품의 내용은 무엇인가?

해석의 내용

예술작품의 해석이 그 작품의 의미를 밝히는 작업에 지나지 않는다고 한다면 작품의 '의미'란 도대체 무엇인가? 이 물음은 의미의 내용에 관한 것이라 하겠다. 그리고 여기서의 내용은 의미의 의미, 즉 의미란 말의 뜻을 가리키는 것이며, 의미의 의미란 의미라는 말이 지칭하는 것을 뜻한다. 이렇게 이해된 뜻으로서의 의미의 '의미', 다시 말해 의미라는 말의 내용을 먼저 알지 않고서는 해석의 작업은 착수될 수 없다. 그것은 강아지가 무엇인지 모르면서도 강아지를 찾으러 나설 수 없는 것과 마찬가지이다. 그렇다면 한 낱말, 한 명제, 한 담론의 뜻은 무엇일 수 있는가? 한 낱말, 한 명제, 한 담론을 안다는 것이 각각 그것들의 뜻을 안다는 말에 지나지 않는다면, 어떤 조건하에서 우리는 한 낱말, 한 명제, 한 담론을 알았다고 할 수 있는가? 예술작품의 해석은 위와 같은 물음에 대한 해답을 전제로 한다.

예술작품의 의미란 무엇을 두고 하는 말인가? 이 문제를 검토하기에 앞서, 우선 의미란 말의 두 가지 뜻을 구별할 필요가 있다. 의미라는 말은 경우에 따라서 언어적인 뜻을 갖기도 하고 비언어적인 뜻을 갖기도 한다. 가령 이상의 「날개」라는 작품은 해석의 대상이 되는 언어적 의미가 있기는 하지만, '일제하 지식인의 절망' 혹은 '이상의 정신분열증' 또는 '한국문학사의 새로운 장' 등등을 의미한다고도 말할 수 있다. 여기서의 비언어적인 의미란 「날개」라는 작품의 원인·동기 혹은 결과 등을 가리킴에 지나지 않으며, 「날개」라는 작품을 구성하고 있는 언어적인 것들과는 아무런 직접적인 관계가 없다. 이러한 뜻에서의 의미는 해석의 대상이 될 수 있는 것이 아니다. 그것은 오로지 실증적인 설명의 대상으로 머물러 있을 뿐이다. 달리 말해 그것은 넓은 의미에서의 과학의 대상이며 경험적인 검토로써만 풀릴 수 있는 것이다.

이와 같이 의미를 언어적인 것과 비언어적인 것으로 구분할 때, 우리가 여기서 밝히고자 하는 문제로서의 의미는 언어적 의미만을 뜻한다는 것은 두말할 필요도 없다. 그렇다면 한 예술작품의 의미란 무엇인가? 바꿔 말해서 한 예술작품의 의미를 말할 때 우리는 어떤 내용을 두고 이야기하는가? 한 작품의 '의미'란 어떤 종류의 것인가? 그것은 대개 다음 세 가지로 이야기된다. 첫째, 작가의 의도를 가리킨다고 볼 수 있고, 둘째, 작품의 어떤 언어들이 표상 혹은 표현한다고 전제되는 대상을 두고 말한다고 생각될 수도 있으며, 셋째, 작품이 형성한다고 가정된 하나의 개별적인 세계를 내용으로 하고 있다고도 볼 수 있다.

예술가의 의도

언어가 그냥 사물현상이 아니라 그것을 사용하는 사람의 의도를 전제하는 이상, 언어의 의미는 화자의 의도와 떼어놓고 생각할 수 없다. 그리고 언어를 사용한 사람의 의도란 그 사람이 그 언어를 사용했을 때의 생각을 지칭하는 것에 지나지 않는 한, 한 언어의 의미는 그것을 사용한 사람의 특수한 경우의 생각이라고 하겠다. 언어와 그것의 의미의 관계, 즉 해석의 내용인 한 언어의 의미가 이와 같이 분석된다면 언어로서의 예술작품의 경우도 예외가 될 수 없다. 한 예술작품의 의미란 그 예술작품을 만들었을 때의 예술가의 의도, 즉 그가 표현하고자 하는 생각에 지나지 않을 것이며, 예술작품의 해석이라는 작업은 언어라는 매개를 통해 나타나지만 그것을 넘어 비가시적인 차원에 존재한다고 전제되는 예술가의 생각을 파헤치며 발굴하는 작업이 될 것이다.

이와 같이 한 언어의 의미를 그것을 사용한 화자의 의도, 즉 생각이라고 볼 때 '내 가슴이 아프다'라는 나의 말의 의미는 가슴 아픔에 대한 나의 의식상태를 지칭한다 할 것이며, '하늘은 푸르다'라는 내 말의 의미는 하늘의 푸름에 대한 나의 생각을 나타낸다고 하겠다. 그렇다면 이상의 「날개」라는 소설, 워홀의 〈초록색 코카콜라 병들〉(그림 9)이라는 회화, 드뷔시Debussy의 〈바다〉라는 곡, 로댕의 〈발자크〉(그림 10)라는 조각 등등의 의미들은 각기 위와 같은 예술가들이 이러한 작품들을 만들 때, 만들었을 때의 심리상태나 혹은 생각들이라고 해야 할 것이다. 일상적인 경우에는 대개 해석의 문제, 즉 위에서 지적했던 대로의 언어의 의미를 찾아내는 문제가 발생하지 않는 데 반해, 구태여 각별히 예술작품을 놓고 언제나 해석의 문제가 제기된다면 그것은 예술가들이 자신들의 의도, 즉 생각을 나타내기 위해서 사용한 그들의 언어가 비정상적인 경향이 있기 때문이라고 할 수 있다. 다시 말해 그들이 사용한 언어에서 그 예술가의 의도 혹은 생각이 투명하게 나타나 있지 않기 때문이라는 것이다.

언어의 의미가 그 말을 쓴 사람의 의도 혹은 생각이라고 믿는 데는 충분한 근거가 있다. 가령 내가 닫힌 문 옆에 앉아 있을 때 누군가가 '문을 열어!'라고 말한다면, 이때 이 말의 의미를 안다는 것은 화자가 문을 열어주기를 바라고 있음을 안다는 것이 될 것이며, 칸트의 『순수이성비

그림 9 워홀, 〈초록색 코카콜라 병들〉　　　　**그림 10** 로댕, 〈발자크〉

판』이나 혹은 조선일보에 가끔 실리는 선우휘鮮于煇의 애국심에 찬 '칼럼'의 의미를 안다는 것은, 각기 칸트의 생각이나 선우휘의 의도를 파악해내는 일에 지나지 않는 것 같기 때문이다. 이러한 것이 부정될 수 없는 사실이라면 한 언어는 그것이 어떻게 사용되는지, 그리고 어떤 경우이든지 언제나 그 언어를 사용한 사람의 의도 또는 생각을 반영해주는 거울에 비유될 수 있을 것이다. I(intention)라는 의도 혹은 T(thought) 생각은 언제 L₁이라는 언어, 혹은 L₂라는 언어로 자동적으로 인과적 관계에 의해서 표현됨을 전제로 한다. 그렇다면 '꽃'이라는 나의 관념, '슬픔'이라는 나의 느낌, 혹은 '문을 열고 싶은' 나의 의도는 그 모두가 한국말을 사용하는 사람에게는 필연적으로, 반드시 '꽃'이라는 낱말, '슬픔'이라는 낱말, '문을 열어!'라는 문장으로 표현되게 마련일 것이다.

그러나 좀더 주의해서 생각해보면 한 언어의 의미가 발언자의 의도나 생각과 반드시 일치하지만은 않는다. 내가 꽃이라는 관념이나 슬픔이라는 생각을 갖고 그것을 표현하고자 할 때 그것들이 각기 '꽃' · '슬픔'이라는 언어로 반드시 나타나는 것도 아니며, 또 그럴 필요도 없다. 내가 문을 열고 싶어서 누군가에게 그것을 열게 할 때 나는 반드시 '문을 열어!'라는 말을 쓸 필요가 없이 다른 말로도 표현할 수 있다. 만일 꽃을 가리키며 '나무'라고 내가 말한다면 내 말을 듣는 사람들은 그런 구체적인 상황, 즉 내 발언의 맥락 속에서 '나무'라는 말이 내가 생각하고 있는 꽃을 의미함을 알 것이며, 나는 나의 슬픔의 뜻을 전달하기 위해서 '가슴의 쓰라림'이라는 문구로 표현할 수도 있다. 닫힌 문을 가리키면서 '문을 닫아!'라고 내가 말한다면 그것을 듣는 사람은 '문을 닫아!'라는 말이 '문을 열어!'라는 뜻으로 한 말임을 알 수 있을 것이다. 이러한 사실은 한 언어가 인과적으로 맺어진 어떤 관념 혹은 생각의 그림자나 거울만은 아니라는 것을 알려준다.

그런데 위의 예는 언어의 의미가 발언자의 관념이나 생각 혹은 의도와 항상 일치하지는 않는다는 것을 입증할 뿐, 다시 말해 생각이나 의도가 그것을 표현해준다고 전제되는 언어와 인과적 관계를 갖지는 않는다는 것을 말할 뿐, 언어의 의미가 언제나 변할 수 있다는 말은 아니다. 물론 '나무'라는 뜻이 '꽃'이라는 뜻과 같을 수 없고, '문을 닫아!'라는 말이 '문을 열어!'라는 말과 같은 의미로 쓰일 수는 없다. 그렇다면 어떻게 모순된 두 가지 개념이나 명제가 동일할 수 있겠는가? 만일 '나무'가 '꽃'이라는 뜻을 전달할 수 있었거나 '문을 닫아!'라는 말이 '문을 열어!'라는 말의 뜻을 전달할 수 있었다면, 그것은 그러한 말이 나온 특수한 여러 가지 조건, 혹은 문맥에 의해서일 뿐이다. 그러한 문맥이나 조건에서 위의 말을 듣는 사람은 발언자가 '나무'라는 말을 '꽃'으로 잘못 알고 한 얘기임을 알고 있었거나, 혹은 '문을 닫아!'라는 말이 '문을 열어!'라는 말로 수정되어 해석되었던 것이다. 한국어에서 '꽃'·'나무'·'슬픔'·'문을 열어!' 등의 말은 어떤 사람이 갖고 있는 관념이나 의식상태 혹은 의도와는 관계없이 각기 '꽃'·'나무'·'문을 열어!'·'슬픔'이라는 고정된 의미를 갖고 있다. 돌려 말해서 언어는, 그것을 사용한 사람의 의도나 생각들, 즉 내적 혹은 의도적 의미와는 상관없이, 그리고 어떤 개인의 의식상태와는 무관하게, 또는 그것과는 독립된, 이른바 언어적 의미를 갖고 있다는 말이 된다. 사회적 약속에 의해서 '꽃'·'나무'·'슬픔' 혹은 '문을 열어!'라는 말들이 고정된 의미를 갖지 않았다면, 위와 같은 말들은 사실상 말의 기능을 할 수 없으며, 의미를 가질 수 없다. 앞서 가상적인 예를 들어본 바와 같이 만일 '꽃'이라는 말이 '나무'라는 말로 해석되고, '문을 닫아!'라는 말이 '문을 열어!'라는 말로 해석될 수 있었다면, 그렇게 될 수 있는 근거는 오로지 그러한 말을 했던 콘텍스트, 즉 맥락에 의해서일 뿐이다. 그런 맥락에서 '꽃'·'슬픔'·'문을 열어!'라는 말의 뜻이 이해되었다기보다는 그런 말이 잘못 사용되었음을 포착할 수 있었던 것이다. 언어적으로는 '꽃'·'문을 열어!'라는 말은 원래, 꽃이라는 사물, '문을 열어!'라는 행위를 의미할 뿐이다. '나무'란 말이 '꽃'이라는 말로, 혹은 '문을 닫아!'라는 말이 '문을 열어!'라는 말로 잘못 쓰인 것을 알 수 있었다거나, 혹은 어떤 상황에서 발언자의 의도를 알아낼 수 있는 것은 우리가 사용하고 있는 말들의 원래적, 즉 언어적 의미를 바탕으로 하고 있다. 만일 '나무'·'문을 닫아!'라는 말들이 어떤 구체적인 콘텍스트를 떠나서 발언되거나 쓰였다면 그런 말들은 그냥 문자 그대로의 '나무'·'문을 닫아!'라는 의미로만 해석되지 '꽃'이나 '문을 열어!'로는 결코 해석될 수 없다. 즉 어떤 콘텍스트 안에서는 '문을 닫아!'가 '문을 열어!'라는 의도로 쓰인 말임을 이해할 수 있다 하더라도, 그런 콘텍스트를 떠나서는 어떤 사람의 구체적인 심리상태 혹은 의도를 넣어서 한 언어를 해석할 수는 없는 것이다. 언어의 의미는 화자의 의도나 생각과 반드시 일치하지 않는다. 구체적으로 확실한 문맥, 즉 콘텍스트 밖에서 나타난 언어의 의미는 오직 언어 속에서의 언어의 의미, 즉 사회적인 약속에 의해서 일반적으로 가질 수 있는 의미일 따름이다.

언어로서의 예술작품은 앞서 살펴본 바와 같이 일상적으로 사용되는 언어와는 달리 어떤 객관적 사실을 표상한다거나, 혹은 어떤 구체적인 감정이나 생각을 표현하는 것도 아니고, 어떤 행위를 유도하기 위해서 쓰이지도 않는다. 따라서 예술작품을 놓고 그것이 뜻하는 것에 대해 진위를 따진다거나 혹은 어떤 행위를 수행하는가를 따질 수는 없다. 왜냐하면 그런 관점에서 예술작품을 대한다면 그 예술작품은 사실상 이미 예술작품으로 보이기를 그치기 때문이다. 엘리스는 예술작품으로서의 문학의 비실천성, 그리고 용도의 특수성에 대해 다음과 같이 설명하고 있다.

일상 언어는 그들이 발생된 콘텍스트 속에서 기능을 갖고 그러한 콘텍스트가 없어진 다음에는 사라지고 만다. 그러다가 그 콘텍스트가 검토의 대상이 될 때야 비로소 다시 나타난다. 그러나 문학으로서의 텍스트의 특수한 용도는 텍스트의 발생적 상황에서 그 텍스트를 이탈시키는 데 있으며, 그러한 텍스트는 어떠한 특수한 콘텍스트에서 실천적 수용의 일부로 전제하지는 않는다. 그것들은 그들의 발생적 콘텍스트 밖에서 널리 읽혀지고, 그것들은 어떤 각별한 콘텍스트와도 관련을 맺지 않는다.[42]

문학을 두고 말한 엘리스의 이런 얘기는 예술작품 일반에 일괄적으로 해당된다. 언어로서의 예술작품은 디키의 표현을 빌리자면 "일상생활에 있어서의 담론과는 달리 비언어적 콘텍스트를 갖고 있지 않다"[43]는 말이다. 따라서 한 예술작품에 대해 말할 때 그것을 만든 예술가의 의도나 생각과 같은 비언어적 콘텍스트는 언어로서의 예술작품의 의미를 결정하는 데 있어서 도움이 될 수 없다. 비트겐슈타인이 오래전에 밝힌 대로, 그리고 디키가 말한 대로 "모든 언어의 의미는 작가, 혹은 더 일반적으로 말해서 화자가 자기 자신의 개인적 마음속에서 의도한 사

---

42   Ellis, 앞의 책, p.44.
43   G. Dickie, 앞의 책, p.118.

그림 11 피카소, 〈게르니카〉

적인 것이 아니라 공적인 것이다"[44]라는 입장이 수긍된다면, 한 언어의 의미는 그것을 말한 사람의 사적인 측면을 지칭하는 생각이나 의도일 수 없으며, 원칙적으로 오로지 언어적인 의미, 즉 사회적 약속에 의해 규정된 공적인 의미뿐이라는 것이 이해된다. 그러므로 처음부터 일상적 콘텍스트 밖에서 사용된 언어로서의 예술작품의 의미는 그것을 만든 예술가의 사적인 생각이나 의도가 될 수 없고, 오로지 예술작품을 형성하고 있는 바로 그 작품의 언어적, 다시 말해 공적 의미일 수밖에 없음은 쉽게 납득이 간다. 한마디로 말해서 예술작품의 의미는 예술가의 의도일 수 없다.

이러한 우리들의 결론은 보다 구체적으로 한 예술작품의 의미를 해석하는 경우를 통해서 보다 잘 예증될 수 있을 것이다. 발레리Valéry의 「해변의 묘지」에 대한 너무도 다양한 해석에 갈피를 잡지 못한 평자들이 시인에게 그 시의 의미가 무엇이냐고 물었을 때 발레리는, 그것은 독

---

44   G. Dickie, 앞의 책, p.119.

자가 해석하는 의미들이라고 대답한 바 있다. 한편 피카소는 그의 〈게르니카〉(그림 11)가 파시즘 대두의 위험성에 대한 그의 경고를 의미한다는 해석을 부정하면서 그 그림은 붉은 황소의 머리를 그린 것에 불과하다고 말했다고 한다. 이와 비슷한 에피소드는 얼마든지 찾아볼 수 있다. 이런 사례들이 보여주는 것은 예술가의 의도와 예술작품의 의미는 직접적인 관계가 없다는 사실이다. 발레리의 「해변의 묘지」의 의미가 필연적으로 해석의 대상이 된다면, 설사 발레리가 무엇인가를 그 시로써 의도했더라도 그 시의 의미는 그런 의도와는 무관하게 이루어질 수 있다는 것이다. 설사 피카소의 의도가 붉은 황소의 머리를 그리는 데 지나지 않았다고 하더라도 그의 예술작품인 〈게르니카〉의 의미는 그저 '붉은 황소의 머리'를 그린 것이라고는 잘라 말할 수 없으며, 피카소의 의도와는 상관없이 파시즘 대두의 위험을 뜻하는 것으로 해석할 수 없는 것도 아니다.

톨스토이가 『전쟁과 평화』를 쓸 때 전쟁의 무의미함과 사랑의 귀중함을 보이려 했다고 하자. 만일 한 예술작품의 의미를 예술가의 의도에서 찾아야 한다면 『전쟁과 평화』라는 작품의 의미는 '전쟁은 잔인하고 사랑은 귀중하다'라는 말로 요약될 것이다. 그렇지만 만일 이러한 논리에 근거가 있다고 본다면 어째서 그렇게 간단한 생각을 그토록 방대하고 복잡한 이야기로 표현해야 했는지 그 이유가 납득이 가지 않는다. 베토벤이 〈운명〉을 작곡했을 때 고통스러운 운명에 도전함으로써 삶의 보람이 있다는 그의 신념을 나타내고자 했다 하자. 그렇다면 그 곡의 의미는 바로 문자로 간단하고 명료하게 표현할 수 있는 그의 신념에 지나지 않을 것이다. 그렇다면 그는 문자로 간단히, 그리고 보다 명료하게 전달할 수 있는 자신의 의도를, 왜 얼른 해독하기 어려운 음악 언어로 표현했을 것인가가 설명되지 않는다. 만일 한 예술작품의 의미가 위와 같은 식으로 예술가의 의도로 환원될 수 있다면, 예술가는 구태여 예술작품을 만들지 않았을 것이고, 예술감상자는 그런 의도를 해독하기 위해 예술작품에 흥미를 갖지는 않을 것이다. 톨스토이의『전쟁과 평화』라는 예술작품의 의미가, 그리고 베토벤의 〈운명〉이라는 예술작품의 의미가 위와 같이 가상된 각기 예술가들의 의도로 해석된다는 것은 난센스임을 쉽사리 알 수 있다.

예술작품의 의미가 예술가의 의도가 될 수 없다는 사실은 구체적으로 한 작품의 의미를 해석하는 어떤 경우에도 여실히 드러난다. 만일 예술작품의 의미가 예술가의 의도와 일치한다면 무명 예술가의 작품이나 혹은 무명 예술가가 아니더라도 자신의 의도를 아무 데서도 밝히지 않았던 작품은 결코 해석을 시도할 수 없다. 왜냐하면 첫째, 아무리 예술 비평가가 그것을 해석했다고 해도 그 해석의 옳고 그름을 결정할 수 없다. 그 까닭은 그 작품에 대한 옳고 그름의 해석은 오로지 예술가의 의도에 비추어서만 판단되어야 하는데, 지금 예의 경우 처음부터 예술가의 의도를 밝혀낼 수 없기 때문이다. 만일 어떤 예술작품의 의미가 그 작품을 만든 예술가의 X라는 의도로 환원된다고 한다면, 사실상 그러한 해석은 예술가의 의도를 보아서 작품의 의미가 밝혀진 것이 아니라 오히려 오로지 작품의 언어적 의미를 분석·종합한 결과에 불과하다. 다시 말해 이른바 예술작품에 나타났다고 전제되는, 그리고 예술작품의 의미를 구성한다고 전제되는 예술가의 비가시적인 의도란 오로지 예술작품의 가시적인 언어에서 추출되는 의미에 지나지 않는다. 호메로스가 정확히 무엇을 의도했었는지 알 수 없다 하더라도 그의 작품『오디세이아』나『일리아스』의 의미는 해석될 수 있으며, 밀로의 〈비너스〉가 누구에 의해 만들어졌는지 모르지만 그 조각의 의미는 검토될 수 있으며, 〈아리랑〉이라는 노래를 누가 지었는지 막막하지만 그 노래의 뜻은 해석될 수 있다.

프로스트Frost는 그의 유명한 시「눈 내리는 저녁 숲가에 서서」에서 그가 의도한 것은 어떤 사람이 마차를 끌고 가다가 눈에 덮인 들을 바라보려고 마을로 가는 길에 잠시 머무는 것을 묘사하는 데 있다고 하지만, 그 시의 의미는 시인의 의도와는 상관없이 "죽음에 대한 유혹보다는 이 세상에서 지금 해야 할 의무가 더 중요하다"[45]라는 의미로 해석될 수 있는 것이다. 단테가 『신곡』을 썼던 것은 가톨릭교리의 진리성을 보이고 독자로 하여금 그 종교로 개종하게끔 하려고 했더라도 그러한 의도와는 관계없이 다른 해석을 하는 일이 가능하다. 헨델이 기독교를 찬양하기 위해서 〈메시아〉를 작곡했다고 하더라도 그런 의도와는 상관없이 그의 곡은 다양하게 해석될 수 있다. 뉴기니인들이 주술적 효과를 위

그림 12 〈아프리카의 마스크〉

---

45   H. G. Gene, 앞의 책, p.224.

해서 만들어낸 것이 사실임에 틀림없는데도 〈아프리카의 마스크〉(그림 12)는 본래의 의도와는 상관없이 예술사적 콘텍스트 안에서 전혀 다른 의미를 가질 수 있다.

한 예술작품의 의미를 예술가의 의도로 생각한다면 그것은 비어즐리Beardsley에 의해서 널리 알려진 이른바 의도의 오류intentional fallacy를 범하게 된다. 어떤 언어이든 언어적 의미가 개인의 의식상태와 일치될 수 없다면, 그리고 의도가 개인의 의식상태를 지칭하는 것이라면 언어로서의 예술작품의 의미는 결코 그 작가의 의도일 수 없다. 언어는 사회적 약속에 의해 만들어진 공적인 것인 이상, 그러한 언어의 의미도 공적인 차원에서만 나타날 수 있다. 공적인 성질을 가진 의미는 비가시적인 한 개인의 내적 상태일 수 없으며, 가시적인 한 사회의 외적 제도에서만 발생한다.

언어의 대상

언어로서의 예술작품의 의미를 예술가의 내적 의식상태나 혹은 그의 의도로 볼 수 없다면 예술작품의 의미는 아마도 예술작품이라는 언어가 지칭한다고 전제되는 지칭대상일지도 모른다. '꽃' 혹은 '산은 푸르다'라는 말의 의미는 각기 의식 밖에 존재하는 객관적 지각대상으로서의 꽃이라는 사물, '산은 푸르다'라는 사실에 지나지 않을지도 모른다. 사실 한 예술작품은 무엇인가 객관적 대상을 표상하고 있는 것 같다. 언어로서의 예술작품은 무엇인가를 지칭하고 있는 성싶다. 이효석의 『화분』은 많은 사물·사건들을 묘사하고, 카프카의 「변신」은 하루아침에 딱정벌레로 변한 한 회사원을 둘러싼 이야기를 편다. 다빈치의 〈모나리자〉는 어떤 여인을 표상하고, 김홍도의 〈씨름도〉(그림 13)는 조선시대

그림 13 김흥도, 〈씨름도〉

의 한 민속을 나타낸다. 로댕의 〈발자크〉라는 조각품은 소설가 발자크를 표상한다. 베토벤의 교향곡 〈전원〉은 독일의 전원, 아니면 그냥 전원이라는 것을 표상한다고 할 수 있다.

예술작품의 본질이 무엇인가를 표상하는 데 있다는 생각은 상식적으로 자명한 진리처럼 통용되고 있다. 어떤 작품이 무엇인가를 잘 표상했다는 이유에서 흔히 그 작품이 높이 평가되고 있다. 한 대상이 과학적으로 표상되고 설명될 수 있는데도 불구하고 구태여 예술적 표상을 필요로 하는 이유는, 후자가 과학적으로 표상할 수 없는 내용을 표상해주기 때문이라는 것이다. 그래서 대개 예술은 '말할 수 없는 것을 말하는 것' 혹은 '표현할 수 없는 것을 표현하는 것'이라는 낭만적인 예술관을 갖게 된다.

예술작품이 무엇인가를 표상한다는 것은 예술작품이 과학과 마찬가지로 일종의 인식적 기능을 담당하고 있다는 말에 지나지 않다. 예술작품은 예술적인 언어를 통해 그가 대상으로 하는 사물현상에 대해서 어떤 정보를 제공한다는 말이다. 이른바 논리실증주의자들에 의해서 예술적 언어는 인식적 내용이 전혀 없다고 당돌하게 주장되었음에도 불구하고, 예술의 인식적 기능에 대한 믿음은 비단 일반 사람들이나 대부분의 예술가들뿐만 아니라 철학자들에 의해서까지도 강력히 주장되고 있다. 대표적으로 말하자면 과학철학·논리학·인식론과 같은 분야에 있어서 적지 않은 영향력을 갖고 있는 굿맨을 예로 들 수 있다. 그는 예술철학에 있어서도 큰 영향력을 미치고 있는데, 그는 예술의 기능이 본질적으로 표상적이라는 것, 따라서 과학의 기능과 질적으로 전혀 다를 바 없으며 다 같이 우리들이 경험하고 있는 사물현상에 질서를 주는 방법에 지나지 않는다고 주장한다. 과학의 목적이 진리를 밝히는 데 있다면, 예술의 목적도 진리를 밝히는 데 있으며, 과학적 언어의 의미가 그 언어가 가리키는 지칭대상에서 찾을 수 있다면 언어로서의 예술작품의 의미도 그 예술작품이 지칭하는 대상에 불과하다는 것이다. 굿맨의 주장에 의하면 표상예술뿐만 아니라 추상화를 비롯한 모든 비표상적 예술작품도 일종의 상징, 즉 언어로서의 "지칭적 기능을 하고 있으며 세계 제작의 방법들"[46]이다. 그래서 그는 다음과 같이 계속 주장한다.

소설, 시, 회화, 음악, 무용, 그리고 그밖에 다른 예술들은 대체로, 메타포와 같은 비술어적 수단에 의해서, 예시exemplification 또는 표현expression과 같은 비지시적 방법에 의해서, 그리고 흔히는 그림, 소리, 몸짓 혹은 그밖의 비문자적 체계에 의해서 만들어졌다. …… 발견, 창조, 그리고 이해의 초석이라는 넓은 뜻에서의 지식의 확장의 양상으로서, 예술은 과학에 못지않

---

46   N. Goodman, 앞의 책, p.12.

게 진지하게 취급되어야 한다.[47]

　(요컨대) 과학과 예술은 거의 같은 식으로 탐구되고 만들어진다.[48]

　예술의 기능이 과학의 기능과 다를 바 없고, 과학적 서술이 어떤 대상을 표상하듯이 예술도 어떤 대상을 달리 표상한다면, 예술작품의 의미는 과학적 서술의 의미가 그러하듯이 언어로서의 예술작품이 지칭하는 사물현상으로서의 대상이 될 것이다. 그렇다면 한 예술작품을 안다는 것, 즉 예술작품을 해석하는 작업은 그것이 지칭한다고 전제되는 대상으로서의 사물현상을 찾아내는 일이 될 것이다. 그리고 예술작품에 대해서는 서술에 대해서와 마찬가지로 마땅히 진위의 판단이 내려져야 할 것이다.

　인식, 즉 진리의 추구를 예술의 본질적인 기능으로 보는 굿맨의 이론은 보다 자세히 검토되고 분석되어야 한다. 예술에 관한 그의 주장은 우리가 위에서 인용한 그의 말에만 바탕을 두고 판단할 수는 없다. 왜냐하면 그의 이론은 극히 섬세하고 통찰력 있는 담론에 의해서 뒷받침되고 있기 때문이다. 하지만 우리는 그의 이론의 결론과 그 이론이 깔고 있는 전제들을 검토하는 것만으로도 그의 이론을 분석할 수는 있을 것이다.

　굿맨은 우리의 입장과 마찬가지로 예술작품을 언어로 보고 있기는 하지만 그는 예술작품이라는 언어가 과학적인 언어와 마찬가지로 지칭적인 기능을 한다고 주장한다. 다시 말해 예술작품은 그것이 지칭하고자 하는 대상을 갖고 있다는 것이다. 카프카의 「변신」은 이 작품이 묘사

47　위의 책, p.102.

48　위의 책, p.107.

한 사건들 혹은 사물들을 묘사했다는 점에서 그것들을 지칭하고, 로댕의 〈발자크〉는 실재했던 발자크라는 인물을 표상했다는 점에서 지칭적이며, 베토벤의 〈전원〉은 이미 객관적으로 존재하는 전원을 표상했다는 점에서 지칭적이라는 논리가 설 수 있다. 굿맨은 자신의 이론, 즉 언어로서의 예술작품이 지칭적 기능을 갖고 있다는 주장을 뒷받침하기 위해서 추상회화나 주제가 없는 모든 음악도 무엇인가를 지칭한다고 주장한다.

가령 아무런 대상도 구상화하지 않은 추상회화, 즉 색이나 선으로만 이루어져 있는 그림들은 그 그림 속에서 볼 수 있는 색이나 선을 지칭하고, 아무런 그림이나 이야기가 있을 수 없는 음악에 있어서도 그 음악 속의 음·박자·멜로디 등은 그 음악에서 들을 수 있는 바로 그 음, 그 박자, 그 멜로디를 지칭한다는 것이다. 그리고 그는 이러한 방식의 지칭을 가장 일반적인 뜻에서의 표상과 구별하여 예시라 부른다.

언뜻 보아서 참신하고 재치 있는 설명이기는 하지만 굿맨의 주장에는 억지스러운 면이 없지 않다. 한 언어가 무엇을 지칭한다고 하려면 그 언어와는 별도로, 다시 말해 그 언어와는 독립하여 존재하는 사물현상이 전제되어야 한다. 그러한 사물현상이 존재하고 그런 사물현상에 대해서 언어가 표상을 한다고 전제될 때에만 한 언어는 지칭적 기능을 한다고 말할 수 있다. 그러나 굿맨이 지칭의 예로 들고 있는 예시는 위와 같은 지칭의 조건을 갖추고 있지 않다. 색이나 선만으로 이루어진 추상화, 혹은 음과 멜로디·박자로만 짜인 음악은 예술작품인 한 그 자체를 언어로 보아야 하지만, 그것들은 이미 기존의 색과 선 혹은 음·박자·멜로디를 지칭한 것이 아니라 예술가가 처음으로 만들어낸 것들로 이해되어야 할 것이다. 그것들은 예술작품으로서의 언어 그 자체에 불과하다. 선과 색, 음과 멜로디로 짜인 예술작품이라는 언어 이전에는 그러한 것들은 존재하지 않는다. 언어로서의 예술작품은 반드시 어떤 의미를 가질 수 있고, 또 가져야만 하지만 그러한 언어는 어떤 대상과의 관계에서 이른바 의미론적semantical 차원을 갖고 있지 않다. 돌려 말해서 그 언어는 자신 외의 비언어적인 사물현상과 관계를 맺지 않고 이해될 수 있다. 만일 예술작품이 무엇을 지칭하는 언어라면 그것은 그냥 그대로 그러한 언어의 지칭대상이 될 수 없고, 반대로 만일 예술작품 자체가 어떤 언어에 의해서 지칭될 수 있는 대상이라면 그 예술작품은 동시에 그런 대상을 지칭하는 언어가 될 수 없다. 같은 것이 동시에 무엇인가를 지칭하는 지칭언어이며, 또 그 언어에 의해서 지칭되는 대상일 수는 없는 것이다. 지칭과 그것의 대상의 관계는 논리적으로 화해될 수 없다. 그들 사이에는 언제나 대립의 관계만이 존재한다.

이와 같은 논박에 대해 굿맨은 이른바 '자기지시self-reference'라는 개념, 그러한 경우의 예를 상기시키면서 반박할 수 있을 것이다. '나는 나를' 생각하고 '나는 나를' 말할 수 있다. 이러한 현상학적 사실이 자명한 것이라면 분명히 동일한 '나'라는 것이 동시에 주체와 객체로, 의식자와 의식대상으로서, 지칭하는 것과 지칭되는 것으로 존재할 수 있음을 실증해준다고 하겠다. 그리고 이를 받아들인다면 한 언어로서의, 즉 지칭자로서의 예술작품이 동시에 그 자체가 지칭대상으로 존재할 수 있을 것이다.

그런데 언뜻 보기와는 달리 이러한 논변에는 두 가지 점에서 오류가 지적될 수 있다. 첫째, 나는 나를 생각하고 나를 말할 수 있다는 것을 부정될 수 없는 현상학적 사실이라고 인정할 수 있지만, 이러한 사실은 엄격히 따지고 보면 굿맨의 이론을 뒷받침할 수 있는 뜻에서의 '자기지시'

의 예가 될 수 없다. 내가 나를 생각하고 나를 말할 수 있다고 할 때 생각하고 말하는 주체자로서의 '나'는 그러한 활동의 대상이 되는, 즉 생각되고 말해지는 '나'와는 사실상 동일하지 않다. 두 개의 '나'가 다 같이 동일한 낱말 '나'로 표시될 수밖에 없기는 하지만, 그것들은 이미 시간적으로뿐만 아니라 물리적으로, 즉 생리학적으로도 동일하지 않다. '나'는 시간을 떠나서 존재하는 언어와는 달리, 하나의 실체로서 말하고 생각하는 '나'는 반드시 시간과 공간 속에서 존재하고 일어나는 사건이다. 시간과 공간 속에서만 존재하는 '나'는 그것의 지시대상이 되는 '나'와는 이미 시간적으로 다를 뿐만 아니라 물리적으로도 다르다. 왜냐하면 시간과 공간 속에 존재하는, 그리고 생각하는 '나'는 결코 생리학적으로 그 지칭대상으로 삼은 '나'와 동일할 수 없기 때문이다. 그러므로 '나는 나를 생각하고 이야기한다'라는 현상학적 사실은 엄격한 의미에서의 '자기지시'의 예가 될 수 없다. 엄격한 뜻에서 '자기지시'는 모순된 개념이며, 따라서 그러한 모순된 존재 혹은 사실은 논리적으로 있을 수 없다.

둘째, 백 보를 양보해서 '나는 나를 생각한다'라는 현상학적 사실이 존재하고 그것이 '자기지시'의 적절한 예증이 될 수 있다고 인정하더라도, 굿맨이 주장하는 바와는 달리 한 예술작품이 그 자체를 지칭한다고는 말할 수 없다. '나는 나를 생각한다'고 할 때의 나와 '한 예술작품이 스스로를 지칭한다'고 할 때의 예술작품은 각기 그것들의 존재론적 양상이 근본적으로 다르다. 나는 인격적·의식적 존재이지만 예술작품은 사물적·물리적 존재일 따름이다. 의식적 존재로서의 '나'는 스스로 '나' 자신을 반성적으로 돌아보고, 또 그렇게 함으로써 자체 반성, 즉 자체 지칭한다고 말할 수 있지만, 그와 같은 활동이 의식체가 아닌 그냥 사물인 예술작품에 똑같은 식으로 해당될 수는 없다. 이러한 사실은 굿 맨의 주장과는 달리 적어도 추상화나 음악과 같이 비구상예술작품이 그것의 지칭대상을 가질 수 없다는 것을 말해주며, 따라서 적어도 어떤 종류의 예술작품은 언어로서의 지칭적 기능을 할 수 없다는 사실을 입증한다.

예술작품에서의 언어가 과학에 있어서의 언어와 달리 지칭적 기능을 하지 않는다는 사실은 비단 비구상예술에만 해당되지 않고 구상예술에도 다 같이 적용된다. 다빈치의 〈모나리자〉라는 그림, 로댕의 〈발자크〉라는 조각품이 각각 실제로 존재했던 모나리자라는 여인이나, 발자크라는 19세기의 소설가를 모델로 했다고 하더라도, 그것들은 그러한 인물들을 지칭하고 표상했기 때문에 예술작품이 되는 것은 아니다. 〈모나리자〉와 〈발자크〉라는 예술작품은 그러한 인물들이 실재했던 사실과는 상관없이, 그리고 각기 그 작품을 만든 예술가들이 그런 인물들을 모델로 했던 사실과는 상관없이 예술작품으로서 존재하고 예술작품으로서 감상되며 평가될 수 있는 것이다. 요컨대 예술작품이라는 언어의 지칭대상으로서의 존재는 예술작품이 존재할 수 있는 충분조건도 될 수 없을뿐더러 필요조건도 되지 못한다. 〈모나리자〉나 〈발자크〉라는 예술작품은 비록 그것들을 다빈치와 로댕이 각기 한 소녀와 한 소설가를 모델로 삼아 만들었다고는 하지만, 그 작품이 실제로 있었던 그런 인물들을 표상한다거나 복사·반영하는 것이라기보다는, 다만 그저 어떤 의미를 갖는 언어의 뭉치, 하나의 담론으로서 존재한다고 보아야 한다. 금송아지 혹은 도깨비라는 것들이 실재로 존재하지 않는다 해도 '금송아지' 혹은 '도깨비'라는 언어가 그 자체로서 자족한 채 존재할 수 있는 것과 마찬가지로 〈모나리자〉나 〈발자크〉라는 예술작품으로서의 담론은 그것들이 지칭하는 대상의 존재 혹은 부재와는 관계없이 자족하게 존재할 수 있다.

언어의 지칭성, 언어가 지칭하는 대상의 존재는 예술작품의 존재 조건이 될 수 없을 뿐만 아니라 오히려 한 언어의, 혹은 담론의 예술작품으로서의 존재를 부정하거나 아니면 방해하는 요인이 된다. 한 언어가 무엇인가의 대상을 전제로 하고 그것을 지칭한다고 볼 때, 이미 그 언어의 예술작품으로서 존재할 수 없는 것이다. 앞서 해석의 기능을 논할 때 예로 든《워싱턴 포스트》에 실린 기사의 스캔들에서 이러한 것은 구체적으로 예증된다. 그 기사가 사실을 보도한 것으로 전제되었을 때 그 기사는 무엇인가 이 사건을 지칭하는 정보적인 내용을 갖고 있는 것으로 취급된다. 그러나 그것이 사실을 보도한 것이 아니라 완전히 기자에 의해서 만들어진, 꾸며낸 허구적 이야기라는 것이 밝혀지자 우리는 그 기사의 대상을 전제하지 않고, 따라서 그 기사가 사실과 맞는가 아닌가를 따지려 할 수 없게 된다. 실제로 그 기사는 꾸며낸 허구라는 것이 드러났지만 그렇다고 그 기사의 언어적 의미가 없어져버리는 것은 아니다. 언어는 그것이 지칭하는 대상이 없어도 충분히 의미를 가질 수 있는 것이다. 언어의 의미는 반드시 그것의 지칭성에만 있는 것도 아니고, 그 언어가 지칭하는 대상과도 일치하지는 않는다. 지칭대상이 없다고 해서 예술작품이라는 언어가 자신의 의미를 상실하지는 않는다.

더 일반적으로 말해서 예술작품이라는 언어는 지칭대상을 전제하지 않으며, 따라서 지칭적 기능을 할 수 없다는 사실은 예술작품의 정의 속에 이미 내포되어 있다. 어떤 것을 예술작품으로서의 언어라 하여 다른 사물이나 혹은 언어들과 구별할 때, 예술작품이라는 의미 속에는 언어로서의 예술작품이 그것이 지칭하는 대상을 이미 제거했다는 사실이 포함되어 있다. 언어의 비지칭성, 그것의 지칭대상의 존재는 언어로서의 예술작품을 정의할 때 필요조건의 하나인 것이다. 예술작품이라는 개념 자체 속에는 이미 언어로서의 예술작품의 지칭성은 부정되어 있다.

　진리라는 개념은 한 명제와 그 명제가 지칭하고 서술하는 대상의 관계에 적용되는 말이다. 한 명제의 진위는 그것이 지칭하는 대상에 비추어서만 판단할 수 있다. 내가 어떤 사물을 가리키면서 '꽃'이라고 말한다거나, 혹은 '꽃은 붉다'라고 진술할 때 내가 사용한 말의 진위는 내가 가리킨 사물이 과연 정말 꽃인가 아닌가에 따라서, 혹은 과연 실제로 꽃이 붉은가 아닌가의 여부에 비추어서만 진위의 판단이 내려질 수 있는 것이다. 그렇다면 처음부터 지칭대상을 전제하지 않는 예술작품에 대해 그것의 진위판단을 내린다는 것은 논리적으로 불가능하게 된다. 즉 예술작품을 두고 진리를 따질 수 없다는 말이다. 진리는 예술과 직접적인 관계를 맺지 않는다. 만일 예술작품을 두고 그것의 진위성을 따진다면 그런 행위는 이른바 '범주적 오류categorical mistake'를 범하는 결과에 불과하다는 논리가 설 수 있다.

　그럼에도 불구하고 한 예술작품을 두고 그것이 어떤 진리를 나타내 보인다거나 혹은 진리를 잘못 나타내 보인다는 이야기가 항상 문제되고 있다. 조세희의 소설『난장이가 쏘아올린 작은 공』은 1970년대 한국의 현실을 있는 그대로 드러내 보인다는 점에서 진리를 담고 있고, 베케트의『고도를 기다리며』라는 희곡은 20세기 서구의 허무주의적 정신상황을 반영했다는 의미에서 진리를 담고 있으며, 다빈치의 회화〈모나리자〉, 로댕의 조각〈발자크〉는 각기 한 여인과 한 소설가를 있는 그대로 구상화했다는 점에서 진리라는 것이다. 그러나 이미 앞에서 지적한 대로 〈모나리자〉나 〈발자크〉라는 예술작품은 그 여인이나 그 소설가가 실제로 존재했건 안 했건 상관없이, 그리고 우리가 그런 사람을 만나본 적이 있건 없건 그냥 그 작품으로서만 감상될 수 있고, 실제로 그렇게 감상되고 평가되고 있다.

우리에게 중요한 것은 그 작품들 자체만을 검토하고 해석하고 감상하는 것이며, 그러한 것들이 만들어졌다는 사실일 뿐이다. 조세희가 그렸다는 한국의 현실, 베케트가 드러내 보여주었다는 서구의 허무주의는 각기 그 작품들 속에서만 찾아볼 수 있고, 그러한 작품들이 제작되기 전에는 존재하지 않았던, 오로지 그 작품들이 만들어낸 것으로서만 간주할 수도 있는 현실인 것이다. 언어로서의 예술작품은 기존하는 사물현상·사실·사건 등을 묘사하여 그것에 대한 정보를 제공하는 데 그 목적이 있지 않다. 마치 '금송아지' 혹은 '도깨비'라는 말들이 그런 것으로 지칭되고 묘사되는 어떤 객관적 사물현상을 전제하지 않고서도 충분히 언어로서 언어적인 의미를 가질 수 있는 것처럼, 그리고 그것들로서만 자족하게 존재할 수 있는 것처럼, 예술작품은 그것이 지칭하고 묘사하는 대상을 전혀 전제하지 않고서도 언어적 의미로서만 자족하게 존재할 수 있는 것이다. 만약 예술작품을 두고 그것이 '진리truth'를 나타낸다든가 아니면 좀더 양보해서 '진실성truthfulness'을 나타낸다고 하면, 그것은 오로지 언어로서의 예술작품의 언어적 의미, 즉 작품 자체 속에서 작품 자체에 의해서 만들어진 언어적 의미meaning에 불과한 것이다. 그러한 언어적 의미가 구태여 '진리' 혹은 '진실성'이라는 말로 바뀌어 표현되는 것은 예술작품이란 새롭게 창조된 의미의 세계이며, 의미라는 렌즈를 통해 사물현상이나 혹은 그밖의 여러 가지 사실들을 지금까지 생각해온 바와는 달리 새로운 관점에서 관찰할 수 있고 생각될 수 있다는

그림 14 세잔, 〈생 빅투아르 산〉

것을 의미할 뿐이다. 2장에서 작품을 정의할 때 그것을 가능한 세계라고 보았던 것처럼 예술작품은 기존의 세계를 다시 복사하는 데 그 목적이 있는 것이 아니라 '가능한 세계possible world'를 열어 보이는 데 있다. 로렌스의 『채털리 부인의 사랑』 혹은 괴테의 『젊은 베르테르의 슬픔』이 사랑에 대한 진리나 혹은 진실성을 나타낸다는 말은, 각기 이 두 작품이 만들어준 의미라는 렌즈를 통해 그전과는 다르게, 그리고 우리가 생각하고 있던 바와는 다른 눈으로 사랑의 현상을 해석할 가능성이 있다는 말에 지나지 않다. 세잔의 〈생 빅투아르 산〉(그림 14)이라는 그림이 새로운 진리를 보여준다는 것은 이 그림으로 이루어진 언어적 렌즈를 통해 남부 프랑스의 한 산을 그 그림이 뜻한 대로 볼 수도 있다는 말에 지나지 않는다. 그러므로 문학을 두고 이야기한 다음과 같은 블로커의 말은 비단 문학만이 아니라 모든 예술작품에 한결같이 해당된다.

문학적 진리란 말의 특별한 의미는 아무리 기이하게 보일지라도 실재하는 세계를 어떤 일정한 관점에서 본 해석을 제시한다는 말이 된다. 그런 뜻에서 예술적 진리란 예술적 의미라는 뜻과 대동소이하다. 이렇게 제시된 해석이 도식화된 세계에 대한 우리들의 비전을 뒤흔들어놓기 때문에 이러한 해석은 독립된 사실적 자명성에 의해서 뒷받침된 진술적 진리보다 더 큰 가치가 있다. 사실적 진리는 세계를 보는 관점이, 사실과 일관성 있는가 아닌가를 확인한다. 그러나 예술적 진리는 도대체 세계를 어떻게 그렇게 볼 수 있는가를 우리들에게 보여준다.[49]

이처럼 예술작품의 의미는 그것이 지칭하고 묘사하는 사실적 진리가 될 수 없으며, 다만 세계를 새롭게 보게끔 하는 것에서 찾을 수 있다면 그러한 새로운 세계란 도대체 무엇인가 하는 의문이 생긴다. 여기서 우리는 해석대상으로서의 예술작품의 의미를 묻는 것인데, 그것은 예술가의 의도에서 찾을 수 있는 것도 아닐뿐더러 예술작품이라는 언어의 지칭대상에서 찾을 수 있는 것도 아니라는 것이 밝혀졌으므로, 그런 것이 아닌 다른 것에서 그 의미를 찾아야 할 입장에 부딪히게 되었다. 그렇다면 그 다른 것, 예술가의 의도도 아니고 예술작품의 지칭대상도 아닌 다른 어떤 것은 무엇일까? 그건 아마도 작품 자체가 갖고 있는 하나의 세계world일 것이다.

작품의 세계

우리가 지금까지 자주 참조하고 인용한 굿맨의 책 제목은 이미 앞에서 밝힌 대로 '세계제작의 방법들Ways of Worldmaking'이다. '세계'라는 말은 애매한 개념이지만 1차적으로 자연현상을 포괄하는 총칭으로 사용된다. 이 세계의 구조를 연구한다고 할 때는 이러한 의미로 사용된 것이

---

49   H. G. Blocker, 앞의 책, pp.245~246.

다. 그러나 '세계'라는 말은 자연현상과 구별된 인간사회의 총칭이기도 하다. '오늘의 세계'라고 할 때의 '세계'라는 말은 사회적·정치적·사상적·물리적 차원을 포함한 뜻으로 사용된다. 이와는 조금 달리 '세계'라는 말이 보다 좁은 뜻으로 쓰이는 경우가 있는데, 그것은 가령 '한국인의 세계'·'이상李箱의 세계'·'여자의 세계'란 표현에서 쓰일 경우이다. 이러한 맥락에서의 '세계'라는 말은 한 사람, 한 사회, 한 문화, 혹은 한 민족이 갖고 있다고 전제되는 유기적이며 통일된 정신적 구조로서의 관념체계를 지칭한다. 이런 의미에서의 세계는 의식과 독립하여 존재하는 사물현상으로서의 세계라는 뜻과는 달리 언제나 의식상태를 가리킨다. 굿맨이 '세계'라고 말할 때도 그것은 언제나 우리들에 의해서 의식되고 지적되고 인식된 세계, 즉 관념화된 모든 대상의 총체를 가리키는 것이다. 그러나 다 같이 의식상태 혹은 관념화된 상황을 가리키면서도 '이상의 세계'나 '한국인의 세계', 또는 카프카의 한 작품인 「변신」의 세계'나 '피카소의 세계'라고 할 때의 세계와, 굿맨이 세계는 우리들에 의해서 제작된 것이라고 할 때의 세계라는 말의 의미는 완전히 동일한 것이 아니다. 후자의 경우 세계는 다만 인식된 차원에서의 사물현상을 가리킴에 지나지 않는 데 반해, 전자의 경우 '세계'라는 말은 하나의 통일성, 유기적인 성질을 갖고 있다고 전제되는 개체로서의 개성 있는 관념의 질서 혹은 체계를 지칭한다. 이런 의미에서 한 '작품의 세계'라는 말이 사용될 수 있다. 모든 예술작품이 언어인 이상 어떤 언어적 의미를 갖게 되며, 또한 모든 예술작품은 그 하나하나가 다른 어떤 것과도 혼동되거나 혹은 다른 어떤 것으로 환원될 수 없는 각기 고유한 통일성을 갖고 있다고 할 때, 그것은 그 자체로서 자족할 수 있는 하나의 통일된 전체를 이루는 의미의 질서, 다시 말해 관념의 질서라고 하겠다. 따라서 '예술작품의 세계'에서의 세계는 '카프카의 세계' 혹은 '미국인의 세계'라는 뜻에서의 세계를 형성한다고 볼 수 있다. 이런 뜻에서의 세계라는 말의 의미는 사물현상과는 독립된 관념 혹은 의미의 한 고유한 질서를 의미하는 것에 지나지 않는다. 바꿔 말해서 한 예술작품의 의미란 바로 위와 같은 뜻에서의 세계에 지나지 않으며, 그것은 그것이 지칭한다고 생각될 수 있는 실제로 존재하는 사물현상과 관계없이 그 자체로서 존재할 수 있다. 일단 발언되거나 기록되었을 때 한 언어의 의미는 발언자나 저자는 물론 청자나 독자와도 관계없이 이른바 의미론적 자율성semantic autonomy을 갖게 된다는 말이다.

이런 뜻에서 예술작품의 독자적 세계가 존재한다고 보아야 하는 이유는 예술작품이라는 언어의 특수한 기능을 다시 한 번 분석함으로써 더욱 확실하게 밝혀질 수 있을 것이다. 잘 알려진 대로 프레게는 '의미sinn'와 '지칭대상Bedeutung'을 구별하면서 의미가 지칭대상과 독립하여 자율적으로 존재할 수 있음을 주장했다. 똑같은 유성인 비너스는 '아침별Morning Star'이라고 불리기도 하고 '저녁별Evening Star'이라는 말로 불리기도 한다. 이 두 가지 호칭이 동일한 대상을 지칭하면서도 그 의미는 서로 다르다는 것이다. 이와 유사한 관계를 '낱말'이 아니라 수없이 많은 문장으로 구성된 담론에도 적용할 수 있으며, 하나의 문학작품이나 혹은 하나의 미술작품들을 각기 하나의 독립된 담론으로 볼 때 그런 관계는 예술작품에도 적용되어 고찰될 수 있다. 하나하나의 담론으로서의 예술작품은 그러한 담론과 일치한다고 볼 수 있는 사실이나 사건들이 실재로 존재하건 존재하지 않건 간에 프레게가 말하는 뜻에서의 '의미'에 해당되는 것으로 생각될 수 있다는 것이다. 예술작품의 '의미'가 프레게가 예로 들고 있는 '아침별' 혹은 '저녁별'과 다른 점은 후자의 경우 오직 낱말에 관한 것인 데 반해, 전자의 경우는 담론에 관한 것이라는 데 있다. 그리고 '아침별'·'저녁별' 등과 같은 낱말들의 의미를 세계라고 부를 수는 없지만, 한 예술작품의 담론이 담고 있는 의미에는 세계라는 말이 적용될 수 있다는 점도 다른 점이다. 담론은 언제나 일련의 복합적 낱말이나 문장들에 의해서 구성된, 분할될 수 없는 복잡하면서도 통일된 전체를 이루고 있기 때문이다.

예술작품이 하나의 통일된 전체적 의미를 갖는 담론이라는 점에서 세계라고 불린다면, 아인슈타인의 상대성이론과 같은 과학적 전술이나 그밖의 모든 서술적 기사, 역사적 서술도 다 같이 세계라고 불려야 하며, 따라서 각별히 예술작품만을 세계라고 말할 수는 없게 될 것이다. 그러나 예술작품으로서의 담론과 그밖의 비예술작품으로서의 담론은 논리적으로 같은 차원에 있지 않다. 설사 지각적 차원에서는 두 가지 담론이 구별될 수 없다고 할 경우라도 한 담론을 예술작품으로 볼 때와 그렇지 않은 경우는 근본적으로 다른 약속에 의해 구속되고 있는 것이다. 후자의 경우 한 담론은 지칭적 기능을 전제로 하고 있지만, 전자의 경우 그 담론은 비지칭적으로 사용되고 있는 것이다. 한 담론을 예술작품으로 볼 때 우리는 이미 위와 같은 약속을 전제로 한다. 예술작품이란 개념 속에는 이러한 약속이 포함되어 있는 것이다. 앞서 살펴보았듯이 굿맨이 한 예술작품이 지칭적 기능을 갖고 있음을 보고 인식적 내용이 있다고 주장한 이유는, 그가 예술작품이라는 개념 속에 위와 같은 언어의 비지칭적 약속이 이미 내포되어 있음을 몰랐던 데 있다. 비예술적 담론이 단순한 담론이 아니라 처음부터 이미 기존 대상을 지칭하며 그것을 서술하고 있다는 점에서, 그것은 관념체계 자체 혹은 의미세계 자체로서 독자적으로 존재하는 세계가 아니라, 그것이 지칭하거나 서술하는 그것 밖의 객관적인 사물현상에 비추어보아서만 그 의미를 갖는다. 따라서 그런 것에 종속되거나 의존된 상황에서만 의미를 갖는다. 이와는 달리 예술작품으로서의 담론은 그것 밖의 객관적 사물현상에 의존하지 않고 자율적으로 존재한다. 한마디로 그것은 예술작품이라는 언어에 의해서 만들어진 관념체계, 의미의 질서일 뿐이라는 것이다. 이런 점에서 우리들은 세계라는 말을 좁고 특수한 뜻으로 사용하여 예술작품으로서의 담론과 비예술작품으로서의 담론을 구별할 수 있다.

그리고 바로 이런 관점에서 도스토옙스키의 소설『죄와 벌』, 브랑쿠시의 조각 〈공간의 새〉(그림 15), 클레의 그림 〈지저귀는 기계〉(그림 16), 드뷔시의 곡 〈바다〉 등은 모두 서로 다른 세계인 것이다.『죄와 벌』, 〈공간의 새〉, 〈지저귀는 기계〉, 〈바다〉 등은 각기 문자, 돌의 볼륨과 형태, 색, 그리고 음으로 이루어진 언어로 구성된 관념, 혹은 생각의 체계이

그림 15 브랑쿠시,
〈공간의 새〉

그림16 클레, 〈지저귀는 기계〉

다. 이 작품들은 이미 있는, 그리고 우리가 알고 있는 어떤 사건·사실·현상을 반영하거나 전달하지는 않는다. 그것은 리쾨르Ricoeur의 말을 빌리자면 "가능한 세계possible world "[50]들이다. 『죄와 벌』은 실제로 일어났던 이야기가 아니라 한 사람이 살아갈 수 있을지도 모르는 가능한 세계이며, '바다'는 실재하는 바다가 아니라 우리가 새로운 관계를 맺고 살 수 있는 가능한 세계이다. 이와 같이 가능한 세계의 창조를 통해서 우리들은 사물이나 현상을 새로운 눈으로 새로운 시각에서 볼 수 있고, 그만큼 우리들은 우리들이 그것을 떠나서는 살 수 없는 객관적인 존재들과 새로운 관계를 맺게 되며, 또 그만큼 우리들의 삶의 지평은 확장되는 것이다. 이같이 볼 때 한 예술작품의 의미는 각각의 언어로서의 예술작품, 바로 그 속에서 찾아낼 수 있고 이해될 수 있는, 오직 그 작품에만 고유하게 존재하는 가능한 세계에 불과하다. 따라서 예술작품을 해석한다는 것은 예술작품 뒤에 숨어 있다고 전제되는 예술가의 의도를 투시하는 작업도 아니며, 예술작품이 지칭하고 서술한다고 전제되는 어떤 실제적 대상·사건 등을 연결하는 작업도 아니다. 해석이란 오로지 작품 속에 구성하고 있는 그 작품만의 가능한 세계를 바로 그 작품 자체 속에서 가려내는 작업이다. 이런 입장에서 볼 때 "한 예술작품을 해석한다는 것은 그 작품이 무엇에 대한 것인가를, 그리고 그 작품의 주제가 무엇인가를 제공해주는 일이다"[51]라고 말한 단토의 주장은 애매하거나 아니면 예술작품의 의미에 대해 잘못된 관점을 전제한 주장이 된다. 그가 말하는 주제가 우리가 말하는 '가능한 세계'가 아닌, 한 작품 속에서 나타

---

50   P. Ricoeur, 앞의 책, p.87.

51   A. Danto, 앞의 책, p.119.

나는 문자 그대로의 이야기·생각·사물현상 혹은 형태라면 구태여 해석의 문제는 생기지 않을 것이다. 왜냐하면 그러한 것들은 작품을 볼 때나, 들을 때 대뜸 직접적으로 확인될 수 있는 성질의 것이기 때문이다. 만약 단토가 이런 뜻에서의 주제를 작품의 의미로 보았다면 그는 언어로서의 예술작품과 그러한 언어가 뜻하는 의미를 혼동하여 동일시하고 있는 것이라 생각된다. 문학에 나타나는 이야기나 그림에 구상된 어떤 사물과 같은 주제는 그 자체가 언어이지 그 언어가 뜻하는 내용, 다시말해 의미가 될 수는 없는 것이다. 한 예술작품의 해석이란 작업은 그 작품을 그냥 보거나 듣거나 읽거나 하는 것으로 끝나지 않는다. 그것은 그렇게 보이고 들리고 읽혀서 해독되는 언어의 의미, 즉 그러한 언어가 열어 보이는 새로운 가능한 세계를 가려내는 활동을 뜻한다.

예술작품의 해석이라는 기능이 그 작품의 의미를 밝혀내는 작업이고, 그 작품의 의미는 그것을 창조한 예술가의 의도나 그 작품이 지칭하여 묘사하는 어떤 실제적 대상이 아니라 그 작품에 의해 처음으로 투영된 세계, 하나의 새로운 가능한 세계라면, 예술작품의 해석이란 바로 그런 세계를 가려내는 작업이라 하겠다. 그렇다면 그것은 어떤 방법, 어떤 논리에 의해 이루어질 수 있는가?

해석의 논리

예술작품의 해석을 생각할 때는 이미 예술작품은 일종의 언어라는 입장이 전제되어 있다. 왜냐하면 사물현상이 아닌 오직 언어만이 해석의 대상이 될 수 있기 때문이다. 더구나, 지금 여기서 해석의 논리를 따진다면 예술작품이 하나의 언어라는 전제는 더욱 절실하게 부각된다. 이는 해석의 논리와 그 해석에 따른 구체적인 방법이 바로 예술작품을 하나의 언어로 보는 입장에서 나타나는 것이기 때문이다. 즉 해석의 논리나 그에 따른 방법이란, 구체적으로 어떤 낱말, 어떤 문장, 어떤 이야기들이 다른 낱말, 다른 문장, 다른 이야기들과 하나의 자율적인 담론으로서, 의미의 체계로서 한 예술작품 속에서 어떻게 서로 유기적 관계를 맺고 있는가를 보여주는 문제이기 때문이다. 2장에서 예술작품을 정의할 때 예술작품은 그냥 사물이 아니라 무엇인가를 의미하는 것으로 보지 않을 수 없기 때문에, 그리고 의미를 갖는 것은 오직 언어뿐이기 때문에 예술작품은 필연적으로 언어여야만 한다고 했었다. 그러나 문학과 같은 문자예술작품이 언어라는 것은 두말할 필요가 없지만 비문자예술작품들, 특히 추상화나 음악을 어떻게 언어로 볼 수 있는가는 보다 구체적으로 설명되어야 할 필요성을 갖는다. 그러므로 해석의 방법 혹은 논리는 비문자예술작품의 비문자언어성을 밝히는 일이다. 예술작품의 해석 문제가 단순히 사건적 의미나 술어적 의미를 해석하는 것으로 그칠 수 없고, 그렇게 해석된 의미가 소유하고 있다고 전제되는 상징적 의미까지를 밝히는 문제인 이상, 그러한 두 가지 의미, 다시 말해 사전적·술어적 의미와 상징적 의미의 각각의 성격과 그들의 관계에 대해서 좀더 자세히 살펴보아야 할 것이다.

이러한 기초 작업의 바탕 위에서 비로소 해석의 논리가 검토될 수 있으며, 또한 그러한 해석의 가능한 결과가 고찰될 수 있다. 그러므로 첫째, 비문자언어에 대해서, 둘째, 축어 의미와 상위 의미meta-meaning에 대해서, 셋째, 해석의 구조에 대해서, 그리고 끝으로 다양성과 단일성에 대해서 차례로 검토해보기로 하자.

비문자언어

언어의 모델은 발음되거나 표기될 수 있는 문자언어다. 한국어, 일본어, 프랑스어 등과 같은 모든 자연어가 문자언어의 예들이다. 모든 문자언어는 각기 하나의 체계를 이루고 있으며 그 체계 내에서 분석될 수 있는 낱말들로 구성되어 있다. 이 낱말들을 바탕으로 하나의 문장, 하나의 담론이 작성되어 의미를 형성하는 것이다. '꽃'이라는 낱말, '은'이라는 낱말, '곱다'라는 낱말 등으로 '꽃은 곱다'라는 문장이 분석된다. 그리고 '꽃', '은', '곱다'라는 지각적 대상이 각각 낱말로서 어떤 의미를 갖고, 또 그것이 그러한 낱말을 듣거나 읽는 사람들에게 다 같이 어떤 의미로서 전달될 수 있는 근거는 사회적 약속에 있다. 다시 말해서 그 낱말들은 오로지 사회적 약속에 의해서 각기 '꽃'이라는 사물, '곱다'라는 사물의 양상, 그리고 그것들 간의 논리적인 관계가 정해지는 것이다. 한 언어를 배운다는 것은 위와 같은 약속의 내용, 즉 규칙을 배우는 일에 지나지 않다. 한 문장, 한 문학작품을 읽고 그 뜻을 이해한다는 것도 그러한 문장, 그러한 문학작품을 구성하는 한 특수한 언어의 약속을 풀어나가는 일이다. 어떤 낱말들, 그리고 그들 간의 문법적 관계를 설정한 후에야 한 문장, 한 담론으로서의 문학작품은 이해되고 해석될 수 있는 것이다.

비문자예술작품도 하나의 언어, 하나의 담론으로 전제되는 이상 그것은 마땅히 낱말과 문장으로 분석될 수 있어야 할 것이다. 다시 말해서 한 비문자예술작품을 구성하는 모든 요소들, 예를 들어 색·선·형상·음 혹은 운동들은 각기 낱말들 혹은 문장들로 풀이되어야만 할 것이다. 그러나 그것들이 어떻게 그러한 것들, 즉 '꽃'이라는 낱말, '은'이라는 낱말, '곱다'라는 낱말로 분석될 수 있으며, 그것들의 관계가 '꽃은 곱다'라는 문장으로 설명될 수 있는가? 만약 모든 예술작품이 언어라면 위와 같은 질문에 대한 만족스러운 설명이 있어야 할 것이다. 구상예술에 있어서는 이러한 설명이 비교적 용이하다. 한 그림 속에서 혹은 한 조각품 안에서 가려낼 수 있는 사람, 산, 꽃, 그밖의 것들은 각기 사람, 산, 꽃이라는 낱말로 우선 간주할 수 있다. 구상된 이런 지각의 대상들이 각기 사람, 산, 꽃이라는 것을 표상한다는 것이 전제된 이상, 그것들은 그런 사물들을 의미하는 기호, 따라서 언어로 고찰될 수 있다. 물론 사람의 형상을 나타내는 그림이나 조각이 표출하는 의미가 '사람'이라는 낱말로 나타내는 의미와 완전히 일치한다는 말은 아니다. 만일 그들의 의미가 완전히 일치한다면 그림으로서의 혹은 조각품으로서의 표현의 독자성은 설명되지 않는 서로 다른 예술형식의 독자성을 부정할 수 없음이 사실이라면, 그것은 그것들이 나타내는 의미가 다르다는 것을 인정하기 때문일 것이다. 그러나 '꽃'이라는 말이 보다 더 인위적으로 된 약속에 의해서 꽃을 의미하는 것에 비해, 꽃의 그림 혹은 꽃 모양의 조각이 꽃을 표상한다고 하는 것은 어쩌면 가장 자연적인 경험의 차원에서 우리들이 그런 표상의 기능을 무의식중에 부여하고 있기 때문이다. 고대 이집트나 혹은 중국에서 고대 문자가 상형적이었다는 사실은 우연이 아니며, 이런 사실은 구상예술작품의 형상들이 문자적 기능을 한다고 볼 수 있는 충분한 근거가 된다. 다만, 무엇을 표상하는 기능을 갖고 있는 그림 혹은 조각품 속의 형상들이 문자적 언어와 다른 것은 전자가 후자에 비해 덜 추상화, 덜 관념화되었다는 점, 다시 말해서 덜 확정된 약속성을 띠고 있다는 점에 있다. 즉 전자는 덜 규범화되었다는 점에서만 문자적 언어와 비문자적 언어가 구별될 수 있다. 꽃의 그림이 꽃이라는 것을 나타낸다, 즉 의미한다 하는 것은 명확히 규정된 약속을 필요로 하지 않는데, 그 이유는 한 형상과 그것이 나타내는, 표상하는 대상과의 관계는 약속을 필요로 하지 않을 만큼 충분히 자연적인 것으로 느껴지기 때문이다.

구상예술작품이 하나의 언어라는 것은 그것이 시각적으로 인지될 수 있는 어떤 형상을 갖고 있다는 것만으로는 충분히 설명되지 않는다. 한 그림이라는 예술작품을 형성하고 있는 것은 관람자가 가려낼 수 있는 형상, 예를 들어 사람·꽃·책상과 같은 것만이 아니라 그러한 형상들의 배경, 그리고 그런 형상과 배경을 포함하여 그 작품 전체를 메우고 있는 선·색깔 등등의 모든 요소들이 다 지각적 대상이 되기 때문이다. 그렇다면 이 모든 것들도 역시 하나의 낱말·문장 등으로 분석되고 해독되어야 할 것이다. 하나의 선, 하나의 점, 하나의 색이 어떤 의미에서 그냥 감각적 사물로서의 대상에 머물지 않고, 모종의 의미를 전달하는 낱말들 혹은 문장으로 이해될 수 있는가 하는 문제가 설명되기 전에는 구상예술작품이 하나의 언어 혹은 하나의 세계를 나타내는 담론이라고 볼 수 없다.

노란색은 '명랑함'을, 푸른색은 '희망'을, 직선은 '순수함'을, 곡선은 '명상성'을 의미한다고 볼 수 없을까? 사실 우리는 어떤 색이나 선에 대해 위와 같은 식으로 의미를 부여한다. 그런 사실은 색이나 선 등이 문자도 아니고 그 자체로서는 아무런 형상도 될 수 없지만 일종의 언어적 기능을 갖게 된다는 것을 뜻한다. 그렇지만 어떤 동일한 선이나 동일한 색이 모든 인류에게 일률적으로 똑같은 것을 상징한다거나 혹은 똑같은 언어적 기능을 하는 것은 아니다. 어떤 색이나 어떤 선으로 비교적 인류에게 공통적인 의미를 갖게 할 수도 있지만, 또 어떤 것들은 문화적 혹은 사회적 배경을 달리함에 따라 서로 다른 의미를 갖는 언어적 기능을 할 수 있다. 서양 사람은 죽음을 검은색으로 상징하지만 한국 사람은 흰색으로 죽음을 상징한다. 그러나 어떤 선이나 색이 문자도 아니고 형상도 아니지만, 단순히 지각적 대상을 넘어서 어떤 맥락 속에서는 무엇인가를 뜻하는 것으로 사용된다는 사실은 부정될 수 없다. 어떤 사물을 예술작품으로 본다는 사실이 그것을 단순히 지각적 대상, 감각적 사물로서가 아니라 어떤 의도를 전달하는 의미를 지닌 것으로 본다는 것을 뜻한다면, 그리고 위와 같은 관점에서 예술작품 속에서의 선이나 점·색 등과 같은 감각대상이 낱말이나 문장으로 이해될 수 있음이 사실이라면, 그러한 요소들도 그림 속에 나타나는 형상과 마찬가지로 언어로서 해독될 수 있다.

구상예술작품의 비구상적인 모든 요소들을 그 속에서 찾을 수 있는 형상과 마찬가지로 언어로서 해독될 가능성이 있다면, 비단 비문자예술뿐만 아니라 전혀 구상성이 배제된 추상화나 혹은 추상조각, 그리고 모든 음악도 같은 원리에 의해서 언어로 취급될 수 있을 것이며 그러한 언어들의 의미가 해석될 수 있을 것이다. "만일 교향곡이 오로지 화음과 리듬과 조음의 발전만을 따라 작곡된 것이라면 나는 슬퍼했을 것이다"[52]라는 차이콥스키의 말은 음악의 언어적 기능을 뒷받침한다. 많은 곡들의 곡명에 '비창'·'운명'·'바다'라는 단어가 붙여져 있는 것은 우연한 일이 아니다. 설사 그러한 음악이나 주제가 밝혀지지 않았더라도 음악은 음악가의 어떤 의도에서 나왔다는 점에서, 그리고 그러한 의도를 표상 혹은 표현한 것이라는 점에서 언어적인 기능을 한다. 설사 케이지 같은 전위 작곡가들이 새소리나 도시 한복판의 잡음을 그냥 녹

---

[52]　Monroe C. Beardsley, *Aesthetics*, 앞의 책, p.320에서 재인용.

음해서 자신의 곡으로 제안할 때일지라도, 그러한 음들은 단순한 물리적 현상임을 그치고, 그것을 곡이라고 제안하는 작곡가의 어떤 의도 혹은 생각과 관련되어 있는 것이다. 그러므로 한 추상화를 구성하고 있는 그냥 선, 그냥 색, 그냥 공간들이나, 한 곡을 구성하고 있는 조화·음색·음계·리듬 등은 다 같이 문자예술작품을 구성하는 낱말·문장 등에 비유될 수 있으며 그렇게 취급될 수 있는 것이다. 문화와 사회의 맥락에 따라 다를 수는 있지만 어떤 형태, 어떤 색, 어떤 음, 어떤 가락은 각기 꽃을, 정열을, 사람을, 슬픔을 상징한다. 물론 C(colour)라는 색깔이나 S(sound)라는 음이 각기 X나 Y를 상징한다는 언어적인 약속은 '노란빛'이라는 낱말, 혹은 '새소리'라는 낱말이 각각 노란색이나 새의 소리를 지칭한다는 약속에 비해 훨씬 덜 확정적이다. 그러나 어느 정도 어떤 색, 어떤 음이 한 문화권 내에서, 혹은 보다 더 보편적으로는 어떤 특정한 콘텍스트 안에서 X 혹은 Y라는 것을 의미하고 있다는 것은 부정할 수 없는 사실이다. 그렇다고 해서 C라는 색깔이나 S라는 소리가 언제나 같은 것을 의미한다거나 상징한다는 말은 물론 아니다. 같은 색깔, 같은 소리가 A라는 작품 속에서는 X를 표상하지만, B라는 작품 속에서는 Y를 표현할 수도 있다. 그러나 그것은 '너는 잘났다'라는 말이 문맥에 따라 '너는 위대하다'라는 뜻도 될 수 있고, 또 '너는 못났다'라는 뜻으로 전달될 수도 있다는 것과 별다를 바 없을 것이다.

이처럼 비문자예술작품은 기호를 달리 사용하고 있을 뿐 문자예술작품과 마찬가지로 하나의 언어로 볼 수 있을 뿐만 아니라 언어로 보지 않고서는 그것이 예술작품으로 취급될 수 없다. 물론 이러한 주장에 따라 비문자예술작품이 하나의 언어라는 것을 인정하더라도 구체적으로 어떤 비문자예술작품을 구성하고 있는 색·선·음 등의 언어적인 의미가 어떻게 결정되는가, 혹은 어떤 방법으로 결정될 수 있는가 하는 문제가 남아 있다. 그러나 이런 문제는 비문자예술작품이 언어인가 아닌가 하는 문제와는 별개의 것이다. 구체적으로 비문자적 낱말들이나 문장의 의미를 어떻게 결정할 수 있느냐 하는 문제는 당분간 남겨 두고라도 비문자예술작품을 언어로서, 즉 하나의 담론으로서 볼 수 있는 데는 타당한 근거가 있다는 사실만이라도 여기서 보았다면, 우리는 한 걸음 더 예술작품의 해석의 논리를 따지는 문제에 가까이 갈 수 있다.

축어 의미와 상위 언어

추상회화, 추상조각, 그리고 음악을 포함한 모든 비문자예술작품을 언어로 보고 각기 예술작품을 구성하는 모든 요소들이 낱말이나 문장 등으로 해석된다고 한다면, 우리는 각기 그 작품의 의미를 이해하고 해석할 수 있다고 말할 수 있다. 그러나 비문자예술작품의 구성요소들을 X·Y라는 낱말로, 혹은 X·Y라는 문장으로 분석하여 그 작품의 의미를 X·Y로 해석한다고 해서 한 예술작품을 해석하는 작업이 끝나는 것은 아니다. 그런 작업은 한 예술작품의 해석이라는 우리의 문제에 있어서 예비적 활동에 불과하다. 왜냐하면 문자예술작품으로서의 한 문학작품을 구성하고 있는 모든 낱말들, 모든 문장들을 읽을 줄 알았다고 해서 그 작품의 의미를 이해했다고 할 수 없기 때문이다. 문학작품의 해석에 있어서는 위와 같은 언어의 해독 능력은 이미 전제되어 있는 것이다. 문학작품의 경우 위와 같은 문자 해독의 능력, 다시 말해 언어의 문자적 의미의 이해가 있은 후에야 그 작품의 해석 문제가 비로소 시작된다. 문자예술작품에 있어서의 해석 문제와 비문자예술작품에 있어서의 해석 문제가 다른 점은 후자에 있어서, 전자에서는 필요하지 않은 예비적 작업을 한 번 더 거쳐야 한다는 것뿐이다. 즉 문자가 아닌 그냥 색이나 선 혹은 음 등을 문자로 번역하는 작업이 각별히 요청되고 있는 것이다. 이상의 「날개」라는 소설을 쉽게 읽는 초등학교 학생이 그 작품의 의미를 알았다고 말할 수 없으며, 다빈치의 〈모나리자〉라는 그림을 보고, 들을 배경으로 서 있는 한 여인의 모습이라는 것을 눈으로 확인한 관람자라고 해서 그가 꼭 그 그림의 의미를 알았다고는 말할 수 없다. 쇼팽의 〈야상곡〉을 하나의 박자나 음정도 틀리지 않고 소리낼 수 있는 청자가 있다고 해서 그가 그 곡의 의미를 알았다는 것은 아니다. 우리는 「날개」를 잘 읽고 나서, 〈모나리자〉를 샅샅이 보고 나서, 그리고 〈야상곡〉을 암기하도록 듣고 나서도 이 작품들의 각각의 의미를 묻게 되는 것이다. 이와 같이 분석해볼 때 모든 예술작품의 의미는 두 가지로 분류될 수 있다.

문자 혹은 기호를 해독해서 얻는 의미와 그러한 해독을 토대로 하여 얻은 의미는 서로 구별된다. 전자를 축어적 혹은 1차적 의미라고 부를 수 있다면, 후자는 상위적 혹은 2차적 의미라는 이름을 붙일 수 있다. 우리가 당면하고 있는 '예술작품의 의미'라는 문제에 있어서의 '의미'는 상위 의미를 뜻하며, 예술작품의 해석 문제가 이러한 상위 의미를 밝혀내는 작업임은 두말할 필요도 없다. 그리고 여기서 상위 의미란, 달리 말하자면 상징적 의미라고도 말할 수 있다. 그렇다면 보다 구체적으로 상위 의미란 무엇일까? 그것은 어떤 방법으로 찾아낼 수 있을까?

상위 의미는 두 가지 단계로 고찰될 수 있다. 우선, 한 작품을 구성하는 비문자적인 요소를 포함한 넓은 의미로서의 낱말들이나 문장의 차원에서 개별적으로 고찰될 수 있고, 그러한 고찰에 바탕을 두고 해석된 작품을 분할할 수 없는 하나의 통일된 전체로 보고 그런 차원에서 다시 한 번 고찰이 요구된다. 인류 전체의 공통적 경험, 또는 문화의 배경

그림 17 샤갈, 〈첼로연주가〉

에 비추어 얻어지는 내포적 의미에 바탕을 두고 '장미꽃', '용'이라는 말은 각기 사랑과 행운이라는 상위 의미로 해석될 수 있으며 '비둘기', '학' 등의 형상은 각기 평화와 고고한 자태라는 상위 의미로 전달될 수 있다. 종교 혹은 절대에 대한 추구가 어떤 문화권에서는 '십자가'라는 말로 표시될 수 있지만 다른 문화권에서는 불상으로 상징될 수 있다. 목탁 소리가 마음의 깊은 평화를 의미할 수 있는가 하면 뱀의 모습이 성性을 상징하기도 한다. 또한 헤밍웨이의 소설 『노인과 바다』는 1차적으로 한 노인 어부가 엄청난 고독과 싸우며 인내 끝에 마침내 잡아낸 큰 물고기를 상어 떼에 빼앗기고, 결국은 그것의 뼈만 갖고 돌아오게 된 이야기이지만 그 이야기 전체는 일반적이며 보다 보편적인 의미로도 해석할 수 있다. 즉 자연과 인간 간의 투쟁, 더 나아가서는 인간과 그 자신의 내적 투쟁을 상징적으로 의미한다고 해석할 수도 있다. 샤갈Chagall의 그림 〈첼로연주가〉(그림 17)에서 첼로와 음악가의 몸이 합쳐진 형상은 어린 시절의 꿈을 상징하지만, 그런 상징을 나타내는 이 그림은 하나의 전체로서 현대 인류가 잃어가는 낭만성에 대한 애수를 의미할지도 모른다. 무어Moore의 〈누워 있는 사람〉(그림 18)은 1차적으로는 불구적 인간을 의미하지만 그런 것은 현대 인간의 정신적 기형성이라는 것에 더욱 특별한 의미를 가질지도 모른다. 자코메티Giacometti의 〈마차를 탄 여인〉(그림 19)은 빼빼 마른, 다리만 긴 인간을 묘사하고 있지만 이는 현대인 혹은 인간 일반의 궁극적인 고독을 상징할 수도 있다.

이처럼 한 예술작품을 두고 그것의 1차적, 즉 축어적 의미와 2차적 혹은 상위적·상징적 의미가 구별될 수 있으며, 한 예술작품의 주제가 결국 이렇게 분석된 그 예술작품의 상위 의미를 뜻하는 것이라 한다면, "예술작품을 해석한다는 것은 그 작품이 말하고자 하는 것, 즉 그 작품의 주제이다"[53]라는 단토의 말에 수긍할 수 있다.

그러나 헤밍웨이의 『노인과 바다』의 주제를 '인간과 자연의 투쟁'으로, 그리고 자코메티의 〈마차를 탄 여인〉의 주제를 '인간의 고독'으로 가정하고 그런 것이 지적되었다고 해서 각기 위의 두 예술작품의 의미

그림 18 헨리 무어, 〈누워 있는 사람〉

그림 19 자코메티, 〈마차를 탄 여인〉

53   A. Danto, 앞의 책, p.119.

가 해석되었다고 할 수 있을까? 과연 이 두 작품들의 의미가 몇 마디 개념으로 표현될 수 있는 그런 의미밖에 없단 말인가? 만일 그렇다면 각기 위의 예술작품의 독창성·개별성·유일성은 어떻게 설명될 수 있겠는가? 이 작품들의 의미가 그렇게 명료한 개념들로 표현될 수 있다면 그 작품들의 존재 이유가 설명되지 않는다. 다시 말해서 예술작품의 의미가 주제를 개념화할 수 있는 어떤 관념이라면 예술작품의 특수한 의미, 그리고 모든 예술작품의 각각의 개별적 의미는 설명될 수가 없다. 각각의 예술작품의 유일성을 인정하지 않을 수 없으므로 각 예술작품의 의미를 개념화된 주제만으로는 볼 수 없는 것이다. 한 예술작품의 의미가 그 작품의 일상적 의미로서의 주제와 일치하는 것은 아니다. 이는 상위 의미 혹은 상징적 의미로서의 예술작품의 의미는 하나의 개념, 하나의 명제로 환원될 수 없다는 말이다. 그 의미는 그런 의미를 구성하고 있는 그 구체적인 예술작품 속에서만 발견될 수 있고, 또 그 구체적인 예술작품이라는 언어로만 표현될 수 있는 것이다. 만일 한 예술작품이라는 언어의 의미를 문자로 혹은 다른 예술작품으로 환원하여 설명하거나 번역한다면, 그때 이미 그 예술작품의 유일한 의미는 필연적으로 왜곡되어버린다. 특히, 예술작품에 있어서 스타일, 형식 등이 이른바 내용과 분리될 수 없는 이유는 바로 위와 같은 이유 때문이다. 그러므로 한 예술작품이 다른 언어와 마찬가지로 어떤 의미를 발휘하려면 어느 정도 보편성, 즉 개념화될 수 있는 차원도 필연적으로 갖추어야 하지만, 그 언어가 예술작품으로 존재하려면 그것의 의미는 유일한 것, 특수성을 확보해야 한다. 이런 점에서 예술작품의 의미는 사르트르가 키르케고르의 주관적 진리를 가리켜 사용한 바 있는 보편특수자univeral singular라는 모순되고 갈등하는 성질을 갖게 마련이다. 예술작품의 상위 의미는 그 특수성 때문에 처음부터 해석이나 번역이 허락되지 않지만, 그것이 내포하고 있는 보편성 때문에 번역이나 해석이 요청되는 것이다. 여기에 예술작품의 내적 갈등, 내재적 패러독스가 있다. 한 예술작품이 해석되면 그렇게 이해된 그 예술작품의 의미는 본래의 의미를 상실하게 되며, 만일 그 작품의 의미가 해석되지 않았다면 그 작품은 그것의 의미를 드러낼 수 없기 때문에 반드시 의미를 가져야만 하는 예술작품으로서의 자격을 또한 상실한다.

예술작품의 의미의 유일성 혹은 특수성, 다시 말해 오로지 작품 자신 속에서 자신에 의해서만 찾을 수 있는 예술작품의 상위 의미를 가리켜 단토는 이를 주제라고 말했지만, 주제보다는 세계라고 부르는 것이 더욱 적절하다고 생각된다. 그러면서도 그 세계라는 의미, 즉 역설적이지만 비개념적인 의미는 반드시 해석되고 이해되어야 하며 그렇게 되지 않는 한 그 의미는 상실된다. 그렇기 때문에 그 세계는 역시 해석의 대상으로 남아 있으며, 그것이 해석되었을 때에만 비로소 세계라는 말의 의미가 뜻을 갖게 된다. 그 세계는 어떻게 해명될 수 있을까? 그것은 어떤 방법으로 해석되어야 하는가?

해석의 구조

문학작품은 물론 예술작품 일반을 이해하고 설명하며 감상하는 작업이 단순한 인상에 그치거나 무질서한 반응에 머무르지 않고, 보다 근거 있는 것이 되고자 할 때, 그런 작업은 넓은 의미에서의 과학이 되고자 한다. 즉 그것은 체계를 갖춘 타당성에 의해 뒷받침되는 객관성 있는 주장이 되고자 하는 것이다. 여기서 문학과 예술이 전형적인 예가 되는 이른바 인문과학이라는 개념이 생기게 되며 그런 인문과학의 방법론이 제기된다.

　과학의 패러다임인 자연과학, 특히 물리학의 방법론은 관찰·귀납·연역의 논리와 실증이라는 절차를 통하여 이미 확고하게 정립되어 있다. 이에 비해서 인문과학의 방법론은 사정이 전혀 다르다. 아직도 서로 상반되는 방법론에 대한 이론이 대립하고 있을 뿐만 아니라 과연 인문과학이 정말 과학으로서 가능한 것인가 하는 의심까지도 여전히 남아 있는 것이다.

　문학과 예술 등으로 대표되는 인문학이 인문과학으로서 가능하고 그런 것을 보장하는 방법론이 있다고 전제할 때에도, 인문과학의 방법론은 자연과학의 방법과 동일하지 않다고 생각될 수 있다. 왜냐하면 자연과학이 대상으로 하는 자연현상과 인문과학이 대상으로 하는 비자연현상으로서의 언어, 보다 정확히 말해서 텍스트는 그 존재양식이 근본적으로 다르기 때문이다. 혹시 그 텍스트가 논리적으로 설명될 수 있을지도 모르지만, 적어도 그것은 실험을 통한 실증의 대상이 될 수 없다는 것이다. 그럼에도 불구하고 인문과학의 방법론을 둘러싸고 야기되는 전통적인 쟁점은 이러한 학문의 방법이 자연과학의 방법과 다르냐 아니냐 하는 문제를 여전히 되풀이하고 있다.

　이 쟁점은 구체적으로는 외재적 방법과 내재적 방법의 논쟁 형태로 나타난다. 전자의 입장은 한 작품의 의미는 그 작품을 낳게 한 작품 밖의 요소들을 밝힘으로써 찾을 수 있다는 것이며, 후자의 입장은 그 작품의 의미는 작품 자체 속에서만 찾을 수 있다는 것이다. 전자의 관점을 따른다면, 한 작품은 결과적으로 그것을 만들어낸 그 작품의 원인을 밝히는 것에 의해서 설명이 되고, 후자의 입장을 좇는다면 작품의 여러 요소들의 내재적 관계를 밝힘으로써 한 작품이 연구될 수 있다. 이와 같은 방법론의 문제는 주로 문학작품의 해석을 둘러싸고 제기되어왔지만 예술작품을 일종의 언어로 보고, 예술작품의 이해를 위해 언어의 해독을 전제하는 한, 그러한 방법론의 문제는 역시 모든 예술작품의 연구에 있어서도 한결같이 존재한다. 각별히 문학에서 예를 들자면 외재적 접근을 취하고 있는 방법론은 역사적·사회적 혹은 심리적인 각도에서 작품의 발생학적 설명을 시도해온 전통적 비평에서 찾아볼 수 있고, 내재적 접근을 취하고 있는 방법론은 뉴크리티시즘이나 혹은 보다 더 최근의 이른바 구조주의 비평에서 구체화된다.

전통적으로 한 문학작품은 그 작가의 의도, 그 작품이 씌어진 역사적·사회적 배경, 작가가 받은 교육, 환경적 영향 등등 여러 가지 전기적 상황과 문제 작품의 인과적 관계가 설명됨으로써 그 뜻이 밝혀진다는, 즉 해석된다는 사실이 전제되어왔다. 종래의 대부분의 문학작품에 대한 연구는 위와 같은 전제에서 위와 같은 방식으로 이루어져왔다고 해도 과언이 아니다. 그러나 조금만이라도 반성을 해보면 전통적 비평은 허다한 문제점을 안고 있다. 첫째, 이 방법론은 인문과학의 방법이 자연과학의 방법론과 다르지 않다는 것을 암암리에 전제하고 있다. 이 방법론을 따른다면 작품의 해석은 결과로서의 작품과, 원인으로서의 작품 외부의 여러 가지 여건과의 인과적 관계를 밝혀내는 일에 불과하기 때문이다. 그러나 과연 한 작품의 의미가 어떻게 비의미적인 사물현상과 인과적 관계하에서 고찰될 수 있겠는가? 어떻게 〈햄릿〉이라는 작품이나 〈게르니카〉라는 작품이 단순히 인과적 관계에서 생겨난 결과라고 볼 수 있겠는가? 만일 이러한 문제에 대해서 긍정적인 대답이 나온다면 그런 대답은 엄청난 형이상학을 전제하고서만 가능할 것인데, 그런 형이상학조차도 전혀 뒷받침되어 있지 않다. 설사 그러한 형이상학적인 전제를 인정하더라도 한 작가가 받은 영향이나 교육, 역사적 상황, 혹은 그 작가의 의도가 어떤 개별적인 작품의 원인이라고 엄격하게 실증할 수 있는 가능성은 없다. 한 작품에 대한 인과적 설명은 앞에서 작품의 의미를 고찰할 때 지적한 의도적 오류의 예에서와 마찬가지로 발생학적 설명의 오류를 범하고 있다. 한 예술작품은 그것의 발생학적인 근거와 독립해서는 그 자체로서 충분히 의미를 나타내며 또 해석될 수 있다. 일단 한 예술작품이 씌어지거나 제작되었을 때 그 예술작품은 그 자신만의 독립된 존재, 다시 말해 그 자신으로서 자족된 존재로 나타나기 때문이다. 전통적 비평이 안고 있는 두 번째 문제점은 그들이 주장하는 발생학적 설명, 더 엄격히 말해서 인과적 설명은 엘리스가 말한 대로 빠져나올 수 없는 딜레마에 처해 있다. 만일 발생학적 설명이 옳다면, "한 시의 발생학적 연구를 통해서 찾아낼 수 있는 그 시의 의미는 그 작품 속에 실제적으로 존재한다고 하거나, 아니면 그 작품 밖에 있다고 해야 할 것이다. 그런데 전자의 경우가 옳다면 그 시의 의미를 시 밖에서, 즉 발생학적인 원인에서 찾을 필요가 없으며, 후자의 경우가 참이라면 그러한 의미는 결코 그 시의 한 부분이 되지 않는다는 단순한 사실이 된다".[54] 사실 예술작품에 대한 발생학적인 해석 방법은 인문과학의 고유 방법이 아니라 인과법칙을 바탕으로 하는 자연과학의 도입에 불과하며, 그런 방법은 위에서 지적된 바와 같은 난점을 내포하고 있다. 그렇다면 그것과 대립되고, 따라서 대치될 수 있는 방법은 내재적 방법, 즉 문학에 있어서의 뉴크리티시즘이나 혹은 최근 구조주의가 주장하고 있는 텍스트의 내재적 해석이 될 수밖에 없다.

54   J. Ellis, 앞의 책, p.121.

예술작품이라는 텍스트 또는 원본이라는 담론의 의미는 오로지 그 텍스트나 담론만을 분석함으로써 밝혀질 수 있다는 입장이 발생학적, 즉 외재적 해석 방법과 대립되는 언어적, 다시 말해 내재적 해석 방법론의 요지이다. 다 같이 텍스트 중심의 분석을 주장하면서도, 텍스트에서 찾아낼 수 있는 본체·이미지·상징 혹은 형식과 같은 구체적인 속성을 발견해내고, 그렇게 발견된 것을 바탕으로 그 작품의 전체적 의미를 추출하려고 할 때 뉴크리티시즘의 입장에 서게 되고, 보다 추상적인, 작품의 구성요소로서의 논리적 구조를 밝히고 그러한 구조 내에서 그밖의 여러 요소들의 기능을 밝힘으로써, 그 작품의 객관적이고 전체적인 의미를 설명하려고 할 때 넓은 의미로서의 구조주의적 입장을 채택하는 것이 된다.

　작품을 구성하는 여러 가지 속성을 강조하는 뉴크리티시즘은 아무리 그러한 구성요소들의 특성이 지적되고 서술되더라도 그것들이 작품이라는 하나의 전체 속에서 파악되지 않는 한 단편적이며, 인상적인 바탕을 두고 하나의 전체적인 의미가 추출되더라도 그런 의미는 만족스러운 근거에 의해서 뒷받침되지 않는다는 불만이 제기될 수 있다. 이와 같은 뉴크리티시즘의 비체계성·비객관성은 전체적인 구조의 틀에 의해 부분적인 기능이 논리적으로 밝혀질 때 구조주의적 타당성, 즉 객관성으로 수정된다. 코끼리를 제아무리 부분적으로 관찰하고 서술해도 그것만으로는 코끼리를 보여주었다고 말할 수 없는 것이다. 코끼리의 모든 부분, 모든 속성들이 코끼리라는 전체 속에서 그 전체와 관련되어 설명될 때 비로소 코끼리의 모든 부분, 모든 속성의 참된 의미가 파악되고, 따라서 코끼리 전체를 밝혀낼 수 있다. 이상과 같이 볼 때, 적어도 이론상 구조주의는 뉴크리티시즘에 비추어 한 단계 앞서 있다고 판단된다. 구조주의의 이론이 어느 정도 보편성이 보장되고 있는 언어학에 바탕을 두고 있다는 점에서 구조주의적 방법론은 작품해석에 있어 과학성을 보다 더 보장해준다. 현대 언어학이 발굴한 가장 중요한 점은 개별적인 낱말이나 개별적인 발화는 반드시 개인의 개별적인 언어행위와는 독립되어 있는 언어적 체계 속에서만 그 뜻을 나타낼 수 있음을 밝힌 것이다. 이런 입장에서 볼 때 언어의 의미는 개인의 의도나 발언의 상황과는 상관없이 객관적으로 존재할 수 있다.

그러나 어떤 문장, 어떤 담론, 혹은 어떤 텍스트의 의미가 그 텍스트를 구성하는 수많은 개별적 낱말들이나 혹은 허다한 문장들의 구조라면, 그 의미는 개별적인 낱말들이나 문장에 근거하므로, 그러려면 구조적 혹은 전체적인 파악 이전에 개별적인 낱말들, 개별적 문장의 의미가우선 밝혀져야 한다. 이러한 의미파악 없이는 한 작품의 구조는 생각될수 없다. 그런데 낱말들이나 문장들의 의미를 안다는 것은 그것들이 어떤 대상을 표상 혹은 표현하는지를, 또 어떤 기능을 수행하는지를 안다는 말이다. 한 언어는 단순히 구조적 체계가 아니라 그것 밖의 무엇, 즉비언어적인 것, 언어 이전의 사물현상 혹은 상황과 반드시 관련이 있게마련이다. 한마디로 언어는 하나의 체계를 전제하지만 그것은 또한 그것 밖의 무엇과 이른바 의미론적 차원을 반드시 갖고 있다. 이러한 차원이 없는 언어는 생각을 전달하거나 사물현상을 표상, 혹은 표현하는 기능으로서의 언어가 될 수 없다. 여기에서 문학작품, 더 일반적으로는 모든 예술작품의 해석 방법론과 관련하여 설명과 이해 혹은 구조주의적입장과 현상학 또는 해석학의 입장과의 시비가 발생한다.

방법론적 문제로서의 설명과 이해의 문제는 원래 딜타이Dilthey나 베버Weber 등에 의해서 최초로 인문과학의 방법론과 자연과학의 방법론의 공통점 혹은 차이점의 문제에 관련되었다. 그후, 예를 들어 루드너Rudner 가 그의 저서 『사회과학철학』[55]에서, 그리고 라이트Wright가 그의 저서 『설명과 이해』[56]에서 역시 그런 관점에서 분석하고 있다. 여기서 설명이라고 하면 어떤 개별적인 현상을 인과법칙에서 실증적으로 연역할 수 있는 경우를 말한다. 사과가 떨어지는 현상과 바닷물의 간만 현상이 뉴턴의 만유인력의 법칙에서 연역적으로 추출되는 것을 보여주었을 때, 우리는 그 개별적인 현상이 설명되었다고 한다. 그리고 우리는 7+5=13 이라는 수식, 혹은 '학교가 나에 간다'라는 말이 각각 수학적 원칙과 한국어 문법의 원칙에 어긋났음을 보였을 때 비로소 위의 수식과 문장이 어떻게 잘못되었는가를 설명했다고 할 수 있다. 이렇게 고찰될 때 한 텍스트를 설명한다는 말이 가능할 뿐만 아니라 한 텍스트를 밝히는 작업이 설명적인 작업이어야 한다는 주장이 충분히 가능하다. 『해석이론』[57]에서 리쾨르는 지금과 같은 뜻에서 설명이라는 개념을 이해라는 개념과 대립시킨다. 다시 말하자면 인문사회과학의 방법론들 속에서도 설명적인 것과 이해적인 것을 구분하고 이들을 대립시켜 고찰하는 것이다. 설명과 이해의 문제는 자연과학과 인문사회과학의 상반되는 방법론적 이론으로 볼 수 있는 동시에 인문사회과학 내에서의 상반되는 방법론으로도 충분히 검토될 수 있다는 주장이다.

　리쾨르는 구조주의적 방법론을 설명적인 것으로 보고 이와 대립되는, 이른바 현상학적 또는 해석학적 방법론을 이해적인 것으로 보았다.

55　Richard Rudner, *Philosophy of Social Sciences*(Englwood, 1967) 참조.

56　G. H. Von Wright, *Explanation and Understanding*(London, 1971) 참조.

57　P. Ricoeur, 앞의 책, p.70.

그리고 이 두 가지 방법이 다 같이 그 하나만으로는 불충분하다고 생각하며 그것들의 변증법적 상호보충을 주장한다. 예술작품이라는 언어가 그냥 자연현상이 아니라 어떤 특정한 장소와 시간에 누군가에 의해서, 무엇에 대한 무슨 이야기를 하기 위해서 만들어진 것이라는 점을 전제할 때 그 예술작품은 하나의 사건이며, 그 작품의 의미를 안다는 것은 그 사건과 떨어져서는 생각될 수 없다. 이처럼 예술작품은 반드시 그것 밖의 무엇과 관련되어 있다. 예술작품은 의미론적 차원을 갖고 있다는 말이다. 한 예술작품의 의미론적 차원을 파악하는 작업, 즉 한 예술작품이 말하고자 하는 내용에 도달하고자 하는 작업을 리쾨르는 '이해'라고 부른다. 그것은 작품을 구성하고 있는 낱말들이나 문장들이 지칭하거나 서술하는 대상을 파악하는 작업이다. 그러나 그런 대상을 담은 사건으로서의 예술작품이 언어인 이상, 그리고 언어는 그 언어가 갖고 있는 의미전달 규칙, 즉 약호code를 떠나서는 존재할 수 없는 이상, 이해라는 작업에 의해서 파악된 언어의 대상, 즉 주제는 반드시 예술작품이라는 이미 고정된 텍스트 혹은 담론의 언어적 약호에 의해 객관적인 근거를 찾아야 한다. 이렇게 언어의 약호 혹은 문법적 구문에 따르는 의미의 파악 과정을 이해라는 개념과 대립시켜 리쾨르는 '설명'이라는 말로 부른다. 이렇게 이해와 설명의 두 가지 작업으로 파악된 한 텍스트를 구성하는 개별적인 낱말·문장들의 의미는 다시 한 번 텍스트의 전체적인 커다란 의미로 통합되어 파악되어야만 한다. 이러한 종합적인 파악 없이는 그 텍스트의 의미를 알았다고 말할 수 없기 때문이다. 그러나 이와 같은 종합적인 작업은 문법적 약호를 따라가는 분석적인 활동만으로는 이루어질 수 없다. 그것은 다시 한 번 직관을 필요로 하는 2차적 이해라는 인식활동을 요구한다. 이와 같이 볼 때 한 작품의 "해석 과정에서 설명은 두 단계의 이해들 사이의 매개로 나타나게 된다"[58]는 것이다. 이러한 2차적 이해, 즉 텍스트의 전체적인 파악으로서의 이해를 일반적인 이해understanding와 구별하여 포괄적 이해comprehension라고 부른다. 한 문학작품의 해석에 대한 리쾨르의 위와 같은 이론이 옳다면 그것은 한 담론으로 볼 수 있는 비문학적 텍스트로서의 모든 예술작품에 다 같이 적용된다고 할 수 있겠다.

텍스트의 해석이 리쾨르가 설명하고 있는 대로의 이해와 설명, 그리고 다시 이해라는 과정을 거치면서 가능해진다면 그러한 과정들 사이에는 일종의 변증법적 논리가 적용되고 있다. 이해는 설명에 의해 그 객관성이 보장되고, 설명은 다시 이해에 의해 공허하지 않는 내용을 갖추게 되며, 그것은 설명에 의해 확고해지거나 수정된다. 이상에서 고찰한 입장에서 볼 때 이해와 설명 간의 관계는 추측guess과 정당화validation의 변증법적 관계에 지나지 않는다. 부분이 전체에 의해서, 개별적인 요소들이 구조에 의해서, 구체적인 사실이 이론에 의해서 근거 있게 설명되고, 반대로 전체가 부분에 의해서, 구조가 개별적 요소들에 의해서, 이론이 구체적 사실들에 의해서 공허하지 않게 이해된다. 이와 같이 예술작품의 해석은 변증법적 논리를 통해 부득이 순환적이면서도 상승적으로 선회하면서 보다 총괄적이며, 보다 근거 있는 의미를 향해서, 즉 한 작품의 세계로 더 가까이 접근할 수 있다고 하겠다.

이같은 해석의 구조는 달리 보자면 엉뚱한 것 같기도 하지만 자연과학의 이론 성립의 구조와 다를 바가 없다. 자연과학의 이론은 먼저 연구대상으로서의 구체적인 현상들을 관찰하고, 그 관찰에 근거하여 일반

---

58 P. Ricoeur, 앞의 책, p.75.

적인 명제를 상상에 의해 가정하고, 그 가설에 의해서 다시 구체적인 현상을 검증하여 꾸며진다. 만일 그 가설에 의해 구체적인 현상이 설명되지 않으면 다시 새로운 가설을 고안해낸다. 가설은 개별적인 현상에 의해서 통제되고, 개별적인 구체적 현상은 가설에 의해서 밝혀진다. 가설과 개별적 현상 사이에는 순환적인 변증법적 관계가 맺어져 있다. 과학이론 성립의 이러한 과정의 논리를 가설연역적이라고 부른다. 자연과학에 있어서와 꼭 마찬가지로 한 예술작품을 해석하는 데 있어서도 같은 가설연역적 논리가 작용한다. 한 작품의 전체적 의미가 파악되려면 그것을 전체적으로 설명할 수 있는 일반적 명제가 가설로서 전제되어야 한다. 물론 이러한 가설은 어떤 작품이라는 텍스트, 혹은 담론의 요소로서의 낱말이나 문장들의 1차적 의미를 토대로 한다. 이렇게 세워진 가설에 의해서 모든 부분, 즉 작품을 형성하는 모든 낱말들, 모든 문장들이 논리적으로 일관성 있게 어떤 질서를 보인다면 그 가설은 작품의 전체적 의미로 승격된다. 그러므로 문학작품 해석의 구조에 대한 엘리스의 다음과 같은 말은 모든 예술작품의 해석의 구조에 있어서도 일률적으로 적용된다. "해석이란 한 문학작품을 구성하고 있는 모든 요소들의 가장 일반적인 조직과 일관성에 관한 가설이다."[59]

한 예술작품의 의미는 그 작품이 상징한다고 전제되는 세계라고 불릴 수 있는 상징적 의미 혹은 상위적 의미라고 하였다. 작품을 해석하는 일이란 그 작품 속에서 찾아낼 수 있는 상징적 의미를 가정하고, 그런 가정하에서 그 작품을 구성하고 있는 것들을 빠짐없이 일관성 있게 설명하는 일이다. 카뮈Camus의 『이방인』은 관점에 따라 모든 가치가 근거

59   J. Ellis, 앞의 책, p.202.

그림 20 호쿠사이, 〈가나가와의 거대한 파도〉

없다는 인생관을 상징하는 것으로 볼 수도 있는데, 이때 그 소설을 구성하고 있는 낱말들의 의미, 문장들의 의미, 사건들, 줄거리 등이 일관성 있게 맞아들어가는 것을 보인다면 그것은 해석의 좋은 예가 될 것이다. 가쓰시카 호쿠사이葛飾北齋의 명화 〈가나가와의 거대한 파도〉(그림 20)를, 인간의 힘을 무색케 하는 장엄한 자연의 힘을 상징하는 것으로 볼 때, 그 그림들의 모든 요소들이 일관성 있게 설명된다면 그것은 하나의 해석이 될 수 있다. 그러나 만일 그런 가정들 아래에서 각기 위의 두 작품의 모든 부분들이 일관성 있게, 그리고 정확하게 설명되지 않는다면 그런 가정들은 좋은 해석을 마련하지 못한 것이 된다. 이런 문제가 있을 때 우리는 새로운 가정, 예를 들어 카뮈의 『이방인』은 현대인의 절망을 상징한다는 가정하에서 다시 그 작품들의 모든 부분을 일관성 있게 정리해볼 수 있다.

그러나 작품해석에 있어서 가설과 검증을 거치는 작업은 자연과학에 있어서의 작업 과정과는 달리 사물을 실증하는 것이 아니라 단편적인 주어진 의미들의 일관성을 찾는 작업이다. 이런 점에서 작품해석에 있어서의 가설과 그것의 정당성을 검증하는 작업은 그림 짝맞추기의 작업에 비유될 수 있다. 수많은 단편적인 그림조각들이 일관성 있게 조립되어 하나의 형상으로서의 질서를 갖게 되듯이, 예술작품을 구성하고 있는 모든 부분들을 하나의 통일된 의미로 질서 정연하게 조립하는 작업이 바로 예술작품의 해석이다. 그저 서술적으로 혹은 작대기식으로 작품의 여러 부분이 지적된다고 해서 그 작품의 의미가 해석된 것이 아니다. 가설로서의 전체적인 관점에서 부분들이 그 전체 속에서 자신의 의미를 갖게 되고, 그런 부분들에 의해 유기적으로 파악된 전체가 비로소 그 작품의 의미로서 이해된다.

구체적으로 작품을 구성하는 모든 부분들에 기초를 두고 그 작품의 전체적 의미를 구성하는 가설이 서고, 바로 그 가설에 의해 다시 부분들의 의미가 파악되는 구조가 해석의 논리라고 할 때, 그리고 가설은 하나의 명제로 표현된 것이어야만 할 때, 한 예술작품의 의미는 하나의 명제로 번역될 수 있거나 환원될 수 있다는 결론이 나올 성싶다. 그런데 만약 이러한 결론이 피할 수 없는 것이라면 예술작품의 의미란 어떤 개념에 의해서 충분히 대치된다는 말이 되겠고, 그렇다면 그처럼 명료하게 개념으로 표현될 수 있는 생각이나 뜻을 구태여 애매모호한 예술작품이라는 언어를 빌려 표현할 이유가 없어진다. 예술작품의 존재 이유가 사라지게 될 것이라는 말이다. 만일 예술작품이 예술작품으로서의 존재 이유를 갖고 있으며, 또 그것의 의미는 개념으로 명제화될 수 없다면, 예술작품의 의미는 그것을 구성하는 모든 부분들을 설명해주는 가설에 의해 파악될 수 없다. 그렇기 때문에 우리는 앞에서 예술작품의 의미는 하나의 명제가 아니라 하나의 세계라고 불렀던 것이다. 그렇다면 그 세계란 무엇을 가리키는 것일까?

한 명제로 대치될 수 있는 가설에 의해서 한 작품의 부분들이 설명되고 그런 가설 없이는 그 작품의 해석이 있을 수 없다는 것은 사실이지만, 그 가설만이 작품의 의미라고는 말할 수 없다. 작품의 참된 의미는 그런 가설과 모든 부분들의 유기적 전체인 것이다. 그 양자 간의 유기적 관계를 파악했을 때에만 우리는 한 작품의 의미를 알았다고 말할 수 있다. 그것들을 서로 떼어놓고는 작품의 의미를 이야기할 수 없는 것이다. 이런 관점에서 작품의 의미를 하나의 관념, 하나의 명제라 부르지 않고 세계라고 부르는 것이 더욱 타당하고 적절하다고 여겨진다. 그러므로 〈게르니카〉의 의미는 '파시즘과의 싸움'이 아니라 작품 자체 속에서 그것들의 구성요소 전체를 드러내는 유기적 체계이며, 『전쟁과 평화』의 의미는 '전쟁은 비참하다'라는 식의 명제가 아니라 그 소설 속에서 파악된 내재적 질서와 관계 전체인 것이다. 예술작품의 의미는 오로지 그 작품 속에 내재해 있는 것이며 명제로 환원될 수 없는 하나의 세계이다.

다양성과 단일성

한 예술작품의 의미는 유일한 것인가, 아니면 다양할 수도 있는 것인가? 한 예술작품은 오로지 한 가지 세계를 갖고 있는 것으로 보아야 하는가, 아니면 여러 가지 세계를 동시에 가질 수도 있다고 보아야 하는가? 다시 말하자면 예술작품이라는 하나의 텍스트는 오직 한 가지 가설에 의해서만 설명되는가, 아니면 여러 가지 서로 다른 가설에 의해서도 설명될 수 있는가? 앞에서 예술작품의 해석을 그림조각 맞추기에 비유했는데, 만일 이런 비유가 적절하다면 예술작품의 의미에 대해서 단일성을 전제해야 한다. 왜냐하면 그 그림조각들이 완전히 맞추어졌을 때 우리가 찾아낼 수 있는 형상은 그것이 코끼리건 오리건 토끼건 간에 어느 하나로만 맞추어질 수밖에 없기 때문이다. 그것이 동시에 코끼리이며 오리라든가, 동시에 오리이면서 토끼일 수는 없는 것이다.

그러나 실제적으로 예술작품에 대해서는 수많은 서로 상이한 해석들이 가해져왔다. 〈햄릿〉이라는 작품에 대해서, 〈게르니카〉란 그림에 대해서, 〈비창〉이라는 곡에 대해서, 〈생각하는 사람〉이라는 조각에 대해서 많은 전문가들의 나름대로의 해석이 있는 것이다. 블로커는 앞서 예로 들었던 프로스트의 〈눈 내리는 저녁 숲가에 서서〉라는 시가 동시에 "죽음·허무·정적 등과 같은 것들"[60]을 의미한다고 말한다. 이런 사실은 한 예술작품의 의미가 단일하지 않고 다양하다는 것을 입증할지도 모른다. 그렇다면 예술작품의 해석을 오직 한 가지 형상을 나타낸다는 것이 전제되고, 따라서 오직 한 가지로만 맞추어질 수 있는 그림조각 맞추기에 비유할 것이 아니라 비트겐슈타인의 위와 같은 오리/토끼 그림을 지각하는 작업에 비유해볼 수 있을 것이다.

삽화 2의 모양은 토끼의 머리로 볼 수 있고, 또한 오리의 머리로도 볼 수 있다. 물론 같은 것이 동시에 토끼이며 오리일 수는 없지만 위의 그림은 보는 관점에 따라 두 가지 형상으로 해석될 수 있으며, 그중 어떤 것이 옳다고 결정할 근거는 아무것도 찾을 수 없다. 그것을 나무나 사람으로는 볼 수 없지만 토끼로 보아도 타당하고 오리로 보아도 또한 타당하다. 그들 둘 중에 어떤 것이 잘못 본 것인지를 지적할 수 없다는 말이다. 예술작품의 해석이 위의 오리/토끼 그림의 형상을 알아내는 작업에 비유된다면 예술작품의 의미는 단일하지 않고 다양하다고 결론지어야

---

60   H. G. Blocker, 앞의 책, p.250.

삽화 2 오리/토끼 그림

한다. 의미의 단일성을 주장하는 예술작품은 그림 짝맞추기에 비유되고 그것의 다양성을 취할 때 이는 오리로도 볼 수 있고 토끼로도 볼 수 있는 위의 그림에 비유된다. 과연 예술작품은 그림 짝맞추기 같은 것인가, 아니면 오리/토끼 그림과 같은 것인가? 한 예술작품에 대한 여러 가지 해석이 있다는 사실은 아직도 찾아내야 할 유일한, 그리고 절대적 해석이 미처 이루어지지 않았기 때문일 뿐, 그런 유일한, 절대적 해석이 없다는 것을 증명해주지는 않는다고 단언할 수 있는가? 그렇지 않다면 그 모든 해석들이 그것들 나름대로의 타당성과 합리성을 갖추고 있는 한, 다 같이 옳은 해석이라고 얘기해야 하는가?

그러나 예술작품의 유일성, 즉 예술작품이 이루는 세계의 유일성이 한 예술작품의 필요조건이라는 사실을 부정할 수 없다면 예술작품의 다양성은 용납되지 않는 것 같다. 예술작품의 세계란 다름 아니라 예술작품이 지니고 있는 의미에 불과하기 때문에, 예술작품의 다양성을 인정하게 되면 예술작품이 유일하면서 동시에 다양한 세계를 갖고 있다는 모순된 결론이 내려질 수밖에 없다. 그렇다면 한 예술작품이 실질적으로 여러 가지로 서로 달리 해석되어왔고, 또 그렇게 여러 가지로 해석되고 있으며, 아직도 그중 어느 한 가지 해석만이 절대적으로 옳다는 근거를 찾지 못했다는 사실과 예술작품이 갖는 세계의 유일성 간에 발생하는 갈등은 어떻게 해소될 수 있을까? 한 예술작품의 유일성을 버리지 않고 그 예술작품에 대한 다양한 해석들을 인정할 수 있을까?

다시 토끼/오리의 그림으로 돌아가서 생각해보자. 다른 상황들과 완전히 차단된 상황에서 위의 그림만 가지고 생각할 때 그 그림이 토끼라는 해석과 오리라는 해석은 둘 다 타당하다. 두 가지 해석 가운데 꼭 하나만을 택해야 할 아무런 논리적·지각적 근거가 없다. 그러나 만일 이 그림을 그린 사람이, 토끼라는 동물이 살지 않는 오리가 많은 강변에 살고 있을 뿐만 아니라 토끼라는 동물이 다른 곳에나마 존재한다는 생각마저 해보지 못한 사람이었다면, 위의 그림은 토끼가 아니라 오리라고 해석해야 할 것이다. 반대로 그 그림이 토끼를 설명하는 교실에서 사용되었다고 가정한다면 그 그림은 토끼를 나타낸다고 보는 것이 마땅함은 쉽게 수긍이 간다. 그림만 떼어놓고 볼 때 그것이 토끼로도 오리로도 보인다고 해서 그 두 가지 관점들이 모두 옳다거나 혹은 그중 하나만의 해석은 있을 수 없다는 것이 입증되지는 않는다. 한 예술작품이 반드시 어떤 특정한 사람에 의해 어떤 특정한 시간과 공간에서, 그리고 어떤 특정한 상황에서 만들어졌다는 것을 전제할 때, 한 예술작품의 의미가 애매할 경우 그것은 예술작품 밖에 있는, 당장 보이지는 않는 여러 가지 구체적인 맥락에 의해서 보다 적절하고 절대적인 해석이 충분히 가능하며, 그럼으로써 한 예술작품 세계의 유일성이 보장되고 밝혀질 수 있을 것이다. 단토의 다음 두 개의 가상적 그림은 한 예술작품의 의미는 유일한 것으로 생각해야 한다는 것을 간접적으로 보여주는 좋은 예가 될 것이다.

새로 지은 과학도서관에 적합한 두 개의 벽화를 두 명의 화가에게 위

임했다고 가정하자. 그림의 주제는 각각 뉴
턴의 제1법칙과 제3법칙이었다. 그림을 청
탁받은 두 화가인 J와 K가 완성된 작품을
가지고 왔을 때 그 두 개의 작품들은 다음과
같은 추상화로 시각적으로는 전혀 구별할
수 없을 만큼 유사한 것이었다고 하자.

삽화 3

그의 그림은 뉴턴의 제3법칙을 나타낸 것
으로 A물체가 B물체에 주는 작용과 A물체
가 B물체로부터 받는 반작용은 크기가 같
고 방향이 반대라는 사실이며, K의 그림은
뉴턴의 제1법칙을 나타낸 것으로 외력이 작용하지 않는 한, 정지하고
있는 물체는 영구히 정지하고 운동하고 있는 물체는 영구히 등속운동
을 계속한다는 사실이다.[61]

단토는 예술작품들이 시각적으로 그 모양이 완전히 똑같다고 해도
그 의미는 동일하지 않다는 것을 보이고자 위와 같은 가상적인 예를 들
고 있다. 그러나 이 예는 하나의 작품의 의미가 다양할 수는 없다는 사
실을 보여주는 예로도 이용될 수 있다. 위의 두 그림들이 지각적으로 완
전히 동일하다고 전제되어 있는 이상, J의 그림이든 K의 그림이든 하나
만을 두고 생각할 때 그것은 뉴턴의 제1법칙을 표상하는 그림으로 볼
수 있는 동시에, 뉴턴의 제3법칙을 표상하는 것으로도 해석될 수 있다.
그러나 시각적으로는 동일해도 J가 그린 것은 K가 그린 것과 똑같이 해
석될 수 없으며 오히려 서로 완전히 다른 내용을 갖고 있다. 만일 J가 그

---

61   A. Danto, 앞의 책, pp.120~121.

린 그림을 보고 그림만을 기초로 하여 그것을 K가 그리고자 했던 뉴턴의 제3법칙으로 해석했다면 그 해석은 잘못된 것이라고 해야 한다.

단토의 예와 아울러 다음과 같은 옛날 선승禪僧의 시 역시 예술작품의 단의성과 다양성에 관한 문제를 이해하는 데 도움이 될 수 있다.

① 산시산, 수시수山是山, 水是水

② 산불시산, 수불시수山不是山, 水不是水

③ 산시수, 수시산山是水, 水是山

④ 산시산, 수시수山是山, 水是水

이 한시는 다음과 같이 해석된다.

① 산은 산이고 물은 물이다.

② 산은 산이 아니고 물은 물이 아니다.

③ 산은 물이고 물은 산이다.

④ 산은 산이고 물은 물이다.

위의 시에서 ①과 ④는 문자로 보아 완전히 동일하다. 그렇다면 ①과 ④의 의미도 똑같이 해석되어야 할 것인가? 그러나 ①과 ④의 의미는 사실상 엄청나게 다르다. ①은 지각적이고 논리적인 명제로서, 눈으로 보아서 산은 산이고, 또 논리적으로 보아 산은 산이라는 것은 자명한 진리인 것이다. 그러나 ④는 형이상학적 혹은 종교적 명제이다. 즉 종교적으로 어느 경지에 이르렀을 때에만 할 수 있는 말이다. 이러한 명제는 ①과 ②와 ③의 사고 과정을 거친 후에만 비로소 이해될 수 있는 뜻을 갖고 있다. 그렇다면 겉으로, 다시 말해 문자적으로는 서로 같은 ①과 ④의 명제에 대해서 두 가지 해석이 가능하지만 각각의 경우, 그 두 가지 해석 가운데서 오로지 하나만의 해석이 정당하다는 사실을 알 수 있다. 「산시산, 수시수山是山, 水是水」라는 예술작품에 대해서 ①의 뜻으로 혹은 ④의 뜻으로 해석될 수 있다고 해도 그 두 해석이 다 옳다고는 말할 수 없다는 것이다. ①의 해석은 ④의 해석과 동등한 차원에서 볼 수 있지 않으며, 다만 ④의 해석에 이르는 하나의 과정 혹은 절차라고 풀이될 수 있다. 요컨대 한 예술작품이 여러 가지로 해석된다는 사실은 그 예술작품의 의미가 다양하다는 사실을 입증해주지 않는다. 예술작품이 그 정의에 있어 유일한 언어라면 그것의 의미, 즉 세계도 유일한 것이어야 한다.

어떤 방법으로 이처럼 유일한 의미를 찾아낼 수 있는가? 어떻게 다양한 해석 가운데 단 하나의 해석을 찾아낼 수 있을까? 어떤 근거에 의해서 다양한 해석을 종합하는 보다 적절한 해석을 추출해낼 수 있을까? 가령 「산시산, 수시수」라는 예술작품이 있을 때 그것이 앞에서 본 바와 같이 ①이라는 명제로, 혹은 ④라는 명제로 해석되었다면 어떻게 그 중 하나만 골라낼 수 있을까? 그것은 그 작품 속에서만은 관찰될 수 없는 문제로, 그 작품의 역사적·사상적 맥락 등 그밖의 맥락을 살펴봄으로써 결정될 수 있다. 만일 위의 가상적인 명제가 일상 대화의 맥락에서 발언되었다면 그것은 ①의 명제의 의미로밖에는 해석될 수 없지만, 그와 달리 그것이 어떤 종교적 혹은 철학적 토론의 맥락 속에서 어떤 철학자 혹은 도사가 발언한 것이라면 그 의미는 ④의 명제의 뜻으로 해석될 수 있을 것이다. 마찬가지로 『햄릿』이라는 문학작품이나 혹은 〈백조의 호수〉라는 무용에 대해 서로 다른 다양한 해석들이 나왔다면 위 작품들의 문학사적·음악사적, 더 나아가서는 문화사적 맥락을 파헤쳐나감으로써 그 여러 가지 해석 중에 오로지 유일하고 절대적인 하나의 해석을 가려낼 수 있을 것이다. 이상에서 말한, 예술작품의 단일·유일한 객관적 의미를 찾아내는 일이 해석의 목적이라는 주장은 그러한 목적이 실제로 실현되었다는 것은 아니며 실질적으로 언젠가는 꼭, 틀림없이 가능하다는 것도 아니다. 다만 그것이 논리적으로 가능하다는 것뿐이다. 그리고 설사 실제로는 그런 것이 실현되는 일이 전혀 불가능하더라도 우리는 이상적으로 모든 예술작품의 단일한 의미, 즉 유일한 세계를 찾으려고 노력해야 한다. 해석이란 바로 그러한 이상을 추구하는 작업이다.

《문학사상》, 1982

04
평가

금이 어떤 것이고 강아지가 어떤 것이며 칫솔이 어떤 것이라는 문제와 그것들이 좋다든가 혹은 나쁘다든가 하는 문제는 논리적으로 동일한 성질의 것이 아니다. 전자는 사실의 문제이며 후자는 가치의 문제이다. '사실'은 그 자체로서는 '가치'와 아무런 관련이 없지만 그래도 그것은 언제나 평가의 대상, 즉 좋고 나쁨이라는 가치판단의 대상이 될 수 있다. 예술작품도 예외가 될 수는 없다. 예술작품이 다른 사물들과 어떻게 구별될 수 있으며 한 예술작품의 의미가 해석된다고 해도 그 예술작품이 좋다든가 나쁘다든가 하는 문제에 대해서는 아무런 해답을 주지 못한다.

그럼에도 불구하고 예술작품을 둘러싼 가치의 문제가 밝혀지지 않는 한 예술작품을 이해했다고는 말할 수 없다. 금이 무엇인가를, 혹은 토끼는 어떻게 새끼를 낳는가를 밝혀내는 과학적 활동과는 달리, 그리고 칫솔과 구둣솔을 구별하고 기혼자와 미혼자를 구별하는 것으로 자족할 수 있는 사회학적 작업과는 달리, 예술작품은 그것이 어떠한 근거에 의해서 좋다거나 나쁘다는 평가를 받을 수 있는가를 알기 전까지는 그것을 완전히 이해했다고 볼 수 없다. 왜냐하면 여느 사물이나 현상들과는 달리 예술작품은 그냥 있는 것도 아니고, 그냥 어떤 용도를 충족시키는 것도 아니며, 또 그냥 이해의 대상인 것도 아닌, 반드시 감상의 대상으로 존재하기 때문이다. 우리가 양말가게에서 양말을 사온다든가 서점에서 책을 사올 때는 필요에 따라 그런 것들을 골라 사오는 것이지, 그저 책이나 양말을 감상하기 위해서 그런 곳을 돌아다니지는 않는다. 그러나 이와는 달리 우리가 미술관이나 극장 혹은 음악회를 찾을 때는 단순히 그림을 사기 위해서나 소리를 녹음하기 위해서, 혹은 사진을 찍기 위해서만이 아니라 그림을, 연극을, 음악을 거기서 보고 듣는 대로 감상하기 위해서 가는 것이다.

감상이란 결국 평가를 의미하며 평가는 그 대상의 좋고 나쁨에 대한 가치판단을 의미하는 말이다. 하나의 예술작품은 반드시, 이러한 뜻에서 감상되지 않는 한 그 의미를 충분히 갖지 못하는 것이다. 모든 예술작품은 반드시 가치판단을 기다리고 있다. 사실 모든 예술작품의 가치가 판단된 결과로 그 수많은 작품들 가운데서 유독 특정한 작품들만 예술사에 남아 새로이 예술사를 창조하며 이끌어왔다. 예술사는 평가의 문제를 해명하기 전에는 이해될 수 없는 것이다. 엘리엇의 「황무지」는 걸작이지만 박이문의 「나비의 꿈」은 엉터리라고 평가되고, 피카소의 〈게르니카〉는 20세기의 대표적인 그림이지만 박이문이 그린 〈이대 캠퍼스의 초봄〉이라는 스케치는 수준 이하라고 평가됨이 사실이라면 그것은 어떤 규범, 어떤 근거에서 그렇게 말할 수 있는가? 예술작품의 평가를 둘러싼 이러한 물음은 우선 가치의 기준·규범에 대한 물음으로 보다 구체화되고, 둘째, 그런 것을 결정하는 관점에서 예술작품의 기능에 대한 물음으로 연결되며, 셋째, 예술작품의 고유 가치를 밝히는 문제로서 미적 가치와 예술적 가치를 가려내는 문제로 귀착된다.

가치의 규준

'금은 노랗다'라는 말은 금이라는 사물을 서술하지만, '금은 좋다'라는 말은 금이라는 사물을 평가하는 기능을 한다. '노랗다'는 것을 사실이라고 부른다면 '좋다'라는 것은 가치를 두고 하는 말이다. 사실과 그것의 가치는 인과적인 관계를 갖고는 있지만 논리적으로는 단절되어 있다. 아무리 사실이 어떠어떠하게 묘사되고 설명되고 밝혀진다고 해도 그것 자체만으로는 가치와 아무런 관계가 없는 것이다. 사실은 그냥 있을 뿐이다. 이와 반대로 무엇이 좋다고 할 때, 그 '좋다'라는 말은 대상을 지칭하는 말이 아니다. 다시 말해 '노랗다'라는 말이 객관적으로 존재하는 어떤 사실을 지칭함에 반해서, '좋다'라는 말은 아무런 객관적인 대상을 지칭하지 않는다. 그것은 어떤 사물의 가치를 평가하는 사람의 필요나 욕망과의 관계에서만 이해될 수 있다. 만일 누구도 그 사물을 욕망하지 않을 때 가치는 생기지 않는다. 바꿔 말해서 가치는 존재하는 것이 아니다. 그것은 사르트르가 말한 대로 무엇인가를 욕망하는 사람이 나타남으로 해서 발생하는, 사물현상과 인간의 관계를 말해줄 뿐이다. 금이나 산삼이 발견되듯이 가치가 발견되는 것은 아니다. 그리고 이런 의미에서 사실과 가치는 논리적으로 서로 다른 차원에 놓여 있다. 그렇지만 한 사물 혹은 한 사실의 가치는 그것의 객관적인 성질에 따라 인과적으로 결정될 수 있다. 금은 그 자체로서는 가치가 될 수 없지만 그것의 성질에 따라서 인과적인 관계로 그 금의 좋고 나쁨을 결정할 수 있다.

모든 가치판단은 규준 혹은 규범을 전제로 한다. 예술작품의 가치판단도 예외일 수는 없다. 예술작품의 가치판단, 즉 평가의 기준 혹은 규범은 무엇이겠는가? 이러한 질문에 대한 이론들로는 첫째, 평가의 기준을 예술작품 속에 내재하는 구성요소들 속에서 찾아야 한다는 이론이 있으며, 둘째, 예술작품의 가치 기준은 그것을 감상하는 사람들의 반응에서 찾아야 한다는 입장이 있고, 셋째, 예술작품이 하고 있거나 혹은 맡을 수 있는 기능에서 평가의 기준을 찾아야 한다는 주장이 나온다.

작품의 속성소

흔히 한 예술작품에 대해 서로 상반되는 다양한 가치판단이 내려지곤 한다. 조이스의 『율리시스』나 말라르메의 「에로디아드」 같은 작품, 혹은 헨리 무어의 〈누워 있는 사람〉 등의 작품에 대해서는 일반 사람들뿐만 아니라 전문적인 예술비평가들 간에도 그것들의 가치에 대해서 반드시 의견이 일치하지는 않는다. 모네Monet의 이른바 인상파 그림도 그것이 처음 전시되었던 19세기 말, 당시의 비평가들에 의해서는 그 작품의 가치가 부정되었다. 그럼에도 불구하고 오늘날 모네의 작품, 그리고 그후 모네의 경우와 비슷한 고충을 겪은 여러 파의 그림들, 여러 가지 예술작품들이 예술사 속에서 빼놓을 수 없는 중요한 작품으로 정착되고 있다. 이는 마치 예술작품에 대한 가치판단의 객관성이 없다는 것을 말해주는 좋은 예처럼 보이기도 한다. 물론 예술사는 절대적인 것이 아니며, 따라서 관점에 따라 전혀 다르게 씌어질 수 있기 때문에 오늘날의 걸작들이 졸작으로 평가되어 예술사에서 탈락되고, 그 대신 지금까지 졸작이라고 취급된 작품들이 위대한 작품으로 재평가되어 예술사 안에 자리 잡을 수 있는 가능성이 없지 않다. 그러나 예술사라는 것이 어느 한 저자의 즉흥적 기분에 따라 씌어질 수 없다는 것을 전제한다면, 예술사가 존재한다는 사실만으로도 예술작품의 가치평가는 어느 의미에서 객관성이 보장되어 있다는 것을 간접적으로나마 입증한다고 생각된다.

예술사가 엄연히 존재하고 있다는 것을 인정해야 한다면 예술작품에 대한 가치판단의 객관성이 전제되어야 하며, 예술작품에 대한 가치판단의 객관성이 객관적으로 뒷받침될 필요성이 요구될 때 예술작품에 대한 가치의 기준 혹은 규범은 예술작품 속에서 실증적으로 발견될 수 있는 객관적 속성소에서 찾게 된다. 만일 이와 같이 객관적으로, 그리고 실증적으로 제시될 수 있는 작품의 속성소가 그 작품에 대한 가치판단의 기준이 된다면 그러한 가치판단은 객관적일 수 있을 것이다.

이렇게 한 작품의 어떤 속성소가 그 작품에 대한 가치의 기준이 될 때, 어째서 W_1이라는 작품은 걸작이고 W_2라는 작품은 졸작인가 하는 물음에 대해서 쉽게 대답할 수 있다. W_1은 a, b, c 등의 속성소를 갖고 있지만 W_2는 위와 같은 속성소가 없을 뿐만 아니라 오히려 $-a, -b, -c$ 등의 속성소만을 내포하고 있다는 것을 보여준다면, W_1은 걸작이라 하고 W_2는 졸작이라고 평가한 가치판단이 객관적으로 보장되었다고 말할 수 있다. 그리하여 제숩Jessop은 다음과 같이 쓰고 있다.

미학이론에 있어서나 실천에 있어서 우리가 요구하는 것은 판단규범인데, 미적 판단의 유일한 규범은 아름다움이라고 정의되는 속성소이다. 그리고 완전히 미적 판단을 보장할 수 있는 아름다움의 유일한 정의는 …… 대상들의 어떤 속성소에 대한 진술이다.[62]

실제로 예술비평가들이 어느 작품에 대해 평가를 할 때 그들이 제시하는 판단의 객관성은 그 작품의 속성소를 제시하는 것이라고 생각한다. 엘리엇의 시「황무지」는 고사故事들에 대한 암시가 많고, 이미지가 신선하고, 주제가 형이상학적이지만 박이문의『나비의 꿈』은 그런 요소들을 갖고 있지 않다든가, 피카소의 〈게르니카〉는 색채가 강렬하고, 황소가 그려져 있고, 반파시즘적 사상을 분명히 암시하고 있지만 박이문의 〈이대 캠퍼스의 초봄〉은 그런 요소들을 전혀 갖고 있지 않다든가, 혹은 로댕의 〈발자크〉는 터치가 거칠면서도 전체적으로 조화를 이루지만 박이문의 〈똘똘이〉라는 조각은 그런 요소들을 전혀 찾아낼 수 없다는 것이다.

만일 이처럼 작품 속에 있는 속성소가 작품에 대한 가치판단의 기준으로 제시될 수 있다면 실질적으로 기술적인 문제는 있을지 모르지만, 적어도 이론상으로는 예술작품에 대한 객관적인 판단이 가능하다. 그러나 문제는 과연 그렇다고 결론지을 수 있을까이다. 첫째, 이른바 예술적 가치를 판단하는 기준이 되는 예술작품의 속성소들은 그것이 어떤 것이건 간에 존재를, 어떤 사물의 현상을 지칭함에 지나지 않는다면 그것은 가치가 될 수 없다. 설사 그런 속성소가 지적되고 발견된다 하더라도 어째서 그것이 가치가 될 수 있는가 하는 문제는 계속 남아 있다. 어째서 조화로운 것, 참신한 색채, 형이상학적 주제, 혹은 복잡성 등이 가치가 될 수 있으며, 더욱이 예술적 가치가 될 수 있는가 하는 문제는 여전히 남는다. '무엇무엇'이라는 것은 그것이 아무리 자명하게 밝혀져도

---

62   T. E. Jessop, "The Objectivity of Aesthetic Value," in John Hospers, *Introductory Readings in Aesthetics*(N. Y., 1969), p.276.

거기서 그것의 가치라는 것이 인과적으로 혹은 논리적으로 추리될 수 없다. 간단히 말해서 사실로부터 가치를 이끌어낼 수 없다. 앞서 말했듯이 사실과 가치 사이에는 뛰어넘을 수 없는 논리적인 단절이 가로놓여 있기 때문이다.

둘째, 설사 a, b, c라는 속성소들이 높이 평가되는 작품들 속에서 발견된다고 하자. 이를 인정하면 귀납적으로 보아서 a, b, c라는 속성소들은 비록 예술적 가치의 충분조건이 되지는 못하지만 개별적으로 필요조건이 된다고 추리할 수 있다. 그리고 그래야만 한 작품 속에서 그러한 속성소들을 지적해 보여주는 것이 그 작품의 가치를 뒷받침하는 최소한의 근거가 될 것이다. 그러나 이것만으로는 예술작품의 가치를 결정하는 근본적인 근거로서 충분하지 못하다. 왜냐하면 어째서 a, b, c라는 속성소가 가치로 전환될 수 있느냐를 설명해주지 않기 때문이다. 그리고 더 나아가서는, 설사 a, b, c라는 속성소를 가진 작품들이 모두 걸작이라고 평가되었다 하더라도 그런 사실이 우연의 일치일 수도 있고, 따라서 반드시 a, b, c라는 속성소 때문에 걸작으로 평가된 것이 아닐 가능성도 있기 때문이다.

셋째, a, b, c라는 속성소들은 그것들이 배열된 형태에 있어서, 그리고 각 예술작품에 있어서 다 똑같이 평가될 수 없다. 어떤 속성소가 한 작품에서는 긍정적으로 평가된다 하더라도 다른 작품 속에서는 부정적으로 작용할 수도 있는 것이다. 빨간색이 W1이라는 작품 속에서는 긍정적인 기능을 할 수 있을지도 모르지만, W2라는 작품 속에서는 그 작품의 가치를 떨어뜨리는 효과를 낼 수도 있기 때문이다. 형이상학적 주제를 다룬 시가 모두 좋은 것은 아니며, 복잡한 줄거리를 가진 소설들이 모두 훌륭할 수는 없다. 오히려 그런 요소들이 어느 작품에 있어서는 그 작품의 가치를 깎아내리는 역할을 할 수도 있다.

넷째, 속성소들이 순전히 서술적 의미를 띤다면 그런 것들은 한 예술작품에 있어서 가치를 설명하지 못하며, 반대로 속성소들이 그 자체로서 평가적인 의미를 갖는다면 그것은 다시금 그 타당성이 비평가적인 것에 의해서 뒷받침되어야만 한다. 여기서 우리는 서술적인 것과 평가적인 것들 사이에 연결을 찾고자 하는 데서 생기는 패러독스를 알게 된다.

다섯째, 만약 가치의 기준이 작품의 속성소에 달려 있다면 한 예술작품의 가치판단은 쉽사리 객관적이게 될 것이지만, 그러나 사실상 대부분의 작품에 대한 가치평가가 일치되기는커녕 대개는 서로 상극된다는 사실은 어떻게 설명하겠는가? 이런 결과에 대해 객관적인 가치를 제대로 보지 못했다든가, 혹은 만일 그런 가치를 볼 수 있는 눈을 가졌다면 쉽게 발견할 수 있을 것이라는 대답을 할 수 있을 것이다. 그러나 문제는 어떤 것이 객관성을 보장하며 어떤 경우를 두고 객관적인 지각 혹은 인식이라고 말할 것인가라는 문제에 있다. 이런 문제를 풀지 않고 그저 막연히 객관적 인식을 주장한다면 그것은 전혀 쓸모없는 헛된 주장이 되고 말 것이다.

이와 같이 볼 때 한 작품이 지닌 속성소는 예술작품의 가치를 판단하는 기준이 되어줄 수 없다. 우리는 여기서 "예술작품의 가치는 무엇인가, 그것의 판단기준은 무엇인가" 하는 문제를 "'가치가 있다'라는 말은 무엇을 의미하는가"의 문제로 바꾸어 생각해볼 수 있을 것이다. 다시 말해서 "W라는 작품은 걸작이다. 혹은 예술적 가치가 있다"라고 할 때 '걸작이다' 혹은 '예술적 가치가 있다'라는 서술은 무엇을 의미하는지, 그것을 어떻게 설명할 수 있는지를 살펴봐야 하는 것이다. 가치의 기준을 작품의 객관적인 속성소에서 찾고자 하는 입장에서 볼 때 '가치가 있다'라는 말은 주어가 지칭하는 대상의 속성소를 지칭하거나 혹은 서술하는 것임을 전제한다. 그러나 특히 논리실증주의 이후 밝혀지고 있듯이 'X는 가치가 있다'라고 할 때 '가치가 있다'라는 술어는 주제의 어떤 속성을 서술하는 말이 아니라는 것은 부정할 수 없는 자명한 사실이 되었다. 이처럼 언어의 분석만으로도 예술적 가치는 물론 가치를 이야기하는 모든 말들, 즉 평가적 술어는 어떤 객관적인 존재를 지칭하지 않는다는 것이 확실하다.

예술적 가치는 어떤 객관적인 속성소를 지칭하지 않으며, 따라서 그러한 속성소들은 가치판단의 기준이 될 수 없다면 예술적 가치판단은 객관적일 수 없는 것인가? 그렇다면 모든 가치판단, 특히 예술적 가치판단은 주관적일 수밖에 없는가? 객관적 존재로서의 속성소를 들어 그것에 의해 예술적 가치를 판단하는 작업의 객관성을 보장하려는 시도가 무너질 때, 예술적 가치를 판단하는 것에 대해 그것의 주관성, 즉 비합리성을 주장하는 이론이 나오게 된다.

감상자의 반응

예술적 가치는 물론 모든 가치는 객관적인 존재를 지칭하는 것이 아니라 어떤 대상에 대한 주체자의 반응, 즉 사람의 태도를 말하는 것에 지나지 않는다고 볼 때 가치 일반, 그리고 예술작품의 가치에 대한 주관주의적 이론이 나타난다. 금이 가치 있다는 말은 금이 갖고 있는 화학적·물리학적 속성소를 서술하는 것이 아니라 단지 금이라는 사물에 대한 사람들의 좋은 반응이나 좋은 태도를 나타내는 말로서, 즉 사람들이 그것을 욕망하고, 소유하고자 한다는 말일 뿐이다. 금 자체는 좋지도 나쁘지도 않다. 마찬가지로 한 예술작품이 가치 있다는 말은 사람들이 그것을 욕망한다는 뜻에 지나지 않는다는 것이다.

가치라는 개념이 사물현상을 지칭하거나 서술하는 개념이 아니고 그런 것들에 대한 사람들의 반응을 뜻함에 지나지 않는다면, 그리고 한 사물현상에 대한 사람들의 반응 혹은 태도란 그들의 욕망이나 관심은 사람 개개인 또는 시간과 장소, 상황에 따라 달라질 수 있다는 것이 사실이라면, 어떤 사물현상에 대한 가치라는 것은 가변적인 것이고 주관적일 수밖에 없다. 모든 가치라는 것이 이런 종류의 것에 불과하다면 예술작품의 가치도 예외일 수 없다.

예술작품의 가치를 작품을 대하는 사람, 즉 감상자의 반응으로 보는 입장은 대개 다음의 세 가지로 나누어 검토될 수 있다. 그것을 디키의 분류를 따라 탄감주의emotivism, 비평단독주의critical singularism, 그리고 상대주의relativism라고 부르기로 하자.[63]

탄감주의는 하나의 의미론이다. 한동안 득세했던 논리실증주의자들에 의하면 일반 사람들뿐만 아니라 종래의 많은 철학자들까지도 문장의 의미를 흔히 잘못 이해했기 때문에 쓸데없는 논쟁, 헛된 문제를 야기하기도 하고, 엉뚱한 형이상학적 주장을 하기도 했다는 것이다. 그들에 의하면 우선 문장과 명제를, 그리고 문법적 구조와 논리적 구조를 혼동해서는 안 되는데, 왜냐하면 이러한 혼동 때문에 터무니없고 알쏭달쏭한 문제와 형이상학적 주장들이 마치 사실처럼 혹은 진리처럼 제시되어왔다는 것이다.

---

63   Dickie, 앞의 책, pp.170~182 참조.

ⓐ 장미꽃은 빨갛다.

ⓑ 장미꽃은 아름답다.

ⓒ 장미꽃을 꺾지 마라.

ⓓ 아! 장미꽃이여!

위의 ⓐ, ⓑ, ⓒ, ⓓ는 모두 어엿한 문장이다. 그러나 이 네 개의 문장 모두가 자동적으로 명제가 될 수 있는 것은 아니다. 명제란 주어와 술어라는 구성요소를 갖출 때에만 가능하기 때문이다. 이런 관점에서, 오직 ⓐ와 ⓑ만이 명제가 될 수 있다. 그런데 ⓐ와 ⓑ가 둘 다 문법적으로 주어와 술어를 갖추고 있고 그것들 간의 구조적 관계도 완전히 동일하기는 하지만, 그러나 엄격히 말하자면 단지 ⓐ만이 명제이다. ⓐ와 ⓑ가 비록 문법적으로 똑같은 구조를 갖고 있다 하더라도 논리적으로는 전혀 다른 구조를 갖는다는 것이다. ⓐ에 있어서의 문법적 주어인 '빨갛다'라는 말은 주어진 '장미꽃'의 어떤 객관적인 속성소를 서술하고 있지만, ⓑ에 있어서 '아름답다'라는 문법적 술어는 '장미꽃'이란 주어의 어떤 객관적인 속성소를 서술하는 것이 아니라, 그 문장을 사용한 사람의 장미꽃에 대한 느낌 혹은 반응을 나타낸 것이며 장미꽃을 서술하는 기능은 하지 않는다는 것이다. 문법적 구조와 논리적 구조가 서로 다름에도 불구하고 문법적 구조가 동일하다고 해서 착각을 일으켜 ⓑ를 ⓐ와 똑같은 식으로 해석하게 되었고, 그래서 이로부터 헛된 문제가 발생하고 엉뚱한 주장과 논쟁이 생기게 되었다는 것이다. ⓑ는 옳은 명제가 아니라 사이비 명제라는 것이다. 오직 진위를 따질 수 있는 ⓐ만이 명제이며, 따라서 오로지 ⓐ만이 인식적 내용을 가질 수 있고 ⓑ는 그런 인식적 내용이 없다는 것이다. ⓐ의 '빨갛다'라는 문법적 술어만이 인식적 의미를 가질 뿐 ⓑ에 있어서의 '아름답다'라는 문법적 술어는 다만 탄감적 의미만을 갖게 된다. 즉 '빨갛다'라는 말이 서술적 기능을 한다면 '아름답다'란 말은 평가적 기능을 한다. 그러므로 평가적인 말은 인식적 내용을 갖지 않고 오로지 감탄적 기능을 할 따름이라는 것이다. '아름다움'은 어떤 대상의 성질 혹은 속성을 지칭하여 그 대상에 대한 정보를 제공하는 말이 아니라는 것이다. 이와 같이 볼 때 '그는 착하다' 혹은 '그 작품은 훌륭하다'라는 말들 역시 평가적인 의미를 갖고 있으므로 '착하다'·'훌륭하다'라는 말들은 각각 도덕적인 차원에서, 그리고 예술적인 차원에서 탄감적 의미를 갖고 있다는 뜻이 된다.

예술작품의 평가에 있어 그것이 언제나 '이 작품은 좋다', '저 작품은 위대하다' 혹은 '그 소설은 훌륭하다'라는 말들로 표현될 수밖에 없다면 그러한 판단은 객관적으로 추정될 수 있는 어떤 대상을 지칭하는 것이 아니라 그러한 판단, 즉 발언하는 사람의 예술작품에 대한 느낌·반응을 나타낼 뿐이라는 것이다. 달리 풀어서 말하자면 '이 작품은 훌륭하다'·'이 조각은 좋다'라는 말은 '이 작품을 보면 마음이 흐뭇해진다'라든가, 또는 '나는 이 조각을 좋아한다'라는 말로 바꾸어 이야기할 수 있다는 말이다. 이렇게 풀이할 때 예술작품에 대한 가치판단은 무엇을 보고 감탄한 나머지 '어이구머니나!'라든가 무엇을 보고 크게 반감을 느끼면서 '이따위 것이!'라고 말하는 것과 근본적으로 다를 바 없다. 다시 비유를 해보자면 '이 곡은 아름답다'라는 종래의 이른바 평가는 '이 된장국은 꿀맛이다' 혹은 '나는 신 김치가 좋다'라는 말과 그 성질이 근본적으로 동일하다는 것이다. 한마디로 말해서 모든 가치판단이 그러하듯 예술작품에 대한 가치판단도 단순히 판단자의 감정이나 느낌을 나타내는 것에 불과하기 때문에, 근본적으로 객관적이거나 혹은 합리적인 근거는 제공할 수 없다는 것이다. 판단이란 말이 타당성을 전제하는 지적인 활동이라면 그런 지적 활동으로 볼 수 없는 예술작품에 대한 가치판단은 사이비 판단이며, 엄밀한 의미에서의 판단이 되지 않을뿐더러 예술적 가치판단에 대해서는 옳고 그름, 타당성과 비타당성을 물어볼 아무런 이유를 갖지 못한다고 한다. 그러므로 이러한 관점에서 볼 때, 예술작품에 대한 가치판단은 논의의 문제 밖으로 물러나게 된다.

과연 '이 작품은 위대하다', '이 작품은 걸작이다'라는 말이 단순히 감상자의 감동을 나타내는 것일까? 그런 말들이 어떤 산을 보고 '아! 아름답구나' 하는 감탄, 혹은 된장찌개를 떠먹으면서 '아! 맛이 꿀맛 같구나!' 하는 말과 동일한 성질의 것일까? 위와 같은 예술작품의 가치에 대한 발언이 '나는 팥밥을 좋아해'라든가 '나는 바다를 즐긴다'라는 말과 같은 종류의 기능을 하는가? '된장찌개는 꿀맛이다'라든가 '나는 산을 좋아한다'고 할 때 우리들은 그것에 대해 왜, 어째서 좋아하느냐고 묻지 않는다. 만일 그런 질문을 던진다면 우리들은 말의 용도를 잘못 이해하고 있다는 것을 드러내게 될 뿐이다. '나는 바다보다 산을 좋아한다'고 할 때도 마찬가지이다. 그러나 내가 '피카소의 〈게르니카〉는 걸작이다'라든가 혹은 '베토벤의 〈운명〉은 위대한 교향곡이다'라고 할 때 나는 굳이 그 이유에 대해 다른 사람들로부터 질문받게 된다. 예술비평가들은 어떤 작품을 비평할 때 단지 작품에 대한 그들의 반응을 나타내는 데 그치지 않고, 그들이 그렇게 판단한 이유를 항상 직접 혹은 간접적으로 뒷받침하여 말한다. 과연 그런 뒷받침이 객관적으로 설득될 수 있느냐 아니냐 하는 문제는 남는다고 하더라도, 어쨌든 판단의 근거를 조금이라도 들지 않은 비평이란 있을 수 없으며 그런 비평가는 이미 비평가로서의 역할을 중단한다. 자신의 판단에 대한 근거를 밝히려고 하는 한에서 그는 비평가일 수 있는 것이다. 이렇게 볼 때 예술작품에 대한 가치판단은, 그리고 가치판단 일반은 탄감주의emotivism가 생각하는 바와 달리 단순히 예술작품이나 어떤 대상에 대한 감상자의 감정 노출에 그치지만은 않는다. 내가 좋아하지 않는다고 해서 피카소의 〈게르니카〉나 도스토옙스키의『지하생활자의 수기』가 나쁜 작품이 되는 것이 아니고, 문학소녀들에게 인기가 있다고 해서 박이문의 시 「나비의 꿈」이 좋은 예술작품이 되지 않는다. 다수의 독자들이 감동은커녕 이해도 할 수 없지만 조이스의『율리시스』혹은 말라르메의 시들은 역사에 영원히 남는 걸작이 될 수 있는 것이다. 여기서 탄감주의를 극복할 수 있는, 그리고 대치할 수 있는 예술작품에 대한 가치판단의 주관성과 객관성에 대한 새로운 이론이 검토되어야 할 것이다. 디키가 상대주의라고 부른 입장이 바로 그러한 필요를 충당하고자 한다.

가치의 탄감주의의 대표자가 에이어Ayer라면 상대주의의 대표격은 헤어Hare이다. 상대주의에 따르면 이른바 평가적 언어는 어떤 객관적 대상을 지칭하여 설명하지는 않지만, 그렇다고 해서 논리실증주의자들이 생각나는 것처럼 단순히 화자의 감정이나 감정적 반응을 표상하는 것도 아니다. 그것은 보다 이성적인 태도를 나타내는 것인데, 정확히 말해서 천거commending하든가 혹은 그 반대의 입장을 나타내는 기능을 한다는 것이다. 즉 '이 예술작품은 좋다'라고 하는 문장을 평가적인 것이라 할 때 '좋다'라는 말은 화자의 감정을 표출함에 그치지 않고 그 작품을 칭찬하는 역할을 한다는 것이다. '좋다'라는 말은 '추천한다'라는 말과 동일한 의미다. 무엇을 칭찬하거나 추천하는 데는 반드시 어떤 규준이나 규범이 전제되어 있다. '이 칫솔은 좋다'라고 할 때 나는 좋은 칫솔의 규준을 전제로 하여 이 칫솔이 그 규준에 비추어 좋게 평가될 수 있는 근거를 갖고 있다고 말하는 것이다. 좋은 칫솔의 기준은 튼튼하면서도 잇몸을 상하지 않게 부드러운 것, 미관상 좋은 것, 싼 것 등등이 될 수 있을 것이다.

마찬가지로 '이 예술작품은 좋다'라고 할 때 그러한 가치판단에는 어떤 기준이 전제되어 있는 것이며, 그런 전제에 의해 실제로 그 예술작품이 그 기준에 적합한 속성소를 갖고 있다는 말이 된다. 물론 좋은 칫솔의 기준을 규정하듯이 좋은 예술작품의 기준을 그렇게 쉽게 결정할 수 있는 것은 아니다. 좋은 칫솔의 기준에 대해서는 큰 이견이 나오지 않겠지만, 좋은 예술작품의 기준에 대해서는 구구한 의견이 서로 다르게 나올 수 있다. 그럼에도 불구하고 '이 예술작품은 좋다'라고 할 때 어떤 기준이 전제되어 있다는 것만은 사실이라는 것이다. 기준이 전제된 판단이라는 점에서 예술작품의 가치평가는 어느 정도 이성적인 활동이며 그만큼 객관성이 보장될 수 있다는 것이다.

그러나 이러한 입장에서 분석된 가치평가 일반, 특히 예술작품에 대한 가치평가는 역시 주관적이며 상대적이다. 첫째, 하나의 기준에 의해 예술작품이 평가된다고 해도 그 기준의 기준 또는 그 기준의 기준의 기준 등의 근거에 대해서 질문이 나올 수 있다. 이런 물음에 대해 헤어는 가장 근본적인 기준은 합리적으로 찾을 수 있는 것이 아니라 결국은 결단에 의존한다고 한다. 그렇다면 예술작품에 대한 가치판단은 주관적일 수밖에 없음을 인정해야 하며 주관적이라는 점에서 상대성을 벗어날 수 없다. 가치판단 일반, 특히 도덕적 가치나 더 각별히, 예술적 가치의 판단에 있어서 평자들은 흔히 서로 상반되는, 서로 다른 근거를 제시하고 그런 토대 위에서 자신들의 판단을 합리화하고 있다는 사실, 다시 말해 가치판단의 기준을 달리하고 있다는 사실은 부정될 수 없다. 그렇다면 예술작품에 대한 가치판단은 궁극적으로 비합리적인 것이다. 우리는 예술적 가치를 판단하는 객관성이나 혹은 타당성을 결국은 찾을 수 없다는 결론을 받아들여야 한다.

이런 결론을 받아들일 때 예술작품의 가치를 판단하는 것에 대한 새로운 이론이자 주관적인 입장에 입각한 이른바 비평단일주의가 나타난다. 이 입장에 따르면 설사 어떤 원칙이나 기준이 칫솔이나 텔레비전 같은 사물을 평가할 때는 전제되어 있다고 해도, 예술작품을 평가할 때는 그런 것들이 적용될 수 없다는 것이다. 즉 한 예술작품을 평가하는 사람으로서의 비평가가 그 작품이 좋은 이유들을 제시한다고 해서, 그 이유들이 좋다는 가치판단의 기준이나 규범이 되어주지는 않는다. 그런 이유들은 사실상 이유가 아니며, 따라서 기준이나 규범도 아니며 그것들은 단지 그 예술작품이 갖고 있는 어떤 성질에 대하여 우리들의 주의를 이끄는 기능밖에는 하지 않는다는 것이다. 이러한 사실은 한 작품에서 그 작품의 가치를 높이는 속성소가 다른 작품에서도 그 작품의 가치를 높이는 동일한 기능을 할 수 없을 뿐만 아니라, 때로는 오히려 반대의 기능으로 나타날 수도 있다는 것을 설명해준다. 그래서 블로커는 "예술비평에서 볼 수 있는 평가 이유는 규범적인 것 같지는 않다. 왜냐하면 어떤 이유들이 일반화되고 다른 이유들이 적용될 수 있다고 해도 그 어느 것도 같은 미덕을 동시에 갖고 있는 듯이 보이지 않기 때문이다"[64]라고 말한다. 이런 점은 개탄할 성질의 것이 아니라 당연하다는 것이다. 왜냐하면 "만약 평가 이유가 규범으로 환원될 수 있다면 예술은 예술이라기보다는 과학이 될 것이며 예술가들이 마치 엔지니어처럼 훈련받을

64   Blocker, 앞의 책, p.263.

수 있게 될 것"[65]이기 때문이라고 그는 주장한다.

위에서 살펴본 세 가지 주관주의의 설명대로 예술작품에 대한 가치 평가가 이처럼 무정부주의적이라면 예술사라는 사실을 어떻게 설명할 것인가? 예술사에 남은 작품들은 수많은 예술작품들 가운데서 중요한 가치가 있기 때문에 선정된 극소수의 작품들이다. 만약 예술작품에 대한 평가가 주관적일 수밖에 없다면 그러한 작품 선정은 다수결에 의해서이거나, 아니면 소수 사람들의 기호에 의해서 독단적으로 선택된 것으로 설명될 수밖에 없다. 그러나 이런 결론은 물론 사실과 일치하지 않는다. 한 사람의 비평가가 예술작품을 평가할 때 자신의 감정에만, 자신의 판단에만 의존하는 것 같지 않거니와, 많은 사람들이 느낀다고 해서 그 작품이 훌륭한 작품이라고도 말할 수 없는 것이 예술사를 통해서 볼 수 있는 엄연한 사실이다. 그렇다면 우리가 당면한, 평가에 대한 철학적 문제는 위와 같은 사실을 달리 설명해줄 수 있는 이론을 찾아내는 데 있다. 여기서 비어즐리의 '도구주의instrumentalism'를 검토해야 할 자리에 서게 된다.

기능적 평가

비어즐리는 그의 저서 『미학』 제10장과 제11장[66]에서 이미 예술작품 평가에 있어 고전으로 되어 있는 이론을 전개한다. 그에 의하면, 평가는 언제나 평가의 근거에 의해서 뒷받침되고 있다. 비평가가 예술작품을 평할 때 그는 그냥 '좋다' 혹은 '나쁘다'라는 판단을 내리는 데 만족하지

---

65   위의 책, p.264.
66   Beardsley, 앞의 책, pp.454~557.

않고, 반드시 어떤 이유에서 그러한 판단이 내려지는가를 이야기한다. 그 이유로는 언제나 평가의 기준이 제시된다. 일단 그런 기준이 서면 그러한 것에 입각해서 작품의 가치를 판단한다는 것이다. 가령 한 개별적인 작품의 가치는 그 작품이 갖고 있는 성질을 관찰함으로써 연역적으로 추리되어 객관적으로 그 가치가 측정될 수 있게 된다. 만일 복잡한 내용을 가진 작품은 모두 좋다라는 일반적인 명제가 예술작품의 가치를 규정하는 원칙으로 결정되었을 때, 한 개별적인 작품의 가치는 복잡성을 갖고 있느냐 아니냐에 따라 좋은 작품이라든가 나쁜 작품이라고 판단될 수 있다는 것이다.

단순히 한 가지 혹은 몇 가지 기준에 따라서 모든 예술작품들이 한결같이 판단되지는 않는다. A1이라는 작품은 a라는 속성소 때문에 좋게 평가되지만, A2라는 작품은 b라는 속성소 때문에 좋다고 판단된다. 도스토옙스키의 소설 『죄와 벌』은 그 작품이 주는 강력한 정신적 충격 때문에 위대한 작품이지만, 보티첼리Botticelli의 그림 〈비너스의 탄생〉(그림 21)은 조화로운 구성 때문에 좋다고 판단할 수 있으며, 루소Rousseau의 그림 〈J. 브뤼네르의 초상〉(그림 22)은 스타일의 독특성 때문에 훌륭하

그림 21 보티첼리, 〈비너스의 탄생〉

그림 22 루소,
〈J. 브뤼네르의 초상〉

다고 평가될 수 있다. 이런 사실은 어떤 단일한 기준이 일률적으로 모든 작품들에 적용될 수 없다는 것을 증명한다. 그런데 이와는 달리, 비어즐리는 모든 예술작품에 보편적으로 적용될 수 있는 기준이 있다고 확신했다. 만일 이와 같은 기준 혹은 규준들이 발견되지 않는 한 예술작품의 가치판단은 객관성을 가질 수 없다. 비어즐리는 가치판단의 기준이 모두 같은 종류의 것이 아니라 두 가지 종류로 나뉠 수 있다고 생각한다. 하나는 1차적 원칙primary principle이고 다른 하나는 2차적 원칙secondary principle이라고 불린다. 예술작품에 대한 가치평가를 두고 고려할 때, 전자는 모든 작품에 일률적으로 적용할 수 있는 것이며 후자는 그렇지 못한 것이다. 그러나 따지고 보면 후자, 즉 2차적 원칙은 1차적 원칙에 의해서 통괄되고 흡수될 수 있다는 것이다. 예를 들어 한 작품의 가치가 '조화롭다'는 점에서 평가되고 다른 작품의 가치가 '멋있다'라는 특성에 의해서 평가된다 하더라도, '조화롭다' 혹은 '멋있다'라는 성질들은 통일성이라는 원칙에 의해 포괄될 수 있다는 것이다. 그러므로 언뜻 보기에 여러 작품들이 서로 다른 기준들에 의해서 평가되는 것처럼 보일지라도 사실상 그것들은 보다 근본적인 동일한 원칙을 전제하고 있을지도 모른다는 것이다. 사실 모든 비평의 기준으로 제시된 다양한 원칙들을 검토하면 그 밑바닥에는 통일성unity, 강렬성intensity, 그리고 복잡성complexity이라는 가장 일반적인 원칙들이 전제되어 있다고 비어즐리는 주장한다. 그밖의 원칙들 혹은 평가기준들은 위의 세 가지 가운데 어떤 한 원칙을 전제하는 2차적 원칙에 불과하다는 것이다.

통일성의 원칙은 한 작품의 질서를 말한다. 구성이 잘되었다든가, 앞뒤가 일관성 있게 들어맞는다든가 혹은 조화롭다든가 하는 성질로서 통일성의 속성소는 구체적으로 나타난다. 강렬성의 원칙은 한 작품이 깊은 감동을 줄 수 있는 내용을 갖는다든가 혹은 작품의 짜임새가 밀도 있다든가 새롭다든가 독창적이라는 등의 말로 구체화된다. 마지막으로 복잡성의 원칙은 한 작품이 그 내용에 있어서나 주제의 폭에 있어서 깊이가 있고 포괄적이라든가, 다양성을 지니고 있다는 말로 풀이된다.

일단 위와 같이 예술작품에 대한 가치평가의 원칙이 정립되고 우리가 그것을 받아들인다면, 개별적인 예술작품의 가치는 그것이 실제로 위와 같은 속성소나 성질을 소유하고 있느냐 아니냐를 작품 속에서 경험적으로 찾아냄으로써 결정될 수 있게 된다. 위의 세 가지 원칙이 제시하는 속성소를 전혀 갖지 않은 작품은 가치가 없다고 논리적으로 추리될 수 있으며, 한 가지 요소를 가진 작품보다는 세 가지 요소를 모두 갖춘 작품이 더욱 가치 있다는 결론이 나오게 된다. 이처럼 예술작품에 대한 가치평가는 주관적·즉각적 반응을 나타낸 것이 아니라 엄격한 논리적 활동을 수반한다.

그렇다면 문제는 어떤 근거에서 위의 세 가지 원칙이, 즉 통일성·강렬성·복잡성이 예술작품의 가치를 규정하는 척도가 될 수 있는가 하는 점이다. 이런 성질들이 어떻게 예술작품 평가의 기준이 될 수 있는가? 비어즐리는 그 대답을 예술적 경험에서 찾는다. 그에 의하면 다른 종류의 경험, 예를 들어 지적 경험 혹은 맛이나 섹스에서와 같은 생리적 경험과 구별될 수 있는 고유한 경험으로서 예술적 경험이, 보다 정확히 말해서 심미적 경험이 따로 존재한다는 것이다. 이러한 경험을 분석해보면 그것의 바탕 혹은 근거는 통일성·강렬성, 그리고 복잡성으로 나타난다는 것이다. 또한 이러한 속성소에 의해 얻을 수 있는 심미적 경험은 그 자체로서 가치가 있다고 한다. 예술적 혹은 심미적 경험은 마치 진리·사랑·건강 등이 내재적 가치가 있는 것이듯, 마찬가지로 그 자체로

서 다른 변명이나 이유를 필요로 하지 않는 내재적 가치가 있다는 것이다.[67]

이와 같이 볼 때 한 예술작품의 가치는 그 작품의 내재적 가치인 심미적 경험을 얼마만큼 야기시켜주느냐에 달려 있다. 다시 말하면 예술작품의 가치는 심미적 가치를 자아내는 도구로서만 평가된다. 그리고 이러한 예술작품에 대한 가치평가는 구체적으로 통일성·강렬성·복잡성이라는 척도에 의해 어느 정도 객관적으로 이루어질 수 있다는 것이다.

이상에서 살펴본 바에 의하면 가치평가 일반, 그리고 예술작품에 대한 가치평가는 그 평가대상 혹은 그 예술작품에 부여되어 있다고 전제되는 기능에 달려 있다. 적어도 예술작품에 있어서의 작품의 가치란 그것이 지니고 있는 속성소를 지칭하는 것도 아니고, 그 작품에 대한 감상자의 감성적 반응을 지칭하는 것도 아니며, 그것의 주어진 기능을 지칭하는 것이다.

가치 일반, 그리고 예술작품의 가치를 기능이라는 차원에서 해석하는 비어즐리는 앞에서 본 몇 개의 이론에 비추어볼 때 새로운 방향을 제시하는 발전된 이론이다. 그러나 몇 가지 점에서 비어즐리의 도구주의는 만족스럽지 못하다. 첫째는 그의 이론이 전제하고 있는 예술적 경험의 특수성이다. 이미 오래전에 디키에 의해서 반박되었고 뒤에 다시 거론되겠지만 그러한 경험의 존재는 매우 의심스럽다. 둘째, 설사 그러한 심미적·예술적 경험의 존재를 인정하더라도 그것이 통일성·강렬성·복잡성이라는 속성이나 성질로서 규정될 수 있는지 극히 의심스럽다. 위와 같은 속성들을 지니고 있다 해서 반드시 좋은 작품이 되는 것도 아

---

67   위의 책, p.543.

닌 것 같다. 가령 도스토옙스키의 『지하생활자의 수기』가 어째서 그런 속성소들에 의한 내용을 갖고 있으며 박이문의 단편 「산심수필山心隨筆」은 그렇지 않은지가 뚜렷하지 않다. 한 과학논문 혹은 어떤 연설문은 위와 같은 속성소를 다분히 갖고 있다고 생각될 수 있지만, 그렇다고 그런 것들이 훌륭한 예술적 가치가 있다고는 말할 수 없을 뿐만 아니라 예술작품으로 취급될 수도 없는 것이다. 어떤 자연현상 혹은 수많은 비예술적 제작품들도 예술작품 이상의 통일성·강렬성·복잡성을 가질 수 있지만, 그렇다고 해서 그런 것들이 예술적 가치가 있는 것은 아니다. 예술적 가치를 기능적으로 보았다는 점에서는 비어즐리가 옳았지만 그 기능을 통일성·강렬성, 그리고 복잡성이라는 어떤 속성소, 즉 객관적인 속성소에 결부시켰다는 점에서 그는 착각을 일으키고 있는 것 같다. 기능은 객관적으로 존재하는 사물현상이 아니다. 그것은 인간이 어떤 사물현상에 부여하는 역할인 것이다. 이런 관점에서 볼 때 그는 기능의 의미를 착각하고 있다. 비어즐리는 가치를 기능으로 보고 있는 것 같지만 사실상 그는 가치를 다시 사물현상으로 환원시키고 있었던 것이다.

예술작품의 가치평가가 다른 것들의 가치평가와 마찬가지로 기능에 달려 있다면 예술의 기능은 무엇일 수 있는가? 비어즐리가 주장하는 바와는 달리 예술의 기능을 너무나도 막연한 예술적 경험에서는 찾을 수 없다면, 다시 말해 예술적 경험이라는 막연한 개념으로 예술작품의 가치를 평가할 수 없다면, 그 기능은 무엇일 수 있는가? 다시 한 번, 예술작품의 기능은 무엇이라고 풀이되어야 하는가? 이러한 물음에 대한 해답을 찾았을 때 비로소 가치평가가 가능하며, 이런 때에만 이 예술작품에 대한 가치평가의 합리성이 보장될 수 있다.

작품의 기능

예술이 귀중하다고는 하지만, 그리고 예술작품은 언제나 창작되어왔으며, 따라서 읽히고, 전시되고, 연주되어 감상되지만 적어도 1차적으로는 과학이론이나 혹은 농산물·공산품과 같은 물질적 생산품보다 실생활에 중요한 역할을 하지는 않는 것 같다. 물질적 충족을 강조하고 과학적 지식이 가져오는 기술이 존중되는 오늘과 같은 시대에 있어서는 더욱 그렇게 보인다. 괴테나 피카소는 에디슨이나 아인슈타인만큼 직접적이고 절실한 의미나 비중을 갖지 않는다. 실생활에 물질적 편의를 제공하는 과학적 지식이나 기술의 개발을 위해 투자되는 비용은 예술의 진흥을 위해서 사용되는 비용에 비해 엄청나게 커다란 비중을 차지하고 있다. 그러나 예술가들 개인의 입장에서 볼 때 과학자나 기술자 혹은 경제학자에 비해서 자신의 작업에 보다 전인간적인 투자를 하고 있거나, 한 번뿐인 자신의 삶을 온통 자신의 창작 작업에 걸고 몰두하는 예를 허다하게 찾아볼 수 있다. 그들에게 있어서 예술은 단순히 어떤 목표를 성취하기 위한 수단에 그치지 않고 그 자체로서 가치 있는 실존적 의미를 지닌다. 예술을 위하여 물질적인 풍요나 사회적인 명예를 버리고 경제적으로나 사회적으로 비참한 소외자가 되기를 스스로 선택했던 수많은 예술가들이 있어왔음을 우리는 잘 알고 있다.

그렇다면 예술의 가치는 무엇인가? 예술이라는 분야, 창작이라는 활동이 어느 사회, 어느 시대를 막론하고 존재해왔다는 것이 사실이라면 그것은 반드시 인류 전체에 공통적으로 어떤 보편적인 예술적 가치가 있다는 것을 의미한다. 그러나 또 한편으로 예술은 과학적인 지식이나 기술, 더 구체적으로 인간의 의식주만큼 중요하고 절실한 가치를 갖고 있지 않을 뿐 아니라 예술이 다소나마 가치를 갖고 있다 해도 그것이 어떤 목적을 충족시켜주는지조차도 분명하지 않다. 도대체 예술은 어떤 가치를 갖고 있는가?

예술의 가치에 대한 물음은 그 자체로서 질문의 내용이 분명하지 않다. 그 물음은 예술작품의 가치 문제로 풀이되는데, 이 질문도 사실상 두 가지 서로 다른 종류의 질문으로 분리하여 검토되어야 한다. 첫째는 예술작품의 예술적 가치이며, 둘째는 예술작품의 비예술적 가치이다. 이러한 구별은 자율적 가치와 타율적 가치로 바꾸어 생각할 수 있다. 왜냐하면 이 두 가지 가치가 반드시 일치하지 않기 때문이다. 한 사물의 가치는 그것이 수행할 수 있는 기능에 따라 측정되고 그러한 기능은 오로지 그 사물, 그리고 모든 그와 같은 종류의 사물들만이 할 수 있는 그 사물 고유의 기능과 어떤 다른 사물도 할 수 있는 기능으로 분류할 수 있다. 물항아리는 물을 담는 것이 그것에 부여된 원래의 고유의 기능이지만, 또한 정원이라든가 응접실의 장식에 이용되는 기능을 할 수도 있다. 사과는 사람에게 영양분을 보충하는 기능을 할 수도 있지만 책상 위에 놓여 있을 때는 장식의 기능을 할 수도 있다. 마찬가지로 예술작품도 그것 고유의 기능, 과학이나 농공산품이 담당할 수 없는 어떤 특수한 기능을 하고 있음이 틀림없고, 또 바로 그런 이유에서 예술작품이 다른 사물현상과 구별되고 있기는 하지만 그것은 또한 다른 방법에 의해 다른 것들도 할 수 있는 여러 가지 기능을 맡을 수 있다. 전자와 같은 예술작품의 자율적 기능을 시간과 공간을 초월한 인간 욕망의 어떤 보편적 욕구를 만족시켜주는 것으로 해석할 수 있다면, 후자와 같은 예술작품의 타율적 기능은 역사나 사회에 따라서 변동하는 사회적·개인적 욕구를 만족시켜주는 것으로 풀이할 수 있다.

한 사물 혹은 어떤 활동의 가치는 그것에 부여된 기능이 얼마나 잘 충족되었느냐에 따라서 상대적으로 평가된다. 그리고 기능이란 우리가 사물에 대해 기대하는 욕망의 충족성을 말하는 것에 지나지 않는다. 그럼에도 불구하고 예술작품의 가치에 대한 혼란이 아직도 해소되지 않는 이유는 첫째, 예술의 자율적 기능, 즉 예술작품의 고유한 기능과 예술작품의 타율적 기능, 즉 예술작품의 고유한 기능이 아닌 파생된 기능을 흔히 혼동하고 있기 때문이며, 둘째, 설사 그러한 기능에 대한 구별이 명확하더라도 각기 자율적 기능과 타율적 기능이 도대체 어떤 것일 수 있는가가 분명하지 않기 때문이다. 그러므로 예술작품의 가치에 대한 검토를 위해서는 위와 같은 문제들의 해결이 선행되어야 한다.

이러한 맥락에서 예술작품의 고유한, 내재적 혹은 자율적 기능이 무엇인가 하는 문제를 잠시 남겨두고 먼저 예술작품의 비예술적 기능, 즉 타율적 기능이 무엇인가를 생각해보기로 하자. 그것은 편의상 대체로 장식적 기능, 교육적 기능, 그리고 심리적 기능으로 나누어 고찰할 수 있다.

장식적 기능

예술작품이라고 해서 모두가 한결같이 일상적인 의미에서 아름다운 것은 아니다. 어떤 예술작품 앞에서 우리는 더러 끔찍하다는 체험을 하기도 한다. 그리스의 비극들은 결코 달이나 꽃이 아름답다는 뜻에서 우리들의 마음을 사로잡지 않는다. 그것들은 문자 그대로 비극적이다. 뒤샹의 '샘'이라는 제목의 변기나 보스Bosch의 환상적 그림 〈건초 마차〉(그림 23), 혹은 밀러Miller의 소설 『섹서스』, 더욱이 피아노를 망치로 때려 부수고 깽깽이를 뜯는 존 케이지 등에 의해 시작된 이른바 전위음악이 결코 아름다수 없다.

그럼에도 불구하고 모든 예술작품들은 우리들에게 기이한 쾌감을 준다는 점에서 다 같이 아름답다. 그것들은 우리들의 감수성을 일깨우든가 혹은 가다듬어주고 우리들의 사고를 자극하기도 하며, 우리들의 경직된 논리를 유순하게 풀어주기도 한다. 그러기에 피카소의 무쇠로 만든 괴상한 조각이 시카고의 시청 앞 광장을 장식하고, 샤갈의 몽상적 그림이 파리의 오페라 극장 천장을 꾸며놓고 있는 것이다. 흔히 시골집 벽에는 밀레의 〈이삭 줍는 사람들〉(그림 24)이 걸려 있어 초라한 벽을 꾸며주고, 벼락부자들의 응접실은 신윤복의 〈풍속도〉(그림 25)나 이상범의 산수화로 장식되어 있다. 고전 음악들이 요란스럽고 혼돈된 음의 세계에서 장식의 역할을 할 수 있다면 저녁에 공연되는 연극들은 한 도시, 한 문화를 장

그림 23 보스, 〈건초 마차〉

식하는 듯하다. 뒤에서 다시 논의될 문제로, 잘못된 생각임에 틀림없기는 하지만 예술과 아름다움이 흔히 같은 것으로 취급되어온 것은 우연한 일이 아니다. 무엇이라고 정확하게 규정할 수는 없지만 우리는 다 같이 아름다움을 추구한다. 비록 아름다움이 우리에게 가장 절실하고 다

그림 24 밀레, 〈이삭 줍는 사람들〉　　**그림 25** 신윤복, 〈풍속도〉

급한 가치는 아닐지라도 우리 모두 아름다움을 추구하고 있다는 사실은, 우리에게 있어서 직접 실용성이 없다 할지라도 어쨌든 아름다움이란 별개의 가치를 지니고 있음을 방증한다. 같은 값이면 아름다운 사과를 먹고 싶고, 같은 값이면 아름다운 아내를 맞이하고 싶고, 같은 값이면 아름다운 말을 골라 쓰고 싶어한다. 사과를 먹는 본래의 이유가 영양을 보충하는 데 있고, 아내를 맞이하는 원래의 이유가 자녀를 두어 생리적 존속을 도모하는 데 있으며, 말을 하는 이유가 뜻을 전달하는 데 있다면 사과의 아름다움, 아내의 아름다움, 말의 아름다움은 실용적 기능의 입장에서 볼 때 장식적이며 또 본래적 기능의 입장에서 볼 때 비본래적이며, 따라서 부차적 기능을 한다고 볼 수밖에 없다. 예술작품의 본래적 가치가 어쨌든 간에 예술작품이 우리들의 생활환경, 감수성, 생각을 장식해줄 수 있고, 또 사실 그러한 기능도 하고 있다는 사실은 부정될 수 없다. 한 폭의 그림이 어떤 사랑방의 벽을 장식해주고, 한 개의 조각품이 어떤 집 마당 혹은 마을을 장식해주듯이 예술작품이 어떤 문화 혹은 인간의 생활을 장식해주고 있음은 부정할 수 없는 객관적인 사실이다. 예술작품으로 장식된 어떤 방, 어떤 집, 어떤 사회, 어떤 문화는 그만큼 아름다워지고 또한 부드러워진다.

교육적 기능

예술작품이 장식적 기능을 할 수 있으며 또 장식적 기능을 해왔음에 틀림없지만, 더 크고 중요한 기능은 넓은 의미에서 교육적이라는 데 있다. 예술은 인간을 여러 측면에서, 즉 감성적으로, 지적으로, 그리고 도덕적으로 개발해준다.

시나 소설과 같은 문자예술은 독자에게 과학으로는 도달할 수 없을 만큼의 인간에 대한 진실성을 보여주고, 사회나 역사에 대한 의식과 지식의 폭을 넓혀주며, 또한 도덕적 감수성을 고양하는 데도 크게 기여한다. 한 편의 위대한 소설을 읽었을 때, 혹은 하나의 훌륭한 연극을 보았을 때, 우리는 흔히 커다란 정신적 충격을 경험한다. 문학이나 연극이 우리의 마음을 끄는 이유는 바로 위와 같은 정신적 충격에 있는지도 모른다. 도스토옙스키의 『죄와 벌』을 읽은 후에, 혹은 셰익스피어의 『리어왕』을 관람한 후에 우리는 우리가 알아왔던 세계가 뒤바뀌고 뒤집히는 느낌을 가질 수 있다. 그런 작품들은 우리들이 이제까지 살고 있던 세계 속에 우리가 안주하는 것을 용납하지 않는다. 그것들은 우리들이 세계를 새로운 것으로 볼 수 있게 하고, 우리들 자신을 새로운 감각으로 느끼게 하며 우리들 행위의 의미를 새로운 빛으로 조명한다. 예술이 마련하는 이러한 경험은 비단 문학작품만을 통하는 것이 아니다. 위대한 그림을 보았을 때, 멋진 무용을 구경했을 때, 훌륭한 음악을 들었을 때도 마찬가지이다. 미켈란젤로의 그림 〈천지창조〉를 보았을 때, 차이콥스키의 음악과 함께 〈백조의 호수〉라는 무용을 감상했을 때, 혹은 오페라를 듣고 오페라 극장을 나왔을 때 우리는 경우에 따라 세계와 우리 자신이 달라진 것을 발견할 수 있다. 이처럼 예술작품은 전인적인 차원에서 우리들을 개발해준다. 예술작품과의 접촉을 통해 우리들은 세계를 새로운 눈으로 보게 되고, 사물현상을 새로운 차원에서 신선하게 느끼며 우리들의 행위를 새로운 도덕적 척도에서 평가하게 되는 것이다. 예술은 지적으로, 감성적으로, 그리고 도덕적으로 우리를 개발해주며 이런 의미에서 예술은 극히 교육적인 기능을 담당한다고 할 수 있다.

예술작품을 만드는 과정에서는 물론 그것을 감상하는 과정에서도 우리에게는 사물현상이나 그밖의 복잡한 도덕적 문제, 혹은 삶의 의미 등에 대한 민감한 지성이 요구된다. 한 폭의 그림은 도식적으로는 식별할 수 없는 선이나 색·공간에 대한 인식을 촉구하며 하나의 장편소설, 한 편의 시는 누구나 쉽게 알고 있는 사전적 의미가 아닌, 언어가 갖는 특수한 의미의 뉘앙스를 파악할 수 있는 심오한 감수성과 지적 능력을 요구한다. 모든 예술작품이 반드시 어떤 의미에서든 무엇인가를 표상하거나 표현하고 있다는 것을 부정할 수 없다면, 그리고 그럼에도 불구하고 예술적 표상이나 표현이 과학적·일상적 표상이나 표현과는 구별되어야 한다면, 그것은 예술적 표현 혹은 표상이 과학적 또는 일상적 표상이나 표현과는 서로 다른 인식적인 측면을 갖고 있음을 의미한다. 다시 말해 예술은 과학이 담당할 수 없는 진리를 나타낼 수 있다는 점을 의미하는 것이다. 만약 과학적 표상이나 표현이 사물현상에 대한 극히 투명한 의식을 바탕으로 하고, 그래서 그만큼 쉽게 이해될 수 있다면 예술적 표상이나 표현은 보다 덜 투명한, 따라서 보다 더 세밀한 지적 능력을 요구한다고 보아야 한다. 이런 관점에서 볼 때 예술가 자신들은 물론 일반적으로 우리들이 믿고 있는 생각, 즉 예술은 과학이나 일상적 방법으로는 나타낼 수 없는 진리를 드러내 보여주며, 그런 진리를 표상하거나 표현하고 있다는 생각에는 충분한 근거가 있다. 제작 과정에서나 감상 과정에서 예술작품은 사물현상이나 생각이나 느낌에 대한 각별히 세심한 식별을 요청하고 있다는 사실만으로도 예술적 활동은 비지적非 知的인 활동이 아니라는 것이 자명하게 밝혀진다. 그림이나 조각들이 우리들에게 지금까지 보지 못한 새로운 사물현상이나 형태를 보여주기도 한다. 문자예술로서의 문학은 더욱 그러하다. 문학은 한 사회, 한 시대, 한 인간을 섬세하게 보여준다. 문학작품, 특히 소설을 통해 우리는 한 시대, 한 사회, 한 역사를 배울 수 있다. 발자크의 소설을 읽고 19세기 프랑스의 시대상·사회상, 그때의 사상·관습·의복차림·생활양식 등을 알 수 있으며, 이광수의 소설들을 통해 20세기 초 한국의 지적·도덕적·정치적·사회적 상황을 배울 수 있다. 문학작품들이 지적으로 우리를 개발해주는 것보다 더 근본적인 것은, 다시 말해서 한 시대상, 한 사회상을 알게 되는 것보다 더 근본적인 것은 삶이라는 것, 삶 자체이다. 우리들은 문학작품이라는 상상적 세계를 통해 삶의 여러 가지 상황, 삶의 가능성, 삶의 의미 등을 배우는 것이다. 비록 모든 인간은 개인적으로 단 한 번의 삶을 살 수밖에 없지만 문학이 보여주는 다양한 삶들을 관찰함으로써 우리들 자신의 삶의 지평이 확대되고, 그만큼 우리는 우리 자신의 삶에 대한 의식을 새롭게 하고 또 반성하여, 보다 진실한 삶의 가능성을 마련할 수 있다. 설사 모든 형식의 예술이 한결같이 그런 것은 아니라고 해도 적어도 문학, 특히 소설이나 희곡은 가장 적절하고 총괄적이며 진실한 삶의 교재라고 생각된다. 일단 세르반테스의 『돈키호테』를 읽고 나면 우리는 사람들을 새로운 눈으로 구별해낼 수 있다. 혹은 일단 세잔의 그림들을 보고 나면 우리는 이미 자연의 형태를 전과 똑같은 눈으로만 볼 수 없게 된다. 이처럼 예술작품은 지식과 지혜의 저장소일 수 있으며, 그런 점에서 교육적인 기능을 한다.

　비단 지적일 뿐만 아니라 감성적으로도 예술은 우리를 개발해준다.

그리고 이런 점에서도 역시 예술은 교육적이다. 새로운 것, 새로운 측면에 대해 새롭게 볼 수 있는 능력, 새로운 반응을 할 수 있는 것은 감수성이다. 모든 예술작품 하나하나가 한결같이 유일한 것으로 존재한다는 점, 다른 표상이나 표현으로 대치될 수 없는 존재론적 구조를 갖고 있다는 사실은 한 예술작품이 유일한 세계를 갖고 있음을 말해준다. 그리고 이는 예술작품은 다른 것으로 번역되거나 환원될 수 없는 감수성에서만, 즉 유일한 관점에서만 이해되고 평가될 수 있다는 것을 의미한다. 이런 관점에서 볼 때 예술을 두고 각별히 창조적 혹은 상상적이라는 말을 사용하게 된 것은 결코 우연한 일이 아니다. 고질화된 개념의 테두리를 벗어나서 사물현상을 보고, 생각하게 하는 것은 상상력이며, 석화石化되기 쉬운 우리들의 사고나 가치관에서 우리를 해방시켜주는, 논리적 사고를 뛰어넘을 수 있는 직관을 전제로 하는 것이 창조성이다. 예술작품의 제작 과정을 통해서 혹은 이미 제작된 예술작품과의 긴밀한 접촉과 주의 깊은 감상의 과정을 통해서, 우리들의 상상력과 창조성은 보다 잘 개발될 수 있다. 예술작품은 개념화된 사고 이전의 사고력, 즉 감수성이 선행됨으로써만 창작되고 감상될 수 있다. 개념적 사고가 사고에 질서를 굳히는 작업이라면 상상력은 새로운 사고를 가능하게 하는 원동력이 된다. 모든 차원에서 무엇을 하든 간에 상상력·창조성의 중요함은 두말할 필요도 없다. 그러한 능력을 가장 효율적으로 개발해주는 예술적 활동의 중요성, 그리고 교육적 가치는 납득되고도 남는다. 특히 모든 사고와 생활방식이 과학적으로 경직되고, 그에 따라 기계화되고 있는 오늘날의 정신적·문화적 상황에 있어서 사물현상을 새로운 감수성으로 접하고, 모든 문제를 새로운 각도에서 보다 총괄적이고 조화롭게 볼 수 있도록 도와주는 상상력의 개발은 더욱 절실하게 요청되는 것이다. 예술은 이와 같은 상상력의 개발, 창조성의 개발에 도움을 준다는 점에서 큰 의미를 가지며 교육적인 기능을 할 수 있다.

그리고 예술의 교육적 효과는 지적인 차원과 감성적인 차원에서만 끝나지 않는다. 예술작품의 도덕적 기능을 잊어서는 안 된다. 예술작품이 영향을 끼치는 도덕적 기능은 개인적인 차원과 사회적인 차원의 두 가지 차원에서 설명될 수 있다. 그리스의 비극을 읽거나 도스토옙스키의 『죄와 벌』 혹은 말로의 『인간의 조건』 또는 로렌스의 『채털리 부인의 사랑』을 읽었을 때 우리는 일종의 도덕적 충격을 받는다. 우리는 작품의 주인공들과 함께 도덕적 갈등을 체험하며 도덕적 가치에 대한 새삼스러운 짙고 깊은 사색에 잠기지 않을 수 없다. 이러한 작품들을 통해 우리는 참된 의미에서, 그리고 진실한 의미에서 도덕적 인간이 어떤 것일 수 있느냐를 배우고 주인공들의 삶을 거울로 삼아, 보다 도덕적인 인간이 되고자 하는 충동과 의욕을 체험한다. 예술작품 일반에 일률적으로 적용시켜 말할 수는 없을지라도 적어도 문학작품에 대해서는 그것이 살아 있는 도덕적 드라마, 도덕적 시험장이라고 말해도 지나친 과장은 아닌 것 같다. 어쩌면 어떤 도덕 교과서, 교훈 서적보다 문학작품들이 더욱 훌륭하고 효과적인 도덕적 가르침이 될 수 있다. 인간의 삶에 있어서 중요한 문제를 꼽을 때 도덕적인 문제를 빼놓을 수 없는 것이 사실이라면 문학에서만큼 삶의 도덕적 문제를 배울 수 있는 곳은 찾아보기 어렵다.

예술은 개인적인 차원을 넘어 사회적인 테두리에서도 도덕적인 기능을 한다. 예술은 효과적으로, 그리고 지속적으로 사회비판적 역할을 수행하며, 또한 이를 통해서 넓은 뜻의 사회에 대한 도덕적인 기능을 한다는 말이다. 예술작품은 한 사회의 기존 가치 또는 기존 체제를 비판할 뿐만 아니라 어떤 이념의 실천을 위해서도 유효한 도구로 사용될 수 있다. 가까이는 한용운의 「님의 침묵」이 한민족의 정신적 유산의 가치를 보여주고 식민지하의 조국에 대한 애국심을 고취하는 데 기여했다는 점에서 높이 평가되고 있다는 사실, 최근 김수영의 시가 그의 사회비판성에 의해 애독되고 있다는 사실은 예술작품, 특히 문학이 할 수 있는 기능에 사회적·도덕적, 나아가서는 정치적인 기능까지도 포함된다는 것을 입증한다. 조금 멀리는 루쉰魯迅의 「아Q정전」이 근대 중국인에게 사회의식을 불러일으키는 데 크나큰 역할을 했으며, 위고의 『레 미제라블』이 19세기 프랑스에서 사회 정의에 대한 의식을 일깨워주었고, 스토 부인의 『톰 아저씨의 오두막집』이 미국 흑인 노예 해방 운동에 엄청난 기여를 했던 사실을 우리는 잘 알고 있다. 오웰Orwell의 『1984』나 그보다 앞서 발표된 헉슬리Huxley의 『멋진 신세계』는 기존 문화 사회의 비인간화를 충격적으로 경고한 바 있으며, 브레히트Brecht의 〈억척어멈과 그 자식들〉이라는 연극은 반전사상을 자극하기도 했다. 또한 피카소의 그림 〈게르니카〉가 파시즘을 고발하고 있다고 해서 프랑코 장군이 권력을 잡고 있던 기나긴 세월을, 그것을 제작한 피카소가 조국 스페인에 갈 수 없었던 사실, 혹은 멕시코의 화가 리베라Rivera 등의 벽화들, 혹은 콜롬비아의 작가 가르시아 마르케스Garcia Marquez의 작품들이 사회주의 이데올로기 혹은 애국심을 고취하는 데 기여했던 사실 등은 예술작품의 사회비판적 기능을 입증한다. 위와 같은 작품들은 극히 정치성을 띠고 있다는 점에서, 그리고 적극적으로 기존 사회체제에 대한 비판이라는 점에서 이른바 참여예술의 좋은 예가 되어준다. 예술작품이 사회에 미치는 영향이나 역할은 비단 정치적 차원에만 한정되는 것이 아니다. 그것은 한 시대의 도덕적 가치에 대한 간접적인, 그러나 극렬한 비판이 될 수도 있고 새로운 도덕적 감수성을 형성해나가는 데도 크게 기여한다. 19세기 보들레르의『악의 꽃』이나 플로베르의『보바리 부인』이 당시의 도덕적 규범을 깨뜨린다고 해서 신랄한 비판을 받고 판매 금지를 당했던 사실, 그리고 로렌스의『채털리 부인의 사랑』, 밀러의『북회귀선』이 성도덕을 문란하게 한다 하여 판매 금지되었던 사실은 예술 일반, 특히 문학이 사회에 미치는 영향력의 폭과 깊이를 입증한다. 솔제니친의『수용소군도』가 소련과 전 세계에 미친 정치적 영향을 우리는 잘 알고 있다. 공산주의 국가에서는 물론 대부분의 전체주의 국가에서 자유로운 예술활동이 금지되어 있는 사실은 예술의 사회적·정치적 영향력의 크기를 짐작하게 해준다. 예술은 한 사회의 기존 정치체제, 더 나아가서는 도덕적인 것을 포함한 가치의 질서를 위협하고 경우에 따라서는 그것을 전복시키는 결과를 가져올 수도 있다.

설사 기존 정치·사회질서에 직접적인 위협은 되지 않을지라도 예술은 한 사회의 도덕적 또는 심미적 가치를 바꾸어놓는 데 기여할 수 있다. 괴테의『젊은 베르테르의 슬픔』이 18세기의 독일을 비롯한 유럽의 감수성, 더 정확히는 낭만주의 운동에 끼친 영향이 매우 컸다는 것은 잘 알려진 행실이다. 인상파 그림이 처음 파리에 전시되었을 때 당시의 대부분의 미술비평가들은 그 그림을 혹평했다. 그러나 오늘날 인상파 그림은 미술 전문가들에 의해서뿐만 아니라 일반 사람들에게도 높이 평가되고 애호되고 있다. 큐비즘의 그림이, 혹은 추상화가 처음 전시되었을 때 그것들이 아름답게 느껴지기는커녕 예술작품으로 생각한 사람이 거의 없었지만 오늘날에 와서 피카소는 20세기의 가장 위대한 화가로 인정되고 있으며, 폴록의 그림은 20세기 후반기의 미술운동에서뿐만 아니라 일반 사람들의 감수성에도 지대한 영향을 끼쳤다. 현대 미술이 새로이 형상화한 감수성은 건축·장식물·가구·의복 등의 디자인에 있어서도 새로운 혁명을 완수한 것 같은 느낌을 준다. 한편, 문학에 있어서 초현실주의가 보여준 세계는 당시 크나큰 반발을 불러일으켰을 뿐만 아니라 기성 시단이나 일반 독자들의 경악과 조소를 감수해야 했지만, 일단 그런 문학운동의 바람이 불고 간 오늘날 18세기적인 시는 물론 19세기의 낭만적인 시를 읽을 때 권태감을 느끼지 않을 수 없게 되리만큼 현대인의 시적·문학적·미적 감수성에 큰 변화를 가져왔다. 이처럼 예술은 지적·도덕적·감상적 입장에서 교육적인 기능을 한다. 그러나 예술은 이러한 교육적인 기능 외에 심리학적 기능도 수행할 수 있다.

심리학적 기능

아리스토텔레스의 카타르시스 이론은 너무나도 잘 알려진 예술이론이다. 그리스의 비극, 넓게 말해서 예술 일반의 기능이 카타르시스를 불러일으키는 데 있다고 보았을 때, 즉 예술이 정신 위생학적 역할을 한다고 보았을 때 그는 예술의 심리학적 기능을 말하고 있는 것이다. 그는 사람이면 누구나 갖게 되는, 실생활에서는 해소되기 어려운 욕구불만이 예술작품이라는 상상적 사건·작업을 통해 해소된다고 주장한다. 한 편의 비극 속에서 벌어지는 폭력이나 낭만적 사랑을 보고 저자나 감상자나 다 같이 심리적 만족을 얻을 수 있다는 것이다. 이청준이 소설을 쓰는 이유, 작가가 된 동기를 복수심에서 찾을 수 있다고 말했을 때 그는 문학, 그리고 예술 일반의 카타르시스적 기능을 암암리에 인정하고 있는 것이다.[68] 예술가는 작품이라는 상상적 세계, 상상적 사건, 상상적 인물

---

68   이청준, 『잃어버린 말을 찾아서』(문학과지성사, 1980) 참조.

을 만들어냄으로써, 혹은 상상적 음이나, 선·색 등으로 새로운 질서를 마련함으로써 그가 실제의 생활에서 실현하지 못한 욕망, 이상 등을 상상적으로 실현하며, 자신의 억압된 욕망을 풀어낸다. 최근 이른바 '예술치료art therapy'라는 분과 과학이 고안되어 정신치료에 예술을 이용하고 있는 것이 예술의 카타르시스적 기능을 구체적으로 입증한다.

아리스토텔레스의 예술에 대한 카타르시스 이론은 프로이트의 예술론에서, 그리고 니체의 예술관에서 다시 한 번 현대적인 조명을 받고 나타난다. 프로이트의 정신분석학에 의하면 인간의 궁극적인 욕망은 쾌락, 특히 성적 충족을 통한 쾌락이다. 그러나 현실적으로 이러한 욕구는 마음대로 충족될 수 없다. 현실적으로 볼 때, 특히 사회적으로 많은 통제를 받기 때문이다. 그러나 이러한 근본적인 욕구는 배출되지 않으면 안 되므로 사회적으로 용납될 수 있는 방향으로 형태를 바꾸게 된다. 이렇게 욕망을 표현하는 형태를 바꿀 때, 다만 사회적으로 용납되는 데 그치지 않고 보다 높이 평가되는 방향으로 표현하고자 할 때 그러한 표현의 하나로서 예술이 나타난다는 것이다. 예술은 이른바 다른 가치 있는 활동들과 마찬가지로 인간의 본능이 승화된 형태로 나타난 것에 지나지 않는다. 예술가는 이러한 능력을 두드러지게 타고난 사람이며 예술활동을 통해서 자신의 생리적 욕망을 승화시키는 것이고, 예술감상자는 예술가들이 실천한 승화 작업으로서의 예술작품을 통해서 자신들의 욕망을 간접적으로 승화시킨다는 것이다. 예술작품을 본능적 욕망이 승화된 결과로 본다면 예술작품의 의미는 그러한 본능적 욕망에 지나지 않는다는 결론이 나온다. 프로이트의 정신분석학이 각광을 받은 후 많은 비평가들이 예술작품의 의미를 정신분석학적 각도에서 찾아내려고 했던 이유는 충분히 납득이 된다. 사실 예술작품 일반, 특히 문학작품의 해석에 있어서 정신분석학이 적지 않은 빛을 비춰주고 있음을 부정할 수 없다. 프로이트와는 다르지만 니체도 그가 예술을 실제 생활의 대치물로 보고 있을 때 그 역시 예술의 정신 위생학적 기능을 강조하는 것이다. 그에 의하면 대부분의 종교가 절대적 진리를 전제로 하고 있지만 삶은 근본적으로 고통스러운 것으로 믿었고, 모든 종교와는 달리 삶은 궁극적으로 아무런 의미도 없는 것으로 생각했다. 이런 상황에서 인간이 계속 살아나갈 수 있게 하는 유일한 것은 예술이라고 니체는 주장한다. 예술에 의해서만 인생은 정당화될 수 있다는 것이다. 예술은 상상력의 산물이다. 견디기 어렵고 의미가 없는 인간의 삶을 상상적으로 만든 아름다운 질서인 예술로서 생각할 때 비로소 견딜 수 있다는 것이다. 결국 예술은 인간이 자신의 어려운 삶의 조건을 해결하기 위해 만들어낸 환상이다. 그러나 환상은 우리들에게 정신적·심리적 진정제 구실을 한다. 예술은 역시 카타르시스이다.

이처럼 사회적으로, 실생활에서 충족시킬 수 없는 욕망, 가령 폭력에 대한 충동이나 성적 욕망 등을 예술작품이라는 상상적 세계를 통해 상상적으로 충족되는 과정을 카타르시스라고 한다면, 예술작품은 이러한 뜻에서의 심리적 기능 말고도 다른 의미에서도 심리적 만족감을 준다. 예술작품은 하나의 세계 혹은 하나의 질서라는 점에서 내재적으로 통일성을 갖춘 조화를 수반한다. 그러므로 이러한 것들을 제작하는 과정에서 언제나 갈등에서 벗어나지 못하고 번민하는 예술가의 의식 세계에 질서와 조화를 마련할 수 있으며, 실질적인 목적과는 상관없는 이 제작 과정을 통해 예술가의 마음속에 난무하는 긴장감이 풀어질 수 있다. 예술의 무위성은 예술적 활동이 실질적 목적과 무관하다는 말에 지나지 않으며, 이러한 무위성에서 예술은 유희, 즉 놀이와 통한다. 놀이의 근본적인 기능이 정신적 긴장을 풀어 즐겁게 하는 데 있다면 예술이 그와 같은 기능을 할 수 있다는 것은 극히 자연스럽다. 예술작품의 이러한 심리적 효용성은 비단 예술가에게만 해당되는 것이 아니라 예술작품을 감상하는 사람에게도 해당된다. 아름다운 음악을 듣거나 신선하고 조화로운 조각, 혹은 멋진 그림을 감상할 때 우리들은 시간과 공간과 색채의 조화를 체험하고 그만큼 우리들의 감정에 평화와 기쁨·행복을 가져온다. 장엄한 한 편의 비극을 구경하고 나서, 베르히만Bergman과 브레송Bresson의 영화를 관람하고 나서, 또는 프루스트나 콘래드Conrad의 소설을 읽고 나서 우리들은 우리들 속에 뒤엉켜 폭발할 듯이 끓고 있는 깜깜한 혼돈의 응어리가 소리 없이 한 방울의 피도 흘리지 않고 풀어져 버리는 해방감을 체험한다. 모네 혹은 세잔의 그림을 보고서, 모차르트나 쇼팽의 소나타를 듣고서, 키츠Keats나 라마르틴Lamartine 혹은 아폴리네르Apollinaire의 시를 읽고서, 체호프Chekhov나 플로베르의 소설을 통독하고서, 우리는 색·음·생각·느낌·언어가 지닐 수 있는 조화감·쾌감·감미로움을 의식하며 무질서하고 둔탁했던 우리의 감정·감수성은 어떤 새로운 즐거움을 느끼는 것이다.

예술의 심리학적 기능의 또 하나는 예술작품이 사르트르가 말하는 이른바 인간 실존의 궁극적 욕망을 충족시켜준다는 데 있다. 인간 존재의 구조에 관한 사르트르의 이론에 따르면 인간의 궁극적 욕망은 프로이트가 말하는 성적 욕망도 아니고, 니체가 주장하는 권력에 대한 욕망도 아니다. 그것은 신이 되고자 하는, 즉 완전한 존재가 되고자 하는 욕망이다. 사르트르의 분석에 의하면 모든 존재는 이른바 즉자와 대자 둘 중의 하나로 분류된다. 전자는 그냥 있는 것으로서 인간 아닌 모든 존재를 지칭하며, 후자는 의식적인 존재로서의 인간을 가리킨다. 의식은 무·결핍·욕망·자유로 묘사되는데 바로 이러한 성질을 갖고 있는 인간은 자신의 행동에 책임을 져야 하고, 따라서 불안을 벗어날 수 없다. 그러므로 인간은 언제나 스스로 충족한, 다시 말해서 그 존재를 위해 다른 것이 필요하지 않고 부족함이 없는 즉자로서의 사물현상이 되고 싶어 하게 마련이다. 그러나 만약 내가 즉자로 화하면 나의 원래 의도는 충족되지 않는다. 왜냐하면 나는 즉자로서의 만족스러운, 자족한 상태를 경험하여 만족감을 얻고자 하는데, 만일 내가 돌이나 책상과 같은 사물로 변한다면 나는 의식을 갖지 못하게 되며, 따라서 내가 원하는, 의식이 없는 만족스러운 상태를 의식할 수 없게 되기 때문이다. 그러므로 나의 야심은 내가 대자로 남아 있는 채로 즉자가 되는 것이다. 다시 말하자면 두 개의 존재양식을 동시에 소유하는 완전한 존재, 즉 신이 되는 것이다. 일상적이거나 과학적인 언어는 우리들의 실용적 요구를 만족시켜주거나 지적 요구를 충족시켜주기 위해서 사물현상을 객관적으로 표상하는 데 그 목적이 있다. 그런데 이러한 표상의 전제조건은 사물현상과 언어의 엄격한 분류를 인정하는 것이다. 즉 사물현상과 그것을 표상하는 언어 사이의 엄격한 거리가 전제된다. 이러한 조건은 사물현상에 대한 객관적인 표상을 가능하게 하지만, 그 대신 사물현상의 구체성을 희생함으로써만 표상이 이루어질 수 있다. 그러나 이와 반대로 시적, 더 넓게 보아 예술적 언어는 사물현상을 있는 그대로, 즉 구체적으로 표상하고자 한다고 말할 수 있다. 그렇게 하려면 사물현상이라는 대상과 그것을 표상하는 언어의 거리를 축소하거나 아니면 완전히 제거해야 한다. 그러나 만약 그 거리가 제거되면 표상은 불가능하게 된다. 왜냐하면 그 거리는 표상을 가능하게 하는 논리적 조건이기 때문이다. 예술적 표상을 통해서 인간은 어떤 사물현상을 있는 그대로 표상하고자 한다. 그러므로 한 예술작품은 언어 아닌 언어, 보다 자세히 말하자면 사물현상 자체로 존재하면서도 동시에 언어로 존재하고자 하는 것이다. 그러나 사람이 즉자와 대자로 동시에 존재할 수 없는 것과 마찬가지로 예술작품이라는 언어는 언어이면서 동시에 그 언어의 표상대상으로는 존재할 수 없다. 인간이 신이 되고자 하는 의도가 필연적으로 실패할 수밖에 없는 것처럼 예술의 이러한 의도도 필연적인 실패를 모면할 수 없다. 그렇지만 인간이 신이 되고자 하는 욕망을 버릴 수 없는 것과 마찬가지로 예술 역시 그것의 본래 기획을 포기할 수 없다. 이러한 측면에서 볼 때 예술은 실존적 기능을 한다. 신이 되고자 하는 것이 실존적 기획인 것처럼 예술작품을 만들고자 하는 욕망, 예술적 표상을 하고자 하는 의도도 똑같이 실존적 기획의 한 표현인 것이다. 다시 말해서 예술은 인간의 실존적 욕망을 완전하지는 않더라도 어느 정도 충족시키는 기능을 한다.[69] 그것은 넓은 의미에서 심리적인 만족을 가져오는 역할로 해석해도 무방하다. 실존적 욕망이 우리의 의식으로부터 오는 것이며, 의식은 심리 현상의 한 차원으로 볼 수밖에 없기 때문이다.

자율적 기능

예술이 위에서 살펴본 것처럼 장식적·교육적, 그리고 심리적 기능을 해왔고, 또 할 수 있음에 틀림이 없지만 그렇다고 해서 그러한 것들 전부, 아니면 그중 하나를 예술의 기능이라고 정의할 수는 없다. 모든 예술이 언제나 위와 같은 기능을 하고 있는 것도 아니지만, 설사 그렇다고 가정하더라도 그러한 구체적인 사실이 예술 본래의 기능이라고 단정

69　박이문, 『시와 과학』(일조각, 1975) 참조.

할 수 없기 때문이다. 마치 칫솔이 구두를 닦는다든가 간지러운 곳을 긁는다거나, 또는 사람의 얼굴을 찌르는 기능을 할 수 있음에도 불구하고 그러한 기능들 중의 어느 하나도 칫솔 본래의 기능이라고 말할 수 없는 것처럼, 예술작품이 위에서 살펴본 대로의 여러 가지 기능을 한다고 하더라도 그것들을 예술 본연의 기능으로 보기는 어렵다. 칫솔의 위와 같은 가상적 기능들을 우연적 기능 혹은 타율적 기능이라고 한다면 치아를 깨끗이 닦아주는 기능이야말로 칫솔의 고유한 기능, 즉 자율적 기능이라고 할 수 있다. 칫솔의 타율적 기능과 자율적 기능이 구별되는 것처럼 이와 똑같은 논리에서 예술작품의 기능도 자율적인 것과 타율적인 것으로 구별되어야 한다. 왜냐하면 설사 아직은 예술의 자율적 기능이 칫솔의 자율적 기능처럼 명확하게 밝혀지지는 않았다고 해도 적어도 위에서 열거한 여러 가지 기능들 중 어느 것도 예술작품의 일반적인 기능, 혹은 모든 예술작품에 있어서의 공통적인 기능으로 볼 수 없기 때문이다.

첫째, 예술작품의 지적인 기능을 생각해보자. 예술에 대한 표상론이나 표현론은 다 같이 예술의 지적인 기능, 즉 인식적 기능을 전제한다. 2장에서 작품의 정의를 검토할 때 살펴본 것처럼 이러한 생각은 플라톤에서부터 수많은 낭만주의 예술가들, 그리고 오늘날 분석철학에서 큰 영향을 받고 있는 굿맨에 이르기까지 널리 주장되어왔고 이론화된 바 있다. 그럼에도 불구하고 이러한 이론은 앞서 밝혀보았듯이 타당성이 없다. 음악이나 무용, 혹은 추상화 같은 예술작품이 기존의 어떤 사물 현상을 표상하는 것으로는 볼 수 없는 것이다. 언뜻 보아서 문학작품이나 구상화 혹은 구상적 조각이 어떤 객관적인 사물이나 사건을 표상한다고 볼 수 있을 것 같지만, 따지고 보면 그런 제작품들이 그와 같은 표상의 기능을 하기 때문에 예술작품이라고는 볼 수 없다. 설사 위와 같은 예술작품들이 표상적이며 그런 관점에서 인식적이라고 하더라도 그러한 기능은 예술작품의 우연적인 기능에 불과하다. 예술작품이라는 언어는 무엇보다도 상상의 산물이라는 것, 즉 허구적이라는 것이 언제나 전제되며 이런 점에서만 과학이나 일상 언어와 구별되는 것이기 때문이다. 그러므로 예술작품을 언어로 보는 데는 별다른 이의가 없다고 해도 예술작품의 언어를 과학이나 일상 언어와 같은 용도로 보고, 따라서 예술과 과학 간의 질적 혹은 논리적 차이를 부정하려는 굿맨의 이론은 받아들여질 수 없다.[70]

예술의 인식적 기능이 예술의 본래적 기능이 될 수 없는 것과 마찬가지로 예술의 도덕적 개발 기능, 감수성 개발 기능, 혹은 사회비판적 기능 등도 그것들이 예술에 있어서 전혀 부정될 수는 없더라도, 그런 기능들이 예술 고유의 기능이라고는 말할 수 없다. 그것들은 잘해야 우연히 그런 기능도 맡을 수 있었을 뿐이다. 이렇게 생각해볼 때 여러 가지 의미에서의 교육적 기능은 예술의 고유한 기능이 될 수 없다. 예술이 예술로서 존재할 수 있는 것은 그것이 어떤 의미에서든 교육적인 기능을 하기 때문은 아니라는 말이다.

예술의 심리적 기능에 대해서도 똑같은 비판이 가해질 수 있다. 예술 활동이 긴장을 풀고 정신에 카타르시스를 불러일으키는 역할을 하며, 예술을 정신치료의 도구로 사용할 수 있다는 것이 사실이고, 예술가가 예술작품이라는 언어를 사용하여 사물현상을 표상 혹은 표현하려는 것

---

[70]   Ynhui Park, "Goodman's Cognitive Theory of Art," in 『미학』(한국미학회, 1982) 참조.

은 그 사람의 실존적 기획을 만족시키려는 것으로 해석할 수 있다는 것도 인정할 수 있지만, 그러한 이른바 실존적 기능이 예술작품 본래의 기능이 될 수 없다. 왜냐하면 무의식적이나마 그러한 의도가 모든 예술가들의 의도라고는 말할 수 없으며, 설사 그렇다고 해도 모든 예술작품이 우리에게 그러한 기능을 한다고는 말할 수는 없기 때문이다.[71] 또한 예술작품이 장식적으로 사용되는 것은 사실이지만, 어떤 사물이 장식적인 기능을 한다고 해서 예술이라고 말할 수는 없다. 음악이, 혹은 소설이 어떤 의미에서 무엇을 장식한다고 말할 수 있겠는가?

예술의 기능은 위에서 살펴본 바와 같은 기능들, 혹은 그중 하나의 기능으로는 결코 환원될 수 없다. 위와 같은 기능들은 예술작품 아닌 다른 사물현상으로도 충분히 채워질 수 있다. 그럼에도 불구하고 예술작품, 그리고 예술이라는 활동이 다른 제조품이나 활동들과 구별되고 분류된다면 예술에는 그것 고유의 기능이 있어야 할 것이다. 위에서 예로 들어 본 기능들이 우연적으로, 즉 타율적으로 주어진 기능이라고 한다면 예술의 고유한 기능은 자율적 기능이라고 부를 수 있다. 이러한 문제는 예술작품이 할 수 있는 기능들과 예술작품의 기능의 관계에서 설명될 수 있다. 예술작품의 타율적 기능과 자율적 기능의 관계는 다시 칫솔이 할 수 있는 기능과 칫솔의 기능의 관계에서 보다 선명하게 드러난다. 칫솔은 구두를 닦는 데 쓰일 수 있다든가, 혹은 옆에 있는 애인의 목을 간질이는 데 사용된다든가, 또는 그것을 주물러서 감각적인 쾌감을 느끼는

---

[71]   박이문, 『시와 과학』 참조. 이곳에서 저자는 시의 기능을 과학의 기능과 구별하여 실존적인 것으로 해석하려 했다. 그리고 이러한 관점이 시뿐만 아니라 예술 일반에 해당되리라고 생각했다. 그러나 지금 와서 그러한 기능은 하나의 예술의 타율적인 성질로 보이게 되었다.

데 쓰일 수 있다. 그렇지만 그러한 것들은 분명히 칫솔의 본래 기능이 아니다. 칫솔을 가지고 오로지 이만 닦아야 한다는 법도 없고, 경우에 따라 이를 닦는 것보다는 다른 일을 하는 데 더욱 요긴하게 쓰일 수 있을지도 모른다. 가령 내가 이를 닦으려고 하는데 어떤 강도가 덤벼들었다고 하자. 그때 내가 그 칫솔을 계속 이를 닦는 데 사용하는 것보다는 강도의 눈을 찔러 위험을 모면할 수 있다면 그러한 칫솔의 기능은 높이 평가될 수도 있다. 그러나 칫솔의 기능이 사람의 눈을 찌르는 것이라고는 말할 수 없다는 것에 대해서는 더 이상의 설명이 필요하지 않을 것이다. 칫솔의 기능은 역시 이를 깨끗이 닦는 데 있을 뿐이다. 예술작품의 경우도 전혀 다를 바 없다. 참여예술만을 주장하는 사람들이나 혹은 그와 똑같이 경직된 태도로 순수예술을 주장하는 사람들이 있다면, 그들은 예술의 예술적 가치와 비예술적 가치, 예술의 고유한 기능과 우연적 기능, 예술작품의 자율적 기능과 타율적 기능을 혼동하는 논리적 오류를 범하고 있는 것이다.

예술의 자율성과 타율성을 구별한다고 해서 예술작품의 예술적 기능만을 실천해야 한다든가 예술가는 오로지 예술적 가치만을 추구해야 하고, 그밖의 가치는 예술적 가치에 종속시켜야 한다는 말은 결코 아니다. 이러한 잘못된 입장을 밀고 나갈 때 이른바 그릇된 뜻에서의 예술지상주의 혹은 순수예술의 함정에 빠져들게 된다. 이런 입장을 가장 극단적으로 얘기해주는 것이 다음과 같은 무어George Moore의 말이다.

파라오의 채찍이나 이집트의 뜨거운 햇빛 아래 수백만의 처참한 이스라엘 사람들이 죽었다는 것을 내가 무엇 때문에 생각하랴? 내가 바라보고 감탄의 즐거운 시간을 보낼 수 있는 피라미드를 가질 수만 있다면 그것을 짓기

위해 그 많은 이스라엘 사람들이 죽은 것은 잘한 일이다.[72]

예술작품의 기능에 대한, 따라서 가치에 대한 위와 같은 입장은 아무리 예술적 가치가 다른 가치와 구별되는 중요한 것이라 해도 예술적 가치는 다른 모든 가치들이 그러하듯이 인간을 떠나서는, 인간의 삶을 전제하지 않고서는 의미가 없다는 것을 망각한 데서 나온 그릇된 주장이다. 아무리 예술적 가치가 귀중하다 해도 그것은 언제나 삶이라는 가치에 종속되어야 한다. 삶을 떠난 가치, 삶이 바라는 것을 외면한 가치란 개념은 자가당착적이다. 가치는 삶으로부터 솟아난다. 만약 모든 위대한 예술작품들을 완전히 소멸시켜 제물로 바칠 때 인류가 가난과 질병, 그리고 모든 고통으로부터 완전히 해방되고 평화와 행복을 누릴 수만 있다면 예술을 희생시켜야 함은 너무나도 당연한 일이며, 내가 아무리 위대한 작품을 만드는 중이라고 해도 만약 그런 창작을 중지하고 일선에서 군인들을 지휘하면서 싸움터에 나감으로써 조국이 멸망으로부터 구출될 수 있다면, 나는 마땅히 예술작업을 포기해야 할 것이다.

그럼에도 불구하고 한편으로는 여전히 예술적 가치와 비예술적 가치, 예술작품의 자율적 기능과 타율적 기능은 결코 혼동되어서는 안 된다. 그리고 다른 한편으로, 한 예술가가 어느 선에서, 어떤 기준에 따라 예술적 가치를 버리고 비예술적 가치를 위해 참여하는가를 결정해야 하는데, 이는 실질적으로 상당히 어려운 문제이다. 그러한 결정은 각 예술가와 각 사회가 그때그때 갈등과 고통을 무릅쓰고 결정할 수밖에 없는 이른바 실존적 결단, 실존적 선택의 문제로 언제나 남아 있다.

---

72   M. C. Beardsley, *Aesthetics*(N. Y., 1958), p.563에서 재인용.

예술의 예술적 기능과 비예술적 기능이 구별되고 그런 구별 때문에 모든 예술가들이나, 혹은 그들이 속한 사회가 각기 고통스러운 실존적 긴장 속에서 결단을 내려야 한다면 예술작품의 자율적 또는 고유한 기능은 무엇이며, 그 기능은 어떠한 가치를 실현하는 것인가? 칫솔의 본래적 기능이 이를 닦는 데 있다면 예술작품에 있어서 이를 닦는 데 해당되는 기능은 무엇인가? 이 질문은 예술작품 일반의, 그리고 모든 예술작품들이 지니고 있는 공통적인 기능, 오로지 예술작품만이 할 수 있다고 생각되는 역할에 대한 질문이라고 해석된다. 오늘날 많은 예술가들, 대부분의 예술이론가들은 이러한 물음이 잘못되었다고 생각하는 경향을 보이고 있다. 앞서 작품의 정의를 고찰할 때 보았듯이 와이츠가 예술작품은 이른바 개방 개념으로서 일률적으로 정의될 수는 없다고 말했을 때 위와 같은 질문이 잘못되어 있다는 것을 함의하고 있는 것이다. 그뿐 아니라 블로커도 이러한 상황을 받아들이고 있다.[73] 그리고 곰브리치의 "예술이라고 하는 것 따위는 없다. 오로지 예술가들이 있을 뿐이다"[74]라는 말이나, 또는 "'예술은 표현이다' 혹은 '예술은 제작이다'라는 생각은 '예술은 자연의 모방이다'라는 말보다도 더욱 옳지 않다"[75]라는 말은 곰브리치 역시, 예술 일반에 대한 정의나 고유한 기능이 불가능하다는 것을 인정하고 있음을 의미한다. 그러나 예술작품이 다른 사물들과 구별되고 분류되고 있는 이상, 그것은 칫솔이 다른 구둣솔이나 옷솔과 구별되는 것과 마찬가지 논리로 구별된 것이다. 그렇다면 칫솔

---

73   Blocker, 앞의 책, pp.203~206 참조.

74   E. H. Gombrich, *The Story of Art*(London, 1952), p.5.

75   위의 책, p.445.

에 대한 일반적인 정의가 가능하고 칫솔에만 고유한 기능이 밝혀질 수 있듯이, 예술작품에 대해서도 일반적인 정의를 내릴 수 있으며 예술 고유의 기능을 찾을 수 있을 것이다. 칫솔의 가치가 칫솔의 기능이 밝혀질 때 비로소 측정될 수 있다면 예술작품의 가치 또한 예술작품의 자율적 기능, 고유한 기능이 밝혀짐으로써 평가될 수 있을 것이다. 예술작품 고유의, 즉 자율적 가치는 무엇인가?

예술적 가치

예술작품의 가치, 즉 예술작품 본래의 기능을 교육적인 성격이나 인식적인 성격, 혹은 심리적 성격이나 일상적 의미로서의 장식성에서 찾을 수 없을 때 우리가 생각해야 하는 것은 결국 아름다움이라는 가치이다. 사실 예술은 언제나 아름다움이라는 것과 밀착되어 생각되어왔으며, 예술성은 아름다움과, 그리고 예술적인 가치는 미적 가치와 대체로 동일시되어왔다. 그러므로 예술작품의 고유한 가치, 다시 말해 예술작품의 자율적 가치를 미적 가치로 보게 되는 것은 자연스러운 일이다. 그렇다면 과연 미적 가치란 무엇이며, 도대체 어떻게 한 예술작품의 가치가 그것을 소유하고 있다고 전제되는 미적 가치로 설명될 수 있는가?

미적 가치

과학은 진리를 탐구하고 윤리는 선을 추구한다는 생각처럼 예술이 아름다움을 찾고자 한다는 생각은 특수한 철학적 이론이라기보다는 널리 퍼진 상식이 되어 있다. 이는 과학적 진술의 의미는 인식적인 차원에서,

그리고 윤리적 명제의 뜻은 도덕적인 차원에서 각각 이해되고, 따라서 그것들의 가치는 각기 인식적 혹은 도덕적 입장에서 평가되어야 하듯이 예술작품은 미적 차원에서 정의되고 미적 가치에 의해서 평가되어야 한다는 입장이다. 이러한 관점이 옳다면 예술작품은 인식적 혹은 도덕적 차원에서 판단되어서는 안 될 것이다. 만일 예술작품이 인식적 내용에 의해 이해되거나 도덕적 가치에 의해 평가된다면 그것은 마치 한 사람의 수학적 재능을 그 사람의 음악적 재능의 차원에서 이해하거나, 한 여인의 육체미를 그녀의 출신 학교에 의해 평가하는 것처럼 범주적 오류를 범하는 것이다. 그러나 과연 예술작품이 아름다움에 의해서 정의될 수 있으며, 또 아름다움에 의해서 평가될 수 있을까? 과연 예술은 아름다움과 동일한 뜻인가? 혹시 그렇지 않다면, 예술작품은 아름다움과 어떠한 관계를 갖고 있는가? 예술과 아름다움, 예술작품과 미적 가치의 위와 같은 관계를 검토하기에 앞서 우선 아름다움, 즉 미적 가치라는 말의 의미를 생각해보아야 할 것이다.

우리는 흔히 꽃이, 달이, 여인의 육체가, 어떤 이야기가, 어떤 행위가, 어떤 사람의 생애가 아름답다고 말한다. 또는 어떤 그림이, 어떤 곡이, 혹은 어떤 한 편의 시가 아름답다고 한다. 여러 가지 서로 다른 사물 현상·상황에 대해 다 같이 아름답다는 말이 적용될 수 있다면 아름답다는 말은 무엇을 가리키는가? 이 말이 지칭하는 어떤 공통된 성격을 꽃이나 여인의 육체, 혹은 한 편의 시 속에서 객관적으로 찾아낼 수 있는가? 그렇지 않다. 그것들 속에서 정상적인 의미의 어떤 공통적인 객관적 사실이나 속성소를 찾을 수 없다는 것은 자명하다. '아름답다'라는 말은 그것이 이야기하고자 하는 대상의 어떤 객관적인 사실이나 속성소를 지칭하거나 서술하는 기능을 하는 것이 아니라 그 대상에 대한 화자의 긍정적인 태도를 전달할 뿐이다. '장미꽃은 빨갛다'라고 할 때는 '빨갛다'라는 말이 장미꽃의 객관적인 사실을 지칭하고 서술하는 기능을 하지만, '장미꽃은 아름답다'라고 할 때의 '아름답다'라는 말은 장미꽃에 대한 화자의 태도를 나타내고 있는 것이다. 전자의 문장이 서술적 문장으로서, 따라서 인식적 의미를 갖는다면 후자의 것은 평가적인 문장으로 감동적 의미를 갖는다고 말할 수 있다. 서술적인 문장의 진위는 원칙적으로 판단될 수 있는 것이지만, 평가적인 문장은 그것의 진위가 논리상 객관적으로 판단될 수 없는 주관적인 것이다. '장미꽃은 아름답다'라는 판단이 '고슴도치는 보기 싫다'라는 판단과 다른 것은 전자가 화자의 긍정적인 태도를 나타내는 데 반해, 후자는 화자의 부정적인 태도를 표시한다는 것이다. 이와 같이 볼 때 '아름다움'이란 그 말로 표현된 대상에 대한 화자의 긍정적 반응을 전달하는 의미를 갖고 있으며, 어떤 대상에 대해 긍정적으로 반응한다는 것은 그 대상이 화자에게 있어서 무엇인가를 만족시켜준다는 뜻으로 해석된다. 그래서 '장미꽃은 아름답다' 혹은 '그 시는 아름답다'라는 말은 장미꽃이 혹은 그 시가 화자의 어떤 욕망을 충족시켜준다는 말로 풀이될 수 있다.

이러한 점에서 '장미꽃은 아름답다'라는 말은 '청국장은 꿀맛이다'라는 말과 일치한다. 후자의 경우 '꿀맛이다'라는 말은 청국장의 어떤 사실을 서술하는 것이 아니라 그것에 대한 화자의 긍정적인 반응이나 긍정적인 태도를 나타내는 것이다. 이는 청국장이 자신의 어떤 욕망을 충족시켜준다는 것을 의미한다. 그러나 '장미꽃은 아름답다'라는 판단이 '청국장은 꿀맛이다'라는 판단과 똑같은 것은 아니다. 두 개가 다 같이 평가적인 진술이기는 하지만 전자가 심미적인 데 대해서 후자는 그렇지 않기 때문이다. '아름답다'라는 판단에 나타나는 충족된 욕망의 성질은 '꿀맛이다'라는 판단에 나타난 충족된 욕망과 다르다는 것이다. 그러므로 미적 가치는 두 가지 유형의 판단과 구별되어야 할 것이다. 전형적인 미적 가치판단의 예가 될 수 있는 '장미꽃은 아름답다'라는 진술은 한편으로는 전형적인 인식판단의 예가 될 수 있는 '장미꽃은 빨갛다'라는 진술과 구별될 뿐만 아니라, 또 한편으로는 또 다른 가치판단의 유형인 '청국장은 꿀맛이다'라는 진술과 구별될 때 비로소 미적 가치가 밝혀질 수 있다.

모든 가치판단은 판단의 대상에 근거하지 않고 판단자의 태도에 의존한다는 입장은 널리 공감되고 있다. 이는 가치란 객관적 사실의 속성소를 지칭하는 것이 아니라 판단을 내리는 주체자의 주관적인 기호를 반영할 뿐이라는 것이다. 미적 가치판단뿐만 아니라 비미적非美的 가치판단도 예외는 아니다. 내가 '장미꽃은 아름답다'라고 한다면 장미꽃 그 자체는 아름다움이라는 어떤 실체, 예를 들면 빨간색이라든가 어떤 화학적 성분을 서술하는 것이 아니라 나의 개인적 기호를 나타내는 것이며, 내가 '청국장은 꿀맛이다'라고 할 때도 꿀맛이라는 무엇이 청국장 속에 있다는 것을 말하는 것이 아니라 청국장을 내가 좋아한다는 것을 뜻할 뿐이다. 그러나 만일 가치판단이 단순히 판단자의 주관적인 태도를 나타낼 뿐이라는 것을 인정하더라도 미적 가치에 대한 철학적 문제는 여전히 남아 있다. 문제는 그러한 미적 가치판단을 다른 가치판단과 어떻게 구별하는가를 밝혀내는 일이다. 미적 가치를 주관적 태도의 특수한 경우로 보려는 이러한 이론이 칸트 이래 큰 영향을 주고 있는 까닭은 충분히 납득이 간다. 그러나 과연 미적 가치는 물론, 모든 가치가 주관에만 의존하고 있을까? 과연 미적 가치는 다른 가치와 명확히 구별하여 가려질 수 있는가? 그렇지 않다면 미적 가치는 무엇을 말하는 것인가?

    가치를 태도에서, 그리고 하나의 특수한 가치로서의 미적 가치도 태도의 특수성에서 찾으려고 하는 이론은 특히 칸트에서부터 오늘날의 중요한 철학자들에 이르기까지 널리 주장되어왔고, 또 지배적인 영향을 끼쳐왔다. '장미꽃은 아름답다' 혹은 '청국장은 꿀맛이다'라는 가치판단을 할 때 아름다움의 가치 혹은 꿀맛의 가치가 장미꽃이나 청국장에 존재하는 속성소를 지칭하거나 서술하는 것이 아님은 사실이다. 그것은 첫째, 화자의 그런 것들에 대한 태도를 나타낸다는 점에서 어느 정도 주관적이며, 둘째, 어떤 사람은 장미꽃이 보기 싫다고 얘기할 수 있으며, 같은 사람일지라도 때로는 청국장이 싫어질 수도 있다는 점에서 가치판단은 역시 주관적이라고밖에 말할 수 없다. 따라서 그러한 판단은 그 판단대상의 객관적인 성격과는 아무런 관계가 없다는 결론이 타당해 보인다. 그러나 좀더 생각해보면 문제는 이처럼 단순한 것이 아닌 듯하다. 설사 가치판단이 판단자의 주관에 의존한다 해도 그 판단은 반드시 완전히 주관적이라고는 말할 수 없다. 다시 말해서 그 판단이 객관성의 전적인 결여를 뜻하지는 않는다는 것이다. 이미 칸트의 인식론이 설명해주고 있듯이 비단 가치판단뿐만 아니라 현상에 대한 인식적 판단도 주관에 의존한다. 그러면서도 후자는 분명히 객관적 판단의 전형적인 예가 되고 있다. 아름답다는, 혹은 꿀맛이라는 판단은 판단자의 근거 없는 감정의 배설이 아니라 객관적으로 지각한 장미꽃 혹은 청국장이라는 사실과의 어떤 관계에서만 나타날 수 있기 때문이다. 만일 판단의 대상이 장미꽃 대신 벼꽃이었거나 청국장 대신 우거짓국이었다면 나는 그 꽃을 아름답다고, 그 국을 꿀맛이라고도 하지 않았을지도 모른다. 그렇다면 나의 가치판단은 그 대상과 인과적으로 설명될 수 있는 어떤 관계를 갖고 있을 것이다.

　가치판단에 있어서 대상이 차지하는 위와 같은 비중에 대한 주장은 새로운 반론을 지니게 된다. 설사 '나'라는 한 사람에게 있어서는 장미꽃이나 청국장이 어떤 객관적인 의미를 갖고 나의 평가를 결정한다 해도, 나 아닌 다른 사람에게는 장미꽃이 아름답게 느껴지지 않을 수도 있고, 청국장이 꿀맛이기는커녕 구토를 일으킨다면 아름다움 혹은 꿀맛이라는 술어에서 나타나는 가치판단은 그러한 판단의 대상과는 아무런 관계가 없는 주관적인 반응에 불과하다는 결론밖에는 내릴 수 없을 것이다. 이러한 사실은 가치라는 낱말이 어떤 객관적인 사물현상을 지칭하지 않는다는 것을 밝혀준다. 그러나 그것은 가치판단이 그것의 대상과 아무런 관계가 없다는 것을 증명하는 것은 아니다. 가치판단은 판단자의 욕망에 따라 상대적인 것임에는 틀림없지만 그 판단대상의 객관적인 속성소와도 어떤 인과적인 관계를 반드시 갖고 있다. 똑같은 객관적 대상이 사람에 따라 혹은 경우에 따라 달라지는 것은 그 사람의 욕망, 즉 그 사람이 가치판단을 내릴 때의 욕망의 성격에 달려 있다. 욕망도 사람마다, 그리고 경우에 따라 어느 정도 달라지는 것은 사실이며 가치판단의 상대성, 즉 주관성은 이러한 욕망의 차이로 설명될 수 있다. 그러나 과연 모든 욕망이 사람마다 다를 수 있는가? 동일한 사람의 욕망이 언제나 달라질 수 있는가? 근본적인 욕망은 사람이나 때에 따라 변하지는 않는다. 인간으로서 모든 사람들이 근본적으로 동일한 생리적인 구조를 갖고 있다는 것이 자명하다면 모든 사람들의 근본적인 생리적 욕망은 같을 것이다. 만일 지적 욕망이나 심미적 욕망과도 같은 비생리적인 욕망이 생리적 욕망과 떼어놓고 이해될 수 없다면, 모든 사람들의 근본적인 비생리적인 욕망도 서로 같을 수밖에 없다. 그렇다면 어떤 객관적인 대상은 근본적인 차원에서 모든 사람들로부터 동일한 가치판단을 얻을 가능성이 있을 것이다. 어떤 대상에 대한 가치판단이 서로 다를 수 있다는 것은 가치판단의 주관성 혹은 비합리성을 나타내는 것으로 간주되기보다는 한 가치판단이 내려질 때의 여러 가지 복잡한 복합적 여건들에 의해 설명될 수 있을 것이라는 말이다. 영양상으로 볼 때 쇠고기는 돼지고기보다 좋다는 객관적 판단이 내려져야 하며, 어쩌면 장미꽃은 국화꽃보다 아름답다는 판단도 객관성 있게 설명될 수 있을지도 모른다. 가치판단은 그것이 하나의 판단인 이상 무절제한 감정의 반응만은 아니다. 이런 점에서 한 가치판단의 타당성이 적어도 어느 한도까지는 논의될 수 있는 것이다. 그러므로 특수한 가치판단으로서의 심미적 판단도 어느 정도 그것의 옳고 그름을 따질 수 있다. 한 대상은 내가 어떤 상황에서 그렇게 느꼈다고 해서 그냥 그런대로 아름답다거나 추하다고 말할 수 없다. 가치란 어떤 대상에 대한 가치판단을 의미함에 지나지 않는다고 한다면 그것은 어느 정도 객관적으로 규명해낼 수 있는 것이다. 가치 일반에 대한 입장을 위와 같이 세울 때 미적 가치는 어떻게 규명되는가? 그것은 다른 가치들과 어떻게 구별될 수 있는가? 단적으로 말해서 우리들의 문제의 초점인 미적 가치란 무엇인가? 가치판단을 떠나서 가치를 생각할 수 없다면 심미적 경험은 가치판단과 어떻게 다른가? 예술철학에 있어서 특히 칸트 이후, 가장 핵심적인 문제는 심미적 경험의 특수성을 밝혀내는 데 있어왔다.

칸트가 도입한 '무관심disinterest'이란 개념은 심미적 경험을 만족스럽게 밝혀주지는 못할지라도, 그것을 이해하는 데 있어서 참신한 관점이 될 뿐만 아니라 그것의 본질을 밝히는 데도 큰 도움이 될 수 있다. 칸트 이후 대부분의 예술철학자들은 그의 입장의 테두리를 벗어나지 못하고 심미적 경험이 칸트의 관점에서 이해된다고 믿어왔다. '무관심'이란 어떤 대상의 성질을 지칭하는 개념이 아니라 그 대상을 경험할 때 취할 수 있는 하나의 태도에 대한 개념이다. 만일 내가 정력이 왕성한 젊은이로서 배필을 구하고 있다면 내 눈앞에 나타난 사람이 젊은 여인이라는 것은 극히 중요할 것이다. 나는 그 사람을 내가 결혼할 수 있는 사람으로서 보게 된다. 이런 경우 그 여인이 하나의 환상이 아니라 실재하고 있다는 것은 나의 관심과 떼어놓고 생각할 수 없다. 나는 그 여인을 혼인하고자 하는 나의 실천적인 문제와 관련시켜서만 보게 된다. 이와 반대로 만일 내게 생리적인 욕망이나 결혼하고자 하는 마음이 전혀 없다고 하자. 그런 경우에는 나는 그 여인을 볼 때 그 여인의 여러 모습, 얼굴의 균형, 안색, 옷맵시, 몸 전체의 조화 등등에 주의를 쏟을 수 있을 것이다. 나는 그 여인을 나의 어떤 실천적 욕망과 관계없는 대상으로도 대할 수 있다. 이처럼 우리는 사물을 보는 데 있어 두 가지 서로 다른 입장 혹은 태도를 가질 수 있다. 칸트는 전자의 태도가 관심적 태도인 데 반해 후자의 태도는 무관심적 태도라고 말한다. 그러나 이러한 구별은 쉽게 납득되지 않는다. 왜냐하면 후자의 경우도 나의 관심, 즉 심미적 관심을 떠나서는 생각될 수 없기 때문이다. 심미적 관심도 그밖의 관심과 마찬가지로 역시 하나의 관심이다. 만일 위의 두 가지 태도가 관심과 무관심이라는 개념으로 구별될 수 있다면 칸트가 말하는 '무관심성'은 특수한 의미를 지녀야 할 것이다. 칸트가 말하는 무관심성은 어떤 대상을 관찰하는 사람이 아무런 관심을 갖지 않는다는 말은 아닐 것이다. 왜냐하면 모든 관찰은 언제나 어떤 관심과 연결되어 있기 때문이다. 칸트의 무관심성은 실천적인 의미에서, 다시 말해 구체적인 어떤 목적과의 관계를 떠난 태도를 의미한다. 일반적으로 우리는 어떤 대상을 대할 때 우리들이 원하는 어떤 목적, 즉 욕망충족과의 관계에 비추어 그 대상을 언제나 하나의 수단으로 보게 된다. 그러나 우리는 때로 우리가 대하는 대상을 단순히 수단으로만 보는 게 아니라, 실천적인 목적달성과는 관계없이 그 대상 자체에 관심을 집중할 수 있다. 그리고 이런 의미에서 같은 장미꽃도 꽃장수로서 그것을 대할 때와 그런 장수로서의 입장을 떠나 평범한 입장에서 대할 때의 경우가 구별된다. 전자의 경우 나는 장미꽃을 돈 버는 일과의 관계하에서 그 가치를 판단할 수 있지만 그런 관점과는 무관하게 그저 꽃의 모양·향기·색깔에 주의를 쏟고 그것을 평가할 수 있다. 후자의 경우 나는 돈벌이라는 실질적인 이해에 대해 무관심하다는 것이다.

위와 같은 칸트의 이론은 20세기 초에 불로흐Bullough, 더 가까이는 스톨니츠, 그리고 올드리치Aldrich 등에게 계승되거나 보완 혹은 재해석되었다. 불로는 칸트의 '무관심성'의 개념 대신 이른바 '심성적 거리 psychical distance'[76]라는 개념을, 스톨니츠는 '무관심한 주의注意',[77] 올드리치는 '무엇무엇으로 봄'[78]이라는 개념을 쓰고 있다. 이같은 어휘의 차이에도 불구하고 위의 철학자들은 근본적인 입장에서 칸트와 전혀 다를 바가 없다. 그들은 칸트와 마찬가지로 심미적 경험의 특수성이 별도로 존재한다는 것, 그 특수성을 경험자의 태도에서 찾아낼 수 있다는 것, 그리고 그 특수성은 비실천적인 태도에 있다는 것을 주장한다.

미적 가치 혹은 심미성에 대한 위와 같은 칸트적 주장에 대해 최근 두

---

76   Edward Bullough, "Psychical Distance," in M. Levich, ed. *Aesthetics and the Philosophy of Criticism*(N. Y., 1963).

77   Jerome Stolnitz, *Aesthetics and Philosophy of Art Criticism*(Boston, 1960).

78   Virgil Aldrich, *Philosophy of Art*(Englewood, N. J., 1963), pp.19~27.

가지 반론이 제기되었다. 한편으로는 심미적 가치를 경험자의 태도에서가 아니라 경험대상 속에서 찾고자 하는 비어즐리가 있는가 하면, 또 한편으로는 심미적 경험이 요구하는 특수한 태도, 즉 심미적 태도의 존재를 부정하는 디키가 있다. 비어즐리는 예술작품이 정상적 상황에서 관찰의 대상이 될 때 그것은 심미적 대상이며, 심미적 경험은 그러한 대상으로부터 갖게 되는 지각적 성질이라고 한다. 이를 좀더 풀이해본다면 미적 가치란 예술작품을 예술작품으로 볼 때 나타나는 지각적 경험이라는 것이다. 그러나 이러한 이론은 무엇보다도 순환적인 논리에 잡혀 있다. 예술작품을 예술작품으로 이해하기 위해서는 미적 가치가 선행되어야 하는데 바로 이 미적 가치를 예술작품을 예술작품으로 보는 데서 설명하려 들었기 때문이다. 그런데 문제는 예술작품으로 보는 것이 무엇이냐, 즉 어떤 대상을 미적 차원에서 본다는 것이 무엇이냐가 각기 별도로 설명되어야 한다는 것이다. 백 보를 양보해서 비록 심미적 경험, 따라서 심미적 가치가 정의되었다고 하더라도 비어즐리의 정의는 너무 협소하다. 그는 심미적 경험, 미적 가치를 오로지 예술작품 속에서만 찾으려 하고 있기 때문이다. 우리는 예술작품에 대해서뿐만 아니라 비예술작품이나 자연현상에서도 얼마든지 심미적 경험을 하게 되고 심미적 판단을 내린다는 사실을 부정할 수 없다. 심미적 가치는 오로지 예술작품에서만 찾을 수 있는 것은 아니다. 그러므로 심미적 가치는 예술작품의 한계를 넘어서서 모든 대상에 대한 경험과 관련하여 설명되어야 한다. 이런 점에서 볼 때 심미적 가치를 예술작품이라는 대상 속에서 찾으려는 비어즐리의 입장보다는 경험자의 태도에서 찾으려는 입장이 심미적 가치를 보다 잘 설명할 수 있을 것 같다.

한편 디키는 심미적 태도의 특수성에 대한 칸트적 이론을 반박하면서, 칸트나 그의 추종자들이 주장하는 이른바 심미적 태도는 특수한 태도가 아니라 주의 깊은 태도를 뜻할 뿐이라고 주장한다. 한 여인을 바라볼 때 나의 결혼 상대자로서가 아니라 그냥 그 여인의 여러 모습을 보는 태도가 심미적 태도라고 하지만, 그것은 특수한 태도가 아니라 관찰의 대상인 그 여인의 여러 가지 모습, 있는 그대로에 대해서 보다 깊은 주의를 쏟는 태도에 불과하다는 것이다. 칸트가 말한 무관심성이란 별다른 것이 아니라 주의성注意性에 지나지 않는다는 것이다. 어떤 의처가가 〈햄릿〉이라는 연극을 보면서 혹시 자신의 아내가 어떤 남자와 공모해서 햄릿의 어머니처럼 자신을 살해하지나 않을까 하여 두려운 생각에 빠지지 않고, 그 연극에서 일어나는 사건에 그저 주의를 쏟을 때 그는 이른바 '심성적 거리'를 유지하는 특수한 태도를 갖게 된다는 것이 심미적 태도의 특수성에 대한 불로의 주장이지만, 그러한 태도는 관찰대상에 주의를 집중하여 산만한 태도에 빠지지 않음을 의미할 뿐이라고 디키는 말한다. 그러나 심미적 태도에 대한 디키의 이와 같은 비판은 좀더 생각해보면 피상적인 듯하다. 왜냐하면 어떤 대상에 대해 같은 밀도로 서로 구별될 수 있는 태도를 가질 수 있기 때문이다. 예를 들어 같은 꽃에 대해서 식물학자와 심미적 관찰자가 다 같이 주의를 기울인다든가, 같은 물방울의 현상에 대해 물리학자와 심미적 관찰자가 똑같이 깊은 주의를 쏟을 수 있을 것이다. 그런데 분명히 두 가지 경우의 주의는 다른 각도에서 기울이는 것이다. 그러므로 '무관심성'이나 혹은 '심성적 거리' 등의 개념을 '주의성'이라는 개념으로 바꾸어 해석한다고 해도 심미적 경험은 그밖의 경험들과는 구별되어야 할 것 같다.

예술의 본질을 심미적으로 규정하는 입장에서 볼 때 이 문제는 예술작품의 본질적 문제와 서로 뗄 수 없는 관계를 갖고 있다. 앞서 예술작품의 개념을 검토할 때, 형식론을 이야기하면서 형식론은 예술작품의 본질을 심미성으로 보고 그것의 성격을 규명하고자 하는 이론으로 해석했다. 형식론을 처음으로 체계화한 칸트는 한 대상에 대한 심미적 경험자의 태도를 '무관심성'에서 찾고 그 경험의 내용을 경험대상의 구체적 현상에서가 아니라 그 현상의 형식 속에서 찾고 있다. 한 대상에 대해 똑같은 주의를 기울이되 경우에 따라 그 대상의 구체적인 것들에 초점을 둘 수 있는가 하면 그 현상을 형상이게 만드는 어떤 형식 혹은 구조에 초점을 둘 수도 있을 것이다. 물을 관찰할 때 나는 그것이 무엇으로 되어 있는가, 어떤 운동을 하는가에 관심을 기울일 수 있을 뿐만 아니라 그것들을 이루는 어떤 질서, 그것을 구성하는 여러 요소들 간의 관계에도 관심을 가질 수 있다. 칸트적 형식론은, 심미적 경험이 일반 경험과 다른 점을 심미적 경험의 초점이 한 현상의 형식이나 질서 혹은 관계성에 맞추어져 있다는 것으로 설명하려는 것이기도 하다. 이와 같은 형식론은 앞서 살펴본 바와 같이 그가 의도했던 것과는 달리, 예술작품의 본질을 설명하지는 못했지만 적어도 어느 차원에까지는 심미적 경험의 특수성을 다소 해명해주는 것 같다. 그러나 칸트의 형식론은 만족스럽지 않다. 한 대상에서 발견될 수 있는 형식 혹은 질서가 우리에게 특수한 경험을 불러일으키고 그것이 평가될 수 있는 것이라면, 그것은 반드시 생리학적인, 지적인, 일반적인 의미에서의 실천적인 경험, 그리고 그런 경험에서 채워지는 만족감과는 다른 성질의 만족감일 것이며 생리적·지적인 욕망과는 다른 욕망을 채워주는 것이라고 생각된다. 그러므로 심미적 경험의 특수성을 인정하고 그 경험의 구조가 밝혀졌다고 하더라도, 그 경험이 어떤 종류의 특수한 욕망을 만족시켜주는가를 밝히기 전에는 미적 가치의 본질은 설명될 수 없다고 하겠다.

심미적 경험의 특수성을 칸트적 입장에서 경험대상의 형식으로 규정할 때 그 형식이 만족시켜주는 욕망, 더 자세히 말하자면 심미적 욕망은 앞서 예술작품의 개념을 검토할 때 고찰한 형식론자인 벨의 이론에 암시되어 있다. 그에 의하면 한 예술작품 속에 내재해 있는 형식은 예술적 감동을 불러일으킨다는 것이다. 이는 형식이 감상자의 심미적 욕구를 만족시킨다는 뜻이 된다. 때문에 그는 그 형식을 구태여 '의의 형식 significant form'이라고 이름 붙였던 것이다. 그 형식이 우리들에게 감동을 주는 이유는 그것이 담고 있는 내용과는 달리 어떤 현상의 보편성, 영원불변한 무엇인가에 접하기 때문이라고 벨은 말한다. 심미적 경험에 대한 위와 같은 설명은 인간에게는 단순히 생리적·지적 욕망만 있을 뿐만 아니라 영원불변한 것에 대한 욕망도 있다는 것을 전제하며 심미적 욕망이란 이런 욕망이 나타난 것이므로 예술작품 속에 나타나는 형식을 통해서 다소나마 충족될 수 있다는 것이다.

그러나 심미적 욕망이 영원불변성으로 인정되려면 오로지 형식에서만 심미적 감동이 생긴다는 입장이 전제되어야 한다. 그러나 심미적 감동은 형식으로만은 설명될 수 없는 것 같다. 형식으로만은 설명되지 않는 심미적 감동의 예를 찾을 수 있을 뿐만 아니라 모든 형식이 한결같이 심미적 감동을 일으키지는 않기 때문이다. 빨간 장미꽃이 누구에게나 심미적 감동을 일으킨다고 하자. 그러나 모양은 완전히 똑같지만 빛깔이 검은 장미꽃이 있다고 한다면, 그 검은 장미꽃은 심미적 감동을 전혀 가져오지 않는 경우를 가정할 수 있다. 그렇다면 이것은 모양이 같다는 것, 즉 형식이 같지만 형식과는 다른 내용으로서의 빛깔에 의해 심미적 감동이 좌우될 수 있음을 증명하는 것이 되며, 따라서 심미적 감동은 형식에 의해서만 설명될 수 없다는 결론이 선다. 그와 더불어 형식론에 의존한 심미적 욕망에 대한 이론도 무너지게 된다. 뿐만 아니라 설사 여러 가지 경우의 심미적 감동을 대상의 형식에서 다소 찾을 수 있다고 해도 모든 형식이 다 같이 심미적 감동을 일으키지는 않는다. 정확한 수식, 논리적 관계, 수많은 인공품들이 형식이라는 면에서 예술작품이나 장미꽃 또는 해 지는 광경에서 찾을 수 있는 질서 혹은 형식보다도 더욱 정연한 질서와 형식을 갖춘다고 해도, 전자와 같은 상황이나 사물들에서 우리가 심미적 감동을 느낀다고는 단정하기 어렵다. 비록 그러한 것들 속에서 어떤 쾌감이나 감동을 느낀다 해도, 그러한 감동은 후자들의 경우에 접할 때 얻을 수 있는 감동과는 그 성질이 전혀 다른 것이라고 하지 않을 수 없다. 이처럼 형식에만 의해서 심미적 감동이 설명되지 않는다면 예술적 감동의 형식론에서 축출된 심미적 욕망의 성질에 대한 이론인 영원불변성에 대한 욕망론은 설득력을 상실한다. 여기서 우리는 심미적 감동을 설명하는 다른 이론을 고찰하게 된다.

앞서 우리는 많은 철학자들이 예술의 기능을 원초적으로 인식 경험, 아니면 특수한 인식 경험으로 생각하고 있는 것을 보았다. 그런 입장에서 본다면 예술적 감동은 특수한 감동이 아니라 하나의 지적 감동으로서 굿맨의 말대로 과학적 활동에서 느끼는 즐거움과 근본적으로 다를 바 없다.

그러나 우리는 또한 이런 입장이 만족스럽지 못하다는 것을 이야기했다. 아무래도 심미적 경험은 지적 경험과 동일하지 않다는 것을 직감적으로, 그리고 막연하게나마 느낄 수 있다. 이러한 생각은 현상학적인 차원에서 고찰할 수 있을 것이다.

이런 문제를 밝히고자 하는 이론의 좋은 예는 바슐라르에서 찾아볼 수 있을 것 같다. 그에 의하면 심미적 욕망은 궁극적인 행복에 대한 욕망이다. 궁극적이란 말은 그것이 어떤 다른 형태의 욕망충족으로도 만족될 수 없는 욕망임을 뜻한다. 우리는 여러 가지 욕망, 여러 가지 차원에서의 욕망을 이야기할 수 있고, 그것의 충족을 추구한다. 나는 음식을, 성욕을, 명예욕을, 권력에 대한 욕망을, 지적 욕망을 갖고 있으며 그것들의 충족을 위해 노력하여, 그것들은 여러 차원에서 만족된다. 이런 욕망들이 충족되었을 때 나는 행복하다고 한다. 그러나 이러한 개별적인 욕망들이 모두 충족되더라도 나는 근본적으로 만족할 수는 없다. 그러한 욕망을 항상 찾아야 한다는 사실, 그것은 생존을 위한 꾸준한 노력, 행복을 위한 노력이 요구됨을 전제로 하는 것이다. 이것이 바로 동물로서의 인간의 근본적인 존재 조건이다. 삶 자체가 비극이라는 생각이 극히 투명하고 이지적인 그리스인들에게서도 절실히 의식화되었다는 것은 소포클레스Sophocles의 비극에서나 핀다르Pindar의 시에서, 그리고 가까이는 니체의 철학에서 드러나고 있다. 힌두교나 불교의 사상은 솔직히 인간 조건의 근본적인 고통에 바탕을 두고 있다는 것을 누구나 잘 알고 있을 터이다. 아마도 모든 종교는 바로 인간의 근본적인 불행성에서 생겨난 것으로 해석될 수 있다. 바슐라르에 의하면 심미적 욕망은 바로 이러한 인간 조건에서 벗어나 원초적인 행복한 상황을 동경하는 심정에 불과하다. 그것은 끊임없는 긴장과 노력을 요구하는 일상적인 삶으로부터의 해방과 휴식에 대한 갈망이다. 인간이 가장 포근한 휴식과 행복을 취할 수 있었던 것은 어머니의 따스한 배 안에서 잠자고 있었던 상황일 것이며, 혹은 어렸을 때 삶에 대한 현실적인 어려움을 모르고 뛰놀던 방, 포근한 뒤꼍 등이 우리에게 가장 순결한 삶의 행복을 체험하게 했을 것이다. 그렇기 때문에 우리들은 그러한 휴식과 행복의 상황을 연상시키는 사물현상·상황 또는 무수한 이미지들이 무의식적인 차원에서나마 성장한 우리들의 감성을 즐겁게 해준다는 것이다. 바슐라르는 이러한 경험을 시적 또는 심미적 감동이라고 부른다. 심미적 감동이란 상상에 의해 다시 찾은 근원적 휴식, 근원적 행복감에 지나지 않다.

심미적 감동의 본질에 대한 두 가지 이론 중에서 우리는 꼭 하나만을 택해야 할 것인가? 심미적 감동은 영원불변성의 발견 때문인가 아니면 다시 찾은 원초적 행복감 때문인가? 그것들은 반드시 서로 대립하는 것인가? 이러한 물음에 대해 우리는 아직 확고한 대답을 하지 못하고 있다. 그러나 위의 두 가지 이론은 서로 다른 차원에서 심미적 경험, 즉 미적 가치에 대해 그것의 본질을 설명해주고 있다고 생각된다. 가치란 언제나 만족이라는 개념을 떠나서는 생각될 수 없다. 그것이 무엇인가 어떤 욕망을 만족시켜주는 한에서만 가치가 거론된다. 또한 만족이라는 개념이 행복이라는 말을 떠나서는 무의미한 만큼 가치는 언제나 행복과 관련되어 있다. 특히 심미적 가치가 그렇다. 그것은 수단으로서의 의미만을 넘어서 그 자체가 본질적으로 행복과 관련된다. 그렇다면 모든 가치는 궁극적으로 인간의 행복에 비추어 평가되어야 하고, 그것은 궁극적으로 심미적 가치에 종속될지도 모른다. 우리가 바라는 것이 행복이라면 그러한 행복이 영원불변한 상태로 지속되기를 바라는 것은 당연한 일이다. 이렇게 보면 형식을 통해서 영원불변성을 발견하고 그 발견을 통해 심미적 감동을 느낀다면 그것은 바슐라르가 말하는 행복감으로서의 심미적 감동과 그 성질이 다른 감동이 아니라 그런 행복감의 한 차원에 불과하다고 생각된다.

미적 가치의 특수성을 인정하고 그것의 본질을 위와 같이 잠정적으로 규정할 때 예술작품은 심미성에 의해 평가되어야 하는가? 그렇지 않다면 예술작품의 가치는 미적 가치와는 다른 가치에 의해 평가되어야 하는가? 단적으로 말해서 우리들의 대답은 그 둘 다에 대해 부정적이다. 설사 어떤 예술작품들 속에 영원불변한 형식이나 원초적인 행복감을 유발시키는 이미지가 발견되어, 그로부터 칸트적 형식론자나 바슐라르식의 이른바 현상학적 정신분석자가 말하는 심미적 감동을 누구나 경험할 수 있다고 해도, 모든 예술작품이 다 같이 그런 형식이나 그런 이미지로서 감동을 일으키지는 않기 때문이다. 라마르틴Lamartine과 소월의 시들이 형식미에 의해서, 혹은 거기에 담고 있는 이미지에 의해서 독자에게 감동을 준다고 해도 랭보Rimbaud의 시나 이상의 시는 결코 그와 같은 종류의 감동을 불러일으키지 않는다. 또한 피사로Pissarro의 작품 〈몽마르트르 대로〉(그림 26)가 우리의 눈을 즐겁게 해준다고 해도 피카소의 〈머리 빗는 여인〉(그림 27)라든가 올덴버그의 〈Police 철자로 구성된 경찰서 건물의 설계도〉(그림 28)는 오히려 우리들의 감성을 당황하게 만든다. 설사 모차르트의 곡들이 우리들의 귀를 행복하게 한다고 해도 케이지의 곡들은 우리들의 청각을 놀라게 한다. 뿐만 아니라 과연 어떤 의미에서 음악이 바슐라르가 말하는 원초적 행복과 관련된 이미지가 될 수 있겠는가? 그리스의 비극들이나 도스토옙스키의 『지하생활자

그림 26 피사로, 〈몽마르트의 대로〉

그림 27 피카소,
〈머리 빗는 여인〉

그림 28 올덴버그, 〈**Police** 철자로 구성된 경찰서 건물의 설계도〉

의 수기』는 정상적 의미에서 결코 아름다운 독후감을 남기지는 않지만, 막연한 의미에서나마 아름답다는 인상을 주는 모파상이나 체호프의 어떤 단편소설보다도 높이 평가된다는 사실은, 실제적으로 앞서 잠정적으로 정의한 미적 가치가 예술작품의 평가기준이 될 수 없음을 말하고 있으며, 예술작품이 주는 감동은 미적 감동과 반드시 일치하지 않는다는 것을 보여준다.

한 송이의 꽃, 한 폭의 그림, 하나의 의자, 하나의 새둥주리 등은 그것들이 갖는 조형성으로 보나 그것들이 지니는 이미지들로 보아 분명히 칸트나 바슐라르가 설명하는 뜻에서의 심미적 감동을 일으킬 뿐만 아니라 그러한 요소는 다른 어떤 위대한 예술작품이 주는 심미적 감동보다도 더 큰 감동을 주는 경우도 허다하다. 그러나 우리는 그런 것들을 결코 예술작품이라고 부르지 않는다. 따라서 그러한 사물들에게 예술적 가치를 부여하지도 않는다.

막연하게나마 예술작품을 아름다운 것과 흔히 동일시하고 예술작품의 가치는 미적 가치와 동일한 것으로 생각하는 경향이 있다. 그러나 위에서 살펴본 극히 소박한 사실만으로도 우리들의, 혹은 많은 종래의 철학자들이나 예술가 자신들이 자명하게 믿었던 그러한 생각이 별로 근거가 없음이 증명이 된다. 그렇다면 예술의 올바른 이해는 우선 이와 같은 잘못된 선입견을 버리는 것에서부터 시작되어야 할 것이다. 예술과 미, 예술작품과 아름다움, 예술적 감동과 심미적 감동, 예술적 가치와 미적 가치는 일단 분명히 구별되어야 한다. 이러한 결론은 미적 가치가 예술적 가치와 무관하다는 말이 결코 아니다. 그것은 두 가지 가치가 동일한 성질의 것이 아님을 강조할 따름이다. 우리의 논리가 타당하다면 예술작품 평가의 문제는 우선 미적 가치와 구별되는 예술적 가치, 심미적 감동과 구별되는 예술적 감동의 본질을 가려내는 데 있을 것이다.

예술적 가치

아름다움 혹은 심미성에서 예술작품의 가치를 찾아내려는 시도가 실패한 이유는 그러한 시도가 가치에 대한 잘못된 관점을 전제하고 있기 때문이다.

　현대의 가치 이론은 에이어에 의해 대표되는 감동론emotive theory과 스티븐슨Stevenson이 주장하는 일종의 반실재주의antirealism로 나타난다. 'X가 좋다', 즉 'X표가 가치 있다'라는 말은 전자의 해석에 의하면 X에 대한 발화자의 감동을 나타내는 것에 불과하다는 것이며, 후자의 해석에 따르면 그것은 단순한 감정의 반응이 아니라 X를 추천하는 의미를 갖고 있다는 것이다. 위의 두 가지 주장은 정도의 차이는 있지만 모두 다 주관주의의 입장을 따른다. 가치는 객관적 사물현상을 가리키지 않고 그런 사물현상에 대한 우리의 주관적 태도를 지칭한다는 것이다. 그러나 사물현상의 가치는 우리들의 자유로운 주관적 태도에 따라서만 좌우되는 것이 아니다. 어떤 시계의 가치 혹은 한 과학적 이론의 가치는 우리의 기호 혹은 태도에 따라 마음대로 바꿀 수 없다. 싫건 좋건 오메가 시계는 세이코 시계보다 값이 비싸고, 아인슈타인의 상대성이론은 뉴턴의 물리학이론보다 높이 평가됨은 나의 태도나 기호에 의해 좌우된 것이 아니다. 가치는 일종의 객관성을 띠고 있다는 것이다. 가치란 아무래도 어떤 객관적 존재에 의해서만 해석되어야 할지도 모른다. 막연하게나마, 그리고 일반적으로 우리는 가치를 어떤 객관적인 존재로 생각하고 있다. 금·돈이 객관적인 사물들을 지칭하고 그것을 가치라고 부른다면 가치는 역시 특별한 구조를 갖고 있으며, 일종의 존재를 지칭하는 말로 보아야 할 것이다. 이처럼 생각할 때 무어와 같은 가치의 객관주의가 나온다. 그에 의하면 가치는 물리적 존재는 아니지만 더 이상 무엇으로 분석될 수 없는 관념적이고 비물리적인 존재라는 것이다. 그러나 가치의 객관성은 그것의 실재성 혹은 존재성에 의존하지 않을 수 없다. 객관성은 실재성이란 말과 같은 뜻의 개념이 아니다. 수학적 진리의 객관성은 수학적 기호가 지칭하는 객관적 존재가 실재하고 있기 때문이 아니다. 그러한 존재는 있지 않다. 금의 가치, 시계의 가치가 객관적으로 평가될 수 있는 것은 그러한 것들이 바로 가치라는 것들이기 때문이 아니다. 돼지에게는 그러한 것들은 아무런 가치도 없다. 만약 그러한 것들의 가치가 객관적으로 평가될 수 있는 것이라면 그것은 인간이 그러한 것들에게 어떤 기능을 부여한 것이며, 그렇게 부여된 기능은 개인의 태도나 감정에 좌우되지 않는 것이다.

이렇게 제도에 의해서 부여된 고정된 기능에 비추어 어떤 구체적인 사물현상의 가치는 객관적으로 평가될 수 있다. 가치는 우리가 부여한 기능에 지나지 않으며, 가치의 평가는 어떤 사물현상이 그러한 기능을 얼마만큼 충족시켜주느냐에 따라 객관적으로 평가받을 수 있다. 아름다움 혹은 심미성은 일종의 객관적인 사물현상이나 속성소를 지칭한다. 그런데 예술적 가치도 이처럼 객관적인 사물현상이나 속성소를 전제로 한다는 이론은 잘못된 것이다. 아름다움, 즉 심미성과 예술적 가치를 동일하게 보고 그러한 객관적 속성에 의해 개별적인 예술적 가치를 판단할 수 있다고 생각하는 이론은 근본적으로 오류를 범하고 있음이 분명하다. 예술작품의 예술적 가치는 미적 가치와 일치하지 않는다.

한 예술작품의 예술적 가치는 예술작품에 부여된 기능, 우리가 어떤 사물현상을 다른 사물현상과 구별하여 예술작품이라 부르고 분류할 때 이미 전제되어 있는 데 비추어서만 결정될 수 있다. 그렇다면 예술작품에 부여된 기능은 무엇인가? 이 물음은 예술작품의 정의에 대한 물음으로 바꾸어 생각해볼 수 있다. 왜냐하면 어떤 문제에 대한 정의가 그것의 기능을 결정하는 작업과 항상 일치하지는 않을지도 모르지만 적어도 인위적인 정의는 결국 기능적인 성격을 갖기 때문이다. 칫솔을 구둣솔과 구별하여 정의한다는 것은 칫솔이 할 수 있는 기능을 구둣솔이 할 수 있는 기능과 구별하여 결정하는 것에 지나지 않다. 일단 칫솔의 기능과 구둣솔의 기능을 우리의 의도에 따라 결정하였을 때 비로소 우리는 칫솔과 구둣솔을 만들 수 있으며, 또한 이러한 기능에 비추어 여러 가지 솔들 가운데서 칫솔과 구둣솔을 가려내고 분류할 수 있는 것이다. 하나의 기능이 부여되기 이전에는 칫솔이나 구둣솔이 객관적으로 존재하지 않는다. 그것의 객관적이고 구체적인 존재는 우리가 자의적으로 결정한 기능을 전제로 한다. 이렇게 미리 결정된 기능에 의해 개별적인 칫솔들, 개별적인 구둣솔들이 객관적으로 평가될 수 있다. 그런데 칫솔의 기능이 이를 깨끗이 닦아주는 데 있다면 그 기능이란 바로 칫솔의 정의에 불과하다. 칫솔은 이를 깨끗이 닦아주는 것으로 정의될 수 있다.

예술작품의 경우도 칫솔의 경우와 전혀 다를 바가 없다. 어떤 사물현상이 예술작품이라는 범주 속에 분류되는 이상, 그것에는 그것 고유의 기능이 부여되고 있음에 틀림이 없다. 그렇지 않다면 예술작품이라는 개념이 존재하고, 또 그 개념에 따라 사물현상이 구별되어 묶이는 이유가 설명되지 않는다. 그렇다면 예술의 예술적 기능, 다시 말해 예술만에 부여된 기능은 무엇일까? 예술의 기능이 설정되었을 때 비로소 그 기능에 따라서 한 예술작품이 평가될 수 있는 것이다. 그것은 마치 칫솔의 기능이 정해졌을 때 비로소 칫솔의 가치가 결정되는 것과 같은 논리이다.

칫솔·만년필·라이터·책상 등과 같은 사물들의 기능은 각기 그것들의 정의와 동일하다. 칫솔이 이를 깨끗이 닦는 물건이라고 정의된다면 그 정의는 결국 그것의 기능을 말하는 것에 지나지 않는다. 위와 같은 사물들은 각기 그것들의 특수한 물리적 속성소에 의해 정의될 수 있는 것이 아니라 오로지 기능에 의해 정의된다. 모든 칫솔은 모양이나 색깔·크기, 혹은 재료가 다를 수 있지만, 그럼에도 불구하고 그런 차이와는 상관없이 그것이 무엇을 하는 것으로 볼 수 있느냐에 따라 칫솔로 결정될 수 있는 것이다. 마찬가지로 예술작품의 예술적 기능이란 예술작품의 정의에 불과하다. 여기에 우리는 2장 '작품'의 정의에서 내린 예술작품의 정의를 기억할 필요가 있다. 거기서 우리는 예술작품은 유일한 가능 세계라고 정의한 바 있다. 그렇다면 그 정의는 곧 예술작품의 예술적 기능을 의미한다. 한 사물현상의 가치가 그것에 부여된 기능과 함수적 관계를 갖고 있다면 예술작품의 예술적 가치는 예술작품에 부여된 예술적 기능, 즉 유일한 가능 세계를 얼마만큼 실천했느냐에 따라 결정될 것이다. 여기서 '세계'라는 말은 여러 차원의, 그리고 여러 가지 문제에 대한 생각 혹은 관념의 체계를 뜻한다. 그러므로 종교의 세계, 철학의 세계, 사랑의 세계, 청춘의 세계, 시각·청각·지각의 세계, 책상의 세계, 나무의 세계 등등에 대해서 이야기할 수 있다. 초월적 존재에 대한 관점이 종교의 세계가 될 수 있고, 사랑이라는 경험에 대한 생각이 사랑의 세계를 이룰 수 있으며 책상에 대한 지각이 책상의 세계가 될 수 있다.

이런 의미에서 각각의 예술작품은 하나의 세계를 각각 갖고 있다. 예술작품은 초월적 세계에 대한, 인생에 대한, 사랑에 대한, 책상에 대한, 일종의 표상으로 보아야 하기 때문이다. 여기서 '일종의'라고 덧붙인 이유는 예술적 표상은 그 대상의 실재성을 전제하지 않기 때문이다. 그 표상은 언제나 가상적인 것이며, 따라서 오직 가능한 것으로만 존재한다는 것이 전제되는 것이다. 그렇기 때문에 우리는 앞에서 예술적 표상이 프레게가 말했듯이 지시대상Bedeutung과 구별되는 의미Sinn에 해당하는 것으로, 혹은 진술과 구별되는 명제에 해당하는 것으로 보았던 것이다.

예술작품이 위와 같은 뜻에서 가능한 세계를 보여주는 기능을 한다지만 그러한 설명만으로는 예술작품의 기능이 아직 막연하게 느껴진다. '가능한 세계'라는 말은 좀더 구체적으로 설명될 필요가 있다. 가능하다는 것은 새로움을 뜻한다. 이미 있는 것, 이미 알고 있는 것, 이미 밝혀진 생각·관점·느낌은 가능이라는 범주에서 벗어난다. 이런 점에서 볼 때 예술에 있어서의 새로움은 독창성을 뜻하는 말이라고 해석될 수 있다. 모든 예술작품은 그 하나하나가 모두 독창적인 것임을 전제하고 있다. 지금까지 존재하지 않은 생각·느낌·지각 등을 제안하고자 하는 점에서 하나하나의 예술작품은 유일한 세계를 보여준다. 예술작품의 가치를 평가할 때 항상 독창성이 중요한 기준이 되는 것은 우연한 일이 아니다. 독창성이라는 개념과 아울러 상상력이 높이 평가되는 것은 이 두 가지 점이 서로 다른 가치를 갖고 있어서가 아니다. 그것들은 사실상 동일한 가치를 나타내고 있다고 말할 수 있다. 독창성은 상상력의 소산에 불과하기 때문이다.

독창성은 크게 주제의 차원과 형식의 차원에서 고찰될 수 있다. 한편으로 플로베르의 소설이 높이 평가되는 이유 중 하나는 이 작가가 소설의 주제로서 구체적인 일반 사람들의 생활상을 다루었다는 점, 다시 말해서 이른바 현실을 묘사했다는 데 있으며, 뒤샹의 〈샘〉이라는 작품이 언제나 문제작으로 논의되는 이유는 그것이 지금까지 고려의 대상 밖에 있던 아름답지 않은 변기를, 아름다움을 보여준다고 믿어왔던 미술 속에 도입했기 때문이다. 다른 한편으로, 초현실주의 시가 문학사에서 빼놓을 수 없이 중요한 이유는 그것이 새로운 시詩의 형식을 시도했다는 점에 있으며, 세잔의 그림이 미술사에서 극히 중요한 자리를 차지하게 된 것은 그것이 전통적 형식을 깨뜨리고 새로운 표상형식을 보여주었기 때문이다. 앞서 잠시 고찰해보았던 비어즐리가 제안한 예술작품의 세 가지 가치 규범, 즉 통일성·강렬성, 그리고 복잡성도 형식과 내용에 대한 기준으로 해석될 수 있다. 통일성은 형식에 대한 구체적인 속성소를 지칭하며 강렬성과 복잡성은 주제나 내용에 대한 구체적인 속성들을 지칭하는 것으로 고찰될 수 있다. 동일한 주제를 갖고 있다면 그것이 얼마나 통일성을 갖고 표현되었느냐에 따라서 작품의 가치가 달라질 수 있으며, 표현상 똑같은 통일성을 갖추었더라도 그것의 내용이 깊으면 깊을수록, 그리고 포괄적이면 포괄적일수록 그 작품의 가치는 더욱 높아진다.

예술작품에 있어서 형식과 내용은 실질적으로 분리될 수 없다. 그러한 분리는 오로지 개념의 차원에서 한 작품이 서술되고 분석될 때 필요한 수단에 불과하다. 한 구체적인 작품 속에서 이러한 요소들은 다 같이 독창적 세계를, 그리고 보다 포괄적이고 보다 참신한 세계를 보여주는데 동원된다. 가능한 세계의 창조로서의 예술작품은 결과적으로 생각·세계관, 사물에 대한 관점·감정 등등의 차원에서 우리를 해방시켜주는 기능을 한다. 예술을 통해서, 그리고 예술 속에서 우리는 우리가 갇혀 있는 세계의 노예이기를, 혹은 화석이기를 그친다. 따라서 예술은 생명 그 자체의 표현이며 확장이다.

평가의 실제

가능 세계의 창조라는 관점에서 예술작품의 예술적 기능이 밝혀지고, 따라서 예술작품에 대한 가치평가의 기준이 설정되었다고 해도 그것을 구체적으로 어떻게 적용하며 구체적인 예술작품의 가치를 측정할 것이냐의 문제가 아직 남아 있다. 그것은 마치 칫솔의 가치가 이를 얼마나 잘 닦게 하느냐에 따라 결정된다는 것을 알고 있어도 실제적으로 하나의 칫솔을 놓고 그것을 어떻게 측정하느냐의 문제가 남아 있는 것과 마찬가지이다. 실제적으로, 일단 설정된 기준에 따라 측정할 수 있는 구체적인 방법이 제시되지 않는 한, 가능한 세계의 창조라는 예술작품의 가치기준은 공허한 이론적 슬로건으로만 남아 있게 될 것이다.

하나의 예술작품에 대한 평가는 구체적으로 그 작품이 지니고 있는, 그리고 그 작품 속에서 경험적으로, 즉 관찰과 분석에 의해 발견할 수 있는 속성들이 얼마나 새롭고 깊고 또 훌륭하게 가능 세계를 만들어내고 있는가를 지적하는 작업에 불과할 것이다. 그것은 마치 구체적으로 하나의 칫솔에 있어서 그 칫솔을 구성하는 털·손잡이·형태 등이 이를 깨끗이 닦게 해주는 데 얼마나 효율적으로 편이하게 되어 있는가를 구체적으로 보여줄 때 그 칫솔의 가치가 객관적으로 평가될 수 있다는 사실과 마찬가지이다. 칫솔에 대한 평가는 실제로 이를 닦아봄으로써 결정될 수 있다. 그러나 예술작품은 실험을 해봄으로써 결정될 수 없다. A라는 작품이 B라는 작품보다 훌륭한 가능 세계를 보여준다는 것은 실험적으로 판단될 수 있는 것이 아니다. 그것은 오로지 관념의 차원, 논리의 차원에서의 이해를 통해서만 결정될 수 있다. 그것은 예를 들어 수학의 해답이 실험에 의해 밝혀질 수 없는 것과 같다.

A라는 예술작품이 B라는 예술작품보다 더 훌륭한 가능 세계를 보여주고 있다는 것은 전자가 후자보다 더욱 새롭다는 점, 그리고 그러한 새로움이 기술적으로 잘 표현되어 있다는 점을 보임으로써 말할 수 있다. 예술작품의 새로움 혹은 독창성은 첫째, 주제의 차원에서, 둘째, 형식의 차원에서 보일 수 있다. 샤토브리앙chateaubriand의 『아탈라』라는 소설은 인간의 내적 감성, 자연과의 새로운 관계를 주제로 삼았다는 점에서 새롭고, 쿠르베Courbet의 그림은 아름다운 여성들이나 귀족들 혹은 아름다운 자연의 모습 대신 서민들을 주제로 택했다는 점에서 독창적이며, 달리Dali의 그림들은 지금까지 문제로 삼지 않았던 꿈의 세계나 혹은 무의식의 세계를 주제로 했다는 점에서 독창적이다. 그리고 피카소는 입체파로 불리는 형식을 창조했다는 점에서, 조이스의 『율리시스』는 이른바 내면적 독백의 형식을 도입했다는 점에서, 그리고 케이지의 〈4분 33초〉라는 곡은 음이 없는 음악의 형식을 고안해냈다는 점에서 독창적

이라고 하겠다.

주제나 형식의 면에서 똑같이 독창적이라고 하더라도 주제의 깊이와 폭 혹은 형식의 조잡성과 완숙성에 따라 한 예술작품의 가치는 달라지게 마련이다. 모든 낭만주의 작가들이 샤토브리앙과 같은 주제를 다룬다고 해도, 그리고 모든 초현실주의 화가들이 무의식을 다룬다고 해도 통찰력의 깊이나 폭에 따라 그것의 가치는 달라지게 된다. 같은 형식을 채택했다고 하더라도 피카소의 작품과 브라크Braque의 작품은 기술적 완숙성에 따라 달리 평가될 수 있다. 인간의 도덕적 문제를 다루었다는 점에서 도스토옙스키의 『죄와 벌』, 로렌스의 『채털리 부인의 사랑』, 말로의 『인간의 조건』이 같다고 해도 문제의 심오성 혹은 포괄성이라는 점에서 『죄와 벌』이 보다 높이 평가될 수 있을지도 모른다.

그런데 주제나 형식이라는 각도에서 한 예술작품의 가치가 위와 같은 식으로 측정될 수 있다고 하더라도 한 작품의 주제나 형식의 차원에서 그것의 독창성이 어떻게 객관적으로 입증될 수 있느냐 하는 문제는 또다시 검토되어야 할 것이다. 한 작품의 a, b라는 속성소 혹은 성격이 객관적으로 지적될 수 있다고 하더라도 그것이 과연 얼마나 객관적으로 독창성의 근거로 인정될 수 있느냐 하는 문제는 경우에 따라 달라질 수 있다. 한 소설 속의 어떤 사건, 어떤 인물의 성격이 그 작품에서는 독창성의 근거로 생각될 수 있지만 다른 소설 속에서는 정반대의 구실을 할 수도 있기 때문이다. 한 그림에서의 빨간색이나 기하학적인 구조가 다른 그림에서도 똑같은 형식상의 중요성으로 결정되지는 않는다.

한 예술작품을 평가하고자 할 때 그 평가의 객관성 문제는 이른바 주제와 형식 혹은 내용과 형식이 한 작품 속에서 개별적으로 분류되어 따로 고찰될 수 없기 때문에 더욱 복잡하고 어려워진다. 한 작품은 그것을 구성하는 요소들을 분류하고 그 분류된 요소들을 개별적으로 검토함으로써 이해될 수 있는 것이 아니며, 따라서 그러한 개별적인 검토로 이루어진 평가들을 가산함으로써 결정되는 것이 아니다. 실제로 존재하는 구체적인 각각의 예술작품은 그것들을 구성하는 여러 가지 요소들, 여러 가지 속성들에 의해 분석될 수 없는 유일한 유기체이기 때문이다. 그러므로 예술작품의 존재 구조는 인격적 존재로서의 인간에 비유될 수 있다. 한 사람은 생리학적인 차원에서 분석되고 설명될 수 있을지 모르지만 그러한 설명으로 한 인격적 존재로서 그 인간을 전적으로 파악했다고는 말할 수 없기 때문이다. 예술작품은 주제, 즉 내용과 형식의 차원에서 본 여러 가지 속성소나 요소들을 작품 전체가 갖고 있다고 전제되는 작품으로서의 독창성과 관련하여, 또 그러한 종류의 독창성에 비추어, 그리고 그러한 종류의 깊이나 폭에 따라 결정되고 평가되어야 한다. 이와 같은 작업은 극히 복합적인 것이며, 그만큼 객관성 있는 판단과 평가가 내려지기 어렵다. 그러므로 이러한 작업, 즉 이른바 비평가의 작업은 고도의 지적 능력·감수성·교양을 필요로 한다. 이런 점에서 예술작품에 대한 가치평가는 실험을 통해 밝혀질 수 있는 작업인 과학적 이론에 대한 평가와는 다르며 그런 만큼 어느 정도의 주관성을 면하지 못하게 될 뿐만 아니라, 그것은 칫솔의 가치를 결정하는 과정과도 달라서 비교될 수 없을 만큼 복잡하며, 따라서 완전한 객관성을 확보하기 어렵다고 하겠다. 이론적으로 예술작품의 평가가 객관성을 찾을 수 있고 또 평가 작업이 감정의 표현이라는 차원을 넘어서 지적이며 실증적인 활동에 속한다고 하지만, 실제에 있어서 지성이나 논리는 방황하기 일쑤이다.

또 한편 예술작품에 대한 가치 평가의 객관성은 예술작품의 가치가 역사적 맥락을 떠나서는 평가될 수 없기 때문에 더욱 어려워지고 복잡해진다. 예술작품의 가치가 가능 세계로서의 독창성에 근본적으로 의존한다면 한 예술작품의 독창성은 언제나 다른 예술작품의 독창성과 비교됨으로써만 의미를 갖는다. 19세기라는 시점에서 독창성이 있었던 하나의 주제나 형식은 20세기에서도 독창적인 것이 될 수는 없으며, 한 문화권에서 독창적인 것이라고 해서 다른 문화권에서도 반드시 독창적인 것은 아니다. 로렌스가 성性의 문제를 주제로 소설을 썼을 때 그것은 서양의 소설사라는 맥락에서 새로운 주제가 되었지만, 오늘날 어떤 소설가가 같은 것을 주제로 하였더라도 그것은 결코 독창적인 것으로 생각될 수 없다. 워홀이 비눗갑을 복사하는 미술의 형식을 개발하였을 때 그것은 서구미술사라는 테두리에서 혁명적인 것이었지만 만약 오늘날 누가 그런 형식이나 그런 종류의 그림을 제작한다면 그것은 모방에 불과한 것이다. 또한 한국문학사라는 테두리에서 최남선의 「해에게서 소년에게」는 주제나 형식에 있어서 독창적인 것이었다고 하겠지만, 서구문학사의 관점에서 보면 전혀 독창적인 게 아니라 오히려 모방적이다. 사실과는 달리, 최남선이 서구의 시를 배우고 그것을 모방한 것이 아니라 완전히 혼자의 생각으로 그러한 이른바 자유시를 생각해냈다고 가정해도, 세계문학사라는 관점에서 고찰할 때 이 시인의 작품은 역시 독창성의 의미를 잃는다. 왜냐하면 그가 생각해냈다는 점에서 그의 시가 그에게 있어서나, 한국문학사의 맥락 속에서는 독창적이라고 해도 그것은 역사적으로 보아 이미 존재하고 있던 것이기 때문이다. 만약 지구의 어느 구석에 사는 현대 문명과 전혀 접촉이 없던 어떤 정글의 부족 가운데서 아인슈타인과 똑같은 상대성원리를 발견한 사람이 있다고 해도 그것은 과학사에서 전혀 새로운 것일 수 없다. 왜냐하면 그것은 인류가 알고 있던 것과 다른 이론이 될 수 없기 때문이다.

이러한 예술작품에 대한 평가의 콘텍스트는 예술작품을 평가하는 데 있어서의 복잡성을 더욱 두드러지게 드러낸다. 한 작품의 주제라든가 형식 같은 것은 구체적으로 작품 속에서 찾아낼 수 있는 속성소이기 때문에 그것들의 객관성은 비교적 쉽게 제시될 수 있지만 예술사, 더 개별적으로는 문학사·미술사·음악사와 같은 역사는 작품 자체 속에서 발견될 수 없는 비경험적 속성소이기 때문에 그러한 속성소의 객관성은 쉽사리 보장받지 않는다. 다시 말해 경험적으로, 혹은 지각적으로 발견될 수 있는 한 작품의 주제나 형식들이 작품과 관련되어 평가되려면 그것들은 예술사 일반, 그리고 보다 정확히는 각기 문학사·미술사·음악사 등의 역사적 맥락 속에 설정되어 그러한 맥락의 조명 아래 있을 때 비로소 가능하기 때문이다. 이와 같은 사실은 예술비평가는 감수성·지성을 갖추어야 할 뿐만 아니라 예술사 일반, 그리고 개별적으로 문학사·미술사·음악사에 통달해야 하며, 더 나아가서는 그 작품들이 창조된 문화 일반에 대한 깊은 관심과 이해를 갖고 있어야 한다.

이처럼 한 예술작품의 평가는 여러 가지 여건들을 전제로 하고 있으며 실질적인 면에서 그만큼 복잡하고 어려운 것이다. 그러나 적어도 이론의 차원에서 볼 때 한 작품의 가치평가는 단순히 그것에 대한 주관적 반응을 의미하지는 않으며, 논리적으로는 객관적인 평가가 가능하다. 과연 실제로 오늘날까지 예술작품이 위와 같은 조건을 충분히 갖춘 사람들에 의해 평가되어왔느냐 하는 문제, 그리고 과연 우리가 오늘날 갖고 있는 예술사 일반, 개별적으로는 문학사·미술사·음악사 등은 객관적으로 우리가 마땅하다고 제시하는 그러한 기준에 의해 평가된 것으로 볼 수 있느냐 하는 것은 별개의 문제이다.

오늘날 우리가 갖고 있는 일종의 고전적 세계예술사 혹은 세계문학사 혹은 세계음악사 등이 위와 같은 기준에 따라서, 즉 올바른 예술작품 가치평가의 기준에 따라서 설정된 것으로 본다고 해도 우리가 역사에 대한 충분한 사실을 알고 있지 않거나, 또는 개별적 예술작품의 주제·형식 등에 대해 잘못 관찰하거나 잘못 해석했다면 오늘날 우리가 갖고 있는 고전적 예술사는 수정되어야 하며, 다시금 새롭게 씌어져야 할 것이다. 이와 같이 어떤 이론이 여기서 보다 구체적으로 예술작품의 가치평가의 기준에 대한 보편적인 동의를 갖게 되고 그 이론을 누구나 다 수용한다고 해도 이론과 실제가 언제나 일관성 있게 병행하지는 않는다. 이러한 사실은 예술작품의 평가에 있어 보편성과 객관성을 갖추기가 용이하지 않음을 말해준다.

　　사실 이러한 난점은 보다 구체적으로, 그리고 보다 근본적으로 나타난다. 그것은 스탈린, 마오쩌둥, 김일성 체제하의 세계예술사, 예를 들어 소련의 문학사, 중국의 미술사, 북한의 음악사는 매우 상이하게 씌어지고 있다는 사실, 위와 같은 나라에서는 도스토옙스키의 문학이 규탄되고 모차르트의 음악이 금지되고 피카소의 그림이 데카당의 표본으로 몰리고 있다는 사실에서 그러한 난점들이 더욱 드러난다. 또한 온 세계가 어떤 새로운 이념을 택하게 되면 그 이념에 따라 이른바 고전적 예술사와도 다르고 공산주의 사회에서의 예술사와도 다른 예술사가 씌어질 수도 있으며, 오늘날 우리가 가장 타당하다고 생각하는 규범과는 전혀 다른 규범에 의해 예술작품들이 평가될 가능성도 충분하다. 시계는 그것이 시계로서의 기능에 의해 평가되어야 옳음에도 불구하고 흔히 그것의 희귀성이나 정서적 의미 등에 의해 평가되기도 한다. 사랑하는 어머니가 쓰던 것이기에 더욱 귀중하고, 하나밖에 없는 것이기 때문에 비싸고, 나폴레옹이 쓰던 것이므로 더욱 높은 값을 가지게 된다. 마찬가지로 피카소라는 유명한 화가가 그린 그림이라는 이유에서 그의 작품이 다른 사람의 작품보다 높이 평가된다거나, 정치적으로 혹은 사회적으로 큰 영향을 끼쳤거나 끼치고 있기 때문에 한 문학작품이 더욱 높이 평가되는 경우가 많았으며, 아직도 그러한 예는 쉽게 찾아볼 수 있다.

이와 같이 이념과 실제 사이에는 엄청난 거리가 있어왔으며 또 계속되고 있다. 한 예술작품이 그것이 갖는 여러 가지 기능에 따라 평가되지 말라는 법은 어디에도 없다. 그러나 한 예술작품의 예술적인 가치가 평가되려면 그것은 언제나 예술작품의 예술적 기능, 즉 가능 세계의 창조라는 기준에 의해서만 이루어져야 할 것이다. 설사 아직까지 정확히 위와 같은 기준에 의해서 예술작품의 평가가 이루어진 적이 한 번도 없었다고 가정하더라도 적어도 이론적으로 볼 때 한 예술작품에 대한 예술적 가치의 평가와, 같은 예술작품의 비예술적 가치평가와는 논리적으로 엄격하게 구별되어야 한다.

맺는말

예술에 관한 문제는 허다하다. 그것은 객관적인 작품으로서뿐만 아니라 그것이 창조된 동기·과정 등의 각도에서도 고찰될 수 있으며 그것이 감상되는 차원에서도 고찰될 수 있다. 예술은 심리학적·역사학적·사회학적, 그리고 기술적 관점에서도 역시 생각될 수 있다. 그러나 우리는 지금까지 오로지 철학적 관점, 보다 정확히 말하면 이른바 분석철학이라는 관점에서 예술, 더 구체적으로는 예술작품을 둘러싼 핵심적 문제를 검토해보았을 뿐이다. 우리의 관점에서 볼 때 철학의 문제는 개념적인 것으로, 그러한 문제의 해결은 경험적으로가 아니라 논리적인 차원에서만 찾을 수 있다.

예술에 대한 문제를 위와 같은 의미로서의 철학적인 것으로 한정시키더라도 문제는 지금까지 우리가 다룬 것들, 즉 예술작품의 개념, 예술작품의 해석, 예술작품의 평가의 문제 외에 수없이 많이 남아 있다. 우리는 예술작품 일반에 관해 일정한 시점을 두고 고찰해왔지만 각 예술양식마다 다른 특수한 문제들이 검토되고 밝혀져야 하며, 예술작품을 둘러싼 여러 가지 기술적이고 세부적인 문제가 있다는 것 또한 잊어서는 안 된다. 사실 이와 같은 문제들이 어느 정도 해결되지 않는다면 구체적인 하나하나의 예술작품은 진정한 의미에서 감상되거나 평가될 수 없을 것이다.

이처럼 허다한 철학적 문제들이 남아 있음에도 불구하고, 이 책이 의도하는 것은 예술이라는 현상을 전체적으로, 즉 포괄적으로 해명하고 파악해보고자 하는 것이다. 그러므로 이 책이 철학적인 각도에서 씌어진 것, 다시 말해 예술철학이라고는 하지만 여기서 제안된 예술철학은 아직도 커다란 아웃라인에 지나지 않는다. 필자는 예술철학의 크나큰 테두리를 마련해보고자 했을 뿐이며 예술철학으로서의 이 책의 한계를 의식하고 있다. 그리고 여기서 다루어지지 않은 철학적 문제들이 별도의 분석과 해명을 요구하고 있다는 것 또한 알고 있다.

뿐만 아니라 일반 독자들은 물론, 예술철학 일반이나 분석철학적 입장에서 쓴 수많은 예술에 관한 서적이나 논변에 접하여 이런 문제에 친숙한 독자들도 이 책의 구성의 독특성, 혹은 간소한 성격에 당황할지도 모른다. 그러나 필자는 예술에 있어서의 기존 문제, 근본적인 문제를 전체적으로 파악하고자 하는 의도에서 그러한 의도에 가장 적절하다고 생각되는 방법으로 극히 이단적으로 문제에 접근했다. 필자는 이 책에서 분류한 세 가지 개념인 작품·해석·평가라는 문제를 주축으로 예술에 관한 철학적인 문제를 보다 통일성 있고 포괄적으로, 그리고 효과적으로 파악할 수 있다고 믿는다.

다시 전체적으로 요약해보자면, 종래 생각되어왔던 바와는 달리, 예술작품이란 지각적으로 구별할 수 있는 사물현상의 어떤 속성소에 의해 구별되는 것이 아니라, 제도적이고 약정적인 보이지 않는 속성소에 의해 다른 사물현상과 구별된다는 것이다. 그밖의 속성소들, 예를 들어 아름다운 성질, 형식이나 내용의 성질 등은 부차적인, 비본질적인 속성소로 해석된다. 또한 이렇게 분류된 예술작품은 언어라는 제도적, 즉 약정적 산물이 된다. 그래서 예술작품은 반드시 의미를 갖게 마련이며 반드시 해석의 대상이 되는 것이다.

예술작품이라는 언어는 정상적인 언어, 즉 자연언어처럼 의미의 약정성이 세밀하거나 정확하지 않기 때문에 해석에 있어서 그만큼 더 복잡하고, 애매하고 모호할 수밖에 없다. 하지만 그러한 언어로서의 예술작품은 자연언어나 수학적 언어가 표현·표상할 수 없는 사물현상이나 경험, 그리고 생각을 표상할 수 있다. 그러나 이러한 예술언어의 해석은 논리적으로 볼 때 다른 언어의 해석과 전혀 다를 바 없다. 한 예술작품을 해석한다는 것은 마치 과학자가 어떤 가설을 세우고 그것을 실험이라는 과정을 통해 증명하는 것처럼, 그 작품의 총괄적인 의미를 가설로 세워놓고 그것을 구성하는 모든 언어들의 의미가 논리적인 설명을 제대로 갖출 수 있느냐를 검토하는 작업이라고 볼 수 있겠다.

예술은 이른바 순수를 주장하는 형식주의자들이 생각하는 것처럼 무작정한 놀음이 아니며, 그렇다고 참여를 주장하는 내용주의자들이 믿고 있는 것처럼 정치적·사회적 이념을 위한 도구도 아니다. 그렇다고 이미 알고 있는 과학적 혹은 철학적 지식을 보다 효과적으로 표현하기 위한 수단이라고도 할 수 없다. 예술의 기능은 '가능 세계'를 보여주는 데 있다. 이미 있는 세계, 이미 생각하고 알고 있던 세계와는 다른 세계, 다른 관점을 제안하거나 제시하는 것이 예술을 예술이라고 규정할 수 있는 유일한 기능이다. 이런 점에서 예술은 본질적으로 언제나 새로운 것이다. 이와 같은 새로움은 이미 기존해 있는 것들이 비판되거나 혹은 부정되는 것을 전제로 한다. 따라서 예술은 내재적으로 초월적인 성격을 띠고 있다. 그것은 부단하게, 이미 있는 것, 생각된 것을 초월하고자 하는 데서 생기는 것이다. 그러므로 예술은 해방적이고 개방적이며 진취적이다.

모든 생명체 중에서 특히 인간이라는 생명체만이 과거를 극복하고 새로운 것을 추구하려는 부단한 노력을 할 수 있으며, 따라서 개방된 창조를 계속하고 있다면 예술은 인간의 이와 같은 본질적인 욕구가 나타난 것에 지나지 않으며 이러한 필연성의 표현이라고 하겠다. 그런 점에서 예술은 예술지상주의자들이 생각하는 것처럼 삶과 무관하기는커녕 가장 근본적인 차원에서 삶과 관련되어 있으며, 참여예술을 주장하는 사람들이 생각하는 바와는 달리 어떤 특수한 정치적 혹은 이념적 실현을 위한 도구적 기능에 멈추지 않고, 보다 보편적인 차원에서 삶에 기여한다. 예술이라는 활동 속에서 우리는 새삼 우리들의 자유를, 우리들의 삶을 재확인하게 되며 더 나아가, 예술을 통해 우리는 언제나 과거로부터 새삼 해방되어 미래를 위해 부단한 창조를 계속하는 것이다.

《문학사상》, 1982

『예술철학』 초판 서문

내가 다니던 벽촌의 심상소학교(尋常小學校)에서 편연(片淵)이라 쓰고 '가타부치'라고 부르던 일본인 여선생님이 나의 담임이었다. 두터운 로이드 안경을 쓰고 음성이 탁한 편인 그분은 한때 만삭이 된 둥근 배를 안고 교단에 선 때도 있어 어느 모로 보나 아름답지는 않았지만 성실한 분이었다. 지금 생각하니 독실한 불교신자였다고 추측되는데, 가끔 시골 꼬마들을 마룻바닥에 무릎을 꿇어 앉혀놓고 좌선 같은 것을 시켜서 그 당시엔 이상한 선생님같이 보였다. 그 선생님은 수업이 끝난 교정에서 흔히 유화를 그리기도 했다. 나는 그분의 캔버스 위에 형상을 드러내고 생생한 색깔로 칠해지는 교사(校舍)며, 화원 등에서 무한한 신기함과 매력을 느끼곤 했었다.

얼마 후 이시카와 다쿠보쿠(石川啄木)의 시, 아리시마 다케오(有島武郞)의 소설 등에서 문학의 세계에 눈을 뜨게 됐었고, 해방 직후 서울 부민관(府民館)에서 유치진(柳致眞)의 연극을 보고 예술이 주는 감동을 체험했고, 그후 음악회 등을 통해서 예술에 더욱 심취하게 되었다. 중학시절에 시인이 되겠다고 결심했었고 대학에서 불문과를 택하게 된 것은 결국 내가 무의식적으로 예술에 알 수 없는 마력을 느꼈기 때문이라고 믿는다.

슬프게도 타고난 재주가 없어 예술가의 길에서 벗어나 다른 직업을 갖게 되었으면서도 예술에 대한 나의 막연한 향수는 버릴 수 없었으며, 예술은 언제나 신비스럽고 아름답고 가장 멋있는 것으로만 느껴진다.

예술이 갖는 신비한 힘은 무엇일까? 예술이란 도대체 무엇일까? 이러한 물음에 대한 대답을 찾으려고 나는 지난 약 10여 년간 예술철학에 대해서 생각하고 가르쳐 왔다. 이런 물음에 대해 하나의 일관성 있고 통일된 대답을 찾을 것 같은 느낌이 든 것은 1977년 여름 '인문학 국가연구비(National Endowment for the Humanities)'를 받고, 단토의 주도하에 컬럼비아대학에서 열렸던 12명의 예술철학을 가르치는 대학 교수들의 두 달간의 세미나에 참석하고 난 후였다. 여기서 나는 처음으로 단토나 디키의 새로운 이론을 접하게 되었고, 그후 대충 그런 테두리에서 예술에 대한 총괄적인 대답이 나올 수 있을 것으로 생각해왔다.

1980년 가을에서 1982년 여름까지 풀브라이트 교환교수 자격으로 서울에 있는 동안 이화여대와 서울대에서 각각 한 학기씩 예술철학 강의를 맡으면서 예술철학의 윤곽을 대충 정리한 다음, 1982년 1월 초부터 집필을 시작하여 1982년 3월에서 12월까지 그것을 《문학사상》에 연재하게 됐었다. 이 책은 이것을 한데 묶은 것이다.

내가 서울에 있을 기회를 마련해준 한미재단과 초빙대학이 되어준 이화여대에 우선 고맙게 생각하며, 나의 생각에 도움을 준 이화여대와 서울대에서의 예술철학을 청강한 학생들에게도 감사의 뜻을 말하지 않을 수 없다. 그리고 이화여대의 연구실에서 집필하는 동안 끊임없는 격려와 함께 물심양면으로 돌보아주신 이화여대 철학과 과장 신옥희 교수, 원고를 다시 정리해준 정헌이 양, 《문학사상》의 연재를 소개한 김치수 교수, 연재 기간 중 정성을 다하여 교정을 맡아준 윤렬중 씨, 마지막으로 이 글을 책으로 모아내주시는 문학과지성사의 김병익 사장에게 이 자리를 빌려 진심으로 사의를 표하고자 한다.

사실상 뜨내기의 환경에 놓여 있었기 때문에 직접 참조할 수 있는 자료가 극히 제한되어 있었고, 또한 시간적으로도 제약된 처지에서 집필된 관계로 미비한 점이 허다하다. 그러나 이 책이 뜻하는 것이 수많은 예술에 대한 여러 가지 이론과 주장들을 역사적으로 소개하는 데 있지 않고 나대로, 내가 알고 있는 한계 내에서 하나의 일관성 있고 총괄적인 예술에 대한 이해를 정리하려는 데 있을 뿐이라는 점에서 참고서적의 미흡함과 부피의 적음이 용서될 수 있으리라고 믿는다. 그러면서도 8월 미국에 돌아와서야 알게 된 조셉 마골리스(Joseph Margolis)의 『예술과 철학(Art and Philosophy)』(1980)과 프랜시스 스파르쇼트(Francis Sparshott)의 『예술의 이론(The Theory of the Arts)』(1982) 중 특히 전자를 참조하지 못한 것을 극히 아쉽게 생각한다. 전자의 책은 가장 최신의 '모든 분야의 철학적 이론들을 동원해 모든 예술에 대한 최근의 이론들을 명쾌하게 분석하여 조명하고 있을 뿐만 아니라, 예술의 문제를 극히 새로운 관점에서 논리정연하게 정리해주고 있는 중요한 저서이기 때문이다. 그러나 그의 입장이 나의 관점을 바꿔놓을 수 있는 성격은 못 된다고 믿는다. 어쨌든 독자들에게 도움이 될까 하고 이 책의 끝에 중요하다고 믿는 얼마간의 근래의 참고

서들을 추려 붙이기로 했다.

'가타부치' 선생님의 그림에서 비롯된 어렸을 때 예술에서 받은 나의 감동·신비감·매혹의 수수께끼를 그런대로 풀어보자 하는 것이 이 책의 뜻이었으며, 내가 푼 수수께끼에 나 자신 설득됐다면 나로서는 그런대로 흐뭇하다. 만약 나의 대답에 다소 납득이 간다고 생각하는 독자들이 있다면 그것은 내게 있어 기대한 이상의 보람이요 영광일 뿐이다.

1983년 2월 미국 케임브리지에서

『예술철학』 개정판 서문

1982년에 집필을 시작해 1983년에 초판이 나오면서 이 책은 오늘날까지 독자들의 관심을 꾸준히 끌어 현재 20쇄를 거듭 찍게 됐다. 이는 이 책을 요청하는 적지 않은 독자들이 아직도 있음을 입증하는 것으로서, 필자인 나로서는 흐뭇함을 느껴왔다. 그러나 이 책의 초판에서 발견되는 활자의 오식, 새로운 세대의 독자에게는 너무 작은 활자, 종이와 인쇄의 상대적으로 낮은 질에 대해 늘 미안함과 부끄러움을 느껴왔다. 이런 차제에 이 개정판을 세상에 내놓게 되어 필자로서는 기쁘다.

초판이 나온 지 벌써 23년이 넘었고, 그동안 예술계에도 다른 세계에서와 마찬가지로 크고 다양한 변화가 있었지만, 내용에 있어서 책의 후기에 실은 최근의 논문 「양상론적 예술의 정의」를 원래의 내용을 새롭게 요약하는 의미에서 추가한 것 이외에는 개정판의 내용이 초판의 그것과 완전히 동일하다. 적어도 예술의 개념의 철학적 정의에 관한 한 나의 생각에는 핵심적인 변화가 없었기 때문이다.

이 논문은 원래 시카고에 있는 오픈 센터(Open Center) 출판사에서 서던일리노이대학(Southern Illinois University)과 협력하여 발행하는 'Library of Living Philosophers'의 하나에 포함되어 2007년에 출판될 단토의 철학에 관한 논평집 『아서 단토』에 초청받고 2004년에 쓴 논문 「Art as a Proposition in the Kantian

276

"Problematic Modality": a Concept of Art "After the End of Art"」라는 나의 영어 논문의 조선대학교 미학과 김병헌 교수의 번역판이다. 그것은 2005년 7월 광주 조선대학교 박정기 교수의 초청으로 그곳 미술과 및 미학과 대학원생과의 모임에서 토론되었던 것을 바탕으로 했다.

개정판이 초판보다 더 복잡한 작업과 더 많은 시간을 요한다는 것을 이 책을 내면서 알았다. 이 과정에서 나는 수많은 분들의 도움을 받았다. 제일 먼저, 그리고 가장 먼저 사의를 전할 분은 이 출판을 수락한 문학과지성사의 여러분, 특히 채호기 사장, 이 책의 과거와 현재의 담당자 김선혜 및 박영록 님들이다. 교정 작업에 참가해준 김인숙 조교도 감사의 리스트에서 빠질 수 없다. 마지막으로, 단토에 관한 논문에 필요한 많은 정보와 자료를 수집하는 데 애써준 조선대학교의 박정기 교수, 단토의 『예술의 종말(After the End of the Art)』의 번역자이자 미술평론가인 김광우 님, 미술 문화출판사 사장 지미정 님 등에도 감사의 마음을 전하고 싶다.

2006년 12월 일산 문촌마을에서

2부

예술과 미

01
예술과 철학과 미학

칸트가 과학·윤리 및 예술을 명확히 구별했을 때 그는 인간 의식의 영역을 지적인 것과 감성적인 것으로 구별할 수 있음을 전제했다. 이런 전제 속에는 과학과 마찬가지로 인지적 활동의 한 분야로서의 철학도 감성의 활동으로 나타나는 예술과 선명하게 구별될 수 있다는 신념이 깔려 있다. 예술과 철학의 칸트적 구별은 인지적 언어의 의미와 감동적 언어의 의미를 명확히 구별한 논리실증주의의 메타언어 이론에서 극단적 형태를 띠고 전승된다.

그러나 다행히도 예술의 특수한 기능에 대한 칸트적 전통의 이론과 상충되는 또 하나의 이론적 전통이 동서고금의 예술사를 통해서 언제나 흐르고 있다. 그것은 적어도 플라톤에서 비롯하여 낭만주의적 예술가들을 거쳐 하이데거[79]로 대표되는 철학 속에 깊이 흐르고 있는 전통

---

[79]   Martin Heidegger, "The Origin of the Art Work," in *Basic Writings*, David F. Krell ed.(Harper & Row, 1977) 참조.

이다. 이 전통적 신념을 따른다면 예술은 과학이나 철학과 마찬가지로, 아니 그 이상으로 과학이나 철학이 미칠 수 없는 보다 본질적 진리를 표상해준다는 것이다. 사실 철학자들이 어떠한 이론을 내든 상관없이 예술가 자신들의 작품이 단순히 개인적 감정의 표출 내지 독자나 감상자들의 감각적 쾌감의 자극을 목적으로 창조된 것이라고 선언할 예술가를 상상하기란 어렵다는 것이다.[80] 한편 굿맨Goodman은 언어철학적 입장에서 과학과 예술이 다 같이 우열을 따질 수 없는 인식적 기능을 한다는 철학적 주장을 편다.[81]

그러나 예술이 정확히 어떻게 객관적 진리를 발굴하며, 예술 고유의 진리가 있다고 가정할 때 과연 그것이 어떻게 과학적이거나 철학적인 진리와 다른가를 밝혀내는 일은 쉽지 않다. 이러한 상황에서 해체주의자 데리다나 반기저주의자antifoundationalism 로티Rorty 등은 예술과 철학, 예술적 표현과 철학적 표상의 차이를 숫제 부정한다.[82] 또한 단토가 1984년에 발표한 「문학으로서의 철학과 문학에 관한 철학Philosophy as/and/of Literature」이란 제목의 논문의 의도는 예술과 철학의 전통적 구별에 대한 철학적 도전에 대해 철학적으로 대응하면서 예술과 철학의 고유

80 Clive Bell, "Aesthetic Emotion is Derived From Our Cognition with the Ultimate Nature of Reality" 및 Rilke "Poetry and Creative Literature, is Nothing but the Elementary Emergence into Words, the Becoming Uncoverd, of Existence as being-in-the-World" 및 Kandinsky, "The Abstract Painting Leaves the Skin of the Nature but Not Her Laws, Cosmic Laws." 참조.

81 Nelson Goodman, *Ways of Worldmaking*(Indianapolis: Hackett, 1978) 참조.

82 Jacques Derrida, *De la grammatologie* 및 Richard Rorty, "Philosophy as a Kind of Writing," in *Consequences of Pragmatism*(ST.Paul-Minneapolis, University of Minnesota Press, 1982) 및 "Heidegger, Kundera, and Dickens," in *Essays on Heidegger and Others*(Cambridge Univ. Press, 1991) 참조.

한 영역이 있음을 역설하고 그것을 설명함에 있었다.[83] 그러나 그의 의도와는 상관없이 그 논문의 역설적인 제목은 언뜻 보아 예술의 본질에 대한 오늘의 실천적 및 이론적으로 혼란한 상황을 명료하게 축소시켜 보인다.

피카소나 샤갈Chagall이나 클레Klee 등의 그림, 조이스Joyes나 로렌스Lawrence나 밀러Miller 등의 소설, 스트라빈스키Stravinsky나 쇤베르크Schonberg 등의 음악, 그리고 브랑쿠시Brancusi나 무어H. Moore 등의 조각에 이미 익숙해 있다. 그러나 일반인들은 물론 교양 높은 대부분의 사람도 워홀Warhol의 그림이나 칼더Calder의 '모빌' 조각이나 보르헤스Borges의 소설이나 케이지Cage의 음악이나 뒤샹Duchamp의 조각이나 백남준으로 대표되는 '비디오 아트' 등 최근 적지 않은 아방가르드 예술작품들을 대할 때 당황한다. 이러한 작품들은 정서적, 즉 심리적이기보다는 개념적·이론적, 그리고 철학적 당혹감을 일으킨다. 예술로 자칭하는 그것들 앞에서 우리가 갖고 있던 예술에 대한 기존의 관념이 혼란해진다는 것이다. 예술작품이 도대체 어떻게 정의될 수 있으며, 그러한 정의가 가능하다면 예술작품이란 하나의 의미체, 즉 상징적 언어가 과학이나 철학적 논담, 즉 개념적 언어와 어떻게 다를 수 있는가의 문제를 제기한다. 우리들은 예술과 미를 뗄 수 없는 것으로 배워왔다. 그런데 그 작품들은 우리에게 아름답다는 감동을 일으키기는커녕 경우에 따라 오히려 불쾌감을 자극하기까지 한다. 그렇다면 "예술은 무엇인가", "어떤 것이 예술이라면 그것을 예술로 만드는 것은 도대체 어떤 성질의 것인가"

---

83   Arthur Danto, "Philosophy as/and/of Literature," in *Post-Analytic Philosophy*, ed. John Rajchman & Cornel West(N.Y.: Columbia University Press, 1985), p.78 참조.

라는 철학적 문제가 부득이 제기된다.

예술사를 뒤돌아보면 이러한 철학적 문제가 제기될 수 있었던 것은 이른바 현대 예술에서 비롯되진 않는다. 어쩌면 멀리는 고대 그리스의 비극에서 시작하여 16세기 셰익스피어, 라블레Rablais 등의 문학에서 시작하여 도스토옙스키의 문학, 뒤러Durer나 브뤼헐Brueghel 또는 인상파 등의 그림으로 시작하여 초현실주의적 그림, 큐비즘적 그림, 자연주의적 문학, 조이스의 소설, 베케트의 희곡, 첼란Celan의 시 등은 예술이 '미'라는 캐논canon, 즉 규준 또는 규범으로는 다른 사물들과 구별될 수 없음과 '정서적 표현'이라는 개념으로 예술이 과학이나 철학으로부터 구별될 수 없음을 실증한다. 위와 같은 작품들은 최근의 전위작품들과 마찬가지로 절대 대다수의 사람들에게는 아름답기는커녕 추하거나 흉하게 보이고, 정서적 표현이라기보다는 어떤 철학적 사색을 나타내는 것으로 볼 수 있다.

수많은 예술가 가운데, 중요한 현대 예술가들 중에도 에셔Escher[84]나 마그리트Magritte[85]는 각별히 우리의 주의를 끈다. 그들의 작품은 예술의 철학적 문제만이 아니라 예술과 철학이 어떤 관계를 가질 수 있는가의 가능성에 대해 극히 철학적인 문제까지도 예술적으로 제기한다. 이런 시각에서 위의 두 예술가들이 예술사에서 차지하는 철학적 의미는 크다. 큐비즘cubism, 추상미술abstract art, 팝 아트pop art 등의 다양한 현대 예술작품의 출현과 더불어 예술행위는 막연하게나마 '미'라는 감각적 속성으로는 이해될 수 없는 일종의, 오직 철학적이라고밖엔 부를 수 없는

---

84   Michel Foucault, *This is Not a Pipe*, tr. & ed. James Harkness(Berkeley: Univ. of Calif. Press, 1982).

85   M. C. Escher, *The Graphic Work of M.C. Escher*(N. Y.: Ballantine Book, 1960).

관념적 존재로 봐야 할 것 같다. 그럴 경우 예술이라는 범주는 철학이라는 범주와 같고 예술적 의도는 철학적 의도와 동일하다는 결론을 내릴 수 있는가? 도대체 예술이란 활동과 예술작품은 정확히 어떻게 이해하고 그 작품 하나하나의 가치를 어떻게 헤아려야 할 것인가? 이러한 물음에 대한 답을 찾기 위한 전략으로서 첫째, 예술과 철학의 가능한 관계를 검토하고, 둘째, 예술과 '미학'의 관계를 재검토해봐야 한다.

예술과 철학

a) 예술과 철학의 관계는 보다 구체적으로 말해서 예술작품과 관념의 관계에 지나지 않는다. 그것들의 관계는 대충 세 가지 다른 측면에서 분석될 수 있다.

첫째 번의 입장은 예술작품의 기능을 철학적 진리 혹은 관념을 표현하는 것으로 보는 입장으로 나타난다. 여기서 '철학적'이란 '과학적' 혹은 그밖의 인지적 방법, 즉 경험적으로 미칠 수 없는 관념적 혹은 본질적인 것을 의미한다. 그렇다면 예술은 그가 인지하고 표상하고자 하는 객관적 대상의 존재를 전제한다. 이런 입장에서 볼 때 논리실증주의자들이 주장하고 또 과학적 사고에 젖은 이들이 자명한 것으로 전제하고 있는 것과는 달리, 예술작품의 기능은 한 개인의 주관적 감정을 노출함에 있지 않다. 예술가는 과학자나 철학자와 마찬가지로 진리를 추구하며 그러한 진리를 표상하고자 한다는 것이다. 다만 예술가가 과학자와 다른 것은 한편으로 전자의 인식대상이 경험으로 미칠 수 없는 관념적 존재라는 데 있고, 또 다른 한편으로 철학자와 다른 것은 전자의 진리는 후자가 포착하고 표현할 수 있는 것보다 더 본질적이며 더 표상하기 어려운 것이라는 주장이 설 수 있다. 낭만적 예술가들뿐만 아니라 거의 모든 예술가들은 자신들의 작업을 이러한 식으로 이해하고 그러한 자신들의 작업에 자부심을 갖고 그러한 자신들의 예술적 작업을 옹호해 왔다. 세잔은 자신의 예술적 의도가 "존재의 뿌리에 엉켜 있는 신비로움."[86]이라고 했고, 메를로 퐁티Merleau-Ponty는 세잔의 예술의 철학적 의미를 설명하면서 "예술, 특히 회화는 과학주의가 무시하는 야생적 존재의 짜임/천fabric에 접근한다"[87]고 철학적으로 뒷받침한다. 예술의 철학적 인식기능에 대한 위와 같은 신념은 동양적 예술관에 자명한 것으로 깊이 뿌리박혀 있다. 많은 현대 예술작품은 이러한 시각에서 그 의미를 설명하고 그 가치를 평가하고자 한다. 현대 예술작품만이 아니라 사실적 혹은 자연주의적 표상형식을 갖춘 고전적인 모든 표상예술작품도 그것의 고유한 예술적 의미와 가치를 다른 방법으로는 이룩할 수 없는 객관적 진리의 표상에 둔다. 하이데거에 의하면 그러한 깊은 철학적 사고와 진리를 담은 예술작품의 예는 고흐의 그림이나 횔덜린의 시에서 찾아볼 수 있다는 것이다.[88] 예술은 이와 같은 의미에서 인지적일 뿐만 아니라 철학적이고자 함에는 의심할 바 없다. 그러나 그와 같은 것을 의도하고 그와 같은 것을 성취했다는 주장과 그러한 주장이 실제로 맞느냐 하는 문제는 동일하지 않다. 예술작품이 담고 있다는 진리가 철학적으로나 과학적으로 표현된 진리보다 더 본질적이라는 주장의 진위를

---

86 메를로 퐁티가 그의 글 "Eye and Mind," in *The Primacy of Perception*(Nothwestern Univ. Press, 1964, p.159)에 인용함.

87 위의 책, p.161.

88 Heidegger, "The Origin of the Art Work."

결정하는 문제는, 경험적으로나 과학적으로 해결할 수 있는 성질의 것이 아니라 철학적 문제이며 그것을 풀기란 그리 용이하지 않다. 예술이 철학보다도 더 깊은 철학적 진리에 접근한다는 주장을 차치하고서라도, 과연 예술이 엄격한 의미에서 사물현상에 대한 객관적 사실, 즉 진리를 표상하는 인식적 기능을 갖고 있는가가 우선 크게 문제된다. 예술적 진술이 원칙적으로 그 진위를 따질 수 없는 것이라면 그것은 그것의 인지적 가치 판단을 받을 자격을 처음부터 상실하고 있다. 백 보를 양보해서 예술작품이 철학적이거나 그밖의 지적 내용, 즉 관념 혹은 누군가의 신념을 표상하는 데만 있다면 어째서 모든 예술작품은 철학적 저서나 과학적 논문과는 달리 감상appreciation, 즉 평가적 경험대상으로서 존재하여 그림이나 조각이 언제나 같은 곳에 걸려 있거나 설치되어 계속해서 감상되고, 같은 음악이나 연극을 구체적으로 반복적으로 듣거나 구경해야 하는지가 설명되지 않는다. 이러한 사실은 설사 예술작품이 이른바 철학적, 아니 그 이상의 지적 내용을 담고 있다손 치더라도 그것의 인지적, 즉 철학적 내용은 '예술'로서 충분한 존재 근거가 되지 못함을 증명한다. 한 예술작품이 실제로 이른바 '예술적' 평가를 받는 경우 그것의 철학적 내용은 언제나, 그리고 필연적으로 결정적 척도로 작용하지 못한다는 말이다. 깊은 철학적 내용을 담은 예술작품이 졸작인 경우가 있는가 하면 철학적 내용을 별로 담지 않은 예술작품이 '예술작품'으로서 걸작의 자리를 차지하는 예는 예술사를 통해서 허다하게 들 수 있다.

b) 예술과 철학의 관계에 대한 둘째 번의 입장은 예술작품의 기능이 특정한 철학적 진리 혹은 신념을 표상하기보다는 다양한 철학적 문제

를 제기하도록 지적으로 자극한다는 주장으로 나타난다. 가령 다다이스트들의 시 작품, 폴록Pollack의 '행동미술', 노랜드Noland나 스텔라Stella의 추상화, 재스퍼 존스Jasper Johns의 구상화인 〈성조기〉, 콜더Calder의 많은 '모빌' 조각품 등 수많은 작품들은 어떤 철학적 신념이나 진리를 표상한다기보다 각기 나름대로의 방식에 따라 철학적 문제를 제기한다. 이런 작품들은 그들의 고유한 존재양식 그 자체로서 기존의 예술에 대한 관념에 도전하고, 경험적으로 대답할 수 없는, 따라서 철학적일 수밖에 없는 '그림의 본질', '음악의 본질' 따위, 더 일반적으로는 '예술의 본질'에 대한 재검토를 요구한다. 예술작품으로서 그것들의 존재 자체가 예술의 개념에 대한 철학적 도전으로 볼 수밖에 없는 이유는 그러한 작품들은 기존의 예술관으로서는 그것들이 정말 '예술작품'이라는 사실이 설명되지 않는 데 있다. 그러므로 그러한 예술작품들은 예술이 무엇이며 그것이 철학이나 과학이나 그밖의 지적 활동과 어떻게 다른가를 재검토할 것을 요청한다. 즉 예술작품이 철학적 문제를 제기한다는 점에서 예술과 철학의 관계가 설명될 수 있다.

이런 종류의 예술작품의 가장 두드러진 예로서 보르헤스의 단편소설 「피에르 메나르, 돈키호테의 저자」에 언급된 '소설 돈키호테'나 뒤샹의 〈샘〉이라 이름 붙인 조각인 변기 등은 두드러진 철학적 사유를 유도하는 작품의 예로 볼 수 있다. 한편 보르헤스는 「피에르 메나르, 돈키호테의 저자」라는 단편에서 세르반테스가 쓴 『돈키호테』를 처음부터 끝까지 복사해서 자신이 창작한 소설이라고 내놓은 한 작가를 상상해낸다. 보르헤스가 이 단편에서 보이고자 하는 점은 세르반테스가 쓴 『돈키호테』의 얘기와 피에르 메나르가 쓴 『돈키호테』에 대한 얘기가 물리적으로는 완전히 동일한 예술작품이지만 그 의미는 사뭇 다르다는 것이다.

두 개의 작품은 다른 두 저자에 의해서 다른 두 개의 의도와 의미를 가진 작품들이라는 것이다.[89] 뒤샹의 〈샘〉이라는 작품은 예술품과 비예술품이 물리적으로 구별될 수 없음을 말해준다. 이런 점에서 보르헤스의 소설은 작품들이 예술작품으로 물리적으로 정의될 수 없다는 철학적 이론을 창출할 수 있다. 그렇다면 예술적 속성이 이른바 '미'라는 개념으로 표현되는 감각적 속성에 의해서 결정된다는 막연하지만 깊이 뿌리박힌 예술관은 재검토해야 한다. 위와 같은 종류의 작품들이 그냥 하나의 예술작품으로 수용될 뿐만 아니라 예술사에서 중요한 예술작품, 즉 가치 있는 예술작품으로 거론되는 결정적 이유가 바로 거기에 있다.

그러나 위와 같은 예술작품이 존재하고 그러한 작품들이 위와 같은 논리로서 철학적 문제를 제기하는 기능을 하고 그런 기능에 비추어 그러한 작품들이 그만큼 높이 평가될 수 있는 것이 사실이긴 하지만, 예술의 위와 같은 기능은 아직도 만족스럽게 예술의 본질을 밝혀주지는 못한다. 만약 예술의 기능이 위와 같이 관념적으로 설명될 수 있는 철학적 문제를 제시하는 데 있다면, 예술이라는 애매모호한 언어/기호를 쓰는 대신 일상적 언어로 표현함이 보다 효과적이고, 따라서 보다 합리적일 것이며, 일단 그러한 관념적 생각이 전달됐다면 그러한 의도를 전달하기 위해 제작된 예술작품을 구태여 번거롭게 보존하거나 전시해놓을 필요는 없다. 그럼에도 불구하고 그러한 작품들이 제작되고 귀하게 보존되어 전시되고 감상되고 있다는 사실은, 예술과 철학 간에 뗄 수 없는 관계가 있다 하더라도, 예술의 특수한 기능과 가치가 철학적, 즉 관념

---

89   Jorge Luis Borges, "Pierre Menard, Author of Don Quixote," in *Labyrinths*(N. Y.: A New Directions Book, 1964).

적 생각을 전달하기 위해서만 있지 않음을 웅변적으로 증명해준다.

c) 여기서 우리는 예술과 철학 간에 설립될 수 있는 셋째 번의 경우를 검토할 차례에 이른다. 어떤 예술작품은 어떤 철학적 신념을 표상하기 위해 제작되지도 않고 예술로서의 그 존재 자체가 예술의 본질에 대한 철학적 문제를 제기하는 것도 아니다. 이런 예술작품들은 그냥 그대로 철학적 명제로 볼 수 있다. 호프스태터Hofstadter가 "지금까지 세계에 존재한 모든 스케치들 가운데 지적으로 가장 자극적인 것을 그렸다"[90]고 칭찬한 바 있고, 판화가로서의 자신의 목적이 예술적 테크닉을 발휘함에 있지 않고 개념적·관념적 성질의 것이라고 밝힌[91] 에셔의 판화와 푸코가 깊은 철학적 의미를 발견하고 그의 책[92]에서 이 화가의 그림에 관해 쓴 바 있으며, 예술가로 불리기를 싫어하고 사상가·철학가로 불리기를 원했다는[93] 초현실주의적 화가 마그리트의 후기 회화는 그러한 예술작품의 가장 두드러진 예이다.

한편 에셔가 그린 새들로 볼 수 있고 동시에 들판으로도 보이는 〈낮과 밤Day and Night〉은 단선적인 논리적 사고의 불완전성을 얘기하며, 낮은 곳은 물론 높은 곳으로도 자연스럽게 흐르는 물의 이미지를 나타내는 〈폭포Waterfall〉(그림 29)는 철학적 대답을 요구하는 존재의 역설, 지각의 환상성, 기호의 이중적 의미에 대한 철학적 물음을 제기하고, 한 생선을 그 생선과 똑같은 모양의 비늘로서 표현한 판화 〈생선과 비늘Fishes and Scales〉은 보기에 따라 전체와 부분이 동일할 수 있다는 극히 철학적인

---

90   Douglas Hofstadter, *Gödel, Eascher, Bach*(N. Y.: Random House, 1980).

91   M. C. Escher, p.7.

92   Michel Foucault, *This is Not a Pipe*.

93   James Harkness, "Introduction," in *This is Not a Pipe*, p.2.

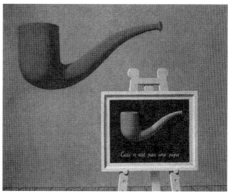

그림 29 에셔, 〈폭포〉　　　　**그림 30** 르네 마그리트, 〈두 개의 신비〉

역설을 고려해볼 것을 요구한다.

　다른 한편 마그리트의 〈인간의 조건〉이란 그림에서 표상대상과 표상언어에 얽혀 있는 철학적 문제를 발견하는[94] 호프스태터는 마그리트의 〈두 개의 신비〉(그림 30)라는 그림에서 인식론의 근본적 불확실성에 대한 현대 철학의 지배적 입장을 보여준다고 설명한다. 그에 의하면 이 그림은 모든 수학적 문제의 수학적 증명의 궁극적 한계에 대한 철학적 이론인 '괴델의 공리'를 표상한다.[95] 그리고 페리스Ferris에 의하면 이 그림은 "인위적 테두리를 벗어난 모든 것은 실재한다는 철학적 신념에 대한 철학적 도전"을 함으로써 그러한 철학적 전제를 부정하는 또 하나의 [96] 철학적 주장이다. 그것은 곧 "우리가 알고 있는 우주가 사실인즉 우리 의식의 창조물에 지나지 않는다"라는 철학적 주장으로 풀이된다.[97] 한

94　　Hofstadter, p.706.

95　　위의 책, p.702.

96　　Timothy Ferris, *The Mind's Sky*(N. Y.: Banthan Book, 1992), p.5.

97　　위의 책.

편 푸코는 같은 화가의 작품 〈설명〉을 논리를 추구하는 모든 사고가 마침내는 빠질 수밖에 없다는 철학적 패러독스를 보여주는 것이라는 주장으로 풀이한다.[98]

에서나 마그리트의 그림의 의미를 위와 같은 식으로 해석할 수 있으며 예술을 일종의 철학적 진술로도 볼 수 있다. 위의 두 예술가의 작품들이 크게 주의를 끌고 이미 예술사에서 빼놓을 수 없는 중요한 자리를 잡아가고 있는 결정적 이유의 하나도 그것들이 철학과 바로 위와 같은 관계, 즉 위와 같은 철학적 의미를 갖고 있기 때문일지도 모른다. 그러나 예술과 철학의 위와 같은 관계는 모든 예술작품을 대하는 우리들의 보편적 태도와 행위를 설명하진 못한다. 즉 이미 앞에서 말했듯이 우리는 예술작품의 철학적 의미를 이해하는 것으로 끝내지 않고 감각적으로 감상하려는 것이다. 즉 예술작품이 지적 이해의 대상임에는 틀림없다 해도 그것은 또한 언제나 그 이상의 것, 즉 감각에 의한 즐거운 경험 대상, 즉 감상의 대상으로 마주 서 있다. 만일 그렇지 않다면 이미 그 뜻을 이해하고 난 후에도 그림을 걸어두거나 음악을 되풀이해서 듣거나 하는 사실이 설명되지 않는다. 일부 사람들의 생각과 입장과는 달리 예술은 철학과 어떤 식으로든지 뗄 수 없는 관계를 갖고 있는 것은 틀림없는 사실이지만, 예술은 철학적 관계로서만 만족스러운 설명을 찾아낼 수 없다. 철학이 어디까지나 지적인 것, 관념적인 것과 관계된다면, 이른바 미학은 감각적인 것, 경험적인 것과 관계된다. 예술작품이 철학적으로만 만족스럽게 설명될 수 없다면 그 이유는 예술작품은 반드시 미학적으로, 즉 심미적으로 함께 설명되어야 한다는 것이다.

---

98   Harkness, in *This is Not a Pipe*, p.8.

예술과 미학은 예술에 대한 의식이 생기면서부터 뗄 수 없었던 것으로 생각되어왔다. 이러한 생각은 현대 예술이 변모해가면서도 예술가들이나 예술이론가들을 제외한 일반 사람들이 자명한 진리로서 보편적으로 믿어왔던 신념이다. 그러나 불행히도 오늘날 예술평론가나 철학자들은 물론 예술가 자신의 이론들은 일반적으로 예술의 미학적 측면을 무시했거나 지나치게 망각하고 있다. 성서의 말대로 인간이 빵으로만 살 수 없다면 그와 마찬가지로 예술은 철학적 관념으로만 존재할 수 없다. 성서가 뜻한 것이 정신성 없는 인간 존재를 이해할 수 없다는 점이었다면, 우리가 여기서 강조해야 할 것은 예술작품의 존재는 철학적 관념으로 표현되는 정신성 외에 감각적 즉 물리적인 측면을 떠나서는 이해될 수 없는, 다시 말해서 미학적, 즉 감각적 측면을 제외할 수 없다는 점이다. 가령 뒤샹의 〈샘〉이라는 조각예술작품, 에서의 〈폭포〉 같은 종류의 많은 판화들, 마그리트의 〈두 개의 신비〉와 같은 종류의 그림들이 예술사에서 중요한 위치를 차지하고 있는 이유는 무엇보다도 더 그것들이 내포하고 있는 철학적 의미 때문이라는 데는 의의가 없다. 그러나 그것들의 철학적 의미를 명확히 파악한 후에도 우리들이 거실의 벽에 걸어놓고 항상 시각적 감상의 대상으로 삼는 이유는, 예술작품의 가치가 그것의 철학적, 즉 관념적 내용만으로는 소진되지 않기 때문이다. 크리스토Christo의 〈나선형 방파제〉와 같은 종류의 이른바 '해프닝 아트'는 그 표현 매체의 성격상 부득이한 사정으로 제외되지만 모든 예술작품의 이상은 감각적 경험대상으로서 지속적으로 존재하는 데 있다.

이처럼 예술의 만족스러운 이해는 철학과의 관계로서만은 부족하고 미학과의 뗄 수 없는 관계에 비추어 이해될 수 있다면, 예술과 미학은 어떤 관계로 봐야 하는가?

예술과 미학

그렇다. 예술을 아름다운 것과 똑같은 것, 혹은 아름다움과 떼어서 생각할 수 없는 것임은 누구나 다 알고 있다. 노벨화학상 수상자이자 시인[99]인 어떤 이가 과학, 특히 화학은 일종의 예술적 활동이며 화학구조는 일종의 예술작품이라고 했을 때 그는 예술과 아름다움, 예술과 미학이 서로 상충되지 않는 것임을 말하려 했던 것이다. 그는 가령 화학적 원소의 구조를 '예술작품'으로 볼 수 있다는 것이다. 그러한 구조가 미학적으로, 즉 감각적으로 그것을 관조하는 사람에게 순수한, 즉 '실용성이 없는' 즐거움을 주기 때문이라는 것이다.

그러나 그의 발언은 예술과 미학의 관계를 밝혀주기보다는 오히려 혼란스럽게 하고, 어쩌면 그러한 발언 뒤에 숨어 있는 그의 생각은 잘못이기 쉽다. 예술과 미학, 예술적 가치와 미학적, 즉 심미적 가치가 뗄 수 없이 얽혀 있기는 하나 그것들을 혼동할 경우, 예술작품은 물론 미적, 즉 심미적 경험의 본질은 밝혀지기에 앞서 더 알 수 없게 된다.

화학적 원소의 구조가 시각적으로 '아름답게', 미학적으로 만족스럽게, 그리고 감각적으로 즐겁게 느껴질 수 있다. 각별히 그 화학자-시인에게만 아니라 모든 사람들한테 보편적으로 그럴 수 있다. 그러나 무엇이 아름답게 느껴진다고 해서 그것이 자동적으로 예술작품이 되지는 않는다. 헤아릴 수 없이 많은 크고 작은 제조품들이 경우에 따라 로댕이나 피카소나 브랑쿠시나 무어나 칼더의 작품보다 감각적으로 무상적 즐거움을 줄 수 있다. 최근의 수많은 갖가지 기계제품들은 시각적으

---

[99] 《교수신문》 제31호, 1993년 10월 참조.

로 뛰어나다. 허다한 자연경치도 마찬가지이다. 어떤 자연풍경은 동서고금을 막론하고 인류에게 위대하다는 그 어느 예술작품 이상으로 미학적 가치를 갖고 보편적으로 인류의 감각을 매료한다. 우리가 직접 보기도 하는 아침 안개 낀 한국의 산들로부터 추사 김정희 혹은 청전 이상범의 어느 그림보다 더 강렬한 미적 경험을 할 수 있다. 그럼에도 불구하고 가전제품이나 기계제품이나 건축물들이나, 그리고 그밖의 공산품은 거의 전부가 결코 예술작품이 아니며 오직 극히 적은 수의 제작품만이 예술작품의 범주에 속한다. 그것이 아무리 아름답다 해도, 단풍 든 설악산이나 구름에 달 가는 추석날 밤하늘이나 주홍빛 감이 몇 개 달린 시골 누군가의 돌담 너머에 있는 가을날 감나무의 모습이 아무리 고귀한 미적 감각을 자아내더라도, 그것은 역시 예술작품이 아니다. 오직 추사나 청전의 동양화만이 예술작품에 속한다.

예술과 미, 예술작품과 '아름다운 것'을 구별해야 한다는 말은 자연이나 그밖의 예술작품의 범주에 속하지 않는 것만이 미학적으로 만족스러울 수 있고 예술작품은 미학적으로 그렇지 못하다는 것은 결코 아니다. 예술작품이 그 본질상 반드시 '감상'의 대상, 즉 실용성이 없는 가치로서 존재하게 마련이라는 사실은 예술작품은 미학적 가치를 내포하고 있음을 말해준다. 예술작품과 그밖의 사물현상들이 다 같이 미학적으로 만족될 수 있으면서도 오로지 그러한 미학적 가치에 의해서 그것들이 구별되지 않는다는 사실은, 그것들이 결코 다 같이 '미학적' 가치이기는 하지만 예술에서 얻을 수 있는 미학적 가치의 성격과 자연이나 그밖의 사물들에서 느낄 수 있는 미학적 가치의 성격이 서로 다름을 시사한다.

지적 혹은 실용적 경험과 구별될 수 있는 '미적'으로 형용될 수 있는 경험이 있는 것만은 확실하다. 미적 경험의 본질은 여러 가지로 설명될 수 있다. 칸트의 인식론적 설명이 있을 수 있는가 하면 바슐라르식 심층 정신분석학적[100] 설명이 있을 수 있고, 사르트르식 실존주의적[101] 설명이 가능하다. 그러나 이런 철학자들 외의 수많은 철학자·심리학자들의 노력에도 불구하고 그것이 정확히 어떤 성질을 갖고 있는가를 보편적으로 만족스럽게 규정하기란 거의 불가능하다. 그럼에도 불구하고 그것이 막연한 뜻으로서의 '무상성', 즉 '비실용성'과 뗄 수 없는 관계를 맺고 있는 것만은 확실하다. 어떤 사물의 형태·색채·현상이나 또는 어떤 언어적 표현 혹은 어떤 관념 등은 그것의 시각적 실용성과 상관없이 그것을 관조하는 이의 의식을 감각적으로 만족시킬 수 있다는 사실을 부정할 사람은 아무도 없을 것이다.

그러나 예술작품에서 받는 미적 감각의 성격과 그냥 자연이나 물건에서 받는 미적 경험의 의미는 다르다. 가령 꽃이나 하나의 건물 또는 자동차의 겉모양에서 받는 미적 감동과 예술작품 속에 그려지거나 묘사된 같은 꽃, 같은 건물, 같은 자동차에서 받는 미적 감동은 동일하지 않다. 전자의 미적 감동이 순전히 감각적 차원에서 심리학만으로도 충분히 설명될 수 있다면, 후자의 미적 감동은 그러한 차원을 넘어 지적 차원과 언어적 차원에서 철학적 설명으로 보완되어야 한다. 전자의 미적 가치를 창출하기 위한 모든 인위적 행위를 '장식적'이라 한다면 후자의 미적 가치를 창출하기 위한 시도를 '예술적'이라고 말할 수 있다. 예술이 미학과 뗄 수 없는 관계를 가져야 한다면, 즉 예술작품은 반드시

---

100   Gaston Bachelard, *The Poetics of Space*, tr. Maria Jolas(Boston: Beacon Press, 1964) 참조.

101   J. P. Sartre, *L'Etre et le neant*(Paris: Gallimard, 1943) 참조.

어떤 미적 감동을 창출해낼 수 있는 것이어야만 한다면, 그 감동은 감각적으로만 설명될 수 없고 그러한 차원을 넘어 필연적으로 의미적, 즉 개념적일 수밖에 없는 '언어적' 설명을 필요로 한다.

예술과 언어

목포에 있는 남농박물관에는 수석이 많이 진열되어 있고 각 수석마다 이름이 붙어 있다. 이 수석들은 자연 속에서 그냥 주워온 것들이지만 이 박물관에서는 그것들을 여느 예술작품들과 마찬가지로 예술작품으로 감상될 수 있음을 전제한 것으로 보인다. 수석만이 아니라 자연의 파편들이나 아니면 여느 공산품들이 거실이나 박물관에 진열되어 예술작품의 행세를 하는 경우가 적지 않다. 아프리카의 많은 목제품들이나 고대 그리스나 그밖에 다른 지방에서 어떤 특수한 목적으로 사용되던 물건들 가운데 적지 않은 수가 이미 예술작품의 행세를 하게 됐다. 뒤샹의 유명한〈샘〉이라는 변기도 그러한 예의 하나로 볼 수 있다. 그러나 산이나 개천에서 주워온 돌조각들이나 창고에서 가져온 변기가 어째서 예술품이 될 수 있다고 생각될 수 있는가?

그러한 물건들이 미적 감각을 긍정적으로 자극해서 쾌감을 주기 때문이라고 말할 수 있다. 미학적 쾌감이 예술작품의 충분조건이라면 들판이나 개천에서 골라낼 수 있는 무수한 돌들과 어느 창고에 쌓여 있거나 화장실에 있는 모든 변기도 다 같이 예술작품으로 취급해야 한다는 논리가 선다. 만일 이러한 논리적 결론을 수용할 수 없다면 예술작품과 비예술작품의 구별은 미학적 감각을 긍정적으로 자극할 수 있는 물리적 속성으로, 더 간단히 말하자면 미학적으로 결정되지 않는다. 이러한 사실은 예술의 본질을 미학적 속성 아닌 다른 속성에서 찾아야 할 것을 요청한다. 다른 속성은 다름 아니라 언어이다.

예술을 문학으로 대표되는 언어적 예술과 조각이나 음악 혹은 춤으로 대표되는 비언어적 예술로 구별하는 것은 오래된 관례이다. 그러한 구별은 쉽고 여러 가지 면에서 편리하다. 그러나 모든 예술은 예외 없이 넓은 의미에서 언제나 언어적 예술이다. 그것이 어떤 매체를 쓰고 있든지 예술작품은 예외 없이 그 성격상 그 자체가 언제나 바로 언어이다. 예술작품은 반드시 무엇인가의 '언어적 의미', 즉 '의미론적 의미 semantical meaning'를 갖는다는 말이다. 그렇기 때문에 예술작품은 어떤 관념을 표현하고 전달할 수 있으며 철학적일 수 있고, 언제나 '해석'의 대상이게 마련이다. 그러므로 예술작품을 그냥 감각적으로 자극을 주는 여느 물리적 대상과 마찬가지로 그냥 대한다는 것은 예술작품을 예술작품으로 대하는 자세에서 벗어나는 행위이다. 예술은 감각적 자극을 주는 물리적 존재이지만 그와 동시에 관념적으로 존재한다. 바로 여기에 예술과 철학이 뗄 수 없는 관계를 맺고 있는 이유가 있다.

예술적 가치는 언어적 가치, 더 정확히 말해서 개혁적 혹은 창조적 언어의 가치에 지나지 않는다. 이러한 예술적 언어의 개혁 혹은 창조의 가치는 근본적이며 중요하다. 세계에 대한 인식 혹은 철학 관념은 인간의 삶에 있어서 실용적인 면에서도 절대적으로 중요하다. 보다 바람직한 삶을 위해서 우리는 보다 참신한 생각, 보다 정확한 지식을 언제나 필요로 한다. 그러나 그러한 우리의 사고나 인식은 언어를 떠나서는 존재할 수 없다. 보다 나은 사고와 세계 인식을 위해서 보다 새로운 언어가 고안되어야 한다. 예술은 그와 같은 언어의 실험적 활동이며 모든 예술작품은 그중 하나이며 그러한 실험의 잠정적 결실이다. 예술작품이 과학이나 철학적 담론과 분명히 다르면서도 언제나 철학적, 즉 관념적일 수밖에 없는 이유가 바로 여기에 있다.

그럼에도 불구하고 예술작품은 관념적으로만 존재하지 못하고 반드시 감각적으로, 즉 미학적으로 존재한다. 관념적으로 그 의미가 명확해졌다고 확신하는 작품인데도 불구하고 그것을 몇 년이고 거실에 걸어 놓고 쳐다보거나, 같은 곡을 백 번이고 듣거나 하는 데서 즐거움, 즉 미학적 쾌감을 느끼는 까닭은 언어로서 예술작품이 철학적이거나 그밖의 성질의 관념으로서만 이해될 수 없기 때문이다. 예술작품은 언어적 가치, 즉 관념적 가치가 있는 동시에 감각적 가치, 즉 미학적 가치를 떠나서는 존재할 수 없다. 관념적 의미가 없는 예술작품이란 생각이 자기모순인 것과 똑같이 미학적 가치가 없는 예술작품이란 개념도 똑같은 자기모순을 범한다.

언뜻 보다 모순된 듯한 이런 사실을 어떻게 설명할 수 있는가? 예술작품에 있어서 그것의 내용, 즉 관념적 메시지에 못지않게 혹은 그 이상으로 중요시되는 것은 형식에 있다는 것은 누구나 잘 알고 있다. 예술작품의 형식이야말로 그것을 다른 것과 구별하는 결정적인 예술성을 구성한다고 막연하게나마 알고 있다. 예술에 있어서 형식은 스타일·기술성, 즉 솜씨·섬세성·내용만이 아니라 표현이나 표상의 형식적 참신성 혹은 독창성 등도 지칭한다. 예술에서 형식과 내용의 대조는 대상으로서 '무엇'과 그것의 표현양식으로서 '어떻게'의 대조이며, 여기서 '무엇'은 예술작품의 관념적 측면을 의미하며 '어떻게'는 그런 관념을 표현하기 위해서 사용된 언어적 측면을 지칭함에 지나지 않는다. 그러므로 형식·스타일·기술성·섬세성·창의성 등이 한 예술작품의 미학적 속성을 가장 잘 드러낸다는 말은 예술작품의 미학적 가치는 그 작품을 구성하는 언어적 가치에 불과하다는 말이며, 예술작품에서 경험할 수 있는 미학적 감동이란 언어적 감동이란 말이 된다.

객관적 대상의 인식은 물론 우리의 사고, 그리고 의식조차도 언어 없이 불가능하다면 어떤 언어를 갖고 그것을 사용할 수 있느냐에 따라 우리들의 객관적 세계 인식은 물론 사고나 의식세계까지도 달라질 것이다. 이와 같이 볼 때 한 사람의 언어세계는 그 사람이 믿고 있는 객관적 세계나 사고능력과 구별되지 않으며, 우리의 창의적 언어의 개발과 세련화는 곧 우리가 살고 있는 객관적 세계의 개발과 우리들의 경험의 세련화를 의미한다. 우리가 보고 느낄 수 있는 세계가 언어에 의해 결정된다면 새로운 언어의 개발은 곧 우리가 새로운 세계를 새롭게 경험하게 됐음을 의미하며, 그것은 곧 우리가 과거의 세계로부터 그만큼 해방되고 그만큼 자유를 찾게 됨을 또한 의미한다. 예술작품이 주는 미학적 기쁨이란 바로 이와 같이 언어가 마련한 해방과 자유의 경험을 지칭함에 지나지 않는다.

과학적 혹은 철학적 논문이나 예술적 작품이 다 같이 넓은 의미에서 언어인데도 불구하고 오로지 후자의 언어만이 미학적 감동을 줄 수 있는 것은 후자의 언어가 기존 언어의 개념, 즉 관념으로는 표현할 수 없는 새로운 세계나 경험을 표현하기 위해서 비개념적, 즉 억지로 말하자면 감각적 언어, 즉 구체적 언어로 표현하고자 하며 그런 차원에서 그 의미가 이해되고자 하기 때문이다. 언어의 의미는 관념적일 수밖에 없는 이상, 가능하면 구체적, 즉 감각적 언어로 그러한 관념, 즉 의미를 전달하려는 의도는 근본적으로 모순이다. 예술의 의도가 관념적인 것을 구체적으로 표상하고 구체적인 세계와 경험을 관념적으로 표현하려는 데 있다면 예술의 의도는 모순이며, 따라서 사르트르의 말대로 즉자와 대자를 종합하려는 인간의 궁극적 의도도 모순이어서 결국 인간의 모든 노력이 허사로 돌아가듯이 예술의 노력도 궁극적으로는 허사로 돌아간다. 그러나 바로 그러한 이유 때문에 마치 허사로 돌아갈 것을 알면서도 무거운 바위를 어깨에 메고 다시 높은 산정으로 올라가는 시시포스와 같이, 예술가들은 부질없음을 알고도 역시 그들의 작품을 끊임없이 계속 창작해낼 것이며 그렇게 유한한 자신들의 작업에 무한한 삶의 환희를 경험할 것이다. 왜냐하면 예술이야말로 인간의 조건을 가장 본질적으로 드러내주는 것이기 때문이다.

《미학》, 1993

02

예술과 과학
― '하이테크 아트'는 정말 예술인가

한국과학진흥재단이 '과학과 예술'이란 같은 주제를 걸고 금년 세 번째로 이 자리가 입증해주는 큰 세미나를 마련했다는 사실은 과학과 예술 간의 상호관계가 21세기의 문턱에 선 오늘날 새삼 중요한 문제로 의식됐음을 말해준다. 예술과 과학의 관계에 대한 문제에는 세 가지 측면이 있다. 첫째 날로 발전하는 과학 지식과 과학기술을 어떻게 예술의 향상을 위해서 유용하게 사용할 수 있는가의 기술적 문제이며, 둘째, 보기에 상반되거나 아니면 이질적인 과학과 예술을 어떻게 문화적으로 조화시키느냐의 사회학적 문제가 따르고, 셋째, 앞의 두 문제를 따지기 이전에 예술과 과학이 도대체 개념적으로 양립하고 상호관계를 맺을 수 있는가의 문제의 논리적, 즉 철학적 측면이 있다. 고도의 과학기술이 사용된 이른바 '하이테크 아트'의 출현으로 각별히 문제된 것은 예술의 본질 혹은 개념 자체이다. 예술의 개념에 혼란이 생겼고 그러한 혼란은 철학적 반성과 해명을 통한 정리를 필요로 하게 됐다.

주체 측의 관심과 의도는 예술과 과학의 관계에 대한 기술적 및 사회학적 측면에 있는 것으로 추측되지만 그러한 문제 접근은 철학적 측면에 대한 문제의 해결을 전제한다. 그러므로 후자에 대한 대답이 선행되어야 한다. 예술과 과학의 관계가 제기하는 가장 핵심적·철학적 문제는 '예술'이라는 개념 자체이다.

여기서 나는 첫째, 어떻게 해서 예술의 개념이 예술과 과학의 관계에 의해서 새롭게 철학적 문제로 제기되는가를 살피고, 둘째, 예술과 미의 관계에 관한 검토를 근거로 예술성과 심미성을 동일시하는 널리 퍼진 예술관을 비판적으로 검토하고, 셋째, 예술에 대한 새로운 관점을 제안한 끝에, 결론적으로 위와 같은 예술의 개념적 이해에 비추어 예술과 과학 일반 간의 관계를 어떻게 풀어야 하며, 더 나아가 각별히 '하이테크 아트'를 어떻게 대할 것인가를 검토하기로 한다.

예술과 과학의 철학적 문제

a) 예술과 과학의 관계가 제시하는 문제의 철학적 성격은 이 두 가지 문화현상 간의 관계가 백남준이 제작한 TV세트로 된 비디오 아트로 상징되는 다양한 이른바 하이테크 아트의 등장과 더불어 비로소 제기됐다는 사실에서 그 실마리를 찾을 수 있다. 그러나 과학과 과학기술을 넓은 의미로 해석할 때 예술과 과학의 관계는 그것들이 존재했을 때부터 언제나, 그리고 어디서나 있어왔던 것이지 전자공학으로 대표되는 오늘의 하이테크의 생산에서 비롯된 것이 아니다.

'과학', 즉 '앎'이라는 말은 흔히 지식과 기술을 함께 뜻한다. 이 두 가지 뜻에서 과학과 예술은 그것들이 존재하기 시작할 때부터 뗄 수 없는 상호관계, 즉 상호영향이 있었다는 것을 예술사와 과학사를 잠깐이라도 반성해보면 대뜸 알 수 있다. 먼저 과학이 예술에 준 영향을 생각할 수 있다. 기술적 앎과 생산품으로서의 과학은 예술과 떠날 수 없는 관계를 갖는다. 예술은 반드시 어떤 표현매체와 도구 없이는 존재할 수 없기 때문이다. 가장 원초적 그림의 하나인 라스코 동굴의 그림들은 그런 것을 그릴 수 있는 물감을 만드는 기술을 떠나서는 존재할 수 없었으며, 고도의 과학기술을 요하는 악기들이 없었던들 오늘날 즐길 수 있는 교향악은 불가능했을 것이다. 영화예술은 과학적 기술이 없었던들 그것의 존재조차 상상할 수 없다. 피카소, 스미스 같은 예술가들의 대형 철제 조각품은 원초적인 수준에서 과학기술 없이는 불가능했으며, 콜더의 '모빌'이라 불리는 조각품들은 엔지니어로서 그의 배경이나 과학기술에 의한 생산품을 떠나서는 존재할 수 없었으며, 백남준의 비디오 예술품들은 비디오라는 과학기술에 전적으로 의존하고 있다. 이러한 비디오 아트, 컴퓨터 아트, 설치 아트 등의 이른바 하이테크 아트들의 탄생은 과학기술이 예술에 미치는 가장 최신의 예이다.

과학은 기술로서만이 아니라 그냥 지식으로서도 예술에 영향을 미쳐왔다. 르네상스의 그림에서 처음으로 사용된 원근법은 그 당시의 망원경의 발명과 더불어 발견된 원근법의 과학적 이론을 전제하며, 졸라가 예술에서 이른바 '자연주의'를 제창하며 과학자가 실험하듯 '실험소설'을 썼던 것은 당시의 세계관을 지배하기 시작했던 과학적 사상 때문이다. 달리, 클레, 밀로, 그리고 샤갈 등의 미술작품들은 프로이트의 정신분석학에서 결정적 영감을 받았음에 틀림없다.

예술과 과학의 관계는 일방적이지 않다. 과학이 예술에 영향을 미치는 것과 마찬가지로 예술이 과학에 미치는 영향의 경우도 들 수 있다. J. 베른이나 H. G. 웰스의 공상적 과학소설이 당시의 과학 지식에 영감을 얻은 것임은 의심할 바 없지만, 오늘 현실화된 수많은 인공위성의 발사나 한때 미국에서 추진되었던 '스타워즈 프로젝트'는 위와 같은 소설가들의 예술적 상상력에 적지 않은 영향을 받았음에 틀림없다. 과학적 지식과 기술이 실증적인 것에 바탕을 두고 있다지만 그러한 것들의 발전은 예술가 못지않은 상상력을 반드시 전제한다. 예술과 과학의 깊은 관계는 다빈치가 뛰어난 과학자·엔지니어이면서도 위대한 화가였던 사실에서 가장 두드러지게 드러난다.

 b) 예술과 과학의 관계가 제기하는 철학적 문제의 성격은 예술과 과학 사이에 위와 같은 인과적 관계가 언제나 있어왔음에도 불구하고, 그것들 간의 관계에 대한 반성과 문제는 하이테크 아트가 출현하게 된 오늘에서야 제기된 사실에 주목하고 그런 점을 분석함으로써 보다 잘 밝혀질 수 있다.

 가령 주로 TV세트로 구성된 백白 씨 유類의 이른바 하이테크 아트를 미술관이나 그밖의 전시장이나 책을 통해서 처음 접하는 일반인이나 철학자들은 당혹한 충격을 피할 수 없다. 우선 예술은 아름다움과 뗄 수 없다는 것이 어느 경우에도 부정할 수 없는 일반적 관념이다. 아무리 포스트모더니즘적인 현대 전위예술의 풍토에서 미학적 정서를 길러온 이도 하이테크 아트는 심미적으로 저항감을 일으킨다. 이런 정서적 차원을 떠나서 TV세트라는 과학기술 제품에 하이테크 아트라는 명목을 부여한 것으로는 그런 물건들이 예술로서 불리는 사실이 쉽게 납득되지 않는다. 하이테크 아트는 개념적 혼동을 야기한다는 말이다.

여기서 우리가 이른바 하이테크 아트를 문제시하는 이유는 최근에 나타난 다양한 하이테크 아트가 예술작품에 대한 기존의 관념과 언뜻 맞지 않기 때문이다. 하이테크 아트는 문자 그대로 첨단 과학과 예술의 밀접한 공생·접목 및 통합의 구체적 예가 된다. 앞서 보았듯이 예술과 과학은 과거에도 언제나 서로 인과적 관계가 있었으며 두 분야가 공존하며 통할 수 있었다. 하이테크 아트가 나타나기 전까지 당시 전위적 예술이었던 초현실주의 예술, 큐비즘, 추상화, 콜더의 모빌 조각들이 그때마다 적지 않은 충격을 주었던 것은 사실이나, 예술과 과학의 관계에 대한 철학적 문제는 물론 기술적이거나 사회적인 문제로도 의식되지 않았다.

그 이유는 이런 종류의 전위예술작품들이 우리가 다 같이 오랫동안 갖고 있었던 예술에 대한 관념과 날카롭게 배치되지 않게 보였던 데 있다. 그러나 하이테크 아트는 우리가 알고 있는 예술의 범주 속에 묶어놓기에는 너무나 배치되는 것으로 보이게 된 것이다. 왜냐하면 암암리에 갖고 있던 일반적 관념으로나 플라톤 이래 오래 내려오고 있는 예술과 과학에 대한 각각의 지배적 이론에 의하면 각기 그것들은 서로 상충하는 것으로 생각되기 때문이다.

하이테크 아트에서 받는 정서적 충격과 개념적 혼동을 일단 겪고 냉정한 정신을 되찾았을 때 우리는 서로 다른 두 가지 태도를 취하고 행동을 할 수 있다. 첫째, 이른바 하이테크 아트가 우리들이 이미 오래전부터 굳게 믿고 있는 예술에 대한 관념에 상충되는 한에서 하이테크 아트를 예술이 아니라고 처음부터 문제 삼지 않을 수 있다. 그러나 예술작품은 우리들의 주관적 결정에 달려 있지 않다. 이제 백 씨 유의 하이테크 아트라는 TV세트가 미술전람회나 미술관에 전시되고 예술비평가들의 화제가 되며 적지 않은 사람들한테 예술로서 평가받고 있기 때문이다.

이러한 사실을 인정한다고 해서 우리들이 갖고 있는 종래의 예술관을 포기하고 하이테크 아트를 예술로서 꼭 수용해야 한다는 말은 아니다. 비록 얼마 전부터 일부 '예술가' 혹은 '예술비평가'라는 이들이 하이테크 아트를 예술이라 불러도 그러한 입장은 잘못된 유행으로 보고, 따라서 하이테크 아트를 예술이 아니라고 끝까지 거부할 수 있다. 설사 결론적으로 위와 같은 입장을 취하게 되더라도, 하이테크 아트의 출현은 '예술이 무엇이냐'라는 문제를 새삼 제기하고 '예술'이라는 개념을 재검토할 것을 요구한다. 예술의 개념이 정확히 정리되지 않은 상황에서 예술과 과학의 관계에 대해 논의한다는 것은 무의미하다.

예술과 미

예술이란 무엇인가? 이에 대한 대답은 예술을 과학과 대조하고 비교함으로써 보다 쉽게 얻어질 듯싶다. 오랫동안 흔들릴 수 없는 일반인의 상식적 신념의 하나는 예술과 과학이 상보적으로 공존할 수 있기는커녕 서로 배치된다는 것이다. TV세트는 분명히 고도의 과학기술을 상징한다. 그러나 우리는 과학이 예술과 배타적 관계에 있으며, 따라서 과학의 발달과 과학적 세계관의 도입은 그만큼 예술가를 소외시키고 예술의 가치를 축소시키거나 아니면 파괴한다고 오랫동안 믿어왔다. 과학적 세계관과 과학기술은 예술이 추구하는 자연과 인간의 신비와 그 아름다움을 망친다고 확신했기 때문이다.

예술과 과학의 위와 같은 상식적이며 보편적 신념은 적지 않은 낭만주의적 시인 및 그밖의 예술가들에게 과학에 대한 거센 거부감과 맹렬한 반발, 그리고 저주와 20세기 영미철학을 지배해온 논리실증주의철학적 이론으로 굳어진다. 한편으로 낭만적 시인들은 과학이 예술에 이바지할 수 있기는커녕 그것들은 서로 상충되고 더 나아가서는 예술이 추구하는 '미'를 파괴한다는 것을 의심치 않았다. 또한 그렇게 확신했기 때문에 과학을 저주했다. 왜냐하면 예술이 추구하는 '미'가 과학에 의해서 부정되거나 파괴된다고 믿었기 때문이다.

그것은 첫째, 전통적으로 각기 예술과 미의 개념이 흔히 혼동되어온데 있다. 예술은 미, 즉 아름다운 것과 흔히 동일시되어 예술작품은 곧 아름다운 것으로 생각하는 수가 많다.

그러나 이런 생각이 틀렸다는 것은 쉽게 알 수 있다. '미'라는 말이 무엇인가의 감각적 속성을 지칭한다는 것을 막연히 알고 있더라도 도대체 그 속성이 어떤 것인가를 결정하기는 거의 불가능하다. 똑같은 물건이나 현상 또는 감각체도 그것을 보는 사람에 따라 아름답게 보이는가 하면, 그와는 정반대로 느껴지는 경우가 허다하기 때문이다. 그렇다면 어떤 것이 예술이냐 아니냐는 것은 '아름다움'의 척도로 규정할 수 없다. 백 보를 양보하여 이런 문제없이 '미'가 무엇인가를 객관적으로 규정할 수 있고, 또한 사실 많은 예술작품이 '아름답다'고 말할 수 있더라도 그러한 미가 예술작품의 본질적 속성은 아니다. 걸작이라고 공인된 예술작품들, 특히 20세기 이후의 작품들 가운데 적지 않은 것들은 통상적 의미로 볼 때 결코 아름답지 않다. 그것들은 오히려 '추하거나' 혹은 '끔찍하게' 보일 때가 많다. 그런가 하면 우리를 황홀케 할 만큼 '아름다움'에는 틀림없지만 허다한 자연현상이나 공산품들은 분명히 예술작품에 소속되지 않는다. 자연은 물론 인공품 가운데에도 우리들의 미적 감각을 즐겁게 해주는 것은 얼마든지 많다. 이러한 사실들은 예술과 '미'가 동일한 것일 수 없음을 분명히 보여주는 예이다.

예술과 과학이 상충된다고 믿었던 둘째 이유로 '미'가 흔히 자연적인 것, 막연한 것, 신비로운 것과 깊이 관계되는 반면 지적인 것, 논리적인 것, 기계적인 것과 배치된다는 생각을 들 수 있다. 그래서 자연, 특히 신기하고 묘한 자연은 흔히 예술적 표현의 대상이 되어왔다. 특히 낭만주의 예술에서 더욱 그러했다. 아울러 기계적인 것, 정확한 것은 미적 속성과 배치되는 것으로 여겨져왔다. 특히 동양에서 그러했다. 예술가들의 생활이 무규칙적이거나 무질서하고, 그들의 성격이 흔히 기이한 것도 미, 그리고 예술에 대한 위와 같은 생각 때문인 것으로 볼 수 있다.

그러나 서양의 전통적 그림의 중요한 주제는 자연이 아니라 인물이었고, 17세기 프랑스의 정원은 기하학적 질서 속에서 미를 찾을 수 있었다. 브라크나 피카소, 그리고 F. 레제 등의 이른바 큐비즘 예술작품은 기하학적 구성과 그들 유의 그림에는 기계 같은 과학기술적 제품이 심심치 않게 등장한다. 그러면서도 그것들은 위대한 작품으로 '아름다운' 것으로 흔히 묘사된다.

예술과 과학을 대립적으로 생각하게 된 마지막 셋째 이유는 예술과 과학의 각기 기능을 잘못 이해했던 데 있다. 과학의 기능이 철학적 기능과 마찬가지로 인식적인 데 반해 예술의 기능은 정서적이라는 것이다. 과학의 목적이 모든 경험대상을 객관적으로 표상하는 데 있는 데 반해서 예술의 기능은 인간의 감정을 주관적으로 표현함에 있다는 것이다. 이러한 생각은 이미 플라톤의 예술관에서 형이상학적 전제로 되어 있고, 20세기 영미철학의 방향을 결정지어주었던 논리실증주의에 의해서 철학적 분석의 뒷받침을 받는다. 플라톤이 자신이 구상한 유토피아

『국가』에서 시인들을 추방하려 했던 이유가 여기 있었으며, 논리실증주의적 분석철학자들이 예술철학에 거의 무관심했거나, 비록 관심을 갖는 경우일지라도 이른바 '예술과 관련된 개념분석'이라는 메타 담론에 그치고 예술에 있어서의 규범 등의 추구를 포기했던 이유도 바로 여기에 있다.

그러나 오늘날 플라톤의 형이상학을 그대로 믿는 이는 없으며 논리실증주의적 예술 및 과학의 각기 기능에 대한 이론의 밑바닥에 깔려 있는 철학적 전제, 즉 서술적 언어와 표현적 언어의 엄격한 구별, 즉 언어의 인식적 의미와 정감적 의미의 투명한 구분을 아직까지도 문자 그대로 추종하는 철학자는 이제 거의 찾아볼 수 없다.

이러한 사실은 지금까지 깊고 널리 퍼져 있는 생각이었음에도 불구하고 예술과 과학의 관계가 배타적이 아니라 공존과 보완일 수 있음을 시사한다.

패러다임으로서 예술작품

a) 아무한테도 그것이 예술작품이 아니라는 의심을 전혀 받지 않을 제품뿐만 아니라 자연적 물건 내지 행동이나 현상들도 있을 수 있다. 그러나 똑같은 것을 앞에 놓고 어떤 이는 그것을 '예술'로 분류하는가 하면 다른 이는 그렇게 하기를 거절하는 경우가 있다. 이런 일은 문화를 달리하는 사람들 간에, 똑같은 문화 안에서도 교육의 배경을 달리하는 이들 간에, 같은 정도의 교육적 배경을 갖고도 시대를 달리하는 사람들 간에, 그리고 때로는 같은 한 사람한테도 똑같은 제품이나 물건이나 사건

이나 현상이 어떤 관점에 따라 예술처럼 생각되고 그렇지 않은 것처럼 생각될 때가 있다. 이것은 다음과 같은 사실을 말해준다. 즉 어떤 것이 예술작품이냐 아니냐는 것은 그것이 관찰, 즉 지각될 수 있는 물리적 속성에 의해서가 아니고 육안으로 볼 수 없는 그것의 역사적·사회적 배경과 그것의 존재 과정과 아울러 그것을 관찰 내지 기각하는 이의 이론적 배경, 즉 관념 체계에 의해서 상대적으로 결정된다는 사실이다. 지각이 의식에 기계적으로 반영된 감각대상이 아니라 이미 이론 적제적이라면 사물이나 사건의 분류는 더욱 이론/이념 적제적이라고 말할 수 있다.

어떤 것을 예술작품으로 보느냐 그렇지 않느냐가 문화적·역사적·개인적, 그리고 이념적으로 결정된다는 말은 예술의 정의가 관점에 따라 상대적임을 뜻한다. 그러나 이러한 상대성은 모든 관점이 다 같이 평등하게 옳다는 말은 아니다. 여러 관점들의 밑바닥에는 똑같은 더 근본적 관점이 깔려 있을 수 있다. 그렇지 않다면 그중 오직 한 관점만이 옳고 다른 관점이 잘못될 수도 있다. 앞서 봤듯이 예술을 '미'로 규정하는 관점이 오랫동안 보편적으로 수용되고 있었더라도 그러한 관점은 잘못이었다. 우리의 의도는 아직도 가장 적절하고 보편적인 유일한 관점, 즉 예술에 대한 객관적 정의를 내려보자는 데 있다.

예술과 미의 구별을 지각으로만 구별할 수 없는 이상, 우리가 바랄 수 있는 예술의 정의는 실제적, 즉 물리적인 것이 아니라 기능적인 것일 수밖에 없다. 어떤 돌조각이 신성한 것인가 아닌가는 그냥 봐서 구별되지 않는다. 보기에 똑같은 두 개의 돌조각 가운데 하나는 부처님의 기능을 하는가 하면 다른 돌조각은 그냥 하나의 여느 돌조각일 뿐이다. 같은 논리로 어떤 것이 '예술품'이라면 그 이유는 그것이 '예술의' 기능을 한다고 전제하기 때문일 것이다.

  b) 한 사물이나 현상 혹은 사건은 어떤 특정한 기능을 그 속에 내재적으로, 즉 본질적/실재적으로 가질 수 있다. 독물毒物은 독을 주는 물리적 기능을 그 자체 속에 갖고 있다. 그러나 어떤 것의 기능은 내재적인 것이 아니라 사람 혹은 제도나 약속에 의해서 외부로부터 부여되기도 한다. 두 개의 막대를 엮을 때 생기는 십자가는 군불을 때는 데 사용될 수도 있지만 그것이 예수의 수난, 더 나아가서 기독교를 상징하는 성스러운 기능을 한다면 그러한 기능은 어떤 체제 내에서 부여된 기능이다. 마찬가지로 칫솔은 가려운 등을 긁거나 구두를 닦는 데 적절히 사용될 수있지만, 그것은 그것을 제작하고 판매한 사람들의 의도에 의해서 '이 닦는' 기능이 부여되어 있다.

  눈으로는 구별될 수 없는 경우에도 어떤 것이 예술로서 다른 것과 구별되고 있다면, 그러한 구별은 예술이 가졌다고 전제된 어떤 기능 때문일 것이다. 그러한 기능을 지각적 대상인 예술품 속에서 내재적으로 찾을 수 없다면 그러한 기능은 문화적 제도에 의해서 사회적으로 부여된 것임에 틀림없다. 칫솔이라는 물건에 '이 닦는' 기능이 제작자에 의해서 부여됐듯이, '예술'이라는 물건에는 '예술적' 기능이 부여된 것으로 볼 수 있다. 뒤집어 말해서 예술이란 문화적으로 '예술적'이라고 부를 수 있는 특수한 기능이 부여된 모든 것을 지칭한다. 문화는 일종의 제도이다. 따라서 예술작품은 제도적 물건이다. 이와 같이 볼 때 다른 것들로부터 예술작품을 구별할 수 있다는 것은 예술이란 제도를 안다는 말이며, 예술이라는 제도적 작품을 안다는 것은 '예술적' 기능이 무엇을 뜻하는가에 대한 앎을 의미한다.

c) 예술적 기능, 즉 예술이라고 불리는 것들에 부여된 고유한 기능은 과학에 부여된 기능과 비교 혹은 대조함으로써 보다 잘 도출된다. 대체로 플라톤에서 논리실증주의자들에 이르기까지 과학과 예술의 차이는 이성과 감정, 인식적 기능과 표현적 기능, 서술적 객관성과 표현적 주관성의 차이로 줄곧 이해되어왔다. 이런 관점에 근거해서 플라톤은 자신의 이상적 사회인 『국가』에서 시인들을 추방해야 한다고 믿었던 것이며, 논리실증주의자들은 이른바 메타 언어의 분석을 근거로 그 진위를 논할 수 있는 인지언어, 즉 명제와 논리적으로 진위가 거론될 수 없는 감정언어, 즉 사이비 명제를 구별하고, 과학이 전자와 같은 명제에 비유될 수 있는 반면, 예술은 후자와 같은 사이비 명제에 비유된다고 보았다.

예술과 과학의 관계를 이렇게 볼 때 그것들의 관계는 상충되며 따라서 공존할 수 없다. 과학이 예술에 침입하면 그만큼 예술은 그것의 예술성을 잃게 되며, 역으로 예술적 요소가 과학에 첨부될 때 과학의 과학성은 그만큼 상실된다는 결론이 나온다. 과학적 사고방식, 자연현상의 과학적 설명 및 산업혁명으로 구체화되기 시작한 과학기술의 위력에 낭만주의적 시인과 그밖의 예술가들이 크게 반발한 이유도 예술과 과학의 차이에 대한 바로 위와 같은 생각에 근거를 둔다.

그러나 예술과 과학의 차이에 대한 위와 같은 전통적 생각은 이런 전통에 못지않게 꾸준히 내려오고 있는 또 하나의 전통적 생각과 충돌한다. 후자의 전통에 따르면 예술은 단순히 감정을 배설하는 기능을 맡기는커녕, 과학처럼, 아니 과학 이상의 지적 기능을 맡는다. 예술가들 일반, 특히 낭만주의적 예술가들의 대부분은 과학자는 물론 철학자조차 도달할 수 없는 물리현상의 본질을 파악하고 있는 자들이며, 따라서 예술은 과학이 미칠 수 없는 진리, 보통 언어로 기술할 수 없는 진리를 표상해준다는 것이다. 요컨대 예술의 근본적 기능은 과학적 기능처럼 인지적인 것이라는 말이다.

예술의 인지적 기능을 낭만적 시인들처럼 과장해서 신비화하지는 않더라도 예술의 의도가 단순히 감정의 배설에 있지 않고 중요한 의미에서 인지적 기능을 맡고 있으며, 예술가의 근본적 의도는 그것을 어떤 매체로 표현하든 어떤 종류인가의 진리와 관계된다는 것만은 부정할 수 없는 사실이다. 이러한 사실은 예술가 스스로의 말을 직접 듣지 않더라도 그의 일기나 그밖의 기록에 나타난 것들을 읽거나, 혹은 예술가들의 창작과정을 관찰하고 분석해보면 충분히 납득할 것이다. 이러한 사실을 인정한다면 예술은 과학과 배타적 관계를 갖고 있지 않고, 과학과는 다르지만 역시 과학과 마찬가지로 어떤 종류인가의 진리를 추구하는 작업이며 예술작품은 바로 그러한 노력의 결실임을 인정해야 한다. 이런 의미에서 예술이 과학과 나란히 일종의 인식체계라고 고독하게, 그러나 꾸준히 주장해온 굿맨[102]은 옳다. 논리실증주의자들에 의해서 오랫동안 철학적 관심을 잃었던 예술이 지난 몇십 년 이래 다시금 중요한 철학적 관심을 끌게 된 주요한 이유도 굿맨의 이론에 크게 힘입은 것으로 추측된다.

굿맨식의 이론을 따라 예술이 과학과 똑같은 의미에서 인지적이라면 그러한 두 인지양식 간의 우열을 결정하는 문제가 생긴다. 그럴 경우 예술적 인지양식은 과학적 인지양식에 비추어 원시적이라는 대답이 나올

---

[102] Nelson Goodman, *Ways of Worldmaking*(Hackett Publishing Co., 1978) 및 Nelson Goodman, *Of Mind and Other Matters*(Harvard Univ. Press, 1984) 참조.

수 있다. 사실 적지 않은 사람들은 막연하게나마 그러한 생각을 하는 것으로 추측된다. 그렇다면 과학은 예술을 완전히 대치하게 될 것이다. 언뜻 보기에 오늘날 예술이 차지하는 문화적 비중은 과학이 차지하는 중요성에 비해 상대적으로 크게 축소되고 있는 현실이다. 그럼에도 불구하고 예술적 활동은 어느 곳에서나 아직도 왕성하다. 하이테크 아트의 출현은 예술이 과학과 상충하거나 경쟁함 없이, 공존은 물론 과학과 더불어 과학을 바탕으로 더욱 활발할 수 있음을 입증한다.

이처럼 예술이 과학과 갈등 없는 또 하나의 인지양식으로 존재할 수 있는 이유는 예술가 일반, 특히 낭만적 시인과 음악가 또는 화가들이 흔히 믿어왔듯이 예술가들은 과학자들의 능력으로는 볼 수도 표상할 수도 없는 진리를 발견하고 표상할 수 있다는 데 있다. 그러나 약간만이라도 반성해보면 어떤 의미에서 하나의 서정시나 하나의 허구인 소설이나, 피카소의 그림이나 뒤샹의 〈샘〉이란 제목이 붙은 하나의 변기나 스트라빈스키의 〈봄의 제전〉이란 음악이 도대체 무엇에 대해서 무슨 진리, 즉 정보를 제공해준다고 봐야 하는가의 문제가 생긴다. 진리라고 생각되는 우리의 지식은 우리들의 행동을 결정하는 가장 결정적 근거의 하나이다. 그러나 과연 어떤 의미에서 예술작품이 우리들의 구체적 행동의 근거가 될 수 있는지는 전혀 알 수 없다. 따라서 예술이 일종의 인지양식이라 해도 예술적 인지는 과학적 인지의 경우와 그 의미가 전혀 다를 수밖에 없다. 이와 같이 볼 때 이미 필자가 오래전부터 여러 차례 주장했던 것처럼 예술적 인지기능을 과학적 인지기능과 동일한 지평에서 보는 굿맨의 예술적 기능에 대한 견해는 다소 수정되어야 한다.

지각을 비롯한 모든 인식은 반드시 어떤 종류인가의 틀 혹은 모델에 비유할 수 있고, '범례'라는 말로 번역할 수 있는 '패러다임paradigm'이라는 것을 전제한다. 여기서 말하는 패러다임은 칸트가 말하는 선험적 오성의 범주에 비유할 수도 있고, 이른바 '개념적 도식conceptual scheme'으로도 볼 수 있고, 경우에 따라 '이론' 혹은 '이념' 혹은 '세계관'을 의미할 수도 있다. 따라서 이런 뜻의 패러다임이 달라짐에 따라 똑같은 인식대상은 달리 보일 것이다. 지식 또는 진리는 원래 보편적이며 객관적이란 의미를 내재하고 있는 이상, 어떠한 경우에도 달라질 수 없는 지각과 신념만이 지식이요 진리일 수 있다. 그러나 이러한 인식은 모든 사람이 같은 패러다임을 가졌을 때만 가능하다. 이른바 과학적 지식이 가장 설득력을 갖는 이유는 그것이 모두가, 하버마스의 합리성의 이론에 따르자면, '합의에 의해' 공동적으로 수용하고 있는 패러다임에 근거하고 있기 때문이다.

지각 또는 진리가 패러다임 의존적이라면, 혁명적으로 새로운 지각 또는 진리는 새로운 패러다임을 채택함으로써만 가능하다. 이러한 사실은 순수한 과학적 지식 내부에서도 일어난다는 것을 쿤은 이미 오래전에 '정상과학'과 '비정상과학'을 구별함으로써 설득력 있게 주장했다. 하나의 인식적 패러다임은 그러한 인식공동체의 구성원들에 의해서 전체적으로 수용될 때 비로소 '정상적'인 것으로 되고, 그전까지는 '비정상적'으로 남아 있을 수밖에 없다. 또한 모든 지식 또는 진리는 그것의 패러다임이 '정상적'인 것으로 전제됐을 때에야 비로소 그 의미를 갖는다. 달리 말해서 한 인식의 패러다임이 '비정상적'인 경우 그러한 패러다임하에서는 지식 또는 진리라는 말은 전혀 의미를 가질 수 없다.

예술적 의도는 언제나 새로운 지각적 또는 그밖의 인지적 패러다임을 창조해내는 데 있으며, 모든 예술작품은 각기 그 하나하나가 한결같이 새로운 인지적 패러다임이 되고자 한다. 따라서 예술이 보이는 것은 객관적 사물현상에 대한 진리의 표상, 즉 서술에 있지 않고 그러한 것을 새롭게 볼 수 있는 새로운 틀·관점·테두리로서 제안된, 즉 잠정적, '비정상적' 패러다임 자체에 불과하다. 이와 같이 볼 때 예술은 지식 또는 진리 발견 등의 인지적 기능과 뗄 수 없는 관계를 맺고 있지만, 그것은 과학의 인지적 기능과는 전혀 달라서 사물현상에 대한 정보, 즉 지식을 제공하지 못한다. 예술이 보이는 세계는 과학이 보이는 객관적 사실의 세계가 아니라 하나의 '가설적' 혹은 '잠정적으로 생각해볼 수 있는' 허구적 존재이거나 세계이다. 이러한 예술적 기능을 통해서 우리는 낡은 패러다임을 반성해보고 그것의 적절성을 재평가하고, 그것이 억압적으로 의식됐을 경우 그것으로부터 우리 자신을 해방하면서 사물현상과 세계에 대한 새로운 진리를 부단히 발견할 수 있다. 이런 점에서 예술은 인간의 삶에 있어서 가장 근본적으로 혁명적이며 해방적 기능을 담당하고, 그런 의미에서 자유라는 형태로 표현되는 인간의 초월성을 가장 잘 구현한다.[103]

여기서 결론을 간추려 맺어보자. 우리의 초점은 예술과 과학의 관계, 더 구체적으로 말하자면 소위 하이테크 아트를 어떻게 봐야 하는가에 있다. 예술은 미적 감각의 충족과 뗄 수 없지만 예술적인 것과 미적인 것을 혼돈해서는 안 된다. 예술도 과학과 마찬가지로 인식적인 기능을 갖고 있다. 그러나 과학과는 달리 예술의 인지적 기능은 언제나 간접

---

[103] 필자는 이 문제에 대해 오래전부터 여러 차례 여러 기회에 걸쳐 책, 『예술철학』(문학과지성사, 1983); 논문, "The Function of Fiction," in *Philosophy and Phenomenological Research*(Providnece, R.I., March 1982); "The Modality of Artwork," in *Contemporary Philosophy*(Boulder, Oct. 1986); 「철학적 허구와 문학적 진실: 텍스트 양상론」, 《외국문학》(1993년 가을호) 등에서 예술작품의 새로운 정의와 예술작품과 비예술적 사물들과 분류에 대해 보다 구체적 예를 들어 언급했다.

적이다. 과학이 새로운 정보를 제공한다면, 예술은 과학이 보다 새로운 정보를 제공할 수 있는 새로운 틀, 즉 새로운 인식적 패러다임을 제안한다.

그렇다면 하이테크 아트는 정말 예술작품인가? 이에 대한 대답은 예술사 및 예술계를 떠나서 찾을 수 없다. 그냥 눈으로 보든가 귀로 들어서 TV세트나 컴퓨터 혹은 그밖의 첨단 기술적 공산품이 예술작품이다 아니다를 결정할 수 없다는 말이다. 첨단 공산품만 아니라 어떠한 물건도 마찬가지이다. 백남준의 예술이라고 불리는 TV세트는 전자상가에 진열된 TV세트와 눈으로 보아 전혀 다를 바 없고, 뒤샹의 유명한 예술작품으로 알려진 〈샘〉이라는 변기는 건축자재 상점이나 모든 화장실에 붙어 있는 변기와 전혀 구별되지 않는다. 그럼에도 불구하고 그중 하나는 예술작품이고 다른 것은 그렇지 않은 이유는 그것이 새로운 하나의 지각적, 더 일반적으로 말해서 인식적 패러다임으로 의도된 것이냐 아니냐에 달려 있으며, 아울러 제작자의 의도와 상관없이 우리가 그와 같이 그것을 볼 수 있느냐 아니냐에 달려 있다.

어떤 것이 그 제작자의 의도와 관람자/감상자의 관점에 의해 결정된다 해서 누구나 무엇이고 마음대로 예술로 보고 따라서 그것을 예술작품으로 만들 수 있다는 것은 아니다. 그러한 가능성과 권위는 여기서 설명하기에는 너무나 복잡한 절차가 요구되지만, 그것은 디키와 단토가 주장하고 설명했듯이, 한 문화권 내에 존재하는 일종의 불문율로서 '제도institution'의 테두리 안에서만 이해되고 가능하다.[104]

---

104 George Dickie, *Art and Aesthetics: An Institutional Analysis*(Cornell Univ. Press, 1974) 및 Arthur Dando, *The Transfiguration of the Commonplace*(Harvard Univ. Press, 1981) 참조.

하이테크 아트는 예술인가? 아직도 전문가를 포함한 많은 사람들은 그것을 '예술'로 부르기를 거절할 것이다. 예술사를 통해서 혁명적인 표현양식이 나올 때마다 그러한 반응은 언제나 볼 수 있었다. 그러나 예술로서 거절당한 것들은 어느덧 중요한 예술작품으로 남게 되곤 했다. 아직 확실치는 않지만 어쩌면 하이테크 아트의 운명도 같은 과정을 밟게 되는 것이 아닌가 싶다.

어떤 것을 '예술'로 분류한다고 해서 그것이 예술작품으로서 가치가 있다는 말은 결코 아니다. 어떤 사물을 분류하는 문제와 그것을 평가하는 문제는 전혀 다르다. 예술품 아닌 수많은 자연현상·사물·물건·공산품들이 그것대로의 가치만이 아니라 미적 가치를 갖지만 그것들은 예술에 소속되지 않으며, 역으로 허다하게 많은 '예술작품'들은 예술 본래의 인지적 가치는커녕 미적 가치도 전혀 없는 '쓰레기'일 수도 있다. 하이테크 아트라는 물건 혹은 해프닝을 놓고도 똑같은 얘기가 오갈 수 있다.

《세계의 문학》1993, 겨울호

03

생태학과 예술적 상상력

생태계와 탈인간중심주의

강과 바닷물이 썩고 도시와 마을의 공기가 탁하다. 썩은 물속에 사는 물고기들과 짐승들이 병들어가고 그런 짐승들을 식탁에 올려놓는 사람들도 이상한 병에 걸려 쓰러진다. 탁한 공기를 마실 수밖에 없는 도시인들의 신체는 기형적 현상을 나타내기 시작했다. 머지않아 태양의 자외선을 막아주는 오존의 기층에 큰 구멍이 나면 인류는 생명의 위협을 받게 되며, 태양의 열이 가해져서 남북극의 빙산이 녹게 되면 많은 부분의 지구가 물에 침몰되리라는 것이다.

이와 같은 종류의 자연환경의 해로운 현상은 인간이 자신의 욕구만을 추구하는 과정에서 나타났다. 이러한 해로움을 공해라고 부르고 환경오염이라고 일컫는다. 공해는 모든 존재의 생태학적 관계를 입증해주는 좋은, 그러나 부정적 예가 된다. 생태학적 입장에서 볼 때 모든 개별적 존재는 사실상 서로 끊을 수 없이 밀접한 관계의 고리에 의해서 연결되어 있다. 따라서 한 존재의 변화는 다른 모든 존재에 대해서 직접 또는 간접적으로 연쇄적 영향을 미치고 변화를 일으킨다. 이러한 관계는 특히 인간을 포함한 생물의 영역에서 더욱 두드러지게 나타난다. 우리는 서로 다른 모든 생물들의 종들을 비롯해서 모든 사물들도 각기 영원히 개별적인 원자와 같은 독립된 존재로 생각해왔다. 그러나 생태학은 개별적으로 보이는 모든 것들이 궁극적으로는 '하나'임을 주장한다. 현재 전 세계가 실감하기 시작한 공해의 문제는 생태학적 자연관, 그것이 함의하는 생태학적 형이상학이 옳음을 구체적으로 증명해준다.

우리가 체험하고 있는 공해는 생태학적 자연관, 생태학적 형이상학의 정당성을 의미할 뿐 아니라 불행히도 자연의 생태학적 질서가 파괴되고 있음을 뜻한다. 싫건 좋건 우리는 생태학적 자연관을 수용해야 한다. 왜냐하면 이 자연관이야말로 진리이기 때문이다. 생태학적 질서의 파괴를 막아야 한다. 왜냐하면 이러한 파괴는 생태학적 고리 속에 얽혀 있는 한 생명체로서 인간 자신의 멸종, 아니면 엄청난 재난을 직접 의미하기 때문이다.

사실 오늘날 세계 어느 곳에서나 공해 문제를 절실히 느끼고 있으며 긴급한 해결의 필요성도 안고 있다. 그 이유, 아니 원인은 공해가 인류의 존속, 아니면 복지를 근본적이며 지구 전체적으로 위협함을 의식하게 됐기 때문이다. 한마디로 인류가 공해의 문제에 주의를 갖고, 따라서 은연중에 생태학적 자연관을 받아들이고 있는 이유는 근본적으로 인간의 이기심에 있다. 그러나 이러한 태도를 갖는 한에서 인간은 아직도 인간중심주의적이다. 인간중심적이란 말은 반생태학적이라는 말에 지나지 않는다.

공해의 문제해결이 다급하지만 그 이유가 인간의 존속, 아니면 복지에만 있다면, 그것은 잘못이다. 그런 생각은 근본적인 모순을 내포한다. 왜냐하면 공해가 인간을 위협함을 인정한다는 사실이 인간이 크나큰 하나의 자연체계의 일부임을 전제함에도 불구하고, 오로지 인간의 이익을 위해서, 즉 인간중심적인 이유에서 공해를 해결하려는 입장은 인간이 어느 차원에서는 자연의 연쇄적 관계에서 빠져 있는 특별한 존재로 보는 반생태학적 자연관을 토대로 하기 때문이다.

나의 입장에서 볼 때 내 개인의 생명은 둘도 없이 중요하다. 그러나 내 개인적 생명보다는 종으로서 인류의 생명은 더 중요하다. 사실 내 한 개인의 삶은 인류의 존속을 위해 있는 하나의 제약된 존재라고 볼 수 있다. 인류와 그밖의 모든 생명체의 관계도 똑같은 각도에서 설명될 수 있다. 인간에게 종으로서 인류의 존속이 귀중함은 틀림없다. 그러나 인류는 다른 허다한 생물의 종들의 하나에 불과하고, 생태학적 관점에서 볼 때 인류의 존재는 무한한 수의 고리 가운데 단지 하나의 고리에 불과하다. 자연 생태계의 존속은 인류의 존속보다 더 근본적이며 더 귀중하다. 그러므로 공해의 문제를 해결하고 자연의 생태학적 위기를 극복해야 하는 이유는 인간중심주의적 관점을 넘어 생태학적 관점에서 제시되어야 한다. 이러한 관점은 편의상 인간중심주의와 대조해서 생태중심주의라고 부를 수 있다.

생태학과 과학

인류뿐만 아니라 지구상의 모든 동물, 아니 모든 생명체를 위협하는 생태계 파괴의 결정적 원인은 다름 아닌 인간이다. 보다 더 구체적으로 말해서 자연을 대하는 인간의 시각과 관계된다.

자연에 대한 인간의 시각, 다시 말해서 인간에 의한 자연의 인식적이며 서술적 접근은 여기서 우리의 편의상 서로 잠정적으로 상반되는 두 가지 시각으로 나누어 고찰할 수 있다. 그 시각을 각기 과학적, 그리고 예술적이라 부를 수 있다. 오늘날 직면한 공해와 그에 기인된 생태계의 파괴 위험은 과학적 시각과 밀접한 관계가 있다.

눈으로 볼 수 있는 공해의 직접적 원인은 물질적 소비욕을 충족시키기 위한 자연의 무분별하고 무제한적인 이른바 개발에서 찾을 수 있다. 자연의 개발은 과학적 기술의 발달을 바탕으로 하며, 과학적 기술의 가능성은 지식으로서 과학을 떠나서는 이해되지 않는다. 따라서 공해의 근원적 원인은 과학적 지식의 발달에서 찾아야 한다.

지식으로서 과학은 자연현상의 한 표상방식을 뜻한다. 과학은 혼돈스러운 자연현상을 철저히 추상적 언어인 수학적 방식으로 기술될 수 있는 법칙으로 일반화시켜 표상하려 한다. 이전 법칙에 의해서 개별적인 구체적 현상이 '설명'되며, 그때에 그 법칙은 '이론'의 기능을 한다. 그리고 이러한 이론은 사물현상에 관해 '예측'을 가능케 하고, 그런 예측에 근거해서 자연현상은 인간의 의도에 따라 크게 조작될 수 있다.

이와 같은 과학적 지식에 비추어 기술이 개발되고 기술의 힘을 빌려 인간은 자신의 계획·의도 혹은 욕망에 따라 자연을 오로지 인간 욕망의 충족을 위한 도구로서 굴복시키고 이용한다.

이와 같이 발달되고 나날이 급속도로 발달을 더하고 있는 과학기술은 물리적으로는 오히려 빈약한 인간에게 스스로도 믿기지 않을 만큼의 힘을 갖게 하였고, 과학기술에 의한 자연에 대한 인간의 힘은 그 한계가 보이지 않게 커가고 있다. 과학기술의 힘으로 자연이 개발되어 인류는 스스로도 믿을 수 없을 만큼의 물질적 풍요를 누리게 되었다. 그만큼 인류는 많은 고통을 극복해서 즐거움을 더 가질 수 있게 되었으며, 생물학적으로 생명을 훨씬 연장시켜 평균적으로 장수를 누리게 되었다.

과학적 지식이 인류의 욕망을 가장 잘 충족시킨다는 점에서 과학은 성공적인 세계관이라 해도 마땅하다. 그리고 그것이 성공적인 한에서 과학이 수식으로 표상하는 자연이 자연에 대한 가장 객관적 표상이며, 따라서 자연의 본질을 보여준다고 말할 수 있게 되었다. 신화적·종교적 혹은 문학·예술적으로 표상된 자연과는 달리 과학이 믿고 있는 자연, 과학에서 말하는 자연만이 진리라고 믿게 되었다.

그러나 과학적 지식, 그리고 그에 뿌리를 둔 과학에 의존된 인간의 물질적 풍요와 복지 따위의 이러한 과학의 성공은 오늘날 공해와 공해 때문에 생긴 생태계의 파괴라는 대가를 치르게 했다. 그래서 과학이 어쩌면 역설적으로 인류에게 불행뿐만 아니라 멸망까지 초래할 가능성을 갖고 있음을 이제 누구나 잘 알게 되었다.

이러한 것이 사실이라면 과학자들은 물론 과학의 경이적 성공에 압도된 대부분의 사람들이 믿고 있는 것과는 달리, 과학이 이야기하고 보여준 자연은 사실인즉 자연의 본질이 아닐지도 모르겠다는 의심이 생긴다. 자연에 대한 과학적 견해가 가능한 관점이라고 양보하더라도 그것은 결코 유일한, 그리고 완전한 진리가 아니기 쉽다는 생각이 들게 된다.

과학적 지식의 객관성을 부정하지 않더라도 과학적 진리는 구체적인 자연에 대한 한 가지 기술형태 이상으로는 볼 수 없다. 그것이 틀린 기술이 아니더라도 과학적 기술, 그리고 그 기술의 진리는 인간이 자연을 통제하고 조작하기에 가장 유능한, 그러나 다양한 아니 무한한 수로 가능한 기술방식의 한 가지 방식에 불과하다고밖엔 달리 생각할 수 없다. 아인슈타인의 $E=mc^2$이라는 수식이 물리현상에 대한 총체적이고 가장 일반적인 과학적 기술을 대변한다면 그것이 가장 포괄적인 자연의 물리현상에 대한 과학적인 진리일 테지만, 그 간단하고 극히 추상적인 수식이 우리가 구체적으로 지각을 통해서 체험하는 물리현상을 표상해준다고 어떻게 단언할 수 있겠는가?

과학이 보여주는 자연은 결코 구체적인 자연 그 자체가 아니라, 필연적으로 과학적 시각에서 지성에 의해 수학과 논리라는 극히 추상화된 언어의 개념적 틀에 의해서 인위적으로 가려내진 자연의 한 측면에 불과하다.

자연에 대한 기술이 철저하게 지적으로만 이해될 수 있는 추상적 개념에 의존하는 한에서 과학은 자연에 대해 대립적이다. 왜냐하면 그것은 인식 주체로서 인간의 지성이 자연과 결코 융합될 수 없는 완전히 별개의 존재임을 전제하기 때문이다. 이러한 과학적 인식에 전제된 인간관은 인간의 특수성을 절대시하는 나머지 인간중심주의적이 되기 쉽다. 사실 공해, 그리고 생태학적 문제는 과학적 지식, 과학적 기술의 발달로써만은 설명되지 않는다. 그것은 원천적으로 과학적 세계관에 내포된 일종의 인간중심주의에 기인한다.

물론 완전하지는 않지만 자연현상을 그 나름대로 설명해주는 과학적 지식이 있고, 또 그런 지식에 의존해서 과학적 기술이 개발되어 자연을 인간 마음대로 개발하고 이용할 수 있게 되었더라도, 인간이 자신의 모든 욕망을 충족시키려는 노력이 과도하지 않았더라면 인간은 현재 볼 수 있는 관계와는 다른 자연과의 관계를 맺고 있을 것이다. 오늘날 공해 문제에 부닥치고 생태계 파괴를 초래하게 된 것은 인간이 자연을 자기 자신의 욕망충족을 위한 도구로서만 대하여 자연과의 조화와 공존에 대한 배려 없이 맹목적으로 개발이라는 구실하에 폭력을 가했기 때문이다.

여기서 우리는 공해와 생태계의 파괴를 근본적으로는 자연에 대한 인간중심주의적인 세계관과 그러한 인간의 자연에 대한 과학적 태도, 과학적 지식과 과학적 기술에 돌리고 있음에 틀림없다. 그러나 그것이 곧 과학적 태도, 과학적 지식, 과학적 기술 자체를 무조건 규탄함을 뜻하지 않는다. 과학이 인간의 복지를 위해 이룩한 공헌을 한 번이라도 전적으로 부정하는 사람이 있다면, 그는 누구보다 편협하며 객관적 사실을 왜곡하려는 사람으로서 정직하지 못한 자이다. 문제는 과학이 이룩한 성취에 눈이 어두워 오로지 과학적 태도만이 옳고, 오로지 과학적 지식만이 진리이고 오로지 인간만이 중요하다는 근본적으로 그릇된 생각을 갖고 현재도 그런 입장을 쉽사리 버리지 못하는 데 있다. 자연에 대한 과학적 태도는 타당한 것이지만 그것은 다른 가능한 태도들 가운데의 한 가지 태도에 불과하다. 과학적 지식은 자연현상에 대한 진리, 즉 서술을 밝혀주긴 하지만 그것은 오로지 다른 가능한 자연에 대한 진리, 즉 서술 가운데의 하나에 불과하다.

그렇다면 자연에 대한 다른 태도는 어떤 것일 수 있으며, 자연에 대한 다른 종류의 진리는 어떻게 서술될 수 있는가? 만약 공해, 그리고 생태계의 파괴가 인간의 자연에 대한 한 가지 태도, 그리고 인간이 발견한 자연에 대한 한 종류의 진리와 관계가 있다면 공해, 그리고 생태학적 문제의 해결을 위해서는 과학적 태도와는 다른 태도를 취함으로써 풀릴 수 있고, 과학적 진리와는 다른 진리를 발견함으로써만 그 문제를 해결할 가능성이 찾아질 것이다. 생태학적 문제의 원인이 과학과 뗄 수 없는 관계를 갖고 있다면 자연에 대한 다른 태도, 자연의 진리에 대한 다른 해석을 제공할 수 있는 것은 예술에서만 찾을 수 있을 것이다.

생태학과 예술

지식으로서 과학이 일종의 표상이듯이 작품으로서 예술은 과학적 표상과 구별되고 대립되는 또 다른 형태의 표상이다. 이와 같은 표상으로서 예술의 밑바닥에는 생태학적 자연관, 아니 생태학적이라고 호칭할 수 있는 인간의 태도와 인식론과 형이상학이 깔려 있다. 이와 같은 시점에서 볼 때 오늘날 인류, 더 나아가 지구상의 생태계 파괴는 특히 지난 200년간에 걸쳐 과학적 세계관이 '예술적 세계관'을 완전히 지배한 데서 기인했다고도 해석된다.

이와 같이 볼 때 생태학적 자연관을 예술적이라 부를 수 있는 동시에 거꾸로 예술적 표상을 '생태학적'이라 이름 지을 수 있다. 그렇다면 우리가 체험하고 있는 문제는 과학적 세계관을 완전히 버리고 그곳에 예술 속에 내포된 자연관을 대치함으로써가 아니라도, 적어도 예술적 자연관을 그것에 적절한 만큼 인간의 세계관·자연관 속에 회복시켜주어야 한다.

그렇다면 어떤 관점에서 생태학적 자연관이 '예술적'이며, 예술적 표상이 '생태학적'일 수 있는가?

첫째, 생태학적 관점에서 볼 때 적어도 지구상의 모든 생물체, 그리고 더 나아가 모든 현상은 유기체뿐만 아니라, 생물체에까지도 비교될 수 있는 단 하나의 체계를 형성하고 있다. 따라서 자연의 모든 현상, 특히 생물체들은 그 커다란 체계 속에서만 비로소 이해되고 의미가 부여될 수 있다.

그러나 과학적 인식은 자연의 모든 현상이 독립된 원자나 한 기계의 부분품처럼 기계적으로 떼어 분석해서 파악됨으로써만 가능하다. 자연현상에 대한 분석적 접근이 현대의 경이롭고 또 경이로울 만큼의 과학적 지식을 가능케 했다. 과학적 지식의 위대한 성취를 보고 과학은 오로지 과학적 지식만이 참다운 뜻에서의 지식이라고까지 차츰 믿게 되었다.

이러한 자연에 대한 과학적 표상은 이른바 예술적 표상과 대립된다. 어떤 관점에 따르면 예술도 한 형태의 지식이다. 예술도 과학과는 다르지만 그것대로 진리를 찾아준다는 것이다. 예술적 진리는 단순히 과학적 진리와 다른 진리에 그치지 않고 보다 더 깊고 참된 진리를 나타낸다는 주장도 있다. 예술의 인식적 기능에 대한 이와 같은 높은 평가는 많은 예술가들, 특히 로맨티시즘을 주장하는 예술가들에 의해서 자명한 것으로 믿어졌고 많은 일반 사람들도 막연하게나마 그와 비슷한 생각을 해왔던 것으로 짐작된다.

예술은 과학과 비교되고 대립될 수 있는 지식의 형태로 볼 수 있는가 아닌가의 문제가 있다. 그러나 이런 문제에 대한 대답은 뒤에 미루어 검토하기로 한다고 해도 표상으로서의 예술의 근원적 성질에서 볼 때 예술은 생태학적이다. 어떤 대상을 예술적 표상의 시각에서 접근할 때 그 접근의 수단은 이성 혹은 지성에만 의존하는 개념의 틀에 의해서가 아니라 그것에 앞서 감각, 더 구체적으로 말해서 감각 지각에 의존한다. 한마디로 말해서 예술적 표상은 그리스어의 어원적 뜻으로서 미학적

aesthetic, 즉 감성적이다.

어떤 대상에 대한 인식을 할 수 있는 인간이 선천적으로 갖고 있는 두 가지 기능이 있다면 그것은 한편으로 직관과 관념적으로 추상적 사고를 가능케 하는 이성과, 또 다른 한편으로는 구체적으로 사물현상과 접촉할 수 있는 감성이 있다. 이성은 사물의 일반성, 다시 말해서 추상을 도출하여 투명하고 분명한 차원에서만 파악하고자 한다. 반면 감성은 사물의 구체적 개별성에 초점을 두고 그 사물을 구체적이며 개별적으로 파악하려 한다. 이러한 결과로 감성에 의한 사물에 대한 인식은 보편성, 즉 한 가지 뜻의 객관성을 갖추지 못하고 혼탁한 상태를 완전히 극복할 수 없게 마련이다.

그럼에도 불구하고 모든 자연현상은 언제나 필연적으로 개별적이고 구체적으로만 존재한다. 지적으로 만족할 만한 설명을 얻기 위해서, 그리고 인간에 필요한 어떤 실천적 필요성을 충족시키기 위해서, 사물현상의 구체성을 무시하고 오로지 일반성을 찾아 그것을 파악하는 작업으로서 이른바 과학적 표상이 인간에게 반드시 요구된다. 그럼에도 불구하고 우리는 과학적 표상의 성질과 잠재적으로 갖고 있는 실천적 기능을 주저하지 않고 인정하면서 과학적 표상은 사물현상을 있는 그대로, 그 사물현상을 가장 구체적이고 개별적 상태로 표상해주지 못함을 또한 명확히 알고 있다. 인간은 사물현상에 관한 진리를 있는 그대로 파악하고 그것을 있는 그대로 표상하고 싶은 지적 요청에서 벗어날 수 없다. 그와 같은 욕구를 충족시키려는 욕구는 예술적 표상에서 나타나고, 예술적 표현은 사물현상에 대해 이성, 다시 말해서 지적 접근으로서가 아니라 감각적, 즉 미학적, 즉 감성적 접근에 의해서만 가능하다. 이성혹은 지성이 순전히 어떤 관념적 기능을 지칭한다면 감성 혹은 미학적 시각은 살아 있는 육체적 기능을 지칭한다. 따라서 과학이 비육체적인 관념에 의한 인식이라면 예술은 육체적, 즉 몸에 의한 인식이라고 말할 수 있다.

지성 대신 감성에 의존해서 어떤 대상을 '미학적', 즉 감성적으로 인지하고 표상하려는 예술은 자연현상에 대한 생태학적 관점과 마찬가지로, 존재하는 것은 언제나 구체적이어서 궁극적으로는 분석될 수 없으며 개별적이어서 추상적일 수밖에 없는 개념으로는 파악될 수 없음을 전제한다.

둘째, 생태학적 입장에서 볼 때 모든 존재, 특히 생물학적 존재들은 절대적 지배와 복종, 그리고 우월성과 열등성을 가려낼 수 없는 관계를 갖고 있다. 모든 것들은 오로지 하나의 커다란 고리로 매어져 각기 자신의 특수한 곳에서 특수한 때에 특수한 역할을 함으로써 생태학적으로 하나의 전체적 조화를 위한 기능을 담당할 뿐이다. 우주 전체, 아니면 생물 전체는 개별적 삶에 이바지하는 동시에 모든 개별적 생물체들은 한 유기적 체계로서 생태계의 전체적 조화에 이바지한다.

전체와 부분 간의 똑같은 관계가 예술작품의 이상에서 발견된다. 예술은 사실상 전체와 부분 간의, 하나로서 작품과 그것을 구성하는 개별적 요소의 다양하고 새로운 관계를 찾는 작업이라고 볼 수 있다. 어떤 매개나 형식을 갖춘 것이든 간에 모든 예술작품은 독자적이면서 자율적인 하나의 전체, 하나의 유기적 체계가 되고자 하며 또한 그렇게 존재함을 자처한다. 하나의 예술작품에 있어서 그것들을 구성하는 모든 요소들은 작품 전체로부터 떼어 독립된 것으로서는 그 의미가 파악되지 않는다. 모든 부분, 모든 요소들은 단 하나의 유기적 의미를 갖고 있는 작품 전체의 구성요소로서 그 속에 통합됨으로써만 그 기능이 나타난다. 바꿔 말해서 하나의 예술작품에 있어서 전체는 언제나 그 구성부분에 선행된다. 어떤 작품을 예술작품으로 대한다는 것은 그것을 전체적 관점에서 접근할 때만 의미가 있다는 말에 지나지 않는다. 다시 말해서 생태학적 자연관이 자연을 여러 구성부분으로 완전히 분리시켜서는 이해될 수 없는 하나의 통일된 전체, 하나의 유기적 질서로 보듯이 예술작품에 대한 예술적 관점에서 볼 때 작품을 구성하고 있는 모든 요소, 모든 구성부분들은 서로 뗄 수 없는 하나의 질서를 이룬다. 그래서 사물에 대한 과학적 태도와 비전이 분석적이라면 생태학이나 예술적 사물에 대한 태도와 관점은 종합적이라고 말할 수 있다.

공해와 생태계 파괴의 원인이 우리가 자연현상, 특히 생물계 현상들을 과학적 관점에서만 분석적으로 보는 데 있다면, 즉 생태학적으로 보지 못하는 데 있다면, 공해나 생태계 파괴의 열쇠는 무엇보다도 생물현상뿐만 아니라 자연현상과 모든 사물들을 생태학적으로 보는 데서 우선 찾아야 할 것이다. 그런데 생태학적 관점이나 태도는 예술작품의 창작과 감상의 활동에서 나타난다. 그렇다면 우리 모두가 생태학적인 시야를 의식하고 그것을 채택하도록 하는 작업에 있어서 예술의 기능은 결정적인 무게를 갖는다.

셋째, 예술이 지향하는 목적의 관점에서 볼 때 그것은 또 한 번 생태학적이다. 생태학적 입장에 설 때 인간과 자연은 분리되지 않는다. 인간은 자연의 일부로서 존재할 뿐, 자연 속에서 그밖의 존재를 지배하고 활용하는 자연의 중심도 아니며 주인도 아니다. 인간은 자연과 떨어질 수 없다.

근본적으로 지향하는 것은 자연과 인간, 인간의 의식과 그 대상이 서로 분리될 수 없는 화해적 하나임을 확인함에 있다. 이런 점에서 예술적 의도는 모든 존재에 대한 생태학적 비전을 반영한다.

예술은 무엇보다도 먼저 한 형태의 표상이다. 언어를 떠난 표상이 생각될 수 없는 이상, 예술은 일종의 표상어이다. 그래서 예술은 작품이라는 의미체의 생산에서 비로소 구체적으로 확인된다.

표상은 그 대상을 포착하는 데 그 목적이 있다. 다시 말해서 모든 대상은 그 대상을 있는 그대로 파악하고자 한다. 그래서 모든 표상언어는 그 대상과 일치되기를 동경한다. 그러나 모든 표상언어와 그 대상, 바꿔 말해서 인식자의 의식과 그 인식대상은 논리적으로 결코 일치할 수 없다. 한 인식대상은 그것이 의식의 대상으로 기능할 때에만, 즉 언어적 표상의 대상으로서만 파악되었을 때 인식대상의 의미를 가질 수 있다. 따라서 모든 인식, 모든 인식적 표상의 전제조건은 의식과 그 대상, 표상적 언어와 그 대상의 분리를 논리적으로 전제한다.

과학적 표상이 이러한 사실을 적극적으로 인정하고 있는 데 반해서 예술작품의 형태로 구체화되는 예술적 표상에는 이런 논리적 조건을 극복하려는 의도가 내재해 있다. 예술작품의 이와 같은 의도가 완전히 절대적으로 실현될 수 없음은 자명하다. 왜냐하면 표상적 언어와 그 대상의 논리적 분리, 인식적 의식과 그 인식대상과의 존재학적 구별이 모든 표상과 모든 의식의 전제조건이기 때문이다. 예술작품의 형태로 나타나는 예술적 인식과 표상이 인식적이며 표상적인 한 예술도 예외일 수는 없다. 그럼에도 불구하고 의식과 그 대상, 표상적 언어와 그 대상, 그리고 인간과 자연이 궁극적으로 분리될 수 없다는 사실, 인식과 표상의 과정에서 개념화되기 이전의 구체적 인식대상, 표상대상을 표상하고자 하는 지적 의욕 따위를 포기할 수는 없다. 예술적 표상, 즉 예술작품은 논리적으로 보아 결코 완전히 성공할 수 없음에도 불구하고 바로 그러한 인간의 억제할 수 없는 충동을 나타낸다. 이와 같이 볼 때 예술적 표상은 인간과 자연 간의 의식과 그 대상 간의 실현 불가능한 생태학적 꿈의 나타냄이라고 해석할 수 있다.

넷째, 마지막으로 예술은 앞서 고찰한 세 가지 이유와는 퍽 다른 이유에서 생태학적이다. 그 이유는 모든 예술작품이 허구적이라는 데 있다. 한 통일된 표상, 즉 언명으로서 예술작품은 그것이 표상하는 구체적인 대상을 갖고 있지 않다는 말이다. 뒤집어 말한다면 예술작품의 표상언어는 사실인즉 그것이 지칭하는 것처럼 보이는 대상을 갖고 있지 않다. 한마디로 예술적 표상은 그 구조상, 그리고 그 기능상 이미 기존하는 현재의 사실이나 기존했던 과거의 사실을 이야기하거나 표상하지 못하고 또한 하지도 않는다. 예술적 언어는 문자 그대로 서술적 기능을 하지 않고, 따라서 인식적 의미를 갖지 못한다. 예술작품은 진리를 직접 보여주지 않으므로 정보적이 아니라는 말이다.

예술은 우리에게 무엇인가를 표상하고 무엇인가에 대해서 말한다. 그러나 예술이 보여주는 세계, 예술이 표상하는 것들은 실제로 존재하는 것이 아니라 오로지 가능한 세계, 가능한 사실에 불과하다. 따라서 예술의 세계와 사실 혹은 현상은 상상력에 의해 만들어졌다고 말하면 가장 적절하다. 어째서 예술과 상상력이 필연적으로 밀접한 관계가 있느냐를 여기서 알 수 있다.

우리들이 대체로 믿고 있는 바와는 달리, 그리고 많은 예술가 자신들이 확신하고 있는 것과는 거꾸로 예술은 그 성격상 인식적인 정보적 역할을 가질 수 없다. 왜냐하면 예술의 세계는 오로지 상상의 세계이기 때문이다. 그것도 기존하는 세계가 아니다. 사실상 예술은 이미 존재한 상상의 세계, 상상의 사물들을 표상하지 않고 그러한 세계, 그러한 현상들을 제작, 즉 만들어낼 뿐이다.

상상의 세계의 의미를 분석해보면 아직 존재하지 않은 세계의 의미를 드러낸다. 어떠한 세계도 언어 없이는 생각도 상상도 될 수 없다면, 여태까지 없었던 세계를 상상할 경우 새로운 언어, 아직 존재하지 않았던 언어를 발명해야 할 것이다. 이와 같이 사고나 상상, 세계나 존재, 그리고 언어는 서로 뗄 수 없이 얽혀 있다. 그중 한 가지를 떠나서 다른 것을 알지도, 생각지도 못한다. 그러나 새로운 언어를 만들어낸다는 것은 여태까지 발견할 수 있는 것들과는 다른 언어, 예를 들어 '에스페란토'와 같은 말을 처음부터 만들어낸다는 말은 아니다. 그것은 다만 기존하는 언어를 새로이 조합하고 새로운 방식으로 사용함으로써 기존하는 범주를 깨뜨리고 기존하는 관점·개념·견해·비전·가치들을 검토, 때로는 비판, 그리고 어떤 때는 부정하여 새로운 개념, 새로운 관점, 새로운 비전을 제시하는 작업을 의미한다. 가능한 새로운 상상의 세계, 현상·관계·사건들을 만들어낸다는 것은 기존의 세계를 언제나 비판적으로 보고 그것과는 다른 세계의 가능성을 찾는다는 의미를 갖는다. 이와 같이 해서 예술은 그 성질상 필연적으로 모든 차원에서 반체제적이고 긍정적으로는 혁명적일 수밖에 없다. 그래서 사실주의 예술이라는 개념은 내재적으로 모순된 개념이다.

이와 같은 예술의 기능은 생태학적이다. 우리가 알고 있다고 믿고 있는 세계나 현상 등은 한결같이 언어에 묶여 있다. 그것은 모든 인식·표상이 언어와 떨어질 수 없는 관계를 갖고 언어를 통해서만 가능하기 때문이다. 그러나 언어를 통해 나타나는 세계나 현상은 필연적으로 관념화되고 일반화되어 언어에 의한 인식·표상 이전의 세계나 현상과는 필연적으로 다를 수밖에 없다. 생태학적으로 볼 때 세계나 모든 현상은 언어에 의해 개념화된 대로와 달리 아무것도 서로 완전히, 그리고 투명하게 분리할 수 없다. 예술이 뜻하고자 하는 바는 비록 그 자신이 하나의 표상이긴 하지만, 그렇게 표상됨으로써 개념화되기 이전의 구체적이고 아무것도 서로 구분할 수 없는 세계와 현상을 인식하고 표상하고자 한다는 점에 생태학적 자연관을 전제로 한다. 어떻게 보자면 예술작품이란 과학적·분석적·인간중심적 세계관을 부단히 부정하면서 그것을 극복하는 방법의 구체적인 예로도 볼 수 있다. 예술은 또한 자연으로부터 스스로 소외된 인간이 자연과 화해와 조화를 되찾으려는 영원한 꿈의 표현이라고도 얘기할 수 있다.

공해와 생태계의 파괴가 오늘날 인류, 다시 말해서 산업사회가 당면한 극히 어려운 문제라면 그것은 어쩌면 과학의 기계적 사고력에 무디어진 미학적 감수성을 회복하고, 예술적 세계관을 되살리지 않고는 문제의 궁극적 해결은 불가능하다. 왜냐하면 공해나 생태학적으로 당면한 문제는 인간이 생태학적 세계관을 갖지 못하는 데 있는데, 생태학적 세계관은 곧 예술 속에 담겨 있는 세계관이며, 자연에 대한 생태학적 태도는 곧 예술을 낳게 하는 태도에 지나지 않기 때문이다.

과학과 예술의 관계

생태학적 문제를 근본적으로 해결하기 위해서 예술적 감수성과 예술적 자연관, 예술적 세계관이 필요하다고 우리가 주장하는 근거는 예술적 세계관이 곧 생태학적 세계관이라는 논리에 근거한다.

그러나 이러한 입장은 과학적 지식이 보여주는 자연이나 과학적 기술의 유지나 계속적인 개발을 무조건 거부함을 의미하지 않는다. 언뜻 보기와는 달리, 그리고 과학자 자신이나 그밖의 대부분의 사람들이 공통적으로 믿고 있는 바와는 달리 과학과 예술은 사실상 대립되지 않는다. 이 두 가지 분야를 대립시켜 보는 이유는 과학적 지식의 성격에 대한 그릇된 소박한 믿음에 근거를 두기 때문이다. 이러한 믿음에 의하면 과학적 지식, 더 정확히 말해서 과학적 지식만이 자연을 가장 객관적이고 근본적으로 표상해주는 진리이다. 그러나 과학이 보여주는 자연, 과학이 표상하는 존재는 구체적으로 존재하는 자연 그 자체, 존재 그 자체가 아니다. 과학은 사실상 사물현상에 대한 형이상학적인 본질적 문제에 대해서 겸허하게 입을 다문다. 그러므로 과학적 지식은 가장 좋은 의미에서 자연 자체, 존재 자체의 한 측면을 보여줄 뿐이다. 그리고 우리가 그러한 과학적 자연에 대한 지식을 존중하는 이유는, 그것이 형이상학적인 측면에서 자연과 존재 일반에 대한 진리를 발굴해주어서가 아니라, 그러한 지식이 인간의 욕망을 충족시키는 데 가장 유용한 도구로서 가장 효율적으로 이용할 수 있는 것으로 보이기 때문이다. 과학적 지식은 도구적인 의미만을 갖고 있다.

반대로 생태학적인 예술적 자연과 존재 일반에 관한 믿음은 좁은 의미에서의 '지식'이 아니라 과학적으로는 증명할 수 없는 하나의 총괄적 비전에 지나지 않는다. 과학적 지식과 예술적 비전은 똑같은 자연, 똑같은 존재 일반에 대한 상반되는 신념이나 주장이 아니라, 서로 다른 측면에서 본 관점, 서로 다른 각도에서 접근된 서술에 불과하다. 그러므로 과학과 예술, 즉 과학적 지식과 예술적 비전은 반드시 갈등관계에 있지 않고 공존할 수 있다. 다만 중요한 문제는 과학적 지식이 자연이나 존재 일반에 대한 궁극적이며 결정적인 유일한 진리가 아님을 깨닫는 데 있다.

　과학은 한 형태의 자연에 대한 지식이라는 사실 그 자체로서도 한없이 귀중하고, 과학적 기술이 인류에게 가져온 지금까지의 혜택은 이성적인 사람에게는 아무리 해도 부정될 수 없다. 앞으로도 보다 많고 보다 정확한 과학 지식과 보다 고도로 개발된 과학적 기술이 필요하다. 그러나 문제의 핵심은 생태학적, 즉 예술적 자연관, 존재 일반에 대한 넓고 새로운 시각, 포괄적인 맥락에서 과학적 지식과 기술의 의미에 눈을 뜨고 그러한 지식과 기술을 활용함에 있다. 그렇지 않고 오늘날과 같은 추세로 그러한 지식과 기술이 인간의, 인간만의 당장의 욕망을 위해서 인간중심적으로 개발하고 이용한다면, 그 효과가 당장에는 인간에게 만족스럽다 해도 머지않아 자연의 파괴뿐만 아니라, 인간적 삶의 파괴, 그리고 궁극적으로는 인간 자신의 멸망을 초래하고 말 것이다. 한마디로 우리에게 지금 필요한 것은 과학적 비전과 과학적 기술의 의미를 보다 포괄적인 관점에 서 있는 생태학적, 즉 예술적 비전의 맥락에서 이해하는 작업이다. 이러한 작업을 과학의 예술화라고 불러도 적절할 것 같다.

　이와 같이 볼 때 예술이 차지했던 역할이 인간생활에 있어 적지 않았지만, 오늘날 예술의 중요성은 더 절실하고 결정적이다. 흔히 생각해왔던 바와는 달리, 예술의 기능은 장식적이 아니다. 예술의 기능은 형이상학이며 사회적이며 정치적 의미를 갖고 있다.

　공해, 자연환경의 파괴, 그리고 생태학적 문제 따위의 지구의 엄청난 병을 치료하는 처방으로써 예술적 감수성, 예술적 세계관, 그리고 예술작품의 제작을 제시하는 바이다. 그러나 이러한 나의 입장은 오늘날 실제로 예술의 기능이 옳게 인식되어 있다는 말도 아니며, 예술이 옳게 그러한 기능을 하고 있다는 뜻도 아니다.

불행히도 속일 수 없는 상황은 오히려 그 반대인 성싶다. 오늘날 예술작품은 투자의 대상으로, 재산 축적의 수단으로 상품화되어가고 있다. 예술작품은 그밖의 모든 상품들과 마찬가지로 매매의 대상으로 변했다. 예술의 상품화에는 예술적 가치의 장식적 평가가 깔려 있다. 예술의 기능이 장식적으로 이해되고 그렇게 취급되고 있다.

이런 상황에서 예술가 자신들도 스스로를 상업문화 앞에 굴복하여 그러한 물결에서 헤어나지 못하고 수동적으로 끌려가고 있다는 인상이다. 이러한 사실은 예술적 세계관이 과학적 세계관에 흡수되고 있음을 의미한다.

그러나 앞서 보았듯이 오히려 과학적 세계관은 예술적 세계관의 맥락에서만 옳게 이해될 수 있다. 예술의 본질적 기능은 기존하는 체제, 기존하는 가치, 기존하는 세계관을 추종하며 그것들에 자신을 적응시키는 데 결코 있지 않다. 오히려 정반대이다. 예술의 근원적 기능은 기존하는 체제, 기존하는 가치, 기존하는 세계관을 항상 평가하고 비판하고 의식적으로 파괴하면서 보다 구체적인 사실에 바탕을 둔 체제·가치관·세계관을 제시하는 데 있다. 그래서 예술의 본질적 기능은 저항적이며 부정적이다. 예술을 두고 흔히 창조적이라 얘기하지만, 창조적이란 바로 예술의 이와 같은 기능을 두고 말함에 지나지 않는다. 그리고 이러한 창조적 기능은 예술에서 발휘되는 끝없고 참신한 인간의 상상력에 뿌리를 박고 있다.

생태학적 문제는 인류 생존의 문제이며, 궁극적으로 지구상의 모든 생명체의 존속의 문제와 직결된다. 인간의 생명이 귀중하고 모든 생명 자체가 더 이상 생각할 수 없는 궁극적 가치라면 우리는 이 문제의 해결을 위해서 머뭇거릴 수 없다. 예술적 세계관이 생태학적 문제의 열쇠라면 우리는 예술적 기능을 이해하고 그것의 결정적 중요성을 인정해야 한다. 예술적 기능의 발휘가 이렇게도 중요하다면, 그러한 기능을 직업적으로 맡고 있는 예술가들은 예술의 본래적 기능을 새삼 의식하고 그 기능을 충분히 맡기 위해서는 과학적 세계관, 기존의 모든 체제, 가치관 등에 종속되어 추종하고 싶은 유혹을 깨뜨리고, 언제나 저항적 자세를 가져야 하며 언제나 신선한 시각을 버리지 말아야 한다.

《현대예술비평》, 1991, 겨울호

04
철학, 예술 및 건축

건축이 "어떤 실용적 목적을 위해 의도적으로 제작된 어느 정도 이상 크기의 구조물을 제작하는 행위"로 정의될 수 있다면 건물은 그러한 행위의 결과일 것이다. 동물과 인간을 구별하는 정확한 잣대를 꼭 하나 지적하기란 쉽지 않지만, 그래도 꼭 하나만을 집어보라면 우리가 내놓을 수 있는 유일한 척도는 '건축' 외에는 없을 것 같다. 인류와 그밖의 동물의 구별이 전자가 문화적이요 후자가 자연적이라면, 인류의 가장 시초의 뚜렷한 문화적 활동은 자연 속에서는 찾을 수 없는 어느 정도 지속적 안정성을 가진 주거지의 제작이었다. 일정한 주거지에서 잠정적으로나마 인류의 다른 문화적 활동이 가능했을 것이다. 만일 이런 주거지가 제작되지 않았더라면 인류의 생존양식은 다른 동물의 생존양식과 별다르지 않았을 것이다. 인류의 역사는 그 발생과 발전에 있어서 건축의 발명의 역사와 동일하다.

인간을 인간으로서, 즉 문화적 동물로서 속성을 규정하는 어쩌면 유일한 징표인 건축은 두 가지 측면에서 철학과 양면적 관계를 맺고 있다.

철학과 건축의 관계의 양면성은 '철학'이란 개념의 두 가지 의미와 논리적으로 얽혀 있다. 첫째, 철학은 한 사람 혹은 한 사회가 갖고 있는 어떤 '원칙' 혹은 '총괄적 신념체계'를 뜻한다. 이 경우 철학은 '사상', '세계관' 혹은 '이데올로기'라는 말과 거의 같은 의미로 사용된다. 이러한 철학관은 일반인들은 물론 분석철학이 발명되기 전까지는 아무 철학자한테도 의심받지 않았다. 둘째, 철학관은 분석철학가들에 의해서 처음으로 분명해졌다. 철학은 어떤 대상에 대한 신념체계, 즉 정보가 아니라 모든 차원에서 담론이 제기하는 언어적 의미를 분명히 하고 담론의 논리를 해명함에 있다는 것이다. 가령 '진리', '지식', '과학성', '예술' 등의 허다한 개념을 투명하게 하자는 것이며, 인식적·윤리적 혹은 행위적 담론 간의 논리적 구조의 차이를 가려내자는 것이다.

위와 같은 두 가지 다른 뜻으로서 철학과 건축의 관계는 다음과 같다. 첫째, '뜻', 즉 '사상' 혹은 '세계관'으로서 철학은 주거 구조물, 즉 '집'으로서 건축만이 아니라 모든 건축물과 뗄 수 없는 관계를 맺고 있다. 그러나 주거공간 제작이 건축의 기원이었을 것이라는 추측은 모든 건축은 주거를 목적으로 한다는 말이 아니다. 인간은 다양한 것을 필요로 한다. 안정되고 평안한 주거지가 마련되면 필요한 물건을 보다 효율적으로 생산하거나 자신의 소유물을 보존할 장소가 필요하다. 그런가 하면 인간사회는 시대와 장소를 떠나 필요에 따라 종교적 의식을 위한 장소의 구조물을 제작해왔으며, 종교적 의사표현, 그리고 또 중요한 사건 혹은 사실을 기념하기 위한 큰 규모의 상징물 혹은 기념비를 건축할 필요를 보여왔다. 이처럼 건축은 다양한 필요충족을 목적으로 한다. 그러나 건축이 어떤 목적, 즉 기능을 하든 간에 그것은 그 건축가 개인이나 그 사회의 신념·소원, 그리고 가치관 따위, 즉 세계관을 음양으로, 그리고 필연적으로 반영한다. 왜냐하면 건축은 인간이 어떤 목적 실현을 위해 의도적으로 제작한 것이기 때문이다. 이런 점에서 모든 건축은 필연적으로 '철학적' 의미를 갖는다.

둘째, 뜻의 철학, 즉 개념 분석으로서 철학은 '건축'이라는 개념, 건축과 뗄 수 없는 관계를 갖는 '예술', '건축가의 의도' '사회', '기능' 따위의 개념과 제작품으로서 건축물의 복잡한 개념적 관계를 밝혀주는 작업이거나 아니면 건축사의 대상과 서술에 대한 방법의 논리적 관계를 고찰하는 작업이다.

이처럼 철학은 두 가지 측면에서 건축과 연계되어 두 가지 의미의 '건축철학'을 말할 수 있는데, 첫 번째 건축철학은 사회학이나 사상사와 유사하며 그 목적과 방법은 과학과 근본적으로 다를 바 없다. 건축철학은 건축과 세계관의 인과관계를 밝혀냄을 목적으로 하며 경험적 사실의 서술을 그 방법으로 삼게 된다. 가령 고대 그리스의 건축에 나타난 사상적 바탕을 탐구할 수도 있고, 혹은 불교사상이 어떻게 건축에 반영되며 같은 불교적 건축이 중국과 한국에서 어떻게 달라지는가도 첫 번째 뜻의 건축철학의 일부가 될 것이다.

이와는 달리 두 번째 건축철학은 어떤 사실을 그냥 서술적으로 설명함에 있지 않고, 그것을 개념적 차원에서 논리적으로 반성하고 비판적으로 평가하는 규범적 작업이다. 그래서 후자의 경우 건축철학은 과학의 일부로서 건축학, 즉 건축에 대한 직접적 담론이 아니라 그러한 '담론에 대한 담론', 즉 메타 건축meta-architecture학이다. 달리 말해서 건축은 한편으로 어떤 세계관 혹은 이념 혹은 사상을 표상하는 점에서 '철학적' 고찰의 대상이 되고, 또 다른 한편으로 그와 관련된 개념들의 의미를 밝히는 '분석철학적' 작업, 즉 '메타 작업meta-reflection'의 대상이 된다. 그렇다면 우선 첫 번째 뜻으로서 건축철학부터 검토해보자.

'철학적' 표현으로서 건축

인간의 모든 의도적 행위는 간접적이고 희미하게나마 싫건 좋건 반드시 그의 세계관을 반영한다. 가령 '양반걸음'은 그 밑바닥에 한국적 유교 사상을 깔고 있으며, 공격적 성격을 나타내는 행위는 도전적인 이기주의적 인생관을 반영한다. 왜냐하면 모든 개별적 행위란 세계관 혹은 인생관이라는 큰 이념적 테두리를 떠나서는 그 의미를 지닐 수 없기 때문이다. 모든 건축은 반드시 어떤 실용적 목적을 갖고 있다. 뒤에서 보다 구체적으로 언급하겠지만 바로 이런 점에서 보통 뜻으로서 건축은 그것의 스케일과 상관없이 똑같이 건축된 것인데도 불구하고 미학적 표현만을 목적으로 하는 '조각예술' 작품과 구별된다. 이러한 실용성을 목적으로 한 것임에도 불구하고, 다른 모든 의도적 행위와 마찬가지로 철저히 의도적 작품인 건축물은 필연적으로 어떤 세계관 혹은 인생관을 반영한다. 즉 철학적 의미가 있다. 건축물이라는 인위적 제작물이 다른 수많은 종류의 제작물과 달리 물리적으로나 경제적으로 스케일이 크고 어느 정도 영구성을 목적으로 일정한 장소에 고정된 제작품인 이상, 그것은 그만큼 더 '철학', 즉 무엇인가의 세계관을 반영한다는 말이다. 모든 건축물이 '철학적' 의미를 나타내고 있지만 그렇다고 모든 양식의 건축물들이 다 똑같은 양식으로 다 똑같은 '철학적' 의미, 즉 세계관을 표상한다는 말은 물론 아니다. 모든 건축물이 어떤 용도를 위해 어떤 기능을 위해 의도된 것으로서 어느 의미에서 '실용적'이지만 그 실용성의 성질이 모두 같은 것은 아니다. 건축의 용도는 인간의 일상생활을 위한 거처일 수 있으며, 교육을 위한 장소일 수 있으며, 생산을 위한 작업장일 수 있으며, 소유물을 저장하기 위한 창고일 수 있으며, 개인이나 사회의 중요한 사건을 기념하기 위한 기념탑일 수 있으며, 종교적 신앙대상인 신들의 거처일 수 있으며, 어떤 사회적 의지를 천명하기 위한 것일 수도 있다. 이렇게 다양한 용도를 위한 건축물들은 어느 사회 어느 시대를 막론하고 언제나 있었다. 화려한 베르사유 궁전을 비롯해서 산골에 있는 흙담 초가에 이르기까지 수많은 양식의 수많은 '집'들의 근본적 용도는 주거에 있다. 다양한 양식의 허다한 수의 학교 건물, 공장·창고도 각기 교육·생산·보관을 목적으로 제작된 것들이다. 파리의 개선문이나 그밖의 허다한 기념비 혹은 기념탑들은 무엇인가의 기억을 위한 것이며, 카이로 근교의 피라미드, 아크로폴리스의 신전이나 모든 사찰의 중심이 되는 대웅전은 신 혹은 부처님의 거처를 위한 것이다.

모든 건축이 반드시 무엇인가의 목적 수행을 위한 기능을 담당한다는 점에서 한결같이 '실용적'이지만 종류에 따라 그 실용성의 밀도에 차이가 있다. 주거·교육·생산·보관 따위의 실용성은 그것이 인간의 생리학적 생존 조건의 절실성에 비추어볼 때 기념적이거나 종교적 용도보다 더 절실하다는 것은 자명하다. 모든 건축이 어떤 세계관 혹은 사상을 표상하지만 그것이 원래 의도한 목적의 실용도에 따라 한 건축의 사상적, 즉 철학적 표상의 밀도가 달라진다. 서양의 석조집들이 서양의 인간중심적 세계관을 표현하고 동양의 초가집 혹은 목조가옥이 동양의 자연중심적 세계관을 보인다 하겠지만, 가옥에 대한 이와 같은 철학적 해석은 극히 암시적이며 추측적이다. 이와는 달리 파리의 개선문이나 고딕 양식 성당의 특유한 뾰족탑에서 각기 승리를 기념하려는 나폴레옹의 의도와, 속세를 초월하여 존재하는 한없이 높고 맑은 영원한 세계를 인정하는 세계관과 그런 세계에 대한 갈망을 쉽게 읽을 수 있다. 르네상스 건축 스타일에서 신神중심적 구속으로부터 인간중심적 세계관으로의 해방을 해독할 수 있다면, 바로크에서 로코코 스타일로의 변천에서 모든 구속으로부터 해방된 쾌락주의적 사상을 읽을 수 있다. 그렇게도 혁명적인 바우하우스Bauhaus파 그로피우스Gropius나 르 코르뷔지에Le Corbusier의 순수한 기능주의적 건축이론은 산업주의 사회의 기계적 세계관과 공리주의적 가치관을 반영한다. 그런가 하면 후기 르 코르뷔지에가 프랑스의 북부 롱샹에 지은 '노트르담 성당'이나 라이트F. L. Wright의 '낙수'라는 이름이 붙은 개인 주택에서 자연과의 화해에 대한 갈망을 읽어볼 수 있다. 그런가 하면 로에Rohe와 존슨Johnson의 합작 '빛의 탑'이란 별명이 붙은 시그램 빌딩The Seagram Building이 보여준 절충주의적 스타일에서 이른바 포스트모더니즘의 징조를 목격한다. 이 건축 사조의 극단적 표현의 한 예는 피아노Piano와 로저스Rogers의 합작인 파리의 퐁피두 센터Centre de Pompidou이다. 이 건물은 언뜻 보아 아름답기는커녕 지저분한 정유공장이나 죽은 동물의 건조한 창자나 고물상을 연상케 한다. 그것이 처음 파리의 중심부에 들어섰을 때 그것이 상징한 포스트모더니즘의 무질서와 품위의 저속성은 누구한테나 너무나 충격적으로 낯설었다. 그럼에도 불구하고 그것은 어느덧 세계적으로 유명한 관광 명승지가 되고, 파리 시민을 위한 다양한 대중문화의 창작과 감상의 공간으로서 익숙해져가고 있다.

한 시대 혹은 한 사회는 다른 시대와 다른 사회에 비추어볼 때 각기 물리적 여건을 달리하고 문화적 전통을 달리한다. 그러므로 한 시대의 건축은 그 시대의 물리적 여건과 완전히 분리할 수 없으며 한 사회의 건축은 그 사회의 문화적 전통을 결코 무시할 수 없다. 로마인의 경제력이나 건축기술이 없었다면 로마의 콜로세움, 즉 원형경기장은 불가능했으며, 최첨단 과학기술이 없었다면 오늘날 흔히 볼 수 있는 유리로만 된 고층건물이나 파리의 퐁피두 센터 건축은 불가능했을 것이다. 서양 건축양식의 존재를 전혀 모른 채 한국이나 중국의 건축밖에 모르고 있었던 19세기 말까지의 한국 건축가는, 그가 아무리 독창적이었다 해도 서양식 구조를 가진 건물은 상상도 할 수 없었을 것이다. 그가 지을 수 있는 건물이란 이른바 동양적 건축양식의 큰 테두리를 벗어나지 못했을 것이다. 그것은 마치 유교권에만 살아왔던 사람으로서 유교적 세계관과는 전혀 다른 기독교적 세계관을 상상하기조차 어려웠던 것과 같다. 요컨대 다른 인간의 활동이나 작품과 마찬가지로 건축이라는 작업과 작품은 그가 위치해 있는 시대와 문화적 공간을 초월하지 못하고, 그것들을 반영하거나 그렇지 않다면 그것들로부터 결정적인 영향을 받는다.

이러한 사실을 건축가는 물론 사회가 명백히 의식하는 일은 중요하다. 이러한 것을 의식할 때 건축가나 그런 건축을 요구하고 수용하는 사회는 새로 짓는 건물이 물리적으로나 문화적으로 보다 조화로운 것이 되고, 그럼으로써 그 시대와 사회에 보다 잘 공헌할 수 있게 되기 때문이다. 그러나 건축과 사회의 물리적, 그리고 문화적 조건에 대한 의식은 건축을 통해서 그러한 문화가 갖고 있는 세계관을 수동적으로 반영하는 데 머물지 않고, 주어진 여건을 극복하고 그런 전통적 유산을 능동적으로 재창조함으로써 전통적 세계관을 비판하고 개조해가는 작업의 전제 조건으로서 매우 중요하다.

한국의 건축가나 도시계획가들도 한편으로는 이러한 사실을 염두에 두고 서양적 건축만 맹목적으로 모방할 것이 아니라 전통에 대한 지식을 갖추어야 할 것이며, 또 다른 한편으로는 무조건 복고주의에 도취되기보다 전통을 넘어서 보다 보편적이고 시대나 지역이나 문화적으로 보다 적절할 수 있는 새로운 이질적 양식을 수용할 수 있는 개방적 태도와, 보다 대담스럽게 독창적인 것을 만들 수 있는 창조적 당돌성을 갖추어야 할 것이다. 이러한 작업은 보다 깊고 보다 옳고 보다 우아한 세계관·인생관, 그리고 미학적 감각의 창조를 뜻함에 지나지 않는다. 이런 점에서 한국의 건축, 도시계획, 그리고 건축문화적 풍경은 아직도 삭막하고 혼탁하고 거친 상황에 머물고 있다. 이런 점에서 볼 때 한국의 건축은 보다 철학을 의식하고 보다 더 철학을 반영해야 하며 보다 더 철학적으로 설계해야 한다.

세계관 혹은 어떤 이념의 표현적 측면을 갖고 있다는 점에서 건축에 대해 위와 같은 '철학적' 고찰이 가능하다면 이러한 건축에 대해서 '개념 분석'으로서 철학은 무엇을 할 수 있는가? 개념적 측면에서 건축은 무엇이 문제가 되는가?

철학적 분석대상으로서 건축

건축과 관련된 개념 중에서 가장 중요하지만 가장 애매한 개념은 바로 '건축'이라는 개념 자체이다. 이 글의 제일 첫 줄에서 필자는 이미 '건축'이라는 말의 정의를 내렸지만 이 정의는 보다 철학적 검토를 필요로 한다. 앞서 내린 정의는 투명성을 추구하는 철학적 요청을 만족시키지 못한다. 문제는 이 개념이 그와 유사한 개념과 불투명한 관계에 놓여 있다는 사실이다.

'건축'이라는 개념이 제기하는 가장 가깝고도 중요하며 동시에 어려운 문제는 '예술'이라는 개념과 맺고 있는 관계이다. 더 초점적으로 말해서 '건축'이라는 범주는 '예술'이라는 범주에 소속되는가 하는 것이 문제된다. 이러한 문제가 생기는 이유는, 한편으로 모든 건축물이 반드시 실용성을 목적으로 하여 언제나 무엇인가를 위한 도구로 존재한다는 점에서 작품 자체의 감상을 목적으로 하는 예술작품과 다름에도 불구하고 거의 모든 예술사에는 건축물들이 예술작품의 예로서 자연스럽게 취급되고 있는 사실과, 다른 한편으로 주거나 기념이나 의식 등의 실용적 기능을 위해 만든 건물들이 그것들의 실용성과는 상관없이 오직 미적 감상의 대상이 되어온 사실에 있다. 대부분이 아니라면 적어도 적지 않은 관광객들은 크고 작은 고대 도시의 건축물들을 개별적으로, 혹은 어떤 도시나 부락에서 집합적으로 감상하려고 먼 길을 떠난다. 그래서 우리들은 파리의 노트르담 대성당 하나를 놓고 제일 아름다운 건물이라든가 혹은 독일의 하이델베르크시가 가장 아름다운 도시라는 말도 한다. 이러한 사실들이 '건축'이라 불리는 시각대상들을 과연 어떤 사물의 범주에 소속시켜야 할지에 대한 물음에 대해 혼란과 갈등을 일으킨다.

과연 건축은 예술작품의 한 장르에 속하는가? 그렇다면 예술의 개념은 어떻게 정의될 수 있는가? 반대로 그렇지 않다면 지금까지 쓰인 예술사와 건축물들이 그것들의 실질적 용도와는 전혀 상관없이 미적 감상의 대상이 되어 있는 사실을 어떻게 설명할 것인가?

프랑스의 한 예술철학가 포시옹Focillion은 건축을 '동결된 음악'이라고 시적으로 비유해서 아름답게 정의했다. 이 정의는 일반 사람들이 막연하게 알고 있던 건축의 한 본질적 측면을 계시하듯 의식케 한다. 이 정의가 우리의 주의를 끄는 이유는 건축의 본질적 속성의 하나가 예술의 본질적 한 속성과 일치하기 때문이다. 그것은 '구조적 관계성'이라 부를 수 있는 요소이다. 예술적 요소의 하나인 '조화'는 반드시 다양한 구성요소 간의 복잡한 구조적 관계를 전제한다. 모든 예술이 그러하듯이 모든 건축도 기필코 이러한 구조적 요소와 그것들 간의 관계를 전제하고, 그것으로부터 산출되는 조화를 지향하며, 그러한 조화는 그것이 의도하는 내용과는 상관없이 그 형식적 구조 자체만으로도 미적 감상의 대상이 될 수 있다.

모든 건축은 그것의 전체적·구조적 측면에서 미적 감상의 대상이 될 수 있을 뿐만 아니라, 그것들이 자연적 혹은 문화적 공간에서 차지하고 있는 위치나 그것들 간의 구조적 조화라는 측면에서도 미적 감상과 평가의 대상이 된다. 또한 대부분의 건축은 그것들이 원래 의도한 실용적 기능과도 관계없이 자체적으로나 부가적으로 장식적 경향을 갖는다. 로코코 스타일의 건축이 내재적으로 갖고 있는 장식적 경향을 의도적이며 적극적으로 가장 잘 나타낸 구체적 예이다. 그러나 실용적 기능만을 강조한 이른바 '인터내셔널 스타일'을 자처하는 비非, 아니 반反장식적 건물들도 그 나름대로의 미학적, 즉 장식적 효과를 전혀 무시하지 않는다. 이런 스타일의 건축에서 우리는 비, 아니 반장식적, 즉 역설적 표현을 빌리자면, '반미학적 미학'의 효과를 발견한다. 뉴욕시 피프스 애비뉴의 고층건물들이나 르 코르뷔지에가 마르세유시에 지은 '서민 아파트'에서도 극도의 절제와 기능적 미를 체험할 수 있다. 모든 건축물이 미학적 감상의 대상이 될 수 있을 뿐만 아니라 그렇게 되기를 지향한다면 건축을 조각과 마찬가지로 예술의 한 장르로 봐야 할 것 같다.

그러나 건축은 그 자체로서 어디까지나 건축이지 결코 예술이 아니다. 건축의 존재양식과 예술의 존재양식이 동일하지 않다는 말이다. 흔히 예술은 아름다움과 같은 의미로 해석된다. 그러나 이런 상식적 관념은 잘못이다. 보기에 결코 아름다울 수 없는 것들도 위대한 예술작품일 수 있는가 하면, 보기에 아무리 아름다운 것들도 결코 예술작품일 수 없는 것들이 얼마든지 있다. 물론 예술작품을 예술 아닌 다른 작품과 구별하는 것은 그것이 '비도구성', 즉 '실용적 무용성'에 있다. 물론 예술작품도 어떤 의도하에 제작된다. 그러나 예술이 의도하는 것은 창작된 예술작품 그 자체의 가치를 감상함에 있다. 그러나 앞서 말했듯이 모든 건축은 반드시 무엇을 위한 도구적 역할을 한다. 주택·사무소·공장 따위와 다른 기념물, 종교적 의미를 가진 건축물 역시 그 자체가 목적으로 존재하지 않고, 그 자체의 가치와는 다른 무엇인가의 가치를 위해 건축된다.

건축이 이처럼 예술일 수 없는데도 많은 건축물들이 예술사에서 언제나 중요한 위치를 점유하는 이유는 무엇인가? 이런 물음에 대한 답은 '예술 the artistic'이라는 개념과 '미학 the aesthetic'이라는 개념의 구별을 전제한다. 즉 '예술작품'이라는 사물의 범주와 '아름다운 것'이라는 사물의 범주를 혼동해서는 안 된다는 말이다. 어떤 사물이 미학적으로 만족스럽다 해서 예술적으로 만족스럽지 않으며, 역으로 예술적으로 만족스럽다 해서 미학적으로 꼭 그만큼 만족스럽지 못하다. 예술작품이 아닌 사물도 미학적으로 만족스러울 수 있다는 말이다. 건축이라고 불리는 존재가 바로 그러한 예이다. 물론 건축만이 그렇다는 것은 아니다. 인간이 만드는 모든 물건은 물론, 인간의 모든 행동은 각기 그것의 의도된 분명한 1차적 용도가 있지만 같은 값이면 미학적으로도 만족스러운 것이 되고자 한다. 미학적 가치는 모든 인간의 본질적 가치이기 때문이다. 건축이라는 제작품은 그 규모가 다른 제작품에 비해 월등히 크고 모든 사람들이 접해야 하는 공공장소에 위치해 있는 만큼, 많은 사람들에게 피할 수 없는 시각적 경험대상으로 존재한다. 따라서 그들은 그런 건물들이 시각적으로, 즉 미학적으로 만족스러운 것이기를 바라게 되고 건축가나 도시계획가는 건축의 실용적 가치와 더불어 가능하면 자신의 미학적 가치를 표현하며 남들이 그러한 가치를 감상해주기를 필연적으로 바라게 된다. 요컨대 그 자체로서 예술일 수 없지만 미적 감상의 대상이 될 수 있고 그렇게 되기를 지향한다. 가령 카이로 교외 파라오들의 무덤인 피라미드, 아크로폴리스의 신전, 파리의 대중문화 공간인 퐁피두 센터, 프랑스 루아르 강변에 귀족들의 주거를 위해 지은 샹보르 성 Chateau de Chambord, 그리고 영국의 왕실의 거처인 윈저 성Windsor Castle 등 그 자체만으로도 마치 예술작품, 즉 조각인 것처럼 관람되고 감상된다. 원래 미학적 감상만을 위한 대상으로 제작되지 않은 것, 즉 예술작품으로 분류할 수 없는 것이라도 미학적 감상의 대상으로 될 수 있고 그렇게 되면 그만큼 좋다. 건축은 바로 그러한 제조물의 가장 좋은 예이다.

이밖에도 건축과 예술의 관계는 깊다. 대부분의 건물은 실용성과 무관하게 미학적 효과를 목적으로 다양하게 장식된다. 또한 대체로 큰 규모의 건물들에는 '예술'로서 벽화 혹은 조각들이 건축 자체와 뗄 수 없는 일부로서 존재한다. 특히 서양의 큰 건물의 경우 미술관이라는 느낌을 줄 만큼 그 내부의 벽에 미술작품들이 걸려 있고 조각 등이 진열되어 있다. 이처럼 건축은 예술의 한 장르로 분류될 수 있어 보일 만큼 후자와 뗄 수 없는 관계를 맺고 있다. 그렇다면 건축이 예술과 혼동되지 않아야 하겠지만 건축은 원래 의도한 실용적 기능의 효과만이 아니라 아울러 예술작품의 경우와 마찬가지로 최대한의 미학적 효과를 고려해야 한다. 가능하면 모든 건축은 '예술작품'처럼 존재할 수 있으며 그렇게 되기를 지향해야 한다.

'예술작품'으로서 건축의 존재 조건

예술작품의 근본적 속성의 하나는 그것의 '표상성'에 있다. 예술작품은 그냥 사물로서가 아니라 무엇인가를 표상하는 일종의 '언어'로서 존재한다. 따라서 예술은 필연적으로 무엇인가를 '의미'한다. '예술적'이기를 지향하는 건축은 그것이 전달하는 의미가 깊고 분명한 것이도록 해야 한다.

예술의 또 하나의 본질은 '조화성'이다. '조화'는 형식에 관한 개념이다. 건축이 무슨 실용적 용도를 위해서 물리적 구조를 가져야 하든, 그리고 어떤 의미를 표상하든 그 구조와 그 표상은 다 같이 최대한의 조화를 갖추어야 한다. 한 건물만을 떼어놓고 그것의 건축적 조화를 얘기할수는 있다. 그러나 모든 건물은 부득이 구체적인 어떤 자연적, 그리고 문화적 환경, 즉 구체적 공간과 시간의 맥락 속에 위치해 있게 마련이다. 그러므로 하나의 건물은 그것이 어떤 목적을 위해 지어진 것이건 간에 그것이 서 있는 물리적 환경, 즉 자연적 도시 혹은 부락 전체와 그것의 문화적 환경, 즉 그 건물이 세워지는 사회의 특정한 역사, 특정한 여러 문화 전통, 특히 건축양식과 조화도 아울러 고려해야 한다. 한마디로 건축의 미학은 한 개별적 건축물을 그밖의 모든 것, 즉 전체와 유기적 관점에서 고찰되어야 한다. 이제부터는 인간의 존재가 그러해야 하듯이 건축도 이른바 넓은 의미의 '생태학적' 시각에서 고찰되어야 한다.

　표상성과 조화성은 예술에서 뺄 수 없는 요소지만 예술의 또 하나의 더 중요한 속성은 아무래도 '창의성'이다. 예술의 근본적 의미는 '창작'이다. 모든 예술은 언제나 그 성격상 필연적으로 '새로운 것', 가능하면 아주 '유일한' 것이 되고자 한다. 과거나 현재의 어떤 예술작품이 아무리 표상적으로 성공했고 형식적으로 조화를 갖췄더라도, 그것과 똑같은 것이 제작된다면 그렇게 제작된 작품은 창작이 아니라 역시 모방에 지나지 않는다. 따라서 그것은 예술작품이기를 그친다. 건축도 마찬가지이다. 한 건축이 그것의 직접적 기능상으로만 아니라 '예술적', 즉 미학적으로도 보다 큰 의미를 지니려면 그것은 가능한 여러 가지 의미에서 '조화'를 잃지 않는 한 독창적이어야 한다. 독창성은 전통성과 대립되는 것으로 생각되기 쉽다. 그러나 전통 밖에서 '독창성'은 의미를 갖지 못한다. 그러므로 참다운 독창성을 갖는 건축을 위해서는 건축의 전통 즉 역사, 특히 그 건물이 세워질 문화권의 건축 전통에 대한 깊은 지식이 필요하다. 참다운 독창은 무정부적 모험성이나 이질성을 의미하지 않고 전통의 새로운 조명과 그렇게 조명된 전통과의 새로운 조화를 의미한다.

　서양의 건축은 그 양식과 그것을 뒷받침하는 철학에 있어 꾸준히, 그리고 확실한 변화를 해왔다. 그리스로부터 오늘의 이른바 포스트모더니즘 스타일로 이어지는 건축사가 그것을 입증한다. 서양에서는 그만큼 건축에 있어서도 '창조'의 전통이 지속되어왔다는 말이다. 불행히도 한국의 건축 전통은 적어도 이런 면에서 극히 침체적이 아니었던가 싶다.

싫건 좋건 특히 지난 반세기로부터, 그리고 앞으로도 계속 한국의 건축은 양식으로 보나 그 밑에 깔려 있는 이념으로 볼 때 전통을 전혀 달리하는 서양의 건축양식을 수용하지 않을 수 없는 사정에 있다. 이처럼 건축의 전통을 달리하기 때문에 피할 수 없는 서양식 건축의 수용에 건축적 어려움과 고민이 있다. 그만큼 전통과의 조화를 찾기 어렵고 '예술적' 창의성을 발휘하기가 어렵게 됐다는 것이다. 오늘의 한국의 건축은 그만큼 더 큰 노력과 독창력을 필요로 한다. 사회적·문화적·미학적, 그리고 경제적 여건을 고려할 때 한국의 마을에 어떤 양식의 가옥이나 그밖의 건축물을 지어야 할 것이며, 한국의 도시는 전체적으로 어떻게 설계해야 하며, 그럼으로써 한국 국토 전체를 어떤 모습으로 조경했으면 좋을까 하는 선택의 문제가 마땅히 고찰돼야 한다.

다른 문화권의 대표적 건물들과 일대일로 비교될 수 없지만 현재 한국에 서 있는 큼직한 건물들 가운데는 나름대로 우아하고 나름대로 견고하며, 따라서 건축적 관점에서 나름대로 뛰어난 것들이 더러 있다. 경회루나 불국사 혹은 더러 남아 있는 정형적 기와집 한옥을 그런 예로 들 수 있다. 그런 한국적 건축들의 집단도 미학적으로 뛰어날 수 있다. 예를 들어 해인사는 그 배경으로 보나 다양한 건물들의 배치로 보나 그 전체가 좋은 조화를 이룬다. 경주 가까이 있는 민속촌 양동마을도 그렇다.

그러나 개별적으로 보나 집단적으로 볼 때 한국의 가옥들은 별로 만족스럽지 않다. 초가집은 물론 기와집도 몇백 년이고 남을 수 있을 만큼 견고하지 않다. 6·25 이후 도시에, 그리고 지금은 시골에도 가득 들어서 있는 토치카 같은 '양식'의 주택이나 상점 혹은 사무소들은 그 하나하나를 따로 떼어 보나, 집단적으로 보아도 우선 미관상 불쾌감을 준다. 그 양식이 전통적이든 아니면 '현대적', 즉 서양적이든 별로 다를 바

없이 한국의 시골이나 도시는 다 같이 무질서하다. 이러한 전체적 인상은 개별적으로나 집단적으로, 한 건축의 부분에 있어서나 전반적 관점으로나 깔끔하고 청결하지 않은 데서 오지만, 그에 앞서 형식적 조화와 색깔의 품위가 어딘가 미흡하다는 사실에 기인한다. 지난 몇십 년간 거의 모든 가옥이 이른바 '현대적'인 것으로 대치되어가면서 이러한 사실이 더욱 현저하게 느껴진다. 한국의 전통 가옥치고 백 년 이상 유지되고, 그 자체로서 건축학적으로나 미학적으로 중요한 감상의 대상이 될만한 것이 별로 남아 있지 않다. 작고 큰 것과는 별도로 한 마을, 한 도시로서 역사적, 그리고 미관적 감상대상으로서 그 안을 산책하듯 거닐고 싶은 곳이라고는 어쩌면 단 하나도 없다는 것이다. 한국의 주거지는 개별적 건물로 보나 집단적 부락 혹은 도시로 보나, 시각적으로나 문화적으로나 어쩐지 황폐함을 느끼게 한다. 유럽의 경우와 비교하면 그런 느낌은 더욱 절실하다. 적지 않은 유럽의 마을이나 도시는 짧고 긴 역사의 흔적을 간직한 가옥들로 조화롭게 짜여 있어, 바로 마을 혹은 도시 자체가 하나의 공원이나 박물관 같은 인상을 주고, 그곳을 누비는 좁고 꼬부라진 길들은 공원의 오솔길이나 미술관의 진열실로 통하는 통로임을 느끼게 한다.

르 코르뷔지에는 건축을 '기계'로만 보았고 그로피우스는 건축을 기능이라는 차원에서만 생각했다. 그래서 그는 마르세유의 서민 아파트의 설계도 '주거를 위한 기계'를 염두에 두고 고안했고, 1950년대 뉴욕의 '인터내셔널 스타일'의 고층건물들에서는 모든 장식적 요소를 배제했다. 건축의 특정한 기능만을 강조하고 만 것이다.

그러나 건축은 그냥 '기계'만이 아니고 어떤 고정된 하나의 기능만을 위해서 존재하지도 않는다. 그것이 주거를 위한 주택이건, 생산을 위한 공장이건, 저장을 위한 창고이건, 모든 건축은 특정한 목적을 위한 기능 외에 다양한 방법으로 인간의 삶을 풍요롭게 하는 데 공헌할 수 있는 삶의 공간이다. 모든 건물, 건물 집단으로서 마을이나 도시는 단순히 특정하게 의도된 도구적 기능과는 다른 기능, 즉 철학적 기능과 미학적 기능도 아울러야 한다. 그것들은 때로는 개별적으로, 때로는 집단적으로 그곳에 거주하는 개인의 세계관, 집단적 인생관 혹은 인간적 품위를 나타내는 얼굴이다. 이와 같은 기능이 크면 클수록 '건축'은 '집'으로 인간화되고 그 자체도 그냥 물리적 존재로만이 아니라 '생명'을 갖게 된다. 그럼에도 불구하고 경제성만 강조되는 현대에 와서 건축은 '집'으로 살아 있기를 주저하고 도구로서 '기계적 기능'만 강조되어 왔다.

이러한 현상은 이른바 '선진국'이 되는 수단으로 서양적 기술과 문화를 수입하고 모방하는 과정에 있는 한국에서는 더욱 그러하다. 이러한 것을 의식하면 할수록 한국의 건축은 그만큼 더 전통과 현대화, 경제성과 미학적 가치 간의 조화를 남달리, 그리고 어느 때보다도 더 반성하고 그것을 작업에 깊이 참작해야 한다. 우리가 짓는 모든 건축물 하나하나, 그 속에 있는 가구나 장식 하나하나, 그리고 우리의 마을, 우리의 도시, 우리가 일하는 공장, 우리의 물건을 간직하는 창고, 이 모든 것들은 다 함께 우리의 얼굴이며, 우리의 마음씨의 표현이요 우리의 가치관과 인간됨의 거울이기 때문이다. 모든 면에서 그렇지만 건축도 물리적으로만 아니라 정신적으로 깊이와 무게와 품위가 있어야 한다. 다른 측면에서도 그렇지만 반만년 역사를 자랑하는 민족으로 우리가 물려받은 건축적 유산은 다른 몇몇 문화권에 비해 열악하다. 그러기에 우리의 건축이 해야 할 창조적 과제는 무겁고 그만큼 가능성도 크다.

《건축》, 1993. 7.

05
예술과 포스트모더니즘

새로운 세기의 문턱에 서서 지난 한 세기를 뒤돌아볼 때 세계사적 차원에서 문화는 어떻게 서술되고 평가될 수 있는가. 문화는 다양하고 방대한 현상이다. 그러므로 이를 이야기함에 있어 어느 한 분야만을 거론한다는 것은 무리이다. 그러나 문화의 전부는 아니지만 문화의 꽃이라는 데는 이의가 있을 수 없는 예술, 그 흐름을 살펴본다는 것은 곧 그 꽃을 심고 가꾼 사람들의 감수성과 의도를 추적할 수 있고, 그 꽃이 뿌리박고 있는 땅의 성질을 추리해낼 수 있다는 점에서 한 세기의 문화를 뒤돌아보는 데 상징적 방법이 될 수 있겠다.

일찍이 19세기의 시인 보들레르에서 두드러지게 나타난 감수성에서 싹이 튼 예술적 경향, 특히 미술운동을 가리켜 '모더니즘'이라 불러왔다. 최근에는 대략 1950년대 이후의 새로운 사조 일반, 특히 예술작품의 성격을 가리켜 1960년대부터 '포스트모더니즘'이라 널리 호칭하게 되었다. 그러니까 예술이라는 꽃을 통해서 본 20세기 문화의 특징과 의미는 모더니즘과 포스트모더니즘을, 그리고 그것들 간의 관계를 파악함으로써 이해할 수 있게 될 것이다.

모더니즘은 문학에서 초현실주의나 다다이즘 같은 운동과 조이스, 카프카, 엘리엇 등의 작품으로 구현되었으며, 미술에서는 세잔의 후기 인상파와 피카소, 브라크 등의 큐비즘 운동에서 꽃을 피웠고, 음악에서는 쇤베르크의 무조無調음악 이론과 스트라빈스키의 작곡에서 나타났다. 덧붙여 건축에서는 그로피우스나 르 코르뷔지에의 작품들을 모더니즘의 예로 들 수 있다.

바로 이 시기의 철학에서는 후설의 현상학, 하이데거와 사르트르의 실존철학, 그리고 비트겐슈타인이나 카르납에 의한 분석철학이 새로 등장하였고, 과학에서는 아인슈타인의 상대성이론, 리만의 비유클리드기하학이라는 혁명적이고도 위대한 창조적 발명이 있었다. 그러나 예술분야에서 모더니즘이 이룩한 혁신적이고 창조적인 업적은 다른 어느 정신활동의 분야에 뒤지지 않는 것이었다. 모더니즘은 그 이전의 예술에 비추어 너무나 혁명적이며 활발하고 풍요한 예술적 열매를 맺는다. 그 열매는 시대가 멀리 흘러간 후, 그리고 사조가 여러 차례 바뀐 뒤에라도 인류의 정신적 보배로 남을 것임에 틀림없다.

모더니즘의 가장 일반적 특성과 업적은 과학과 도덕으로부터 예술적 자율성을 선언하고 실천한 데 있다. 그것은 모더니즘 예술작품의 이념·형식·철학, 그리고 감수성의 신선한 혁명적 성격에서 나타난다.

첫째, 모더니즘은 이념적으로 기존 사회의 도덕적 가치와 세계관을 부정한다. 이미 19세기 보들레르에서 시작된 전통이 되었거니와 조이스의 『율리시스』와 엘리엇의 「황무지」, 로렌스의 『채털리 부인의 사랑』에서 위선적 부르주아의 도덕관이 고발되고, 다다이즘이나 쉬르레알리슴 같은 조류와 베케트나 로브그리예의 문학 작품에서 편안하게 수용되었던 기존의 세계관이 비판된다. 한편, 고갱·루소·레제 등의 그림에 의해서 정신보다도 관능적 감성을 강조하는 미학이 대치되고, 쇤베르크나 스트라빈스키의 음악은 감성만을 강조하면서 음악의 표상성을 절제하는 예술관을 부정하고 나선다. 이렇듯 서구 시민사회의 도덕관과 그것을 뒷받침하는 기독교적 세계관을 비판하고 대치하려는 데 있어 모더니즘의 예술운동은 참신하고 혁명적이었다.

둘째, 모더니즘의 위대한 창조성은 과거의 표현양식과는 다른 혁명적으로 참신한 표현양식을 개발한 데 있다. 그것은 문학에서 자유시의 보급, 다다이스트들이 시도한 우연에 의존한 시 작품, 조이스에 의한 무의식의 독백양식을 도입한 시험적 작품에서 나타났다. 그것은 또한 쇤베르크에 의한 무조음악의 혁명적 발명에서 뚜렷한 실례를 볼 수 있다.

모더니즘 예술형식의 혁명은 미술에서 가장 두드러지게 나타난다. 예술 일반은 물론 미술작품의 기능은 자연의 복사가 아니다. 모더니즘 미술은 주어진 어떤 대상의 자연적 표상, 즉 복사이기를 거부한다. 그리하여 큐비즘에 있어서 그 대상은 작품 속에 분석되어 재구성된다. 반자연주의적 미술형식은 큐비즘에서 추상미술로 발전함에 따라 더욱 급격하게 나타난다. 예술은 도덕교육의 수단도 아니며 사이비 과학도 아니다. 그것은 어떠한 지적 생산과도 구별되는 예술로서 고유한 자율성을 확보하고 내재적 가치를 찾는다.

셋째, 모더니즘은 기존의 이념과 예술관, 예술형식을 비판하고 파괴했음에도 불구하고 그것은 예술에 대해 과거 어느 때보다도 깊은 철학적 의미를 부여하려 했다. 예술의 자율성, 즉 예술을 위한 예술은 예술의 특수하고 깊은 인식적 기능이 있음을 의미한다. 예술가들은 예술이

상식적이거나 과학적으로, 또는 철학적으로 도달할 수 없는 실체 혹은 존재를 드러내는 기능을 갖고 있다고 믿게 되었다. 조이스의 문학은 인간의 무의식적 세계를 탐구하고, 엘리엇은 현대의 황량한 정신적 세계를 의식시키며, 카프카나 베케트는 인간, 아니 존재의 궁극적 신비를 우리에게 전달한다. 피카소는 한 물체의 다원성을, 클레는 인간의 원초적 의식세계를 캐어내려 한다. 어쩌면 쇤베르크의 무조음악도 관습적 음악에 가려진, 그것과는 다른 원초적 차원에 위치한, 우리에겐 익숙지 않았던 음향의 세계를 열어주기 위한 수단이었을지 모른다. 아무튼 모더니즘의 예술운동은 예술가들의 활동에 엄숙하고 심각한 의미를 부여했다. 예술은 결코 단순한 쾌감을 위한 수단이나 오락일 수 없었다.

넷째, 모더니즘의 예술작품은 이념적으로나 형식적으로나, 그리고 기능적으로 심각하고 혁명적이면서 그와 동시에 화려하고 세련된 감수성을 나타낸다. 이 시대의 중요한 예술작품들은 그것이 문학작품이든 미술작품이든 혹은 음악이든 일반 대중이 쉽사리 이해하고 감상할 수 있는 성질의 것은 결코 아니다. 조이스의 『율리시스』나 엘리엇의 「황무지」, 피카소의 〈게르니카〉나 스트라빈스키의 〈봄의 제전〉, 그리고 추상미술작품을 감상하기 위해서는 고도의 교양과 극히 세련된 감수성을 갖추어야 한다. 이런 모더니즘 예술은 민중의 예술이 되기에는 너무나 고차적이고 너무나 난해하다.

그러나 시대의 흐름과 함께 모더니즘 예술은 어느덧 혁명성이나 충격성을 잃어갔으며, 기성 체제의 부정적 이념으로 작용하기를 끝내고 오히려 그 체제의 이념으로 변신하게 되었다. 오늘날 모더니즘의 미술작품들은 과거 어느 파의 미술작품보다도 많이 선호되어, 상류사회의 응접실이나 큰 기업의 사장실을 장식할 뿐만 아니라 그런 작품들의 사진 복제품들이 교수와 학생들의 방 아니면 직업인들의 가정 응접실을 장식하게끔 되었다.

이런 사실은 한때 충격적이고 혁명적인 모더니즘의 이념과 감수성이, 어느덧 모더니즘이 비판하고 부정했던 이념과 감수성을 대신해서 기성 체제의 규범으로 자리 잡게 되었음을 의미한다. 이러한 모더니즘 예술 운동의 결과는 기성세대의 붕괴를 의미하지 않는다. 기성세대는 기존 질서를 부정하는 모더니즘에 자신을 적절히 적응시켜서 오히려 그것을 자신의 것으로 흡수했다. 이런 과정에서 모더니즘 예술은 본래 뜻했던 대로의 자율적 사회비판과 혁명적 기능을 상실하게 되고, 근본적으로는 달라진 것이 없는 자본주의적 사회의 장식적 역할을 맡거나 아니면 상품화되고 말았다. 모더니즘의 자율이라는 이념은 바로 산업사회의 이념으로 변신하고 모더니즘의 세련되고 화려한 감수성은 그 사회의 상층문화를 대변하면서, 그 두 가지가 아울러 서구 자본주의 정신문화의 확고부동한 보편적 규범으로 굳어갔다.

이렇듯 예술의 자율성을 통해서 종래의 억압적 이념과 감수성으로부터 인간을 해방하고자 했던 모더니즘은 비평과 해방의 기능은커녕 거꾸로 어느덧 억압적 체제와 이념을 대표하는 기능으로 변신하게 되었다.

20세기 후반의 정신적 동향, 특히 예술적 경향을 대변해준다고 볼 수 있는, 최근 유행되어 사용되는 포스트모더니즘의 의미는 이처럼 변신해온 모더니즘의 맥락에서만 비로소 이해될 수 있다.

사상적 특색으로서 포스트모더니즘은 프랑스의 푸코, 리오타르, 데리다, 미국의 로티 등의 상대주의적 철학으로 나타났고, 문화적 감수성으로서 포스트모더니즘은 1960년대 말 필립 존슨의 AT&T 빌딩 건축에서 나타났다. 또 순수예술 분야에서는 이미 1940년대에 선보인 뒤샹의 〈샘〉이라고 부르는 작품인 변기, 1950년대에 앤디 워홀에 의해서 널리 보급된 팝 아트, 존 케이지의 소리 없는 음악, 그리고 미셸 뷔토르나 더 가까이는 쿤데라 혹은 칼비노 등의 소설, 로브그리예의 영화, 그리고 환경조각가라 부를 수 있는 크리스토Christo의 작품 등에서 그 구체적 예들을 찾을 수 있다.

포스트모더니즘은 흔히 모더니즘과 대립되어 거론되지만 20세기의 이 두 가지 예술적 경향은 반드시 일방적 관계로서만 풀이되지 않는다. 포스트모더니즘은 모더니즘과 언뜻 보아 서로 모순되는 듯한 두 가지 관계를 맺고 있다. 포스트모더니즘 예술은 기존 체제에 흡수되어 하나의 규범으로 등장하게 된 모더니즘에 항의하고 반발하지만, 원래 모더니즘이 뜻했던 예술적 자율성을 통한 기존 사회의 이념과 감수성에 대한 비판과 저항정신을 고집하는 한에서 오히려 모더니즘의 근본정신의 전통을 곧바로 지키고자 한다. 이런 점에서 포스트모더니즘은 모더니즘의 우연적 계승이 아니라 오히려 논리적 발전으로 보인다.

예술의 자율성과 비평 정신에 충실해서 기성 체제를 비평하고 부정하려 했으나, 결국엔 기성 체제에 흡수되어 지배 세력의 대변자로 변신한 모더니즘에 맞서 포스트모더니즘은 그것을 비판하고 부정하려 한다. 모더니즘은 예술의 새로운 규범으로 정착되어 예술과 비예술의 구별 및 예술적 가치평가의 척도로 굳어가고 있었고, 이런 과정에서 예술은 기성 이념과 질서의 비평자이거나 사회의 자유로운 정신적 개혁자이기는커녕 오히려 기존 질서를 대변하고 옹호하는 보수주의자로 변절하게 되었던 것이다. 포스트모더니즘이 규탄하고 파괴하려는 것은 이렇듯 기성 질서에 흡수된 모더니즘의 규범성이다.

포스트모더니즘은 예술의 자율적 비평 정신을 예술 자체에까지 적용하면서 예술과 비예술의 엄격한 구별에 의문을 던지고 고급예술과 대중예술을 구별하는 예술평가의 규범을 부정한다. 포스트모더니즘의 이러한 입장은 다양한 예술작품들에서 두루 나타나는데, 특히 미술·조각, 그리고 음악예술작품에서 두드러지게 드러난다. 뒤샹의 〈샘〉이라고 불리는 예술작품인 변기가 예술작품의 범주에 들지 않는 다른 수많은(똑같은) 변기와 어떻게 다른지가 구별되지 않으며, 어째서 워홀의 〈캠벨 수프 깡통〉이란 그림이 예술작품이며 똑같은 종류의 무수한 광고 포스터가 예술작품이 아닌지가 의문시된다. 크리스트의 이른바 환경예술은 어째서 플로리다주의 섬들이 주홍빛 천으로 둘러싸였을 때 예술작품이며, 똑같은 섬이 캠핑하는 사람들이 텐트를 쳤을 때나 혹은 어디선가 버려진 플라스틱 쪼가리 같은 것들이 흘러와서 둘러싸게 되었을 때는 예술작품이 아닌가에 대한 문제를 제기한다. 케이지가 피아노 앞에 앉아 그냥 보낸 〈4분 33초〉가 어째서 음악이며, 그밖의 시간들에 생기는 상황이나 사건 혹은 음향은 음악이 아닌가를 전혀 알 수 없게 되었다.

　포스트모더니즘은 예술적 가치를 결정하는 규범에 대해서도 아울러 의문을 제기한다. 뒤샹의 〈샘〉이라고 부르는 예술작품을 비롯해서 라우션버그의 〈침대〉라고 부르는, 예술작품으로서 페인트가 묻은 더러운 진짜 침대는 예술작품의 평가의 척도로 전제되어온 '아름다움'에 대한 평가의 규범에 근본적인 문제가 있음을 대변한다.

　예술과 비예술의 경계가 무너지고 고급예술과 대중예술의 평가기준이 흔들리면서 그 어느 것 하나 확실한 것이 없어지고 절대적 권위를 갖는 규범도 사라져가고 있다. 이와 더불어 (이른바) '해프닝 예술' 혹은

'개념예술'에서 볼 수 있듯이 보기에 따라 모든 것이 예술작품이 될 수 있고 차츰 대중 예술이 (이른바) 고급예술을 대치해가면서 예술에 의한 예술의 해체 현상이 일어나고 있다. 이렇듯 20세기를 통한 예술의 해체 과정은 모든 것의 불확실성을 강조하는 푸코, 데리다, 로티 등으로 대표되는 이른바 포스트모더니즘의 철학과 병행하면서 또한 뒷받침된다.

예술과 철학에서 나타난 이러한 서구의 문화현상은 지금까지 세계를 지배해오던 유로센트리즘, 즉 서양중심주의의 내재적 붕괴를 의미하고 일원적이 아니라, 다원적·서양중심적이 아니라 다양한 민족과 역사의 잡탕적 문화가 열리고 있음을 의미한다. 20세기의 예술이 화려하고 값이 있었다 해도 그것은 서양중심문화의 마지막 꽃이 될 것이다.

《길》, 1992. 5. 6.

06
예술과 미

다양한 사물현상을 가리켜 아름답다고 말한다. 그러나 산·사람·꽃·집·만년필, 그리고 어떤 사람의 행동은 아름답지 않더라도 역시 그것들은 존재한다. '미'는 그들의 본질과는 상관없다는 말이다. 이런 것들과는 달리 예술품은 필연적으로 아름다운 것으로 얘기된다. '미'는 예술품의 필연적 요소라는 생각이다. 모든 아름다운 것들이 반드시 예술품은 아니지만 모든 예술품은 반드시 아름답다는 뜻이다. 예술이 반드시 아름다운 것이라는 관념은 동서고금을 막론하고 일반적으로 넓고 깊게 깔려 있다. 그럼에도 불구하고 이런 생각은 초현실주의·큐비즘 등으로 대표되는 모더니즘, 뒤샹, 워홀 등의 팝 아트, 그리고 최근 포스트모더니즘 등의 예술운동에 의해서 흔들리게 된다. 상식적인 뜻에서 '아름다움'이라는 개념이 위와 같은 새로운 운동으로 창조된 예술작품에 선뜻 적용되지 않을 것 같기 때문이다. 뒤샹의 〈샘〉이라고 이름 붙인 양변기, 피카소의 〈게르니카〉라는 그림, 크리스토의 〈우산〉이라는 환경예술작품이 상식적인 관점에서 아름답다고 할 수 있기는커녕, 그것들은 오히려 더럽다든가 흉측하다든가 이상하다는 느낌만을 준다. 도스토옙스키의 『지하생활자의 수기』나 조이스의 『율리시스』는 통상적인 감수성에 비추어볼 때 어떤 측면으로 보거나 아름답지는 않다. 이른바 아방가르드 예술이라는 명목으로 걸레 조각 혹은 쓰레기로밖에 볼 수 없는 예술작품들이 진열된 미술관에서 우리는 여전히 아연실색하고 만다.

그럼에도 불구하고 '미'는 예술을 예술로서 관찰하게 하는 가장 포괄적인, 따라서 가장 기본적인 범주로 남아 있다. 그것이 정확히 어떤 의미로 사용되는가와는 상관없이 '아름다움'이라는 개념을 떠나서 예술이란 개념은 이해되지 않는 듯하다. 과학적 진술이 '진과 위'라는 기준에 의해 판단되고 평가될 수밖에 없고, 도덕적 언명이 '선과 악'이라는 테두리에서만 의미를 가질 수밖에 없듯이, 예술작품은 궁극적으로 '미와 추'라는 테두리를 떠나서는 그것의 존재적 특수성이 설명될 수 없다. 과학적 탐구가 '진리'를, 도덕적 고행이 '선'을 성취하는 데 있다면, 예술적 작업은 '미'를 창조하는 데 있다는 말이다.

그렇다면 뒤샹의 〈샘〉, 피카소의 〈게르니카〉, 크리스토의 〈우산〉, 도스토옙스키의 『지하생활자의 수기』, 조이스의 『율리시스』 등이 그냥 예술작품이 아니고 '위대한 예술작품'인 이상, 그것들은 반드시 '아름다운' 것일 것이며, 걸레 조각이나 쓰레기도 그것들이 미술관에 진열된 예술작품인 이상, 어느 정도 아름다운 것이어야만 할 것이다. 그러나 이러한 논리는 명백한 모순을 띠고 있다. 왜냐하면 위와 같은 예술작품을 두고 '추하지만 미이다', '더럽지만 아름답다'라는 주장을 하게 되는 상황에 처해 있기 때문이다.

그렇다면 도대체 '아름다움'이란 정확히 무엇을 의미하는가? 예술작품이 반드시 아름다운 것의 범주에 속한다면, 도대체 엄격히 어떤 뜻에서 예술작품은 아름다우며, 아름다움을 지향하는가?

예술작품을 아름다운 것이라 부를 수 있다 해도 '아름다움'의 개념은 '예술'의 개념보다 훨씬 포괄적이다. 예술작품뿐만 아니라 모든 사물현상에 대해서 아름답다는 표현이 가능하기 때문이다. 우리는 밀로의 〈비너스〉, 세잔의 〈사과〉, 모차르트의 음악과 같은 예술작품을 아름답다고 하고, 클레오파트라, 나무에 매달린 사과, 설악산 등도 아름답다고 말한다. 그러나 플라톤의 『대화편』, 마르크스의 『자본론』, 아인슈타인의 『상대성이론』을 두고 아름답다고 부르지 않는다. 그런 것들을 찬탄하는 뜻에서 아름답다는 말을 사용할 경우에도 그것은 오로지 메타포적으로만 의미를 갖는다. 『대화편』이나 『자본론』이나 『상대성이론』에 대해서 우리가 할 수 있는 말은 그것들이 진리이다라든가, 설득력이 있다는 표현이 있을 뿐이다.

사물현상이나 예술작품들에 대해서 '아름답다'라는 말이 마땅히 적용되는 데 반해 플라톤, 마르크스, 아인슈타인의 저서에 대해서 똑같은 형용사가 적용될 수 없는 이유는, 전자가 감각적 지각대상인 데 반해 후자는 지적 이해의 대상으로 존재하기 때문이다. 이와 같은 사실은 '아름다움'이 감각적인 것과 반드시 관련되어 있음을 말해준다. 오직 감각적 대상만이 아름다운 것이 될 수 있다는 뜻이다.

감각적 대상은 그것을 지각하는 자에게 긍정적이거나 부정적 반응을 일으킬 수 있고, 그것이 둘 중 어느 반응을 일으키느냐는 감각적으로 지각하는 사람에게 달려 있다. 왜냐하면 어떠한 사물이나 현상도 그 자체만으로는 긍정적인 것도 부정적인 것도 아닌, 가치중립적인 것이다. 가치는 인간의 욕망과 뗄 수 없다. 사르트르가 말했듯이 가치는 인간의 욕망에서 솟아난다. 이런 점에서 가치는 근본적으로 주관적일 수밖에 없다.

어떤 대상이 아름답다는 것은 인간의 주관성에 의해서 긍정적인 반응을 받는다는 뜻이다. 이와 같이 볼 때 '아름다움'은 주관적인 인간의 어떤 욕망을 채워준다는 의미를 띠고, 어떤 개별적인 사물현상이 아름답다는 말은 그것이 인간의 어떤 욕망을 채워주는 데 기여한다고 판단됐음을 의미한다.

'아름다운 것'이 감각적으로 욕망을 충족시킨다고는 하지만 감각적으로 욕망을 충족시켜주는 것이 한결같이 '아름다운 것'은 물론 아니다. 섹스·음식이 인간뿐만 아니라 모든 동물의 가장 근원적인 감각적 욕망을 충족시킨다고는 하지만, 그렇다고 섹스나 음식을 문자 그대로 아름답다고 말할 수 없다.

아름다움이라는 특수한 감각적 가치는 어떤 특수한 욕망을 충족시켜주는 것인가? 이 물음에 대한 대답은 우리에게 어떤 만족이나 즐거움을 제공하는 감각적 지각의 대상이나 혹은 감각적 욕망의 특수성에서보다는 감각적 지각대상에 대한 우리의 태도로부터 찾아볼 수 있을지 모른다. 칸트 이후 현대 미학에서 이런 입장이 지배적이었다.

이런 특수한 태도를 이른바 '미학적 태도'라고 부르는데, 그것의 특수성은 '탈이해성'에 있다. 사물현상에 대한 우리의 태도는 대체로 '이해적'이다. '젊은 여자'나 '사과'나 '해변을 내려다보는 산'은 성적 욕망의 대상으로, 식욕의 대상으로 혹은 집을 짓고 그 속에서 편안히 살고 싶은 소유의 대상으로 보여진다. 그것들이 우리의 관심을 끌면서 소유하고자 하는 욕망의 대상으로 보이는 이유는 그것들이 우리들의 어떤 욕망과 타산적 관계를 갖고 있기 때문이다. 그러나 위와 같은 것들을 우리의 욕망과 타산적 관계없이 단지 어떤 형태와 색깔과 같은 감각적 지각대상으로 바라볼 수 있기도 하다. 그런 경우 나에게는 그것들이 실제로 존재하든 말든 상관이 없다. '탈이해적'인 입장에서 그것은 감각적 지각대상이 될 수 있다. 그뿐 아니라 나는 그것을 그런 태도로 지각하고 관찰하는 가운데 어떤 종류의 즐거움과 만족감을 얻게 된다. 아름다움이란 실질적으로 또는 물질적으로서가 아니라, 탈이해적으로 우리들의 감각을 즐겁게 해준다는 것이다.

사실 우리는 물질적으로 어떤 구체적인 도움을 전혀 주지 않는다는 것을 처음부터 잘 알고 있으면서도 어떤 풍경, 어떤 소리, 어떤 운동, 어떤 색깔, 어떤 선, 어떤 형태, 어떤 조합을 감각적으로 지각함으로써 그 속에서 즐거움을 체험한다. 이런 경험을 한 번도 경험하지 않은 사람은 없으리라. 따라서 칸트의 말을 빌리자면 '목적 없는' 가치를, 무상적 충족감을 '아름다움'의 본질로 규정할 수 있을 것 같다.

그러나 무상적 가치, 아무런 욕망과도 관계되지 않는 즐거움이나 만족감은 논리적으로 모순된다. 앞서 말했듯이 가치·만족감·즐거움 등은 욕망·소원과 떼놓고 생각될 수 없다. 만일 어떤 대상이 우리들을 감각적으로 매혹시키고 즐겁게 해준다면, 설사 그것이 우리들의 욕망과는 아무런 상관이 없다 해도 반드시 무엇인가의 욕망을 채워주기 위해 존재하는 것이라고 볼 수 있다.

여기서 우리는 바슐라르의 정신분석학적 설명과 사르트르의 형이상학적 설명을 들어봐야 한다. 바슐라르나 사르트르는 '아름다움'이라는 긍정적 경험이 무상적인 것이 아니라 인간의 근본적 욕망과 뗄 수 없는 관계를 갖고 있다고 말했다. 그 욕망은 어떤 특수한 성질로 규정될 수 없고 가장 근원적인, 따라서 가장 일반적인 욕망에 지나지 않는다. 그것은 바슐라르에게서 '행복'이라는 말로 표현되고 사르트르에게서는 '궁극적 욕망'이라고 말해진다. 그들에 의하면 '아름다움'의 경험은 '행복하게 하는' 경험이며, 인간의 '궁극적 만족감'을 의미한다.

그러나 이러한 미적 경험은 경험의 주체인 우리의 태도에 좌우되지 않고, 경험대상의 객관적 조건에 의존한다. 바슐라르는 미적 경험을 도출할 수 있는 이미지를 '시적'이라 부르고, 예를 들어 새둥주리·옷장·서랍·다락방 등의 물상을 시적 이미지라고 말한다. 이러한 사물 등이 우리들에게 미적 경험, 즉 '행복하게 하는 경험'을 갖게 할 수 있는 이유는 그것들이 인간의 가장 행복한 상황을 상기시킬 수 있기 때문이라는 것이다. 인간이 가장 행복할 수 있었던 이상적 상황은 어머니의 자궁 속에 있었던 때이다. 새둥주리는 어머니의 자궁과 같은 상황을, 즉 우리가 가장 행복했던 때를 상기시킨다. 옷장·서랍·다락방 등도 우리들이 어렸을 때의 달콤하고 따뜻했던 추억과 관련됐기 때문에 미적 경험을 일으킨다. 달빛의 해변, 기암절벽, 단풍 든 산, 호수 등의 자연현상도 모든 인간에게 보편적인 미적 경험을 저절로 일으킨다면, 이런 경험현상도 바슐라르처럼 정신분석학적으로 설명할 수 있을 것이다.

사르트르에 의하면 인간은 그의 존재구조상 필연적으로 상반되는 두 가지 욕망을 동시에 가질 수밖에 없다. 인간은 자율적인, 비자율적 '주체'로서 존재하고자 하며 동시에 인간관계에 의해서 결정된 물질적 '대상'으로서 존재하고자 한다. 주체와 대상은 갈등관계를 갖고 있지만 그것들은 각기 다른 편을 전제하지 않고는 그 자체의 존재가 생각될 수 없다. 이런 두 가지 존재, 즉 주체로서의 존재와 객체로서의 존재는 그 어느 한쪽만으로는 완전하지 못하다. 따라서 완전한 존재, 완전히 만족될 수 있는 존재형태는 주체인 동시에 그것의 대상일 수 있는 형태이다. 사르트르에 의하면 인간의 모든 노력은 궁극적으로는 위와 같은 존재양식을 성취하는 데 있다. 그러나 이러한 인간의 궁극적 목적은 성취될 수 없다. 왜냐하면 논리적으로 주체와 그 대상은 갈등관계를 갖고 있기 때문이다. 그러나 주체와 그 대상의 관계는 어떤 상황에서는 다른 상황에서보다 궁극적 이상 조건에 가까울 수 있다. 사르트르에 의하면 이런 이상 조건에 가까움을 의식할 때, 즉 나의 주체성과 그 대상이 내 속에서 공존하게 된다고 의식될 때 미적 경험이 생긴다.

사르트르에 의하면 스키는 누구에게나 보편적으로 일종의 환희나 행복감을 가져온다. 눈 쌓인 산비탈을 스키를 타고 막 미끄러져 달릴 때 주체로서 나는 극히 위험한 상황에 놓여 있다. 아차 하는 순간 다치거나 죽을지도 모르기 때문이다. 따라서 스키를 타는 순간 나의 존재는 주체로서보다 객체, 즉 대상으로서 파악된다. 그러나 바로 그러한 나는 흰 눈에 덮인 높은 산에서 내려오면서 온 자연, 온 세계를 지배하고 그 백지 같은, 그 처녀 같은 세상에서 마치 창조주처럼 마음대로 무엇인가를 만들어낼 수 있다는 느낌을 갖게 된다. 스키를 타고 산골짜기를 내려오면서 나는 강력한 주체인 동시에 객관적 대상으로서 나 자신의 존재를 경험한다는 것이다. 스키 타기가 모든 사람에게 보편적으로 스릴과 밀도 짙은 기쁨을 준다면, 그것이야말로 미적 경험의 좋은 예가 된다. 즉 그런 경험을 아름답다고 부를 수 있다.

바슐라르와 사르트르의 미적 경험에 대한 이론은 서로 동일하지 않지만, 미적 경험을 인간의 욕망과 결부시켜 설명했다는 점에서 다 같이 미적 경험이 '비이해적' 혹은 '무상적'임을 주장하는 이론과 구별된다. 그러나 그들 모두에게 미학적 만족감은 다른 종류의 만족감과는 달리 구체적이거나 실질적인 것이 아니고, 오로지 상상의 차원에서 심리적으로만 이뤄지고 있다고 생각하는 점에서 똑같다. 이런 관점에서 그들은 미학적 경험을 일종의 '무상적'인 것으로 보고 있는데, 나는 그러한 입장이 옳다고 믿는다. 결국 아름다움이란 인간의 어떤 보편적 욕망이 오로지 상상적 차원에서만 채워지는 심리적 만족감을 의미한다.

'미'에 대한 이와 같은 정의에 입각해서 모든 사람들이 말하는 미적 체험이 설명된다 해도 이런 정의만으로는 예술작품의 특수성, 구체적으로 말해서 예술작품의 특수한 기능, 즉 예술의 존재 의미는 정확히 이해되지 않는다. 왜냐하면 예술작품을 보고 아름답다고 하지만, 즉 예술작품으로부터 미적 경험을 한다고는 하지만, 자연현상이나 예술작품이 아닌 인공품에서도 똑같은 미적 경험을 할 수 있기 때문이다. 그러므로 '예술'과 '미'가 뗄 수 없는 관계를 맺고 있다는 사실을 정확히 이해하려면 우선 예술작품에서 얻는 미적 경험과 예술작품이 아닌 모든 것들에서 얻는 미적 경험의 차이를 밝혀내야 한다.

우리는 꽃, 젊은 여자, 추석날 밤의 달, 해가 지는 해변 등을 보고 한결같이 아름답다고 한다. 앞서 말했듯이 적지 않은 현대 예술작품들은 위와 같은 의미에서는 결코 아름답다고 할 수 없다. 그럼에도 불구하고 원칙적으로 이러한 예술작품들은 예술이라는 점에서 우리들의 마음을 사로잡고 흥분시킨다. 이런 점에서 그것들에게 또한 '아름답다'라는 개념이 적용된다.

상식적인 의미와는 정반대로 이상스럽고 흉측하고 강렬한 인상을 주는 예술작품들에 대해, 우리들의 마음을 사로잡고 일종의 즐거운 충격도 줄 수 있다는 점을 들어 '아름답다'라는 개념을 적용한다면, 예술작품을 아름답다고 부를 수 있는 이유는 달이나 꽃이나 여인이 아름답다고 부를 수 있는 이유와는 다를 것이다. 단지 자연현상이나 사물이 우리의 관심을 끌고 만족감을 자아내듯 모든 예술작품이 우리의 마음을 끌고 즐거움을 준다 해도 그 이유는 달라야 할 것이다. 요컨대 자연미와 예술미는 구별되어야 한다. '아름다움'이 심리적, 즉 상상으로 경험하는 인간의 어떤 욕망을 충족시킨다는 뜻에서의 만족감이라면, 예술작품이 채워줄 수 있는 욕망과 자연현상을 비롯한 모든 비예술적 공산품이 채워줄 수 있는 욕망은 구별되어야 한다.

바슐라르나 사르트르가 설명하는, 자연현상을 비롯한 비예술적 사물현상에서 느끼는 미적 경험은 근원적 행복에 대한 우리들의 생물학적 욕망에 기인한다. 이와 반대로 예술작품에서 느끼는 미적 경험은 관념적 구속으로부터 해방되고자 하는 정신적 욕망에 근거한다고 볼 수 있다.

예술작품이 감각적 지각대상이란 점에서 여느 사물현상과 똑같지만, 그것은 단지 물질적으로만 존재하지 않고 그것을 넘어선 차원, 즉 무엇인가를 '의미하는 것', 다시 말해서 비가시적인 것, 비감각적 지각대상으로서 존재한다. 다시 말해서 예술작품은 감각적 지각대상으로서 뿐만 아니라 필연적으로 지적 이해의 대상으로 존재한다. 예술작품은 그냥 있지 않고 무엇인가를 뜻한다. 엄격한 의미에서 오로지 언어만이 '의미'할 수 있는 이상, 예술작품이 무엇인가를 반드시 '의미'한다면 그것은 일종의 언어일 수밖에 없다. 그러므로 예술작품은 각기 서로 다른 '언명proposition' 아니면 '담론discourse'이게 마련이다. 그래서 예술적 미는 언어적 미이다.

그러나 과학이나 철학과 같은 여러 언어활동에서 예술작품과는 구별되는 언명이나 담론을 발견한다. 그렇다면 언명이나 담론으로서의 예술작품과 그밖의 언명이나 담론은 어떻게 구별되는가? 비예술에 있어서 언명이나 담론은 어떤 사실을 객관적으로 실재하는 진리로서 전제하는 반면, 언명이나 담론으로서 예술작품은 필연적으로 어떤 가설적 사실이나 상황을 상상한다. 그러므로 예술작품에 나타나는 사실이나 사건·생각·세계는 언제나 상상 속에서만, 과거나 현재가 아니라 미래에 있을 수 있는 사실이나 사건·생각·세계관으로 남는다.

예술작품이 우리의 관심을 끌고 마침내 우리를 사로잡고 희열을 주며 우리로 하여금 그것이 '아름답다'고 일컫게 하는 이유는, 예술의 상상적 관점·생각·세계를 통해서 우리에게 새로운 가능성을 보는 희망, 과거의 경직된 관념의 틀을 깨뜨리고 그런 관념의 억압으로부터 해방되는 기쁨을 무의식적 차원에서나마 생생하게 체험케 하는 데 있다. 그러므로 예술작품은 반드시 감각적 지각대상으로서 존재하지만, 그것은 본질적으로 자연현상과는 달리 지적 이해와 인식의 대상으로 존재한다.

예술작품을 평가할 때 그 내용뿐만 아니라, 그 형식·기교·구성 등에 초점을 맞춰 얘기하곤 한다. 그것은 생각이나 세계관은 언어를 떠나서는 불가능하고 언어에 의해서 지배되기 때문에 적어도 예술에 있어서 내용과 언어표현의 형식은 엄격히 구분될 수 없다. 그러므로 형식주의자들의 생각과는 달리 예술작품의 '미'를 내용과 분리된다고 생각하는 형식에서만 찾을 수 없다. 예술작품의 형식미는 사실상 언어의 '미'를 의미하고, 언어로서 예술작품의 '미'는 예술작품이 제안하는 새로운 상상의 세계에 바탕을 둔다.

현대 예술작품은 물론 예술작품 일반, 아니 예술작품뿐만 아니라 예술 제작의 충동, 예술작품이 주는 감동을 정확히 이해하는 작업은 그리 수월하지 않다. 그러나 예술작품의 기능을 위와 같이 이해하고, '미'의 일반적 의미와 예술에서 '미'의 의미를 위와 같은 입장에서 구별할 때 '예술'과 '미'라는 개념의 관계가 밝혀질 수 있다. 그럼으로써 그것은 일반인뿐만 아니라 전문가들까지도 당혹시키는 현대, 아니 최근의 많은 예술작품의 의미를 이해하는 데 도움이 될 수 있다.

《월간미술》, 1992. 3.

평가에는 여러 가지가 있다. 예컨대 신념이나 진술에 대해서는 지적 혹은 인식적 평가가, 어떤 행위나 심성에 관해서는 도덕적 평가가, 어떤 현상이나 예술작품을 놓고서는 미학적 또는 예술적 평가가 혹은 상품에 대해서는 경제적 평가가, 어떤 공산품이나 능력에 대해서는 기술적 평가가 내려진다.

어떤 종류의 평가이든 간에 모든 평가에는 평가의 규준이 논리적으로 전제되어 있다. 평가에 앞서 반드시 필요한 기준은 자연현상 속에서는 물론 그 어느 곳에서도 발견되지 않는다. 그것은 시간과 공간 속에 존재하지 않는다. 평가기준은 객관적 지각대상의 존재가 아니라 인위적으로 제정된 규약에 불과하다.

평가는 좋고 나쁨, 긍정적인 것과 부정적인 것을 가려내는 작업이다. 따라서 모든 평가는 가치평가이며, 모든 기준은 가치기준이다.

가치는 존재하지 않는다. 그것은 인간의 욕망, 인간의 필요성과 분리해서는 이해될 수 없다. 가치는 인간의 욕망과 그것을 충족시켜줄 수 있다고 전제되는 사물 혹은 행동 혹은 사건과 상대적 관계를 갖는다. '가치'라는 말은 '존재'의 개념이 아니라 '관계'의 개념이다. 따라서 평가는 인간의 욕망을 만족시키고자 마련된 하나의 절차이며, 가치기준은 그런 절차에 필수적인 하나의 장치에 불과하다.

인간에게는 물질적으로 보다 만족스럽게 살기 위해서 사물현상을 알고자 하는 지적 필요성이 있다. 사람다운 삶을 살기 위해서 행동과 심성을 도덕적으로 갖출 필요를 느낀다. 어떤 특수한 욕망을 만족시키기 위해서 이른바 심미적 경험을 갖추고자 한다. 모든 인간의 욕망이 위와 같은 세 가지 종류로 깨끗이 분류된다는 말은 물론 아니다. 다만 중요한 인간의 욕망과 가치가 그처럼 구분될 수도 있다고 할 뿐이다.

지적 만족을 주는 신념이나 명제가 '진리'라는 가치를 갖게 되고 도덕적으로 수용되는 행위나 심성이 '선'으로 불리며, 심미적 욕망을 채워주는 가치를 흔히 '미' 혹은 아름다움이라고 부른다. 그래서 '진리', '선', 그리고 '아름다움'은 각기 '위僞', '악惡', 그리고 '추함'과 대립되어 각기 지적·도덕적, 그리고 심미적 가치의 척도적 개념으로 성립된다. 그리하여 어떤 신념이나 진술은 '진리'냐 '허위'냐에 따라 평가되고, 어떤 도덕적 행위나 심성은 '선'이냐 '악'이냐에 따라 평가되며, 어떤 사물현상은 '아름다우냐', '추하냐'에 따라 그 가치가 측정된다.

지적 가치의 실현을 위해서 인간은 단순한 지각적 정보를 찾을 뿐만 아니라, 보다 깊고 포괄적이고 정확한 지적 가치를 위해서 모든 과학적 활동과 철학적 사고를 한다. 도덕적 가치의 실현을 위해서 행동의 여러 가지 규율 혹은 심성의 여러 가지 태도를 권장한다. 심미적 가치 실현을 위해서 예술작품이 제작되고 감상된다. 이러한 인간의 작업들과 노력이 각기 '진', '선', '미'의 개념으로 그 가치의 성격이 규명되고 서로 다른 기준에 의해서 평가되지만, 막상 구체적인 신념이나 명제에 대한 지적 가치판단은 '진'의 뜻을 이해하는 것만으로는 불가능하다. 도덕적 혹은 심미적 가치판단의 경우도 마찬가지여서 '선'과 '미'의 개념을 이해하고 그러한 개념의 필요성을 인정하는 것만으로는 구체적으로 어떤 행동이 '선'이며, 어떤 예술작품이 '아름다운 것'인지를 결정할 수 없다. '진리', '선', 그리고 '아름다움'은 그것들이 각기 구체적으로 무엇을 지칭하는지가 밝혀지지 않고서는 각기 지적·도덕적·심미적 가치의 척도로 활용될 수 없다. 지적·도덕적, 그리고 심미적 가치가 실제로 평가될 수 있으려면 각기 '진리', '선', '아름다움'의 가치가 구체적인 척도, 즉 기준을 갖추어야만 한다. 그러므로 구체적인 문제는 '진리', '선', '아름다움'이라는 개념이 구체적으로 무엇을 의미하는가를 알아내는 데 있다.

위와 같은 개념들의 정확한 의미가 무엇인가라는 데 대한 논쟁은 아직도 결정적인 해결을 찾지 못하고 극히 전문적 철학자들 간에서도 서로 상이한 의견으로 엇갈리고 있다. 그럼에도 불구하고 '진리'나 혹은 '선'이 대충이나마 무엇을 의미하는가에 대한 문제는 막연한 대로 그 답을 갖게 되었다고 믿어진다. 바꿔 말해서 대부분의 사람은 구체적으로 어떤 상황에서 한 신념이나 명제가 '진리'이며 어떤 조건에서 한 행동이나 심성이 '선'인가에 대해서 대체로 일치된 견해를 갖게 되었다. '진리'는 한 신념 혹은 명제와 그것이 표상하는 사물현상이나 상황의 상응관계를 의미하며, '선'이란 남을 위한 행위나 마음씨라는 데 별로 이견을 갖지 않게 되었다. 따라서 '진리'나 '선'의 위와 같은 구체적 상황이나 구체적 심성은 각기 '진리'나 '선'을 결정하고 평가하는 척도 내지 규범으로 사용될 수 있다. 사실 대부분의 경우 과학적 신념이나 명제는 물론 그밖의 모든 판단들에 대해서도 인식적 가치를 평가하고 판단함에 있어 별로 큰 문제에 부딪히지 않는다. 도덕적 가치의 평가는 좀 복잡하고 불확실할 수 있으나 대부분의 경우 큰 의견의 차이는 없다.

'아름다움'이란 개념도 위와 같은 방식으로 풀이되고, 위와 같은 절차로서 어떤 대상의 가치를 측정할 수 있을 것으로 보인다. 그러나 '아름다움'이란 개념의 경우 그 뜻이 사실 극히 애매모호하다. 그 말이 정확히 무엇을, 어떤 구체적 상황, 어떤 객관적 조건을 지칭하는가에 대한 의견은 극히 다양해서 일반적인 뜻을 결정할 수 없다. 일부 철학자의 극단적 입장에 따르면 '아름다움'이란 말은 인간의 주관적 감정을 표현하는 기능을 가질 뿐이어서 어떤 객관적 대상으로는 존재하지 않는다는 것이다. 어떤 대상을 두고 '아름답다'고 할 때 '아름답다'라는 말은 어떤 음식을 두고 '맛있다'라든가 어떤 색깔을 두고 '멋있다'라고 할 때의 '맛있다' 혹은 '멋있다'라는 말과 똑같은 기능을 한다는 것이다. 누군가 이런 말을 할 때 우리는 음식이나 색깔에 대한 기호를 옳다든가 그르다든가라고 평가할 수 없다. 그의 생각이 나의 생각과 아무리 다르더라도 그것을 객관적 기준에 의해서 평가할 수 없다. 왜냐하면 그들의 생각은 오로지 그들의 기호, 즉 취향을 나타냄에 지나지 않기 때문이다. '맛있다' 혹은 '멋있다'라는 말은 다만 그 사람의 주관적 느낌을 표현하는 데 불과하다. 주관적 취미나 취향 내지 느낌에 기준이 있을 수 없다. 따라서 그의 이런 주관적 취향을 평가하려는 것은 어리석은 착각에 지나지 않음이 분명하다. 그러므로 누군가의 음식에 대한 '맛'이나 색깔에 대한 '멋'을 더 좋다든가 더 나쁘다든가 하는 식으로 평가할 수 없듯이, 누군가의 '아름다움'에 대한 감수성을 더 높다든가 더 세련됐다는 말로 평가하려는 것은 어리석은 짓이라는 결론이 난다. 요컨대 '아름다움'이라는 가치는 객관적 기준을 가질 수 없다는 말이다.

예술작품의 가치는 흔히 '아름답다'라는 말로 표현된다. 만일 이러한 일반적 생각이 옳고, '아름다움'에 대한 일부 철학자들의 견해에 설득력이 있다면 예술작품의 가치는 엄밀한 의미에서 평가될 수 없다는 결론이 나온다. 다시 말해서 셰익스피어의 희곡들이 입센의 희곡보다 뛰어났다든가, 도스토옙스키가 모파상보다 뛰어난 소설가라든가, 모차르트가 브람스보다 위대한 작곡가라든가, 또는 피카소의 〈게르니카〉라는 작품이 똑같은 피카소의 다른 작품들보다 뛰어났다라는 주장은 의미가 없다. 이런 각도에서 볼 때 많은 공모전에서 수많은 작품들 가운데 각별히 어떤 작품들만이 선정되어 등수가 매겨지고 상을 받게 되는 사실에 의미가 부여될 수 없고, 각 분야에 있어서 예술사가 쓰이는 근거를 찾지 못한다.

그럼에도 불구하고 공모전은 자주, 어느 곳에서나 열리고 예술사는 계속 쓰인다. 한 예술작품과 다른 예술작품은 신중히 비교되고, 한 예술가의 위대성과 다른 예술가의 위대성이 토론되고 평가되고 있다. 그 이유를 정확히는 알 수 없지만 전문가들이 그들의 개인적 기분대로 작품의 우수성이나 졸렬성을 결정한다고는 생각되지 않는다. 예술사가 쓰는 사람 개인의 기호에 따라 마음대로 쓰일 수 있다고 믿지 않는다. 예술작품의 가치평가에도 어느 정도의 객관적 근거가 있어 보인다. 이러한 사실은 예술작품의 가치를 결정하는 데도 어떤 종류인가의 객관적 평가 기준이 있을 것임을 논리적으로 함의한다. 또한 이러한 사실은 예술작품의 가치가 '심미적'인 것으로만 규정될 수 없음을 말한다. 왜냐하면 심미적 가치나 '아름다움'이라는 가치는 결코 객관적으로 밝혀질 수도 없고 측정될 수도 없기 때문이다. 그럼에도 불구하고 예술작품의 가치는 항상 평가되고, 예술사가 존재한다는 자명한 사실은 예술작품의 가치평가에 적어도 어느 정도의 객관성이 반드시 있음을 말한다. 그렇다면 예술작품의 근본적 가치는 '아름다움'과는 다른 말로 서술되어야만 할 성질을 갖고 있다.

우리는 여기서 그런 성질의 가치를 '아름다움', 즉 '심미적' 또는 '미학적'이라는 말과 구별하여 그저 '예술적'이라고 부르기로 하자. '예술'이라는 말을 '아름다움'과 혼동해서는 안 되며, '예술적' 가치는 '미적' 가치와 엄격히 구별되어야 한다. 예술작품이 '미적'으로는 나에게 극히 값진 것인 경우라도 '예술적'으로는 가치가 없다는 판단이 내려질 수 있고, 그 작품의 예술적 가치는 미학적 각도와는 다른 시각에서 판단되어야 한다는 말이다.

예술작품 전시회나 예술사의 존재가 예술작품의 가치평가에는 적어도 어느 정도의 객관성이 존재함을 입증한다면, 그리고 모든 평가는 반드시 어떤 종류인가의 평가기준을 전제한다고 할 때, 그 기준은 무엇이며, 무엇이어야만 하는가? 다시 말해서 어떻게 한 예술작품의 가치는 평가되어야 하는가? 예술작품의 가치를 '예술적' 가치라고 할 때, 그런 가치의 기준은 무엇일 수 있는가?

예술작품은 역시 하나의 작품, 다시 말해서 만들어진 사물이다. 무엇인가를 제작할 때는 반드시 어떤 기능이 전제된다. 그 기능이 결정되기 전에는 아무것도 제작할 수 없다. 어떤 기능을 위해 제작된 작품의 가치는 그 작품이 얼마만큼 만족스럽게 의도된 기능을 가장 효율적으로 채워주느냐에 따라 객관적으로 측정되고 평가되어야 한다. 안전하고 단단하며 보기 좋은 경제적인 자동차는 그만큼의 가치가 부여된다. 예술작품도 예술작품에 부여된 기능의 효과성에 따라 그 가치가 평가되어야 할 것이다.

그렇다면 예술작품의 기능은 무엇인가? 예술작품의 평가가 다른 제작품, 예컨대 자동차의 가치를 평가하는 경우와 달리 항상 문제가 되는 이유는, 예술작품이 항상 제작되고 감상되고 평가되어왔음에도 불구하고 그 기능이 확실치 않기 때문이다. 이러한 사실은 예술을 어떻게 정의하는가에 대한 철학적 문제가 오랫동안 제기되어왔고, 오늘날에도 다양한 견해가 서로 대립되고 있는 상황에서 입증되며, 과학은 물론 그밖의 여러 분야에서와는 달리 보편적으로 적용될 수 있는 예술작품의 가치평가기준이 아직도 정착되지 않고 있음을 의미한다.

이런 상황에서 어떤 하나의 철학적 입장에 근거하여 마치 법률을 제정하듯이 일정한 평가기준을 제정할 수도 있다. 그러나 예술의 기능에 대한 상반되는 철학적 입장이 계속 존재해왔다는 사실은, 한 철학자가 자기의 신념대로만 평가기준을 제정하고 그것을 적용해야 한다고 주장한다면 그것은 터무니없는 독단에 불과하다는 것을 증명해준다. 사실인즉, 철학의 기능은 어떤 현상이나 실천 상황을 독단적 주장에 따라 그것을 독단적으로 결정함에 있지 않다. 철학은 오히려 그 현상이나 실천 상황을 이해하고 설명하는 데 그친다. 흔히 생각하고 있는 바와는 달리 철학은 그밖의 여러 가지 인간적 생각이나 활동에 군림하는 여왕이기는커녕 그것들의 시녀에 불과하다. 예술활동과 예술철학가·예술가 또는 예술 감상자와 철학자의 관계도 예외는 아니다.

예술작품의 가치평가의 행위가 언제나 구체적으로 있어왔고, 따라서 언뜻 보아 불투명하나마 어떤 종류인가의 평가기준이 있어왔음이 전제된다면, 예술철학이 해야 할 작업은 그와 같은 예술적 평가의 실천을 분석함으로써 평가 작업에 전제된 평가기준을 도출하는 데 있어야 할 것이다.

구체적으로 이루어지는 예술평가는 어떻게 이루어지는가? 어떤 예술작품이 어떤 가치를 갖는다고 할 때 구체적으로 제시되는 근거는 무엇일 수 있는가? 다양한 평론가들에 의해서 다양한 작품들에 대한 다양한 평가, 다양한 근거들을 일관할 수 있는 보다 보편적인 근거는 무엇일까? 그러한 근거 혹은 그것들에 일관성이 있는가? 이러한 물음을 추구하고 그것들에 대한 일관된 대답이 발견된다면 예술작품의 가치기준은 발견됐다고 말할 수 있다.

한 예술작품을 높이 평가하면서 "깊이가 있다", "잘 표현했다", "본질 혹은 현실을 잘 나타냈다", "구성이 좋다", "색이 우아하다", "감동을 준다", "독창적이다" 등등의 말을 흔히 하게 된다. 이런 표현들의 밑바닥에는 예술작품의 예술적 가치는 그것의 인식적 기능 혹은 자극적 기능 혹은 기술적 기능에 의해서 결정되어야 한다는 생각이 깔려 있다. 이런 생각들은 예술의 기능에 대한 세 가지 정통적 이론, 즉 표상주의·표현주의·형식주의 등으로 나타나 있다. 예술작품의 기능은 각기 어떤 사실에 대한 정보를 주는 데 있으며, 아니면 감상자의 감정을 대신해서 표현해주는 데 있으며, 아니면 그저 감각적으로 쾌감을 제공하는 데 있다는 것이다. 경우에 따라 예술작품의 가치는 그것이 주는 도덕적, 더 일반적으로 말해서 정치적, 또는 사회적 영향의 크고 작음에 의해서 평가되기도 한다.

그러나 그 어떠한 관점에 입각한 평가도 석연한 근거를 제공할 수 없다. 예술의 기능이 인식에 있다면, 즉 예술에서 기대해야 할 것이 사물현상에 대한 진리라면 예술의 기능은 과학이나 철학과 구별되지 않는다. 어째서 증명사진은 예술작품이 아니고 다빈치의 모나리자만이 예술작품인가의 이유가 설명되지 않는다. 만약 예술작품의 가치가 인간의 감정을 표현하는 기능을 한다면 어째서 자식을 잃고 통곡하는 어머니의 행동은 예술작품이 아니지만, 고흐의 해바라기밭 그림들은 훌륭한 예술작품인지 알 수 없다. 만약 쾌감을 주는 형식이나 색채의 조화나 뛰어난 기술이 예술작품을 구성하는 본질이라면 어떤 이유로 멋있는 디자인을 갖춘 수많은 가전제품들이 예술작품과 구별되는지 까닭을 설명할 수 없다. 만일 예술적 기능이 도덕성이나 사회적 영향력에 있다면 어째서 종교적 교리를 쓴 책이 저절로 문학작품이 될 수 없으며, 정치적 선전 포스터가 피카소의 이상스러운 그림보다 예술작품으로서 가치가 없다고 생각되어야 하는지 이유를 댈 수가 없다. 인식적·표현적·형식적·기술적·도덕적 또는 사회·정치적 영향력이 예술작품이 잠재적으로 가질 수 있는 기능일 수 있을지 모르나 그러한 것들은 예술작품의 예술적 기능, 즉 예술작품만이 가질 수 있는, 그리고 동시에 모든 예술작품이 갖고 있는 것들은 예술작품의 가치를 평가하는 보편적이며 객관적인 기준이 될 수 없다.

'예술'이라는 개념이 '학문', '도덕성', '형식', '정치사회' 등과 같은 개념들과 구별되어 쓰이는 한, 그리고 '예술작품'이라고 불리는 물건들이 다른 제작품들과 지속적으로 구분되어지고 있는 한, '예술'이라는 개념을 다른 낱말들과 다른 별개의 의미를 갖고, 그러한 예술작품은 다른 제작품과는 동일시될 수 없는 독특하고 유일한 기능이 있음에 틀림없다. 그런 작품들에 대해서 예술작품으로서 예술적 가치평가가 예술계에서 이루어지고, 예술사가 다른 분야의 역사와 구별되어 독립된 분야로서 존재하고 있는 한, 예술만이 가질 수 있는 무엇인가의 유일하고 보편적 기능이 있을 것이다. 예술작품을 어떤 종류의 존재로 볼 때, 그것들이 다른 제품들과 구별되는 근거가 밝혀질 수 있으며, 예술의 독특한 기능을 어떻게 봐야 예술작품들이 평가되고 예술사가 계속 쓰이는, 부정할 수 없는 사실이 이해될 수 있으며, 그런 비평의 기준이 제시되어야 할 것인가?

예술작품이라는 존재는 그것이 어떤 종류의 매개를 사용하고 있든 간에 넓은 의미에서 그 매개체는 '언어'라고 봐야 한다. 예술작품은 그냥 물질적으로만, 지각적으로만 존재하지 않고 필연적으로 무엇인가의 의미를 갖고 있다. 그것이 무엇인가를 뜻한다는 점에서, 즉 무엇인가를 상징하고, 표상하고 표현하는 매개체라는 점에서 그것은 언어로서만 존재한다고 봐야 한다. 따라서 예술작품이 '감상'의 대상물이라고 한다면 '예술감상'은 그냥 감각적으로 쾌감을 느끼는 데만 있지 않고 최소한으로나마 지적으로 이해하는 작업이다. 문학과 같이 문학언어로 된 예술작품은 말할 것도 없고, 비문자언어로 된 모든 예술작품들도 일종의 언어로서 무엇인가를 이야기하고 표상한다. 그러나 언어가 예술작품으로서 사용될 때에는 예술과는 상관없는 목적을 위해서 사용될 때와는 다른 기능을 갖는다. 예컨대 똑같이 "하늘은 푸르다"라는 말이 사용될 때라도 그것이 어떤 시의 일부로서 사용될 때와 구체적인 하늘의 색을 남들에게 전달하기 위해서 사용될 때에 그 말의 기능은 다르다. 그 말은 후자의 경우 어떤 사실을 전달하는 서술적 기능, 즉 정보적 기능을 하고 있지만, 전자의 경우에는 똑같은 그 말이 그러한 기능과는 전혀 다른 기능을 한다. 예술작품으로서 사용될 때에 언어는 실재하는 어떤 사실을 서술함에 있지 않고 "있을 수 있는", 즉 "생각해볼 수 있는" 사실 혹은 세계 혹은 경험을 나타낸다. 다시 말해서 예술작품으로서의 언어는 '가능한 세계', 즉 여태껏 있지는 않았지만 존재할 수 있는 세계 혹은 경험을 나타낸다. 비예술적으로 사용된 언어가 뜻하는 것이 '실재' 하는 것이라면 예술적으로 사용된 언어는 필연적으로 가정적, 즉 가상적인 사실이나 경우만을 가리킨다. 예술이 상상력과 뗄 수 없는 밀접한 관계를 갖고 있는 이유는 가상적인 것은 지각의 대상이 아니라 상상력의 대상일 수밖에 없기 때문이다. 또한 예술작품을 창조된 것으로 각별히 호칭하는 이유는 창조가 상상력을 떠나서는 생각할 수 없기 때문이다. 한마디로 예술작품을 상상력으로 만들어진 가능한 세계를 표상하는 언어로 봤을 때에만 비로소 '예술'이라는 개념이 그밖의 모든 개념들과 구별되어 이해되고, 어떤 것들을 '예술작품'이라는 범주에 묶어서 그밖의 다른 모든 것들과 구별하게 되는 사실의 근거가 비로소 납득된다.

그렇다면 예술작품을 창조한다든가 아니면 예술작품을 감상한다든가 할 때 느낄 수 있는 특수한 기쁨도 위와 같이 해석된 예술작품의 특수한 기능으로서 풀이된다. 가상적 세계, 가능한 세계인 예술작품은 필연적으로 상상 속에서나마 모든 면에서 우리들의 시야를 넓히고, 따라서 그만큼 우리들을 과거의 모든 관습적 세계, 관습적 시각으로부터 해방시켜준다. 따라서 그만큼 우리는 자유를 체험한다. 예술작품이 주는 기쁨, 흔히 '미학적'이라고도 막연하게 불리는 '예술적' 기쁨은 다름 아니라 '해방'과 '자유'가 가져오는 기쁨에 지나지 않는다. 예술에서 발견할 수 있는 '해방'과 '자유'의 기쁨은 '진실' 또는 '진리'가 우리에게 줄 수 있는 기쁨과 통한다. 왜냐하면 우리의 지적·감성적 세계가 해방되고 자유롭게 됨으로써 우리는 보다 참된 세계와 보다 진실한 우리의 모습을 발견할 수 있기 때문이다.

예술의 고유한, 그리고 근본적 기능이 '가능한 세계'를 통해서 우리를 '해방'시켜주는 데 있다면 한 예술작품의 가치평가는 그것이 얼마나 참신하고 열린 세계를 제시하며, 따라서 얼마만큼 우리를 해방시켜 주느냐에 의해 결정되어야 할 것이다. 다시 말해서 예술작품의 가치는 그것이 얼마만큼 새로운 것인가, 즉 얼마만큼 창조적인 것인가 하는 관점에서 측정되어야 할 것이다. 이와 같이 볼 때 예술작품의 평가를 위한 그밖의 모든 기준이나 근거들은 엄격히 말해서 근본적인 기준이 될 수 없으며 오로지 부차적 기준으로 봐야 한다. 즉 예술작품의 '깊이', '기술성', '형식' 등의 소질들은 보다 참신한 가상적 세계를 표현하기 위해 동원된 예술매개체, 즉 표현언어에 대한 평가개념으로 봐야 하기 때문이다. 독창성이 예술작품의 가치를 결정하는 데 결정적인 척도가 된다고는 하지만, 그리고 예술작품의 기술적·형식적, 그리고 그밖의 요소들이 부차적, 즉 수단적 가치만으로 평가된다고는 하지만, 이러한 요소들은 예술이 지향하는 독창적 생각과 세계와 뗄 수 없는 관계를 갖고 있다. 예술작품에 나타내고자 하는 생각, 예술작품이 만들고자 하는 상상적 세계, 즉 내용은 그것을 표현하는 언어, 즉 예술적 매개와 떨어질 수 없는 관계를 갖고 있다. 예술에 있어서는 물론 모든 표현에 있어서 표현의 내용과 표현의 매개는 분리될 수 없는 하나를 이루고 있다. 즉 내용에 따라서 그것을 표현하고자 하는 언어, 즉 매개체가 결정되고 언어, 즉 매개체에 따라 그것이 표현하고자 하는 내용이 결정된다. 그렇지만 예술작품의 가치가 그것이 제시하는 가상적 세계, 가능한 세계의 독창성에 의해서 결정된다는 주장은 예술작품이 보여주는 예술가의 기술성, 그 작품의 형식성, 그 작품이 다루는 내용의 성격 등이 그 작품의 가치를 결정하는 데 중요한 역할을 하지 않는다는 말은 결코 아니다.

예술작품의 가치기준이 독창성에 있다고 한다면 그 독창성은 어떻게 측정되어야 하는가? 독창성이란 개념은 상대적 개념이다. 그것은 기존하는 어떤 것에 비추어볼 때에만 의미를 갖는다. 아인슈타인의 상대성이론의 독창성은 그 이전의 물리학적 이론들, 특히 뉴턴의 이론에 상대적으로 비추어서만 이해된다. 그뿐만 아니라 독창성은 반드시 어떤 문제 내지 어떤 분야에 있어서만 생각될 수 있는 개념이다. 그냥 독창성이라는 말은 의미를 잃는다. 아인슈타인의 생각은 물리학이라는 관점에서만 의미를 갖지 그의 상대성이론이 베토벤의 음악과 비교해서 독창적이란 말은 언어도단이다. 따라서 예술작품의 가치가 독창성에 의해서 평가되어야 한다지만, 그것은 오로지 예술작품의 독창성을 의미할 뿐이지 철학이나 물리학이나 경제학적 각도에서 독창성이 될 수 없다. 따라서 예술작품의 독창성은 예술작품의 독창성에만 입각해서 평가되어야 하며, 그러한 평가는 예술작품의 전통 속에서만 가능하다. 만약 예술작품의 제작과 감상과 평가가 없었더라면 예술작품의 독창성을 말할 수 없다.

예술의 전통은 예술사라는 형태로서 나타난다. 더 구체적으로 말해서 각기 다른 형식을 가진 예술들은 그것대로의 고유한 예술사를 형성한다. 미술사는 문학사나 음악사와 같은 관점에서 쓰일 수 없다. 같은 미술사라 해도 서양미술사와 동양미술사는 완전히 똑같은 안목에서 만들어지지 않았다. 따라서 예술작품의 독창성은 물론 모든 독창성은 각기 그 분야의 전통과 역사를 떠나서는 의미가 없다. 독창성이야말로 예술작품의 가치를 결정하는 근본적 기준이 되어야 하는 만큼, 다른 것들의 평가와는 달리 예술작품을 평가함에 있어서 역사성은 절대적으로 중요하다.

가까운 예로 세잔의 그림들이 중요한 이유는 그의 그림이 새로운 표현형식을 개발함에 있으며, 피카소의 그림이 가치가 있는 중요한 이유는 그가 세잔에게서 발견할 수 없는 입체파의 표상법을 개발했기 때문이다. 서양미술을 형성하는 이른바 작품들이 중요하게 취급되는 이유도 똑같은 맥락에서 풀이된다. 아무리 다빈치의 〈모나리자〉가 위대한 예술작품이라고 해도 만일 오늘날 똑같은 식으로 누군가 그러한 그림을 그렸다면, 그것은 예술작품으로서 중요한 의미를 갖지 않는다. 아무리 피카소와 똑같은 그림을 누군가 오늘날 그린다고 해도 그것의 가치는 별로 없다. 〈모나리자〉나 피카소의 〈게르니카〉와 같은 그림을 오늘날 누군가 그렸다면 그러한 그림들이 기술적으로 아무리 뛰어나다고 해도, 그것들은 독창성을 가진 작품, 즉 예술의 근본적 기능을 충족시킨 작품이 아니라 하나의 모방, 즉 키치에 불과하다. 반복 혹은 모방은 예술의 가장 큰 적이다.

예술작품의 가치가 그것의 독창성에 있고, 독창성은 역사의 테두리 밖에서는 거론될 수 없다면 예술작품의 가치는 예술사라는 콘텍스트를 고려하지 않고 당장 지각될 수 있는 대상 자체만으로는 결정될 수 없다. 마찬가지로 한 예술작품의 예술적 가치는 예술사를 알지 못하고는 불가능하다. 한마디로 한 예술작품의 가치는 눈으로 볼 수 없다. 그것은 지각의 대상이 아니라 전통에 대한 지식이라는 지적 배경을 필요로 한다. 예술의 전통, 즉 예술사를 모르고는 한 예술작품은 엄밀한 의미에서 평가될 수 없다. 한 예술작품의 가치평가에 대한 위와 같은 견해를 따르면, 한 예술작품의 가치는 그것이 그것을 감상하는 사람들에게 얼마만큼 미학적으로 마음에 든다고 해도 그것이 그만큼 가치가 저절로 있게 되지 않는다는 결론이 나온다. 달리 말해서 미학적 가치와 예술적 가치가 엄격히 구별되어야 한다.

그러나 보다 어려운 평가의 문제가 남아 있다. 예컨대 미술이란 예술의 전통이 있고 따라서 미술사가 존재하지만, 크게 나누어 서양미술 전통과 미술사는 동양미술 전통과 미술사와는 동일하지 않다. 그렇다면 오늘날 한 한국의 화가가 어떤 그림을 그렸을 때 그 그림의 가치는 서양과 동양, 두 개의 다른 전통과 역사 가운데서 어떤 전통과 역사의 조명을 통해서 그 독창성이 측정되어야 하는가의 문제가 나온다. 서양미술사의 맥락에서 볼 때 독창성, 즉 새로움이 없는 작품도 동양, 더 좁게는 한국미술사의 맥락에서 볼 때는 극히 독창적일 수 있으며, 역으로는 똑같이 생각될 수 있기 때문이다.

만일 여러 문화권의 미술사가 서로 다르다면, 그러한 차이점을 초월해서 보편성을 가질 수 있는 세계미술사가 쓰일 수 있느냐의 문제가 남는다.

대부분의 분야와 마찬가지로 오늘날 거의 모든 세계는 서양적 전통, 즉 서양의 정신사가 보편적인 것으로 자리를 잡아왔다. 그러나 이러한 사실로서 오늘날 정착되어 있는 서양미술사 혹은 예술사를 객관적인 것으로 수용해야 하는가라는 의문이 던져질 수 있다. 모든 분야의 기존하는 미술사나 예술사가 다시 쓰일 수 있는 것과 같이, 지배적 위치, 즉 하나의 전형처럼 세계적으로 자리 잡아가고 있는 서양미술사도 전혀 달리 쓰일 수 있기 때문이다. 만일 그렇다면 기존하는 전통과 역사에 비추어 어느 정도 객관적으로 평가되었다고 전제되는 한, 예술작품의 가치도 전혀 새롭게 재평가되어야 할 것이다. 이와 같이 볼 때 예술작품의 가치평가는 극히 복잡한 논리를 갖고 있으며 그만큼 불확실하다. 아무리 객관적인 듯한 예술평가도 평가자가 처해 있는 역사적·시대적 상황을 완전히 극복할 수 없다.

위와 같은 문제 외에도 한 예술작품을 평가하는 데 있어서 보다 실제적인 어려움이 있다. 가령 어떤 미술작품을 한국의 미술사, 즉 한국의 미술 전통에 비추어 평가해야 한다는 데 이의가 없다 해도, 보다 구체적으로 어떤 기준을 바탕으로 어떻게 그 작품의 독창성, 그 작품의 예술적 가치를 측정하고 다른 작품들의 가치와 비교할 수 있느냐 하는 문제가 남는다. 과거 당대의 권위적 평론가들에 의해서 혹평을 받았던 예술작품들이 후대에 와서 위대한 예술작품으로 예술사에 중요한 자리를 잡게 된 적지 않은 예가 예술작품의 객관적 평가의 어려움을 입증한다.

《공간》, 1992. 5.

『이카루스의 날개와 예술』 초판 서문

지금 뒤돌아보면 딱딱한 시골의 유교 집안에서 자랐지만 나는 멋을 느끼고 신명에 쉽게 빠져들기 쉬운 소년이었다. 중학교 시절 한때 나는 빈 캠퍼스 위에 세상을 아름다운 형상으로 바꾸어놓는 화가가 되고 싶어 했다. 성악가, 여러 종류의 기악연주가들, 특히 그러한 이들의 바탕이 되는 작곡가들은 나에게는 불가능한 꿈인 줄 잘 알고 있었지만, 내 사춘기 내내 줄곧 황홀한 감동의 원천이며 경외심과 선망의 대상이었다. 칠순이 훨씬 넘은 바로 현재에도 이러한 사실에는 변함이 없다.

강아지를 눈앞에 놓고 그것을 그려도 그것이 강아지로 알아볼 수 있을 정도만큼이라도 제대로 재현할 수 있는 솜씨도 없고, 작곡은 물론 하모니카도 못 불고, 유행가 하나 부를 재주조차 없는 내가 화가나 음악과는 먼 '철학'의 길을, 나는 지난 반세기 이상 걸어왔다. 그런데도 나의 중요한 철학적 관심사의 하나가 예술의 철학적 문제였던 것은 아주 자연스럽고 필연적이었다.

예술철학자로 나의 핵심적 문제는 나에게 마술적 감동을 가져오면서 그 이유를 알 수 없는 '예술'의 정체를 밝혀보는 데 있어왔다. 예술가, 예술비평가, 예술사학자는 물론 예술애호가, 그리고 일반인들도 '예술'이 무엇인가를 모르는 이는 없어 보인다. 그러나 막상 "예술이 무엇인가"라는 물음에 대한 앞뒤가 정연한 대답을 하려 할 때, 대부분의 사람들뿐만 아니라 가장 논리적으로 정리된 사유를 한다는 철학자들조차도 당황한다. 서양에서는 플라톤에서 칸트를 거쳐 하이데거, 그리고 단토 및 굿맨에 이르기까지 수많은 이론가들이 철학적 이론을 펴냈다. 그리고 필자가 알기로는 그 어떠한 것 하나 만족스럽지 못하다. "예술은 무엇인가"라는 물음이 근본적으로 찾고자 하는 것은 '예술'이라는 범주에 분류되는 사물·제품·행위 등을 그밖의 범주에 속하는 것들과 구별할 수 있는 근거를 찾아내는 데 있다. 과거에 믿어왔던 예술의 정체성이 20세기 초엽 이래 더 이상 유지될 수 없게 되었기 때문이다. 뒤샹이 하나의 화장실 변기를 〈샘〉이라는 제목을 달아 '예술작품'으로 등장하고, 그 이후 수많은 예술가들이 〈샘〉과 유사한 성격을 지닌 물건이나 행동들을 역시 예술작품으로 내놓고 미술관 등에 진열되면서부터 예술작품과 그 이외의 제품이나 행위들의 물리적 차이를 육안으로는 구별할 수 없게 되고, 예술가들이 드러내고자 하는 의도, 예술작품의 인간적 및 사회적 의미가 도대체 무엇인지를 차츰 알 수 없게 되었다. 바로 이런 점에서 오늘날 예술은 심리적·사회적·종교적 문제 이전에 철학적 문제를 제기하고 그에 대한 대답을 요구한다.

이 책은 위와 같은 종류의 예술과 예술을 둘러싼 여러 문제들에 관해 필자가 지난 약 40여 년간 관심을 갖고 생각해왔고 그것을 써서 기록하여 이곳저곳의 지면에 이미 발표되어 산만하게 흩어진 채 발표했던 글들을 하나로 묶은 것이다. 이 글들 가운데 책의 제2부의 제5장에 들어간 「둥지의 건축학」만은 금년 4월 한국건축학회의 기조 강연으로 발표했을 뿐 아직 아무 책에도 발표되지 않은 것임을 잠깐 부언해둔다. 이 책의 구성에 관해 한마디 언급하자면, 예술에 관한 다양한 문제들에 대한 담론들에 나름대로의 논리적 구조를 부여하는 뜻에서 이 책을 1. 예술존재론, 2. 예술과 환경, 3. 예술작품평가로 분류하고, 그 모든 것들을 '예술양상론(modal theory of artwork)'이라고 명명하고 필자 나름의 이론의 틀에서 꾸몄다는 점이다. 이러한 데는 필자가 오늘날 예술이 부닥치게 된 예술의 존재론적 문제, 즉 예술과 그밖의 다른 사물과 행동을 구별하는 근거 대답을 찾았다는 신념을 갖게 된 데 근거한다. 이 책과 연관하여 필자의 저서 『예술철학』(문학과지성사, 1983)을 참고해주기 바란다. 바로 위의 책에서 본인은 그 낱말은 사용하지 않았지만, 이미 '예술양상론'을 깔고 있었다. 물론 필자의 양상론적 예술존재론을 비롯한 예술에 관한 여러 가지 하위적 주장들에 대한 논증의 설득력 유무 문제는 이 시점에서 필자가 아니라 독자의 문제가 된다.

이 책을 선뜻 내주신 민음사의 박맹호 사장에 감사하고, 그곳의 박상순 주간, 이 책의 담당자 조영남 씨 외 편집부에서 교정을 맡아준 여러분, 그리고 연세대의 이은정 조교 등 이 자리를 빌려 그들의 노고에 감사의 뜻을 전한다.

2003년 11월 1일 일산 문촌마을

예술의 양식들과 미학

01

음악과 소리[105]

어떤 시각적 표상물이 다른 시각적 표상물들과 구별되어 '미술'로 불리고, 어떤 입체적 형상이 다른 입체적 물건들과 구별되어 '조각'으로 명명되고, 어떤 소리가 다른 소리와 구별되어 '음악'으로, 어떤 텍스트가 다른 텍스트와 달리 '문학'으로 분류되고, 더 일반적으로 어떤 종류의 것들이 다른 것들과 구별되어 '예술'의 범주 속에 분류된다. 위와 같은 구별을 전제하지 않고는 미술·조각·음악·문학 등의 개념과 그런 개념에 속하는 활동에 대한 담론은 아무 의미도 가질 수 없다. 지금까지 이러한 개념이 유통되고 이러한 활동에 대한 담론이 있었던 사실은 위와 같은 구별이 자명한 것으로 생각되어왔음을 전제한다.

이러한 결론은 미술적·음악적·예술적·과학적이 아닌 철학적 결론이다. 그러나 이러한 전제가 철학자에 앞서 미술가·조각가·작가·음악가 등 예술가에 의해서 도전받게 되었다. 벌써 약 한 세기 전인 1913

---

[105] 이 글은 1996년 5월 16일 서울대 음악대학에서 발표한 특강 원고를 수정한 논문이다.

년에 어떤 자전거 바퀴를 두고 예술작품 〈자전거 바퀴〉로 부르고, 다시 1917년에 어떤 변기를 예술작품 〈샘〉으로 불렀을 때, 화가 뒤샹은 미술과 조각의 구별, 더 나아가 예술과 비예술 간의 구별에 대한 철학적 의문을 제기했던 것이다. 작곡가 케이지가 약 반세기 뒤인 1952년에 〈4분 33초〉라는 자신의 작품을 하버드대학 교문 앞 광장에서 연주했을 때, 그는 그때까지 자명한 것으로 전제되었던 바와는 달리 음악과 소리의 구별의 허구성을 철학적 차원에서 지적했다.

뒤샹의 미술·조각작품과 케이지의 작곡은 모든 시각적 대상이 모두 미술작품·조각이며, 모든 소리가 한결같이 음악이라는 결론을 유추하는가? 그러나 이러한 결론은 자기모순적이다. 모든 것이 미술·조각인 우주 안에서는 아무것도 미술·조각일 수 없으며, 모든 소리가 음악인 소리의 세계에서는 아무 소리도 음악일 수 없기 때문이다. 뒤샹의 〈샘〉이 미술·조각이며 케이지의 〈4분 33초〉가 음악이라 한다면, 그리고 미술·조각·음악, 더 일반적으로 예술이라는 개념이 의미를 가질 수 있는 한, 미술·조각과 비미술·비조각, 그리고 음악과 소리, 더 일반적으로 예술과 비예술의 구별은 전제되어 있다. 과연 음악과 소리는 어떻게 구별될 수 있는가? 구별을 지을 수 있다면 그것은 어떤 근거를 갖는가?

물리적 구별: 관례와 체험

관습적 구별

음악과 소리의 구별의 근거는 몇 가지 관습에서 찾을 수 있을 것 같다. 음악을 한 단위의 소리라 하고 어떤 소리를 그냥 단순한 소리와 구별하여 음악이라 부른다면, 그 이유는 그 소리에 언어사용의 관례에 따라 '음악'이라는 분류적 낱말이 적용되기 때문이라고 대답할 수 있다. 그러나 이러한 대답은 논리적으로 순환적 오류에 빠져 있다. 이 대답은 어떤 근거에서 어떤 종류의 소리가 애당초 '음악'이라고 불리게 된 관례의 근거에 대한 대답을 전제하기 때문이다.

이때 대답으로 소리의 기원으로서 음악가나 악기를 댈 수 있다. 음악은 음악가가 만들거나 악기에서 나는 소리로 정의할 수 있다. 그러나 이러한 대답도 순환적이다. 음악가나 악기의 개념은 '음악'이라는 소리와 그밖의 소리의 구별을 이미 전제하고 있기 때문이다. 한편으로 음악가와 다른 종류의 사람, 다른 한편으로 악기와 악기 아닌 물건이 구별됐을 때에도 문제는 여전히 남는다. 음악가의 목에서 나오는 여러 소리나 악기에서 나는 여러 소리가 자동적으로 음악일 수 없다면, '음악'을 음악가가 만들어냈거나 악기에서 나온 소리라는 것을 인정해도 그가 내는 소리나 악기에서 나는 소리 가운데서 '음악'으로서의 소리와 그렇지 않은 소리를 구별하는 문제는 여전히 남는다.

음악으로서의 소리와 그렇지 않은 소리의 구별은 소리의 외재적 원천에서가 아니라 소리 자체의 내재적 속성에서 찾을 수 있다. 장단 rhythm, 곡조tone, 음조pitch, 음색color, 화음harmony, 음율melody, 음질timbre 등을 소리의 음악적 주요 속성으로 들 수 있고, 이러한 소리의 속성들은 물리적으로 과학적 측정이 가능한 규칙성의 다양한 형태로 해석할 수 있다. 그러나 소리의 물리적 규칙성은 '음악'이라는 소리의 물리적 현상에서만 아니라 그냥 하는 말소리·새울음 소리·늑대 짖는 소리, 그리고 파도소리·빗소리·망치소리·기계 돌아가는 소리·시계소리·미립자들의 운동 소리 등 그밖의 모든 자연적 물리현상에서도 발견할 수 있다. 위와 같은 음악의 물리적 속성들이 규칙성을 내포하고 있지만 모든 규칙성이 곧 음악의 속성일 수 없다. 이러한 사실은 위와 같은 음악의 규칙성은 특수한 규칙성임을 말해준다. 이런 맥락에서 장단·곡조·음조·음색·화음·음율·음질 등 이른바 음악의 속성은 단순한 물리적 개념이 아니라 이미 물리적으로 정의할 수 없는 '음악적' 개념이다. 그것들은 '음악'이라는 개념의 테두리 안에서만 의미를 갖는다. 위와 같은 개념들에 의한 '음악'의 정의도 이미 우리가 규정하려는 '음악'의 개념 정리를 전제함으로써 순환적 오류를 범한다.

지금까지 사람들이 일반적으로 음악과 소리를 위와 같은 관례에 따라 구별할 수 있다고 믿어왔더라도, 약간의 철학적 반성을 해볼 때 그러한 구별의 관례를 만족스러운 근거로는 댈 수 없다. 여기서 우리는 미학적 구별을 생각해볼 수 있다.

미학적 구별

감상을 떠난 음악은 생각할 수 없다. 감상은 언제나 가치의 감상이다. 음악적 가치의 감상은 감동적 경험으로 나타난다. 모든 경험은 최소한의 인식을 전제하고, 모든 인식은 지적인 것과 감성적인 것으로 분류할 수 있다. 하나의 대상에 대한 인식은 이성에 의존하느냐 아니면 감성에 의존하느냐에 따라 달리 인식된다. 감동적 경험의 속성은 이성적 인식의 속성이 아니라 감성적 인식의 속성이다. 이성적 인식을 이론적이라 할 수 있다면 감정적 인식은 '미학적'이라 부를 수 있다. 어떤 대상이 우리에게 주는 감동은 그것이 내포하는 가치 인식을 전제하고, 가치 인식이 감성적 인식을 전제하고, 감성적 인식을 미학적 경험이라 할 수 있다면, 그러한 경험의 가치는 필연적으로 미학적 가치이다.

그러나 인식대상의 성질에 따라 어떤 것은 미학적 감동을 야기할 수 있고 그렇지 않을 수도 있으며, 다 같이 감동을 야기해도 그 대상의 성질에 따라 그것이 야기하는 감동의 강도는 크고 작을 수 있다. 이러한 사실은 시각적 인식대상이거나 후각적 인식대상이거나 청각적 인식대상의 경우 한결같다. 그렇다면 소리와 음악은 바로 위와 같은 미학적 감동·가치의 잣대로 구별될 수 있을 것이다. 그렇다면 흔히들 생각하고 있듯이 위와 같은 기준에 따라 '음악'이라는 소리를 다른 소리와 구별하여, '감동이라는 미학적 가치 경험을 야기하는 소리', 즉 '아름다움을 느끼게 하는 소리'로 정의할 수 있고, 소리의 음악적 가치는 그것이 청중에 얼마만큼의 감동을 줄 수 있느냐에 따라 결정할 수 있을 것 같다.

정말 그럴까? 물론 어떤 성질의 소리는 거의 모든 인간에게 슬픔이든 기쁨이든, 어쨌든 간에 유사한 감동을 자극한다. 그러나 어떤 소리가 그것을 듣는 이에게 미학적 감동을 일으킨다는 것을 전제해도 그 감동은 듣는 이에 따라, 그때 그의 심리적 상황에 따라, 그의 교육적·사회적·문화적 배경에 따라 한없이 다양할 수 있다. 한 사회 혹은 한 문화권에서 '음악'으로 분류된 소리, 즉 '미학적 감동'을 준다고 전제된 소리가 다른 사회 혹은 다른 문화권에 사는 이에게는 그런 감동을 전혀 주지 못하는 경우가 있다. 듣는 이의 심리적 상태에 따라 모든 소리는 미학적 감동을 제공할 수 있다. 그렇다면 소리의 미학적 감동 가치는 소리와 음악을 구별하는 기준일 수 없다. 케이지가 4분 33초 동안 들석대는 사람들과 지나가는 자동차 소리로 온통 부산한 하버드대학 교문 앞 광장에 놓아둔 피아노 앞에서 아무 짓도 하지 않고 있다가 〈4분 33초〉라는 피아노 곡을 연주했다고 말했을 때, 그가 하려 했던 것이 '음악'이라는 소리는 '미학적 감동'을 주는 소리만이 아니라 어떤 소리와도 구별할 수 없다는 것이 아니었겠는가?

음악의 미학적 속성·가치는 청중의 '감동'이라는 경험에서가 아니라 물리적으로 서술하고 측정할 수 있는 소리 자체의 객관적 속성에서 찾을 수도 있다. 언뜻 듣기에 대부분의 소리는 구조적으로 혼탁하고 무질서하게 들리지만, 어떤 소리는 리듬·음색·조화 등의 개념으로 서술할 수 있는 일정한 규칙과 질서를 갖고 있는 것으로 들린다. 19세기 독일 음악계에 군림했던 음악이론가 한슬리크Hanslick의 형식주의는 음악과 소리의 구별 기준에 대한 위와 같은 생각을 세련된 표현으로 설명했다. "음악에 있어서 아름다움의 본질은 음악적이다. 아름다움은 음악 밖에서 도입된 어떠한 주제/내용에 의존하지도 않고 그런 것을 필요로 하지도 않고, 기술적으로 조합한 소리들로만 구성되어 있다. …… 음악의 근원적 요소는 쾌적한 음조euphony이며, 음악의 영혼은 장단rhythm이다"[106]라고 한슬리크는 말하고, 이러한 음악적 요소들로 표상된 것은 느낌이나 사상이 아니라 음악적 구성 자체, 즉 형식이라는 점을 강조한다.

그러나 한슬리크의 극단적 형식주의는 세 가지 점에서 문제를 안고 있다. 첫째, 지금까지 '음악'으로 분류되는 모든 소리 속에서 한슬리크가 주장하는 소리의 형식을 찾아낼 수 있다고 인정하더라도, 그러한 음악적 형식을 갖추지 않은 소리가 '음악'이 아니라는 법은 없다. 이러한 사실은 케이지의 음악 〈4분 33초〉가 웅변적으로 입증해준다. 이 작품은 인간이 의식적으로나 무의식적으로 만들어낸 모든 '무질서한', 즉 형식을 갖추지 않은 소리만이 아니라 자연의 모든 '잡음', 즉 형식 부재의 소

106　Eduard Hanslick, *The Beautiful in Music*, trans G. Cohen(Indianapolis: Boobes-Merril, 1957), chap.3, p.431.

리가 '음악'이 될 수 있다는 것을 말해주고 있다. 그렇다면 음악의 형식적 요소가 부재한 케이지의 작품을 '음악'의 범주에 포함시키는 한, 한슬리크적 형식주의적 음악의 정의는 적절하지 않다.

둘째, 백 보를 양보하여 한슬리크의 주장대로 모든 음악이 음악적 형식을 갖추고 있다 해도, 음악과 떼어 생각할 수 없는 감동이라는 경험을 설명하지 못하는 한, 형식주의적 음악의 정의가 음악과 소리를 구별하는 잣대로 사용될 수 없다. 형식은 서술적 개념으로, 객관적 사실로서의 속성을 지칭하는 데 반해, 감동은 평가적 개념으로, 주관적 가치경험을 지칭한다. 감동이라는 인간의 체험과 떨어진 음악을 생각할 수 없다면, 음악은 형식이라는 객관적 속성으로만 규정될 수 없다.

셋째, 이러한 문제에 대해 형식주의자들은 그들이 말하는 소리의 형식적 속성은 필연적으로 혹은 내재적으로 감동을 야기한다고 주장할 수 있다. 그러나 음악에 속하지 못하는 소리 가운데서도 모든 음악이 공통적으로 갖고 있는 형식적 속성을 찾아낼 수 없고, 그러한 형식적 속성을 갖춘 모든 소리가 '음악'에서 받는 미학적 감동을 자극하지 못하고, 따라서 '음악'의 범주에 속하는 소리가 아니라면 소리의 형식적 속성과 그 가치는 음악과 소리를 구별하는 기준일 수 없다.

감동과 동떨어진 음악을 생각할 수 없고, 소리의 음적 형식만으로는 음악적 감동을 설명할 수 없다면, 음악적 감동은 인간의 생리학적 욕망에 비추어 인과적으로 설명될 수 있을 듯싶다. 모든 감동은 필연적으로 가치 체험이며, 어떠한 가치도 인간의 욕망·필요와 떼어 생각할 수 없다면, 감동은 인간의 욕망과 떼어 생각할 수 없다. 인간의 욕망은 다양하며 하나의 사물, 하나의 행위, 그리고 하나의 상황은 각기 다른 욕망에 따라 그 가치가 달리 결정되어 다른 감동을 자아내며, 하나의 욕망은 그 대상의 성격에 따라 달리 충족된다. 어떤 소리가 제공하는 가치, 즉 감동이 예외일 수 없다. 소리는 일종의 물리적 현상이며 물리적 현상으로서의 소리는 다른 물리적 현상과 인과적 관계를 갖는다. '음악'으로 분류되는 '판소리', 베토벤의 작품 〈운명〉이라는 소리가 동반하는 '미학적' 감동은 이러한 소리가 인과적으로 나의 신경을 자극하여 생물학적 욕망에 활력을 초래하기 때문인 것으로 설명될 수 없다. 그러나 이러한 생물학적 활력, 즉 감동을 '음악'에 속하는 소리만이 아니라 '음악'으로 분류할 수 없는 소리, 가령 파도소리·새소리·자동차의 엔진소리에서도 인과적으로 자극받을 수 있다면 '음악'과 소리의 구별은 인과적, 즉 생물학적으로 설명할 수 있는 감동으로는 불가능하다. 비록 음악적 감동이 미학적, 즉 감각적 측면을 떠나 생각할 수 없더라도 모든 미학적, 즉 감각적 감동·가치가 곧 '음악적' 감동일 수는 없다는 것이다.

이러한 사실은 음악적 감동이 일반적인 의미에서 미학적이 아니라 특수한 종류의 미학적 감동이라는 것과, 생리학적 인과관계와 구별되는 다른 관계에 의한 설명을 필요로 함을 함의한다. 그렇다면 의미론적 설명을 탐색해보기로 하자.

의미론적 구별: 감동적 속성

감동과 쾌감

음악과 떼어서 생각할 수 없는 '감동'을 이해하고, 이러한 시각에서 음악의 본질을 이해하기 위해서는 '감동'과 '쾌감'의 구별이 선행되어야 한다. 모든 감동이 일종의 쾌감일 수 있어도 모든 쾌감이 감동일 수는 없다. 감동과 쾌감은 서로 다른 종류의 체험을 지칭한다. 인간과 그가 접하는 감각체의 관계는 인과적causal이거나 의미론적semantical이다. 육체, 즉 생물학적 존재로서의 인간과 그가 접하는 대상은 반드시 어떤 인과적 법칙에 의해 지배되고 있지만, 지적 주체, 즉 인식자로서의 인간과 그의 대상의 관계는 인과적, 즉 물리적이 아니라 필연적으로 해석적, 즉 의미론적이다. 전자의 경우 인간은 대상에 의해 물리적·생물학적으로 결정되며, 후자의 경우 인간은 그 대상을 하나의 기호로서 그 의미를 언어·기호적 약속에 따라 자의적으로 해석한다. 이 두 가지 관계가 다 같이 필연적으로 동반하는 물리적 대상에 대한 인간의 심리적 반응을 '체험'이라 부를 수 있다면, 인과적 관계로 서술할 수 없는 체험은 '쾌감'이라 부를 수 있고, 의미론적 관계로 설명할 수 있는 체험은 '감동'이라는 다른 개념으로 구별해야 한다. 이런 점에서 볼 때 앞서 우리는 논지를 간소화하기 위해, 소리로부터 얻었으며 생리학적으로 설명할 수 있는 청자의 심리학적 반응을 '감동'이라 불렀으나, 그것은 잠정적으로 사용한 낱말일 뿐, 엄격히 말해서 그 낱말은 '쾌감'으로 바뀌어야 한다. 쾌감이 심리학적·생리학적, 그리고 궁극적으로는 물리학적으로 분석될 수 있을지도 모르는 체험을 지칭한다면, 감동은 이러한 차원을 넘어 제도적·인식론적·언어적·기호학적·의미론적 관점에서만 이해될 수 있는 체험을 가리킨다. 따라서 좁은 뜻의 언어·기호를 사용하지 않는 동물의 어떤 물리적 대상에 대한 반응·체험을 '쾌감'이라 할 수 있지만, '감동'이라는 말은 절대로 적용할 수 없다. '감동'은 심리학적인 동시에 기호론적·의미론적 개념이며, 오직 언어를 사용하는 인간에게만 적용될 수 있는 개념이고 오직 언어·기호로서의 지각대상만이 감동의 원천이 될 수 있다.

만일 음악이 감동을 동반하는 소리라면 음악이라는 전제는 그냥 물리적인 존재가 아니라 필연적으로 기호·언어, 즉 제도적·문화적 존재의 하나이며, 그것은 필연적으로 무엇인가를 언어적으로 의미하는 지각적 대상이다. 그렇다면 음악은 언어·기호라는 점에서 다른 소리와 일단 구별된다. 어떤 곡의 음소는 새소리 혹은 바람소리를, 어떤 곡이 화창한 봄의 풍경을 혹은 실연의 아픔을 표상하고, 다른 곡의 음소는 웃음소리 혹은 환희의 소리를, 어떤 곡은 인간의 분노 혹은 즐거운 감정을 표현한다고 말한다. 드뷔시의 〈바다〉는 바다를, 베토벤의 〈운명〉은 운명을 극복하는 인간의 승리를 표상했다는 것이며, 슈베르트의 〈세레나데〉는 사랑의 감정을, 〈진주라 천리길〉이라는 유행가의 곡조는 좌절된 삶의 슬픔을 표상한다고 할 수 있다. 사실 어떤 소리는 꾀꼬리 소리와 다를 바 없고, 어떤 곡조를 들으면 거의 보편적으로 즐거운 감정을 표현하는 것으로 들린다. 음악으로서의 소리는 한 낱말, 한 명제, 한 텍스트에 비교할 수 있는 소리·기호·언어임에 틀림없다. 어떤 소리를 '음악'이라 할 때, 그 말 속에는 언어·기호의 개념이 이미 내포되어 있다.

음악이 감동과 떼어 생각할 수 없고, 감동이 언어·기호와 떼어 생각할 수 없고, 언어·기호가 의미와 떼어 생각할 수 없다면 기호로서의 소리, 즉 음악의 의미는 무엇이며, 그러한 '의미'가 동반하는 음악적 감동은 어떻게 설명할 수 있는가? 이 물음에 대답하기에 앞서 약간의 의미론이 필요하다.

기호와 의미론

언어·기호가 필연적으로 무엇인가를 의미한다면 언어·기호는 어떻게 정의될 수 있으며, 기호가 내포하는 '의미'란 무엇인가? 언어·기호는 '지각적 대치물'로 정의할 수 있으며, 언어·기호의 일반적 의미는 '대치된 것'이란 뜻으로 규정할 수 있다. 어떤 지각적 존재·현상, 가령 말소리·문자·그림·다양한 신호체계 등을 다른 지각적 존재와는 달리 '기호'로 부를 수 있는 것은, 그것들이 무엇인가를 대치하는 것으로 전제되는 한에서 가능하며, 그러한 기호의 의미란 곧 그것들에 의해 대치·대신된 것들에 지나지 않는다. 그러나 이때 구체적으로 '무엇이 대치된 것', 즉 구체적 의미가 무엇인가를 결정하지 않은 채 '의미 일반'을 말하는 것은 구체적인 언어·기호의 의미를 결정함에 있어 공허하다. 언어·기호와 그 의미론의 문제는 바로 구체적 언어·기호의 특정한 의미, 즉 각별히 그 언어·기호가 '대신하는 특정한 무엇'을 결정해야 하는데, 문제는 그것이 '대치'한다고 전제하는 것은 단 한 가지가 아니라는 데 있다.

언어·기호의 의미는 인지적·지칭적·객관적 의미와 비인지적·비지칭적·주관적 두 가지로 나누어질 수 있다. 가령 '개'라는 문자적 기호는 '개의 범주에 속하는 모든 개들'을 지칭하여 객관적 의미를 갖지만, '귀여움', '충실함', '즐거운 기억' 등은 사람마다 무한히 다를 수 있는 주관적 의미만을 갖고, 또한 육체적·심리학적으로 변화시킴으로써 자극적 의미만을 갖는다. '개'라는 기호의 의미가 그것의 '대치물'로 정의된다면 그 낱말의 의미를 안다는 것은 그것의 대치물을 안다는 말이 되는데, 만일 그것의 대치물이 다양한 이상 어떤 구체적 상황에서 그 낱말의 정확한 대치물이 무엇인지를 결정하기는 쉽지 않다. 누군가가 '개'라는 낱말을 썼을 때 그것이 개를 지칭하기 위해서 쓰였는지, 아니면 그 말을 대하는 이의 주관에 따라 달라질 수 있는 어떤 연상을 야기하기 위해 사용되는지 결정할 수 없는 경우가 많다. 철학의 본질을 개념적 투명성의 추구라 정의할 수 있다면 언어·기호의 대치물, 즉 의미를 결정하는 문제, 즉 철학적 의미론이 현대철학의 핵심적 과제로 자리잡게 된 것은 전혀 우연이 아니다.

사전적으로 어느 정도 규정된 '개'라는 문자적 혹은 발성적 기호의 의미가 이처럼 애매모호하다면, 사전적으로 정해지지 않은 음악 구성 요소로서의 특정한 '소리/기호'의 의미를 결정하기란 더욱 난감하다. 음악과 소리의 구별이 '감동'이라는 개념에 비추어서만 가능하며 음악적 감동은 언어·기호를 떠나 있을 수 없다면, 언어·기호로서의 음악의 의미가 밝혀지지 않은 상태에서 음악과 소리의 구별은 불가능하다. 그렇다면 언어·기호로서의 음악은 무엇을 어떻게 의미하며 음악적 감동은 어떻게 설명할 수 있는가? 음악과 소리의 구별은 우선 이런 물음에 대한 대답에 달려 있다.

음악적 기호와 의미

한 곡을 일종의 기호로 된 텍스트로 볼 때 곡을 구성하는 음소들은 각기 독립된 기호·낱말로 봐야 하는데, 문제는 그 음소들의 의미는 '개', '슬픔' 등의 기호적 의미와는 달리 그것을 쉽게 결정할 수 없고, 따라서 여러 기호의 통일된 텍스트로서 〈바다〉 혹은 〈운명〉이라는 곡의 전체적 의미도 쉽게 알 수 없다는 데 있다. 그렇다면 한 곡을 텍스트로, 음소를 기호·낱말로 봐야 한다는 주장의 근거가 희미해진다. 더욱 구체적인 문제는 이렇다.

의미론적 '의미', 즉 기호의 '의미'는 필연적으로 관념적, 즉 비감각적으로 존재한다. 그러나 감각적이 아닌 기호는 생각할 수 없다. 기호는 감각적으로만 존재한다. 감각적 의미가 없는 기호란 공허한 개념이다.

그렇다면 감각적 존재로서의 기호가 어떻게 비감각적 존재로서의 관념적 '의미'를 나타낼 수 있는가의 문제가 제기된다. 즉 하나의 감각체로서 사물현상이 관념적 존재를 지칭, 즉 '의미'하는 기호로는 결정될 수 없다는 것이다. 그렇다면 우선 기호와 그 의미의 일반적 관계를 보기로 하자.

교통신호 체계에서 '빨간빛'이 '정지'를, '파란빛'이 '진행'을, 전쟁터에서 '흰 깃대'가 '항복'을 뜻하지만, 빨간빛과 그것의 '정지'라는 의미, 푸른빛과 그것의 '진행'이라는 의미, '흰 깃대'와 그것의 '항복'이라는 의미 간에는 인과적이거나 논리적인 것과는 상관없이 오직 인위적 관계만이 있다. '정지', '진행', '항복'이라는 의미가 전혀 다른 빛이나, 깃대, 또는 그밖의 다른 감각체로서 표상·지칭될 수 있다. 기호와 그 의미의 관계는 자연적이 아니라 인위적인 것이며, 논리적이 아니라 제도적, 즉 약속적이라는 것이다. 그러나 모든 기호가 이처럼 인위적·제도적, 즉 약속적인 것이 아니라는 주장이 나올 수 있고, 만일 그러한 주장이 옳다면 음악은 바로 그러한 종류의 기호라고 주장할 수 있다.

음악이 어떤 것을 의미한다는 말은 그것이 무엇인가의 대상을 표상함을 뜻한다. 음악이라는 기호의 이러한 표상적 기능은 기호의 의성/의형론onomatopoeia에 의해 뒷받침될 수 있다. 의성/의형론은 기호와 그것의 의미, 즉 지칭대상의 물리적 유사성을 강조함으로써 기호와 의미의 관계가 한결같이 인위적·제도적 약속이 아니고 자연적·우연적·물리적일 수 있음을 주장한다. '꼬끼오!'라든가 '새가 날개를 파닥거렸다'라고 할 때, '꼬끼오'나 '파닥'이라는 말·기호의 의미가 각기 닭의 울음소리와 새의 날개 소리를 의미하게 된 이유는 각기 그것들 간의 지각적 유사성 때문이다. '月'이라는 낱말이 달을 의미할 수 있는 이유는 그 낱말의 물리적 형태가 시각적으로 달의 모양과 유사하기 때문이라는 것이다. 뿐만 아니라 의성적 기호는 그것이 뜻하는 것과 물리적으로 유사하다는 점에서 약속적·제도적 기호의 의미보다 더 정확한 표상, 즉 의미의 기능을 할 수 있고, 음악을 의성적 기호의 가장 극단적인, 즉 뛰어난 예로 들 수 있다. 음악이라는 기호는 다른 종류의 기호보다 더 정확한 의미를 전달할 수 있다는 주장이 나올 수 있다는 것이다.

그러나 의성/의형론이 기호의 의미를 그 대상과의 유사성으로 설명하는 데 있다면, 위의 예에서 언뜻 본 것과는 달리 이 기호·의미론은 틀렸다. 닭의 의성적 표기가 가령 불어권에서 '꼬끄리꼬'로 의성화되고, 달의 의형적 표기가 불어, 영어, 독어권에서 각기 달의 빛을 형상화한 불어의 'lune', 달의 구조를 형상화한 영어와 독일어의 'moon'과 'Mund'로 표기됐음에도 불구하고 다 같이 '닭'과 '달'을 의미한다면, 한 기호의 의미와 그것이 표상하는 대상의 관계는 유사성, 즉 물리적 관계와는 상관없음을 입증한다. 위의 의성/의형적 기호들이 그것들이 각기 뜻하는 어떤 대상을 '의미'할 수 있는 이유는 그것들과 각기 표상하는 대상의 유사성이 아니라 오히려 차별성에 있다는 것이다. 소쉬르가 언어학적 차원에서, 그리고 그후 데리다가 철학적 차원에서 보여주었듯이 한 기호적 의미는 기호와 그 대상의 동일성이 아니라 정반대로 차이·차별성에서만 찾을 수 있다. 만일 음악이 기호이며, 음악적 기호가 무엇인가를 의미할 수 있다면 그것은 자연적이 아니라 제도적·약속적으로 정해진 것으로 볼 수밖에 없다.

그런데 문제는 그렇게 간단하지만은 않다. 음악의 각 음소의 의미를 말할 수 없는 상황에서 음악을 기호라 하고 음악적 기호의 의미를 말한다는 것은 무의미한데, 한 곡을 구성하는 각 음소들의 약속에 의해 정해졌다고 전제된 '의미'가 구체적으로 무엇인지 전혀 알 수 없기 때문이다.

여기서 우리는 '개념화되지 않은 의미conceptless concept'라는 개념을 생각할 수 있다. 보통 기호적 의미는 '개념화', 즉 일반적으로 유통되고 있는 언어적 서술로 표현된다. 그러나 기호가 그것의 표상대상과 차별됐을 때만 무엇인가를 의미할 수 있다면, 어떤 기호·언어의 대상으로서 현상·사물·경험·신념 등은 그것을 표상하는 개념, 즉 의미와 논리적으로 일치할 수 없다. 이러한 사실은 어떤 대상의 기호적 표상, 즉 개념·의미는 곧 그것이 표상하고자 하는 대상의 왜곡을 함의함을 입증한다. 어떤 대상의 표상의 의도가 그 대상을 있는 그대로 표상함에 있다면, 모든 표상은 표상이 실패했을 때, 즉 완전히 표상되지 않았을 때에만 표상된다는 역설을 낳는다. 그럼에도 불구하고 무엇인가를 인식해야 하고 인식하기 위해서는 그것을 기호로 표상화·개념화·의미화하지 않을 수 없는 것이 인간의 본질이라면, 인식·표상대상의 왜곡은 자연 속에서 존재하는 인간의 어쩔 수 없는 운명이다. 이러한 상황에서 인간이 찾을 수 있는 차선의 해결책은 '개념화 이전의 존재'를 표상하기 위해 '기호 아닌 기호', 즉 일상적 언어로 정확히 규정할 수 없는 '기호'의 발명이다. 음악이란 기호는 다름 아니라 바로 '기호 아닌 기호'이다. 이러한 '기호'를 '한계/절대 기호limiting/absolute sign'로, 이러한 기호의 의미를 '한계/절대 의미limiting/absolute meaning'로 부를 수 있다.

모든 예술의 본질적 의도가 언어로 표상할 수 없는 것을 언어로 표상하고자 하는 데 있다고 말할 수 있다면, 음악예술은 그러한 예술적 의도의 가장 순수한 표현이다. 이런 점에서 볼 때 음악을 가장 순수한 예술이라고 흔히 말하는 것은 우연이 아니며, 또한 어떤 예술이고 감동과 떼어 생각할 수 없고, 음악예술의 감동이 가장 순수한 감동이라는 사실도 전혀 우연이 아니다. 시인 보들레르가 그의 시 「교감Les correspondances」에서 자연 전체를 형태·소리·색깔·냄새 등으로 이루어진 무엇인가를 뜻하는 상징·기호의 숲으로 보고 그것들 간의 자연스러운 의미의 교신·교감을 노래했을 때, 그는 공감각론synaesthesia과 한계·절대·순수기호, 그리고 한계·절대·순수의미를 말하고 있다. 즉 논리적으로는 생각할 수 없지만 서로 종류가 다른 감각이 근본적으로는 서로 상통하여 서로 대치될 수 있다는 것이며, 그렇게 상통하는 기호와 의미는 절대적·한계적이어서 그만큼 순수하다는 것이다. 음악과 감동을 서로 떼어 생각할 수 없고 또한 감동의 본질이 언어·기호와 떼어 이해될 수 없다면, 음악적 감동은 바로 한계·절대·순수기호 및 의미의 관점에서 설명될 수 있다.

음악적 감동의 존재론적 설명

심리학자 스토Storr는 그의 저서 『음악과 마음』에서 "음악이 인간에게 미치는 깊은 감동을 전제하고 그렇게도 깊은 감동을 주는 까닭"[107]을 심리학적으로 밝히고자 한다. 그에 의하면 인간은 선천적으로 삶과 우주를 이론화함으로써 그것에 의미를 부여하려고 애쓰게 마련이다. 경험대상의 이론화는 기호에 의한 개념적 질서order의 구축을 뜻하며, 이러한 질서의 틀 안에서만 의식대상은 비로소 의미를 갖는다. 감동은 필연적으로 일종의 욕망충족을 뜻하며, 질서 창조를 통한 의미가 인간의 근원적 욕망이라면, 모든 형태의 질서 창조가 감동을 동반하리라는 것

---

107   Anthony Storr, *Music and the Mind*(N.Y.: Ballantine Books, 1992) p.x.

은 논리적으로 자명하다. 음악이란 음소라는 기호에 의한 청각적 경험에 질서를 부여하는 창조적 작업이며, 음악적 감동은 바로 이러한 작업을 통해 청각적 세계가 질서와 의미를 갖게 되어, 그러한 결과가 자연적으로 질서와 의미에 대한 인간의 근원적 욕망을 충족시켜 준다는 것이다.[108]

스토의 설명은 두 가지 문제를 제기한다. 인간의 근원적 욕망이 자연 상태에서는 찾을 수 없는 개념적 질서의 구성이라는 그의 전제는 예술 심리학자 페컴Peckham의 정반대되는 주장에 의해 일단 의심의 여지가 있다. 그에 의하면 인간은 질서를 갈구하는 동시에 혼동chaos을 갈구한다는 것이다.[109] 페컴의 이같은 주장을 무시하지 않으면 음악적 감동에 대한 스토의 설명은 불충분하다. 음악적 감동이 인위적으로 창조된 삶과 우주의 개념적 질서에 의해서 설명되고, 또한 학문적 이론이 결국 혼탁한 경험대상에 부여된 개념적 질서에 지나지 않는 것이라면, 모든 학문적 이론에서도 음악이나 그밖의 예술에서 받는 감동과 똑같은 종류의 감동, 즉 가치를 발견해야 할 것이다. 그러나 학문적 가치가 지적, 즉 정보적 가치인 데 반해 음악, 그리고 예술 일반의 가치는 정서적, 즉 비정보적이다. 정서적 가치로서의 음악적 감동은 스토의 심리학적 설명과는 다른 설명을 필요로 한다. 여기서 우리는 사르트르의 존재론에 기대어보자.

사르트르는 존재를 의식적 존재와 비의식적 존재로 구별하는데, 전자는 어떤 물리적 법칙을 추월한다는 점에서 필연적으로 '자유'라는 속

108　위의 책, p.105 이하 참조.

109　Morse Peckham, *Man's rage for Chaos-Biology, Behavior, and Arts*(N. Y.: Chilton Books, 1965) 참조.

성을 특징으로 하고, 후자는 외부적으로 언제나 결정되어 있는 '비자유적' 존재이다. 사르트르는 그것들을 각기 '대자'와 '즉자'라 부른다. 대자의 유일한 예는 인간이며 인간 외의 모든 존재는 즉자에 속한다. 의식은 필연적으로 무엇인가의 대상에 대한 의식이고 의식되지 않은 대상은 생각할 수 없기 때문에 의식으로서의 대자와 의식대상으로서의 즉자는 논리적으로나 실질적으로 서로 떼어 생각할 수 없지만 양립할 수 없는 갈등적 관계를 갖는다.

대자로서의 인간은 자유일 수밖에 없고 자유는 책임을 함의하며, 책임은 불안을 함의하고 불안은 불안으로부터의 도피심을 만들어낸다. 대자로서의 인간의 자유가 불안의 원인이라면 대자는 비자유적 존재로서 즉자적 존재, 즉 의식 없는 존재로 전환됐을 때에만 불안으로부터 해방될 수 있다. 사르트르에 의하면 인간의 궁극적 이상·욕망은 즉자로서, 즉 의식적 존재로서의 불안감으로부터 완전히 해방된 상황에서 체험할 수 있는 만족감이다. 이러한 만족감의 조건은 대자인 동시에 즉자인 상태이다. 만족감은 일종의 의식이므로 내가 대자로 남아 있는 한 그러한 만족감을 경험할 수 없고 그와 동시에 내가 즉자, 즉 의식 없는 존재일 경우에만 나는 의식·자유, 즉 불안의 조건으로부터 해방될 수 있기 때문이다. 요컨대 모든 인간의 궁극적 목적은 두 가지 존재를 통합한 완전한 존재로서의 대자-즉자로 존재하는 것이다. 그러나 이 둘의 존재는 대립적이기 때문에 어떠한 존재도 동시에 대자이며 즉자일 수 없으므로 인간의 모든 노력은 결국 이러한 상황을 실현하고자 하는 간접적 혹은 직접적 시도에 불과하고, 인생의 모든 노력은 궁극적으로 허사로 돌아가는 고통에 지나지 않는다.[110]

그럼에도 불구하고 어떤 조건하에서 인간은 그의 이상에 가장 가까워질 수 있는데 그러한 조건은 예술적 표상에서 가장 의도적으로 시도된다. 어떤 대상은 개념·의미로서의 기호·언어를 통해서만 표상되는데, 그 개념·의미가 투명하지 않은 기호·언어에 의해서 표현되는 예술작품에서는 예술적 언어·기호와 그 표현대상의 구별은 그만큼 흐려진다. 그렇다면 예술적 표현은 대자와 즉자가 가장 접근하는 조건이며, 그 의미가 다른 예술적 기호에서보다도 애매모호한 음악적 기호를 통해 어떤 대상을 표현하고자 하는 음악작품에서 대자와 즉자는 가장 가까운 관계를 갖는 것으로 볼 수 있고, 미학적 감동이란 바로 이러한 조건이 만들어내는 감동이라 볼 수 있다. 이와 같이 볼 때 예술은 '언어·기호 아닌' 언어·기호로 개념화·의미화하지 않으면서 동시에 기호로서 어떤 대상을 개념화·의미화하려는 역설적 의도라고 볼 수 있으며, 예술 가운데에도 음악은 이러한 의도의 가장 극단적 예라 할 수 있다. 바로 이런 점에서 음악을 가장 순수한 예술이라 말할 수 있고, 음악적 감동을 가장 순수한 미학적 감동이라 얘기할 수 있다.[111]

음악과 소리의 양상론적 구별

소리와 음악의 개념적 구별을 음악의 언어·기호성에서 찾고, 음악적 기호의 감동이 이론적 차원에서 인간의 존재론적 구조에 의해서 설명할 수 있다는 것을 인정해도, 구체적 차원에서 언어·기호로서의 소리

---

110   J. P. Sartre, *L'etre et le neant* (Paris: Gallimard, 1943) 참조.

111   박이문, 『시와 과학』(일조각, 1975) 참조.

와 물리적 현상으로서의 소리를 구별하는 문제가 생긴다.

첫째, 우리는 소리와 음악, 즉 기호로서의 소리를 문화적 관습에 따라, 혹은 소리의 물리적 규칙성·의도성에 따라 구별하지만, 좀더 자세히 검토하면 이러한 구별의 근거가 확고하지 않음을 이미 앞에서 보았다. 케이지가 4분 33초 동안 들려준 하버드대학 정문 앞 광장의 모든 잡음이 〈4분 33초〉라는 음악으로서 무엇을 뜻하는 언어·기호라 한다면, 소리·기호는 그 광장에서 들려오는 잡음과 전혀 구별할 수 없다는 것이다. 둘째, 새소리·파도소리·바람소리 또는 군중의 환호소리에서 선사시대의 대부분의 인류가 그랬고 오늘날에도 적지 않은 이른바 '원시적 사고'를 갖고 있는 부족이나 개별적 인간들이 아직도 그러하듯이, 어떤 우주적·자연적 인격자의 어떤 의도를 표현하는 기호로서 그 뜻을 읽고 거기서 '미학적' 감동을 느낀다면, 그러한 이들한테는 이 모든 자연이나 공사장의 소리는 곧 '음악'으로 감상할 수 있다. 그렇다면 음악과 소리의 구별은 이론적, 즉 개념적으로는 가능하나 구체적, 즉 물리적으로는 불가능하다.

그런데도 언어·기호로서의 지각대상과 단순한 지각대상으로서의 지각대상의 구별이 존재한다면 그 구별은 소리의 물리적·자연적·지각적 속성에 의해서가 아니라 오로지 제도적 약정에 근거한다. 케이지의 〈4분 33초〉라는 잡음은 20세기 서양음악사의 맥락에서, 그리고 새소리·바람소리·파도소리 등은 선사시대나 원시사회에서 기호로서 제도적으로 정해진 것으로 해석할 수 있다.[112]

기호로서의 소리와 단순한 소리의 구별의 궁극적 근거가 소리의 물

---

112   박이문, 「제조적 정의」, 『예술철학』(문학과지성사, 1983) 참조.

리적 속성이 아니라 제도적 속성에 있다는 것을 인정해도 그러한 사실은 음악과 소리를 구별하는 데는 충분치 않다. 모든 시각적 혹은 문자적 기호·언어가 다 같이 미술작품이나 문학작품이 아닌 것과 마찬가지로 기호·언어로서의 모든 소리가 다 같이 음악일 수 없다. 똑같은 소리가 어떤 현상의 서술, 어떤 의도의 전달 혹은 감정의 표현을 위해 사용될 수도 있고 감상의 대상으로 사용될 수 있다면, 어떤 소리가 한 사회공동체 안에서 약정에 의해서 '기호·언어'로서 제정됐더라도 그 소리가 음악으로서 사용된 기호냐, 아니면 음악이라는 테두리 밖에서 무엇인가를 전달하기 위해 사용된 기호냐를 구별할 필요가 있다.

기호로서의 소리와 단순한 소리의 구별이 물리적, 즉 지각적 속성이 아니라 약정으로서의 제도라는 비가시적 속성에 의해서만 가능하듯이, 음악으로서 소리·기호와 음악 아닌 소리·기호의 구별은 '양상 modality'이라는 역시 비가시적 논리적 판단의 속성에 의해서만 가능하다. '양상'은 명제statement에 대한 태도를 지칭한다. 명제는 무엇인가에 대한 사실판단을 뜻하는데, 그것은 단정적assertoric, 절대적apodictic, 개연적problematic인 세 가지 양상으로 구별할 수 있다. 한 명제가 단정적이거나 필연적 양상으로 언급됐을 경우 그 명제에 대해 진위의 판단이 내려질 수 있는 데 반해, 같은 명제가 개연적 양상으로 언급됐을 때 그 명제에 대해서는 진위의 판단은 불가능하다. 개연적 명제는 어떤 사실의 서술이 아니라 그 '가능성'만을 조건적으로 제안하는 기능만을 갖기 때문이다. 예술작품이 무엇인가를 지칭하는 하나의 큰 명제로 볼 수 있다면, 그것은 그의 양상이 개연적이라는 점에서 단정적이거나 필연적 양상을 갖는 모든 비예술적 명제와 구별된다. 이런 점에서 예술적 언어·기호의 기능은 어떤 사실의 서술이 아니라 그러한 사실의 '가능성'을 제안하는 데 있다. 음악예술의 경우도 마찬가지이다.[113] 다른 어떤 언어·기호로서 가장 충실하게 표상하고자 하는 것이 음악이다.

그러나 어떤 소리·기호·언어로 구성된 명제가 개연적, 즉 예술적 양상으로 존재하는지 아닌지에 대한 결정은 그 소리·기호·언어의 물리적 속성에만 의존할 수 없고, 그 소리·기호·언어가 사용된 여러 맥락들, 즉 그것이 사용된 의도·장소·시간적 맥락 등에 의존해야 한다. 어떤 소리·기호·언어를 가령 음악당이나 극장에서 작곡가나 연주가나 음악 애호가가 발음했다면 그것은 음악으로서의 소리일 확률이 크다. 케이지의 〈4분 33초〉가 음악으로 분류되는 근거도 바로 이러한 사실로 설명된다. 그 단순한 소리와 기호로서의 소리의 구별이 제도적 약정에 따라 결정될 수 있다면, 자연의 모든 소리도 약정에 따라 기호·언어로 읽을 수 있으며, 그러한 기호들은 양상론적 관점에 따라 우주의 음악으로도 들을 수 있다.

서울대학교 음대 특강, 1996. 5. 16.

113　박이문, 「철학과 문학」 및 「철학적 허구와 문학적 진실」, 『철학전후』(문학과지성사, 1993) 참조.

02

시의 개념과 시적 둥지

시의 개념과 시적 둥지사적 체험에 비추어

어려서부터 나는 예술가, 작가, 특히 시인을 동경하고 20대 중반까지 오직 시인의 꿈을 키워왔다. 그후 나는 그 꿈을 접어둔 채 반세기 이상 철학이라는 길에 들어가서 그것을 배우고 가르치면서 살아오고 있다. 하지만 그때나 지금이나 나는 시야말로 내가 궁극적으로 돌아가야 할 마음의 고향이라고 여겼다. 뒤돌아보면 나는 '시'라는 마음의 둥지에 대한 향수에서 한 번도 자유롭지 못했다. 나는 아직도 시가 무엇인지 분명히 알지 못하지만 시를 쓰지 못하거나 쓰지 않을 때도 마음은 항상 시와 더불어 살고 있다.

  '시'라는 마술적 향수에 흠뻑 젖어 사는 사람은 나만이 아닐 것이다. 인류의 역사를 통해서 시인과 시는 어느 사회에서도 존재해왔으며 현재도 수많은 사람들이 인생을 걸고 시인이 되기를 꿈꾸고 있다. 한국에서만 해도 이미 등단한 수천 명의 시인들이 끊임없이 시집을 출판하고 있다. 시와 전혀 관계없이 살고 있는 사람들도 언젠가는 시 창작을 통해서 자신의 경험과 삶을 정리하여 표현하고 싶다는 욕망에 차 있다고 나는 믿는다.

시란 도대체 무엇인가? 시를 통해서 인간이 이루고자 하는 것은 무엇인가? 이같은 인간의 마음을 사로잡을 수 있는 힘은 어디서 나오는 것인가? 시를 둘러싼 이런 물음 자체는 시적이라기보다 오히려 반反시적 행위일지 모르나, 시를 쓰거나 적어도 시라는 것을 진지하게 생각한다면 아무도 피할 수 없는 물음이라고 생각한다. 어떤 글들을 시라고 규정할 수 있는지, 시라는 텍스트의 언어적 뜻을 어떻게 해석해야 하는지, 시라는 작품의 용도가 무엇인지, 사람들이 시를 쓰는 깊은 이유가 무엇인지 알 수 없기에 더욱 그렇다.

그렇다면 내게 시란 무엇인가? 시는 일종의 언어적 텍스트, 일종의 말하기, 그리고 글쓰기다. 시는 어떤 주체가 어떤 목적을 위해서 기술한 단 하나, 또는 그 이상의 낱말이나 문장, 즉 언어를 지시한다. 물론 모든 언어가 시는 아니다. 시는 다양한 목적을 위해서 거의 무한에 가깝게 사용된 낱말이나 문장들 가운데의 아주 적은 일부에 지나지 않는다.

시의 범주에 속하는 언어와 그렇지 않은 언어의 구별을 어떻게 할 것인가? 전통적으로 시는 정형시였고, 정형시는 전통에 의해서 고정된 여러 가지 언어적 약정에 의해서 시 아닌 텍스트와 구별되었다. 그러나 자유시 혹은 산문시가 정형시를 대치하게 되면서부터 전통적 기준에 의한 시적 텍스트와 시가 아닌 텍스트의 구별은 불가능하게 되었다. 그렇다면 감각적 언어와 미사여구가 시적 텍스트를 분류하는 잣대가 될 수 있지 않겠는가? 그러나 그런 특징들도 시와 산문을 구별하는 만족스러운 잣대가 될 수 없다. 그러한 낱말들과 문장으로 가득 찬 많은 글이 시로 분류되지 않는 경우가 허다하다. 그러한 요소를 갖춘 시가 존재하더라도 그런 요소가 전혀 없는 문장도 위대한 시에 분류되어 있는 경우가 많다는 사실은 이와 같은 문체의 속성이 시와 산문을 구별하는 잣대가 될 수 없음을 입증한다. 오늘날 많은 시는 비정상적인 낱말과 문장의 배열, 돌발적인 이미지·은유·문장의 구조 등의 장치를 통해서 자신의 시적 위상을 확인해주는 경우가 많다.

그러나 이러한 요소들도 시와 산문을 구별하는 요소가 될 수 없다. 그러한 속성들을 전혀 갖추지 않은 산문도 위대한 시가 될 수 있는가 하면, 그러한 요소를 충분히 갖고 있으면서도 시로 취급되지 않는 사례가 얼마든지 있기 때문이다.

한 가지 확실한 것은 오늘날 육안으로 발견할 수 있는 어떤 속성도 시와 산문을 구별하는 잣대가 될 수 없다는 사실이며, 놀라운 것은 자명하다고 믿어왔던 '시'의 본질이 희미해지고 '시'라는 언어적 범주에 속하는 텍스트에서 그것의 정체성을 규정할 수 있는 시만의 존재 조건을 찾아볼 수 없게 되었다는 사실이다. 문학에서 이와 같은 시의 정체성 혼란은 미술계에서 뒤샹의 〈샘〉이나 워홀의 〈브릴로 상자〉에서 나타난 개념적 혼란과 똑같다.

후자의 미술작품들이 미술품과 그냥 제품들을 구별하는 근거의 상실과 미술품의 본질을 규정할 가시적, 즉 물리적 실체의 부재라고 한다면, 오늘날 시를 규정함에 있어서 부딪힌 어려움은 시와 산문의 본질, 시와 산문을 구별하는 근거의 부재이거나, 다행히 근거가 존재한다면 그것은 가시적, 즉 물리적인 것이 아니라 비가시적, 즉 약정적 존재라는 사실이다. 워홀의 예술작품으로서 〈브릴로 상자〉와 슈퍼마켓에 상품으로 진열된 수많은 브릴로 상자를 구별하는 유일한 근거는 "눈으로는 식별할 수 없는" 제도로서 추상적 속성이라는 예술철학자 단토의 말을 적용하여 시의 속성을 다음과 같이 말할 수 있다. '시의 정체성에 가시적, 즉 물리적인 속성은 존재하지 않지만 그래도 시를 구별하는 언어적 행위에 전제된 비가시적인 어떤 약정적 속성을 찾아볼 수 있다'라고. 이러한 시의 정의를 나는 '양상적 정의modal definition'라고 부른다. 현대 미술작품의 경우 미술품과 비미술품의 구별이 가시적으로는 불가능하지만 양상적 관점에서는 가능하듯이, 문학에서도 시와 산문의 구별은 '양상'이라는 비가시적 관점에서 충분히 가능하다.

양상은 칸트의 판단론에서 어떤 명제를 진술할 때 그 진술자가 확실성의 강도에 대해 갖게 되는 논리, 즉 단언적assertoric, 절대적apodictic, 개연적problematic이라는 세 가지 입장을 지칭한다. 하나의 시적 텍스트는 그밖의 다른 텍스트와 마찬가지로 반드시 무엇인가에 대해 무엇인가를 진술하는 일종의 명제로서 그것에 대한 진위판단의 가능성을 전제한다. '저 사람은 천재다'라고 말할 때 그것이 단언적 혹은 절대적 혹은 개연적이라는 세 가지 양상 중 하나를 택할 수 있다. 사실적·과학적 명제, 논리적·수학적 명제, 예술적 명제(명제로서 각 예술작품)가 각기 단언적, 절대적, 그리고 개연적 판단의 양상의 사례가 된다. 단언적 양상에 속하는 과학적 명제와 절대적 양상에 속하는 논리·수학적 명제의 진위에 대한 결정이 가능함으로써 진리의 새로운 발견으로서의 지식의 증가에 기여할 수 있는 것과는 달리, 개연적 양태를 갖는 시적 명제는 어느 관점의 가능성을 제안하는 기능을 할 뿐 새로운 진리의 발견과 지식을 주장하지 않는다.

시·문학·예술의 기능은 종교·과학·철학과 사뭇 다르다. 후자의 언어적 기능이 어떤 기존의 틀에서 본 사실의 객관성을 확인하는 데 있다면, 전자의 기능은 세계를 보는 기존의 틀을 비판적으로 해체하고 모든 것을 새롭게 보고 생각하는 언어의 창조적 틀을 만들어내는 데 있다. 그렇다면 '시'라는 개념은 '개연적 양상을 가진, 즉 실제적이 아니라 오로지 가능한 상황이나 사실을 상상으로, 즉 가설적으로 표상하는 명제'로 규정될 수 있다. 가령 '개는 충실한 동물이다'라는 하나의 문장으로 된 명제를 '시'라고 분류한다면 그 명제의 사실성이 단정적이거나 절대적이 아니고, 개연적 양상으로 전제함을 의미한다. 다시 말해서 시가 표상하는 세계는 실재적이 아니라 오로지 가능한 세계, 가상적 세계일뿐이라는 것이다. 시가 말하는 사실이나 세계를 놓고 그것이 진리냐 아니냐를 따지는 것이 전혀 무의미한 것은 논리적 필연성 때문이다.

사물과 세계에 대한 시적 표상을 종교적·철학적 및 과학적 표상과 물리적으로 구별할 수는 없어도 양상이라는 명제를 대하는 비감각적 차원에서 논리적으로 구별할 수 있다는 것은, 우리가 어떤 명제를 보고 그것이 시인가 아닌가, 즉 그것이 개연적 양상을 가진 것인가 아닌가를 곧바로 알아낼 수 있다는 말은 결코 아니다. 두 가지 문제는 전혀 별개다. 왜냐하면 결정은 문제의 명제를 쓴 이가 그것을 썼을 때 가졌던 의도이거나, 그러한 정보가 존재하지 않을 경우 하나의 공동체를 이루는 사회적 결단에 의해서만 할 수 있기 때문이다.

위와 같이 개연적 양상을 가진 명제로서 시라는 텍스트가 종교적·철학적 혹은 과학적인 어느 텍스트에서도 찾을 수 없는 매력으로 인간의 마음을 유혹하고 흔든다. 따라서 시를 자신이 궁극적으로 돌아갈 마음의 고향으로 삼아 귀의하고자 하는 이유는 어디에 있는가? 그것은 동일한 세계를 언급하고 서술하면서도 종교·철학·과학이 서술대상의 객관적 사실에 초점을 두고 서술자의 주관적 반응이 배제된 상태로 그 대상을 지적·개념적 재현이고자 하는 데 반해, 시·문학·예술은 그것의 인식과 서술대상에 대한 시인·작가·예술가의 원초적 감동의 표현이기 때문이다.

종교·철학·과학적 세계의 재현이 세계와 재현자의 엄격한 거리를 전제하는 데 반해서, 시·문학·예술적 감성의 표현은 세계와 그것의 표현자의 거리를 축소, 더 나아가서 그것의 삭제를 통한 일치를 지향한다.

시에 내재된 이와 같은 의도나 현상은 시적 언어가 은유를 비롯한 언어의 다양한 상징성의 발명이나 활용, 다양한 방식에 의한 정상적 문법적 구조로부터 이탈, 구상적 의미에 의한 추상화된 의미의 대치 등, 획일적이고 단일적 의미에서 다의적이고 신선한 의미를 갖게 된다는 데 있다. 이와 같은 언어의 시적 사용은 부정적으로는 언어에 의한 언어의 불만의 표시이자 항의를 의미하며, 긍정적으로는 기존 언어의 풍요화를 함축하고 우리의 마음을 묶어놓는 경직된 언어 감옥으로부터의 해방이며, 더욱 새롭고 자유로운 세계를 향한 창조적 몸짓을 의미한다.

또한 그것은 한층 세계의 진실에 가까워지고 창조적 자유 속에서의 행복을 성취하고자 하는, 결코 완전하게는 채워질 수 없는 인간의 보편적 꿈의 몸부림이며, 모든 인간의 정신적·영적 둥지인 고향이다. 우리에게 고향은 순수하고 따스한 행복의 추억이 가득 찬 따뜻한 장소로서 잊을 수 없는 곳이며, 언젠가는 다시 돌아가고 싶은 마음의 둥지이다. 이러한 인간의 시적 몸부림에 잠겨 있는 향수는 파스칼의 말대로 "인간은 물리적으로는 우주에서 가장 연약한 갈대이지만 그와 동시에 우주를 자신의 머릿속에 넣고 생각하는 갈대라는 점에서 우주보다도 크다"라는 명제나, 사르트르의 말대로 "자유롭도록 처형된 존재"라는 사실에 비추어 설명될 수 있다.

시는 자신의 모순된 존재 조건으로부터 언어를 통해서 해방되려는 애타는 몸부림이며, 언어에 의해서 벌어진 주체 사이에 친 언어적 둥지이며, 잠정적이나마 그것들 간의 조화, 자연과 인간 간의 화해를 통해 경험할 수 있는 원초적 고향으로서 둥지이다.

시라는 언어적 둥지를 치고자 하는 인간의 뿌리 깊고 억제할 수 없는 보편적 충동과 그렇게 튼 둥지에서 인간이 근원적 행복을 느낄 수 있는 원인은 어떻게 설명될 수 있는가?

언어는 인간이 존재의 진리와 만나 그것을 말할 수 있게 하는 유일한 매체이지만 그것은 역설적으로 인간을 존재로부터 소외시키는 근본적 원인이기도 하다. 하지만 언어의 그물망에서 빠져나가고 언어의 그릇에서 새어나가 언어로 표현할 수 없는 경험과 인식이 존재한다. 이런 점에서 시인은 아무리 먹어도 배가 채워지지 않는 탄탈루스와 같다.

시인은 언어로 잡히지 않는 것을 잡고자 하는 욕망을 포기할 수 없는 인간이며, 시는 언어를 통해서 잠정적으로나마 행복할 수 있는 마음의 둥지이다.

발표지 미상,『예술과 생태』(2010) 재수록

03

시인의 사회적 책임과 의무

서론: 야만적 시대의 글쓰기

과학기술 문명의 부메랑으로 인류는 파국의 위기에 직면하고 있다. 동유럽 사회주의 국가들이 쌓아올려 이념과 권력의 갈등을 상징했던 '철의 장벽'이 하루아침에 붕괴되고, 반세기에 걸친 냉전의 장막이 걷혔을 때 갈등 대신 화합, 전쟁 대신 평화가 도래하고 지구는 야만인이 아니라 문명인의 거처가 되리라고 기대했다.

그러나 그후 4반 세기가 지난 현재 첨단 과학문명을 자랑하는 오늘날의 세계는 심한 갈등, 수많은 테러와 크고 작은 규모의 전쟁으로 어느 때보다도 정치적·사회적 폭력과 공포에 노출되어 있다. 또한 그 규모나 속도가 가속적으로 커지는 환경오염과 자연 생태계 파괴로 세계는 쓰레기장으로 바뀌어가고 지구는 아무도 생존할 수 없는 사막으로 변할 가능성에 직면하고 있다.

인류의 존속과 직결되는 위기를 극복하기 위해서는 전쟁 대신 평화를, 갈등 대신 협력을, 폭력 대신 이성을, 야만 대신 문명을 되찾는 일이 무엇보다도 중요하다. 이러한 상황에 대한 대처가 오늘날 인류 모두에게 부과된 가장 시급하고 무거운 공동의 의무임은 말할 필요도 없다. 의무는 실천적 행동을 요구하며 실천적 행동은 곧 현실참여다. 우리 모두에게 부과된 사회참여는 '정언적 명령categorical imperative'의 성격을 띤다.

하지만 우리는 어떤 구체적인 방식으로 사회에 참여해야 하는가? 각자 자신의 능력과 직업에 따라 다를 것이다. 창조적 '글쓰기' 혹은 '예술작품 창작'에 종사하는 이들을 편의상 총괄해서 '시인'이라고 부를 수 있다면, 시인의 사회적 역할과 현실참여는 어떤 것이어야 하는가? 오늘날 세계가 시인에게 요청하는 것이 '평화를 위한 글쓰기'라면 시인은 무엇에 대해 어떤 글을 써야 하는가?

우리는 이에 대한 대답을 '지금까지의 철학은 세계를 해석하는 데 그쳤지만, 이제부터의 철학은 세계를 바꾸어야 한다'라는 마르크스의 유명한 언명에서 간접적으로 찾을 수 있을 것 같다. 이와 같은 선언문에는 철학의 기능이 이미 존재하는 세계의 객관적 진리의 발견이 아니라 우리가 바라는 형태로의 사회적 현실 개혁에 있다는 철학관이 깔려 있다. 우리는 이러한 철학관을 '참여철학관'이라고 부를 수 있다. 마르크스적 참여철학관의 논리를 시적 사유와 글쓰기의 기능에 대한 물음에 똑같이 적용하여 '참여문학관'을 내놓고, 주어진 사회적 현실을 개혁하여 더 바람직한 인간세계를 구축하는 데 이바지할 책임과 의무가 시적 글쓰기에 있다고 주장할 수 있다.

하지만 과연 그럴까? 정말 '철학'과 '문학'의 기능이 세계를 바꾸는 데 있으며, 또한 문학이 '참여문학'이어야만 한다면, 문학적 참여는 어떤 형태로 가능한가?

이 물음에 대한 대답으로 첫째, 문명과 언어의 관계, 둘째, 존재와 언어의 관계, 셋째, 시인의 사회적 책임과 의무의 관계를 검토하고, 결론적으로 어떤 종류의 시나 문학이 진정한 의미에서 평화를 위한 글쓰기일 수 있는가를 생각해보기로 하자.

문명과 언어

문명의 바탕으로서 언어

문명은 인간이 삶의 질을 높이기 위해 고안해낸 전략이며 기술적 장치이고, 관념적 구조물이다. 인류의 역사는 곧 문명의 개발과 발달의 역사와 일치하며, 삶의 양식이 침팬지의 삶과 거의 구별할 수 없었던 원시적 구석기 시대부터, 우주를 정복하고 생명과 미시적 존재의 비밀을 알아내고 그것을 마음대로 조작할 수 있는 첨단 기술시대에 이르기까지 문명을 줄곧 발전시켜왔다.

그렇다면 문명은 어떤 존재인가?

문명은 언어의 산물이다. 언어에 의해서 관념과 '의미'의 세계, 즉 문화가 존재하고, 그러한 세계에서 여러 가지 존재와 사건들이 인간의 의식 속에 나타나서 서술의 대상이 되고, 자신이 놓여 있는 객관적 상황을 통제하고, 미래를 계획하고 어떤 행위를 이성적으로 선택하면서 삶을 창조적으로 발전시켜왔다. 유일하게 인간이 자신의 종에게서만 발견할 수 있는 의사소통의 인위적 수단으로서 언어, 즉 기호체계에서 인간이 지각하고 소유하는 모든 것은 시작되고 끝난다. 언어에 의해서 물리적 자연은 문화로, 물리적 현상은 '의미'로 그 모습을 드러낸다. 인간의 경우 언어 밖에서는 그의 몸이나 마음, 그의 외적이나 내적 세계는 아무 가치도 가질 수 없다.

언어의 빛과 그늘

언어의 산물로서 문명은 인간의 삶에 어떤 의미를 갖는가? 문명은 축복인가 아니면 재앙인가? 진보인가 퇴보인가?

이에 대한 대답은 너무나 자명한 것 같다. 자연을 통제·지배·관리할 수 있는 고도의 장치로서의 문명을 자랑하게 된 오늘날 인류는 번식하는 데 성공했고, 장수하며 어느 때보다도 많은 사람들이 물질적으로 풍요롭고 육체적으로 편안한 삶을 누리며 살게 되었다. 이런 측면에서 볼 때 문명이라는 개념 속에 진보의 개념이 함축되어 있다는 사실에는 추호의 의심도 있을 수 없다.

하지만 '진보'가 문명의 단지 한 면에 불과하다는 것이 근래에 차츰 의식되기 시작했다. 문명의 양지에는 언제나 음지가 있었고 오늘날 그 음지는 하루가 다르게 더 어두운 그늘로 변하고 있다. 이미 한 세기 전 프로이트와 반 세기 전 마르쿠제Marcuse가 지적한 대로 문명의 혜택은 그 대가를 요구해왔다. 그 대가는 본능과 감성적 차원에서 도출되는 육체와 생명의 근원적, 그리고 자연적 요청의 억압이다. 이러한 억압과 그에 따른 고통을 감수하지 않았다면 문명은 존재하지 않았을 것이다. 삶의 근원적 동기인 '쾌락 원칙pleasure principle', 즉 '에로스Eros의 즉각적 충족'을 희생해서 '현실 원칙reality principle'에 따르지 않았다면 문명은 존재하지 않았을 것이다.

그런데 오늘날 인류가 문명을 위해 지불해야 할 대가가 너무 막중하게 되었다는 사실에 문제가 있다. 첨단 과학기술 문명이 발명되지 않았더라면 오늘날 대량살상무기에 의한 전쟁, 자살테러에 의한 폭력, 파괴, 개인·계층·지역·인종 간의 갈등, 환경오염 및 생태계 파괴로 인한 인류 종말의 가능성은 발생하지 않았을 것이다. 이제 문명은 평화와 행복이 아니라 폭력이자 억압이며, 축복이 아니라 저주의 얼굴을 드러냈다. 문명은 오늘날 자신의 꼬리를 물어뜯어 죽음을 자초하는 뱀인 우로보로스Ouroboros의 모습을 드러내기 시작했다.

이처럼 모순된 양면성이 문명의 필연적 속성이라면 그 이유는 어디에 있는가? 이 물음에 대한 대답의 실마리는 언어의 자기모순적 기능에 대한 검토에서 찾아야 한다.

존재와 언어

언어와 사유

언어에 의해서 인간은 자연을 객관적 대상으로 지각·인식·설명할 수 있고, 자신의 모습을 반성적으로 관찰하며 사유를 보다 바람직한 방향으로 이성적으로 깊이 구성하고 행동을 논리적으로 선택할 수 있게 되었다. 언어 이전의 사유는 존재하지 않으며 사유 이전의 문명은 존재하지 않는다. 언어는 곧 사유와 문명의 바탕이며 그 구조물 자체이다.

문명이 인간의 고유한 세계를 지칭한다면 언어는 문명의 원천이며 본질이다. 언어 이전의 인간, 언어 이전의 문명은 다 같이 서로 모순된 개념들이다. 언어에 의해서 비로소 존재가 인식되고 자연과 인간의 관계가 맺어지고 인간의 세계가 만들어진다. 이런 점에서 하이데거의 표현을 빌리자면 언어는 '존재의 집das Hous des Seins'이다. 언어의 마술에 의해서 막연한 혼돈의 어둠 속에 파묻혀 있던 현상들이나 사물들은 '신', '하늘', '산', '바다', '사람', '개', '바람', '나무', '냉장고', '원자탄', '컴퓨터', '책' 등의 개념으로 분류되어 비로소 드러나기 시작하고 지각할 수도 이해할 수도 없는 관념은 '착함', '악함', '진리', '허위', '아름다움', '추함' 등의 이름으로 분절되어 비로소 그 모습을 밝히기 시작한다. 문명은 바로 위와 같은 방식에 의한 객관적 존재·자연·세계의 개념적 전환이고, 언어적 분류와 명명에 의한 인간중심적 도구화의 산물이다.

언어가 존재를 인간의 의식에서 드러내어 인식하고 서술하여 설명하는 방법에는 과학적 언어에 의한 객관적 방법이 있고, 시적 언어에 의한 주관적 방법이 있으며, 그것들은 각기 과학적 서술과 이론으로서의 글쓰기와 시적 서술과 문학적 작품으로서 글쓰기로 나타난다. 그 둘 중 어느 경우든 인식 밖에 존재하는 대상을 드러내지만 동시에 존재를 은폐한다. 왜냐하면 '신', '하늘', '땅', '사람', '개', '컴퓨터' 등의 지각적 존재를 지칭하는 낱말들이나 '선/악', '미/추', '진/위' 등의 관념적 존재를 지칭하는 낱말들은 그러한 낱말들이 지칭하는 구체적 대상들과는 달리 결코 지각적 실체가 아니라 오로지 관념적으로만 존재하는 개념들에 불과하기 때문이다.

이런 사실은 존재로부터의 이탈과 거리 유지, 즉 존재의 왜곡 혹은 은폐 없이는 불가능함을 함의한다. 이런 점에서 존재 접근으로서 진리 발견은 곧 존재 이탈로서의 존재를 왜곡한 것이며 어떤 언어적 표상도 언어적 글쓰기의 내재적 모순과 갈등에서 완전히 자유로울 수 없다. 진리에는 이미 허위가 내포되어 있고, 허위에는 이미 진리가 내포되어 있으며 존재에는 이미 언어에 의한 왜곡 때문에 생긴 허구가 내재해 있고, 언어의 허구 속에는 이미 언어적 표상 이전의 구체적 존재가 깔려 있다.

언어는 존재의 진리를 비춰주는 횃불이지만 그와 동시에 그것은 필연적으로 존재를 왜곡하는 폭력이다. 하지만 언어 없이는 인간은 이미 인간으로 존재하지 않는다. 인간에게 언어는 황금에 대한 탐욕에 사로잡힌 미다스 왕의 손과 같다.

황금에 눈이 먼 미다스 왕은 자신의 소원대로 손만 대면 모든 것이 황금으로 변하는 마술적 힘을 얻어 기뻐한다. 그러나 그는 곧 그러한 힘이 그의 죽음의 원인이 될 수 있다는 사실을 발견한다. 살자면 우선 음식을 먹어야 하고 음식을 먹자니 그것에 손을 대야 하는데, 그가 손을 대자마자 음식이 황금으로 변하기 때문이다. 바로 이런 맥락에서 세계에 관한 진리를 발견하지 않고는 생존할 수 없는 인간, 즉 객관적 진리에 굶주린 인간은 그러한 진리를 발견하기 위해서 미다스의 손과 같은 언어를 사용하지 않을 수는 없지만, 어떻게 하면 보다 현명한 방법으로 존재를 왜곡하지 않고 존재의 진리를 발견할 수 있는가라는 문제가 제기된다.

이런 막다른 골목에서 인간은 같은 언어로 두 가지 서로 모순되는 것을 동시에 충족시키고자 한다. 각기 '과학적'인 것과 '시적'인 것으로 분류할 수 있고, 그것들은 객관적인 것과 주관적인 서술방식으로 구별할 수 있는 서로 모순되는 글쓰기로 나타난다. 이러한 현상은 특정한 언어권의 특수한 시대에 국한된 것이 아니라 어느 언어권, 어느 시대를 막론하고 보편적으로 존재하며 우연이 아니라 필연의 산물이다. 그것은 언어에 내재하는 피할 수 없는 모순과 그 모순을 극복하기 위해 생긴 불가피한 언어의 몸부림이다. 그 몸부림은 육체적으로는 자연의 일부분으로 존재하면서도 정신은 자연을 의식·인식하며 자연 밖에 존재하는 파스칼적 인간과, 완전한 존재로서 하느님이 되고자 하는 불가능한 욕망에서 자유로울 수 없는 사르트르적 인간의 몸부림이기도 하다.

인간의 모순된 욕망과 사르트르의 인간 존재론과 하이데거의 진단

인간이 언어를 사용하게 되면서부터 인간의 속성이 된 이러한 몸부림은 사르트르의 인간 실존 분석에 비추어, 한편으로는 자연과 존재론적인 다른 하나의 자율적 주체, 즉 '대자'로서 자연을 실용적 입장에서 정복대상으로 삼아야 한다는 요청과, 다른 한편으로는 자연과의 거리 두기와 그러한 거리 두기가 논리적으로 함축하는 소외와 불안감으로부터 해방되기 위한 방법으로 하나의 단순한 대상, 즉 '즉자'로 존재하고자 하는 요청 간의 갈등으로 설명될 수 있다. 이러한 인간의 모순된 욕망이 사실이라면, 그러한 모순을 풀고자 하는 요청도 불가피하다. 그러한 요청 간의 갈등은 두 가지 다른 세계관, 두 가지 다른 글쓰기로 구체화된다.

언어적 동물로서의 인간은 그의 존재론적 구조상 자연·세계와 언어를 매개로 해서만 존재할 수밖에 없고, 모순된 욕망을 추구할 수밖에 없으며, 따라서 서술대상의 도구화를 겨냥하는 과학적 언어와 동시에 서술대상의 진리를 겨냥하는 시적 언어를 개발할 수밖에 없는 동물이다. 인간의 무한한 욕망 때문에 인간을 위한 도구적 장치로서 문명이 발전해왔고, 또한 문명의 발전은 인간의 욕망을 끊임없이 증폭시켜왔다. 이렇게 증폭하는 욕망을 충족시키는 과정에서 존재·자연·세계의 도구화는 가속화되어 과학적 언어, 즉 과학적 세계의 인식이 급속도로 발달하였다. 이러한 사실과 반비례하여 시적 언어, 즉 시적 세계 인식은 급속도로 위축되어 오늘에는 고사 상태에 빠져가고 있다.

왜 오늘날 과학기술 문명, 과학적 글쓰기의 상황이 문제가 되는가? 이러한 상황이 물신주의fetishism 지배에 기인한다면 물질적 욕망충족을 문제 삼는 이유는 무엇인가? 이 물음에 대한 대답, 즉 두 가지 언어인 과학과 시 사이의 갈등구조와 갈등을 풀 수 있는 실마리는 하이데거의 서양철학사의 비판적 분석에서 찾을 수 있다.

하이데거는 '존재성der Sein'의 본질적 진리를 망각하고 '존재자들die Seienden'의 파편적 피상적 진리들에만 매달려왔다고 소크라테스 이후의 철학을 평가한다. 서양철학의 잘못은 과학적 글쓰기, 즉 과학적 세계관 때문도 아니며 시적 글쓰기, 즉 시적 세계관 때문도 아니다. 하이데거의 입장에 의하면 언어적 동물로 존재하는 한 인간은 그 두 가지 글쓰기 중 어느 하나만을 마음대로 선택할 수 없다. 인간의 존재론적 구조상 두 가지 글쓰기 중 어느 한쪽도 버릴 수 없다. 문제의 핵심은 소크라테스 이후 과학적 세계관의 시적 세계관에 대한 지배가 점차적으로 확장·강화되면서부터 오늘날 그러한 작업이 거의 완성되어가고 있다는 사실이다. 소크라테스 이후 서양에서 말하는 진리는 존재의 '현현presence/aletheia'이 아니라 이성에 의한 추상화를 통해서 도구적으로 사용될 수 있도록 파편화된 개념들의 제품에 불과하다는 것이다. 과학기술 문명을 급진적으로 발전시킨 근대 이후 서양의 마음, 그리고 서양문명에 감염된 인류의 마음을 공허하게 하고, 영혼을 파괴하고 생명력을 질식케 한 철학적 허무주의는 자연을 지배하려 하고, 그러한 지배를 위해 시적 언어를 희생시키고 그 위에 우뚝 서 있는 과학적 언어가 만들어낸 불가피한 결과라는 것이다.

이러한 사태가 벌어지고 있는 21세기 문명사적 위기를 우리는 어떻게 풀어 극복할 수 있는가?

과학적 상처와 시적 치유

존재, 우리의 마음과 몸 앞에 구체적으로 '현존anwesen'하는 '하늘', '산',

'동물', '사람', '개', '칫솔', '구두', '컴퓨터' 등 인위적 개념의 틀에서 조직적으로 분류·인식하고, 논리적으로 서술·설명하여 지적으로 지배할 수 있게 하는 기호, 즉 언어가 동원될 때 과학적 사유와 기술이 탄생한다. 과학적 관점에서 보면 이러한 인식의 틀, 개념 구조의 틀에서 벗어난 것은 '존재'하지 않는다. 그러므로 소크라테스 이후의 전통적 존재론과 현대 과학기술의 틀이 전제하는 존재론은 존재 자체가 아니라 인위적으로 조합된 개념의 합리적 그물망으로 걸러진 존재의 추상적 구조물에 지나지 않는다.

그러나 '존재·자연·세계'는 바로 앞에서 열거한 개별적 물건, 여러 지각대상 등 서로 완전히 구별·분류될 수 없는 단 하나의 존재·자연·세계다. 그러므로 과학적 언어가 서술하는 존재·자연·세계는 물론 그 속의 개별적 존재들은 진짜 존재 자체가 아니라 언어적 폭력에 의해 관념적으로 조작된 개념에 지나지 않다. 그렇다면 시인이 지칭하고 서술하는 '존재·자연·세계'와 시인이 지칭하는 '하늘', '산', '사람', '동물', '구두', '컴퓨터' 등의 언어는 어떤가? 모든 언어는 어느 면에서 구체적인 것을 논리적으로 추상화하는 활동이다. 이런 점에서 언어의 개입이 폭력적일 수밖에 없다면 비록 그것이 시인에 의해 사용되더라도 폭력적이고, 그 결과 그 언어가 지칭하는 대상의 왜곡일 수밖에 없으며, 정도는 다르지만 과학자가 사용할 때와 다를 바 없다. 왜냐하면 존재에 대한 폭력성과 왜곡성은 언어에서 떼어낼 수 없는 불가피한 속성이기 때문이다.

과학자와 시인의 도구가 동일한 언어라는 점에서 다름이 없다고 인정하더라도 각기 그 언어가 의도하는 기능은 정반대이다. 과학적 언어가 시적 언어의 희생의 산물이라면 시적 언어는 과학적 언어만이 아니라 자기 자신의 시적 언어를 포함한 모든 언어의 운명적 폭력과 왜곡성, 그로 인한 존재의 질병과 아픔을 치유하기 위해 동원된 언어이다. 시는 아름답고 달콤하고 또는 간지러운 주관적 감성을 밖으로 내뱉는 언어가 아니고, 세계를 자극적 색깔로 알록달록하게 물들여 감각을 유혹하기 위해 꾸민 장식적 언어도 아니다. 시는 과학과 마찬가지로 인식대상의 진리를 추구한다. 그러나 과학과는 달리, 표상대상을 사용 가치가 있는 수단으로서가 아니라 표상대상 그 자체, 즉 언어로 표현되기 이전의 언어로 개념화할 수 없는 원초적 상태대로 포착하려는 데 궁극적 목적이 있다.

이러한 시적 의도는 자기모순적이다. 왜냐하면 그러한 의도를 자신이 극복하려는 언어를 통해서 실현해야 하기 때문이다. 앞서 보았듯이 사르트르적 인간은 논리적으로 양립할 수 없는 자율적 존재로서 주체, 즉 대자인 동시에 자유가 없는 그냥 대상으로서의 객체, 즉 즉자로서 존재하고자 한다. 이런 점에서 시적 의도는 사르트르가 말하는 인간의 궁극적으로 모순된 의도와 동일하다. 그것이 근본적으로 모순된 것이기 때문에 실현불가능한 것을 의식하면서도 시인은 자신의 시적 의도를 포기할 수 없다. 시인도 인간이기 때문이다. 가장 원초적 상태인 이성에 의해서 추상적으로 분절되고 언어에 의해서 개념화되기 이전의 원초적 상태 그대로인 단 하나의 존재·자연·세계를 만나는 것이 시인의 궁극적 꿈이다. 그리고 시인은, 아니 궁극적으로는 어느 인간도 그러한 꿈에서 완전히 자유로울 수 없다. 결국 땅으로 추락하는 것을 알면서도 시인은 이카루스처럼 태양을 향하여 하늘 높이 솟아 다시 언어의 날개를 펴고 열정적으로 날아간다. 시인은 자신이 재현하고자 하는 대상에 폭력을 가할 수밖에 없다. 그로 인해 왜곡된 존재를 치유하기 위해서 동원된 언어적 장치, 즉 언어의 결함을 언어로 치유하려는 시도가 시의 궁극적 기능이다.

하이데거는 시적 언어에 내재된 위와 같은 모순과 결함에도 불구하고, 왜곡되지 않은 원초적 존재 자체를 표현할 수 있는 것은 과학이나 철학이 아니라 시이며, 참다운 사유는 이성에 호소하는 철학적 사유가 아니라 이성이 미치지 못하는 시적 사유이고, 가장 깊은 차원의 사상가는 과학자나 철학자가 아니라 시인이라고 하였다. 가장 깊은 사유, 즉 '존재성der Sein'에 대한 사유는 소크라테스 이후의 플라톤, 아리스토텔레스, 데카르트 같은 합리주의적 철학자가 아니라 그 이전의 아낙시만드로스Anaximander, 헤라클레이토스Heraclitus, 파르메니데스Parmenides 등과 같은 시적 사상가들이었다.

하이데거의 이같은 언어에 관한 사유에 비추어볼 때 존재의 청지기는 과학자나 철학자가 아니라 시인이며, 존재의 둥지는 과학적 이론이나 철학적 체계가 아니라 시라는 언어적 둥지이다. 시의 기능에 관한 이같은 고찰은 문학, 그리고 한걸음 더 나아가 모든 예술의 기능에도 똑같이 적용된다. 오늘날의 시와 문학, 그리고 예술이 날로 상업적 목적에 전염되는 바람에 자연적으로 대중에 아부하게 되고 대중의 저속한 욕구에 부응하여 장식적·오락적 글쓰기로 타락하고 있는 것이 엄연한 현실이라 해도 시와 문학, 그리고 예술의 근본적 기능은 전혀 달라지지 않는다.

시인의 사회적 책임과 의무

마르크스의 참여시·문학·예술관

정치적·군사적·사회적·도덕적·생태학적인 온갖 폭력이 확산되고 있는 오늘의 현실에 몸을 두고 있는 시인과 작가, 예술가는 어떤 글을 써야 하며 어떤 예술작품을 창조해야 하는가? 그들의 사회적·도덕적 책임과 시적·문학적·예술적 의무는 어떤 관계에 있는가?

한 사회의 구성원으로서 어떤 시인이나 작가, 예술가도 이러한 물음으로부터 자유로울 수 없다. 단순한 일개 사회구성원으로서가 아니라 시인으로서 혹은 소설가로서, 어떤 글쓰기가 특정한 사회나 인류의 평화를 위해 공헌할 수 있을까? 이런 물음은 시인·작가·예술가·철학자·학자·전문지식인이 언제나 고민해야 하는 것이다. 그것은 시인이나 전문지식인이 자신의 특정한 활동 영역을 넘어 자신이 살고 있는 사회를 개선하는 데 어느 정도, 그리고 어떤 방식으로 관여하느냐의 문제일 뿐아니라 도덕적 의무와 책임에 대한 물음이다.

앞서 말했듯 마르크스는 기존 철학과 철학자에게 급진적 비판을 가했다. 이는 전통적 시적 글쓰기, 그러니까 시·문학·예술에도 똑같이 적용될 수 있다. 그의 철학관을 '참여철학관'이라고 한다면 그의 문학관이나 예술관도 '참여문학관', '참여예술관'이라 말할 수 있을 것이다. 마르크스적 '참여문학관'은 서구에서 사회주의 혁명정부 소련의 '사회주의 리얼리즘socialist realism'의 형태로 나타났고, 사르트르의 실존주의에서 문학의 '참여engagement' 개념으로도 나타났으며, 1930년대의 일본과 한국에서 프롤레타리아 문학이론, 전후 한반도에서 마르크스주의적 좌파문학, 6·25 전쟁 이후 남한에서 1970~1980년대의 참여문학, 민중문학, 민족문학, 통일문학 등의 문학운동으로 활발하게 전개되었다.

시, 소설, 예술 일반이 '참여'한다는 것은 무엇을 말하는가? 아니 도대체 '참여'란 무엇을 뜻하는가? 그것은 어떤 집단과 관계를 맺고 그것에 동참하여 그것이 갖는 고통과 기쁨을 함께 나누면서 그 집단의 개혁작업에 적극적으로 동참함을 의미한다. 이런 점에서 참여문학은 한 국가 혹은 인류라는 사회공동체의 크고 작은 근본적이고 지엽적인 여러 문제들의 해결과 개혁을 위한 사회적 작업에 직접적, 그리고 적극적인 행동 기능을 담당하기 위한 문학적 글쓰기를 의미한다. 행동은 실현을 요청하는 '가치'로서의 이념이 전제된다. 참여가 필연적으로 이념적 참여, 즉 정치적 활동일 수밖에 없다면 시적·문학적·예술적 참여도 결국 이념적 활동이며 필연적으로 일종의 정치적 활동이다.

이런 차원에서 소련의 '사회주의 리얼리즘'은 작가들이 자본주의 사회의 모순을 고발하고 그것을 민중에게 의식시키고, 궁극적으로는 기존의 비도덕적 사회를 혁명하며 착취가 없는 평등사회를 건설하는 데 공헌할 수 있는 실천적 작업을 담당하는 글쓰기를 해야 한다고 주장하였다. 과학자와 철학자는 물론 시인과 작가, 예술가들도 마땅히 공산당이 설정한 이념과 일치하는 가치관에 따라서 자신의 과학적 연구, 철학적 진리탐구, 글쓰기, 예술작품 만들기를 해야 한다는 주장을 해왔다. 또한 사회주의 리얼리즘 문학은 1970~1980년대의 한국문학·문화예술계에서 민중, 민족, 통일 문학·문화·예술의 사회참여 운동으로서 폭발적으로 확산되었다. 소련과 북한에서 사회주의 리얼리즘은 반마르크스주의적, 반스탈린적 공산당이 선택한 마르크스·레닌의 이념적 노선에 반대·비판적이거나 이념에 들어맞지 않는 시인, 작가, 예술가, 철학가, 과학자들을 '반동분자'로 가차없이 숙청하였다.

한때 한국에서는 민중중심주의, 민족주의, 통일제일주의에 동조하지 않거나 그러한 이념들을 강조하지 않는 시인, 작가, 예술가, 철학가들에게 봉건주의자, 반민족주의자, 반통일주의자, 보수, 우파 등의 딱지가 붙어서 경멸과 조소의 대상으로 삼았다. 그들은 도덕적으로 부끄러워서 설 자리를 찾기가 어려운 분위기에 싸여 있기도 했다. 문학의 고유한 가치를 부정하고 문학의 가치를 정치적 이념에 종속시켜야 한다는 점에서 사르트르의 '참여문학론'도 이론적으로 사회주의 리얼리즘과 크게 다르지 않다. 다른 점이 있다면 마르크스주의자가 요구하는 참여대상이 정의롭고 평등한 공산주의 사회건설이라는 가치인 데 반해서, 사르트르가 요구하는 참여대상은 '인간의 실존성', 즉 '자유의 확보와 확장'이라는 가치이다.

참여시·문학·예술관의 문제

과연 이러한 참여, 즉 마르크스주의적 사회개혁 또는 사르트르적 실존의 계몽이 시, 문학, 예술의 고유한 기능인가?

문제는 그렇지 않다는 데 있다. 철학이 밝혀낸 이론에 따라 세상을 바꿀 수도 있지만, 철학은 하나의 인식양식이지 그 자체로서는 어떠한 실천적 행동이나 사회·세계를 바꾸는 데 사용되는 수단이 아니다. 칫솔이 이를 닦는 데에만 쓰이지 않고 가려운 등을 긁는다든가 구두를 닦을 때 얼마든지 사용될 수 있는 것과 마찬가지로, 철학이 진리의 발견과 인식을 위해서만이 아니라 경제적·정치적·사회적·도덕적, 그리고 그밖의 여러 가지 다른 목적달성의 수단으로 얼마든지 이용될 수 있고, 또한 그러한 경우도 허다하다. 그렇다고 그러한 기능을 철학의 고유한 기능과 혼동할 수는 없다. 인식과 그 인식에 근거하거나 그것을 이용한 실천적 행동에는 논리적으로 엄격히 차이가 있다. 마찬가지로 시·문학·예술의 영역과 정치적·사회적·도덕적 영역은 전혀 다른 논리적 범주에 속한다. 시, 소설, 그리고 예술작품 일반은 특정한 권력집단의 정치적 이념의 슬로건이나 기성 체제의 정당화를 위한 도구로 사용될 수도 있고 실제로 그러한 경우가 적지 않지만, 그러한 기능이 곧 본연의 기능은 아니다. 낱말은 농산물이나 공산품, 불도저나 총알이 아니다. 그것은 어디까지나 아무 물리적 힘도 갖지 않은 낱말에 불과할 뿐이다.

시·소설·예술의 가치는 정치적·경제적·도덕적 가치에 종속되어 어떤 가치에 봉사하는 도구적 유용성에 있기보다는 오히려 권력의 이념, 지배적 체제를 비판적으로 재조명하고 때로는 전복함으로써 모든 것을 기존의 틀과는 다르고 새로우며 가능하면 보다 본질적이며 참된 각도에서 인식하고 이해하려는 데 있다.

특정한 문학작품들이 위대한 고전이 된 이유는 그것들이 깔고 있는 특정한 정치적 이념 혹은 도덕적 가치관 때문이 아니며, 도덕적으로 숭고하고 이념적으로 진보적인 시인, 작가, 예술가의 작품이라고 모두 위대한 작품은 아니다. 이러한 증거로 들 수 있는 작품과 작가는 허다하다. 시, 소설, 예술의 근원적 가치는 이념적으로나 정서적으로나 독자를 즐겁고 편안하게 해주는 데 있지 않고 세계, 사회, 인간의 경험을 지금까지 언어에 의해서 은폐되어 있던 개념화 이전의 원초적 모습, 즉 새로운 언어를 통해 조명하거나 표현해주는 데 있다. 이미 앞에서 언급한 대로 이러한 조명과 표현이야말로 시적·문학적·예술적 언어의 기능이다. 문학은 특정한 이념에 따른 사회 개혁에 봉사할 수 있지만 그것이 문학의 충분조건이 아님은 물론 필요조건도 아니다.

문학이 사회에 참여해야 하는가 아닌가의 문제를 둘러싸고 지금까지

참여문학과 순수문학, 마르크스주의적 리얼리즘 문학과 부르주아적 도피문학 등으로 대립되었다. 한국에서는 민족주의 민중문학과 인류 보편적 문학이라는 이념이 서로 대립되어 논쟁을 벌여왔다. 이러한 논쟁의 시비를 가리자면 먼저 다음의 두 가지 차이점을 분명히 구별할 필요가 있다.

첫째, 참여 영역의 차원에서 사회적 영역에서의 정치적 참여와 개인적 영역에서의 지적 혹은 영적 참여의 구별이다. '참여주의'가 주장하는 바와 같이 문학이 전자처럼 정치·사회적 참여만을 고집하는 것은 독선이다.

둘째, 문학의 기능을 이미 정해진 정치적 이념에 따른 사회개혁의 한 실천방식 혹은 대중의 요구에 부합하는 오락의 수단으로 보아야 할지, 아니면 실증과학이 미칠 수 없고 이성이 도달할 수 없는 근원적 차원에 존재·자연·세계의 전일적이면서도 원초적 인식을 통한 근원적 진리 발견을 궁극적 목표로 삼아야 할지를 결정해야 한다.

다른 모든 것이 그러하듯이 문학은 위와 같은 것들을 모두 할 수 있다. 그러나 문학만이 할 수 있는 고유하고 궁극적인 기능은 전자가 아니라 오히려 후자에서만 찾을 수 있다. 그것은 문학 아닌 여러 분야에서 전자의 기능을 할 수 있는 데 반해, 오로지 문학만이 후자의 기능을 담당할 수 있기 때문이다. 그렇지 않다면 '문학'이라는 특정한 글쓰기의 영역이 존재할 이유와 필요가 없다. 그런데도 문학이라는 영역이 존재한다는 것은 다른 글쓰기가 담당할 수 없는 특수한 글쓰기의 요청이 있기 때문일 것이며, 이러한 특수한 글쓰기가 모든 문명사회에 있는 것은 인간에게는 정치적·사회적 개혁 이외에 그보다도 원초적이고 절실한 실존적 문제가 항상 존재하며 그런 문제의 해결에 대한 요청이 있기 때문이다.

따라서 시적·문화적·예술적 참여는 시인, 작가, 예술가가 그들 고유의 문제를 시인으로서, 작가로서, 예술가로서 철저하게 천착하고 진실하게 대응함을 의미한다. 참여문학, 사회주의 리얼리즘, 민중·민족문학, 마르크스주의적 문학의 주창자들이 생각하는 바와는 달리 진정한 참여문학은 이미 정해진 어느 특정한 정치적 이념에 종속되어 그것에 봉사하는 데 있지 않다. 그것은 되려 그러한 정치적·이념적 압력에 저항하여 그것을 비판적으로 파악하고 특정한 관념에 의한 추상화로 왜곡되었을 때, 그리고 인간의 진실을 비판적으로 적나라하게 드러낼 때에만 존재할 수 있다. 이러한 문학, 이러한 글쓰기야말로 문학 고유의 영역에 속하며 진지한 의미에서 '참여문학'이 될 수 있다. 그러한 기능이야말로 문학의 근본적·원초적 기능이며, 인간이 언어적 동물로서 좀 더 인간답게 존재할 수 있도록 해주기 때문이다.

그 대상의 측면에서 볼 때에 자신의 표상인 구체적 대상을 추상화하고 인위적인 개념의 틀에 관념으로서 묶는 작업이라는 점에서 모든 글쓰기는 필연적으로 폭력적이고 또 억압적인 행위이다.

그럼에도 불구하고 언어적 동물로서 인간은 이러한 삶의 조건에서 자유로울 수 없다. 존재 조건의 틀 안에서도 인간은 폭력적이고 억압적일 수밖에 없는 언어를 사용함으로써 언어의 구속으로부터 해방될 수 없다. 시, 문학, 예술은 그러한 요청에 부응한 활동이다. 이런 점에서 시, 문학, 예술만큼 근본적인 차원에서 폭력에 대항하여 인간과 자연 및 언어와 언어 간의 갈등을 평화로 전환하려는 의도를 가진 활동은 존재하지 않으며, 시적 글쓰기야말로 그러한 활동을 대표한다.

결론: 시인으로서의 시민이냐 시민으로서의 시인이냐

시민과 시인의 갈등

우리에게는 자신이 속한 특정한 사회가 처한 것이든 인류 전체가 처한 것이든 어떤 공동체적 문제해결을 위해 공헌해야 할 시민으로서 의무와 도덕적 책임이 있다. 특정한 종류의 글쓰기를 직업적으로 하는 시인, 소설가, 예술가의 구체적인 의무는 무엇이며 구체적으로 져야 할 책임은 무엇인가?

두 가지 서로 다른 대답이 가능하다.

첫 번째 대답은 이렇다. 나는 시인·소설가·예술가로서 위와 같은 의무를 규정하고 책임을 질 수 있고 그와는 달리 그러한 직업인 이전의 단순한 시민 혹은 국민으로서의 의무와 책임에 대처할 수 있다. 폭동이 일어나든 전쟁이 발발하든 나는 오로지 가령 시인으로서 각별한 종류의 시라는 글쓰기를 해야 할 의무가 있고, 그러한 의무를 준수할 책임이 있다고 주장할 수 있다. 시적 글쓰기야말로 폭력과 억압에 대한 근원적 차원에서의 저항과 극복 방식이기 때문이다.

또 다른 하나의 방식은 어떤가? 사회가 폭동이나 전쟁에 휘말려 있다면 개인적으로는 아무리 귀중하게 생각하더라도 나는 그 잘난 시 쓰기를 접어두고 거리의 대열에 끼어들든가 총을 메고 전선에 나가야 할 의무와 책임이 있다는 주장을 할 수 있다. 마르크스주의 혹은 민족문학·민중문학·통일문학을 주장하는 1970~1980년대 한국의 시인, 소설가 예술가들은 전자의 입장을 잘못된 '순수문학관', 도덕적으로 비겁한 '도피문학관'의 발상이라고 규탄할 것이다.

반면 '순수문학', '문학의 완전한 독립'을 주장하는 시인, 소설가, 예술가들은 이른바 '참여문학'을 문학을 정치에 종속시키는 반시적·반문학적 사이비 문학이라고 반발하며 비난할 것이다.

어떤 주장이 옳은가?

후자가 전자의 입장보다 옳다. 전자의 입장은 시·소설·문학·예술이라는 글쓰기의 이념적·정치적·도구적 기능과 구별되는 고유한 기능의 부정을 전제한다. 하지만 이러한 부정은 '문학·예술'이라는 특수한 글쓰기·기호 짜기가 존재해왔고 독특한 기준에 의해서 글쓰기가 평가되어온 엄연한 사실의 부정에 바탕을 두기 때문에 옳지 않다.

선택의 고민과 실존적 결단

자신이 사는 사회에 어떤 폭력·억압·부정·불의가 있더라도 시인은 오로지 그러한 구체적인 그러면서도 절박한 문제들과는 상관없이 시만을 써야 하는가? 반드시 그렇지는 않다. 시인은 자신이 쓰는 시가 여러 관점에서, 즉 근시안적으로나 원시안적으로나 혹은 미시적으로나 거시적으로 가질 수 있는 가치와 시 쓰기를 버리고 몸이나 총으로 시와는 직접적 관계가 없는 사회의 정치, 사회 및 도덕적 질서와 문제해결의 가치를 냉정하게 비교하여, 자신의 태도를 정할 수 있을 것이다.

후자의 관점에서 '시'를 쓸 때 엄격히 말해서 그는 이미 '시'라는 글쓰기를 포기하고 정치적·이념적 가치를 위해 '시'라는 형식을 빌리고 있는 것이다. 그렇다면 언뜻 보기에 역설적인 것 같지만 참다운 참여시, 참여문학의 글쓰기는 마르크스적이 아니라 오히려 반마르크스적인 문학으로서 철저하게 이념적·개념적·이론적·과학적 언어의 폭력에 대항하여 글을 쓰고 참여하는 데 있을 것이다. 이러한 글쓰기를 '순수'라는 말로 차별화할 수 있다면, 진정한 참여문학, 진정한 의미에서의 평화를 위한 글쓰기는 철저하게 문학적인, 철저하게 시적인 작품을 쓰는 데 있을 것이다.

이러한 주장은 시인, 작가, 예술가가 모두, 그리고 언제나 그렇게 시인, 작가, 예술가로서의 자신에 충실해야 한다는 말은 결코 아니다.

앞서도 말했지만 그는 자신의 세계관, 가치관에 따라 어떤 경우에는 시적·문학적·예술적 글쓰기를 포기하고 정치적·이념적·경제적·군사적 차원에서 정치판에서, 이념적 마당에서, 시장에서, 그리고 총알이 날아오는 최일선에서 몸으로 참여할 것이다.

이런 상황에서 어떤 쪽을 택해야 하는가?

이런 물음에 하나하나의 시인, 작가, 예술가를 대신해서 결정적인 대답을 제공할 수 있는 이는 아무도 없다. 그것은 각자 시인, 작가, 예술가가 자신의 결단에 책임을 지고 어렵게 내려야 할 실존적 결단에 달려 있다.

그러나 이러한 두 가지 종류의 참여에는 모순이 없다. 그는 그때그때의 결단에 따라 어느 때는 시민으로서, 또 어느 때는 시인으로서 참여를 선택할 수 있기 때문이다.

발표지 미상, 『예술과 생태』(2010) 재수록

04
시와 시적 감동

1

시는 존재에 충실하고자 하는 정신의 언어적 표현이다.

　사람들은 흔히 시인을 진리와는 상관없이 감정에 따라서만 움직이는 동물로 여긴다. 그러나 사실은 정반대이다. 과학자나 철학자보다도 시인은 한결 더 객관적 사실에 정직하고 가장 근원적인 진리를 추구한다. 인식되기 이전의 존재는 무의미하다. 언어 이전의 존재 인식은 불가능하다. 존재는 가령 '산', '개', '컴퓨터', '사랑' 등의 개념, 즉 언어의 범주를 통해서만 인식되고 표상될 때에만 비로소 그 모습을 드러낸다. 그러나 '산', '개', '컴퓨터', '사랑'은 어디까지나 관념을 지칭하는 언어이지 결코 '산', '개', '컴퓨터', '사랑' 자체가 아니고 그러한 것들의 관념화·개념화·추상화에 지나지 않는다. 이런 점에서 언어는 존재를 밝혀주는 동시에 그것을 은폐한다. 이러한 언어의 은폐성을 의식할 때 시적 충동이 생기고 그러한 언어적 장벽을 극복하고자 할 때 시적 작업이 시작된다. 과학자와는 달리 시인은 존재에 대한 기존의 인식과 언어적 표상에 만족하지 않고 그것을 극복하려고 한다. 시는 한가한 사람들의 헛소리가 아니다.

시는 언어에 의한 언어의 파괴작업이다.

시가 존재에 충실하고자 하고, 언어가 존재를 은폐한다면 시가 할 첫 번째 작업은 기존의 인식양식을 거부하고 기존에 사용된 표상언어를 파괴하는 일일 것이다. 그 앞에 있는 언어가 제거되었을 때 존재는 은폐 이전의 상태, 즉 그 자체를 드러낼 수 있기 때문이다. 모든 시인이 존재에 대해 상식과는 다른 시각을 의도적으로 제시하고, 일상적 언어를 뒤틀려고 하는 경향을 보이는 이유가 바로 여기에 있으며, 한 편의 시가 가진 뜻이 상식적으로는 이해하기 어렵고 난해하게 느껴지는 까닭은 우연이 아니다.

시인은 상식적으로 상투적인 모든 것을 거부한다.

시인은 시의 성격상 필연적으로 약간은 '이상한' 아니 '미친' 인간이다. 약간은 이상하거나 미치지 않은 인간은 시인이 아니다. 그러나 시의 관점에서 볼 때 정말 이상하거나 미친 인간은 시인이 아니라 오히려 가장 상식적인 인간들이거나, 가장 똑똑한 과학자이거나 가장 투명한 철학자이다. '이상한' 혹은 '미친' 관점에서 볼 때 그 신선하고 참된 모습이 비로소 드러날 수 있다. 시를 쓴다는 것은 존재 자체를 은폐하며 언어를 파괴하고 언어 이전의 존재 자체와 보다 가까이 접하고자 하는 작업이며, 그것은 구체적으로 기존의 언어를 새로운 언어로 대치하는 작업이다. 한 편의 시는 바로 이러한 작업의 결과이다.

시는 해방을 위한 자유의 외침이며 개혁을 위한 혁명적 행위이다. 인간의 세계인식, 경험, 그리고 의식은 언제나 언어적이다. 인간은 자신이 제작한 언어의 그물망 속에 갇혀 그 속에서만 존재한다. 시가 언어를 파괴하고자 하는 이유는 우리가 갇혀 있는 언어의 감옥으로부터 해방되어 존재 자체에 보다 진실하고자 하는데 있다. 그러므로 언어파괴 작업으로서의 시는 곧 개혁을 위한 혁명적 행위이다. 이런 점에서 볼 때 정치적 자유, 사회적 혁명과는 무관한 듯이 보이는 어려운 말로 무엇인가를 써내는 시인들이야말로 누구보다도 근본적인 차원에서 정치적이며 혁명적이다. 시가 의도하는 것은 존재의 세계에 대한 화석화된 우리들의 인식으로부터의 해방이며, 그러한 해방을 통해 근원적인 자유를 되찾고자 하는 혁명적 활동이다.

2

시적 혁명은 인간이 존재하는 한 영원히 지속된다.

언어를 떠난 시는 존재하지 않는다. 시는 어디까지나 언어로만 존재한다. 시가 존재를 은폐하는 언어를 파괴하고자 할 때도 마찬가지다. 이러한 언어파괴 작업은 언어로서만 가능하고, 그 결과로 나타나는 것은 존재 자체가 아니라 존재의 새로운 언어적 서술, 즉 새로운 언어에 의한 기존 언어의 대치에 지나지 않는다. 그것이 기존의 언어에 비추어 아무리 신선하고 새롭다 해도 그것이 언어인 이상 대치하는 언어는 대치된 언어와 마찬가지로 존재 자체를 은폐할 수밖에 없기 때문이다. 그렇다면 기존의 언어를 대치한 새로운 언어는 다시금 새로운 언어에 의해서 또 한 번 대치되어야 한다. 이러한 과정은 영원히, 그리고 무한히 계속될 수밖에 없다. 그렇다면 시적 작업은 끝없이 반복될 수밖에 없다. 이런 점에서 모든 시는 언제나 미완성 작품이다. 존재에 진실하고자 하는 욕망이 사라지지 않는 한, 시는 영원히 존재할 수밖에 없고, 존재에 진실하고자 하는 욕망을 떠난 인간은 상상할 수 없다. 모든 인간은 어느 정도 약간의 시인이다.

시는 모든 예술의 근원적인 바탕이다.

시적 욕망과 혁명은 문학을 통해서만 아니라 그림·음악·춤 등 모든 양식의 예술로도 나타난다. 그림·음악·춤 등도 일종의 언어이다. 색깔·선·구조·소리·운동도 예술의 맥락에서 볼 때 무엇인가를 표상하는 언어이며, 모든 예술의 근본적 의도는 다 같이 시적 의도의 표현이다. 시는 모든 예술의 본질이다.

시적 감동은 언어적 신선도의 산물이다.

하나의 시는 그 속에 담긴 도덕적·정치적·과학적·철학적, 혹은 종교적 진리로서 우리를 감동시킬 수 있다. 하나의 시는 그 속에 표현된 시인의 진실성으로 우리들의 가슴을 울릴 수도 있다. 그러나 이러한 진리나 진실성은 시뿐만 아니라 다른 형태로 보다 더 분명히 전달하고 표현할 수도 있고, 시로 표현되었다 하더라도 시적 감동은 그러한 진리나 진실성과 관계없을 수도 있다. 물론 진리나 진실성이 하나의 시로서 우리의 감동의 질을 높일 수는 있지만 그러한 감동은 어디까지나 부차적인 것이다. 시적 감동은 지적 및 정서적 내용에 있는 것이 아니라 그러한 것을 담은 언어의 신선도에 있다.

어떤 객관적 존재나 내면적 경험은 그것을 어떤 언어에 담느냐에 따라 그 참된 모습이 보다 잘 드러나기도 하고, 그 반대로 더 은폐될 수도 있다. 시 한 편의 시적 언어가 신선하다는 것은 그 시를 통해서 기존의 언어에 의해서 은폐되었던 어떤 대상, 어떤 경험이 우리에게 더 자세히 드러났음을 의미하며, 거꾸로 어떤 대상, 어떤 경험은 신선한 언어에 의해서 그만큼 더 참된 모습을 드러냄을 또한 의미한다. 이처럼 존재와 언어는 뗄 수 없는 역학적 관계를 갖고 있다.

언어 이전의 인식과 존재는 불가능하며, 동시에 인식과 존재를 떠난 언어는 무의미하다. 상호 긍정과 부정의 역설적 긴장관계는 존재와 언어의 공통된 운명이다. 이러한 긴장을 경험할 수 없는 시는 그것이 아무리 고귀한 도덕적·정치적 메시지를 전하거나 아무리 심오한 과학적·철학적·종교적 진리를 담고 있다 하더라도 '시적'으로 높이 평가될 수 없다.

《푸른시》, 1999. 10.

두 가지 상반된 형이상학

이원론적 형이상학

존재론적으로나 인식론적으로 이원론적 세계관은 자명한 진리인 것 같이 보인다. 존재론적으로는 물질과 생물, 마음과 몸, 이성과 감성, 의식과 무의식 등의 구별, 인식론적으로는 주체와 객체, 언어와 현상, 의미와 무의미 등의 사이에는 넘을 수 없는 경계가 존재한다.

플라톤의 '이데아' 개념으로 나타나는 관념론적 형이상학, 데카르트의 '코기토 에르고 숨Cogito ergo sum'의 명제나 파스칼의 '사유하는 갈대'라는 개념에 깔려 있는 인식론적 합리주의, 사르트르의 '즉자'와 '대자'로 양분된 이원론적 존재론, 그리고 '성'과 '속', '영혼'과 '육체', '정신'과 '물질'의 절대적 구별에 바탕을 둔 기독교의 이원론적 세계관에 의하면 마음과 몸은 근본적으로는 서로 소통할 수 없는 별도의 존재론적 영역에 속하며, 그것들은 절대로 서로 섞일 수 없다. 두 가지 종류의 존재자들 가운데 오직 인간만이 물리적·생물학적 속성으로 환원될 수 없고 이성적·영적 동물로서 그밖의 어떤 것들과도 동일시될 수 없다. 인간이라는 동물은 다른 어떤 존재, 어떤 동물과도 절대적으로 분리된 이원론적 구조를 갖고 있는 유일한 존재라는 것이다. 이와 같은 이원론적 형이상학은 비단 서양의 특정한 철학적·종교적 세계관의 전유물이 아니라 근대적 의미의 과학적 지식이 발달되기 이전의 아득한 옛날부터 오늘날까지도 대부분의 사람들을 지배하는 세계관이다.

이러한 세계관은 오직 인간만이 유일하게 정신적·영적·이성적·지적·언어적·공작적 동물로 진화했고, 불과 수백 년 전까지만 해도 상상조차 할 수 없었던 찬란한 문명과 문화를 꽃피우며 자연을 완전히 제압하고 풍요로운 삶을 누릴 수 있다는 사실로서 충분히 입증된다. 이처럼 인간의 특수성을 규정하는 모든 속성들은, 궁극적으로 사르트르가 말하는 '반성적', 즉 '자율적'이라고 규정한 인간 의식의 유일한 특징에서 찾을 수 있을 것 같다. 이와 같은 인간관은 고대 그리스 이래 서양을 지배해온 인간중심적, 합리주의적 사상과 특히 서양인의 오만한 자기 인식과 행동을 정당화하는 데 기여했다. 또한 스스로를 삼라만상 가운데 하나님의 유일한 영적 정신적 존재로서 합리화했던 유대·기독교에 의해서 더욱 강화되어왔다.

서구의 세계관과 인간관은 정신분석학에서의 핵심적인 낱말인 '무의식'이라는 개념의 허구성에 대한 사르트르의 맹렬한 비판으로 분명히 드러난다. 그에 의하면 인간의 본질을 규정하는 인간의 심리현상으로서 의식은 동물의 심리현상과 달리 그냥 의식이 아니라 필연적으로 '반성적'이라는 점에 있는데, 그렇다면 스스로의 활동을 의식하지 못하는 의식으로서의 '무의식'이라는 개념은 그 자체가 모순이라는 것이다.

사르트르에 의하면 동물의 '의식'은 주체의 자율적 사유가 아니라 인과적으로 설명할 수 있는 실리·정신현상이라는 것이다.

일원론적 형이상학―1차원적 세계관

주로 이원론적 형이상학을 전제한 서양의 지배적인 종교적, 철학적 세계관과 인간관은 이미 오래전부터 동양의 도교, 유교, 힌두교, 불교적 세계관에 의해서 부정되었고, 근대 서양에서 발견된 코페르니쿠스의 지동설, 다윈의 진화론, 마르크스의 유물론은 현재 급속히 발달하고 있는 인지과학에 의해서 그 허상이 날로 더 드러나고 있다. 의식, 이성, 마음, 영혼, 신경정신에 관한 지식이 급증함에 따라 인간과 동물, 정신과 육체, 물질과 정신, 초월적 세계와 자연계를 양분해왔던 이원론적 형이상학은 거의 붕괴되었다 해도 과언은 아니다.

이러한 정통적 이원론은 이미 20세기 중반에 발표한 『지각의 현상학』과 『보이는 것과 보이지 않는 것』 등의 저서를 낸 메를로 퐁티에 의해서 강력히 비판되기 시작했다. 그는 '날 존재brute being', '야생적 존재savage being', '언어 이전pre-linguistic', '침묵적silent', '말없는tacit', '육화된embodied', '의미meaning', '존재의 열림ouverture de l'être', '세계의 의미le sens pré-linguistique du monde', '육화된 의미carnal meaning' 등의 개념들을 마구 사용하면서 존재론적으로 몸과 마음, 의식과 무의식, 물질과 정신, 의미의 무의미의 형이상학적 존재론적 인식론적 경계를 허물었다. 메를로 퐁티의 이와 같은 낯선 개념들로 나타난 반이원론적 '살의 철학philophy in the flesh'을 이어받은 언어학자 조지 레이코프와 철학자 마크 존슨은 1999년 그들의 공저 『몸의 철학Philosophy in the Flesh-The Embodied Mind and its Challenge to Western Thought』의 모두에서 메를로 퐁티의 『몸의 철학』을 첫째,

'마음은 본래 살로 되어 있다', 둘째, '사유는 대부분의 경우 무의식적이다', 셋째, '추상적 개념은 많은 경우 은유적이다'라는 세 가지 명제를 제시함으로써 지금까지 서양 대부분의 민중은 물론 철학자들까지도 자명하다고 믿어왔던 초월의 세계와 자연계, 정신과 물질, 초월계와 현실계, 이승과 저승, 속세와 성역, 물질과 정신, 이성과 감성, 의식과 살, 몸과 마음, 의식과 뇌신경망의 이분법적 세계관과 인간관을 전복하고 만다.

레이코프와 존슨의 첫째 명제는 데카르트의 코기토, 칸트나 후설의 본질 직관, 사르트르의 '무'로서의 의식과 배치되고, 둘째 명제는 프로이트의 '무의식'이라는 개념이 논리적으로 모순이라는 이유로 그러한 존재를 부정하는 사르트르의 의식의 존재론에 배치되고, 셋째 명제는 철학의 기능을 개념의 명료화로 규정하는 분석철학관에 정면으로 대립된다.

메를로 퐁티, 그리고 레이코프와 존슨에 의하면 지금까지의 서양철학과 학문의 발목을 잡고 눈을 가리고 있는 기존의 잘못된 이원론적 형이상학과 인간심리학을 완전히 전복시키고 자연과 인간, 언어와 사유의 관계 기능을 있는 그대로 직시해야 하며, 이런 관점에서 새로운 눈으로 봄으로써 새로운 '살의 철학philosophy in the flesh'을 세워야 한다고 다음과 같이 주장한다.

"인지과학, 마음과 두뇌 과학으로……. 우리들은 우리 자신을 좀더 잘 알고 방법, 즉 우리들의 물리적 존재성 ─ 살, 피, 그리고 인대, 호르몬, 세포 및 시냅스synapse ─ 그리고 우리 자신이 어떤 식으로 이루어졌는가를 알도록 하는 방법을 제공해주었다. '살의 철학'이란 바로 이런 우리 자신에 대

한 새로운 인식을 말한다."(568)

위의 세 가지 명제에 공통으로 깔려 있는 일원론적 세계관, 더 정확히 말해서 인간의 형이상학적 유일성을 부정하는 세계관, 즉 대자연의 연속적 일부 혹은 한 유동적 측면에 불과하다는 인식이 옳다는 것이 자명해 보인다. 첫째, 내가 살아 있지 않다면 나는 생각할 수도 없으며 살아 있다는 것은 생물학적 몸인 이상 마음은 곧 몸일 수밖에 없다. 내 몸을 삭제한 상태에서 나는 '생각'은 고사하고 살아 있을 수도 없다. 마음은 지각대상이 아니지만 내 몸 없는 내 마음을 얘기할 수 없다. 최근의 인지과학과 심리학은 뇌세포를 비롯하여 모든 생물학적 기능과 뗄 수 없다는 것을 분명히 보여주고 있다. 마음은 몸의 함수이며, 몸은 신경망을 수성하는 미립자들의 작동 함수에 불과하다. 생물학적으로 내가 죽을 '마음'도 사라진다. '사고'라는 형상의 원천이 무의식적 심리적 작동이며 그러한 작동은 나의 신경과의 인과적 관계로 설명될 수 있다. 추상적 개념들은 객관적으로 존재하는 어떤 관념적 실체를 지칭하는 것이 아니라 몸으로 느낀 경험을 있는 그대로 표현하기 위해 만든 기표라는 것이다.

하지만 안타깝게도 레이코프와 존슨의 이와 같은 '살의 철학'에 함축된 인간존재론, 인식, 마음의 신체성, 사고의 무의식적 원천, 언어의 은유적 본질에 관한 세 가지 명제들은 개념적 차원에서 형이상학적 갈등이 있다. '마음은 신체이다', '사고는 대부분 신체적', 그리고 '추상적 개념들은 대체로 은유적이다' 등의 명제들은 그 의미를 문자 그대로 해석할 때 어법적으로 말이 되지 않는 '옥시모론oxymoron'이라는 논리적 오류를 범하고 있다. 이러한 문제는 레이코프와 존슨이 의존하고 있는 메를로 퐁티의 『지각의 현상학』이나 『보이는 것과 보이지 않는 것』에서도 마찬가지다.

한편으로는 메를로 퐁티, 레이코프와 존슨의 '살의 철학' 혹은 '몸의 철학'에 깔려 있는 존재론, 인식론 및 언어적 의미론이 옳다고 생각되면서 그곳에 담겨 있는 철학적 문제들이 있다면 어떻게 풀 수 있겠는가? 이 문제들의 구체적 내용은 존재와 인식, 의미와 무의미, 마음과 몸, 인간과 자연, 언어와 그 의미, 형이상학적 일원론과 이원론 등의 개념들 간에 서로 뒤엉킨 관계의 매듭들을 총칭하는 것이다. 나는 약 30여 년 전부터 그것에 '존재-의미 매트릭스the onto-semantic matrix'라는 이름을 붙여 여러 맥락에서 사용하고 있다. 서구의 전통 철학을 암암리에 지배해온 이원론적 세계관을 뒤집어서 새로운 철학의 토대로 삼을 수 있다고 믿는 메를로 퐁티, 레이코프와 존슨의 등에 의한 '몸의 철학' 혹은 '살의 철학'이라는 일원론적 철학이 그 나름대로 부닥치는 철학적 문제는 바로 위의 '존재-의미 매트릭스'라는 개념의 해설을 통해서 풀 수 있다고 믿는다.

인간의 존재양상으로서의 존재-의미 매트릭스

인간은 생물학적, 물리적 존재인 동시에 살아 있는 동물이며 모든 것에 나름대로 위치와 의미를 부여하는 영장류이다. 그러나 생명을 잃었을 때는 다른 물질과 다를 바 없이 몇 줌의 흙으로 환원되지만, 살아서 의식이 있는 한 자신을 둘러싼 모든 것들과 인과적 관계를 갖는 동시에 지각적·의식적·의도적·인지적으로 의미론적semantic 관계로 얽혀 있다.

한 개체로서 인간은 살아서 의식을 갖고 인지와 사유의 기능을 할 때 그 자신과 그 주변의 관계는 의식과 의식적 행동에 의해서 유기적·관념적·의도적·인지적으로 연결되어 있다. 인간은 그냥 물질이나 생물체와는 달리 한편으로는 인과적으로 존재하고 다른 한편으로는 지각적, 의도적, 의미적, 언어적으로 연결되어 있다. 인간이 하는 모든 것은 물리적 인과법칙으로 설명될 수 있는 동시에 정신적 혹은 의미론적으로 맺어져 있다. 인간과 그 모든 것과의 관계는 언제나 이중적임을 의미한다. 이런 점에서 자연 안에서 인간의 존재 구조를 '존재-의미 매트릭스'로 볼 수 있고 인간과 자연·사회와의 관계의 한 극단은 물질적 인과적 법칙으로 설명할 수 있으며, 그 반대쪽 극단에 관념적·언어적·의미론적으로 연결되어 있다.

두 가지 극은, 개인적 차원에서 그 관계는 막 태어나는 순간에서 유아기로의 발전, 신체적으로나 정신적으로 가장 활발한 장년기에서 쇠퇴하는 노년기, 그리고 죽어서 순수한 물질로 돌아가는 죽음의 진행과정으로 볼 수 있고, 사회적 문화적 차원에서는 원시시대에서 첨단문명 사회로의 이동과 멸망의 과정으로 볼 수 있다.

존재-의미 매트릭스로서의 인간과 그 이외의 관계는 이중적이다. 한 극단에서는 물리적, 즉 의미중립적, 아니 탈의미적 그냥 존재론적 관계로 연결되어 그 관계는 물리적 인과법칙으로 설명될 수 있고, 그 반대의 극에서는 의식, 관념, 인지, 언어적 의미의 차원에서 해석과 이해의 대상이 된다. 존재-의미 매트릭스로서의 단일한 인간, 즉 그냥 존재로서의 차원을 갖는 동시에 의미차원을 갖는 인간 내부의 두 차원 간의 관계는 존재의 차원에서 볼 때 연속적이다. 반대로 의미차원에서 볼 때 그것들은 단절적이다. 다시 말해서 '존재'차원에서 '의미'차원은 다른 것이 아니라 동일한 연장선에서 설명될 수 있으며, '의미'차원에서 볼 때, 두 차원은 단절적이며 전혀 다른 의미를 갖는다.

존재차원에서 볼 때 몸과 마음, 존재와 의미는 서로 다른 것을 지칭하는 것이 아니라 동일한 것에 대한 다른 관점에 지나지 않고, 따라서 '몸이 곧 마음'이요, '몸이 생각한다'라는 말을 할 수 있다. 이러한 점에서 메를로 퐁티, 레이코프와 존슨의 일원론적 형이상학을 전제하는 '몸의 철학' 혹은 '살의 철학', 프로이트의 '무의식'의 이론이 옳은 데 반해서 플라톤, 기독교, 데카르트, 사르트르의 마음과 몸, 정신과 물체에 관한 주장은 틀렸다.

반대로 의미차원에서 볼 때 몸과 마음, 존재와 의미는 서로 양립할 수 없는 모순된 의미를 갖는다. '몸'과 '마음', '정신'과 '물질', '존재'와 '의미'는 각각 서로 다른 범주에 속하는 개념들이라 서로 동일한 것으로 볼 수는 없다. 이런 점에서는 플라톤, 데카르트, 사르트르의 이원론적 형이상학에 바탕을 둔 세계관과 인간관이 옳고, 메를로 퐁티, 레이코프와 존슨의 일원론적 형이상학과 인간철학, 심리철학, 언어철학은 틀렸다고 볼 수 있다.

그렇다면 존재-의미 매트릭스라는 인간관의 의미차원에서 볼 때 플라톤, 데카르트, 사르트르 및 기독교로 대표되는 이원론적 세계관은 맞고, 메를로 퐁티, 레이코프와 존슨, 그리고 자연과학으로 대표되는 일원론적 철학은 틀렸다고 말할 수 있지만, 존재-의미 매트릭스라는 동일한 인간관의 반대쪽에서 볼 때 전자에 속하는 이원론의 세계관이 맞지만, 일원론을 주장하는 후자의 그룹에 속하는 철학자들의 주장은 틀렸다고 판단해야 한다.

이와 같은 사실은 일원론적 세계관과 이원론적 세계관들 간에 존재하는 갈등은 실재하는 것은 것이 아니라 인간과 자연 간의 논리적 구조를 지칭하는 '존재'과 '의미'라는 두 개념들 간의 관계를 혼동한 결과일 뿐이라는 것을 인식할 때 말끔히 사라진다.

'존재-의미 매트릭스'라는 개념에 사용된 '존재'와 '의미'라는 두 개념은 서로 다른 두 현상 혹은 존재를 지칭하는 말이 아니라, 동일한 하나의 현상, 인간이라는 한 동물의 논리적으로 전혀 다른 두 '차원', '지평'을 지칭한다는 사실을 착각하고, 마치 그것들이 똑같은 논리적 지평에 놓여 있는 것으로 아는 데서 생기는 것임을 깨달을 때 오늘날까지 철학자들을 괴롭히는 존재, 의미, 인식 등의 개념과 몸과 마음, 물질과 정신, 언어와 그 의미, 인식과 존재, 형이상학적 일원론과 이원론, 존재론적 실재론과 관념론 등의 개념적 갈등은 증발할 수 있다.

존재-의미 매트릭스에 비추어본 개인적 및 문명사적 문제

우주와 인간 사이에 존재하는 관계를 '존재-의미 매트릭스'라는 개념, 즉 언어 이전의 존재론적 차원과 언어 이후의 의미론적 차원 간의 보편적 양식으로 도식화한다면, 한쪽 극단에는 존재차원으로 표시할 수 있는 우주와 인간의 공간적 일치 상황을 생각할 수 있고, 다른 극단에는 인간과 우주의 거리가 극대화되어가는 어떤 시점을 생각할 수 있다. 언어적 개입을 전제하는 존재-의미 매트릭스가 존재 우주 삼라만상과 인간의 의식과의 인지적 관계의 기본적 틀이며, 인간의 의식에 비친 언어적 의미화는 오로지 존재-의미 매트릭스라는 구조 안에서만 가능함을 말해준다. 존재-의미 매트릭스 외부에서 그 어떤 것도 인식적 '의미'를 가질 수 없다.

왜냐하면 그 틀이야말로 우주의 삼라만상이 인간에게 나타나고 의미를 갖는 기본적이고 보편적인 조건이기 때문이다. 이러한 점에서 존재-의미 매트릭스는 짙은 밤의 어둠을 깨고 솟아올라 삼라만상의 모습을 인간에게 드러내 보이는 태양에 비유될 수 있으며, 삼라만상이나 인간 의식의 복잡한 상들을 서로 구별하여 인지할 수 있는 우주의 언어로 볼 수 있다.

인간이 어떠한 인식에 적절히 대치할 수 있는 동물로 진화하여 문화적 존재로서 문명을 읽을 수 있었던 것은 인간이 존재-의미 매트릭스로 존재하게 됐음을 함축하며, 이것은 인간이 단순히 물리적 및 생물학적 존재가 아니라 언어를 매개로 자신의 의식대상인 자연-우주로부터의 이탈하여 거리를 두고, 정신적, 즉 관념적 동물로 변신했기 때문이다. 우주-자연으로부터의 이같은 이탈은 인간으로 하여금 우주와 자연을 대상화하여 그것을 바탕으로 문화와 문명을 구축하여 자신의 의도대로 편리하게 지배하는 힘을 갖게 했지만, 그 대가로 인간은 우주-자연으로부터의 소외로 인한 형이상학적 고통을 감수해야만 하는 고아로 전락했다. 이러한 사실은 존재-의미 매트릭스로서 인간의 존재양식은 축복인 동시에 저주임을 의미한다. 그것은 인간이 유일하고 고고한 동물인 동시에 소외와 고독의 아픔을 견디어야 하는 불행한 동물로 존재해야 하는 운명을 타고 났음을 의미한다.

이런 맥락에서 볼 때 인간의 궁극적 목적은 자신이 운명적으로 고통을 받아야 하는 구원인 동시에 자신의 모순된 존재론적 구조인 존재-의미 매트릭스를 환골탈태하여 차원 높은 존재로 새롭게 태어나는 데 있다. 인간의 모든 노력은 바로 이러한 형이상학적 목적 달성을 위한 시도로 볼 수 있다. 인간의 삶은 의미/가치 있는 삶을 위해서, 한편으로는 근심 걱정으로 해방된 양식으로, 그냥 물리적 존재, 즉 사르트르가 말한 '즉자'인 동시에, 다른 한편으로는 의식적 존재로서 부단히 선택하는 고통을 겪으면서 사는 노력의 과정이다. '예술'은 그러한 노력의 가장 대표적이고 보편적인 언어이다. 철학이나 과학과 마찬가지로 예술은 인간의 의식대상 개념화, 즉 '의미화'를 통해서 그것의 정체를 표상하려는 언어이고, 따라서 그 대상과의 거리가 필연적으로 전제되지만 철학이나 과학의 경우와는 달리 그 대상 간의 거리를 삭제하고 재현하려는 작업이다.

하지만 언어의 개입 없이는 표상은 물론 사물의 분별·인지만이 아니라 사유, 원초적 지각, 경험도 불가능하다. 모든 표현은 언어와 그 표상 대상과의 논리적 거리를 전제하므로 언어적 개입 없는 순수한 지각과 인식을 재현하려는 예술적 의도는 말할 것도 없고, 철학이나 과학적 인식과 표상은 물론 모든 지각·경험·인식·사유도 만족스러울 수 없다. 그럼에도 다른 이들과의 소통을 통한 교류를 하지 않고는 생존할 수 없는 이상, 우리는 가능하면 철학과 과학, 수학 등에서 사용하는 전문적 용어보다는 우리가 의미하고자 하는 대상들과 존재론적으로 유사한 이미지를 담은 자연어를 선호한다. 자연어 중에서도 축의적 의미를 갖는 언어보다는 은유적 의미를 갖는 언어를 선호하며, 의미가 어느 정도 확정된 문자적 언어보다는 사물이나 현상 자체를 닮아 모호한 의미만을 전달할 수 있는 비문자적 예술적 언어로서의 미술·조각·무용·음악·연극 등과 사물적 언어, 언어 아닌 언어로서의 예술 장르를 창안해냈다. 예술은 언어에 의해서 자연과 인간 사이에 생긴 단절, 단절로 생기는 자연으로부터의 인간의 소외를 치유하고 자연과 인간 간의 행복으로 되찾으려는 원초적 기획이다. 예술은 위와 같은 언어적 작업이 성공적으로 이루어질 때 비로소 하이데거의 표현대로 따듯하고 포근한 '존재의 집'이 된다.

발표지 미상,『예술과 생태』(2010) 재수록

06
예술의 원형으로서의 공예

어떤 문제에 포괄적이고 심층적으로 천착하여 보편적 진리를 찾고자한다는 점에서 철학의 기능은 과학의 기능과 같지만, 그 탐구의 방법이어떤 존재의 구체적 현상적인 발견이 아니라, 그 현상을 개념적으로 투명하게 한다는 점에서 철학은 과학과 구별된다. 여기서 나는 공예가 그와 유사한 예술, 문명, 그리고 한 발 더 나아가서 인간의 삶과 어떠한 관계를 갖는지 고찰하고자 한다. 이런 고찰을 근거로 나는 공예가 위와 같은 것과의 관계 속에서 차지하고 있는 존재론적 위상과 그 의미에 대한기존의 관념을 재검토하고, 공예·예술·문명 및 삶, 각각의 개별적 인식 및 그 모든 것들 사이의 관계에 관한 전통적 인식을 뛰어넘는 코페르니쿠스적인 인식론적 혁명의 필요성을 주장하고자 한다. "과학은 예술의 렌즈로, 예술은 삶의 렌즈로 봐야 한다"라고 주장한 니체의 표현을흉내 내자면 "문명·문화를 예술의 렌즈로, 예술을 공예의 렌즈로, 공예를 삶의 렌즈로 봐야 한다". 즉 삶을 공예의 원형으로, 공예를 예술의 원형으로, 예술을 문화의 원형으로 봐야 한다는 것이다. 공예가 문명·문화적 삶의 원형으로서 자신의 본래적 위상을 의식할 때, 그것이 자신에 대해서 취해야 할 태도와 지향해야 할 방향이 자연스럽게 보이게 될 것이다.

해체시대의 문명·문화와 공예의 개념

공예라는 제품과 예술작품을 비롯한 그밖의 제품과의 구체적 경계는 무엇이며, '공예'라는 개념과 '예술'이라는 개념 간의 논리적 차이는 어디서 어떻게 투명하고 명확하게 찾아낼 수 있는가? 도대체 플라톤이나 데카르트, 분석철학자나 현상학자가 추구했던 절대적이고 객관적인 공예의 정체성이 존재하는가?

그에 대한 대답은 최근의 시대정신에 비추어볼 때 부정적이다. 절대적 인식, 따라서 절대적 진리를 부정하는 포스트모더니즘이라는 보편적이고 무질서한 상대주의의 쓰나미가 닥쳐와, 과학적 이론과 기술이 잡아준 대로 각자 제자리를 질서정연하게 지키고 살아가던 과학기술 문명이라는 마을은 순식간에 쑥밭이 되어버렸다. 지금까지 견고하다고 믿었던 문명·문화의 마을이 근본적으로 해체deconstruct되고, 그곳은 혼돈과 혼동의 폐허로 변해가고 있다. 그곳에 살던 주민들은 어떻게 살아가야 할지도 모른 채 망연자실한 수재민으로 전락해가고 있다. 예측할 수 있는 것, 확실한 것, 자연현상, 우리의 사유, 궁극적으로 삶을 지탱해주던 첨단 과학기술 시대가 어느 때보다도 불투명하고 막막하며 불확실하고 고통스러운 시대라는 사실은 현대 문명의 풀리지 않는 역설이다.

하지만 좀더 숙고해보면 이러한 상황은 오늘이라는 문명사적으로 특정한 시대의 새삼스러운 상황이 아니라 자연·우주의 근원적 존재원리임과 동시에 보편적 질서인 듯싶다.

모든 것이 자명하다고 지금까지 생각했던 것과는 달리 지금은 모든 존재들 간의 경계가 분명치 않게 되었다. 상대성이론이 보여준 '시간과 공간의 경계', 양자역학이 입증한 '존재의 근원적 불확정성', 괴델의 수학적 명증성의 '불완전성 원리', 데리다의 철학적 '해체' 등으로 알 수 있듯이, 과학이 발달하면 할수록, 철학이 정밀한 논리에 천착하면 할수록 그러한 사실이 더욱 드러나고 있다. 동물과 인간, 식물과 동물, 생명과 물질, 마음과 몸, 노란색과 회색, 파란색과 붉은색, 이성과 감성, 종교와 철학, 과학과 철학, 철학과 문학, 예술과 비예술, 존재와 무, 인식과 존재의 구별과 경계가 희미해지고 있다.

낱말이나 문장의 의미, 명제들의 진/위, 행위의 선/악, 미학적 대상의 미/추 등의 판단에 전제된 정확한 판단대상의 경계선도 보이지 않게 되었다. 지금까지 자명한 것으로 생각했던 수많은 사물들, 현상들, 사건들, 그리고 개념들 간의 경계와 구별을 과거의 습관대로 해서는 더 이상 제대로 못 보고, 자연적 및 문화적 환경에 적응하며 생존할 수 없다. 모두가 각자 위와 같은 문제를 직시하고 그것을 나름대로 풀지 않고는 더 이상 활동할 수 없다. 지적이고 물질적인 질서의 산물인 문명·문화는 총체적인 붕괴와 전면적인 엔트로피entropy의 위협을 받게 되었다.

그렇다면 우리의 문제는 이와 같은 개별적 존재들 간의 근원적이며 보편적인 경계선의 부재와 그로 인한 혼돈을 부정하는 데 있는 것이 아니라, 각 개별적 존재의 '정체성', 존재들 간의 '경계선' 등의 개념들을 재규정함으로써 세계를 재해석하는 데 있다. 문화의 한 산물인 '공예'

의 존재론적 정체성, 개념적 재규정 및 다른 존재와의 경계 문제도 마찬가지다.

공예와 예술의 정체성

'공예'는 어떻게 정의되어왔으며 그것의 존재론적 정체성은 어떻게 재규정될 수 있는가? 이 물음에 대답하기에 앞서 '공예'와 가장 유사한 개념인 '예술'의 개념을 살펴보자. 존재론적 혼동과 개념적 혼돈이 가장 뚜렷하게 도출된 문화적 산물은 '미술품'으로 분류된 제품이다. 그래서 이 '미술품'에서 드러난 혼동을 분석하면 '공예'의 개념을 재정리하는 데 도움이 될 것이기 때문이다.

예술과 비예술의 경계, 나아가 예술의 전체는 어떻게 규정할 수 있는가? 도대체 예술이란 무엇인가? 예술은 고대로부터 다양한 방식으로 규정되어 다른 것들과 분명한 경계를 그어왔다. 예술의 정체성은 플라톤이나 아리스토텔레스 시대에는 '모방'의 개념으로, 16세기 바자리Vasari의 시대에서 20세기 중반 그린버그Greenberg의 시대까지는 어떤 대상의 '재현representation', '독창성creativity' 등의 다양한 개념으로 규정되었다. 근래에 와서 미술을 비롯한 모든 장르의 예술은 전세계적으로 전성기를 누리고 있다. 한국에서도 여러 장르의 예술 비엔날레가 열리고, 수많은 갤러리에서는 개인전 혹은 단체전을 통해 새로운 작품들이 선보인다. 최근 뉴욕이나 런던은 물론 서울의 미술경매장에서도 천정부지로 작품값이 치솟고 있다는 소식이 들려온다.

그럼에도 불구하고 일반인들은 물론 미술계는 어느 때보다도 지적으로나 감성적으로 혹은 철학적으로 혼란과 깊은 수렁에 빠져 있다. 뒤샹의 예술작품 〈샘〉, 특히 워홀의 예술작품 〈브릴로 상자〉의 출현으로 시작된 포스트모던 시대의 예술작품들은 이전까지 예술작품을 규정하고 가치를 평가하는 잣대로 사용되었던 '아름다움', '재현성', '표현성', '독창성'과 같은 전통적 개념들로는 더 이상 설명할 수 없게 되었다. 그것들은 어째서 세잔의 〈사과를 담은 광주리〉라는 그림이 미술대학생이 그린 똑같은 형태의 그림보다 가치가 있으며, 어째서 뒤샹의 〈샘〉이라고 이름 붙은 변기나 워홀의 〈브릴로 상자〉라는 비누상자는 예술작품인 데 반해, 건축자재상이나 슈퍼마켓에 쌓여 있는 동일한 모양의 변기나 브릴로 상자들은 예술작품인가 아닌가를 설명할 수 없게 되었다. 적어도 시간적으로는 그렇다.

디키의 『예술의 제도이론Institutional Theory of Art』, 단토의 저서 『예술의 종말 이후After the End of Art』는 가시적 지각적 차원을 넘어 철학적 차원에서 바로 이와 같은 포스트모던시대 예술계의 혼동과 혼란의 의미를 밝히고, 자신의 철학적 예술규정에 비추어 예술계의 개념을 새롭게 정리한 것으로 볼 수 있다. 예술계로 불리는 사회가 암묵적으로 만들어낸 제도에 의해서 예술작품과 비예술작품이 구별된다고 본 디키의 주장이나 단토의 '육화된 의미embodied meaning'의 예술에 대한 정의는 컨템포러리contemporary 예술작품의 생산으로 생긴 개념의 혼란을 정리하려는 시도였다.

그러나 디키나 단토의 설명은 다 같이 미흡하다. 그들의 예술정의는 어떤 제품이 예술이냐 아니냐를 구별할 수 있는 구체적인 잣대로 사용할 수 없다. 우리는 어떤 제품, 특히 전통적 잣대로는 예술로 취급할 수 없는 전위적이고 황당하기까지 한 작품들 앞에서 아직도 당혹감을 피할 수 없다.

예술과 비예술의 경계선은 아직도 분명하지 않다. 오늘날의 수많은 전시회에서 만나는 전위 작가들의 예술작품을 보면 이러한 사실을 쉽게 확인할 수 있다. 최근 우후죽순처럼 생긴 국내 갤러리에서 현대미술이 전시되고, 미술시장에서는 천문학적인 값으로 작품들이 팔려나가고 있지만 어째서 한 작품이 다른 작품보다 예술적 가치가 있는지는 물론 미술작품과 다른 물건들과의 구별을 납득할 수 있게 설명할 수 있는 사람은 전무하다고 추측된다. 안타까운 사실이지만 큐레이터나 미술사 교수, 미술평론가, 화상이나 화가 자신조차도 예외가 아닐 것이다. 만족할 만한 예술의 정의 역시 아직도 존재하지 않는다. 이른바 컨템포러리 미술작품들이 전시된 많은 미술관이나 화랑들을 둘러볼 때마다 본인을 비롯한 많은 관람객들은 어째서 거기에 전시된 제품들이 예술에 속하는지를 묻지 않을 수 없고, 그것을 창조한 예술가라는 사람들이 하고자 하는 것이 도대체 무엇이며, 그러한 제품들을 전시하고 보존하고 관리하는 미술관이나 박물관을 위한 국가적 투자가 어떤 정당한 의미를 갖는가 묻고 싶어진다.

이처럼 근본적인 문제를 안고 있는 예술과 존재론적으로 가장 가까운 공예는 어떻게 정의될 수 있으며 개념적으로 어떤 경계선을 갖고 어떤 관계로 매여 있는가?

예술로서 제품의 정의가 비예술과의 차별에 비추어서만 정의될 수 있다면 공예로서 제품의 정의는 그와 유사한 구조를 갖고 있는 예술과 제품과의 경계선을 정해야만 가능하다. 앞에서 본 대로 전통적으로, 그리고 상식적으로 믿어왔던 바와 달리 지각적으로 구별할 수 있는 그들 간의 경계선은 존재하지 않음이 드러났다. 현재도 예술철학은 개념적 수렁에 완전히 빠져 나오지 못하고 있다.

그렇다면 공예의 정의도 마찬가지가 아니겠는가? 콜링우드Collingwood 는 예술의 개념을 밝히려는 의도에서 예술품을 지칭하는 낱말인 '아트 art'와 공예품을 지칭하는 낱말인 '크래프트craft'라는 두 낱말의 어원적 의미에 주목한다. 크래프트와 아트는 어원적으로 다 같이 어떤 물건을 만드는 '기술technique·솜씨skill'를 지칭한다는 점에서 동일하지만, 그런 것을 만드는 과정은 사뭇 다를 수 있다는 것이다. 콜링우드에 의하면 그 기술·솜씨는 어떤 경우 이미 머릿속에 정해진 목적 달성 수단과 도구 로서의 제품제작에 적용될 수 있고, 어떤 경우 머릿속에 정해질 수 없는 그 존재 자체가 목적인 '오브제objet'의 창조일 수도 있다. 그는 공예와 예술의 경계선도 바로 위와 같은 식으로 분명하게 구별된다고 주장한 다. 모든 제품들은 한편으로 도구로서, 또 한편으로 존재 자체가 목적인 존재로서 분류할 수 있으며 모든 가치는 수단적·도구적·타율적인 것 과 내재적·본래적·자율적인 것으로 분류할 수 있다. 공예품의 가치는 전자에 속하고 예술의 가치는 후자에 속한다. 이런 이유로 그냥 도구적 솜씨·기술로서의 공예craft는 그와 반대되는 창조적 기술로서의 예술art 에 비추어 상대적으로 비하되어왔다.

예술과 공예라는 두 개념의 위와 같은 방식에 의한 차별화는 예술의 본질을 밝히기 위한 전략이었지만, 그것은 곧바로 공예의 본질을 이해 하는 데 사용될 수 있다. 이러한 사실은 이수철과 윤민희의 공저 『공예 의 이해』본문 첫 부분에 나오는 "공예는 일반적으로 실용성을 바탕으 로 하며, 그 아름다움은 용用으로써 나타난다"라는 문장, 혹은 책의 머 리말에 나오는 다음과 같은 말로 알 수 있다.

"현대 공예는 다양한 표현과 장르의 해체로 전통적인 공예관으로는 이해할 수 없는 매우 복잡한 양상을 띠고 있다. 전통적으로 공예는 일상생활에 필요한 도구나 제품으로서 기능하나, 현대에는 쓰임새와 미를 갖춘 예술로서, 잘 만드는 기술뿐만 아니라 작가의 의미부여가 중요하게 여겨지고 있다.”

위 저자들이 정의한 공예의 개념규정, 공예와 예술의 관계에 대한 인식과 역사적 변천에 관한 설명은 깊이 들어가면 여러 가지 의견들이 있을 수 있겠으나 누구나 쉽게 이해할 수 있고 대체로 공감할 것으로 확신한다. 하지만 위의 정의를 보충하여 현재 '공예'라는 낱말이 소통되고 있는 관례에 비추어 다음과 같이 정의할 수 있다고 본다. '공예는 일상생활의 특정한 목적을 위해서 쓸모 있으면서도 심미적 가치aesthetic value를 지니도록 하나하나 손으로 만든 제품인 동시에 제품을 만드는 작업이다.'

공예의 존재론적 특이성은 그것이 '하이브리드hybrid', 즉 잡혼성이라는 점이다. 공예는 가시적인 도구의 기능적 속성과 심미aesthetic experience라는 비가시적인 내재적 가치를 동시에 충족시키기 위해 만든 제품이기 때문이다. 이런 점에서 일상의 실용적 도구라는 기능적 용도가 배제되고 오로지 심미적 가치만을 목적으로 제작된 것으로 전제된 순수예술의 정의와는 달리, 제품의 순수성을 고집하지 않고 순수성과 유용성, 심미성과 도구성을 동시에 포섭하는 공예의 정의는 예술의 정의보다 훨씬 선명하고 쉽다. 이와 같은 개념규정에 비추어볼 때 심미적 가치를 염두에 두지 않고 공장에서 기계적으로 생산된 모든 일상용 기구들과, 유용성은 염두에 두지 않고 오로지 심미적 감상대상으로 만들어진 적지 않은 공예품은 논리적으로 '공예'의 범주가 아니라 '예술'의 범주에 속한다. 이러한 사실은 한 공예품이 어떤 재료를 쓰든 결과적으로 모든 제품, 즉 콜링우드가 아트·순수예술과 차별하기 위해 사용한 크래프트 간의 경계선에도 한결같이 적용된다.

공예의 존재론적 양면, 하이브리드적 구조는 예술을 비롯한 인간의 물질적·가시적 및 정신적·제도적 산물의 총체로서의 문명·문화, 우리가 a, b, c 등의 개념으로 분류하여 인지하는 모든 것들, 인간, 자연·우주 등도 궁극적으로는 넓은 뜻의 공예품의 범주에 속한다. 왜냐하면 인간이 인식하는 그 모든 것은 바로 그것 자체가 아니라 인간의 선험적 인식구조에 의존하고 있다는 점에서 일종의 '관념적으로 만들어진 제품'이기 때문이다. 이런 점에서 이미 프로타고라스, 칸트가 알아차렸고, 최근에는 굿맨이 주장한 대로 은하수, 별, 구름, 바람, 산, 나무, 태양, 지구, 유전자, 세계, 쿼크, 생물, 동물, 침팬지, 인간, 심장, 마음, 이 모든 것들은 한결같이 자연 그 자체, 사실 그 자체가 아니라 문화적 제품들이다.

이런 점에서 위와 같은 자연현상들은 엄밀히 말해서 자연적 문화적 구조물이다. 니체의 말대로 인간 의식 밖의 "사실들fact은 존재하지 않고 오로지 사실들에 대한 인간의 언어적 해석만이 있을 따름"이기 때문이다. 세계는 인간의 해석과 완전히 독립된 객관적 세계가 아니라 언제나 필연적인 '세계관'이며 그 '세계관'을 구성하는 수많은 개별적인 현상, 물체, 사건, 사실들은 x, y, z의 개념들로 해석되기 이전에 독립해서 존재하는 것들이 아니다.

해석 이전의 우주 안의 모든 x, y, z라고 구별되는 개별적인 사물, 현상, 사건들, 그리고 그것들의 총칭으로서 세계는, 서로 간에 경계선을 그을 수 없고, 구별될 수 없는 단 하나로서만 존재하며 필요에 따라 수만 가지 서로 다른 분류, 구별, 경계 설정이 가능한 미확정의, 수많은 해석, 즉 개념적 구성이 가능한 세계이다. 동일한 것이 과학적, 시적, 종교적 관점에 따라 달리 분류, 구성, 서술, 제작, 설명될 수 있으며 동일한 과학적 세계관 내에서도 물리학적, 화학적, 생물학적인 서로 다른 분류, 서술, 제작, 그리고 설명이 가능하다.

이와 같이 x, y, z 혹은 a, b, c 등으로 개념화되기 이전의 사물, 현상, 사건, 사실들이나 '세계관 w'라는 관념적 구조물이 제작되기 이전의 그냥 세계는 존재하지 않는다는 위와 같은 사실에 비추어볼 때, 예술과 대립되는 좁은 의미에서의 '공예'만이 아니라, 어떤 특정한 목적을 달성하기 위해서 계획적으로 만들어진 예술품을 포함한 모든 문명·문화적 현상들, 그리고 그러한 현상들을 포함한 자연·우주란 별다른 것이 아니라 다 같이 인간이 필요에 따라 자연적 혹은 문화적, 물리적 혹은 관념적인 모든 것들을 통틀어 자의적으로 주어진 여건의 테두리 안에서 최선을 다해서 구축한 잠정적 총체적 공작품이며, 그것이 인간의 생물학적, 정신적 요청을 만족시키는 수단으로 제작된 것이라는 점에서 공예작품과 동일하다.

예술, 문명 · 문화구조의 DNA로서 공예의 구조

앞에서 우리는 21세기 문명·문화의 특징을 모든 경계가 무너지고, 모든 것의 정체성이 희미해진 한없이 상대화되는 과정을 뜻하는 '해체'라는 개념으로 서술했다. 해체된 것은 사물이나 세계 자체가 아니라 그러한 것들에 대해 기성세대가 갖고 있는 관념일 뿐이다.

자연·세계·우주는 원래부터 바로 그러한 상태였기 때문이다. 21세기의 전반적인 해체는 기존에 갖고 있던 세계 인식의 패러다임이 시대적 삶의 조건의 급격한 변화에 적절하게 대처하는 데 더는 쓸모가 없게 되었다는 사실을 보여줄 뿐이다.

그것은 지금까지의 인식 패러다임, 즉 '언어적 인간Homo lingua'이라는 종species이 지구에 출현하여 언어를 사용하게 되면서 수만 년의 경험을 토대로 구축해서 사용했던 인식과 행동의 패러다임이 더는 쓸모없게 되어 오늘의 현실을 인식하고 적응하는 데 새로운 패러다임이 요청되고 있음을 증명할 뿐이다.

인간의 삶은 행동의 과정이며 행동은 반드시 어떤 목적을 전제하고 목적은 인식과 목적 달성을 위한 기술을 전제한다. 문명·문화는 바로 이와 같은 과정의 양식이자 삶의 진작을 위한 도구인 동시에 그 자체가 작가의 정신적 가치의 표현일 수 있는 뛰어난 기술로 만들어진 공예작품이다.

이 작품 속에는 용도와 심미성, 제작된 작품의 도구적 가치와 제작자의 내재적 가치가 역동적으로 공존할 뿐만 아니라 한 곳에서 융합한다. 이런 점에서 공예작품의 존재론적 구조는 응용예술applied art로부터 구별되어서 300년 전 이래 도구적 기능을 배제하고 심미성만을 고집하게 된 순수예술fine art의 존재론적 구조와 구별된다.

그러나 순수예술도 일종의 의도적 행위의 공작물이고 어떤 기술 및 목적을 전제하지 않는 행위가 논리적으로 성립할 수 없는 이상, 니체가 말했듯이 '탈목적론적 아름다움', 즉 순수예술의 가치라는 개념은 자가당착적이다. 근대에 와서 예술이라는 개념이 공예라는 개념과 차별화되기 이전까지, 동굴에 살던 시절부터 인류는 공예와 예술의 차이를 의식하지 않았다. 그들은 거의 19세기 인상파에 가까운 아주 현대적 그림을 그렸고, 자코메티Giagometti나 무어Moore에 못지않은 조각작품을 수없이 많이 만들었다.

공예작품과 예술작품, 예술작품과 그밖의 제품들의 구별은 근대의 인위적이고 자의적인 관습이었다. 원래부터 예술과 공예작품의 존재론적 분류는 의미가 없었고 모든 작품은 당연히 실용성과 심미성을 공유한 '공예작품'의 범주에 속하는 것으로 인식되었다. '도구와 심미적 가치'라는 두 가지 속성으로 구성된 공예작품의 존재론적 구조는 예술작품만이 아니라 모든 문명·문화의 패러다임의 구상을 위한 모델이 되어야 한다.

이처럼 존재론적 혼돈과 개념적 혼동에 빠져 있는 포스트모더니즘의 수렁에서 빠져나와야 예술을 비롯한 문명·문화, 그리고 우리들의 삶의 양식과 의미를 재조명하고 희망과 발전, 질서와 평화의 미래를 기대할 수 있을 것이다.

공예와 그밖의 인간의 모든 활동과 관련하여 나는 다음과 같은 구호를 외치고 싶다.

공예를 예술의 원형으로,
예술을 문화의 원형으로,
문화를 삶의 원형으로!

왜냐하면 이 말은 우리는 살아야 하고 모든 문제는 삶에서 나와서 삶에 귀착되며 삶의 핵심은 무엇을 위하여 어떻게 살아야 하는가의 물음을 압축하기 때문이다.

마지막으로 공예와 그보다 넓은 인간 활동 영역과의 관계에 관한 지금까지의 고찰을 토대로 다음 세 가지, a) 공예가의 자신에 대한 태도, b) 공예 제작의 특정한 목적, c) 작품의 방향 선택과 관련하여 사족과 같은 몇 마디를 붙인다.

a) 공예가는 예술가에 비추어 자신의 직업적 위상을 비하해왔던 근대 이후부터의 잘못된 편견을 버리고, 공예의 존재론적 구조가 모든 인간 활동의 산물로서 문화적 제품의 원형이자 모델이라는 사실을 의식하고 긍지를 가져야 한다.

b) 공예를 버리고 예술을 하기로 마음을 바꾸지 않는 한, 공예가는 자신의 직업적 본분이 심미적 감상대상으로서의 물건object이 아니라, 일상생활에 필요한 소도구를 만드는 것이라는 엄연한 사실을 잊어서는 안 된다.

c) 공예가 한 문명·문화권의 전통과 밀착되어왔지만 지구촌이 급속도로 형성되고 상업성이 중요한 무게를 차지하게 된 오늘날 그것의 도구적 및 심미적 가치가 특정한 자신의 문화권을 초월하여 세계시민들에게 보편적으로 매력적일 수 있는 제품을 만들어야 한다.

발표지 미상, 『예술과 생태』(2010) 재수록

07
예술의 종말 이후 미술사

20여 년 전 서로 완전히 독립적이지만 거의 같은 시기에 발표된『예술사의 종말 Das Ende des Kunstgeschichte』(1983)의 저자인 예술사학자 한스 벨팅Hans Belting과「예술의 종말 The End of Art」(1984)이라는 논문과『예술의 종말 이후 After the End of Art』라는 책의 저자인 철학자 아서 단토가 예술에 있어서의 '종말론'을 언급한 이래, 예술사학계, 예술철학계는 물론 예술과 관련된 모든 관계자들은 당황했고, 그후부터 그들의 예술사관, 예술관을 둘러싼 많은 논쟁은 계속 일어나고 있다. 그래서 나는 주로 단토에 맞추어 첫째, 벨팅과 단토가 사용하는 '종말'의 개념을 정리하고, 둘째, 그들의 종말론에 비추어볼 때 예술의 본질과 예술사가 어떻게 조명되는가를 검토해보고, 셋째, 거기에서 제기될 예술개념과 예술사의 문제 해결을 위해서 단토의 예술개념 규정이 어떻게 보완될 수 있으며, 앞으로의 예술사가 어떤 모습을 갖추게 될 것인가에 대한 추측을 시도해보고자 한다.

예술의 종말과 예술사의 종말[114]

'종말'이라는 낱말은 여러 맥락에서 자유롭게 자주 사용된다. 그럼에도 불구하고 그 의미는 일반적으로 생각하는 것보다 분명하지 않다. 그 낱말의 의미를 어떻게 해석하느냐에 따라 주어진 주제에 대한 대답은 전혀 달라질 수 있다. 그러므로 이 낱말의 개념을 분명히 규정하여 어떤 의미로 사용하는가를 분명히 하는 일이 우선 중요하다. '예술의 종말' 또는 '예술사의 종말'이라는 개념의 발상을 어떤 역사적 맥락에서 읽어야 하며 그들이 사용하는 '종말'이라는 개념을 어떻게 이해해야 하는가? 그들의 종말론은 인류의 사상사를 통해서 줄곧 있었던 종말 사상, 특히 최근의 이른바 포스트 모던주의자들이 말하는 '종말'이라는 개념과 무관하지 않아 보이기 때문에 더욱 올바른 이해가 필요하다.

존재론적 정지·소멸·죽음으로서의 종말

'종말'이라는 말은 크게 두 가지 서로 전혀 다른 존재론적·인식론적 의미로 사용된다. '종말'이라는 부정적이고 어두운 관념은 종교적·철학적·과학적·생물학적·사회적 차원에서 인간의 의식 속에 깊이 존재해

---

114 이 문제에 대한 논의를 시작하기 전에 '미술'과 '예술'의 개념을 분명히 할 필요가 있다. 왜냐하면 이 둘은 엄격히 말해서 동의어가 아니기 때문이다. 우리가 말하는 '미술'이 영어로는 'painting' 혹은 'fine art'로 표기되는 데 반해서, '예술'은 그냥 'art'라는 낱말로 표기되기 때문이다. 벨팅이나 단토가 언급하는 실례들은 대체로 미술작품들이지만, 그들의 각각의 책 제목에서 볼 수 있듯이 그들은 그것들을 예술, 즉 'art'라는 낱말로 지칭한다. 그 이유는 미술과 예술의 엄격한 구별이 원래부터 쉽지 않고, 최근의 컨템포러리 예술/미술작품들의 경우 더욱 그렇기 때문이며, 그들이 들고 있는 작품들 가운데는 좁은 의미로서의 미술에 속하지 않는 것이 적지 않기 때문이었을 것이다. 그래서 원 저자들의 낱말에 충실하여 특별한 경우를 빼고는 미술이라는 말 대신 예술이라는 낱말로 통일하기로 한다.

왔다. 그것은 아득한 옛날부터 힌두·불교의 밑바닥에 깔려 있는 '무無' 와 '공空'의 형이상학적 사상, 유대교·기독교·이슬람교에 깔려 있는 종 말론적 세계관에서 나타난 이래 아직도 세계 인구의 절대다수의 의식 을 지배하고 있다는 사실로 알 수 있다. 그러나 이성과 진보에 대한 낙 관주의적 세계관은 계몽시대와 19세기에 헤겔의 방대한 종말론적 역사 철학적 체계와 니체의 허무주의적 형이상학의 형태로 변모했고, 20세 기 초 문화사가 슈펭글러Spengler의 저서 『서구의 몰락』, 시인 발레리의 유럽의 상대적 쇠태에 대한 예언자적 경종을 담은 논문 「정신의 위기」, 20세기 중반 역사학자 토인비의 '문명의 죽음'에 대한 선포, 21세기 벽 두 뷰캐넌Buchanan의 '서양의 죽음'에 대한 한탄 등에서도 종말론이 나타 났다. 그런가 하면 생태학자들은 자연 생명체의 종말을 경고하고 있으 며, 열역학 제2법칙인 엔트로피 이론은 우주, 즉 모든 존재의 소멸을 예 언한다. 더 가까이 지난 30년간은 여러 종말론이 확산되었다. 데리다는 '철학의 종말', 문학비평가 바르트는 '저자의 죽음', 푸코는 '인간의 죽 음', 리오타르의 '근대의 종말'과 '주체의 죽음', 후쿠야마의 '역사의 종 말' 등 종말론은 이른바 포스트모던적 담론에서 유행어가 되었다.

만일 벨팅과 단토가 '종말'을 존재론적 의미로 사용했고, 만약 그들 의 예술사 종말론과 예술 종말론이 설득력이 있다면 더 이상 새로운 예 술사를 쓰거나 예술론을 논한다는 것은 불가능하다. 다행히 '종말'이라 는 말은 위와 같은 의미와는 다른 의미로 쓰일 수 있으며, 벨팅과 단토 도 그렇게 사용하고 있다. 만일 그들의 논지가 옳다면 '예술의 종말' 후 에도 예술은 존재하며, '예술사의 종말' 후에도 어떤 방식으로든 예술 사는 가능하다.

인식론적 부적절성·오류·무효성으로서의 종말

벨팅과 단토 이전에는 '종말'이라는 개념이 한결같이 존재론적 정지·죽음·소멸을 지칭했다. 이에 반해서 벨팅과 단토의 경우 그것은 예술 일반, 더 정확히 말해서 예술창작 활동의 정지, 예술작품의 소멸, 예술에 관한 역사적 및 그밖의 담론의 죽음을 뜻하지 않는다. 그들에게 '종말'이라는 개념은 어떤 사물들의 의미, 평가 및 역사를 설명하는 데 암묵적으로 전제된 예술에 대한 개념규정의 인식론적 부적절성·오류·무효를 지칭하는 말일 뿐이다.

지역과 시대를 초월해서 지금까지 인류가 만들었던 다양한 모든 예술작품들을 통시적인 동시에 공시적으로 다룬 예술사는 언제 어디서고 존재해왔으며, 앞으로도 예술작품은 계속 창조되어 소멸하지 않으리라는 것이 벨팅과 단토의 주장이다.

지금까지의 예술 개념의 문제점

단토와 벨팅이 각각 예술과 예술사의 소멸·죽음으로서의 종말이 아니라 기존의 예술관과 예술사관의 방법론적 부적절성·오류·무효성으로서의 죽음을 논할 때에도, 그러한 뜻의 죽음은 공시적으로 모든 예술작품과 통시적으로 모든 예술의 역사에 다 같이 해당되는 것은 아니다. 오로지 단토가 '예술의 시기'라고 명명한 13세기 중반 르네상스로부터 1964년 4월 뉴욕시 맨해튼가 이스트 74번지의 스테이블 갤러리The Stable Gallery에 진열되었던 워홀의 작품 〈브릴로 상자〉[115]의 탄생까지의 약 6세기에 걸친 기간에만 해당된다는 것을 그의 책 『예술의 종말 이후』에서

---

115   Arthur Danto, *After the End of Art* (Princeton University Press, 1997) p.35.

주장한다. 만약 그의 주장이 설득력을 갖고 있다면, '예술의 종말 이후'의 예술작품과 예술사의 가능성은 언제나 열려 있음을 함의한다.

단토의 논증을 좀더 구체적으로 들어보자.

단토는 예술시대Era of Art라는 개념을 도입하여 세계의 예술을 통시적으로

a) 가령 라스코 동굴의 들소 그림으로 대표되는 원시시대에서부터 르네상스의 중반에 해당되는 13세기까지의 작품을 '예술시대 이전의 예술'로,

b) 20세기 초 마네의 그림부터 시작하여 20세기 중반 1964년 워홀의 작품이 뉴욕의 한 화랑에 전시될 때까지 지속된 모더니즘 운동 기간의 작품을 '예술시대의 예술'로,

c) 그리고 워홀 이후 포스트모더니즘이라는 이름으로 폭발적으로 생산된 다양한 예술작품들을 '예술시대 이후의 예술'로 각기 3등분한다.

이 세 시기의 특징은 예술의 개념에 대한 존재 여부와 관련해서 첫 번째 시기는 예술이 자신을 다른 사물들과 구별하는 근거로서의 예술의 개념·본질에 대한 의식이 부재했던 역사 이전에 존재했다는 점에서, 두 번째 시기는 바로 그러한 의식이 깨어나서 예술이 자신의 본질·정체성을 찾는 데 쏟은 노력의 시기였다는 점에서, 그리고 세 번째 시기는 예술이 지금까지 자신이 믿고 찾아 그것에 맞추어 작품을 생산하고자 했던 규범으로서의 본질·정체성의 역사적 강박관념으로부터 해방된 이른바 다원적 포스트모더니즘 시대가 되었다는 점에서 각각 다르다.

단토가 말하는 예술의 종말은 바로 두 번째 시기, 즉 예술시대의 종

말을 지칭하며 이때 예술은 곧 예술사와 동의어로 보아야 한다. 위의 세 시기 가운데서 오로지 '예술시대의 예술'의 시기에 한해서 역사를 말할 수 있기 때문이다. 이 시기는 예술의 고요한 존재론적 속성과 기능에 대한 의식이 생기고 그것을 찾기 위해서 흔히 예술과 미술이라는 말로 일컬어지는 순수예술fine art이라는 말로 번역되어 독립된 다른 여러 가지 기술들arts과 전적으로 구별되는 개념을 만듦으로써 그 전후의 다른 두 시기와의 차이를 더 분명하게 드러내게 하였다.

예술, 더 정확히 순수예술 개념을 도입함으로써 자기 정체성·본질을 찾는다는 것은 어떤 목적을 추구한다는 말이며 노력의 통시적 과정, 즉 역사를 통해서 점차적으로 그 목적에 도달할 수 있다는 신념을 전제한다. 그런데 단토는 르네상스 시대를 대표하는 예술평론가 조르조 바사리Giorgio Vasari와 모더니즘을 대변했던 평론가 클레멘트 그린버그Clement Greenberg가 믿고 찾으려 했던 예술의 모방성과 유일성은 다 같이 허상이었고, 그러한 잘못된 예술의 본질에 대한 인식에 근거해서는 다원주의 시대의 컨템포러리 예술작품들은 물론 도서를 초월한 고대 예술작품, 그리고 '예술시대의 예술' 자체도 정연하게 이해하고 설명할 수 없다고 주장한다.

바사리가 믿었던 모방을 통한 대상의 충실한 재현으로서의 르네상스 예술 본질관은 사진기의 발명에 의해서 완전히 깨어졌다. 그리고 워홀의 〈브릴로 상자〉에 의해서 철학적인 변신에 자극 받아 폭발적으로 쏟아져 나온 잡다한 종류의 예술작품들 때문에, 그린버그가 믿었던 예술의 '순수한 유일성'은 더 이상 의미를 갖지 못하게 되었다.

다시 말하자면 바사리와 그린버그가 각각 전제했던 예술의 본질, 예술의 개념규정은 둘 다 보다 쓸모 있는 픽션에 지나지 않았다는 사실이

드러났던 것이다.

예술시대의 역사가 예술의 본질 발견, 즉 예술의 보편적 개념규정을 분명히 하려는 처음이자 마지막 시도였음에 불구하고, 그러한 목적을 쟁취하는 데 역사적으로 실패한 이유는 어디에 있는가? 그 이유는 비트 겐슈타인과 그의 철학을 추종한 와이츠Morris Weitz, 그리고 최근에는 해체주의자 데리다 등의 주장대로 본질의 부재 혹은 개념규정의 논리적 불가능성에 있다는 주장이 나올 수 있다. 그러나 예술의 불변한 본질, 보편적 정의를 전제하지 않고는 예술의 역사는 물론 그 아무것에 대해서도 일관성 있는 담론은 불가능하다. 예술이 인류의 역사와 더불어 존재해온 이상 거기에는 반드시 어떤 보편적 본질이 존재해야 할 것이다. 헤겔이 우주의 역사를 잠재적 본질인 형이상학적 우주적 정신의 자기 정체성에 대한 분명한 의식과 발견의 역사적 과정인 것으로 보았고, 단토가 워홀의 작품 〈브릴로 상자〉를 들어 입증해주었듯이 예술의 역사도 자기 자신의 지각적 식별불가능성이라는 철학적 정체성·본질의 발견을 위한 긴 과정이었다는 것이다.

예술시대의 예술과 그 역사를 대변하는 두 예술비평가 바사리와 그린버그가 구성한 예술시대의 예술에 관한 내러티브narrative는 모든 예술작품에서 보편적으로 찾을 수 있는 필연조건들을 발견하려고 하는 대신에, 자신들이 임의로 정해놓은 고정관념에 맞지 않는 모든 것의 제거를 통해서 정당화하려고 하였다. 예술시대의 예술과 예술사가 본질·정체성의 발견에 실패한 1차적 이유는 여기에 있다. 바로 이와 같은 근거에서 단토는 예술시대의 예술에 관해 바사리와 그린버그가 펴낸 내러티브의 역사를 매니페스토Manifesto 선언의 시대라고 부른다. 단토에 의하면 이 시대의 매니페스토들은 예술의 본질을 전제하고 예술의 역사가 그 본질을 실현하기 위한 진보의 과정에 있다고 믿고 '예술은 이래야 한다, 혹은 예술은 저래야 한다'는 식으로 서로 양립할 수 없는 이념적 선포와 속박의 형태를 띠고 나타났다는 것이다.

르네상스 시기의 바사리에서 시작하여 모더니즘 시대의 그린버그로 끝을 맺은 약 6세기 동안 예술시대 역사는 예술의 고유한 존재론을 의식하여 독자적 정의·본질·정체성을 발견하기 위한 노력이었다. 그럼에도 비트겐슈타인이나 와이츠의 경우처럼 본질의 발견이나 개념규정의 가능성을 부정하거나 예술을 통시적으로나 공시적으로 설명할 수 있는 본질·정의를 발견하는 데 실패한 더 근본적인 이유는, 워홀의 작품 〈브릴로 상자〉에 의해서 처음으로 극명해졌듯이 예술의 본질은 '지각적으로 식별불가능한 속성perceptual indiscernability'이며, 철학적 사유의 대상으로 변신하고 있었다는 사실에 대한 인식부족이었다.

이와 같이 볼 때 예술시대의 담론 분석과 비판을 통해서 단토가 궁극적으로 의도한 것은, 예술 역사상 처음으로 지금까지 존재해온 것만이 앞으로 존재하게 될 모든 예술작품에 일관적으로 적용되어 설명하고 이해할 수 있는 예술 본질의 발견, 예술 개념의 정의를 제안한 데 있었다. 다른 말로 설명하자면 단토의 예술에 관한 모든 담론은 철학적 차원에서 예술의 본질을 찾아내고 그것의 개념을 분명히 하는 데 그 목적이 있었다.

예술시대에서 바사리와 그린버그가 했던 작업이 결국은 예술의 본질에 대한 올바르고 분명한 개념규정에 있었던 것은, 그러한 본질의 발견과 개념규정이 전제되지 않고는 예술사는 물론 예술에 관한 어떤 담론도 논리적으로 불가능하기 때문이다.

이러한 사실로 볼 때 지금까지의 모든 예술담론에 보편적으로 깔려 있는 문제가 풀리지 않는 이유는 잘못된 본질·개념·정체성의 규정에 기인한다는 것을 알 수 있다. 사실, 그렇다. 예술의 명확하고도 보편적인 개념규정 없이 어떻게 예술작품을 비예술작품으로부터 구별할 수 있으며, 그러한 구별이 전제되지 않고는 예술작품의 해석, 감상, 평가, 그리고 역사에 대한 담론이 어떻게 논리적으로 가능하겠는가?

단토의 예술에 대한 철학적 담론의 궁극적 의도가 모든 현상을 보편적으로 적용할 수 있는 어떤 본질을 찾아내는 일, 보편적으로 적용될 수 있는 예술의 개념을 규정하는 작업이었던 것은 당연하다. 그렇다면 단토는 예술의 본질을 어떻게 정의하는가?

단토의 예술 본질론과 예술의 종말 이후 예술사

단토가 말한 예술의 종말은 예술의 소멸·죽음이 아니라 지금까지 믿어왔던 예술의 편협된 본질·개념의 오류를 드러냈다. 그리고 이제야 처음으로 발견된 예술의 본질과 개념에 입각해서 보편적이고 참된 예술사, 다시 말해 특정 지역이나 시대에만 한정된 것이 아니라, 시대와 장소를 초월해서 모든 예술작품을 포함할 수 있는 보편적 세계예술사를 쓸 수 있는 가능성을 열어준다. 왜냐하면 예술사를 쓰자면 어떤 식으로든지 예술의 본질·개념이 전제되어야 하는데, 단토의 담론에는 지금까지 특정한 시대와 지역에만 적용될 수 있었던 예술의 본질과 개념이 아니라, 모든 시대와 모든 장소에 공시적이고도 통시적으로 적용될 수 있는 보편적 예술의 본질과 개념이 함축되어 있기 때문이다.

그러나 실제로 예술사는 물론 예술에 대한 철학적으로 일관된 담론을 구성하기 위해 그 보편적 예술의 본질이 구체적으로 무엇인지를 먼저 알아야 한다. 단토는 워홀의 예술작품 〈브릴로 상자〉를 예로 들면서 그 본질의 독특한 속성은 그것의 '지각적 식별불가능성'에 있다고 규정했다. 그러나 예술사를 쓰기 위해서 예술작품을 수집·분류하고 그 가치를 위계적으로 선택하여 적용하기에 이러한 예술의 본질과 정체성에 대한 개념규정은 너무 막연하다. 이런 문제에 무감각할 리 없는 단토가 보다 구체적인 정의를 내리려 했던 것은 너무나 당연하다.

여기서 단토는 예술의 본질을 다음과 같은 두 개의 명제를 덧붙여 '지각적 식별불가능성'이라는 기본적 조건을 보완해서 설명한다.

a) 예술작품은 반드시 무엇인가에 대한 것으로 존재하는 것이고,
b) 그 언어는 그 무엇인가의 의미를 구체화한다.[116]

명제 a)는 예술작품의 본질이 그냥 감각대상으로의 물질이 아니라 무엇인가에 대해서 의미·지칭·재현·표현하는 일종의 언어라는 것이며, 명제 b)는 그 언어의 의미는 추상화된 개념이 아니라 감각에 호소하는 감성적·미학적·물적인 특성을 가지므로 수학적 언어와 일상적 언어로 구별된다는 것이다.

위와 같은 두 가지 조건 말고는 이제 예술은 "어떤 특정한 것을 할 이유는 전혀 없는 것처럼 되었다".[117] 이렇게 해방된 예술관은 전통적인 것은 물론 어떠한 기존의 예술관과 통일해서 설명할 수 없는 포스트모

---

116 위의 책, p.95.
117 Arthur Danto, *Beyond the Brillo Box*(The Noonday Press, 1994) p.223.

던의 다원주의적 예술의 출현 현상을 설명할 수 있게 되었다. 이런 점에서 단토의 예술의 정의는 신선한 의미를 갖는다.

단토의 예술관은 예술사에 어떤 의미를 갖는가? 그것은 지금까지 예술사를 대표해왔던 바사리와 그린버그의 약 6세기에 걸친 예술계의 이야기가 극히 제한된 시대와 지역(유럽) 중심으로 잘못 설명되어왔다는 사실이다. 수학적이나 물리학적 이론이 보편성을 갖추어야만 되는 것처럼 예술사도 모든 예술에 보편적으로 적용될 수 있는 예술의 정의를 전제한다. 단토의 정의가 보편적으로 적용될 수 있다고 전제할 때 단토는 세계예술사, 즉 모든 예술을 담을 수 있는 예술사의 틀을 처음으로 마련했다고 볼 수 있다. 이런 점에서 그의 예술에 대한 정의에 나름 동의한다.

하지만 단토의 정의에만 근거해서는 세계예술사뿐 아니라 특정한 지역이나 시대의 예술사조차도 쓸 수 없다. 왜냐하면 이와 같은 두 개의 조건을 보완하더라도, 단토의 정의로는 예술작품과, 같은 조건들을 갖춘 평범한 상징물, 가령 한 국가를 상징하는 국기의 디자인, 토템, 각종 기념비와의 구별이 불가능하기 때문이다. 이런 상황에서 쓸 수 있는 예술사는 '예술작품'이라고 부르는 모든 것을 일관된 평가적 기준 없이 시대와 지역마다 각각 다른 목적과 이유에서 긁어모은 기록 이외에 아무것도 아니기 때문이다.

지금까지 소중하게 평가되고 있는 유명한 예술사들, 가령 파노프스키Panofsky의 『도상해설학 연구』, 특히 사회 정치적 이유에서 한국에서 엄청나게 읽힌 하우저의 『예술의 사회학』, 곰브리치의 『서양미술사』, 『예술과 환영Art and Illusion』, 그리고 플레밍의 『예술과 사상』을 포함한, 어쩌면 대부분 예술사가 바로 위와 같은 예술사들이 아닌가 싶다. 이런 점에서 볼 때 벨팅의 생각과는 달리, 예술사가 종말을 맞은 것이 아니라 처음부터 예술사다운 예술사가 한 번도 쓰여지지 않았다고까지 말할 수 있다. 그것들은 지금까지 존재해온 모든 예술작품들의 차이와 의미를 예술적 관점에서 정연한 원칙과 논리에 따라 기술, 설명, 해석, 평가한 이론이라기보다는 예술과 이미지, 사회변천, 지각 또는 한 시대를 지배하는 이념 등과의 인과적 관계에 대한 이야기이거나, 아니면 아예 예술과는 직접 상관없는 문제와 현상들을 설명하기 위해 동원된 언급이 아니었던가 싶다.

앞으로 예술사다운 예술사를 쓰자면, 단토의 경우처럼 우선 모든 시대, 모든 곳의 예술작품에 보편적으로 적용할 수 있을 뿐만 아니라, 더나아가 예술과 그밖의 모든 것을 구별하는 근거를 제시할 수 있는 새로운 개념규정이 필요하다.

나는 1980년대부터 그러한 논리적 요청에 의해서 '양상론적 예술의 정의'를 누차 제안하고 주장한 바 있다.[118] 예술작품은 필연적으로 물리

118 a) Ynhui Park, "Artwork as Language," in *Man, Language and Poetic Intention*(Seoul National University Press, 1999).

b) Ynhui Park, "The Ontological Modality of Artwork," in *Man, Language and Poetic Intention*(Seoul National University Press, 1999).

c) Ynhui Park, 'The Transfiguration of the World into a Work of Art' presented at The 14th International Congress of Aesthetics at Lahti Finland, 1998, published in *Aesthetics*, vol. 20, The University of Tokyo Press, and then included in Ynhui Park, *Reality, Rationality and Value*(Seoul National University Press, 1999).

d) Ynhui Park, 'The Concept of Art at the End of "After the End of Art"', to be included in *The Philosophy of Arthur Danto*(Open Court Publishing Co., La Salle, Illinois, 2007).

e) Ynhui Park, 'The Self-Deconstructive Process of Art as a Form of Reconstruction of the World' in Selected Papers of the 15th International Congress of Aesthetics, at Tokyo, 2001.

적 존재가 아니라 '의미적 존재semantical being'로서의 언명proposition으로 본다는 점에서 나는 단토와 동일한 입장에 있지만, 그가 언명을 진위를 결정할 수 있는 진술statement로 취급하는 데 반해서, 나는 그에 대한 진위 주장이 배제되고, 칸트가 말한 세 가지 판단 양상 가운데서 오로지 한 명제의 진리 가능성만을 제안하는 판단 양상modality의 관점에서만 봐야 한다는 점에서 그의 입장과 다르다. 나의 '예술 양상론'은 예술의 존재양식이 사실적factual이 아니라 개연적problematic이며, 가능한 세계possible world라는 것을 주장한다. 워홀의 〈브릴로 상자〉를 예술작품으로 볼 수 있는 근거는 그것의 어떤 물리적 속성에 있는 것이 아니라 무엇인가를 뜻하는 언명으로 볼 수 있기 때문이다. 개연적 존재양식을 갖는다는 점에서 예술은 언제나 세계를 새롭게 볼 수 있는 가능성을 열어준다. 이런 점에서 예술은 우리를 관습적 사고로부터 해방시켜 세계에 대한 지평을 넓혀준다.

바로 이같은 예술의 근본적 기능에 비추어볼 때 개개의 예술작품은 상대적으로, 그러나 논리적으로 평가될 수 있고, 세계예술사이든 특정한 지역 내의 특정한 기간의 예술사이든 논리적으로 일관된 예술사가 가능하다.

《미술사학보》, 2006

08

둥지의 건축학

약동하는 생명으로 넘치는 지구가 없었다면 아무리 반짝이는 별들로 가득 차 있더라도 우주는 삭막했을 것이며, 동물이 둥지를 틀고 살지 않았더라면 다른 생명이 넘치더라도 지구는 쓸쓸했을 것이다. 사람이 없는 자연은 고독하며, 한 채의 집, 하나의 마을이 그 품에 들어 있기에 하나의 풍경의 아름다움은 더 균형이 잡히고 빛을 낸다.

인간을 포함한 모든 동물의 궁극적 목적은 행복의 추구이다. 그러나 그러한 행복은 종족 번식을 통한 생존과 번영을 전제하며, 이러한 전제들은 각기 동물들이 주어진 환경에서 자신의 생물학적·역사적 조건에 맞게 가장 적절히 적응할 것을 요구한다. 모든 생물에 있어서 개체적 삶이란 각자 자신에게 주어진 여건 속에서 그것을 가장 바람직한 환경으로 재구성하는 전략적·기술적 발명과 적용과정으로 볼 수 있다.

동물들이 트는 둥지나 인간이 짓는 집은 다 같이 생물학적으로 결정된 조건에 따라 자신들의 궁극적 목적 달성을 위해서 불가피하게 고안해야 할 거처다. 동물은 살아 있는 전체 기간을 통해서, 때로는 잠정적으로 나름대로의 둥지를 틀고 살고, 인간은 항상 어떤 형태로든 집을 짓고 산다. 동물들의 둥지나 인간의 집은 소극적으로는 추위나 더위, 비나 눈과 같은 외부로부터의 물리적 재난이나 맹수와 같은 포식동물들 또는 적대적인 다른 인간들로부터 자신과 가족들의 생명과 소유물을 보호하고, 적극적으로는 자신의 종족번식, 번영, 그리고 행복을 위한 필수적 공간이다. 둥지와 집은 동물과 인간에게 다 같이 불가피한 생존조건인 동시에 전략이다.

그러나 동물의 거처인 둥지 양식이 시간과 장소를 초월하여 변하지 않는 것과는 달리 인간의 거처, 즉 '집'은 양식이나 기술이나 스케일이나 기능의 효율적 관점에서 볼 때 시대와 장소에 따라 항상 변한다.

봄에 찾아오는 제비는 한국에서나 중국에서나 똑같은 식으로 둥지를 틀고 알을 까서 새끼를 키우며, 연못에 사는 수달은 천 년 전이나 지금이나 똑같은 모양으로 나뭇가지를 끌어와서 둥지를 틀고 서식한다. 그러므로 동물에게는 둥지를 무슨 재료를 써서 어떻게 어떤 모양으로 틀어야 하는가의 문제가 생기지 않는다. 동물의 경우 이상적 둥지의 모델은 영원히 고정되고 똑같이 전수된다. 이미 생물학적으로 주어진 모델에 따라 본능적으로 튼 둥지는 곧 그들의 꿈의 거처가 된다.

반면 인간의 거처인 집의 경우는 다르다. 시간적 축에서 볼 때 프랑스의 라스코 혹은 스페인의 알타미라 동굴에서부터 오늘날에 이르기까지 세계 대도시에 우후죽순처럼 솟는 마천루로 발전했고, 공간적 축에서 볼 때 몽골이나 아프리카 벨베르족의 텐트에서부터 시작하여 베르사유 궁전을 거쳐 현재 서울 복판에 서고 있는 최첨단 고층아파트에 이르기까지 한없이 다양하다. 동물들이 집단적으로 둥지를 틀고 한 곳에 큰 거처를 구성하지 않는 데 반해서, 인류는 문명의 발달과 병행하여 많은 도시를 꾸며왔으며, 최근에는 인구 천만 명이 넘는 메가 시티를 지구 각처에 구축하고 살게 되었다.

인간의 거처인 집의 영원불변한 모델은 존재하지 않아 보인다. 새로운 집을 지어야 할 경우 새로운 세대의 새로운 장소에서 건축가나 집주인은 각기 자신의 구체적인 조건에 가장 맞는 유일한 양식의 집을 설계하고 건설해야 하는 혼란과 그러한 혼란에서 오는 고통, 집의 좋고 나쁨, 성공과 실패를 측정할 보편적 잣대의 부재에 대한 합리적 평가의 불가능을 논리적으로 함축한다. 그렇다면 어떤 집, 어떤 도시가 꿈의 집, 꿈의 도시일 수 있는가? 그러한 집과 도시의 모델은 존재하지도 않고 존재할 수도 없다고 봐야 할 것 같다.

정말 그럴까? 나는 건축에는 문외한이지만, 건축에 대해서 평소 관심과 애정을 갖고 미학적 및 철학적 관점에서 가져온 소박한 문제를 제기하고, 내 나름대로의 대답을 제안해보고자 한다. 첫 번째는 언뜻 보기와는 달리, 건축가들이 자신들의 작품을 설계할 때나, 모든 이들이 자신의 거처로서의 집이나 그밖의 건물 일반을 대한 태도로 볼 때나 논리적 관점에서 볼 때, 보편적 건축 모델과 평가 잣대가 존재할 가능성이 있다는 소극적인 점이다. 두 번째는 동물들, 특히 새들의 '둥지'의 구조가 모든 인간의 집을 비롯한 모든 건축의 보편적 모델이 될 수 있고, 그 모델에 깔려 있다고 볼 수 있는 '생태학적 조화'라고 부를 수 있는 "둥지의 건축학"의 기본적 원리가 모든 건축물에 대한 평가의 보편적 척도가 될 수 있다는 주장을 펴겠다는 적극적인 점이다.

건축 평가의 객관적 잣대가 존재하는가?

예술작품을 비롯해서 모든 작품과 행위는 평가의 대상이 된다. 이러한 사실은 건축의 경우 더욱 분명하다. 모든 건축가는 주어진 여건 안에서 가장 좋은 집을 지으려 하고 건축의 소유자는 같은 값이면 가장 좋은 작품을 갖고 싶어 한다. 누구나 자신이 좋아하는 집이 있고 각별히 살고 싶은 마을이나 도시가 있다.

사람들의 얼굴이나 산들의 모습이 서로 다르듯이 수많은 집들이나 도시도 완전하게 동일한 것은 없다. 많은 사람이나 산 가운데에 가령 마릴린 먼로나 소피아 로렌과 같은 특정한 사람이, 그리고 설악산, 후지산이 각별히 많은 대중의 마음을 거의 보편적으로 사로잡듯이, 또 수많은 집이나 도시 가운데 가령 아테네의 고대 아크로폴리스 신전이나 이스탄불의 소피아 성당 같은 특정한 건축물과 파리나 프라하 같은 도시는 건축가나 도시계획가만이 아니라 일반 대중들의 공통적 감상과 찬양의 대상이 되어 있다. 그러다 보면 건축이나 도시의 좋고 나쁨, 성공작과 실패작을 가늠하는 객관적 척도가 있을 법하다. 정말 그런 것이 있을까? 나 자신의 건축과 도시에 대한 느낌과 기호에 대한 이야기로부터 문제를 생각해보자.

1965년 말에 나는 몇 년 동안 살던 파리를 떠나 미국 땅, 그것도 뉴욕에 처음 도착했다. 그때 나는 높고 거대한 현대적 건축물에서 부와 기술의 경이로운 힘을 느꼈지만 그곳에서 살고 싶은 생각은 전혀 없었고, 10여 일 후 로스앤젤레스로 가서 약 3년 가까이 살면서도 하루라도 빨리 그곳을 빠져나오고 싶은 생각뿐이었다. 태평양 해변이나 베벌리힐스 부촌에 있는 주택의 호화로움과 아름다움에 압도되기도 했지만, 그밖의 대부분의 지역에 들어선 상자갑 같은 집과 고층건물이 무질서하게 섞여 있는 그 도시에서 인간적 느낌이라고는 전혀 느낄 수 없었기 때문이다. 그럴 때마다 나는 가난하게 살았음에도 불구하고 파리만 줄곧 그리워하였으며 프랑스의 지방 도시에서 본 주택들을 반추하고 지냈다.

그후 미국 케임브리지에서 20여 년 사는 동안에도 은퇴한 후에는 뉴잉글랜드의 북쪽 산 속 작은 마을의 자그마한 목조건물에서 조용히 살 계획을 세우고 있었다. 뜻밖에도 10여 년 전부터 한국에 돌아와 살면서도 나는 아주 작은 시골 마을에 소박하고 아담한 집을 구해 살고 싶었다. 지금 한국의 어느 도시를 가도 숲보다도 더 빽빽이 우후죽순처럼 솟아오르는 고층 아파트단지를 볼 때마다 나는 저런 곳에서는 절대 못 살겠다는 생각을 했다. 서울을 비롯한 거의 모든 대도시의 거리는 복잡하고 상자와 같은 아파트의 공간은 생각만 해도 숨이 막힐 것만 같다. 그러나 나는 지금 바로 그러한 아파트단지의 한복판, 한 구석에 위치한 상자 속에 살고 있다.

이러한 현실을 의식하면 의식할수록, 비록 작은 마을에 살고 싶음에도 불구하고 필요상 도시에 산다 하더라도 나는 보다 쾌적한 도시에 살고 싶고, 아파트보다는 단층이나 2층의 독립주택에 살고 싶다. 이런 생각이 들 때마다 파리(프랑스), 뮌스터(독일), 아리타(일본), 로텐부르크(독일), 아를(프랑스), 프라하(체코)와 같은 도시와, 뉴잉글랜드 특유의 푸른 정원이 붙은 자그마한 목조양식의 집, 붉은 기와지붕에 하얀 회벽을 칠한 스페인식 집, 몇 채 안 되는 산골 동네에 산을 뒤로 하고 있는 한국의 아담한 집이 머릿속을 스쳐간다.

내가 좋아하는 건물이나 도시의 예를 좀더 들고, 나의 건축과 도시에 대한 미학적 기호와 그러한 것을 대하는 태도에 대해 말해보자. 유럽 각지에 서 있는 성당이나 교회의 건물이 내 마음을 끈다. 그러나 나는 화려하게 장식된 바로크식 건축보다는 날씬하게 뻗은 고딕을, 요사한 후기 고딕보다는 아주 소박하면서 세련된 초기 고딕 성당을 더 좋아한다. 돌담으로 둘러싸인 뉴잉글랜드 작은 도시의 푸른 공원 한복판에 날씬한 화살 모양 지붕의 흰색 목조 교회당이 항상 내 마음을 끈다. 같은 맥락에서 나는 신전 기둥의 장식으로 코린트식보다는 이오니아식을, 이오니아식보다는 도리스식을 선호한다.

경상도 산골 과거 유림들이 살았으리라 추측되는 솟을대문이 열려 있는 흰 회벽 전통 한옥에서 나는 은은함과 소박미를 느낀다. 불국사 청운교의 구조적 미를 빼놓을 수 없다. 에도시대의 유물로 더러 남아 있는 일본 전통 초가집에도 마음이 끌린다. 나는 그 모습의 일면을 하회나 청운동 일부에서 볼 수 있는 전통 한옥들의 도시 주택 구조보다는 유럽, 그리스, 일본 등의 오래된 도시에 남아 있는 일종의 연립식 주택 구조를 미학적으로 선호한다.

나는 유대교 사원 양식보다는 전통적 양식의 성당이나 교회를 선호한다. 어느 겨울 밤 이스탄불 한 호텔에서 창밖을 바라보았을 때, 시야에 들어온 수많은 모스크들의 뾰족한 탑들로 이루어진 빛의 숲을 보고 황홀한 신성함을 감출 수 없었다. 나는 조명 속 아테네 아크로폴리스의 파르테논 신전의 경관에서 한없이 아름답고 무한히 신성한 초월적 세계와 접하는 기분이었다. 나는 또한 베르사유 궁전보다는 퐁텐블로 궁을 선호한다. 일본의 각 지방에 있는 크고 작은 여러 성들에서는 일본의 독특한 구조적 미를 발견하고, 프랑스 루아르 강변 곳곳의 경치에 품위와 격을 돋보이게 하는 샹보르 성을 비롯한 여러 성들의 우아함에도 감동을 감출 수 없다. 그런가 하면 독일 라인강 양쪽에 높이 솟은 산꼭대기 음침하고 무서워 보이지만 당당하고 씩씩하게 서 있는 중세 영주들의 성곽에서 전투적 기상과 함께 독특한 고풍적 미를 체험한다.

파리의 대성당, 르 코르뷔지에의 두 작품, 롱샹에 지은 검은 지붕과 흰 벽에 버섯 모양을 한 예배당, 하버드대학 건축학과의 일부로 지은 카펜터 센터는 내 기억 속에 오래 남은 건축물이다. 경주의 불국사, 파리에 있는 루브르 박물관, 마들렌 성당, 로댕 박물관, 시드니 항의 오페라하우스, 페이I. M. Pei의 여러 작품들, 뉴욕 구겐하임 미술관 및 시그램 빌딩 등도 각기 나름대로 내 기호에 맞는 건축물들이다. 지금은 기둥만 앙상하게 남아 있지만 델피에 세워졌던 고대 아폴로 신전도 내가 좋아하는 건축물 가운데서 빠질 수 없다. 나는 이집트의 거창하고 질박한 건축에서 느끼는 감각보다 스케일은 작지만 우아한 그리스의 건축학적 감성을 주저 없이 선택한다.

그러나 코르뷔지에의 작품이긴 하지만 그가 설계한 마르세유의 성냥갑을 나란히 겹친 모양의 서민 아파트와 그런 아파트로 꽉 찬 주거단지, 바우하우스 스타일의 기능적 구조물, 가우디가 지은 바로셀로나 대성당, 파리의 퐁피두 센터, 독일 쾰른의 모든 것을 압도하는 대성당, 곡선을 강조하여 기와지붕을 덮은 중국 전통 가옥은 내 건축에 대한 기호의 밖에 놓여진다. 나는 오래전부터 유행하기 시작한 원색을 칠한 이른바 '포스트모던'적 건축가 벤츄리Venturi 스타일의 건축물과 최근 그러한 건물들로 꽉 찬 도시 라스베가스를 무척 싫어한다.

나의 위와 같은 건축물이나 도시에 대한 태도와 선호가 어떤 객관적 근거를 갖고 있는가? 어째서 어떤 특정한 건물을 선호하고 다른 것을 평가절하하며, 왜 어떤 건축가를 높이 평가하고 다른 건축가를 싫어하며, 어떤 이유로 특정한 마을이나 도시를 선택하는가를 나에게 묻는다면 나는 이런저런 이유와 근거를 꾸며낼 것이며, 그러한 평가의 이유와 근거는 다른 사람들이 다 같이 인정하는 평가기준이 될 수도 있을 것이다. 실제로 어느 정도 그렇기도 하다. 그 이유로 많은 사람들이 내가 좋아하는 건축물과 건축가들을 높이 평가한다는 사실이나, 또는 시대와 장소를 초월하여 건축사학자나 건축가들이 상대적이지만 다 같이 통시적이며 공시적 관점에서 뛰어난 것으로 공감하는 건축물, 건축가들이 이야기를 담은 건축사가 쓰여졌고, 또다시 계속 쓰여지고 있다는 사실을 들 수 있다.

그러나 이러한 사실은 다른 사실을 감출 수 없다. 실제로 모든 사람들이 동일한 건축물과 도시에 대해서 언제나 동일한 의견을 갖고 있지 않다는 사실을 지적해야 한다. 이른바 지식인들이 좋다고 말하는 건축물들과 일반 대중들이 좋다고 생각하는 건축물은 다르며, 같은 지식인에 속하면서도 각기 그들이 좋아하거나 싫어하는 건축물들 사이에는 큰 차이가 있다. 같은 일류 건축가들이나 건축비평가들 사이에도 평가는 사뭇 다를 수 있으며 한 시대의 평가기준은 다른 시대의 평가기준과 다르다. 그것은 모든 평가가 궁극적으로는 평가대상의 어떤 객관적 사실의 기록이 아니라 그러한 대상에 대한 평자의 주관적 반응의 표현이기 때문이다.

예술작품에 대한 평가가 그러하듯이 건축작품에 대한 평가는 보편적이고 객관적 근거에 바탕을 두고 있는 것이 아니라, 궁극적으로는 평자의 기호의 표현에 지나지 않으며, 따라서 주관적 사안에 속한다. 모든 사람들이 완전히 동일한 평가를 내린다는 경우를 가정하더라도 사정은 가치평가가 객관적 사안이 아니라 주관적 사안에 속하며, 따라서 그러한 평가의 합리적이고 실증적 근거를 댈 수 없기는 마찬가지다. 이러한 경우 모든 사람들의 일치된 평가는 모든 사람들의 기호가 우연히 일치했다는 증거에 지나지 않는다는 사실뿐이다.

그렇다면 건축의 좋고 나쁨에 대한 평가는 평자의 기호에 따라 상대적일 뿐 객관성을 전혀 따질 수 없는 사안에 속하는가? 그것은 순전히 그때그때 우연히 발생하는 순간적 느낌에만 의존하는 것인가? 실제로는 그렇지 않다. 한 건축물이나 한 도시에 대한 나의 평가가 궁극적으로는 나의 기호, 즉 주관적 판단에 근거한다고 하더라도 나는 가치판단에 대한 나름대로의 이유나 근거를 반성적으로 찾아 제공할 수 있다. 실제로 대부분의 사람들은 필요할 경우 자신의 가치판단의 이유와 근거를 나름대로 댄다. 이러한 사실들은 절대적 차원에서 건축물에 대한 가치평가란 단 하나의 근거를 댈 수는 없어도 좀더 하위적인 몇 가지 서로 다른 근거가 있을 수 있고, 실제로 많은 경우 그러한 근거에 의해 뒷받침된다. 어떤 건축가가 특정한 건축물을 특정한 모양으로 설계하고, 어떤 특정한 건축물 구매자가 특정한 장소에서 특정한 건물을 구입할 때, 그들의 결정은 우연 혹은 기분에만 의존하는 것이 아니라 나름대로 냉정한 합리적 논리와 사유에 근거한 계산의 산물이다. 건축물의 좋고 나쁨에 대한 즉흥적인 판단의 경우에도 무의식적 차원에서 어떤 합리적 사유가 반드시 작용하는 것으로 보아야 한다. 인간의 행동, 판단은 완전히 무의식적, 즉흥적일 수 없다.

앞에서 언급한 수많은 종류의 건축물과 수많은 건축가들에 대한 나의 주관적 선호도의 경우도 다른 이들이 보편적으로 공감할 수 있을 것인가 아닌가의 문제와는 별개로, 그것은 내 기분의 산발적인 표현이 아니라 무의식적 차원에서나마 나름대로의 합리적 근거가 마련되어 있다. 어느 수준까지의 합리적 근거가 제공될 수 없는 한, 건축물에 대한 좋고/나쁨, 성공/실패, 아름다움/추함을 둘러싼 담론은 전혀 무의미하다.

그렇다면 과연 건축의 가치는 어떤 잣대 혹은 몇 가지 잣대로 측정될 수 있는가?

건축물의 평가에 적용된 잣대의 다양성

모든 가치평가는 반드시 어떤 관점에서만 가능하다. 특정한 관점을 떠난 초월적·총체적 관점에서의 평가는 존재하지 않는다. 그러나 평가대상의 성격에 따라 평가적 관점은 바뀐다.

가령 수학적 혹은 과학적 평가는 오로지 진위와 그것을 뒷받침하는 논리에 의해서만 가능하지 그것이 우아한 언어로 좋은 종이 위에 진술됐느냐 등의 문제는 전혀 고려의 대상이 될 수 없다. 예술작품의 경우 그것의 진위 문제는 그것의 평가관점이 될 수 없으며, 넓은 의미에서 '예술적', 더 일반적으로는 '미학적' 관점만이 평가적 관점이 될 수 있다. 이런 점에서 수학·과학·철학 등 학문의 평가적 관점은 비교적 단순하다. 하지만 위 두 경우와는 달리 건축의 경우는 좀더 복잡하다.

건축 평가에 있어서는 어떤 관점들이 고려되어야 하는가?

편의상 다음과 같은 몇 가지만을 우선 생각해볼 수 있다.

첫째, 기능적 관점이다. 모든 건축은 각기 나름대로 특정한 우선적 기능을 목적으로 구축한다. 주택의 경우 그것은 평안하고 주인에게 가장 유용한 주거공간이며, 관공서·공장·역·감옥·기념관 등은 각기 특정한 작업을 수행하기 위한 공간이다. 이러한 기능적 관점이 빠진 건축의 평가는 있을 수 없다. 건축이 어떤 특정한 기능을 수행하기 위해서 존재한다는 아주 원초적 사실을 환기시키고 강조한 건축관은 그로피우스Gropius가 대표하는 바우하우스 파의 혁명적인 건축양식과 마르세유 서민주택과 같은 건물을 설계한 코르뷔지에의 건축철학으로 대표된다. 의도된 목적에 비추지 않은 기능은 존재할 수 없는 만큼, 한 건축물의 평가는 그 기능에 비추어보지 않고는 불가능하며, 기능은 그 건물에 의도된 목적을 떠나서는 말할 수 없다.

둘째, 미학적 관점이다. 물리적으로 존재할 수밖에 없는 만큼 모든 건축물은 필연적으로 공동체 구성원들의 시각적 경험대상이 되고, 시각적 경험은 인간에게 빠질 수 없는 미학적 가치를 동반하는 이상, 그것들은 인간의 미학적 가치에 대한 욕구를 최대한 충족시킬 수 있어야 한다. 모든 건축이 의도적으로 혹은 무의식적으로 기능적일 뿐만 아니라 언제나 '보기 좋은', '아름다운' 것이 되도록 설계되는 것은 당연하다. 무엇보다도 어떤 기능을 위해 설계된 건축이 그냥 도구로서의 '집', '공장', '기념관', '박물관'에 머물지 않고, 내재적 가치를 가지는 '예술작품'으로도 취급되어 그것의 미학적 가치가 평가받아 예술사의 중요한 일부를 차지하게 된 것은 우연이 아니다.

셋째, 공간적 관점이다. 건축은 필연적으로 물리적으로 존재하며, 한 건축물이 차지하고 있는 물리적·사회적·문화적·역사적 공간은 건축물 자체와 떼어서 생각할 수 없는 일부가 된다. 그러므로 구체적인 건축의 특정한 기능을 수행할 수 있는 하나의 건축은 비록 그 자체의 기능에는 변화가 없더라도 그것이 차지하고 있는 공간적 위치에 따라 가치가 달라진다. 똑같은 건축물이라도 여러 차원에서 본 공간의 위치에 따라 그 기능이 더 효율적으로 발휘될 수 있을 수도 그렇지 못할 수도 있으며, 동시에 그 건축물이 위치한 공간적 가치도 달라진다. 한 건축물은 반드시 세워질 장소를 고려해서 구조나 건축재료 등이 결정되고 설계되어야 한다. 그동안 건축사에서나 건축 평가에서 이러한 점은 아주 간과되거나 소홀하게 취급되어왔고 현재로 이어지고 있다는 사실이 아쉽다.

넷째, 사회·경제·정치적 관심이다. 건축은 기술적 활동일 뿐만 아니라 사회·경제·정치적 활동이다. 왜냐하면 건축은 지리·공간적인 동시에 사회·경제·정치적 맥락의 산물이며 그러한 공간과 맥락을 떠나서는 존재할 수 없기 때문이다. 기술적·재료적·기능적·미학적 면만을 떼어놓고 볼 때 A라는 구조물이 B라는 구조물보다 월등하더라도 주어진 특정한 사회·경제·정치적 맥락에서는 건축물 B가 건축물 A보다 뛰어난 것으로 평가될 수 있다.

파리의 오페라좌나 뉴욕의 고급 아파트들이 기술적·미학적 면에서 아무리 뛰어나다 하더라도 프놈펜이나 봄베이에서는 그런 건물보다는 기술적으로 단순하고 미학적으로 소박한 건물이 더 보기 '좋은' 건물이며, 이러한 건물을 설계한 건축가가 더 평가받아야 한다. 제3국들이 놓여 있는 경제적·사회적·정치적·문화적 조건들 속에서 파리의 오페라좌나 뉴욕의 고급 아파트를 구상하고 짓는다는 것은 일종의 범죄다.

한 건물의 구체적인 평가는 건축 자체 이외의 여러 가지 관점을 떠나서는 불가능하다.

다섯째, 이와 같은 사실은 많은 것들의 인식과 평가가 그러하듯이 건축 평가에 있어서도 역사적 관점이 빠질 수 없다는 사실을 말해준다. 19세기의 역사적 시점에서 가장 뛰어났다고 평가할 수 있는 건축이 현재 서울의 똑같은 장소에 지어진다면 결코 같은 평가를 받을 수 없다. 그동안 지나간 시간들 사이에 인간의 욕구, 필요성, 건축자료와 기술이 사회적·경제적·문화적으로 사뭇 달라졌기 때문이다. 지금 서울 한복판에 초가나 한옥 주택가를 짓고 도보나 인력거로만 통행할 수 있는 좁은 길을 낸다면 그 가옥들을 따로 떼어놓고 볼 때 아무리 건축학적으로 뛰어났더라도 결코 좋은 가옥이 될 수 없다.

하지만 건축 평가의 실상은 이같은 몇 가지 관점들 가운데 어느 하나이든 전부이든 그것을 기계적으로 적용할 수 없다는 데 문제가 크다. 한 가지 문제는 건축에 대한 요청이 사람마다 다르고 시대와 사회마다, 그리고 특정한 맥락마다 끊임없이 유동적이라는 데 있다. 건축의 기능적 관점에서 볼 때, 기능의 가치를 목적과 떼어 생각할 수 없고 사람이나 집단, 그리고 시대마다 우선적 목적과 기본적 미적 감각이 다른 이상, 한 사람에게 기능적으로, 미학적으로 만족스러운 건축물이 다른 사람에게는 정반대가 될 수 있기 때문이다.

더 복잡한 문제는 다섯 개의 관점이 다 같이 종합적으로 고려되어야 하는데 그것들 간의 관계가 실질적으로 상충하거나 아예 논리적으로 쉽게 정리되지 않는 데 있다. 어떤 이, 어떤 집단, 그리고 어떤 시대는 건축의 기능적 가치만을 절대적으로 생각하는 데 반해서, 다른 사람, 다른 집단, 다른 시대는 단 한 가지 가치만을 우선시한다는 데 있다. 가령 "건축은 동결된 음악"이라고 표현한 프랑스의 미학자 포시용이나 고대 그리스 건축의 기하학적 구조의 미에 도취됐던 프랑스의 시인 발레리, 집을 포함한 모든 구조물을 오로지 그것에 부여한 기능의 관점에서만 평가한다고 주장한 그로피우스나, 주택을 "사람들이 잠자는 상자"라는 식으로 규정한 코르뷔지에, 건물을 권력의 상징으로 삼고자 했던 베르사유 궁전의 설계자, 건축을 통해서 부를 과시하고자 했던 바로크 건축물의 설계자들, 건축을 종교적으로 경건하고 엄숙한 마음의 표시이며 장소로 생각하고 설계했던 고딕식 대성당의 설계자들에게 동일한 건축물은 전혀 달리 평가될 것이다. 즉 건축에 대한 모든 가치평가는 무정부적일 만큼 상대적이라 할 수밖에 없다.

여기서 우리는 객관적이고 보편적인 가치판단을 포기해야 할 것 같다. 그렇다면 모든 이들이 공감할 수 있는 건축 평가의 잣대나 근거는 정말 존재하지 않는가? 그런 것들이 존재하지 않는다면 우리는 절망적이다. 우리는 건축의 좋고 나쁨에 대한 담론을 할 수 없기 때문이다. 위와 같은 논리를 따르면 우리에게 필요한 근본적인 건축 평가의 잣대가 있을 수 없는 것 같아 보임에도 불구하고 객관적 현실은 다르다. 건축사가 존재했고 여러 시대를 통해서, 그리고 여러 사람들이 끊임없이 새롭게 씌어진다는 사실이다. 이러한 사실은 무엇인가 건축의 가치를 평가할 수 있는 어떤 보편적인 기준과 근거가 아직도 존재할 수 있음을 암시한다. 왜냐하면 건축 평가를 전제하지 않고서는 건축사를 생각할 수 없고 그렇게 쓴 건축사는 자신의 서술내용의 객관성을 전제하기 때문이다. 과연 우리가 아직도 발견하지 못한 시대와 장소를 초월한 건축 평가의 잣대는 있는가? 있다면 그것은 어디서 찾을 수 있는가?

둥지의 건축학

창의성은 모든 영역에서 중요한 덕목이지만 현대미술에서 특히 그러했고, 20세기 후반의 건축에서도 그렇다. 건축의 균형·조화·견고성·기능성보다는 건축관의 참신성이 건축이나 건축가를 평가하는 핵심적 근거로 거론된다. 그로피우스의 기능성 유일주의, 라이트가 설계에 도입한 뉴욕 구겐하임 현대미술관의 대담한 선형적 점진적 구조의 참신성, 일본의 건축가 안도 다다오의 가옥 외형을 무시한 내부공간의 중요성에 대한 강조는 나름대로 새로운 아이디어였다는 점에서 높이 평가되고 건축사에 남게 되었다. 파리의 퐁피두 센터를 공동설계한 피아노와 로저스, 파리의 라 빌레르 과학산업관을 설계한 스위스 출신의 건축가 추미Tschumi, 그리고 최근 세계를 무대로 활발한 활동을 하고 있는 렘 콜하스Rem Koolhaas는 '해체'라는 최근의 철학적 개념을 건축에 적용했다는 점에서 유명하다.

그러나 새로운 건축 개념이 자동적으로 '옳은' 것은 아니며, 설사 옳다고 하더라도 좋은 건축을 측정하는 만족스러운 잣대는 아니다. 가령 파리의 퐁피두 센터는 고전적 관점에서 보면 건축자재, 구조, 다른 건축과의 이질성, 기능적 유연성의 측면에서 볼 때 충격적으로 신선하고 창의적 건축임에도 불구하고, 전통적 안목에서 보면 아무리 보아도 상스럽고 추하다. 위에서 예로 든 다른 유명한 건축물에 대해서도 똑같은 판단이 내려질 수 있다. 그러므로 어떤 한 측면, 특히 아이디어가 창조적이라는 점에서 높이 평가될 수 있지만 여러 가지 관점에서 가치 있는 작품들이라고 말할 수는 없다. 한 건물의 창의성을 인정한다는 것이 곧 그 건물의 우월성을 인정한다는 말은 아니다.

모든 관점을 종합하여 어떤 건축물을 '좋다'고 판단할 수 있는 하나의 보편적 잣대는 없는가? 한 건축에 대해 이상적인 수치를 측정할 수 있는 관점과 그 잣대는 없는가? 지금까지 존재해온 여러 가지 평가의 관점과 잣대들이 개별적으로 볼 때 어느 것 하나 만족스럽지 못하고 총괄적 관점도 찾을 수 없다면, 새로운 잣대는 포기해야 하는가? 다행히도 그러한 이상적이고 보편적인 잣대가 실제로 존재한다면 그것은 어디서 찾을 수 있는가?

최근 우리나라에서 건축가 승효상이 건축계에 '빈자의 미학'이라는 개념을 도입하여 일부 건축계의 주목을 끌고 있는 것으로 알고 있다. '빈자의 미학'이라 할 때의 '미학'이라는 낱말은 '건축철학'이라는 말로 바꾸어볼 수 있는데, 승효상은 이 개념을 통해서 자신이 생각하는 건축의 새로운 개념을 규정하고 건축의 새로운 패러다임을 제안하려는 것으로 본다.

'빈자의 건축철학'이란 패러다임은 구체적으로 어떤 방식의 건축을 지칭하고 지향하는가? 이 개념을 처음 책에서 접했을 때 나는 그것을 혁신적 관점에서 본 건축관으로 이해하고, 구체적으로는 장식적이고 화려한 헬레니스틱 건축양식에서보다는 단순하면서도 우아한 헬레닉의 건축양식에서 볼 수 있고, 초기 중세의 고딕 성당의 건축양식에서 나타난 것처럼 단순하고 소박하지만 건축의 본질, 즉 사용자의 목적에 비추어본 기능의 효율성을 강조하는 건축관으로 이해했다. 그렇다면 그의 건축관은 바우하우스나 코르뷔지에의 건축철학에 나타난 것과 별로 다를 바가 없다고 생각했다.

그러나 우연한 기회에 내가 그로부터 직접 들은 설명에 의하면 '빈자의 건축철학'의 의미는 내가 해석했던 뜻과는 전혀 다르다. 그에 의하면 '빈자의 건축철학'이라 할 때의 '빈貧', 즉 가난함은 은유적으로 '비장식성'을 뜻하는 것이 아니고, 문자 그대로 '경제적으로 가난함'을 뜻한다. '가난한 사람들이 살고 있는 달동네에서 볼 수 있는 각 가옥의 구조'와 그런 가옥들로 구성된 동네의 전체적 구조를 모델로 개별적 주택을 설계하고, 집단적 공동체를 구성해야 한다는 것이다. 그 이유로 건축가

승효상은 대형 아파트단지의 아파트, 빌딩들이 각기 다른 이웃들과 단절·고립되어 소통하지 못하고 비인간적 관계를 갖고 있는 데 반해, 달동네의 구조는 많은 공간이 열려 있어서 서로 공유하게 되어 있으므로 인간적 소통이 활성화된다는 것이다.

승효상이 제안하는 새로운 건축 패러다임인 '빈자의 건축철학'은 건축양식상의 개혁이며, 그러한 혁명의 뿌리는 날로 더 분절되어가는 현대 거주문화의 실태에 대한 부정적 인식에 근거한다. 또한 그 동기는 날로 비인간화되는 개인적·집단적 삶의 양식에 대한 그의 감수성과 분노에서 찾을 수 있을 것 같다. '빈자의 미학'에 나타난 그의 건축관은 어디까지나 도덕적 건축관이다. 그는 건축을 근본적으로 도덕적 관점에서 바라보고 구상하고 평가한다.

도덕성은 인간으로 사는 데 가장 중요한 요소임에 틀림없지만, 인간의 어떤 것도 도덕성만으로는 완전히 설명할 수 없다. 승효상의 현대 건축과 도시의 비인간화 경향에 대한 인식, 그의 도덕적 감수성, 분노, 비판도 귀중하고 당연하다. 하지만 도덕성, 특히 인간적 상호 개방, 교류 및 소통의 가치만이 건축이나 도시설계와 구조의 유일한 고려대상은 아니며 '달동네의 구조'가 모든 건축물이나 도시계획의 보편적 모델이 될 수는 없다. '빈자의 미학'이라는 새로운 건축 패러다임의 문제점으로는 크게 두 가지를 지적할 수 있다.

첫째, 어떤 사람들, 아니 오늘날 많은 이들은 달동네에서 강조될 수밖에 없는 공동체적 삶, 즉 개인만의 내밀한 영역이 삭제된 삶보다는 프라이버시의 가치를 강조한다. 많은 이들과 어울려 떠들썩하게 살기보다는 가능하면 자신만의 조용한 공간과 시간을 갖기를 원한다고 볼 수 있기 때문이다. '빈자의 건축철학'이 건축학적 모델이 될 수 있다면 그것은 특정한 삶의 양식, 삶의 가치에 대한 특정한 가치관과 특정한 감수성, 한마디로 특정한 인생관을 가진 이들에게만 해당될 수 있지 누구에게나 어떤 사회에나 보편적으로 해당될 수는 없다. 시대와 장소에 따라, 그리고 개인에 따라 세계관·인생관·가치관은 조금씩 다르기 때문이다.

둘째, 비록 모든 사람들이 원시공동체적 인간관계를 갖고자 한다 해도, 그것은 가족이나 작은 부족 단위를 이루고 살았던 원시시대나 농경·수렵시대에는 실현가능했지만, 문명의 발달로 크고 작은 도시가 형성되고, 경제적으로나 문화적으로나 사람 간의 교류가 한없이 많고 개인적·사회적 생활방식이 변한 오늘날 '달동네'는 결코 모델이 될 수 없다. 오늘날 가난한 사람들도 대량의 빠른 물량 유통 없이는 기본적인 생활조차도 불가능하고, 그러한 요청을 충족시키려면 가령 자동차 같은 운반매체가 통행할 수 있어야 하는데, 비좁고 꼬불꼬불한 '달동네'에서는 그러한 생활조건을 구조적으로 만족시킬 수 없기 때문이다.

위와 같은 몇 가지 사실들은 역사에 빛나는 건축가들이나 건축미학자들의 건축철학을 비롯해서 승효상의 '빈자의 미학'에 나타난 건축철학에 이르기까지 어떤 단 하나의 보편적 건축 이념이 건축 평가의 척도가 될 수 없음을 입증한다. 위에 본 여러 가지 건축 평가의 관점과 잣대들이 아무리 옳고 중요하더라도 그것들은 한 건축의 보편적이고 유일한 가치를 궁극적으로 평가하는 잣대가 아니라, 그러한 평가에 기여할 수 있는 여러 가지 다양한 잣대들의 한 부분에 지나지 않음을 입증한다.

기존의 건축 평가의 수많은 잣대가 단 하나도 만족스럽지 않다면, 다시 말해서 모든 건축 평가에 다 같이, 그리고 언제나 적용될 수 있는 잣대가 지금까지는 존재하지 않았다면, 그러한 잣대는 원천적으로 존재하지 않으며 논리적으로 앞으로도 존재할 수 없다는 말인가?

나는 그렇지 않다고 생각한다. 나는 시간과 장소, 맥락과 상황의 차이를 초월해서 건축 평가에 적용될 수 있는 유일한 보편적 잣대가 존재하며, 나는 그것을 '총체적 조화'라 부르고, 그러한 원칙에 맞추어 지어진 구체적 건축물들의 예를 모든 둥지, 특히 새들의 둥지에서 찾을 수 있다고 주장하고자 한다. 둥지는 건축의 백미로서 모든 건축가들에게 이상적 모델하우스이며, 앞으로의 인간이 지어야 할 거처, 즉 집은 물론 모든 개별적 주택과 도시 만들기의 기본적 패러다임으로 삼아야 한다고 말하고 싶다.

사람을 포함한 모든 동물들에게 휴식, 수면, 짝짓기, 분만, 새끼 키우기는 빼놓을 수 없는 삶의 필수과정이다. 몇몇 동물들은 예외이지만 인간을 포함한 거의 모든 동물들은 자신의 거처를 가지가지 모습으로 만든다. 인간의 거처는 자연과 떨어진 인공적인 모습을 갖추어 가고 있지만 동굴이나 나뭇가지 위에 살았을 우리의 아득히 먼 선조들의 거처는 여우나 곰이나 수달이나 원숭이들이 치고 살았던 둥지와 큰 차이가 없었을 것이다. 최첨단 기구를 갖춘 현대 도시의 집은 동물의 둥지와 비교할 수 없이 차원이 다르다. 또한 동물들의 둥지 양식은 수백만 년이 지나도 변하지 않은 데 반해서, 현대인의 집의 구조는 원래의 모습에서 놀라운 변화를 거듭했다. 하지만 동물의 둥지가 인간의 집의 원형이라는 사실에는 변화가 없다.

오늘날 우리가 짓고 사는 집들과 우리가 세운 도시가 과거에 비해 많은 측면에서 상상할 수 없었을 만큼 생활에 편의를 제공한다는 사실을 부정할 사람은 아무도 없다. 그와 동시에 또 하나 부정할 수 없는 것은 현재 우리가 모여 사는 거대도시나, 그러한 도시 안의 고층 아파트에 대해서 답답함, 외로움, 삭막함을 느끼지 않는 사람은 없을 것이다. 우리는 우리를 겹겹으로 둘러싸고 있는 인공적 세계에서 해방되어 열린 공간과 만나고 싶고 자연과 더불어 호흡을 함께 하고 싶어진다. 자연이 문명의 영원한 고향이라면 둥지는 모든 거처의 변하지 않는 원형으로, 다시 그 속에 살고 싶은 꿈의 집이다. 둥지는 생명의 전형적 거처, 집의 모델이다.

정교성으로나 구조적 형태나, 또한 미학적으로나 수백, 수천 가지의 종에 따라 다양한 둥지들이 있지만 모든 둥지의 공통적이고 근본적인 건축학적 특징은 단 두 가지로 요약할 수 있다.

첫째는 둥지의 구조 목적의 단순성과 확실성이다. 둥지의 목적은 그 구조물의 주인을 외부의 위험으로부터 보호하고 휴식, 짝짓기, 새끼 키우기 등의 모든 동물의 기본적 과정을 거치면서 삶의 행복과 의미를 찾도록 고안되어 있다. 둥지의 목적을 이처럼 극명하게 규정할 때 둥지에서 근본적으로 불필요한 건축 요소들은 거추장스러운 존재로서 제거된다. 둥지의 전체적 단순성·소박성, 그리고 미학적 매력은 바로 이와 같은 둥지의 특성에 근거한다.

둘째는 동물이 치는 둥지의 구조적 원리가 인간이 짓는 집, 특히 현대의 고층건물들의 원리와는 달리 두 가지 점에서 '생태학적'이라는 데 특징이 있다. 이 점은 건축학적 관점에서 더 핵심적이다.

우선 둥지는 집에 비해 존재론적으로 자연과 보다 깊은 연속성을 갖고 있다는 점에서 생태학적이다. 동물의 둥지나 인간의 집은 다 같이 동물이라는 주체적 생물체와 인간이라는 주체적 생물체의 생존과 번영을 목적으로 자연을 변형하여 만든 일종의 문화적 구조물이라는 점에서 동일하다. 그러나 인간의 집, 특히 최신기술과 여러 가지 신재료를 이용하여 구축한 고층건물과 그 주변의 자연 간 존재양식은 뚜렷한 단절이 존재하는 데 반해, 새들이나 동물들이 치는 각양각색의 둥지들과 그것들이 위치한 주변 자연환경 간에는 경계가 없다. 둥지를 바라보면 과연 그것이 다른 자연풍경의 일부로서 처음부터 주어진 것인지, 아니면 동물들에 의해 기술적으로 구성된 일종의 문화적 산물인지 구별할 수 없다. 둥지는 보기에 따라 자연의 일부일 수 있고 문화의 일부일 수도 있으며 자연도 문화도 아닌 중간점에 있는 것으로 볼 수도 있다. 둥지는 자연의 흐름을 깨지 않고 자연과 더불어 끝까지 존재하고 조화로운 관계를 유지하려고 한다.

이런 점에서 둥지는 집에 비해서 '생태학적'이라는 사실은 분명하다.

인간의 건축물이 공격적 자세로 자연의 리듬과 숨결을 적극적으로 깨트리는 데 반해서, 동물이 치는 둥지는 재료에 있어서나 구조적 양식에 있어서 근본적으로 주변의 모든 것과 갈등·대립이 아니라 순응과 화해의 원칙에 따라 구성되었다는 점에서 '환경친화적'이다.

둥지의 구조 원칙의 본질을 한마디로 요약하자면 그것은 존재론적 및 구조적 차원에서의 '모든 것과의 조화', 즉 각기 주어진 모든 물리적·기술적·경제적·역사적·자연환경적 여건들에 비추어볼 때 총체적으로 가장 적절하다고 생각되는 건축의 원칙을 뜻한다. 그것이 무엇을 목적으로 한 무슨 건물을 어디서 어떻게 지을 것인가를 결정하든가, 혹은 과거의 건축물들을 평가하는 데 있어서 지금까지 보편적 원칙과 잣대로 생각되었던 모든 것들이 만족스럽지 못하더라도, '조화'의 원칙을 함축하는 '생태학적 잣대'는 예외이다. 앞으로 미흡하나마 이 원칙이 모든 건축담론에 유용할 것이라 믿는다. 이러한 사실은 어떤 건물을 짓는 데 그것을 결정할 단 하나의 모범답안이 있을 수 없으며, 각기 그때마다 단순한 설계기술자로서만이 아닌 사회인으로서, 시인으로서, 철학자로서, 그리고 궁극적으로는 종교인으로서 독창적 답안을 발명해내야 한다. 왜냐하면 모든 건축은 복사한 것도, 복사될 수 있는 것도 아니니 시간적으로나 공간적으로 유일한 존재양식을 가지기 때문이다.

대한건축학회 춘계학술발표대회 특별강연, 2003. 4.

09
자기해체적 예술창조 과정

여기서 나는 미술관, 갤러리 및 많은 현대미술 비엔날레의 관람객들이 예술작품에서 경험하게 되는 퍼즐, 당혹감, 충격, 불쾌감, 배신감 등의 의미와 그런 현상에 관한 성찰을 시도한다. 그러기 위해서 나는 1) 예술의 개념적 정의로서 "유일무이한 가능한 언어적 세계"를 제안하고, 2) 위와 같이 현대적으로 규정된 예술은 장래 불가피하게 사라질 운명에 놓여 있다는 주장을 하며, 3) 하지만 예술의 소멸은 예술의 죽음 자체라기보다는 새로운 형태의 문명 탄생의 징조로 볼 수 있으며, 한걸음 더 나아가 예술적 활동이 그 이외의 다른 문화적 활동에 완전히 편입되어 그런 것들과 존재론적으로 명확히 구별할 수 없는 새로운 문화와 문명 창조활동의 최선인 동시에, 가장 근원적 모델이 될 가능성이 있음을 암시하고자 한다.

가능한 세계의 언어적 구성으로서의 예술작품

근대 서양의 발명으로서의 '예술'이라는 개념

아득한 과거, 라스코와 알타미라의 동굴 속에 살던 우리의 먼 조상들은 동굴의 벽에 들소와 사냥꾼을 그렸다. 선사시대의 인간은 자신의 몸을 장식하고 춤과 노래를 즐겼으며 나무나 돌로 인공품을 만들기도 했다. 아프리카, 남아메리카, 오스트레일리아, 북극의 부족들은 도구·토템·장식물 등 여러 가지를 다양하게 만들었고, 반만 년 이전 바빌로니아인, 이집트인, 힌두인, 중국인들은 이미 흙·청동·철기물의 제조기술을 갖추고 있었다. 불교나 기독교 신자들도 종교화를, 그리고 시를 쓰고 작곡하고 초상을 만들고 사찰과 대성당을 세우고 의식을 수행했다. 오늘날 우리는 그 가운데 많은 것을 다빈치의 〈모나리자〉와 함께 예술작품의 범주에 넣고 도시의 한복판에 있는 미술관이나 콘서트홀이나 극장에서 감상하고 찬미한다. 하지만 우리의 조상들은 그런 것을 '예술'의 범주에 넣지도 않았다. 그들에게는 현대적 의미의 '예술'이라는 개념이 존재하지 않았다.

예술은 어원적으로 '테크닉'이라는 1차적 의미를 가진다. 고대 그리스어 'arte'란 낱말과 비슷한 의미를 가진 힌두어, 아랍어, 중국어, 그리고 오스트레일리아 원주민어에서도 이미 오래전부터 존재해왔다. 이 말은 근대, 즉 모더니티modernity 이후부터 사용되는 것과 동일하지 않다. 현대적 뜻으로서의 예술의 개념은 서양의 특정한 역사적 시점에서 특정한 지적 및 사회적 목적을 위해서 태어났다, 아니 더 적절한 표현을 쓴다면 발명됐던 것이었다.

근대적 의미로 사용될 때 '예술'이라는 개념은 '미학aesthetics'이라고 불리는 특정한 지적 영역인데, 그것은 '과학science'이라는 지적 탐구영역과 구별되는 동시에 실천적 영역을 탐구하는 학문으로서 '윤리학ethics'과도 차별화된다. 이같은 미학적 탐구영역으로서 '예술'은 과학의 1차적 관심이 진리 발견에 있고, 윤리학이 선한 행위를 하는 데 반해서, 아름다움의 감상을 1차적 목적으로 삼고 있는 문화적 생산품을 지칭한다. 하지만 예술은 일반적으로 '재현의 양식' 혹은 '표현양식'으로 규정되고 예술의 가치는 재현의 정확성과 우아함, 또는 거기에 표현된 생각이나 감동의 깊이에 비례해서 감상되는 것으로 생각했다.

하지만 이같은 정의도 더 이상 통하지 않는다. 왜냐하면 그중 어느 하나도 의심 없이 믿어왔던 예술의 자율성autonomy이라는 관념과 양립할 수 없기 때문이다. 예술의 범주에 속하지 않은 사물들, 관념, 그리고 운동 가운데에 아름다운 것들이 많은 데 반해서 위대하다고 간주되는 많은 예술작품 가운데는 적지 않은 사람들에게 추악하게 느껴지는 것도 있기 때문이다. 철학·과학·종교, 그리고 역사는 회화·조각·음악·춤·연극·신호등·점선부호Morse와 마찬가지로 다 같이 무엇인가를 재현하지만 위의 모든 것들이 예술의 범주에 속하지는 못한다. 하늘·눈·산·새·돌과 같은 자연적 대상들이나 도자기·자동차·비행기·컴퓨터와 같은 문화적 대상들이나 또한 몸짓·고함·웃음·눈 동작들은 감정적 내용을 담고 있지만, 그렇다고 그것들이 예술의 범주에 속하는 것은 아니다. 모든 대상이나 동작은 그것이 자연적인 것이든 문화적인 것이든 반드시 어떤 형식을 갖고 있지만, 그렇다고 모든 형식이 예술작품에 포함되지는 못한다.

하나의 철학적 텍스트에 담겨 있는 명제가 진리라는 것을 인정하더라도, 전쟁터에서 죽어가는 병사의 울음 속에 나타난 감동이 아무리 깊고 크더라도, 또는 하늘의 지평선이나 바다의 수평선이 아무리 아름답더라도 어느 것 하나 위대한 예술작품이 될 수 없음은 물론 그냥 단순한 하나의 작품도 될 수 없다.

언어로서의 예술이 재현 혹은 어떤 감동의 표현임을 부정할 수는 없지만 '재현', '표현', '아름다움'의 개념들은 그 외연이 너무 크다. 예술이 필연적으로 재현하거나 표현한다는 사실은, 문자언어이든 비문자언어이든 예술작품이 1차적으로 일종의 '언어'로서 인정되어야 하고 의사소통의 도구로서 전제되어야 한다는 것을 말해준다.

하지만 언어적 명제로서 예술의 정의는 아직도 정확하지 않다. 이런 정의는 앞서 말한 예술의 존재론적 독립성, 즉 자율성을 입증하지 못하기 때문이다. 또한 철학적 및 과학적 텍스트, 신호등, 그리고 인간이나 동물의 제스처가 한결같이 무엇인가를 재현하거나 혹은 어떤 감정을 표현하기 때문이다. 그 이유를 들자면, 예술의 언어를 비예술적 문맥에서 사용되는 언어와 구별해주는 것은 후자가 실제적 사실을 재현하고 실제의 감동을 표현하는 데 반해서, 전자는 단순히 가능한 사실과 감동을 재현한다는 사실에서 찾을 수 있기 때문이다.

하지만 예술로서 언어와 비예술로서 언어 간에 존재하는 이와 같은 지각적 구별은 차츰 구별하기 어렵게 되어가고 있다. 뒤샹의 '변기', '파운드 아트', '설치예술', '행위예술', 그리고 '개념예술' 작품은 각각 창고에 있는 변기, 거리에 있는 쓰레기, 공원이나 다른 장소에 설치된 물건들, 시장에서 사람들이 하는 행위, 그리고 어느 곳에든지 사람들이 자신의 머릿속에 갖고 있는 사유들과 차별할 수 없기 때문이다.

가능한 세계로서의 예술의 정의

어떤 행위가 한편으로는 예술작품으로서 분류되고, 다른 한편으로는 그렇지 않다면 그것을 구별하는 비자각적 근거의 발견이 필요하다.

예술과 비예술 사이에 존재하는 차이는 객관적으로 실재하는 속성이 아니다. 그것은 칸트의 인식론에서처럼 어떤 명제의 진위 판단 범주 양상의 개념에 비추어서만 구별할 수 있다. 칸트에 의하면 명제의 진위를 판단하는 양상은 논리적으로 단언적assertoric, 필연적apodictic, 개연적problematic인 세 가지로 구별된다. 그중 단언적, 필연적 양상을 가지는 것들이 진리를 주장하는 반면, 개연적 양상을 가지는 명제는 진리를 사실로 주장하는 것이 아니라 진리의 '가능성'만을 제안할 뿐이다. 따라서 개연적 양상을 가지는 명제의 진위 문제는 제기되지 않는다.

어떤 명제가 예술작품이냐 아니냐를 물리적으로 보아서 결정할 수는 없지만, 그 명제를 양상적 관점에서 검토할 때 예술적 명제인지 비예술적 명제는 충분히 결정할 수 있다.

한 명제를 예술작품으로 본다는 것은 그것을 개연적 양상으로 봄을 의미하며, 똑같은 명제를 비예술작품으로 대한다는 것은 단언적 혹은 필연적 양상으로 대함을 의미한다. 한편으로 언어적 담론으로서의 예술작품과 철학·과학·역사·종교 등과의 구별은 오로지 그것들 각각의 존재양상 간의 차이에서 찾을 수 있다. 후자의 명제가 그들이 주장하는 진리의 사실성을 주장하는 데 반해서 전자, 즉 예술적 명제는 그러한 진리를 주장하지 않고 오로지 그러한 가능성만을 제안한다. 진리라는 개념은 제안이 아니라 주장에만 적용될 수 있는 개념이니만큼 예술작품, 즉 예술적 명제의 진위를 따진다는 것은 어불성설이다.

예술의 이카루스적 운명

예술은 철학, 과학, 그리고 그밖의 모든 서술적 담론들의 존재/부재의 시각과는 다른 새로운 시각을 제안한다. 예술은 우리가 관례적으로 했던 것과 다른 새롭고 독창적인 시각이다. 그것은 새로운 언어의 발명, 새로운 언어적 패러다임, 말하자면 새로운 개념적 지도의 발명을 의미한다. 왜냐하면 그러한 언어적 발명 없이 세상을 새로운 눈으로 본다는 것은 불가능하기 때문이다. 예술의 근원적 기능은 독창적인 언어를 구사하는 것이다. 그리하여 새로운 언어적 패러다임을 발명하는 것이다.

새로운 패러다임의 유입은 기존 패러다임의 대치를 함축한다. 그래서 새로운 예술작품은 필연적으로 옛 예술작품들의 재검토와 비평의 역할을 한다. 이러한 이유로 최소한의 창의성이나 독창성이 없는, 새로운 언어적 명제가 아닌 예술작품은 전혀 예술작품이 될 수 없다. 예술의 존재론적 자격을 가질 수 있는 근본적인 조건은 사실의 세계에서가 아니라 상상의 세계 속에서 최소한으로나마 신선하고 독창적이며 유일한 언어의 개념적 형식을 갖추는 데 있다.

예술적 충동의 원천은 어디에 있는가?

그것은 사물의 궁극적 진리, 즉 각기 사물들의 가장 구체적 상황 그대로의 모습으로 파악하려는 인지적 소망 속에서 찾을 수 있다. 그렇지만 언어의 재현 없이는 어떤 진리의 포착도 가능하지 않는 만큼, 또한 언어로 재현된 사실은 필연적으로 재현된 것과 다를 수밖에 없는 만큼, 언어 이전에 있는 사실 그대로 사물을 포착하려는 '예술적' 소망은 태양의 빛을 가지려는 이카루스의 소망처럼 말이 되지 않으며, 사물을 있는 그대로 재현하기 위해서 새롭고 독창적인 언어를 창조하려는 예술적 시도는 태양을 향해 날아가는 이카루스의 시도처럼 부질없다.

이카루스가 태양에 가까워지면 가까워질수록 날개가 녹아서 땅에 떨어질 수밖에 없는 것처럼 예술가가 자신의 표상대상을 있는 그대로 포착하고 표현한다는 것은 표상활동의 종말을 의미하기 때문이다. 그러함에도 예술은 그것이 예술이기 때문에 새롭고 독창적인 언어를 창조하고자 끊임없이 노력하고 애쓰지 않을 수 없다. 하나의 언어적 명제로서 예술작품은 그것이 자신의 것을 포함한 기존의 언어에 대한 비평의 표시이며, 끝없는 언어적 개성을 위한 창조적 활동에서만 비로소 예술작품으로 취급될 수 있다. 이같은 사실에 함축되어 있는 것은 예술은 본성상 자기 해체적, 즉 파괴적이며, 영원한 자기 해체적 과정을 통해서만 살아 있을 수 있다는 것이다. 바로 이러한 뜻에서 '아방가르드'라고 불리는 특정한 예술운동만이 아니라 모든 예술은 필연적으로 아방가르드이다. 예술은 영원한 혁명의 양식 말고는 달리 존재할 수 없다. 혁명적이 아닌 예술작품이란 개념은 근본적으로 자가당착적이다.

예술적 소망에 내재된 크고 작은 혹은 점진적, 급진적인 언어적 개량은 대충 다음 세 가지 방식으로 이루어질 수 있다.

그것의 첫 번째 방식은 새로운 예술적 주제를 골라서 기존의 언어로 재현하는 것이다. 예술작품이 기존의 언어로 만들어졌다 하더라도, 즉 새로운 언어가 발명되지 않았더라도 예술적 관점에서 볼 때 새로운 예술적 주제를 집어내는 것은 언어적 개량이라는 사실만으로도 예술에 포함될 수 있다. 왜냐하면 기존의 어떤 예술작품에서도 찾아볼 수 없는 어떤 주제를 재현하거나 표현한다는 것은 새로운 언어적 조직형식의 탄생을 의미하기 때문이다. 예술사를 통해서 볼 때 프랑스 시의 역사의 경우 부알로에서 라마르틴, 보들레르에 이르기까지, 그리고 서양의 현

대 미술의 경우에 다빈치에서 피카소, 스텔라에 이르기까지를 그 사례로 들 수 있다,

　두 번째 언어적 개량은 문자적 혹은 비문자적 언어를 구성하는 낱말·문장·낱말의 의미 등의 언어적 재구성으로 이루어진다. 사랑·죽음·도덕·자연경치·꽃·인간의 신체, 그리고 인간의 여러 드라마들은 온 역사를 통해서 수많은 예술작품 속에서 다루어져왔지만, 그것들 가운데 어느 하나도 완전히 똑같은 것은 없다. 동일한 주제가 무한히 다양한 방식으로 다루어지고 서술된다는 사실은, 어떤 한 주제의 예술적 재현이나 표현의 부적절성에 대한 강한 의식과 동시에 동일한 주제를 지금까지 해왔던 것보다 더 새롭고 적절한 언어로 재현 혹은 표현해야 한다는 필요성을 함축한다. 산의 재현이나 애정의 표현을 나타내는 언어적 조직은 그것이 기존의 재현이나 표현에 비해서 실재로 개선됐거나 개선됐다고 가정되지 않는 한 예술작품의 자격이 주어질 수 없다. 초현실주의, 다다이즘, 조이스의 소설『피네간의 경야』, 인상파 그림, 세잔, 입체파, 클레, 폴록, 스텔라, 뒤샹, 콜더, 설치미술, 행위예술 등은 이러한 언어적 개선의 사례들이다.

　앞에서 본 두 종류의 언어적 개선이 아무리 혁신적으로 보이더라도 그러한 종류의 개선은 하나의 독자적 언어담론이라는 예술개념에 의해서 설정된 개념적 경계선 안에서 일어난다. 그런데 그러한 언어적 경계선 안에서의 언어적 개선은 불가피한 한계를 갖는다. 모든 종류의 언어적 개선은 예술의 죽음의 결과로 끝장이 날 수밖에 없기 때문이다. 예술이 살아남기 위해서는, 다시 말해서 언어적 혁명을 계속하기 위해서는 더 급진적인 언어적 개선이 요청된다.

　세 번째 언어 개선 방법은 자연적 혹은 문화적 대상들을 일종의 세례

의식과 같은 행위를 통해서 언어의 범주 속에 병용함으로써 예술작품에 새로운 언어적 미디어를 도입하는 데 있다. 뒤샹의 〈샘〉, 케이지의 4분 33초 동안의 하버드대학 광장에서의 침묵, 워홀의 〈브릴로 상자〉, 백남준의 〈TV 부처〉, 올덴버그의 〈만화〉, 라우션버그의 〈침대〉, 쓰레기 예술, 보이스Beuys의 행위예술, 크리스토의 〈둘러싸인 섬〉 등은 언어적 개선을 위한 다양한 표현들의 예로 볼 수 있다.

이런 식의 언어적 개량은 언뜻 보기에 예술과 비예술과의 경계선을 부숴버리고, 이런 과정에서 자연적 및 문화적 모든 것들과 분리할 수 있는 독자적인 존재로서 예술의 자율성을 부정적으로 없앰을 함축한다. 그러나 사실은 그렇지 않다. 사라지는 것은 예술 자체가 아니라 다른 담론들부터도 구별되는 독자적 담론으로서 이해되어온 근대적 예술 개념일 뿐이다. 예술과 비예술 간에 존재하는 경계선의 붕괴가 보여주는 것은 겉으로 보기와는 달리 세계 전체를 예술작품으로 변용하는 점차적 과정이다. 왜냐하면 예술에 관한 근대적 개념은 세상의 모든 것이 단 하나의 예술작품으로 변용된 세상에서 아무 쓸모가 없어지긴 했지만, 사람들은 계속해서 시와 소설을 쓰고, 그림을 그리고, 춤을 추고, 노래를 부르고 연극을 할 것인데, 그 모든 것들을 우리는 지금까지 '예술'이라는 이름으로 불러왔던 것이었다.

바로 이런 점에서 근대 예술사의 자기해체적 성격은 파괴적인 것이 아니라 본질적으로 재구성적이며, 이러한 과정이 함의하는 것은 슬픈 소멸/종말/죽음이 아니라 예술의 새로운 시작/재생의 신명 나는 표현이다.

21세기의 초엽인 현재 예술의 고전적 개념은 곧 사망할 터인데, 그것은 사라지기 위해서가 아니라 보다 넓고 근원적인 뜻에서 새롭게 탄생하기 위해서다. 예술은 언제나 신선한 방법으로 언어적·개념적 렌즈를 발명해 가능하면 세계를 있는 그대로 보고 가능하면 참신하게 인식하고, 또한 그것을 재구성하여 우리가 보다 행복하게 느낄 수 있는 가장 편리한 형태로 재구성하려 할 것이다.

새로운 예술의 탄생과 새로운 문명

위와 같은 시각에서 바라볼 때, 예술사 전체를 관통해온 예술의 계속적인 해체 작업 과정은 세계 전체를 하나의 예술작품으로 창조적으로 통합하는 지속적인 측면에 지나지 않았음을 알 수 있다. 현대 예술사가 보여준 자기 자체의 해체적 측면은 미학적·예술적·기술적, 그리고 개념적 함의보다도 훨씬 큰 문화적·철학적 의미를 내포한다.

　우리는 개념적 렌즈를 통해서 세계를 관찰하고 구성하는데, 그러한 개념적 렌즈는 인간이 자연계에 적응하며 살기 위해서 고안해낸 도구에 지나지 않다. 인간은 자연적·문화적·지리적, 그리고 역사적으로 서로 다른 세계에서 서로 다른 필요와 목적을 갖고 살아야 하므로 그들의 개념체계와 사물들을 보고 조직하는 방식은 시간과 공간을 통해서 서로 가변적이다. 미국 북서의 알래스카 지방에 사는 호피 원주민 부족의 언어에는 한국어나 영어에서 '눈'이나 'snow'에 해당하는 개념이 존재하지 않고, 우리가 말하는 '눈'이라는 것을 서로 다른 여러 가지 것들의 합작으로 이루어진 것들로 본다. 그 이유는 눈에 덮인 지역에서 살아남기 위해서는 그렇지 않은 환경에 사는 우리들보다 세밀한 지식을 갖추어야 하기 때문이다.

오스트레일리아 원주민들의 언어에는 한국어의 '예술'에 꼭 해당하는 개념/낱말이 없다. 그래서 그들은 여러 가지 공예품들이나 자연적 혹은 인공적 사물들을 예술과 비예술로 구별하지 않는다. 우리가 '예술'이라고 부르는 일부와 우리가 '비예술'이라고 부르는 일부를 뭉쳐서 단 하나의 새로운 범주에 넣는다.

이러한 사실은 오스트레일리아의 원주민과 '현대인'들은 서로 다른 것들을 필요로 하고, 동일한 세계를 각자 자신들의 편의와 지혜와 기술에 따라 발명한 개념적 도식을 기반으로 서로 달리 세계를 조직했다는 것을 말한다. 독자적 고유한 담론으로서 근대적 예술 개념은 근대 서양의 발명품으로 대단히 세련된 지적·분석적·과학적·기술적 및 유물론적 문명의 발전과정에서 필요하여 발명된 개념이다.

문화와 문명의 광범위한 관점에서 볼 때, 예술의 자기해체 과정의 의미는 우리가 지금 과거의 문화와 문명에 직면해서 새로운 문화와 문명의 재발명의 시도를 목격하고 있다는 징조로 해석할 수 있다. 왜냐하면 고전적 예술 개념의 자기해체는 위기에 처한 우리의 문명이 맞고 있는 제1차적 징후로 해석할 수 있으며, 그와 동시에 문화 및 문명의 새로운 사태에 적응하기 위한 세계의 재구성을 의미하는 현상으로 해석할 수 있기 때문이다.

결론: 새로운 문명의 구조적 모델로서의 예술

서양에서 발전하여 오늘날까지 세계를 지배해온 근대 서구의 과학기술 문명의 몰락 가능성은 생활환경의 악화, 생태계 파괴, 그리고 끊임없이 깊어지는 사회적 및 도덕적 악몽 등에 의해서 날로 더 자명해졌다. 이런 부정적 현상들은 날이 갈수록 발전하는 정보기술과 생명공학에 의해서 더욱 가속화하고 있는 중이다.

이같은 위기의 원천이 다른 것도 아닌 유물론적 세계관에 기초한 서구문화의 산물이라는 사실을 인정할 때 세계에 관한 재개념화, 즉 급진적으로 색다른 철학적 재구성 없이는 우리가 직면하고 있는 문명사적 위기에 대한 근본적인 해결책은 찾기 어려울 것으로 보인다.

세계예술사 전체를 통해서, 특히 현재의 서양예술사를 통해서 드러난 예술의 자기해체적 특징은 시효를 다해가는 문명의 석양이 아니라 새로운 먼동을 알리는 징조로 풀이될 수 있을 것 같다. 그러나 본래적으로 내재하여 끊임없이 이어지는 예술의 자기갱신적 특징이야말로 세계를 새로 조직하기 위한 최선의 패러다임이며, 우리가 새로운 문명을 창조하는 데 공헌을 하게 될 것이다.

발표지 미상,『예술과 생태』(2010) 재수록

10

미학과 예술철학

미학과 예술철학

미학과 예술학

학문적 범주로서 예술학studies on art은 미학aesthetics의 일부일 수 있지만 미학은 예술학의 일부가 아니다. 예술이라는 범주에 속하는 것이 반드시 미적 존재가 아니며, 미적 존재가 반드시 예술의 범주에 속하지는 않는다. '미'는 감각적 경험의 한 속성이지만, 그 자체는 자연의 일부가 아니다. '예술'은 자연적 혹은 문화적 사물 자체를 지칭하는 것이 아니라 어떤 지각적 대상, 사건, 내면적 경험 등을 지칭하는 일종의 기호언어라는 것이 그 의미해석 및 가치평가이다.

미학의 문제

'미'는 객관적 대상이 아니라 한 인간이 어떤 대상에 대해서 갖는 경험 내용을 서술하는 하나의 범주다. 즉 지적 발견대상이 아니라 인간이 어떤 감각대상을 대할 때 경험하는 주관적인 심리내용의 한 양상이다. 이런 측면에서 볼 때 학문으로서의 미학은 사람들이 어떤 대상을 보고 '아름답다'고 할 때, 그 '아름다움'이란 도대체 무엇을 지칭하는가, 즉 어떤 대상이 어떤 경우에 '아름답다'고 서술할 수 있는가를 탐구하는 일종의 심리학이다.

예술이 미학의 일부 대상이 될 수 있지만, 예술만이 미학의 대상은 아니다. 즉 '예술'이라는 개념은 '미', 혹은 '아름다움'이라는 개념과 동일하지 않다. 예술사와 미학사가 있을 수 있지만 예술사가 곧 미학사는 아니며, 미학사가 곧 예술사는 아니다.

'아름다움'이 그 자체를 보편적 개념으로 분류할 수 있는 인간에게서만 발견될 수 있는 특정한 심리현상임을 부정할 수는 없다. 그럼에도 불구하고 개념이 지칭하는 구체적인 경험대상이나 경험내용은 개인이나 집단, 연령이나 시대에 따라 가변적이다. 미학 또한 인간의 자연·사회·시대·문화·역사 등 구체적 조건들과 완전히 분리할 수 없다. 그렇다면 진리탐구로서 미학은 생물학·사회학·인류학·문화과학·역사학 탐구의 일부가 될 수 있다. 물론 그렇다고 이와 같은 탐구가 곧 미학은 아니다.

이때 미학은 일종의 철학이 된다. 개인이나 집단이 다양한 것들을 다양한 경우에 '아름답다'고 표현하면 그 모든 경우 '아름답다'라는 말, 즉 '미'라는 개념으로 지칭되는 보편적 내용이 존재하며, 만약 그런 것이 존재한다면 '미'라는 개념규정의 문제, 즉 철학적 물음이 제기된다. 그러나 철학으로서 미학이 곧 예술철학은 아니며, 예술철학이 곧 철학으로서 미학은 아니다. 예술철학이 '예술'이라는 범주로 분류되는 대상이나 현상에 관한 철학적 성찰이라면 미학은 '아름다움'이라는 심리적 범주와 관련된 모든 종류의 철학적 성찰이다. 두 영역이 서로 겹치는 차원이나 영역은 결코 동일하지 않다.

예술의 문제

'미'의 범주가 위와 같음에도 불구하고 존재론적으로 '미'의 범주에 속하는 것과 '예술'의 범주에 속하는 것들이 동일시되어왔고, 따라서 두 가지 범주에 속하는 것들의 문제가 동일한 것으로 여겨져왔다. 이러한 혼동은 일반 대중뿐 아니라 전문예술가, 예술철학을 한다는 이들에게서도 흔히 볼 수 있는 현상이다. 그러나 앞서 보았듯이 미학의 문제와 예술의 문제는 사뭇 다르며 그것들의 경험과학적, 즉 실증적 문제와 철학적 문제에서도 각기 그 차원이 다르다.

미학의 문제가 '미' 혹은 '아름다움'이라는 개념으로 묶이는 인간 경험대상들의 분류, 그러한 경험들의 객관적 혹은 주관적 조건들의 발견이나 생물학적이며, 실존적·심리학적·사회학적·문화적·역사적 의미와 가치탐구에 있다고 한다면, 예술의 학문적 문제는 이미 '예술작품'으로 규정된 '창조된 제품'들의 분류 및 그렇게 발견된 예술품의 시간 혹은 공간을 축으로 한 서술과 설명에 있으며, 한편으로는 예술작품과 예술가, 예술작품과 예술감상자의 가치평가적 관계 따위를 설명하는 것에 있다.

예술작품을 둘러싸고 이와 같은 문제가 끊임없이 제기되는 것은 그러한 문제에 관한 대답이 궁극적으로 애매모호하거나 모두가 보편적으로 동의할 수 있는 것이 아니라 언제나 시비가 제기될 수 있기 때문이다. 또한 수많은 예술가나 예술작품의 대중적 관람자들 간은 물론 예술비평가, 예술사가, 그리고 플라톤, 아리스토텔레스, 칸트, 헤겔, 하이데거, 단토와 같은 예술철학자들 간에도 다 같이 공감할 수 있는 대답을 찾을 수 없기 때문이다. 예술을 둘러싼 위와 같은 문제는 '예술'이라는 개념 자체에 대한 보편적 규정이 존재하지 않는다는 사실에 기인한다.

이러한 현상은 19세기 말 인상파의 탄생에서 시작하여, 뒤샹의 〈샘〉(1917)이라는 작품과 워홀의 〈브릴로 상자〉(1964), 백남준의 비디오 아트, 그리고 그후 '넝마 같은 옷'이나 대형 충동으로부터 비롯되었다. 그리고 무엇인지 그 정체를 규정할 수 없고 보기에도 끔찍한 '구겨진 쇳덩어리'가 역사적으로 중요한 예술작품이라는 이름으로 세계적인 명성을 가진 미술관에 진열되기 시작하면서부터 '재현' 혹은 '표현'이나 '아름다움'과 동일시되었던 '예술'의 고정된 개념이 산산이 박살나버리면서 더욱 분명하게 노출되었다.

이런 맥락에서 볼 때 모든 것의 근본적 문제가 되는 대상의 존재를 전제하고, 존재의 전제가 그러한 대상의 개념을 전제한다면 예술에 관한 문제들도 사정은 마찬가지이다. 예술에 관한 모든 담론 중에서 가장 인과적이며 근원적이고 논리적으로 선행되어야 하는 문제는 다름 아닌 '예술'이란 개념규정이다. 개념규정은 곧 철학적 활동의 핵심기능이다. 예술의 철학적 규정, 즉 '예술이란 무엇인가'라는 개념적 물음에 대한 대답을 전제하지 않고는 예술에 관한 모든 담론은 겉돌 뿐이다. 다른 종류의 인식대상의 경우도 마찬가지지만, 예술의 경우도 의미 있는 담론은 개념규정에서 시작해야 하고 개념 규정에서 끝나야 한다.

예술의 전통적 정의 및 단토의 예술정의 비판

전통적·전형적 정의

동서고금을 막론하고 '재현으로서의 예술관art as representation'이 전통적 예술관으로 지배해왔다. 영원한 진리에 바탕을 둔 이상적 국가에서는 이러한 예술관으로 시인과 화가, 조각가들을 쫓아내야 한다고 주장했다. 그 이유는 "시인을 비롯한 여러 예술가들이 재현하는 것은 영원불변한 관념적 실재로서의 이데아가 아니라 이미 존재하는 관념들의 희미한 복사물에 지나지 않는다"라고 한 플라톤의 예술관에서 분명히 나타난다.

이러한 예술관은 화가 솔거率居가 황룡사 벽에 그린 소나무를 실제 나무로 착각하고 날아와 부딪쳐 죽은 까치를 예로 들었던 고대 신라인의 의식 속에도 있었다. 오늘날까지도 일반인뿐만 아니라 예술의 기능이 인간의 정신적 내면을 상징하는 데 있다는 예술관을 가졌던 칸딘스키Kandinsky, 클레와 같은 추상예술 창시자들의 의식 가운데에도 그런 예술관은 여전히 존재한다.

재현으로서의 예술관은 '정교한 카메라가 존재하는 오늘날에는 화가가 그린 그림이나 조각가가 만든 조각물들은 필연적으로 카메라의 사진보다 예술적으로 미흡하다'는 결론을 내야 한다. 그러나 오늘날까지도 이러한 주장을 할 수 있는 예술가는 존재하지 않는다. 정교한 카메라가 있는 오늘날에도 화가·조각가·시인, 그리고 그밖의 예술가들의 수는 날로 증가하는 추세이다. 예술의 근본적 기능이 이미 존재하는 것의 재현 혹은 복사일 수 없다. 설사 재현으로서의 예술관이 옳다 해도 어떤 재현이 잘된 것인가 아닌가를 결정하기 위해서는 그 대상을 알아야 하는데 그것을 잘 알 수 없다는 데 문제가 있다.

여기서 재현으로서의 예술관 대신 '표현으로서의 예술관art as expression'이 나온다. 재현으로서의 예술관이 예술의 기능을 객관적 대상의 표상으로 파악하는 데 반해, 표현으로서의 예술관은 예술의 고유한 기능을 예술가 자신이 객관적인 대상에서 느끼는 내면적 감동의 표상을 표출시켜 그것을 타인에게 전달하는 데 있다고 본다. 이러한 차이가 있음에도 불구하고 예술의 기능을 무엇인가의 표상으로 본다는 점에서 두 예술관은 동일하다. 한 예술작품이 과연 그 표상 혹은 표현을 제대로 했는가를 결정할 수 없다는 데서 동일한 이론적 문제가 나타나는 것이다. 추상미술이 과연 무엇을 재현하며 무엇을 표현한다고 말할 수 있는가, 라는 물음에 대한 대답은 궁색할 수밖에 없다.

근대적 예술관

바로 이런 맥락에서 인상파 그림의 가치와 그 경험을 설명하기 위해 클라이브 벨Clive Bell과 로저 프라이Roger Fry는 '형식으로서의 예술관art as form'을 고안했다. 포멀리즘formalism 예술관에 의하면 예술의 기능은 지각적으로 어떤 감정을 일으키는 그 작품 자체 밖에 있는 무엇을 재현 혹은 표상하는 데 있는 것이 아니라 미적 경험을 제공하는 대상 자체의 제작에 있다는 것이다. 그러나 이러한 예술관은 이미 자연계에서나 문화계에서 발견되는 허다한 형태, 즉 형식과 예술작품이 제공하는 고유한 형식을 구별하는 근거를 제공하지 못한다. 예술작품이라는 고유한 형식을 새삼스럽게 만들 필요를 설명할 수 없다. 이런 점에서 형식으로서의 예술관은 '예술'의 개념규정으로는 미흡하고, 예술의 고유한 기능을 설명하지 못한다. 이러한 점에서 수잔 랭거Susanne Langer가 주장하는 '상징적 형식symbolic form으로서의 예술관'의 개념규정도 마찬가지 문제를 안고 있다. 형식주의적 예술관으로는 예술의 범주에 속하는 사물들과 그밖의 범주에 속하는 사물들을 구별할 길이 없다.

조지 디키는 이런 문제를 풀 수 있는 출구로 '제도로서의 예술관institutional theory of art'을 제안했다. 예술작품과 그밖의 것들은 그 내용에 있어서든지 형식에 있어서든지 어떤 감각기관을 통해서 식별해낼 수 있는 것이 아니다. 그럼에도 불구하고 예술작품과 그밖의 것들은 여전히 구별되고, 그것들의 각각의 가치도 결정된다. 이러한 사실을 전제하지 않고는 지금도 활발하게 돌아가는 예술계의 작품 제조활동, 수많은 갤러리와 미술관의 존재, 상품으로서의 예술작품 거래활동이 활발하게 움직이는 현상을 설명할 수 없다. 이러한 활동들은 사회적으로나 문화적으로 중요한 역할을 한다. 디키에 의하면 위와 같은 모든 분야의 중심에서 활동하는 사람들과 조직들의 총체적 호칭이자 일종의 비공식적 조직체인 '예술계'라는 느슨한 체제institution에 의해서 복잡하고 암묵적이지만 자연적으로 합의가 형성되어 그런 활동들이 결정된다는 것이다.

어떤 것이 문화적 스테이터스status, 즉 신분 혹은 자격을 얻어 '예술'의 범주에 들어가게 되려면 다양한 조건들이 있겠지만, 그중에서 가장 중요한 것은 암묵적인 '미학적 감상의 대상'으로서의 자격이다. 이러한 사실은 예술의 근본적인 기능이 '미학적 감상을 위한 가치'의 창출이고 그것이 그러한 창출의 대상이 되는 데 있음을 함축한다.

그러나 자연적이든 인공적이든 모든 것은 잠재적으로 미학적 감상의 대상이 될 수 있는 가능성이 있다. 그중에서 어떤 것이 예술의 범주에 속하고 어떤 것이 그렇지 못한가를 가려내는 근거를 마련해야 하는데,

디키가 주장하는 '예술의 제도적 정의'는 그러한 근거를 찾아낼 수 없다는 데에 한계가 있다.

전통적인 것이든, 근대적인 것이든 기존의 모든 예술정의는 어느 것 하나도 만족스럽지 못하다. 지금까지 변화해온 모든 예술작품을 예술적, 비예술적으로 구별해온 관행을 기존의 어떤 예술관도 만족스럽게 설명하지 못하고 있다. 뒤샹의 변기는 〈샘〉이라는 이름이 붙은 예술작품의 범주에 속하게 된 반면 수많은 다른 변기들은 그렇지 못하며, 워홀의 〈브릴로 상자〉는 예술의 새로운 영역을 연 위대한 예술작품이 된 것과는 달리 그 작품과 모양이 똑같은 슈퍼마켓의 브릴로 상자들은 한낱 비누상자들에 지나지 않게 된 근거가 무엇인지 의문이 남는다. 어떠한 존재의 정의는 그것을 근거로 그런 존재와 다른 종류의 존재들을 구별하는 데 도움이 되는 경우에서만 의미가 있는데, 위에서 살펴본 전통적 및 근대적인 다양한 예술의 정의들은 과거에 존재했거나, 현존하거나, 미래에 존재할 모든 예술작품과 그 이외의 것들을 구별하는 근거를 제공하는 데 실패했다. 1964년 앤디 워홀이 뉴욕의 스테이블 갤러리에서 〈브릴로 상자〉를 예술작품으로 진열한 것을 보고 나서 예술철학자이자 예술평론가인 아서 단토는 '예술의 종말'이라는 말을 생각했다. 그때 그가 하고자 한 말은 지금까지 존재해온 어떤 예술개념으로도 워홀 이후 예술작품들의 의미를 설명할 수 없게 되었다는 것이지, 그 이후 예술작품을 창조하는 예술가가 없어진다는 뜻은 아니다.

그렇다면 워홀의 작품을 포함한 지금까지의 모든 예술작품을 총괄적으로 묶어 설명할 수 있는 예술의 새로운 개념규정이 필요하다. 단토의 유명한 저서 『예술의 종말 이후』(1997)는 근대 예술사인 동시에 새로운 예술의 정의를 시도한 것이기도 했다.

워홀의 〈브릴로 상자〉와 아서 단토의 예술정의

단토가 〈브릴로 상자〉를 보고 '예술의 종말'이라고 한 것은 기존의 어떤 예술정의로도 워홀의 〈브릴로 상자〉가 예술작품이라는 것을 설명할 수 없음을 의미한다.

단토가 말하는 '종말'은 예술 창작행위의 종말이 아니라 지금까지 '예술'이라는 범주에 속하는 작품들을 다른 범주에 속하는 것들과 구별하고, 그것의 의미해석 및 가치평가의 틀을 제공해주었던 예술관의 폐기 아니면 무능화를 의미할 뿐이다.

단토의 헤겔적 역사관에 의하면 역사는 우주가 자기반성적으로 자기인식의 성숙성에 도달하는 과정의 이야기narrative인데, 모든 이야기가 그러하듯이 역사에는 반드시 종말이 있다. 예술사 역시 우주의 축소판으로서 역사적 패턴을 그대로 반영하고 있다.

단토에 의하면 워홀의 예술작품 〈브릴로 상자〉는 헤겔이 말하는 우주의 역사가 시작과 끝이 있는 우주적 정신의 진화과정이듯이 예술의 역사도 나름대로의 시작과 끝이 있는 이야기라는 것을 처음으로 보여준 작품이다.

단토는 서양에서의 예술 발전과정의 시대적 역사를 다음과 같은 몇가지 단계로 구별하여 서술한다. 첫째, '예술'이라는 특수한 활동과 제품을 자각하기 시작한 르네상스 이전에 나타난 고대예술, 즉 '예술탄생 이전'의 예술, 둘째, 르네상스 시대 피렌체의 예술비평가이자 예술사가였던 조르조 바사리에 의해서 전통적 예술관인 예술의 기능이 '모방'이라는 개념, 즉 이야기로 정착되었던 시대의 예술, 셋째, 20세기 전반 뉴욕 예술의 이론계를 휘어잡았던 클레멘트 그린버그의 선언에 의해 분류·해석·평가된 '매니페스토라는 선언적 내러티브', 즉 이야기 시기의 예술.

그러나 단토에 의하면 시대마다 나름대로 다른 예술의 본질을 설명하고 예술작품의 분류, 의미해석, 평가를 정당화하는 기능을 했던 수많은 과거의 예술적 이론들 중 어느 것도 포스트모던 시대인 오늘날의 해체적 예술의 창조·설명·소통 가치·존재 이유를 설명하지 못한다. 가령 뒤샹의 작품 〈샘〉이나 워홀의 〈브릴로 상자〉는 지금까지 존재했고 시대와 장소마다 나름대로의 역할을 했던 기존의 모든 예술에 관한 이야기·예술관·기능·정의 등이 무용지물로 됐음을 의미한다. 이런 점에서는 '예술의 종말'이라는 말이 의미를 갖지만 그와 동시에 예술의 새로운 창조적 가능성으로 파악될 수 있다. 정확하고 보편적인 예술의 정의가 존재하지 않게 된, 즉 예술에 어떠한 제한이나 구속이 존재하지 않게 된 세계에서는 모든 예술가나 비평가는 어떠한 제재도 없이 하나의 작품을 놓고 자기 마음대로 해석하고 평가할 수 있기 때문이다. 이와 같이 볼 때 단토가 말하는 '예술의 종말'은 예술의 끝이 아니라 사실상 '예술의 해방과 새로운 시작'일 뿐이다. 무엇을 만들어도 무슨 짓을 해도 예술이 될 수 있고, 그러한 것들에는 나름대로의 의미가 부여되고 감상의 대상이 될 수 있기 때문이다.

만약 그렇다면 그것은 궁극적으로 예술의 '죽음', '종말', '증발'을 함축한다. 모든 것이 예술작품이고 모든 이들이 예술가라면 '예술'이라는 개념은 불필요하고 예술과 비예술적 가치란 낱말들은 아무런 의미도 가질 수 없기 때문이다. 이러한 사실에도 불구하고 오늘날까지도 '예술'이라는 개념을 사용하지 않는 인류사회가 존재하지 않는다는 것은 '예술'이라는 개념으로 묶을 수 있는 어떤 활동·제품·평가·감상 등의 관점이 암묵적으로 존재함을 시사한다. 단토의 저서 『예술의 종말 이후』

는 예술의 종말을 선언하기 위한 책이 아니라, 지금까지의 모든 예술적 활동의 동기와 그 의미를 밝혀줄 수 있는 보다 적절한 예술관을 제안하는 데 있다.

단토에 의하면 예술작품의 개념은 다음과 같은 세 가지 명제로 정리된다. 예술작품은,

첫째, 일종의 어떤 대상을 표상, 즉 의미하는 언어language이며,

둘째, 그 언어는 반드시 무엇인가에 관한 것이며to be about something,

셋째, 예술이라는 언어의 의미는 육화된 것이다to embody its meaning.

단토가 제시한 위와 같은 세 가지 존재론적 조건들은 다음과 같다.

첫째, 어떤 의식의 주체, 즉 관찰자가 어떤 것을 '예술'의 범주에 속하는 존재로 본다고 하자. 그것은 그 존재를 인과적 법칙에 의해서만 설명할 수 있는 감각적 경험대상으로 대하는 차원을 넘어 그것을 의미해석의 대상으로서 대한다는 것을 함의한다. 어떤 사물을 예술로 본다는 것은 그것이 문학과 같은 자연어로 구성된 언어예술이든 그림이나 조각, 무용이나 음악과 같이 비자연어로 만들어진 것이든 일종의 언어로 봄을 함축한다.

둘째, 예술은 그것이 곧 언어라면 반드시 언어가 전달하고자 하는 의미, 즉 지칭대상으로서의 무엇인가를 전제한다. 언어로서 예술은 반드시 레퍼런스reference, 즉 단토가 말하는 관계성aboutness이 있다. 다시 말해서 모든 예술작품은 그냥 표면에 나타난 감각적 대상으로 존재하는 것이 아니라 반드시 무엇인가에 대한 크고 작은 이야기·정보, 즉 일종의 인식적 내용이 있다. 그러므로 완전한 추상예술, 즉 비정보적·비인식

적 예술, 그 자체 이외의 무엇인가를 이야기하지 않는 '무의미한 순수 예술'은 존재할 수 없다. 어떤 대상을 예술로 본다는 것은 곧 그것을 그냥 물질적 지각대상이 아니라 필연적으로 언어로 대하는 것이며, 그것의 의미를 읽어내야 하는 것임을 말한다. 이런 점에서 예술작품을 감각적 경험대상으로서 형식form으로만 인식하고자 하는 포멀리즘 예술관은 원천적으로 잘못된 것이다. 단토가 제시하는 두 번째의 조건도 맞다.

단토가 말하는 예술의 존재론적 세 번째 조건인 '의미의 육화embodiment of linguistic meanings'는 어떤가? 이것도 필수조건이다. 예술은 말할 수 없는 것을 말하려는, 표현할 수 없는 어떤 대상 혹은 사실을 표현하려는 정상적 언어가 아닌 언어다. 말이 전달할 수 있는 것은 구체적인 그 대상 자체가 아니라 그 대상 자체의 관념화, 즉 추상화에 지나지 않는 '의미'이다. 말의 의미와 그 대상 사이에는 피할 수 없는 간극이 불가피하다. 말이 어떤 대상의 의미를 전달할 수 있는 조건은 그 양측이 동일하지 않을 때만, 즉 그 양측 간에 간극이 있을 때만 가능하다. 예술이라는 정상적 언어가 아닌 언어로 표현할 경우에도 사정은 다르지 않다. 말로 전달하려는 대상과 말로 전달된 것들이 동일하지 않을 때만 말은 의미를 창출하고 전달한다. 그렇다면 어떤 대상을 왜곡하지 않고 있는 그대로 표상하려는 예술의 의도가 완전히 실현되는 것은 원초적으로 불가능하다고 말할 수 있다. 그럼에도 예술의 본질적 의도를 가장 만족스럽게 실현하려면, 추상적이고 관념적일 수밖에 없는 언어로서의 자신을 가장 비관념적 언어로 만들어 표상하고자 하는 대상에 가장 가까운 구체적이고 감각적인 언어로 변화시킴으로써만 가능하다. 예술의 맥락에서 단토가 '육화된 의미embodied meaning' 혹은 '의미의 육화embodiment of its meaning'를 사용한 것은 이처럼 예술 본연의 기능에서 필연적이다.

단토의 정의에 대한 비판

단토의 예술의 정의가 기존의 어느 정의보다도 통찰력 있는 정의이기는 하지만, 완전히 참신한 정의는 아니다. 그의 정의가 다음과 같은 문제를 제기하기 때문이다. 어떤 언어가 이와 같은 조건들을 충족시키는지 아닌지, 즉 눈으로 보아서는 어떤 것이 예술작품인지 아닌지를 구별하는 근거가 없다. 가령 어떤 연설문이나 학술적 논문들은 시나 소설들보다도 더 감각적 언어로 가득 차 있고, 더 화려한 메타포, 즉 은유와 수사학으로 넘쳐나는 반면, 어떤 시나 소설, 음악이나 무용, 연극이나 조각은 과학이나 철학, 헌법이나 전문서적의 문장보다도 더 추상적이고 건조한 경우가 많으며 시골 아줌마들의 입담이나 아랍인들의 어법이 시인이나 소설가들의 작품보다도 더 화려하고 감각적일 때가 있다.

사실 그 어원적 뿌리를 엄격히 찾아보면 모든 자연어는 정도의 차이는 있지만 '육화된 의미'를 전달한다. 단토가 제시한 예술의 세 가지 조건에 의존해서는 어떤 것을 예술작품으로 보고 어떤 것을 그렇지 않은 언어로 분류할지 방법이 나오지 않는다. 예술의 개념, 예술의 본질을 파악하기 위해서는 어쩌면 단토의 정의를 포함한 지금까지의 모든 예술관을 만들어낸 시각과는 전혀 다른 관점에서 접근해야 하지 않을까 생각된다. 그 관점은 어떤 명제의 판단양상modality에서 찾아야 한다.

예술작품의 양상적 정의

예술작품의 비시각적 존재론적 구조

워홀의 〈브릴로 상자〉가 1964년 예술작품으로 뉴욕의 한 갤러리에 전시된 이후 현대 및 포스트모던 예술은 예술작품을 적어도 지각적 차원에서는 그냥 물건과 구별할 수 없게 되었다. 그것은 인사동이나 청진동의 수많은 갤러리에 가보면 알 수 있다. 단토의 정의를 포함한 그밖의 다른 기존 정의의 핵심적인 문제는 예술작품이 다른 사물의 속성과 달리 비가시적인 속성을 갖고 있음을 구별할 수 없다는 것에 주목하지 못한다는 사실이다. 그러나 한 명제와 다른 명제 간에 존재하는 보이지 않는 차이는 그 명제의 양상적 관점에서 보면 분명해진다. 하나하나의 예술작품을 일종의 명제로 볼 때 예술로서의 명제와 비예술로서의, 가령 철학적·과학적·수학적·종교적 명제들과의 차이는 그 두 종류 간에 존재하는 판단적 양상에 있다.

양상의 개념

양상modality은 칸트가 정리한 한 명제의 진/위 판단에 내재된 확실성의 서로 다른 세 가지 논리적 가능성을 지칭하는 이름이다. 그 세 가지는 사실성factuality, 필연성necessity, 개연성probability이며, 그것을 총칭하여 진술한 진/위 판단양식이라고 한다. 기술적 용어를 쓰자면 첫 번째 명제를 사실적factual, 두 번째 명제를 선험적, 세 번째 명제를 개연적problematic 판단이라 부르며, 첫 번째 진리는 우연적이며, 두 번째의 진리는 단호하며apodictic, 세 번째 진리는 가능한possible 것이라고 말한다. 명제, 진/위 종류, 판단양상 간의 위와 같은 복잡한 관계들은 다음과 같이 정리될 수 있다.

양상의 개념을 설명하기 위해서는 우선 문장sentence과 명제statement의 개념적 구별이 필요하다. 명제는 필연적으로 문장의 일종이지만 모든 문장이 곧 명제는 아니다. 명제는 그것에 대한 진/위 판단이 논리적으로 가능한 문장으로 한정된다. 왜냐하면 명제만이 어떤 사실, 즉 인식적 내용을 기술하며, 그러한 인식적, 즉 정보적 내용이 있는 문장에 대해서만 그 진/위의 판단이 가능하기 때문이다.

그러나 하나의 명제에 대한 진/위 판단은 모든 경우 동일한 것이 아니라 판단자의 심리적 태도에 따라 사실적인assertorical 것, 필연적인 apodictic 것, 그리고 개연적인problematic 것이라는 세 가지가 있다. 논리학, 특히 칸트의 인식론에서 한 명제의 진/위 판단자의 위와 같은 태도를 명제 판단의 '양상'이라 부른다. 이러한 양상은 다음과 같은 세 개의 명제로 도식화할 수 있다.

1) It is a fact that S is P.

2) It is necessary that S is P.

3) It is possible that S is P.

위의 세 명제들은 모두 동일한 'S is P'라는 종속적 명제들의 진/위 판단의 서로 다른 양상을 나타내는 문장들이다.

위의 각 문장에서 접속사 다음의 'S is P'라는 문장은 필연적으로 주어 S와 술어 P라는 형식을 갖춘 모든 문장의 명제의 변수를 말한다.

동일한 명제의 진/위도 판단자에 따라 서로 다른 양상으로 판단할 수 있으며, 명제를 구성하는 'S와 P'의 구체적인 내용, 즉 객관적 사실에 따라 모든 경우 진(참)일 수 있고, 위(오류)일 수도 있다.

위에서 예로 든 동일한 'S is P'는 명제를 종속문으로 갖고 있는 세 문장의 서로 다른 양상 간의 차이는 사실적 양상의 문장 1)과 단언적 양상의 문장 2)에 대해서는 제3자로서 그것들의 진/위를 이야기할 수 있는 데 반해, 개연적 양상의 문장 3)에 대해서는 진/위 판단을 논리적으로 할 수 없다는 데 있다. 왜냐하면 개연적 양상인 문장은 엄격히 말해서 무엇인가에 대한 진/위 판단이 아니며, 진/위 판단은 언제나 열려 있기 때문이다. 설사 객관적으로 상황의 결과가 어떻게 돌아가도 그것이 '맞다/틀리다'라고 말하는 것은 논리적으로 성립되지 않기 때문이다.

예술 양상론적 정의

이제 예술은 명제의 논리적 존재양식과 관련된 칸트의 양상적 구별에 비추어 다음과 같이 정의할 수 있다.

1) '예술'이라는 존재는 언제나 일종의 명제이다. 그것은 그냥 물리학적 존재가 아니라 무엇인가를 의미하는 언어이다.

2) 예술이라는 명제의 진/위의 양상은 사실적으로 주장할 수 있는 우연적인 것이거나 단호하게 주장할 수 있는 필연적인 것이 아니라, 개연적으로만 주장할 수 있는 가능한 것이다. 즉 명제로서 '예술작품'의 진/위의 양상은 그 가능성이 개연적으로만 결정될 수 있고 사실적이거나 절대적인 것이 아니다.

3) 양상은 가시적, 즉 물리적 존재가 아니라 약정적, 논리적 존재로 지각적 관철의 대상이 될 수 없고, 오로지 논리적 사유에 의해서만 이해될 수 있는 비가시적 속성이다. 각별히 개연적 양상이 그러하다.

4) 예술은 가능한 세계를 열어주는 언어적 제품이다. 이런 점에서 예술의 기능은 모든 기존 질서로부터 인간을 해방하고 새로운 세계를 향한 자유와 희망의 길을 열어준다. 즉 가장 창조적인 활동의 패러다임이라고 할 수 있다.

예술작품의 구조적 모델로서의 둥지

순수예술과 비순수예술

'가능한 세계'라는 예술작품의 정의에는 예술이 인공적 제품이라는 전제가 깔려 있고, 인간의 모든 제품이 그러하듯이 예술이라는 물건을 제작할 때에는 그것의 특정한 목적과 기능이 예술가의 머릿속에 있었을 것이라는 전제가 들어 있다. 무엇인가를 새롭게 만들 때는 제작자의 특정한 의도와 수행의 가치, 즉 유용성이 이미 계획되어 있기 때문이다. 그렇지 않고 무엇을 만든다는 것은 논리적으로 불가능하다.

이와 같은 사실을 전제하지 않고는 인류가 만들어내는 제품이나 제작 활동의 의미를 이해할 수 없다. 또한 그렇게 만들어낸 제품의 가치도 평가될 수 없다. 구두나 자동차, 철로나 아파트 등 모든 제작 활동의 의미는 그것의 실용적 가치에 있으며, 그 가치는 각각 의도했던 목적 달성에 좋은지 나쁜지에 비추어 결정된다. 오늘날 '예술'이라는 낱말은 외연적으로 넓은 뜻과 좁은 뜻 두 가지로 사용된다. 전자의 경우 그것은 적어도 만오천 년 이상 지난 석기시대로 올라간다. 프랑스의 쇼베동굴과 라스코, 스페인의 알타미라 동굴 벽에 그려진 동물 그림, 북미나 혹은 오스트레일리아 산맥의 바위에 그린 그림들을 포함한 모든 그림, 혹은 나무와 돌을 깎아 만든 인간이나 동물의 형상들로부터 레오나르도 다빈치의 〈모나리자〉, 피카소의 〈게르니카〉, 달리의 〈기억의 지속〉, 몬드리안의 〈뉴욕 시티〉, 백남준의 비디오 아트, 존 케이지의 〈4분 33초〉, 설치미술가 이불의 '썩은 생선', 실크로드 노상, 둔황의 동굴에 새겨진 불상들, 오늘날 수많은 갤러리나 거리에서 흔히 발견되는 넝마 같은 설치물 등 모두를 포함한다.

그러나 서양의 전통에 따르면 르네상스 이후 순수예술과 비순수예술의 구별이 생기면서부터 어떤 특정하고 분명한 목적으로 제작된 작품은 예술의 범주에서 점차적으로 제외되었다. 넓은 의미의 정의를 따를 때는 인공물만이 아니라 모든 존재 및 모든 행위가 다 같이 '예술'의 범주에 속해야 하기 때문에, 그로 인한 개념적 혼란을 피하기 위해서 여기서는 후자의 좁은 의미의 예술, 즉 순수예술이라는 의미의 '예술'만을 예술의 범주에 넣기로 한다.

좁은 뜻, 즉 순수한 예술의 특수성

좁은 의미의 예술품은 어떤 특정한 실용적 목적을 위한 도구로서가 아니라 그냥 그 자체로 가치가 있다고 전제된, 어떤 가치실현의 도구로서가 아니라 작품 자체로 '의미'가 있다고 전제된 제품을 뜻한다. 즉 다른 존재에 종속되어 비로소 그 존재의 의미와 가치가 발현되는 것이 아니라, 그것의 존재 자체에 의해서 자율적 의미와 가치가 발현되는 작품, 그러니까 그 자신의 존재만으로 자신의 존재 의미와 가치가 독립적으로 생기는 제품은 자주적이며 독립적인 존재이다. 이런 점에서 순수예술은 '예술을 위한 예술'과 전혀 다르지 않다는 주장이 나온다.

그러나 니체가 이미 지적한 대로 인간의 어떤 욕망, 즉 목적과 완전히 분리된 어떤 제작활동은 실제로 존재하지 않고 논리적으로 불가능하다. 예술은 그것이 문자적인 것이든 비문자적인 것이든 일종의 언어이며, 언어는 반드시 무엇인가를 관념적으로 표현하거나 재현할 때에만 언어로서 의미를 갖는다. 순수예술은 내용이 없는 공허한 낱말에 지나지 않고 이런 의미에서 필연적으로 비순수예술이다. '순수예술'이라는 말이 어떤 의미를 가질 수 있다면 '예술작품이라는 개념에 이미 내포된 고유한 기능이 성공적으로 실현된 예술작품'이라는 말과 동의어로 이해될 때에만 가능하다.

모든 언어의 절대적으로 중요한 기능은 무엇인가 대상을 재현하고 누군가의 생각이나 느낌을 표현하는 데 사용되는 것이다. 이런 사실은 일상생활에서 특정한 소통을 위해서 사용한 문자적 자연어를 매체로 사용하는 문학예술작품이나 비문자적 언어를 사용하는 그밖의 모든 형식의 예술작품의 경우도 같다. 한편 예술가들의 관심과 작품 창작의 대상과 소재가 될 수 있는 모든 물리적 현상, 사건, 정서적 느낌, 관념적 생각들은 추상적 보편자라든지 플라톤이 말하는 이데아로서가 아니라 언제나 개별자로, 더 궁극적으로는 유일무이한 단독자로만 존재한다. 그렇다면 우리는 모든 것을 일반화해서 개념적으로가 아니라 유일무이한 측면에서 그것을 인식하고 재현하고 표현할 때만 진정한 의미에서 알았다고 말할 수 있다. 이런 점에서 예술적 인식의 의도·양식 및 서술은 과학적·철학적 인식의 의도·양식 및 서술과는 정반대이다. 후자의 인식 및 표현양식에 내재된 의도가 인식대상을 단일화된 동일자 개념 속에 개별적 존재를 한데 묶어 추상적으로 파악하려는 것에 반해서, 전자는 모든 인식대상을 각기 그것의 구체적 개별자 및 단독자로서 접근하고 인식하며, 서술하거나 재현하고 표현하려 한다.

예술에서 사용되는 언어가 자연어를 사용하면서도 그것을 정상적이고 보편적인 사용규범을 벗어나게 해서 은유적이며 비정상적으로 사용하는 경향을 보이는 원인이 바로 여기에 있다. 왜냐하면 언어가 은유적으로 사용될 때 그 언어가 재현·표현·서술하고자 하는 대상의 정체가 처음으로 신선하게 드러나서 개별성·단독성·유일성과 같은 본질을 인식하고 서술하는 역할을 수행할 수 있기 때문이다. 어떤 대상을 인식하고 표현하려는 예술작품에서 동원되는 언어가 과학이나 철학의 경우와는 달리 관념적·개념적인 지적 이해를 요구하는 자연어가 아니라, 시각적으로만 접할 수 있는 색깔, 청각적으로만 접할 수 있는 음성, 관찰로만 통할 수 있는 신체적 동작, 몸으로 감지할 수 있는 신체적 운동 등과 같이 언어적 이유인 것도 예술이 표상하고 표현하려는 대상이 관념화·개념화·보편화·객관화되기 이전의 원초적 생태이기 때문이다. 이런 점에서 예술적 언어는 은유화된 언어이며, 예술적 진리 및 인식은 메를로 퐁티가 강조한 바와 같은 '양생적 존재', '신체적 인식'이다. 이러한 사실은 예술적 진리는 원천적이고 궁극적이며, 예술적 언어의 모호성·불투명성·불확실성이라는 부정적 결과를 함축한다. 그러나 바로 그러한 부정적 성격이야말로 예술적 언어의 진정성과 위대함의 가치를 드러내 보인다. 이같은 방식에 따른 예술작품의 창조 방식은 많은 동물들 특히 새들의 거처이자 사랑의 공간이며, 휴식과 행복의 보금자리이자 자연의 조화로운 공간이며, 아름다운 예술작품과 같은 구조물로서 둥지 틀기 작업인 동시에 둥지 자체이기도 하다.

예술의 기능과 가치는 급속도로 발달한 과학에 힘입어 날로 기계적으로 인식되고 취급되며, 인간의 삶 자체가 황량해져가는 오늘날 그 의미의 중요성과 존재가치가 한결 더 강조되어야 하고, 세상을 바꾸는 데 결정적인 역할로 실천에 옮겨져야 한다.

이제 우리는 과학자·철학자·종교인이 되기 전에 예술애호가나 예술가가 되어, 사유와 세계의 예술화를 서둘러야 한다. 그것은 새로운 사회와 세계 건설의 모델을 문명 거처로서 새의 둥지에서 찾아야 함을 의미한다.

영원한 둥지 리모델링 작업으로서의 예술작업

예술작품의 제작·감상·의미부여·보존이 시간과 공간의 차이를 넘어 모든 곳에서 발견되고 있다는 사실은 예술이 인류의 보편적이고 원초적 필요성을 충족시키기 때문일 것이다.

나는 그것을 사르트르의 '인간의 본질 아닌 본질'로서 '의식'의 구조에서 찾을 수 있다고 생각한다. 그에 의하면 반성적 의식으로, 없으면서 있는, '무'로 존재하는 인간이 바로 그러한 의식에 의해서 대상과 분리·소외되어 불안한 존재로 변했는데, 그와 동시에 그러한 '무', 소외상태로부터 해방되어 무의식적 존재, 즉 자연적·물질적·무의식적 상태로 되돌아가고자 하는 형이상학적 욕망에 묶여 있다고 한다. 의식은 반드시 언어적으로 존재하고, 언어적 존재는 자신의 대상을 개념화해야만 소통할 수 있다. 이러한 존재조건에서 인간이 한 의식대상, 더 일반화해서 말하자면 자연으로부터의 소외에서 해방되는 유일한 방법은 그의 의식대상, 아니 언어 없는 자연과 소통함으로써만 가능하다. 예술작품은 언어라는 매체를 삭제하고 인간의 의식대상을 표현하고자 하는 시도이다.

그렇다면 예술작품은 언어를 사용하지 않고 어떤 대상을 가장 충실히 표상하거나 표현하고자 하는 인간의 언어적 프로젝트이다. 그러나 이러한 프로젝트는 어떤 경우에도 완전히 성취될 수 없다. 왜냐하면 그것은 근본적으로 모순되기 때문이다. 이런 상황에서 그래도 차선으로 받아들일 수 있는 방법은 표상하거나 표현하는 언어로서의 예술작품을 가장 자연에 가까운 비인공적 언어와 그것이 표상하고자 하는 물질적 대상과 구별하기 어려운, 즉 그 의미가 필연적으로 애매모호한 언어를 발명하는 데 있다. 문학예술을 제외한 모든 예술양식의 언어가 대부분의 경우 감각이나 감성에만 의존할 수 있는 그림·무용·연극 등 비정상적이고 구체적인 운동이거나 색 등인 것은 예술적 표상의 근본적 프로젝트 때문이다. 바로 이러한 성격을 가장 잘 드러내고 있는 예술적 언어의 모델로 새들의 '둥지'를 들 수 있다고 믿는다. 둥지는 분명히 새들이 자신의 삶을 지속하고 향상시키기 위해서 구성한 인공적·인도적 거처이지만 그 소재와 주변과의 생태적·미학적 조화의 차원에서나 구조적 차원에서 약하면서도 견고한 구조물이라는 점에서 놀라울 정도로 뛰어난 언어이자 구조물이다.

결론

둥지를 지배하는 건축학적 원리와 철학은 인간의 모든 건축물뿐만 아니라 사회적·윤리적·경제적·일상적인 모든 활동의 원리 원칙 및 모델로 채용되어야 한다. 니체는 순수예술의 개념 자체의 모순성을 지적하면서, "과학을 예술의 렌즈로, 예술을 삶의 렌즈로 보아야 한다"고 외쳤다. 여기서 나는 니체의 말을 조금 바꾸어, 인간의 바람직한 모든 활동은 예술이라는 언어의 렌즈로 보고 움직이고 만들고 판단하고, 또한 예술이라는 인간의 구조물의 의미와 가치를 새들이 트는 '둥지'의 건축 원리라는 렌즈에 비추어 제작하고 관찰하고 평가해야 한다고 주장하고 싶다. 둥지는 생태학적으로 친환경적이고, 미학적으로 아름답고, 건축 공학적으로 견고하며, 감성적으로 따뜻하고, 영적으로 행복하다. 그렇다면 우주를 구성하는 서로 다른 모든 개별적 존재들, 특수한 구조, 그것들 간의 무한 수에 가까운 관계, 그리고 그것들의 의미와 궁극적 가치들은 형이상학적 차원에서 볼 때 서로 다른 것이 아니라, 단 하나의 동일한 형상의 다양한 측면으로 볼 수 있다. 역동적인 새들의 둥지 리모델링 작업은 무한하고 유일한 삼라만상의 은유, 즉 메타포이다.

아르코 미술관 '현대 미술과 인문학' 강좌, 2009

연도(나이)	생애
1930(1)	충남 아산 영인면 창용리 379 시골 농가에서 면장집 막내 아들로 태어남. 본관 함양, 본명은 박인희(朴仁熙), 아호는 중암(重菴).
1938(9)	집에서 15리 정도 떨어진 곳에 있는 영인심상소학교(靈仁尋常小學校) 입학.
1939(10)	학교에서 조선어 사용 금지.
1942(13)	5학년 봄 도에서 조직한 '성지참배단'에 뽑혀 일본을 여행하고, 새로운 문화와 환경을 접하고 많은 충격을 받음. 같은 해 겨울, 동경 유학 중 학병 모집을 피해 돌아온 형의 『문예사전』을 보고 철학적 질문을 던지기 시작함. 문학, 그림, 음악 등 예능적인 것들에 본격적인 흥미를 느낌.
1943(14)	소학교 졸업 후 중학교 입시 시험을 봤으나 낙방함.
1945(16)	다시 시험을 보고 서울의 경복 중학교에 입학하여 기숙사 생활을 함. 광복 후 고향으로 내려왔으나 이전에 면장집으로 누렸던 사회적·경제적 지위를 잃음.
1947(18)	고향의 살림을 완전히 정리하고 서울로 이사 옴. 복학함.
1948(19)	중학교 2학년, 시 「낙엽」을 학교 신문에 발표한 것을 계기로 위대한 시인이 되겠다는 꿈을 가지게 됨. 같은 해, 단편소설 「귀향」을 썼으나 곧 찢어버림.
1950(21)	6·25 전쟁 발발, 11월에 징병되어 육군 이등병이 되었으나 기초군사훈련 중 폐병 및 영양실조로 쓰러져 치료받은 후 의병제대함.
1951(22)	서울대학교 불문학과(부산에 열린 전시대학)에 입학함.
1952(23)	부산 동래고등학교에서 불어 강사를 함(1952~1953).
1953(24)	사르트르의 『존재와 무』에 담긴 그의 실존주의를 해설한 일본어 번역서를 읽고 실존주의를 접함.
1955(26)	《사상계》에 「회화를 잃은 세대」라는 작품을 발표하면서 등단. 서울대학교 불문학과를 졸업하고 같은 대학 대학원에서 불문학 석사과 정을 밟음(1955~1957). 성신여고에서 시간 강사를 함(1955~1957). 《대학신문》(문리대학보)에 다수의 글을 발표. 「현대 작가와 윤리」로 제2회 대학신문상을 수상.

1957(28)	서울대학교 대학원에서 논문「폴 발레리에 있어서 지성과 현실과의 변증법으로서의 시」로 석사학위를 받음. 이화여자대학교에서 불어불문학 전임강사, 조교수가 됨(1957~1961). 재직 중 프랑스 정부 장학생으로 프랑스 파리 소르본대학교 대학원 불문학 석사과정을 밟음(1957~1958).
1961(32)	프랑스로 다시 유학을 떠남. 프랑스 파리 소르본대학교에서 불문학 박사과정을 밟음(1961~1964).
1963(34)	데리다가 지도하는 '연습 세미나'를 통해 그의 철학을 배움 (1963~1964).
1964(35)	프랑스 파리 소르본대학교에서「말라르메가 말하는 '이데아'의 개념: 논리정연성에 대한 꿈(L'"Idée" chez Mallarmé ou la cohérence rêvée)」으로 불문학 박사학위를 받음.
1966(37)	데리다의 추천으로 장학금을 받고 미국 서던 캘리포니아대학교에서 서양철학 박사과정을 밟음(1966~1970). 하스미 시게히코(훗날 도쿄대 총장)가 박이문의 말라르메 시 세계를 분석한 소르본대학교 박사학위 논문을 보고 '동양인도 이런 논문을 쓸 수 있구나'하고 감탄했으며, 박이문을 계속 동경하던 하스미는 1991년 결국 박이문과 만남.
1968(39)	미국 렌셀러폴리테크닉대학교 철학과 전임강사로 재직(1968~1970).
1970(41)	미국 서던캘리포니아대학교에서「메를로 퐁티의 철학에서 나타난 '표현'이란 개념의 존재론적 해석(An Ontological Interpretation of the Concept of 'Expression' in Merleau-Ponty)」으로 철학박사학위를 받음. 미국 시몬스대학교 철학과 조교수, 부교수, 교수, 명예교수(1970~).
1980(51)	이화여자대학교, 서울대학교 철학 및 미학과 초청교수(1980~1982).
1982(53)	망막박리라는 병으로 오른쪽 눈이 '사실상 실명'함. 모친 별세. 몇 달 후 유영숙 여사와 결혼함.
1983(54)	미국 하버드대학교 교육대학원 철학연구소 선임연구원이 됨 (1983~1993).
1985(56)	독일 마인츠대학교 객원교수가 됨(1985~1986).
1989(60)	일본 국제기독교대학교 초빙교수(1989~1990).
1991(62)	포항공과대학교 철학과 교수(1991~1994).
1993(64)	미국 시몬스대학교 명예교수.

1994(65)	포항공과대학교 교양학부 교수(1994.3~2000.2).
2000(71)	포항공과대학교 정년퇴임.
2001(72)	고려대학교 대학원 초빙교수가 됨.
2002(73)	연세대학교 특별초빙교수가 됨.
2003(74)	세계생명문화포럼-경기 2003공동추진위원장이 됨.
2006(77)	제20회 인촌상 인문사회문학부문 수상함.
2007(78)	포항공과대학교 명예교수.
2010(81)	프랑스 정부 문화훈장(교육공로)을 수상.
2011(82)	경복동창회의 '자랑스러운 경복인상' 수상(2011.4).
2012(83)	인간과 자연의 조화로운 상생·공존을 추구하는 생태학적 세계관을 제시하는 등 현대 과학과 기술에 대한 철학적 인식을 개선한 공로로 대한화학회가 제정한 '탄소문화상' 제1회 대상을 수상.
2015(86)	『둥지의 철학』이 영국 사프론(Saffron)출판사에서 출간.
2016(87)	미다스북스에서 『박이문 인문학 전집』출간.

출전

1부 예술철학

01 예술의 철학적 문제

《문학사상》(1982), 『예술철학』(1983), 『자연, 인간, 언어』(1998),

《예술문화연구》(1998. 12)

02 작품

《문학사상》(1982), 『예술철학』(1983)

03 해석

《문학사상》(1982), 『예술철학』(1983)

04 평가

《문학사상》(1982), 『예술철학』(1983)

2부 예술과 미

01 예술과 철학과 미학

《미학》(1993), 『철학전후』(1993), 『이카루스의 날개와 예술』(2003)

02 예술과 과학

《세계의 문학》(1993, 겨울호),

『철학전후』(1993), 『이카루스의 날개와 예술』(2003)

03 생태학과 예술적 상상력

《현대예술비평》(1991, 겨울호),

『철학전후』(1993), 『이카루스의 날개와 예술』(2003)

04 철학, 예술 및 건축

《건축》(1993. 7), 『철학전후』(1993), 『이카루스의 날개와 예술』(2003)

05 예술과 포스트모더니즘

《길》(1992. 5. 6), 『철학전후』(1993), 『이카루스의 날개와 예술』(2003)

06 예술과 미

《월간미술》(1992. 3), 『철학전후』(1993), 『이카루스의 날개와 예술』(2003)

07 예술작품 평가의 역사성

《공간》(1992. 5), 『철학전후』(1993), 『이카루스의 날개와 예술』(2003)

3부 예술의 양식들과 미학

01 음악과 소리

서울대학교 음대 특강(1996. 5. 16), 《미학》(1997),

『자연, 인간, 언어』(1998), 『이카루스의 날개와 예술』(2003)

02 시의 개념과 시적 둥지

『예술과 생태』(2010)

03 시인의 사회적 책임과 의무

『예술과 생태』(2010)

04 시와 시적 감동

《푸른시》(1999. 10), 『더불어 사는 인간과 자연』(2001)

05 예술이라는 언어의 꿈

『예술과 생태』(2010)

06 예술의 원형으로서의 공예

『예술과 생태』(2010)

07 예술의 종말 이후 미술사

《미술사학보》(2006), 『예술과 생태』(2010)

08 둥지의 건축학

대한건축학회 춘계학술발표대회 특별강연(2003. 4),

《대한건축학회지》(2003. 5), 『예술과 생태』(2010)

09 자기해체적 예술창조 과정

발표지 미상, 『예술과 생태』(2010)

10 미학과 예술철학

아르코 미술관 '현대 미술과 인문학' 강좌(2009),

『미술관에서 인문학을 만나다』(2010), 『예술과 생태』(2010)

박이문 朴異汶

본명은 박인희로 1930년 충남 아산 시골 마을의 유학자 집안에서 막내아들로 태어났다. 어린 시절 시골의 아름다운 자연의 변화를 만끽하며 부모와 조부모의 따뜻한 보살핌을 받으며 자랐다. 유학 중 귀국한 형의 영향으로 위대한 시인이자 작가를 꿈꾸었고, 재수 끝에 경복중학교에 진학하였다. 청년기의 들목 전쟁의 참화 속에서 입대했으나 훈련 도중 병을 얻어 의병제대한다. 피난 시절 부산에서 서울대학교 문리과대학의 불문학과에 입학하여 본격적으로 문학에 매진한다. 대학원 석사논문을 프랑스어로 쓸 정도로 탁월한 실력을 보였으며, 석사학위를 받고 곧바로 이화여자대학교에서 전임교수로 발탁되었다. 그러나 안정된 직업인 교수의 생활을 버리고 다시 프랑스로 떠나 문학 박사학위를 받았으나, 이에 그치지 않고 미국으로 건너가 철학 박사학위를 받는 인문학을 향한 구도의 길을 걸었다. 그후 시몬스대학교, 포항공과대학교, 이화여자대학교, 서울대학교를 비롯해 세계 각지에서 학생들을 가르쳤으며, 많은 글들을 발표하고, 예술과 과학과 동양 사상 등으로 끊임없이 새로운 영역을 개척하는 선구자적인 인문학자로 살았다. 또 한편으로 시를 쓰는 창작도 일생 동안 지속하여 어린 시절의 꿈대로 시인이자 작가이며 철학자인 인문학자로서 아름답고 위대한 '사유의 둥지'를 완성하였다.

박이문 인문학 전집 07

예술철학 — 한국 미학의 정수

초판 1쇄 2016년 2월 26일
지은이 박이문
펴낸이 류종렬

박이문 인문학 전집 간행위원회

전집간행위원 김병익, 정대현, 강학순, 이승종
기획편집본부 장인용, 김슬기, 김동훈, 남다희, 주성엽, 서승현, 이범수, 이영호, 윤석우,
　　　　　　　 변영은, 권기우, 강서윤, 김예신, 류수정, 박근희, 이소정, 임소연 외
표지디자인 및 아트디렉팅 씨디자인 조혁준, 함지은, 조정은, 김하얀

펴낸곳 미다스북스
등록 2001년 3월 21일 제313-201-40호
주소 서울시 마포구 서교동 486 서교푸르지오 101동 209호
전화 02)322-7802~3
팩스 02)333-7804
블로그 http://blog.naver.com/midasbooks
트위터 http://twitter.com/@midas_books
이메일 midasbooks@hanmail.net

ⓒ 박이문, 미다스북스 2016, *Printed in Korea*

ISBN 978-89-6637-436-6 (04100)
　　　　 978-89-6637-429-8 (04100) 세트

값 30,000원

이 도서의 국립중앙도서관 출판예정도서목록(CIP)은 서지정보유통지원시스템 홈페이지
(http://seoji.nl.go.kr)와 국가자료공동목록시스템(http://www.nl.go.kr/kolisnet)에서 이용하실 수
있습니다. (CIP제어번호: CIP2016003570)